1. 本书为刘筱红教授主持的国家社科基金重大项目" 建党百年农村妇女参政议政资料收集、研究与数据库建设 "（项目编号：20&ZD139 ）的研究成果。

2. 本书是教育部人文社会科学重点研究基地华中师范大学中国农村研究院 2016 年基地重大项目"作为政策和理论依据的深度中国农村调查与研究"（16JJD810004 ）的成果之一。

3. 本书是华中师范大学中国农村研究院"2015 版中国农村调查 "的成果之一。

中国农村调查

（总第72卷·口述类第15卷·农村妇女第5卷）

徐勇 邓大才 主编

天津出版传媒集团

天津人民出版社

图书在版编目(CIP)数据

中国农村调查. 总第 72 卷, 口述类. 第 15 卷. 农村妇
女. 第 5 卷 / 徐勇, 邓大才主编. -- 天津 : 天津人民出
版社, 2024.1
ISBN 978-7-201-17548-5

Ⅰ.①中… Ⅱ.①徐… ②邓… Ⅲ.①农村调查-研
究报告-中国②农村-妇女-社会调查-研究报告-中国
Ⅳ.①D668②D669.68

中国版本图书馆 CIP 数据核字(2021)第 157976 号

中国农村调查(总第 72 卷·口述类第 15 卷·农村妇女第 5 卷)
ZHONGGUO NONGCUN DIAOCHA

出　　版	天津人民出版社
出 版 人	刘锦泉
地　　址	天津市和平区西康路 35 号康岳大厦
邮政编码	300051
邮购电话	(022)23332469
网　　址	http://www.tjrmcbs.com
电子信箱	reader@tjrmcbs.com

策划编辑	王　玎
责任编辑	王　玎
特约编辑	郭雨莹
装帧设计	汤　磊

制版印刷	北京虎彩文化传播有限公司
经　　销	新华书店
开　　本	787 毫米×1092 毫米　1/16
印　　张	33.75
插　　页	6
字　　数	800 千字
版次印次	2024 年 1 月第 1 版　2024 年 1 月第 1 次印刷
定　　价	750.00 元

总　序

　　2015 年是华中师范大学中国农村研究院历史上的关键一年。在这一年,本院不仅成为完全独立建制的研究机构,更重要的是进一步明确了目标,特别是进行了学术整合,构建了一个全新的调查研究计划。这一计划的内容包括多个方面,其中,中国农村调查是基础性工程,从 2015 年开始出版的《中国农村调查》便是其主要成果。

　　学术研究是一个代际接力、不断提升的过程。农村调查是本院的立院之本、兴院之基。本院的农村调查经历了三个阶段。

　　第一阶段主要是基于项目调查基础上的个案调查(1985—2005 年)。

　　20 世纪 80 年代开启的中国改革开放起始于农村改革。延续二十多年的人民公社体制废除后,农村的生产功能由家庭所承担,社会管理功能则成为一个新的问题,这一问题引起了我院学者的关注。1928 年出生的张厚安先生是中国政治学恢复以后较早从事政治学研究的学者之一,他与当时其他政治学学者不同,他比较早地关注农村政治问题,并承担了农村基层政权方面的国家研究课题。与此同时,本校其他学者也承担了有关农村政治研究的课题。1988 年,这些学者建立起以张厚安先生为主任的农村基层政权研究中心,由此形成了一个自由结合的学术共同体。

　　作为一个学术共同体,农村基层政权研究中心有其独特的研究宗旨和方法。在学术共同体建立之初,张厚安先生就提出了"三个面向,理论务农"的宗旨。"三个面向"是指面向社会、面向基层、面向农村,"理论务农"是指立足于农村改革实践、服务于农村改革实践。这一宗旨对于政治学学者是一个全新的使命。政治学研究政治价值、政治制度与政治行为。传统政治学更多研究的是国家制度和国家统治,以文本为主要研究素材。"三个面向"的宗旨,必然要求方法的改变,这就是进行实地调查。自学术共同体形成开始,实地调查便成为我们的主要研究方法。

　　从 20 世纪 80 年代中期开始,以张厚安先生为领头人的学者们就开始进行农村调查。最初是走向农村,进行全国性的广泛调查,主要是面上了解。1995 年,在原农村基层政权研究中心的基础上,成立了农村问题研究中心,由张厚安先生担任主任,由 1955 年出生的中年学者徐勇教授担任常务副主任。新中心的研究重点仍然是基层政权与村民自治,但领域有所扩大,并将研究方法凝练为"实际、实证、实验",更加强调"实"。这种务实的方法引起了学术界的关注,并注入国际学术界的一些研究理念和方法。我们的农村调查由面上的了解走向个案调查。当时,年近七旬的张厚安先生带领团队并参与个案村庄调查,其代表作是《中国农村村级治理——22 个村的调查与比较》。这一项目在全国东、中、西 3 个地区选择了 6 个重点村和 18 个对照村进行个案调查,参与调查人员数十人,并形成了一个由全国相关人员参与的学术调查研究团队。

　　第二阶段主要是基于机构调查基础上的全面调查(2005—2015 年)。

　　1999 年,教育部为推动人文社会科学研究,启动了教育部人文社会科学研究重点基地建设。当年, 华中师范大学农村问题研究中心更名为 "华中师范大学中国农村问题研究中心"，由徐勇教授担任主任。2000 年，中心成为首批教育部人文社会科学重点研究基地。在基地成立之前，以张厚安教授为首的研究人员是一个没有体制性资源保障、纯因个人兴趣而结合的学术共同体，有人坚持下来，也有人离开。成为教育部研究基地以后，中心仍然坚持调查这一基本方法，并试图体制化。其主要进展是在全国选择了二十多家机构作为调研基地，为全国性调查提供相应的保障，并建立相互合作关系。

作为教育部重点基地，中心是一个有一定资源保障的学术共同体，有固定的编制人员，也有固定的项目经费，条件大为改善，但也产生了新的问题。这就是农村调查根据个人承担的研究项目而开展。这不仅会导致研究人员过分关注项目资源分配，更重要的是易造成调查研究的"碎片化"和"片断化"，难以形成整体性和持续性的调查。同时，研究人员也会因为理念和风格不同而产生分歧，造成体制性的学术共同体动荡。为了改变调查研究项目体制引起的"碎片化"倾向，2005 年，徐勇教授重新规划了基地的发展，提出"百村观察计划"，计划在全国选择一百多个村进行为期 10 年、20 年、30 年，乃至更长时间的调查和跟踪观察。目标是像建立气象观测点一样，能够及时有效地长期观测农村的基本状况及变化走向。这一计划得到时任华中师范大学社会科学研究处处长石挺先生的鼎力支持。2006 年，计划得以试行，主要由刘金海副教授具体负责。最初的试点调查村只有 6 个，后有所扩展。2008 年，在试点基础上，由邓大才教授主持，全面落实计划，调查团队通过严格的抽样，确定了二百多个村和三千多个农户的调查样本。

"百村观察"是一项大规模和持续性的调查工程，需要更多人的参与。同时它又是一项公共性的基础工程，人们对其认识有所不同。因为它要求改变项目体制造成的调查"碎片化"和研究"个体化"的工作模式，为此，学术共同体再次出现了有人退出、有人坚持、有人加入的变化。

2009 年正式启动的"百村观察计划"取得了超出预想的成绩：一是从 2009 年开始，我们每年都要对样本村和户进行调查，调查内容和形式逐步完善，并形成相对稳定的调查体系。除了暑假定点调查以外，还扩展到寒假专题调查。每年参与调查的人员达五百人左右，并出版《中国农村调查》等系列著作。二是因为是调查的规模大，可以进行充分的分析，并在此基础上形成调查报告，提供给决策部门，由此也形成了"顶天立地"的理念。"顶天"就是为决策部门服务，"立地"就是立足于实地调查。这一收获，使中心得以在教育部第二次基地评估中成为优秀基地，并于 2010 年更名为华中师范大学中国农村研究院，由徐勇教授担任院长，邓大才教授担任执行院长。三是形成了一支专门的调查队伍并体制化。起初的调查者有相当一部分是没有受到严格专业训练的志愿者。为了提高调查质量，自 2012 年起，研究院将原来分别归于导师名下指导的研究生进行整合，举办"重点基地班"。基地班以提高学生的调查研究能力为导向，实行开放式教学、阶梯性培养、自主性管理，形成社会大生产培养模式，改变了过往一个老师带三五个学生的小作坊培养方式。至此，农村调查完全由受到专门调查和学术训练的人员承担，走向了专业化道路。四是资料数据库得以建立并大大扩展。过往的调查因为是项目式调查，所以资料难以统一保管和使用。2006 年，我们启动了中国农村数据库建设。随着"百村观察计划"的正式实施，大量数据需要录入，并收集到许多第一手资料，资料数据库得以迅速扩展。

第三阶段主要是基于历史使命基础上的深度调查（2015 年至今）。

农村调查的深入和相应工作的扩展，势必与以行政方式组织科研的现行大学体制发生碰撞。但是已经有一个良好开端的调查不可停止。适逢中国的智库建设时机,2015 年,华中师范大学中国农村研究院成为完全独立建制的研究机构,由 1970 年出生的邓大才教授担任行政负责人。

中国农村研究院独立建制,并不是简单地成为一个独立的研究机构,而是克服体制障碍,进一步改变学术"碎片化"倾向,加强整合,提升调查和研究水平,目标是在高等学校中建设适应国家需要的智库。实现这一目标有五大支撑点:一是大学术,以政治学为主,通过多学科参与,进行协同研究;二是大服务,继续坚持"顶天立地"的宗旨,全面提高服务决策的能力,争取成为有影响力的决策咨询机构;三是大调查,在原有"百村观察计划"的基础上,构建内容更加丰富的农村调查体系,争取成为世界农村调查重镇;四是大数据,收集和扩充农村资料和数据,争取拥有最丰富的农村资料数据库;五是大平台,将全校、全省、全国,乃至全球的农村研究学者吸引并参与到农村研究院的工作中来,争取成为世界性的调查研究平台。这显然是一个完全不同于以往的宏大计划,也标志着中国农村研究院的全新起步。

独立建制后的中国农村研究院仍然将农村调查作为自身建设的基础性工作,且成为体制性保障的工作。除了"百村观察计划"的持续推进以外,我们重新设计了 2015 版的农村调查体系。这一体系包括"一主三辅":"一主"即以长期延续并重新设计的"中国农村调查"为主体;"三辅"包括"满铁农村调查"翻译、"俄国农村调查"翻译和团队到海外农村进行实地调查的"海外农村调查",目的是完善农村调查体系,并为中国农村调查研究提供借鉴。

现代化是一个由传统农业社会向现代工业社会转变的过程,这一转变是从农村开始的。农村和农民成为现代化的起点,并规划着现代化的路径。19 世纪后期,处于历史大转变时期的俄国,数千人参与对俄国农村调查,持续时间长达四十多年。20 世纪上半叶,日本在对华扩张中,以"南满洲铁道株式会社"为依托,开展对中国农村的大规模调查,持续时间长达四十多年,形成著名的"满铁调查"。进入 21 世纪,中国作为一个世界农业文明最为发达的大国,正在以超出想象的速度向现代工业文明迈进。中国需要也应有能够超越前人的大规模农村调查。"2015 版的中国农村调查"正是基于这一历史背景设计的。

"2015 版的中国农村调查"超越了以往的项目或者机构调查体制,而具有更为宏大的历史使命:一是政策目的。智库理所当然要出思想,但"思想"除了源自思考以外,更要源自于可供分析的实地调查。过往的调查虽然也是实地调查,但难以对调查进行系统化的分析,并根据调查提出有预见性的结论。在这方面,19 世纪的俄国农村调查有其长处。"2015 版的中国农村调查"将重视实地调查的可分析性和可预测性,以此提高决策服务的成效。二是学术目的。调查主要在于知道"是什么"或者"发生了什么",是对事实的描述。但是这些事实为什么发生?其中存在什么关联?这是过往调查关注比较少的,以至于大量的调查难以进行深度的学术开发,学术研究主要依靠的还是规范方法,实地调查难以为学术研究提供必要的基础,由此会大大制约调查的影响力。"2015 版的中国农村调查"特别重视实地调查的深度学术开发性,调查中包含着学术目的,并可以通过调查提炼学术思想,使其作为一种有实地调查支撑的学术思想,也可以间接影响决策。为此,"2015 版的中国农村调查"在设计时,除了关注"是什么"以外,也特别重视"为什么",试图对中国农村社会的底色及其变迁进行类似于生物学"基因测序"的调查。三是历史传承目的。在现代化进程中,传统农村正在迅速消逝。"留得住乡愁"需要对"乡愁"予以记录和保存。20 世纪以来,中国农村发生了巨大的变化,中国农民经历了太多的起伏,农民的历史构成了国家历史不可或缺的部分。"2015 版的中国农村调查"因此特别关注历史的传承。

基于以上三个目的,"2015 版的中国农村调查"由四个部分构成:

其一,口述调查。主要是通过当事人的口述,记录 20 世纪上半期以来农村的变化及其对当事人命运的影响。其主体是农民个人。在历史上,他们是微不足道的,尽管是历史的创造者,但没有哪部历史记载他们的状况与命运。进入 20 世纪以后,这些微不足道的人物成为"政治人物",尽管还是"小人物",但他们是大历史的折射。通过他们自己的讲述,我们可以更加充分地了解历史的真实和细节,也可以更好地"以史为鉴"。口述史调查关注的是大历史下的个人行为。

其二,家户调查。主要是以家户为单位的调查,了解中国农村家户制度的基本特性及其变迁。中国在历史上创造了世界上最为灿烂的农业文明,必然有其基本组织制度为支撑。但长期以来,人们只知道世界上有成型的农村庄园制、部落制和村社制,而没有多少人了解研究中国自己的农村基本组织制度。20 世纪以来,受革命和现代化思维的影响,人们对传统一味否定,更忽视对中国农村传统制度的科学研究,以至于我们在否定自己传统的同时,引进和借鉴的体制并不一定更为高明,使得中国农村变迁还得在一定程度上向传统回归。实际上,中国有自己特有的农村基本组织制度,这就是延续上千年的家户制度。家户调查关注的是家户制度的原型及其变迁,目的是了解和寻求影响中国农业社会变迁的基因和特性。

其三,村庄调查。主要是以村庄为单位的调查,了解不同类型的村庄形态及其变迁实态。农村社会是由一个个村庄构成的。与海洋文明、游牧文明相比,农业文明的社会联系更为丰富,"关系"在中国农村社会形成及其演变中居于重要地位。中国在某种意义上说是一个"关系国家",但是作为一个历史悠久、人口众多、地域辽阔、文明多样的大国,关系格局在不同的地方有不同的表现,由此形成不同类型的村庄。国家政策要"因地制宜",必须了解各个"地"的属性和差异。村庄调查以"关系"为核心,注重分区域的类型调查,通过不同区域的村庄形态和变迁的调查,了解和回答在国家"无为而治"的传统条件下,一个超大的农业社会是如何通过自我治理实现持续运转的;了解和回答在国家深度介入的现代条件下,农业社会是如何反应和变化的。

其四,专题调查。主要是以特定的专题为单位的调查,了解选定的专题领域的状况及其变化。如果说前三类调查是基本调查的话,专题调查则是专门性调查,针对某一个专题领域,从不同角度进行广泛深入的调查,以期获得对某一个专门领域的全面认识和把握。

"2015 版的中国农村调查"是一项世纪性的大型工程,它是原有基础的延续,也是当下正在从事、未来需要长期接续的事业。这一事业已有数千人参与,特别是有若干人在其中发挥了关键性作用,当下和未来将有更多的人参与。历史将会记录下他们的功绩,他们的名字将与我们的事业同辉!

2016 年 6 月,教育部公布了对人文社会科学重点研究基地的评审结果,我院排名全国第一,并再获优秀。这既是对过往的高度肯定,也是对进一步发展的有力鞭策。为此,本院再次明确自己的目标,这就是建设全球顶级农村调查机构、顶级农村资料数据机构,并在此基础上,形成自己的学术领域和学术风格,而达到这一目标,需要一代又一代人攻坚克难,不懈努力!

徐 勇

2015 年 7 月 15 日初序、2016 年 7 月 15 日补记

口述类序

口述是当事人的语言表达。口述调查是通过当事人的语言表达而获得调查依据的一种调查方法,在当下愈来愈成为社会科学研究的重要手段。

人类社会是一个变化的历史过程。人类不断前行,需要从走过的路寻求启示,于是需要记录历史。历史不仅是客观发展的事实,在一定意义上也是人们记录甚至塑造出来的事实。人类为了顺利前行,必须全面、准确、真实地记录历史,从中汲取经验与教训。对历史的选择性塑造可以使人获得某种短期效益,但最终会受到历史的惩罚。因为历史与自然一样,都有规律可循。只有全面、准确、真实地记录或者还原历史,人们才能够科学把握历史规律。

中国是一个历史悠久的大国,历史感特别强。在中国,历史具有宗教般的神圣感。正因如此,长期以来,中国特别重视对历史的记录。传统中国设有专门的史官职位,民间社会也有记录历史的特殊方法。今天,对历史的记录愈来愈全面,有人将国史、地方志和族谱视为记载历史的三大支柱,但这些还远远不够。口述史因此应运而生。

过往对历史的记录有两个特点:一是以上层人物为主,二是以文字记录为主。人们经常讲,历史是人民创造的,但历史何以记录芸芸众生的创造活动?在历史中保留和传承下来的仍然是少数大人物。即使是芸芸众生也热衷于大人物的活动,从而放弃了历史本身。造成这一现象的重要原因之一,是记录历史的方法主要是文字。在相当长的时间里,文字还只是少数人的专利,只有读书人才能记录历史。读书人读什么书,怎样记录历史则受到人为的约束。因此,由读书人记录下来的历史总有一定限度,许多历史事实因此可能被舍弃、遮蔽,甚至塑造。

口述的出现是对历史记录的一场革命性变革。随着社会进步,对历史的记录不再是被垄断,而是发展为一门科学。对历史的记录也不再为大人物主导,那些过去根本不可能进入历史的小人物也可以因为口述而进入历史。特别是口述可以反映历史的丰富性、复杂性、生动性和隐秘性,大大丰富了以文字记录的历史,从而有利于促进全面、准确、客观、真实地记录历史。

中国是一个农业文明古国,无数的农民是农业文明的创造者。但长期以来,农民作为一个群体并没有进入历史记录之中。即使是在口述被广泛运用于社会科学研究的当今时代,也很少以农民为口述对象。这不能不说是一个历史的巨大遗憾!更重要的是,随着工业化和城镇化的发展,传统农民正在迅速消逝,成为"最后的农民"。尽管这是一个历史的进步,但历史进步中人的生命和活动则是需要给予充分记录的。如果没有对这些"最后的农民"的历史记载,也许这将成为历史无法挽回的巨大遗憾。

作为一个农村研究机构,除了与其他机构一样要匆匆往前赶,完成各种任务以外,我们在农村实地调查中也深深感受到抢救农民历史的紧迫性。历史责任感驱使我们记录农民的历史,口述则为我们提供了最为合适的方法。因为对于农民来说,有关他们的文字记录太少了。

农民是以土地为生的人。土地对于农民不仅是一种生产资料,而是一种在长期历史中形成的深厚的感情、甚至崇拜,如许多乡村田野都供奉土地神。因此我们所做的农民口述首先围绕农民与土地的关系而展开。

在世界现代化进程中，中国有着独特性。一则中国是在一个传统农业文明保持相对完整的状态下一步跨入现代化门槛的，二则中国跨入现代化门槛之后的变迁特别迅速。这使得农民与土地的关系发生着深刻而急剧的变革。这种变革的深度、烈度、广度、弯度都是世界上少有的，对农民的生活及国家政治的影响也是世界少有的。

如果从现代化进程看，中国的农民与土地的关系变迁经历了四个阶段：土地改革、土地集体化、土地承包、土地流转。

土地改革是迈向现代化大门的起点。现代化不是凭空产生的，它是传统社会向现代社会转变的过程。农民是传统社会的主要因子。就中国而言，农民的命运对于现代化具有特殊意义。一则中国农民在进入现代化之前，没有如英国一样发生内部演变过程；二则中国传统农民人数众多，直到 20 世纪 80 年代还占全国人口总数的 80% 以上。这一状况使得农民与土地的关系在中国政治关系中具有基础性地位。中国现代政党一经诞生，就将解决农民与土地的关系问题作为基础性议题。在中国，土地问题不仅仅是产权问题，而且是政权问题，土地问题承载着大量的政治、文化和社会因子。因此，到 20 世纪中叶，土地产权改革一直伴随政权的变革，并带来了全面、深入的社会变革。这一变革是历史性的，它将变革引向中国的基础性部分。而这一部分在历史的王朝变更中是从来没有被触及的，因此它改变了整个中国的政治基础，也改变了无数人的命运。如今，经历过土地改革的当事人正在迅速走向人生的终点，他们的口述可以让我们对这样一场历史大变革有更多的认识和理解。

对于中国而言，20 世纪中叶是狂风骤雨的年代。土地改革完成不久，中国就开展了农业集体化。集体化对于中国农民而言，特别新奇。因为数千年以来，中国农民都是以一家一户的方式进行农业生产经营的。而在推动集体化的主政者看来，正是这种一家一户的生产方式造成了农民的贫穷。土地改革让农民有了土地，但一家一户的生产方式有可能再次造成农民的贫穷。于是，以国家的力量推动农业集体化，农民的土地、生产，甚至生命活动都以农村集体的方式加以组织。集体因此成为中国农民生产和生活的基础，其影响一直延续到当下，"大集体"成为当事人难以遗忘的历史记忆。

在土地集体化进程中形成的人民公社，其兴也勃，其废也忽。20 世纪 80 年代初，人民公社体制得以废除，以家庭为单位的土地承包经营制得以兴起，并被确立为农村基本制度。土地承包实行以家庭为单位的经营，在形式上与传统的家庭经营相似，以致有人一度认为是"辛辛苦苦三十年，一夜回到解放前"。但历史不会倒退，也难以简单回归。土地承包毕竟是在土地集体所有基础上的一种新的经营方式，并因为这种承包关系使得土地具有了所有、承包、经营、收益等多重性。这种多重性的产权关系是世界上少有的，它既促进了农业发展和农民保护，也会给农民与土地的关系带来许多复杂性。当事人的叙说也许与土地关系一样有不少复杂元素。

土地给农民带来生存和希望，也可能造成对农民的束缚。不断增长的人口使土地负载过重，更是农民贫困的基本原因。农民与土地关系的调整和变革，有可能解决农民一时的生存问题，但难以从根本上避免重回贫困的陷阱，而走出土地或许会获得一片新的空间。20 世纪 80 年代，世世代代视土地为生命的农民开始离开土地，寻求新的产业和发展空间。土地流转因此得以启动。流转必须建立在产权明晰的基础上。进入 20 世纪，由国家主导进行土地确权，第一次全面深度介入农村产权领域并担负着保护产权的功能，其深刻意义也许还要许多年才能显现,但它对农民的生活和意识的改变则是无疑的。

农民与土地的关系是农村基础性关系,但并非全部。中国农村已经并正在发生深刻的变化。这一变化不仅体现在不同领域,不同人群在其中也有不同的状况。我们还将从不同领域和以不同人群作为特定的口述对象,更全面、充分、广泛地记录大历史中农民小人物的生活与命运。比如,我们稍后启动的农村妇女口述史调查,就是围绕"关系·惯行视角中的农村妇女"主题,记录农村妇女与家庭、家族、宗族、村庄、市场、国家、政党等的互动、互构关系,以及农村妇女自身的发展变迁历程。

当下,口述史调查愈来愈多,我们的口述调查除了特定对象以外,还有以下特点:一是专业性。尽管我们的口述对象主要是农民,但我们的目的是用于学术研究。因此特别注意客观性,以口述事实为依据,避免主观倾向性。二是可分析性。我们的口述调查不是一般的描述事实,更不是讲故事,而是能够从事实中获得发现,其事实具有可分析和二次、多次开发的价值。因此我们设计了结构化的基本调查提纲。三是规模性。学术性开发需要一定的样本数量,我们的口述调查注意规模和比例。考虑中国地域大,不平衡性强,我们的调查尽可能照顾到全国各个区域,如农民与土地的关系口述调查,力求做到全国农村每个县级单位都能够有所反映。

我们的口述调查从土地改革开始。为此,我们特别请本院初创人张厚安教授做了讲述,并作为口述类第1卷导语。一则在于张先生作为土地改革工作队队员,亲身参与了土地改革,有丰富的实践经验。二则在于张先生长期从事政治学和农村研究,具有专业功力和眼光,他的真知灼见具有启发意义。

历史的生命在于真实。但历史的真实与真实的历史总是有距离的。与其他方法一样,口述也有限度。口述对象同样会产生对事实的选择、加工,甚至塑造。小人物与大人物一样,都希望在青史上留下好名。我们在进行口述调查过程中,力求客观、准确、真实、具体,只是所希望的与所能达到的还是会产生距离。但无论如何,农民口述可以为农村农民史保留一份珍贵的记忆,也是我们正在进行的大规模中国农村调查的重要组成部分!

徐　勇

2016 年 1 月 8 日

编写说明

　　作为教育部人文社会科学重点研究基地，华中师范大学中国农村研究院历来重视农村调查与研究，《中国农村调查·口述类》是该基地新版"中国农村调查"项目的重要成果，在付梓出版之际，特做以下说明：

　　第一，口述调查依托基地"百村观察"项目，从全国 31 个省（市、自治区）的三百多个定点观察村庄和众多非定点观察村庄中，通过随机抽样的方式，选取最合适的对象。同时，考虑到中国地域大、不平衡性强的特点，根据抽样原则，对口述样本相对缺少的省份、县市进行了补充调查，口述样本覆盖全国各个区域。

　　第二，口述调查对象都是亲身经历过特定历史变迁、身体健康、头脑清晰、记忆力较好的老人，这些人都能完整地口述相关事件。但是由于受访者基本上是八十岁左右的老人，受个人经历、记忆偏差等的影响，受访者对同一历史事件的讲述会出现不一致的地方。为客观、真实地展现受访者的叙述，材料中除对个别明显有误的内容进行更正或注释外，一般都保持原样。读者在阅读时需要注意。

　　第三，口述调查时全部进行了录音，调查结束后由调查员将录音一字一句地转换为原始文本，包括受访者口述时的语气、神情等，均在原始文本中做了记录。之后在原始文本基础上，按照历史事件的发展过程进行分阶段整理。本书即是分阶段整理、分地区编排形成的。材料中出现的地名、人名、单位等均为实名，文字整理基本上采用了受访者的原话，保留了大量的地方性话语，有些方言口语化明显、且难以理解的做了相应注释。

　　第四，本书中的文字材料、照片、证件资料等，均获得了受访者的书面或口头授权。凡是从档案馆等机构获得的资料，均注明了来源。

　　第五，对于受访者讲述到的容易引起争议以及有待进一步核实的内容，在不影响材料完整度和客观性的前提下，编辑组进行了部分删减，其他内容则基本保持原貌。

　　第六，由于访谈对象提供内容的局限性，并非所有访谈的栏目都是齐全的，编辑组未强求统一。

　　第七，由于是口述几十年前的历史，同一个村的老人对同一件事往往说法不一，对这类问题一般都会按多数人的说法统一，但少量的不一致无法处理，但对整体阅读没有什么影响。

　　第八，书稿中的受访者一般都有单人照片，但也有少量的照片是受访者与调研员及他人的合影，考虑到绝大多数照片都没必要说明，照片也就没有一一介绍了。

《中国农村调查》编辑组

2018 年 3 月

目　　录

CKH20170715FFR 冯福如

调研点：山西阳泉平定县冠山镇东门街
调研员：崔凯华
首次采访时间：2017 年 7 月 15 日
出生年份：1937 年
是否有干部经历：1976 年曾担任妇女队长
是否生育：是
受访者结婚的时间节点、生育子女的具体情况：1956 年结婚；1958 年生第一个孩子，共生育五个孩子，三儿两女。
现家庭人口：4
家庭主要经济来源：子女务工收入
受访者所在村庄基本情况：陈家山村位于山西省晋中市灵石县翠峰镇境内，位于翠峰镇东北方向，面积 6800 余亩，人口 634 人，境内群山起伏，沟壑纵横，交通较为不便。陈家山村属于温带大陆性气候，夏季高温多雨，冬季低温少雨。居民皆为汉族，以陈姓为主。主要从事农业种植业。
受访者基本情况及个人经历：老人生于 1937 年，二十岁结婚。生有五个孩子，三儿两女，现都已成家立业。结婚时，丈夫在平定县公安局任职，老人于 1958 年到阳泉市供电局工作，1962 年响应党的号召回乡建设，二人长期两地分居。1981 年老人迁到平定和丈夫团聚，后定居平定。

老人一生跌宕，数次沉浮。但生活的艰难困苦从来没有打倒她，老人自小便积极参加乡村建设，加入妇联，宣传党的政策，为村庄的建设做贡献。无论是在新婚燕尔便和丈夫分居两地时，还是操持着整个家庭的"三年困难时期"，都兢兢业业为村民服务，调解村民矛盾，带领村民进行劳作，为村民实现通水通电，真正是巾帼不让须眉。虽然老人已经八十高龄，但依然精神矍铄，令人钦佩。

一、娘家人·关系

(一)基本情况

我的大名叫冯福如。我的名字是我的奶奶在我刚出生的时候帮我起的。我的名字虽然没有什么特别的含义,但是我很喜欢。在我的家里还有一个兄弟和一个姐妹。我们家里所有姐妹兄弟的名字都是我奶奶起的。我们的名字一般都是按辈分来起。以前我们家有四十多亩地。在土地改革运动的时候,我们家是贫下中农。我们家没有抱养的情况。我在大约二十岁的时候嫁给我的丈夫。我的丈夫家里面当时大概有三四十亩田。我丈夫的家是上中农。我的丈夫家里面没有其他兄弟。也没有抱养的情况。我和我的丈夫一共生了五个孩子,三个男,两个女。我在生第一个孩子的时候二十一岁。

(二)女儿与父母关系

1.出嫁前女儿与父母关系

(1)家长与当家

在我未出嫁的时候,我们家一般是我奶奶管家。我的奶奶是童养媳,她七岁的时候来到了我的家里,在二十多岁的时候,我的爷爷去世了,所以一直都是我的奶奶管家。村里面也比较认可这件事情。

(2)受教育情况

我以前在家的时候念过一段时间的书。我在我们村子里面大约念了四年的书。再后来1949年之后,我就去了扫盲班。我们家还是比较支持大家念书的。所以我们家大部分的孩子都念过一段时间的书。我们村子是一个比较大的村子,很少有女儿没有读过书的,大家也比较支持读书这件事。

(3)家庭待遇

我们家男女孩子的地位差不多,都是平等的,没有出现特别的重男轻女的情况。做衣服的时候,在我们家一般都是先给我。我感觉在我未出嫁的时候,我的娘家非常的宠我。过年的时候,男孩女孩都有相同的压岁钱。

(4)女孩的家外交往

我们有不同的一点是男孩可以出去拜年,女孩不可以。我的母亲也不可以出去拜年。母亲虽然不可以出去拜年,但是如果有人家办喜事的话,母亲也可以一起参加。我们那个村子好像很少有因为贫穷讨饭的现象。倒是有人逃到我们村子,在我们村子里面生活的。

(5)女孩禁忌

我感觉我们家对女孩也没有特别的规矩。我们也可以在小的时候和儿子(男孩)一块玩。我还经常和男孩打篮球。女孩的衣服能和父亲兄弟的晾一块。我在我们家不干家务。我妈去世后我才开始干,那会我们家的媳妇就有三个,活都是她们干。

(6)家庭分工

我的父亲是农民,在村里面当干部,我的母亲是家庭主妇。兄弟那会还很小,不干什么。我比他们大十来岁。我们村大部分人都下地干活,即使一些比较富有的人家也是这样。下地干活主要是比如说夏天的时候割小麦,大家都会一起去。姑娘们也会一起和他们下地干活。在我们那边,姑娘们大概到能干农活的时候,就去干农活。我小时候学过纺线,自己的衣服都是我们用棉花纺的。但是我不太会织布,在村子里面有专门织布的人。我和我奶奶学过绣花衣服做鞋,但是不太精通,做出来的衣服基本都是自己穿,一年至少每个人要三双鞋子。农业集体化以后,我们就不纺纱了。我们那里供销社有卖衣服的,在那个年代卖衣服是有卖的,但是大部分的人为了省钱,都是买布,自己做衣服。

(7)家庭教育

男孩和女孩的教育没有什么区别。实际上我们对男孩和女孩的各个方面都没有太多的区别。男女穿着上有不一样的,女孩喜欢色彩鲜艳的。在我们那个年代有媒人说亲。那种人和我们家打不好交道,我们家不喜欢这些游手好闲的人。

2.女儿的定亲、婚嫁

(1)定亲经历

我是在1949年以后定的亲。我和我的丈夫定亲是因为我的婶婶介绍,但是我和我的丈夫从小就认识,我对他的家庭还是比较了解的。定亲的时候也问过我一些意见,我当时有些不愿意,不过最主要的原因是因为他的家庭,而不是他。因为他的母亲是继母,所以这个情况比较特殊。因为当时给我上门提亲的人很多,所以我就提出条件,最大不能超过我三岁,最少初中文化程度,必须是干部,当兵的、下窑的都不行。但是我丈夫,他十八岁就当干部了,只比我大一岁,还是初中文化,三个条件都满足,我们家就对他很满意,所以我才嫁给他。

在我们那边定亲没有什么仪式,我们家也没有说什么彩礼之类的。定亲的时候,我们两家长也没有会谈,就是我丈夫那边写了一封信,我父亲这边写了一封信,这桩婚事就这么定了。定亲之后一般就不可以毁约,第二年他回来以后就要结婚。定亲之后谁也不和谁走动,男女双方也可以见面,结完婚还是我还在我家,他一直在平定,就结婚回去七天,完了他又走了。

(2)出嫁经过

我们结婚的时候有婚书。双方的家长都在婚书上面有落款。我父亲就是族长,他就是全村人的领导,相当于现在的支部书记。在出嫁以前也没有什么特别的规矩,给我送亲的是自己家的亲戚、朋友。那会也没什么叮嘱,就是嫁出去就算了。出嫁的时候娘家会摆宴席宴请宾客。在我出嫁前三天,我们家就摆宴席宴请宾客,摆了有四十多桌。请的都是我们村子里面的一些人和我的朋友,我的亲戚。在我刚出嫁的时候,我的兄弟们也会去看我。我们家那边是头一天结婚,第二天回门,女婿会和女儿一起回去。在我结婚之后过的生日,娘家就没有人过来,在我们家那边没到六十岁,不给过生日。

(3)嫁妆

1949年以后的话,基本上都会给嫁妆。人家给了六十九块钱,我还给还了两百元的饥荒。我之所以记得这么清,是因为我奶奶说我花钱了,我说:"你胡说,我花什么钱了?穿的衣服还在身上,就买了一双皮鞋,能花多少钱?"结果说他家借了两百元的饥荒,让我爹给还了,我说那也不是我花的。

(4)童养媳

1949年以前,童养媳是没有什么仪式的。

(5)换亲

当地并没有换亲的习俗。

(6)招赘

多数情况下,只有在没有儿子只有女儿的情况下,才会找一个上门女婿。但是我们家那边,大多数的人都会选择过继,或者是其他的人族中的子侄,并不会想要上门女婿。在去祭拜先祖的时候,上门女婿是不允许去的。

(7)改嫁

村里面有二婚的妇女,但是彩礼和嫁妆什么的基本上都没有。二婚的妇女一般都不会受到歧视,不过头婚和二婚在仪式上有一些区别。在我们那里头婚是男的去女方家娶女的,二婚是男方家在家等着女方。

3.出嫁女儿与父母关系

(1)风俗禁忌

我们对女方回娘家并没有什么特别的时间要求,只是节日的时候不能回去,丈夫孩子愿意回去就一起,礼物啥的都不是很必要。姑爷和姑娘不能在娘家住在一起,出嫁的姑娘不能回家扫墓。

(2)与娘家困难互助

如果娘家有一些事情或者遇到很多困难的话,出嫁的女儿都可以去帮助。婆家对此是管不着的,就算婆家有意见也没办法。如果要是出嫁的女儿和姑爷或者婆家遇到困难的话,娘家也会给予一定的帮助,而且娘家会主动帮忙。

(3)夫妻矛盾调解

如果姑娘和女婿闹矛盾的话,姑娘也可以回娘家。住在娘家时,姑娘也可以和其他人见面。父母尽量调解,尽量让女婿接姑娘回家,如果矛盾实在是太多的话,实在过不下去的情况下,才会想到离婚,一般情况下都不想让双方离婚。

(4)离婚

提出离婚的话,需要娘家的同意。如果父母不同意的话,这种情况离婚就比较难了。如果离婚回娘家住的话,兄弟就算有意见也要接纳。

(5)娘家与婆家关系

我的娘家与婆家在一个村,关系较为亲近。

(6)财产继承

姑娘出嫁以后,一般就不能分得父母的财产。如果只有一个女儿的话,那财产自然就属于女儿。但是如果又要下一个儿子的话,那么财产就不属于女儿。

(7)婚后尽孝

女儿也有义务赡养父母。通常情况下,都是照顾父母,送粮送钱之类的。如果父母去世的话,女儿是可以主持葬礼。在葬礼上女儿穿的孝服、还有位置是由儿子来安排。有的女儿也承担葬礼的费用,有的就不给了,都是儿子的事情。清明的时候,女儿不可以去祭拜。

(三)出嫁的姑娘与兄弟姐妹的关系

别人家的姑娘,有的和兄弟关系好,有的和兄弟关系不好。我跟娘家的兄弟是属于好的那一种,我们经常走动,因为兄弟五个,就我一个姑娘,什么都离不开我,他们有什么事都得叫我。娘家的大事需要等着我来决定,不过别人家也不这样。我的父亲和兄弟没有分过家,我兄弟结婚的时候,我还会去上礼的。如果需要借钱的话,我也会找兄弟借钱。如果在婆家受到欺负的话,娘家的兄弟也会来帮我做主。我的兄弟和我的父母有争执的时候,我也会去调解。如果他们不听话,我还会打他们。如果我的儿子或女儿不听话,我的娘家兄弟当时也会帮我管教他们。我的儿子女儿如果要是结婚的话,也会请娘家的兄弟来参谋参谋,但是他们的意见并不是最主要的。结婚他舅舅愿意来也行,来了就会让他们坐上座。回娘家过年的话,一般也没有固定的日期,我们那儿也不兴带礼物去看父母,在过年期间只要带上一些压岁钱就好。父母如果去世的话,出嫁的女儿就不回去拜年了。我和兄弟们也都是一个村子的。

二、婆家人·关系

(一)媳妇与公婆

1.婆家婚娶习俗

我出嫁的时候,我的丈夫家家庭成员有我的婆婆公公和奶奶,我的公公在县委上班。定亲的时候,男方家里也不举办宴席。一般老人坐上座,男方长辈和女方长辈都是一样的。男方迎亲的人是我的公公,我们那个时候结婚也拜天地拜父母,我婆家专门有人主持。这个仪式一般没有什么禁忌,就是要规避属相相冲的人。那会他爸六点钟回去,七点钟领了结婚证,当天结婚,第二天就回门。我们家那边一般是回门之后,才会给公公婆婆敬茶。女人从来就不让上坟。

2.分家前媳妇与公婆关系

(1)婆家家长与当家

一般人家原先谁是家长就还是家长,婆家的家长就是奶奶。我们一般不开家庭会议,意见不一致的时候就两人协商。大家都会发言,最后都集中成一个观点。

(2)劳动分工

我是一个人嫁去他们家的,头年去了他家,第二年就来了平定,1962年回去以后就是妇女队长,村里的人干什么都是由我来安排。我和我的丈夫住在一起,所以在劳动分工方面基本上所有的家务活都是我的,我也会参加下地劳动。

(3)婆媳关系好坏

我和婆婆一直都没住在一个家,所以也不存在什么婆媳关系问题。

(4)婆媳规矩与状况

1949年以前有婆婆虐待媳妇的情况。如果发生这种事,媳妇也会反抗。在媳妇和婆婆有矛盾的时候,村长也会去调解。不过,婆媳关系并没有因为村长的调解发生变化。

(5)外事交涉

家里如果有事,谁在家里,谁就能够出面。

(6)家庭矛盾

我们家是丈夫和公婆有时会发生矛盾,如果闹得太严重的话,有时候我也会去调解。

(7)过节习俗

我们那里过节时也没有什么特别的习俗,过节的时候一般都在婆家过。

(8)财产权

1949年以前的媳妇儿在婆家可以花钱。媳妇儿的嫁妆一般是自己用,不给丈夫。山西人不织布。结婚以后钱都是归我管,结婚以后也有私房钱。

3.分家后媳妇与公婆关系

(1)分家

我从来没有和公婆在一起住过,我和丈夫生活在另一个村子,而且婆婆是继母。我的丈夫一结婚就去外面工作了。

（2）离婚

离婚在那个年代是一件比较丢人的事情，一般情况下尽量不会离婚。如果是公婆要求离婚，这肯定是不行的，毕竟是男女双方在一起度过后半生，只有他们两个觉得不好的情况下才可以离婚。同时如果儿子想要离婚，但是婆婆不允许的话，这个要看情况。如果媳妇没有很大的错误的话，娘家会管这件事情，主要就是给他们两个做工作，尽量以和平的方式处理这件事情。比如如果一对夫妻在已经有孩子的情况下发生矛盾，女方想要离婚的话，娘家有可能会把她送回婆家，当时的人们认为养下孩子之后就不可以随意的离婚，要为孩子着想，同时娘家也会提供一些帮助。即使两个人没有孩子，一般情况下也不会离婚，可以过继其他族中的侄子，或者是两个人一起共度余生。只有两个人实在性格不合的情况下，两人才会离婚。休妻没有一定的仪式，在那个年代只要写一份休书就可以了。当然发展到现在，就变成了两个人领离婚证就可以离婚了。

（3）改嫁

丈夫去世后，如果女方想要改嫁的话，需要征得公婆的同意。婆家如果不同意的话，改嫁也是比较困难的，改嫁不可以带走婆家的财产。在那个时期公婆可以让媳妇儿改嫁就是已经很好的一件事情了，不可以带走婆家的财产。如果有子女的话，可以带走。但是也要经过公婆的同意，如果公婆不同意的话，想要带走子女，也是比较困难的。

（4）财产继承

如果公公婆婆去世了，婆家的财产也是不可以让寡妇继承。一般情况下，婆家的财产会留给孙子或者是孙女。如果寡妇没有子女，可以过继一个族中的侄子，这份婆家的家财也是要由侄子来继承的，而非寡妇。

（5）外出经营管束

在1949年以前，我们那里的妇女一般都是在家中干活，很少有到外面卖东西的。

（6）赡养与尽孝

公婆年老的时候，一般是由儿子赡养，如果儿子去世的话，将会由他的媳妇儿来赡养。公婆做寿的时候，需要的一切都是媳妇来办。

（7）公婆祭奠

公婆去世之后，媳妇可以参与葬礼的有关事宜。媳妇的孝服和儿子的孝服是一样的。下葬的时候，媳妇可以参加葬礼，公婆的墓碑是连在一起的。如果公婆中的一方先行去世，可以先埋这个，等另一方去世之后进行合葬。在公婆去世之后，在祭拜的时候，一般情况下，我们是先拜公公，在给公公立碑的时候，媳妇的名字是不允许写在碑上的。在去上坟的时候，媳妇或者说女儿是不可以去上坟的。

（二）妇与夫

1.家庭生活中的夫妇关系

（1）夫妇关系

我是在结婚的前一天早晨才被告知我的丈夫的姓名的。但是以前见过自己的丈夫，我们是从小一起长大的玩伴。对于自己的丈夫，我还是比较满意的，但是对于他的家庭存在一些不满。他对我也是比较满意的。他连局长的女儿都看不上，回村找的我。我们之间没有固定的称呼。

(2)当家

我们家中是我当家,家里的财政大权是我来管。丈夫每个月会给予一些资金,少了的话就是一个月十块,多的话一个月就是十五,由我分配这些钱,他不管我。

(3)家庭分工(家内,家外)

我在家下地干活。在那个时候,我是我们村的妇女队长,村子里的一些事情都是由我调节。那个时候,我和我的丈夫属于两地分居,那会姑娘都是要嫁上班的人。我结婚之后,1958年就在阳泉供电局工作,1962年由于邓小平提出三十里地以内的家属必须要回家乡,三十里地以外的不用回来,后来就不讲政策了,连同随军家属都要求必须回家,就跟现在的下岗一样。我那时也不理会这种政策,想赶就赶吧,我就在招待所要饭吃,其他地方我还不去了,怕给共产党丢人。

(4)家庭地位

我丈夫平时不敢让我伺候他,因为平时他连我的面都见不到。

(5)丈夫权力

在1949年以后,丈夫不可以硬性要求自己的妻子伺候自己。

(6)娶妾与妻妾关系

在1949年以前,很少有娶妾的这一种现象,但也有特殊情况,比如说,丈夫长时间不能回家,所以他会再娶一个妾,但是一般情况下不会存在。

(7)典妻与当妻

我们村里没有典妻和当妻的情况。

(8)过继

妻子如果生不了男孩,丈夫想要过继男孩儿的话,一般要经过妻子的同意。但是妻子的意见并不是最主要的,丈夫有权利过继男孩。

(9)家庭虐待与夫妻关系状况

在那个时候,丈夫打骂妻子的行为并不常见。在1949年以前,好媳妇的标准主要体现在为人处事方面。如果在为人处事方面比较友善,且能担起一定的责任,得到村民的认可,这就是我认为的好媳妇的标准。在那个年代一般不存在丈夫怕妻子的现象。

(10)副业收入

我们没有副业收入,那会也不纺纱了。

(11)日常消费与决策话语权

家庭的日常花销主要由丈夫决定。在1949年以前,妻子可以不经过丈夫的允许去市场买东西。只要她买的是有关家里的一些日常生活用品,丈夫是不会太在意的。但是妻子在未经丈夫同意的情况下,是不可以买卖家里的共同财产。

(12)离婚

在1949年以前也有人会主动提出离婚,但是这毕竟是少数现象。如果已经分居的情况下,提出离婚的话,不需要必须经过对方的父母商议。共同财产根据法律的有关条款分割。在1949年以后,我不确定我们那里是男人提出离婚的数量多,还是女人提出离婚的数量多,我大致的感觉是我们那边一般不离婚。

2.家庭对外交往关系

(1)人情往来

在家里有客人的情况下,女人是可以上桌吃饭。去别人家吃饭,女人也可以上桌。

(2)家庭责任与义务

如果家里有外债的情况下,妻子一般是要帮丈夫一起承担的。如果妻子出面借钱的话,一般情况下人家也是会借给钱的。

(3)婚外情

丈夫如果有婚外情的话,一般情况下都是家里自己解决。村里面的人也不会过多地干涉这件事。

(4)人际交往与出行

那会我没有什么朋友。妇女那时也可以随便出门走动,我去的最远的地方是县城。

(三)母亲与子女的关系

1.生育子女

(1)生育风俗

我在1958年生下了我的第一个孩子。在我们那边报喜讯是有讲究的,如果生下女孩子,一般是蒸馒头送给村里面其他人家;如果生下男孩子,一般会再抱一只公鸡去娘家报喜。如果生的是男孩,一般过百天和满月,孩子在出生几个月之后就可以抱出来见客了,到时会给父母脸上涂上炭。过百天的时候,我们一般都会宴请宾客。宴请的宾客主要是兄弟、朋友和亲戚,一般被邀请的人是要上礼的,送的礼多以金钱为主,数目不大,大多就是五毛钱。但也有人送粮食的情况,邻居一般也会参加,我们这里不会送红鸡蛋回赠对方。娘家人当然也会来,但是娘家人什么也不用带。娘家无论什么时候,都可以接孩子和女儿回家一段时间。我们一般不给孩子过周岁,而是到了三周岁的时候再给孩子大办一下。

(2)生育观念

我的公婆对生男孩还是女孩并不会太在意,像他们这样想法的人是因为那个时候没有计划生育,就算第一胎是女孩,第二胎有可能就是男孩。但有的人家对于生男孩子比较在意。在那个时候,不论男孩女孩都要过生日,过生日流程都是一样的。

(3)学校教育

到了我孩子出生的时候,去学校读书就没有我们那个时候那么难了,我的孩子们都去上学了。

(4)性别优待

在我们农村对男孩和女孩的待遇并不会有太大的差别,不过男孩吃的比较多,女孩吃的比较少。

(5)对子女财产权力

在我自己的女儿没有结婚之前,一般是由我来掌管她的钱。在结婚之后,她可以把钱全部拿走,那时女人也是有零花钱的。

(6)对子女婚姻权力

儿女结婚,主要是通过两个途径:一是通过自由恋爱结婚的;二是通过说媒结婚。我结婚的时候需要看男女双方的八字,主要看时辰、属相,父母在儿女结婚之前会帮儿女把关。我女儿的结婚仪式和我当年一样,女儿当时结婚时的聘礼是六千块,完婚的时候,基本都带走了,我还多给了她一些钱。我们当时儿子下聘礼的时候基本上是没有花什么,儿子结婚的时候,我没有盖房子。如果想要过得再好一点的话,可以自己出去买房子。

2.母亲与婚嫁后子女关系

(1)婆媳关系

我的儿子大部分都是二十六、二十七岁结的婚。

(2)分家

我在儿子结婚的时候已经分了家,我现在主要是和我的三儿子一起过。大儿子结婚时,我们给他找个地方,让他自己搬过去住,二儿子结婚时也是这样,等到三儿子就是和我住一起了,大儿子是煤炭运销公司的房子,二儿子是银行的房子。

(3)女儿婚嫁(定亲,嫁妆)

我的女儿是在二十八岁定的婚,是通过媒人说的婚。他们定亲以后也都见过,互相走动来往。一般情况下是大年初三的时候,女婿拜见岳母。在拜见岳母的时候,女婿一般提的是饮料,糕点之类的礼品,他有的话就多提点,没有的话可以少提一点。从土地改革运动到改革开放再到现在,结婚习俗没有太大的变化。不过以前一般都是家里包办,现在是婚庆公司包办。以前一般都是拜天地,后来结婚变成了拜毛主席,现在一般情况下都是拜父母。

(4)招赘

1949年以前有上门女婿。上门女婿如果想要离婚的话,财产是不允许带走的。家里如果有手艺的话,会传给上门女婿的。上门女婿的地位低,没有妻子地位高,基本上上门女婿都会吃一定的亏,以前还要求上门女婿改名换姓,现在这一点好像没有了。

(5)援助儿女。

我与我的女儿交往最多,但是孩子们如果有困难,我也都会帮忙。

(6)赡养关系

虽然我现在和三儿子在一起居住,但是儿女都要承担赡养的责任。我很少去女儿家住。

三、妇女与宗族、宗教、神灵

(一)妇女与宗族

1.妇女与宗族活动

(1)宗族活动参与

村子里面有祠堂。祠堂的数目很多,基本每家都有一个。祠堂在家庙里面,一般情况下,大年初一会去祭拜先祖,破"四旧"之后,这个规矩就渐渐没落了。族里组织的任何活动,妇女都有权参加。1949年以前,妇女可以进入祠堂祭拜,同时也可以参与修族谱,且能够在修族谱的时候或者是族中活动的时候提出自己的意见。族中活动一般都是祭拜先祖,包括白事和喜事提前需要请先祖。过年过节,都需要祭拜先祖,出嫁的时候需要去祠堂告祖宗,告祖宗就是给祖宗磕头。

(2)家族活动参与

祭祖一般有妇女参加。如果后代的子孙有当官的或者是比较出息的子弟一般会开祠堂祭祖。家族里面有聚餐妇女也会参加,一般情况下是和自己的丈夫在一起,一般聚餐的饭都是由妇女做的。除了上坟不让女性去之外，没有什么排斥女性的其他活动。过年过节家族不会给分东西，家族里面通常有辈分高的长老主事，有专门掌管女性的长辈。

2.宗族对妇女管理与救济

(1)宗族与生育

1949年以前生男孩生女孩家族里面没有什么固定的仪式。家族对寡妇没有歧视。

(2)宗族对妇女救济与保护

如果外嫁女在婆家受到欺负，作为娘家人，族里也会去做主帮忙。

(3)族规与妇女

一般情况下，每一个家族都会有族规。不过族规是口头传播的，并不是以书本的形式记载下来，约定俗成。如果家族要处置媳妇儿的话，一般情况下也会和媳妇的娘家商量，通知娘家，要是姑娘在婆家受了气，娘家的人都会去讨公道。如果有出轨的现象，一般是要根据身体情况来处理。但主要还是出轨的家庭自行解决为主。以前结婚主要是看门户相对，但是现在也不是很介意这个问题了。族里也不会刻意强调哪一家不能结婚，哪一家可以结婚。

(二)妇女与宗教、神灵、巫术

1.神灵祭祀

求雨求丰收一般都会有一些形式，一般是过庙或者是在文昌庙求雨。求雨的时候，他们会抬着河神坐在轿子上面去求雨，有特殊的人主持求雨。妇女能看求雨的过程，但是不能参与求雨。一般情况下不允许女的拜财神爷和土地爷，只有男的不在的时候，才会由女的拜。有请平安的神，一般都是男的在管神像，实在没有男的才是女的管。正月十二有送神接喜神等庆典，一般都是女的准备、男人主持。村里面祭祀灶王奶奶，各家祭祀各家的。村里面集体祭祀的就是送瘟神和迎喜神。祈求村里平平安安的，可到底管用不管用，谁知道？

2.女巫

村里有神婆和神汉。对于神婆和神汉，有的人相信，有的人不相信。很多人都知道巫医，并且请他们看病。有的丈夫不准妻子去，有的也不会说。

3.鬼节

七月十五是我们这里的鬼节。一般是男的去上坟，女的不去。

4.宗教信仰

我不信宗教。村里也没有多少人信宗教。

四、妇女与村庄、市场

(一)妇女与村庄

1.妇女与村庄公共活动

(1)村庄活动参与

我们在腊月、正月时的活动就是打牌、唱戏。一过了正月，我们就再也忙得顾不上了。没出嫁的时候，我也跟着人家唱戏去，出嫁以后就忙得顾不上了。我有时候也打篮球，我打篮球还是好手。

(2)开会

1949年以前有没有集体会议这个事情，因为我太小不太清楚，但是1949年以后是有集体会议。1949年以前有乡长和村长这样的国民党干部。1949年以后都被打倒了。

（3）逃难

我记得当年逃难的情况，我用一个大布口袋装着我的干粮、衣服，老婆婆们抱着包袱，男人们则是牵着牲口。一听见有人呐喊日本军队来了，我就带着口袋先跑，家里就不管了。

2．妇女与村庄社会关系

（1）社会交往

我在出嫁之前有许多的女伴。我们一起上学，一起玩耍，一起干活。在女伴出嫁的时候，我穿着新衣服去上礼，还去女伴家陪她说话、吃饭。

（2）务工与报酬

1949年以前的女孩子一般都会参加劳动。但是由于我当时年龄太小，并不能干什么特别重的活，就能做纳鞋垫、蒸花卷、熬米汤这些工作。

（3）交往习俗

结婚的时候会拜邻居。出嫁之后，我在婆家也有许多的朋友。在我们那时，有的妯娌关系好，有的也一般。在族里或者是村子里有人建房的时候，妇女一般会去帮忙。其实一般情况下，只要是村子里面有事的时候，全村人都会帮忙。

（4）妇女聚集与活动

不管是1949年以前，还是1949年以后，自我感觉的话，妇女是可以随心所欲地出门露面聊天。晚上乘凉的时候，妇女也可以出门，和相邻的女伴一起聊天，不拘于任何的地方。即使是去一些比较远的地方看望自己的伙伴，比如说邻村也是可以的，并不需要丈夫的同意。自己的丈夫在和别人聊天的时候，妇女也是可以在旁边。不过有时候人多的话容易搬弄是非，妇女在一起就自动有挑头的了。

（5）女工传承

妇女交流的话题有很多，也包括比如说做鞋子、照顾孩子、照顾老人之类的话题。别人有本事，而自己没本事就要和人家学，自己要是没本事，就会被别人小看。

（6）矛盾调解

如果妇女因为一些话题吵架的话，一般都是由村里的干部来调解。

（二）妇女与市场

1．市场参与

我自我感觉在农村并没有很多对妇女的禁忌。我们可以出门，我们可以去市场，可以去卖东西，只要是想去的地方，我们都可以和男人一样大大方方的出门，并不一定要非征得某些人的同意。但是1949年以前，可能卖东西的女性数量会较少。我们也会一起结伴出门喝茶、吃东西、听戏，但是我感觉我们村子好像很少有人外出打工。村子里面的人也很少有出村子的情况，即使喝茶、听戏、吃东西也是仅限在村子里或者是邻村。

2．市场交易

一般情况下我们都会自己种棉花，不过也不是所有人都能种棉花，一般大户人家会自己种。做衣服的针线都是从市场买回来。1949年到改革开放期间，家里面有很多的票，粮票、布票、肉票等，但是农村不存在什么豆腐票和自行车票，那些副食票是城里才有，村里的豆腐都是自己做的。1949年以前物物交换的现象还是挺普遍的。

五、农村妇女与国家

（一）农村妇女认识国家、政党与政府

1.国家认知

国家这个概念我从小就知道。1949年以前宣传过男女平等，也有一些促进男女平等的措施。1949年以前，我们村子里有公办的小学。1949年以前，我们一般是用纸币来买东西。后来，日本钱币作废之后，我们一直用的是共产党出台的钱币。1949年以前，妇女不用向国家交税。

2.政党认知

1949年以前，我们知道有国民党，国民党是些坏东西，每次开会都斗争他们，一开会就倒霉了，先斗争完他们再说开会。我也知道孙中山等国家杰出人物，也会关注国家领导人提出的方针政策，我以前也比较关心国家的政事。在1949年以前，我们村子里的老师会给我们普及共产党的历史。在我很小的时候，我就听说过共产党，我在以前也当过一段时间的干部，开会我们农村一般就是研究下一段时间种植的作物或者是传达上级的命令。记忆最深的一次会议就是林彪叛乱。

一般情况下，我们最早参加共产党的会议是选代表。那个时候我们选代表一般都是直接选举，我们一家除了我以外，都是党员。因为我们家人各种条件都合格，所以才有幸成为了党员。因为那时比较优秀的人才能成为党员，所以我们家非常的骄傲。我也想成为党员，但是很遗憾没有入选。

3.政府认知

以前共产党办扫盲班的时候，我很有幸能加入。我们那个时候上课的老师都是一些专业的老师，有上面调派下来的，也有村里推选来的。扫盲班的主要任务就是教大家识字读书。

1949年以前，我的父亲是一名干部，所以我经常有机会能接触到干部和干部打交道。在1949年以前，我们村子曾经有中央的干部到访过。中央的薄一波去过，在村里住了一个月，当时也不知道是薄一波，等他走了才知道。薄一波每天出来就坐在槐树下面，我们以为这是个要饭的，不过我们那里的人不欺负穷人。我们那个地方以前是革命根据地。在1949年以前也有女性当过干部，不过那会我还小，人家现在是离休干部了。我希望我的女儿和媳妇都当干部，但是她们不会说话也当不了。

对于计划生育，我觉得一个孩子太孤单了，至少要生两个以上。在农村实行计划生育，有很多的困难，很多人都不理解实行计划生育的意义在哪里。主要是在农村，一般都是以务农为主，如果要是实行计划生育的话，那么劳动力就会大大的减少。国家支持女性走出家门，参与社会实践，我非常支持。对于女性而言，既要参加工作，又要在家里操持家务事是很累的。但我仍然觉得，和以前的生活相比，我更幸福。政府提倡新事新办，废除旧的人情世故，就没啥应该不应该，不过有些事情太过分了，这些事情都不好说。

（二）对1949年以后妇女地位变化的认知

1.妇女组织

在我很小的时候就知道妇联了，也很积极地参加了妇联会。我一直很热情地给妇女们办事，哪家出了什么问题我都要去调解。我在妇联很有收获，我觉得妇联这个组织也很好，后面

是为了工作我才离开的。

2.妇女地位变化

我认为共产党给予妇女最大的政策优惠就是男女平等,妇女平等、妇女能顶半边天这样的口号,我在很小的时候就听说了。妇女代表的产生提高了妇女地位,选举时会给妇女投票。1949年以前妇女也可以参与修族谱。后来,女孩子受教育上有了改善,我女儿念了12年书,孙女念了15年。

3.婚姻变化

我们以前的婚姻都是父母包办,儿女的婚姻现在都由他们自己做主了。

4.政府与家庭地位,家庭关系

因为国家的政策支持,1949年以后妇女的地位大大提升了。但是现在有一些女性的所作所为,不知高低,做得很过分,这和政府、领导都有关系。"文化大革命"以后才这样,一天比一天不像话,妇女的穿戴都是乱七八糟。我还是希望国家能出台一些政策,禁止媳妇儿虐待婆婆。

(三)妇女与土地改革运动

1.土地改革运动动员与参加

在土地改革运动工作中,我们家被划分为贫下中农。土地改革运动工作队到过我们家里,给每家每户讲该分多少东西。在土地改革运动中,根据家庭的人数,来分土地的数量,家具的多少等。我知道给妇女分土地的政策,当时也有不参加土地改革运动的妇女。

2.斗地主

斗地主的口号有很多,但是我都忘记了。我上台斗过地主,也分过地主的东西,主要是封建地主的一些土地。当时我挺开心,有一些人还是比较害怕。

3.分田

土地改革运动政策我也参加了。土地改革运动中男的和女的分到的土地数量是不一样的,一般情况下男的多于女的,土地证上也没有女性的名字。土地改革运动的时候,我还没有成家,所以土地改革运动的时候是分给我父亲。

4.妇女组织

在土地改革运动的时候,女性一般都是做宣传工作。为了方便起见,我们每个村子里还有土地改革运动工作队,但是,土地改革运动工作队里面没有女队员。村里有妇女委员会,有妇女主任等干部,她们都是共产党的人,贫下中农的占多数。我不仅参加过妇女会,还经常发言。我当干部就是领导妇女们,分配什么季节种什么,国家有了政策,就领导着。干部都是有本事的人,要是没有能力人家都看不起你。

5.对妇女翻身的认识

我认为1949年就是男女都平等了,女人不能受男人的压迫。

(四)互助组、初级社、高级社时的妇女

1.互助组时期

我参加过互助合作社。我认为互助组就是三个人一起干活,你家的牛、我家的驴一块劳动,打回的粮食我们一块分。参加互助组的时候,妇女也会参加劳动。我很愿意和其他家一起合作,一起参加劳动。

2.合作社时期

我认为合作社是合并大队，整个管理局是一个领导。在合作社的时候，土地、农具都进入了合作社，这是征得个人允许的。妇女同志不管愿不愿意都没办法，都是党的政策。妇女也都要下地干活。

3.合作社时期女干部

从互助组到学大寨，我一直都是干部。我当过互助合作社的干部，印象中最难的一件事情就是入社。我觉得最有成就的一件事情就是为村子接上了水和电。每个合作社都要有女社长，主要管妇女，妇女有事都是她去解决。妇女也会参加相关会议，她们有时会发言，也能起到一定的作用。

4.性别分工

在互助合作社的时候，一般是女的干轻活，男的干重活。男女报酬一般也不一样，男的十分，女的八分，但是粮食分配一样。不过在劳动日的时候，男人口粮比女人多。我还是比较适应集体劳动，也比较适应和男的一起搭配干。我认为还是大家一起连说带笑的好，如果一个人在地里干活能把人闷死。

5.集体劳动与分配

在参加集体劳动的时候，我一共有五个孩子。通常情况下都是年龄比较大的孩子照顾年龄比较小的。家中都是我一个人在干活，我一天除了吃饭、睡觉回家以外，所有的时间都在外面干活，一年三百六十五天没有闲。哪怕外面冻得不能做活了，我回家还要干活。晚上开会念报纸时，我还要做鞋扣，我一晚上能做一对鞋扣。

(五)妇女与人民公社、"四清""文化大革命"

1.妇女与劳动、分配

(1)妇女与劳动

我参加人民公社的时候已经二十多岁了。在那个时候，我们那边的妇女从家里到公社都是在劳动。在人民公社的时候，我们天天喊口号。也存在分工，分工主要是看男的和女的是否可以承担此项工作，如果承担不了，就不会给他分配这样的任务。但是也视不同的村子的男女比例而定，有的村子男的少，主要的劳动力都在外面工作，家里的活，比如像耕地、撒种子之类的，就是由妇女负责。在工分上，男的挣得多，女的挣得少。这是因为女的的工作是比较轻便的，男的偏重于重体力，理所当然的就要比女的挣得多一点。男女都可以当干部，一般而言，男性是正的，女性是副的。比如像会计这个职业，担任者有男有女。大炼钢铁时期，就没有妇女参加了，基本都是男性去干活。

(2)单干与集体化的选择

当时集体干活存在马虎和偷懒的情况，对于这些人，队长会扣分或者给予一定的批评。对于单干和集体劳动，当时人们的想法不同，有的人觉得集体好，归集体所有，可以有一定的依靠，分产到户可能需要自己承担风险。就我自己而言，我在集体劳动中习惯了，分产到户后，我一个人忙不过来。但是也存在有些人不愿意参加集体劳动的情况。

(3)工分与同工同酬

我们一般都是所有人在做完活后当场评工分。每次评工分的时候，我们会存在许多的矛盾和意见。即便我们干同样的活，可是女性最多一天挣八个工分，男性最多一天挣十二个工分。这就很不公平。

(4)分配与生活情况

男女分配的口粮是一样的，而自留地则是按每家的人口分的，比如说我们家有五口人，那么别人会分给我们半亩田地，如果另一家是十口人的话，那他们家就能分得一亩田。我们家是缺粮户，我一年只能挣两千工分，这些分养活不了我们全家。在后面我没有办法的情况下，我就去养猪、当队长、当会计，只有这样零零碎碎地努力干活，我才不用贴款。

2.生活体验与情感

我们这里开了大食堂，但是没有成功。比如说咱们这个队，食堂吃饭是分配给每个人一定分量的。妇女和小孩都有自己的定量，食堂给得都比较少，我们都吃不饱，饿得最后都没有足够的体力来干活，最终因为饿，人民公社食堂没能继续下去。而在"三年困难时期"，四个人分三个窝窝头，饿得人们都无心生产。

3.对女干部、妇女组织的印象

公社大队有妇联，那个时候的妇联也就是鼓励大家劳动。当时我们那里也有妇女劳动模范。在评奖的时候，妇女劳动模范会戴着红布条和鲜花。当时对她们的表彰通常都是口头表扬，也没有奖金。

4."四清"与"文化大革命"

地主婆或地主子女在上地干活的工分上是一样的，但是婚姻受到较大程度的影响。有一些人家比较讲究这些，不愿意和地主子女结婚。在割资本主义尾巴的时候，我们家的自留地被没收了。大部分的人家都舍不得自己吃鸡蛋，多数都会卖掉，鸡蛋倒是可以随时卖，就这一点而言对自家的生活影响不大。在破"四旧"的时候，我们家也有很多东西被收。

(六)农村妇女与改革开放

说实在话，那个时候集体经营已经有很多年了，也有很多人已经不想个人单干，这时的土地证上有我的名字。至于选举，我也参加过选举，在选举的时候，也有一些妇女被选举。二十世纪八十年代之后国家提出了计划生育政策。如果让我自己选择的话，我愿意生至少两个孩子。扶贫政策对男女没有什么区别。我通过看电视新闻了解国家大事。知道网络，但是不会使用，通常使用手机中的通话功能与自己的子女联系。

CWQ20170728LZL 李志兰

调研点：山东省诸城市陶家岭村
调研员：陈文倩
首次采访时间：2017 年 7 月 28 日
出生年份：1930 年
是否有干部经历：否
是否生育：是
受访者结婚的时间节点、生育子女的具体情况：1953 年结婚；共育有八个孩子，1954 年生第一个孩子；其中七个女孩，一个儿子。
现家庭人口：4
家庭主要经济来源：务工
受访者所在村庄基本情况：陶家岭地处平原，适宜人类生存，人口较多。气候为温带季风气候，冬冷夏热。基本作物为小麦、玉米、花生等，有些人家种植扁豆、茄子、豆角、黄瓜、白菜等蔬菜。村庄的一部分现在已进行棚户区改造，建设成小高层。其余的仍然为平房，一部分富裕人家自己修建了二层小房子。小区姓氏多元，李姓、王姓等大姓相对偏多。居民以外出打工为多，人地关系矛盾缓和。

受访者基本情况及个人经历：老人出生于 1930 年，有三个兄弟、三个姐妹。

老人在二十三岁的时候在媒人的介绍下和本村的一个男人结婚，二十四岁生下了他们的第一个孩子，共生了八个孩子。老伴年轻的时候常年在外打工。老人平常与婆婆住在一起，娘家很近，偶尔会回家看望。老人说婆婆的脾气很好，平常对她打骂并不多，她从来不和婆婆顶嘴。

老人在叙述她的一生的时候很平静，没有经历什么大风大浪，在娘家叔叔挣钱多，在婆家丈夫务工赚钱也不少，受欺负较少。唯一有印象吃不上饭的时候就是"三年困难时期"。现在老人身体健康，跟自己的儿子生活在一起，平时每月有国家发放的两百元补贴，基本生活可以满足。

一、娘家人·关系

(一)基本情况

我叫李志兰,小名叫喜欢,出生于1930年。我的名字没有什么寓意,是在5月17日我大大[1]给我起的。我有三个兄弟三个姐妹,家中没有被抱养的情况。我兄弟姐妹的名字也都是我大大给起的。我家里有五亩地,在土地改革运动的时候被划分为中农。我二十三岁的时候做喜子[2],丈夫家里在土地改革运动的时候划分为贫农,家里土地不足五亩。我丈夫家里有两个哥哥,两个姐姐,其中一个哥哥经常不在家。他在家里是最小的孩子,家里没有孩子被抱养的情况。我有八个孩子,一个男孩,七个女孩,生了八胎,生第一胎的时候我二十四岁。

(二)女儿与父母关系

1.出嫁前女儿与父母关系

(1)家长与当家

出嫁之前在娘家的时候都是我大大说了算,我大大是家里的家长,家中的钱财、钥匙都由我大大管理,外出开会也是他去。家中不分外当家和内当家都是他说了算。当时我的家庭情况还不错,我大大跟我娘当家,我们这些小孩都不管事,村里也并不管到底是谁当家,小事上女人也可以说了算。我大大能干,杀树、抬灵、给人家讲喜子[3],这些他都会。我爷爷没有了的时候,我们还小,我娘也当家。我弟弟十八岁就讲喜子了,家里都有老人,也不用兄弟当家。

(2)受教育情况

我小时候在小学上了一年,读了一本小书。家里人愿意让我读书,他们说这样可以多学点东西,我的其他兄弟也读书了,姐妹们读没读书我忘了。1949年之前,男孩女孩都在一起读书,因为当时村里就只有两所学校。村里的人是想着都让小男孩上学,但是在我们家里,我们兄弟岁数小,我们岁数比较大,我们才有机会上学。

(3)家庭待遇及分工

在娘家,男孩女孩都是一个待遇,因为是先有的我,又有了我兄弟,我大大对我很惯[4],但是却不惯我兄弟。吃饭的时候,男孩女孩都能上桌一起吃饭,我父母觉得都是自己养的,没有糙和不糙之分。座位也没有什么规矩,坐在桌子两边哪里都行。添衣服的时候是先给小女孩添,因为家里人觉得小女孩比小男孩大。一般添衣服的时候就是过年,那时候家里穷。过年的时候,男孩女孩的压岁钱一样多,因为都是自己养的,也没有什么分别。

(4)对外交往

对外交往的时候,男孩女孩也一样,一样吃一样穿,过年女孩也出去拜年,一般是给大娘大爷,一些自己家里的亲人,家里有客人的话,母亲、兄弟姐妹们这些孩子也不能上桌。到别人家吃饭的时候,只有走娘家,我娘才去。如果是父亲不在家,那么我就代表父亲去吃饭。

(5)女孩禁忌

女孩没有什么规矩,多大年龄都可以出去玩儿,出门也没有什么讲究,去姑姑家、姥姥家

---

① 大大:爸爸的哥哥。

② 做喜子:结婚。

③ 讲喜子:结婚。

④ 惯:宠爱。

都行。出门的话,一般是让家里的老人领着。女孩能跟村里的男孩儿一起玩儿。女孩子的衣服跟大家的衣服也没有分开晒,一般都是一根绳子挨着晒。

(6)家庭分工

在娘家的时候,父亲、母亲、兄弟姐妹都是分工干活,一般是父亲种地,母亲在家做饭,兄弟在家玩,有时也会干活,姐妹们种地、锄草。家里也会因为兄弟是男孩而让他少干一点活,大户人家的母亲有的也会下地干活,他们家的闺女基本不用下地干活,而一般人家的母亲和闺女在家则是什么都要干的。

我会纺纱,我们村里好多人都会,但是我不会织布,我是在十三岁学的纺纱,会自己做鞋子、做衣服,当时做鞋子衣服的布都是自己买的,做好了衣服就分给自己的儿子和自己的女儿,家里对男孩还有女孩都没有什么区别。

2.女儿的定亲、婚嫁

(1)定亲过程

我在1949年之前二十三岁时就定亲了。结婚之前,说媒的将婆婆家的情况都说给我听了。我自己的想法是我嫁的家庭一定要有一个好婆婆,当时是我叔伯家的哥哥给我介绍的这门亲事,我父母也都同意了。

如果是在村里的话,有一方去世,婚姻应该会自动解除,我也不是很清楚,没有经历过这些事。我对象成天不在家,都在外边干活。如果是在女的出嫁之前男的去世了,如果他们关系好的话,女方也会派人去祭奠,当时的社会,男的和女的离婚后,按照习俗彩礼是不退的。要是新娘还没有嫁到新郎家就去世了,一般就是埋到她婆婆家那边儿去。定了亲之后,一般都是不能反悔,我在村里也没有听说过有反悔的情况。如果是反悔的话,我也不知道是要男的出面,还是要女的出面。定了婚之后,我们两家还是经常走动。我们还没结婚的时候,我对象就来看我的爹娘,他来的时候有时候带东西,有时候也不带,这个说不准。来的话我家里都要招待他,如果是来的时候,他给我们拿礼品,回去的时候,我们也会给他们装上一些礼品。刚定亲还没有结婚,他来到我们家的时候,我也没有回避。定亲之后还没有结婚,我们也相互见过面,我们都是一个村的。反正我们都是一个村的,想啥时候见面就啥时候见面。

结婚的时候也没有什么规矩,他们觉得喜欢就好。我们没有交换生辰八字,当时的彩礼是收了两身衣服,结婚的时候不收礼金。结婚之前双方家长在一起谈论了很长时间,结婚当天全家都出席。他们在一起谈论了些什么事,我也不知道,我对这门亲事很满意。

(2)出嫁经过

我是二十三岁结的婚,当时是我兄弟给我写的婚书,然后我们去登记领的结婚证,当时婚书上的落款是写父亲,当时婚书就是随便写的,因为已经在民政局领结婚证了。结婚那天在娘家也没有什么规矩,基本上什么事儿也都没干,我出嫁那天是我妹妹来送的,我爹我娘都在后边跟着,他们用小推车把我推了过去。那天我们大家一起吃了饭,大家都很高兴。结婚那天娘家请客,请了好多人去,主要是一些亲戚,还有邻居之类的。他们来了之后也不需要有什么规矩,没有什么礼仪之类的,大家随意就行了。

(3)嫁妆

结婚的时候给我陪送的嫁妆是一些家具,还有衣服。当时家里都没有很富的,都不会给钱。不过村里的大户人家可能陪送的嫁妆比较多吧,我也不是很清楚。我结婚时候的嫁妆是从我家里出,当时村里的女人出嫁都需要嫁妆,也没有什么固定的标准,各家根据各家的情况来就行了,跟家里的其他姐妹比,我的嫁妆不多也不少,这些也没有什么可比性。家里的姑娘嫁出去之后,兄弟姐妹有的时候会去看她。我们一般是在第三天回门,可能有的时候是七天回门,一般是媳妇还有丈夫一起回去,要带着礼物,礼物要有四种。嫁过去之后,我没有过过生日,我们生活在那个年代,没有过生日这个习惯,大家也都不过生日。

那时候村里有童养媳,但是很少,主要是家里穷,没有钱,就先把姑娘给嫁出去。你家的姑娘当了童养媳之后,人家就会给你一些钱,当时生活质量很难得到保障,大家吃不起粮食,所以买卖童养媳。童养媳送出去之后,有的家里还相互走动,有的就不相互走动了,两家结为亲家的这种情况不是特别多。

(4)换亲、招赘、改嫁

当时有换亲的情况,两家家里边儿关系是特别好,所以他们换亲。当时有的家庭比较富裕,家里又没有儿子,他们十分疼爱女儿,才去招上门女婿,招上门女婿需要征求家里家长的同意,相互之间写一个合约,上了门的女婿大部分都是很孝顺的,上门女婿跟媳妇生的孩子跟着男的姓,上门女婿有权利在分家的时候分到一部分财产,有的家庭的上门女婿也可以当家长。在一般情况下上门女婿入赘到女的这边儿来,女的地位要比上门女婿的地位高。当时村里是有改嫁的妇女,我知道改嫁的妇女也是需要彩礼的,再嫁的妇女会受到村里边儿的歧视,第一次结婚跟第二次结婚是有区别的,但是第二次结婚的也会有嫁妆。

3. 出嫁女儿与父母关系

出嫁之后的女儿是可以在娘家吃年夜饭的,但是晚上是不能留在娘家的。当时我出嫁之后好几年,也在娘家吃过年夜饭。我出嫁之后没有回家上过坟,我们这边按习俗都是男的回家上坟,没有女的回家上坟的。一般出嫁之后也没有什么固定的节日要回娘家,我婆家跟我娘家距离很近,我想回去就回去。要是回娘家的话,家里房子也很多都会有空余的房间,我都是跟我娘一起睡。

出嫁之后娘家的事儿我就管不着了,要是娘家有困难的话,我会尽自己最大的能力去帮助娘家,但是我们娘家孩子很多,一般用不着我来操心。如果我家婆家碰到了困难,娘家和婆家会互相协商来沟通解决我的难题。如果是当时发生困难,不是特别困难的话,我是不会回家求助的。如果跟我丈夫发生矛盾的话,我就回娘家,但是我的丈夫一般在外地打工,我跟他之间也没发生什么矛盾。

离婚的话需要征得父母的同意,我没有经历过这件事,也不知道父母不同意要怎么办,我们娘家还有婆家都是一个村儿的,相互交往比较多,关系还不错。如果是嫁出去之后,就不能分到娘家的财产了,自己的父母生病了也不需要拿什么医药费,你只要买上些东西过去看看,尽了孝心就行。要是家里的父母没了,我们都是抢着拿钱,特别团结,尤其是我妹妹特别的积极。在平时出丧的时候也没有什么讲究,儿子站在前面,闺女们站在后边。清明节的时候闺女不需要回家上坟。

(三)出嫁的姑娘与兄弟姐妹的关系

定亲之后,我跟家里兄弟的关系还可以。逢年过节的我们都会走动,也会带一些东西,要是不带的话,村里的人会说闲话。平时的话,我觉得和我妹妹关系比较好一些,我们俩家交往比较多。我有时候也去哥哥和弟弟家玩,但是去的次数不多,父母还会把我当成家里人。如果家里有大事的话,母亲有的时候也会把我们这些出嫁的闺女叫到家里一起讨论大事。要是家里的哥哥弟弟跟母亲分家,我们一般情况下是不回去的,因为出嫁之后,这种事我都不方便参与了。如果我们家需要借钱的话,会先跟父母借,父母没有再跟兄弟和姐妹借。现在一般一年回娘家也就两三次。

姑娘回娘家拜年,一般是大年初三、初四或者是大年初五,基本上每年都是这样。一般回去不会呆很长时间,就是吃个饭聊聊天就走了,来的时候会带一些酒肉之类的东西,一般情况下他们都是会回家拜年的,基本的顺序是从年纪大的家里人开始,然后挨着转一圈就好了,没有很固定的顺序。

如果我的兄弟和兄弟媳妇与父母发生矛盾之后,要是不是很大的矛盾,我是不会管的,这是人家的事。但是我兄弟和兄弟媳妇都很听话,他们对老人很好。我们家的儿子或者是女儿婚嫁,不需要经过娘家兄弟的同意。如果是我自己的儿子或者是女儿不听话,我会自己处理,不会找娘家的人出面调解。再说了,我们家很和睦,我闺女儿子一般都不跟我闹矛盾。

二、婆家人·关系

(一)媳妇与公婆

1.婆家婚娶习俗

我丈夫家有我婆婆、大伯①、大伯嫂子,我们家他爹(公公)过生日,他爹就没有了②。我丈夫在外边干活。在婆家结婚的时候没有什么规矩,也就是带着四种礼物。结婚的时候没有提亲,我哥哥给我说的亲事。定亲的时候,男方还请了客。我也不知道他请了什么人,因为当时很封建,我想着要去,我大大说别去了。家里定亲的话,这种事不需要向族长报告。我结婚当天,我丈夫那边找了一个兄弟来迎的亲。结婚的时候,族长等人也不去,都是自己家里的人、亲戚朋友之类的,结婚那天没什么规矩要遵守,按照习俗走下来就行,我们也没有跨火盆这些习俗,就是一拜天地,二拜高堂,夫妻对拜这些东西。结婚也没有什么好玩的,就是按照正常的流程走下来就行了。结婚的时候是父母从村里找了一个男的给主持婚礼。结婚的时候,女的什么都不用干,就坐在炕上。出嫁等着新郎的时候需要吃两个鸡蛋,一个鸡蛋咬上一口就行。结婚的时候也没有什么忌讳,怀孕的、二婚的这些也不需要回避,结婚第二天也没有什么事儿,就是去给公公婆婆端茶倒水,结婚之后男的去拜祖坟,女的不去,也不需要每年都去拜祖坟。

2.分家前媳妇与公婆关系

婆婆跟公公,他们是谁有能耐谁当家,我公公管得比较多,婆婆在家主要就是看孩子、做饭、打扫卫生。平时一些大事儿跟婆婆请示,别的自己做主就行了,在婆婆家也不经常开家庭会议,遇到比较大的事情才开家庭会议。婆婆家要是商量着买房子或者买地,我不会参加这些讨论的,家里买地都是我们家大兄弟说了算,我一般都是在家看孩子、打扫卫生,干家务活,有的时候还下地干农活。婆婆家跟娘家的分工都差不多,我跟我婆婆家关系挺好的,我婆婆很年轻,也不需要照顾,吃饭的时候也不需要把饭端到她的脸前,也没有怎么要求我去伺候丈夫,如果是犯了错婆婆会说我几句,但是一般都是挺好的。如果是犯了错的话,也就会打

---

① 大伯:丈夫的哥哥。
② 这里的意思不明,访者当时也没有追问。

架,但是媳妇不会被婆婆赶出去。家里边儿的事儿外边的事儿,一般都是我大兄弟出面。家里边男人商量事儿的时候,我们一般都在里屋里听着,但是不会说话,如果是婆婆和自己的丈夫有矛盾,一般都是他们自己处理,我有的时候也会说上几句话。平时过节我都是跟公公婆婆一起过,嫁过去的时候两家没有什么财产。我嫁过去的时候也根本就没有钱,之后也没有私房钱。

3.分家后媳妇与公婆关系

结婚之后第七年,我跟我公公婆婆分了家,当时公公婆婆还健在,但是分家是公公婆婆提出来的,分家的时候也没有什么人来参与。当时分家产就是分了一些锅碗瓢盆,别的也没有什么财产。如果是想要离婚的话,公公婆婆一般都不同意,当时大家的思想都很保守,没有多少离婚的。公公婆婆也不会太多的干预我们的事情。如果是丈夫去世的话,我要改嫁,这个公公婆婆应该会同意,如果他们不同意也没有关系。但是好多妇女在当时都不会选择改嫁,公公婆婆的财产能留下一点就不错了,他们当时留下了旧房子,我们分了两个房间,剩下的都给他的大兄弟了。

1949年前跟1949年后相比,妇女的地位变化很大,主要是思想观念变了,当时妇女有外出打工的,但不是特别多,我当时出去干过活,但是有了孩子之后就很少出去了。那时候女的一般不出去干活,都是男的出去干。公公婆婆年纪大了之后我们给他们养老,他们过生日的话我们就是请大家吃饭,一起来团聚一下。公公婆婆去世,大家都穿素服,公公婆婆的墓地是分左右弄的,但是具体的我也不是很清楚。如果要祭拜,我们是先祭拜公公再祭拜婆婆。

(二)妇与夫

1.家庭生活中的夫妇关系

我跟我丈夫不是结婚当天才见的面,因为我们是一个村的,可以经常见面。结婚之后我们互相称呼孩子他爹,孩子他娘。丈夫在家的时候是我丈夫当家,他管钱管钥匙,后来他出去上班了,家里就是我管了。我丈夫是在高密工作,很少在诸城。那时没有房子住要盖房子,房屋盖好之后在村里登记,登记的时候房主写的是我的名字,在里边干活的话一般是我安排,因为我丈夫不在家。分了家之后,我一般是在家里干家务活,有的时候也出去干农活。分家之后我觉得我干的活多了,因为家里人口少了,需要干的活也多了,生产队里的一些事儿都是我出面协调,他们借东西的时候也就是我出面,在家里是我丈夫的地位最高,我第二,孩子第三,家里粮食不够的时候是大家分着吃,也没有什么谁不能。

改革开放之后,女的地位上升了,但是一般都是男人说了算。1949年之后是一夫一妻制了,没有人能要好几个老婆。我不知道当时有卖老婆这种情况,反正我是没有听说过。要是分家之后没有生下小孩子,丈夫想从外边过继一个小男孩儿的话,他需要问问妻子的意见。那个时候打媳妇的情况不多,因为那个时候娶媳妇不容易,哪有打媳妇的。要是家里边儿缺东西了,出去买东西的话,我就自己说了算,出去买点儿,如果是丈夫不同意,我也会尊重他的意见的。刚嫁过去的话,如果家里缺东西,我也是出去买,到了生产队那个时候就是生产队里分,也不需要出去买,我当时也没有听说过有女的主动提出离婚的,我不能也不敢自己决定把家里的东西变卖了。

2.家庭对外交往关系

如果是家里有一些人情来往,我跟我丈夫都是一块儿商量。如果是家里有客人来,女的一般不会上桌吃饭。小的时候有一块玩的朋友,但是结婚之后就不怎么联系了,我一般都去找我妹妹玩,妹妹离我家比较近一点。

(三)母亲与子女的关系

1.生育子女

(1)生育习俗

我一共有八个孩子,最大的孩子记不清是几几年出生的了。如果生的是小男孩儿的话是要请客的,小孩子也是要写进族谱的,生小男孩除了请客,不需要别的礼仪,家里的人知道我生孩子之后,会来祝贺,邻居也来祝贺,我们就会给村里的人发一些鸡蛋,如果是生了小孩,我的娘家会来吃酒席,也会照顾我一段时间。

(2)生育观念

家里有了小孩之后,我婆婆都挺高兴的,虽然他们觉得生男孩会好一点,但是生女孩儿他们也不会反对,就是有一定的重男轻女的现象,他们会觉得男孩儿越多越好。如果当时女的只生女孩不生男孩,一般也不会为难他们。

(3)子女教育对子女权力(财产、婚姻)

我的闺女们都上过学,家里对男孩也多一些优待。闺女赚了钱之后,她们有的会拿回家,有人就自己花了,反正我也不管。我闺女跟儿子都是自由恋爱,我当时给我女儿的陪嫁就是两床被子,女婿那边的聘礼是带着家具什么的。结婚的时候都会拿钱,一般男方比女方拿得多一点。我觉得我结婚的时候跟我女儿结婚的时候没什么变化,儿子结婚之前也没有重新盖房子。

2.母亲与婚嫁后子女关系

我儿子是八十年代结的婚,这时候儿媳妇如果要是做不好的话,我就不去管她了,我觉得她干得差不多就行,我儿子有的时候会去说她,但是我不说话。我儿子跟我没有分家。我家闺女是二十三岁结的婚,那个时候的小女孩有十几就结婚的,一般二十岁左右,十七八的比较多。我闺女结婚的时候,跟我结婚的时候嫁妆没啥变化。我和自己的闺女来往不是很多,她们逢年过节的来看我一下,我帮她们看着孩子,我外孙都看了好几个了。现在我们都有医疗保险,也不需要让孩子来养老,我觉得养老当然是男孩子养好了,我愿意住在儿子家里。

三、妇女与宗族、宗教、神灵

(一)妇女与宗族

以前村里有祠堂,现在没有了。妇女在清明的时候也不需要回家扫墓,妇女在宗族事务上也不需要干些什么。专门管女人事务的女长老,这种说法我没有听说过,应该是没有吧。我出嫁的时候也没有享受过宗族的物品分配。在宗族里,女孩应该算是丁吧,我也不是很清楚,但是我知道当时好多人都瞧不起女孩,有很多生了女孩之后把她给扔了的。虽然很多人都想让男孩子读书,不让女孩子读书,但我们家的女孩都读过书。

(二)妇女与宗教、神灵、巫术

当时有祭拜神灵的情况,但不是特别多,没见过主持求雨的情况,在祭拜灶王爷的时候,一般都是男的去办,女的去求送子观音。村里边有神婆子,一般都是女的去找神婆子,女的找神婆子,男的一般不会反对,家里边供着神明,贴着灶王爷的贴纸,我没有宗教信仰。

四、妇女与村庄、市场

(一)妇女与村庄

1.妇女与村庄公共活动

我结婚之前也会参加一些村庄的集体活动,如果是出去看戏、吃饭的话,需要和男的分开坐,我没有参加过村里边地主开的会议。如果是村里边挖井这种集体活动,我有空就去,没空就不去了。见过之前村庄召开集体会议,一般是保甲长邀请我们去。如果这些会议召开的话,女的也不参加。要是村里边儿修路挖井什么的,是公家出钱,我们负责去帮一下。

2.妇女与村庄社会关系

我在娘家没有很好的朋友,当时我结婚的时候没有陪着的,结婚之后我去拜访了一下自己的邻居。我小的时候他们是不让小女孩参加劳动的,后来我出去干活是家里人跟我说,然后我在小队里干活。村里有红白喜事的时候,有的时候会请村里的女人去帮忙。夏天的时候,男的女的都一块出来乘凉。

(二)妇女与市场

结婚之前我自己去赶过集,我自己一般是买一些家里需要的东西。结过婚之后也去赶过集,也是买一点家里比较需要的东西,我赶集的时候见过女人家买东西,小的时候去市场买东西,那里有卖鸡蛋的、卖蔬菜的,但是他们那时候是不给赊账的,结婚之后去街上买东西,也不会赊账。平时做衣服用的针线都是从集市上买的,当时感觉一般是家里边儿缺点什么,就去买点儿什么。当时买肉用肉票,还有油票、布票等,我记得割资本主义尾巴的时候,那时候都排挤地主和富农。

五、农村妇女与国家

(一)认识国家、政党与政府

我知道国家这个概念,但是什么时候接触到我也记不清了,我只记得小时候国家宣传过男女平等,有的时候在这儿开会,有的时候在那儿开会。我小的时候记得有国家捐助的小学,我还在这边上学了。我听说过日本帝国主义入侵中国,但是自己没有亲眼见过。

我年轻的时候也就记得共产党的事,知道国民党就是坏的,我们都要接受毛主席的领导,我听说过孙中山先生,还有蒋介石先生,但都不是很了解。现在的国家主席是习近平。我年轻的时候不认识共产党员,我就上了二十几天的学,也没学到什么东西,学到的教材里也没有涉及国民党和共产党这一类的事儿。我参加过大队里选大队干部的投票,我家里边没有人是党员。我觉得共产党跟我们走得挺近的。我年轻的时候裹着脚,我觉得真疼很疼,后来就不裹脚了。因为新中国成立了,妇女就不需要裹脚了。新中国成立后,我们统一剪过短发,也不知道当时为什么政府统一剪短发。扫除文盲的时候,我参加过识字班,我也记得有一些人上过夜校,来教课的老师都是有文化的人。我之前没有接触过共产党员,也没有见过共产党员,我知道有女的在当时还会当干部,但是我没有见过,应该也不是很多。我觉得国家的计划生育政策对我没有什么影响。以前的姑娘都在自己家里呆着,现在到处奔波,我觉得比以前好多了,生活条件都好了。

（二）对1949年以后妇女地位变化的认知

我没有听说过妇联，我们那个时候没有妇联，那时候只有妇女会议，我还去参加过妇女会议。我年轻的时候，父母会干预我的婚姻，1949年后子女的婚姻就不受父母干预了。我记得之前政府下过命令，说不允许丈夫打妻子，婆婆也不能打媳妇。我觉得现在比以前好多了，以前家里穷吃不上饭，有一些矛盾，现在生活条件好了，矛盾就没有了。政府的一些干部，有的时候你去找他，他就会管男人打女人的事，如果你不说人家也不会管。妇女进不进族谱我不知道，因为我们家没有族谱。

（三）妇女与土地改革运动

当时土地改革的时候，我们家被划分为中农了，土地改革运动的工作队好像是来过我们家。我年轻的时候基本上没有地主了，对地主没什么印象，"文化大革命"的时候我也没有上台去斗过地主，我们那时候也没有分到地主的东西，在土地改革运动的时候，我们妇女没有参加。我记得我二嫂子在妇女工作会里面当官，后来又当了干部。我年轻的时候也没有当过干部。

（四）互助组、初级社、高级社时的妇女

我记得年轻的时候，村里有互助组，别的也都忘了，我只听说过当时还有合作社什么的，具体干什么的也不知道。我记得互助组里有七八个人，生产队里下的通知和大家宣传的时候都用大喇叭。土地改革运动的时候有一部分土地要并入高级社，当时没有经过我的同意，只知道这是国家政策。我记得当时有一个女干部，她是长头发，人还不错，她先当上的会计，后来又当上了干部。搞合作社的时候，男女需要分工，当时女的一般都打扫卫生、收拾。男的在地里种地除草，干一些农活。在庄稼地里的时候，也就是合作社的时候，男的和女的有的时候会干一样的活。家里的老人帮忙给我们带孩子，我参加劳动的时候，有的时候也会干一些夜工。

（五）妇女与人民公社、"四清""文化大革命"

1. 妇女与劳动、分配

在人民公社的大背景下，我们每天都要出工，是记工分的。我十五岁就开始干活，当时在人民公社的时候大家都会唱歌，男的也唱，女的也唱，大家唱得还不错。当时生产队有一些劳动口号，具体是什么我也记不清了。当时都是记工分的，如果不劳动就没有吃的。在集体劳动的时候，我们妇女也参加，还有大炼钢铁、修水库等，我记得大跃进的时候，一些人都去修水库了，男的修水库进行水利建设，女的就来种地。当时在集体地里干活都是分工分，大家干活干得还可以。如果让我选的话，我觉得分田到户不错，集体在一块工作热热闹闹也挺好。我知道当时有同工同酬的说法，当时大家都赚工分，没有工分就没有吃的，当时妇女出去挣工分，每年挣的工分能养活自己，一般每天能挣五个左右工分。

2. 集体化时期劳动的性别关照

在集体化时期，并没有劳动上的性别关照。

3. 生活体验与情感

我觉得当时生产队评工分还比较公平。当时人民公社的集体食堂有男的做饭，有女的做饭，男的女的在里边儿都一块吃饭。人民公社的时候，家里的铁锅、铁铲子都交给了公社，自己都没有留着。大跃进的时候粮食特别少,都不够吃,虽然这样,但是家里的粮食还是男的女的一块儿吃。

4.对女干部、妇女组织的印象

我听说过铁姑娘队,别的就不知道了。

5."四清"与"文化大革命"

当时"文化大革命"的时候斗地主,地主都被锁起来了。

(六)农村妇女与改革开放

大集体的时候,妇女们都一块上工,热热闹闹的不错。分田到户也挺好,都不错。

六、生命体验与感受

我没过过苦日子,我觉得生活没有很大的变化,也没有什么感受。珍惜现在的生活,好好享受就是。

CWQ20170802WHZ　王会贞

调研点:山东省诸城市王家大村
调研员:陈文倩
首次采访时间:2017 年 8 月 2 日
出生年份:1937 年
是否有干部经历:曾担任过大队长,具体时间不详。
是否生育:是
受访者结婚的时间节点、生育子女的具体情况:1961 年结婚;共育有两个孩子,1964 年生第一个女孩子,1969 年生第二个男孩子。
现家庭人口:4
家庭主要经济来源:务农、务工
受访者所在村庄基本情况:王家大村地处平原,自然环境优越,适宜人类生存,人口较多。气候为温带季风气候,冬冷夏热。基本作物为小麦、玉米、花生等,有些人家种植扁豆、茄子、豆角、黄瓜、白菜等蔬菜。土地改革运动时期大家都在互助组、合作社劳动,土地归集体所有,只有较少的自留地。在集体劳动时期,村里人努力生产,每次都在被表彰村子的上游。村庄宗族势力较弱,大多以家族为单位。以王姓为主。人们以外出打工为主,农业生产情况很好。
受访者基本情况及个人经历:老人生于 1937 年,娘家有一个兄弟,两个姊妹,十岁时在村里读小学到四年级。出嫁之前,一般在家里织布、做点针线活。1961 年与本村人结婚,婚后生有一儿一女。

在集体生产时,老人在生产队里当大队长,带着妇女们一起劳动。老人不管是在生活上还是工作上都很自强,平日里的劳动总是做得最快的,在搞互助组、合作社的时候,在田里没日没夜地干活,在家还要做饭、做家务、伺候丈夫和婆婆。大炼钢铁、吃集体食堂的时候,大家都吃不上饭,老人一直保持乐观,努力干活,不惧苦不惧累,终于熬了过来。现在人们的生活好转,老人跟儿子住在一起,每天都出门散步,坐在树荫下聊天,身体也很好。

一、娘家人·关系

（一）基本情况

我叫王会贞，出生于 1937 年。在十岁上学时老师根据辈分给我起名为王会贞。出生时，家里有十一口人，大约有十亩地，在土地改革运动的时候被划分为下中农。家里有一个兄弟两个姊妹，没有被抱养的情况。

我是 1962 年出嫁，丈夫家里有七八亩地，在土地改革运动时期被划分为贫农。家里有七个兄弟姐妹，父亲去世得早，他们都是由我婆婆还有老公公（祖父）带着长大。我有两个孩子，一男一女，生第一胎的时候我二十七岁。

（二）女儿与父母关系

1. 出嫁前女儿与父母关系

（1）家长与当家

出嫁之前，娘家是我奶奶跟爷爷当家，女人也可以拿钱。当时家里钱不多，没有管钥匙的人。

（2）受教育情况

我在村里的小学读到四年级，父母愿意让我们读书，家里除了一个上夜校的姐姐，别人都读过书。

（3）家庭待遇

当时村里的思想是重男轻女，家里男孩子的待遇会比女孩子好一些。在平时吃饭的时候是有规矩的，我们先给老人吃，也先给老人添饭。在那个时候如果是家里来客人，女孩子不能上桌，母亲也不能上桌吃饭。平时女孩在家可以一个桌子吃饭，一般是有固定的位置，男人领着男孩子一桌，奶奶领着我们坐另一桌。平时添衣服的话，一般是过年前也给小女孩也给小男孩，那个时候新衣服只有逢年过节的时候拿出来穿，过年的时候男孩儿女孩儿都没有压岁钱。

（4）女孩的家外交往

过年的时候，小女孩不去给村里人拜年，只有男孩儿出门。拜年的话，女孩一般只给家里的长辈拜年。我爹在早上很早的时候就起来去拜年，媳妇是由母亲领着，吃了早饭之后去拜年。去别人家吃饭的话一般都是父亲去。在 1949 年前，如果是父亲不在家，母亲也是不能代表出席的，婆婆家里一般是公公，还有婆婆代表父亲。女孩到了一定的年龄之后就不能随意出门，但是 1949 年后，女孩子就可以随便出去，有的女孩子还可以当民兵。

（5）女孩禁忌

当时的女孩子不能随意出门，一般是在家里做针线，也不能和一个村子的小男孩在一起玩耍。在女孩小的时候可以跟一个宗族的小男孩儿一起玩耍。到了大约十五六岁的时候，母亲说，你这样跟男孩玩会被别人笑话的，那时候有封建思想，也就不敢跟他们在一起玩儿了。

（6）家庭分工

在娘家的时候，我父亲是种地的，后来当了民兵，母亲是家里的童养媳，跟父亲结婚之后在家里做饭，我兄弟是种地的，我姐姐是在 1958 年、1959 年家里吃食堂吃不饱的时候嫁到了东北，我是种地的，当时在生产队里当过大队长。

2.女儿的定亲、婚嫁

(1)定亲经过

我是 1962 年定的亲,那时候生产队里死了一头牛,我老公公拿了八斤的牛肉去,我对象跟我是一个村子的,当时是我们村支书给介绍的,那个时候因为家里穷,也没有给村支书一些报酬。我们家的情况是我娘去世得早,我父亲领着我们姊妹三个人,父亲说在一个村子里的话,我还能照顾照顾你们。定亲的时候没有写婚约,那时候光领了一个结婚证,写了一下生辰八字,马马虎虎地过去了。亲戚朋友也没有给彩礼,因为当时是大炼钢铁,连一个锅都没有,亲戚朋友都是吃食堂,手里也没有什么东西。

在我们村子里如果两边都定了亲,有其中一边去世了,有两种情况,如果是他们的婚姻是老的包办,那么自动解除;如果是自己搞的,那么单方同意的前提下,婚姻可以继续维持。在当时,有跟我一个村一个队的一个女的,她当时跟一个男的是定的娃娃亲,她去世之后,男的来把她的骨灰给埋到他家里去,意思是她是这个家里的人了。如果当时有一方去世的话,彩礼不退还,当时的彩礼也不多,都会自己留下。两个人定亲之后是可以毁约的,1949 年后离婚的事情比较多,如果在 1949 年前有一方非得要毁约,一般是由老人家出面说清楚。那个时候,结婚之前不走动,准女婿也不上门,一般是结婚那天才见面。

(2)出嫁经过

我是二十三岁的时候结的婚,登记领了结婚证,当时出嫁的时候在娘家也没有什么仪式和讲究,感觉结婚的时候就跟玩儿一样,也没有送东西,娘家那边用两轮的小推车把我给推了去。我们娘家这边没有请客,也没有多少来送东西的,村子里的族长、家长没有宴请。那个时候我结婚,我婆婆花了好长时间攒了一些面,给我做了几个小馒头,我当时特别害羞,也就吃了一个,当天晚上就饿得不行。在 1949 年前,父母一般都不会给特别多的嫁妆,有钱人家会送一些家具,桌子、柜子、抽屉、化妆品、手镯等,那时候嫁人不陪送土地。小女孩刚去婆家,娘家会派兄弟去探望一次姑娘。出嫁了是跟丈夫一起第十二日回门,带上点肉、面粉。

(3)童养媳

那时候的童养媳妇是娘家养不起她,就把她送到一家有男丁的家庭干活,这家人管她饭吃,结婚的时候就不给她娘家粮食了。童养媳也有去拜天地的习俗,嫁出去之后也跟娘家进行走动。

(4)换亲、招赘、改嫁

当时村子有换亲的,换亲是有的某家的男的长得糙了①,说不上喜子②,他们就用家里闺女给他换个喜子。即便这个女孩长得很好,而那家的丈夫长得不好,这个女孩也得为了兄弟换亲。1949 年以后,我们村里也是换了两对亲,都是给她长得不像样子的哥哥换的。1949 年前,家里没个喜子,老人家说换就得换,1949 年后,还得商议商议这个女的乐不乐意给他换。

1949 年前家里可以招上门女婿,一般是家里姊妹们很多但是没有男的的家庭。当时村里有改嫁的女的,如果她改嫁的话,对方的彩礼还是给娘家。这些改嫁的女的一般是不会受到村子里歧视的。

---

① 糙了:长得不好看。

② 喜子:媳妇。

3.出嫁女儿与父母关系

出嫁的闺女回娘家，不可以在娘家吃年夜饭，腊八节的时候也不能回家。出嫁之后，可以跟丈夫回家认亲的时候在娘家住下，别的时候也不能住在娘家。出嫁的姑娘，嫁过去之后也不再回娘家来上坟。出嫁的姑娘在端午的时候要回娘家的，但是在夜里要赶快赶回婆家，出嫁的姑娘就如同泼出去的水，娘家的事儿她就不能管了，不用她争财产，也不用她养老。以前，如果是嫁出去的闺女要离婚回娘家，那么家里人会觉得有点见不得人。如果是家里的父母没有了，去参加父母的丧葬仪式，出嫁的姑娘和儿子是不同的，男的衣服是缝个白大褂子，女的是在头上扎个东西，女的是要拿钱才能给你弄一个披肩。

（三）出嫁的姑娘与兄弟姐妹的关系

如果是娘家的老人还在的话，女的出嫁之后也会跟家里的兄弟姊妹走动。家有大事儿的话，除了碰上结婚之类的事，是不会请出嫁的姑娘回来的。出嫁的姑娘给娘家的兄弟和姊妹送礼是一样的，一般就是商量着来，你拿多了我拿少了，这样都不好看。如果是家里的兄弟、兄弟媳妇不赡养父母，出嫁的姑娘也是会管的，因为娘家的财产都是他拿的，他也必须养老。

二、婆家人·关系

（一）媳妇与公婆

1.婆家婚娶习俗

我结婚的时候，我公公去世得早，三十四岁就没有了，是我的老公公领着家里的这群孩子干活，我出嫁的那天也是我老公公派人去迎的亲。出嫁的时候，并没有什么特别好玩儿的事儿和有意义的事儿。

2.分家前媳妇与公婆关系

在婆婆家是我婆婆跟我老公公当家，当时我嫁到婆家之后，是在生产队里干活，没白天没黑夜地干，特别累。在婆家的时候，除了我婆婆，大姑子也管着我。在1949年前，我们媳妇没有地位，谁都得伺候，包括小姑子、小叔子，晚上还得给丈夫洗脚，1949年后才没有了这些事儿。1949年前在家里的时候，家务活不能让男人做，做了之后婆婆公公会生气，让村里的人也会笑话。1949年前村子里婆婆虐待媳妇的特别多，如果是有小姑子、小叔子不满意的，他都会告诉婆婆，婆婆告诉丈夫，丈夫就打媳妇。媳妇不能反抗，娘家是不会管你的。那个时候婆婆跟丈夫吵架，媳妇不能出面调解，她没有任何的发言权。一般是过年的时候媳妇要回娘家，但是要经过婆婆批准。大多数的节日都要跟公公婆婆一起过，但是吃饭的时候，你做给公公婆婆吃，媳妇是捞不着吃。

以前媳妇在婆家也没有财产，那些地主家里会给自己女儿陪送一点，这样在婆家也能过得好一点。

3.分家后媳妇与公婆关系

结婚四年之后，我们和公公婆婆分家，是因为我和我丈夫说在那里光挨打，我已经受不了了，况且丈夫在那里也经常会受到别人的欺负。我们分家的时候，基本上什么东西都没有分到，我们的叔公公还有支书（出面）分的家，我分到了一点点的地瓜干皮子，还有三升玉米。在1949年前一般是没有提出要离婚的，除非是家里的丈夫看不中他的媳妇，把她往家外面赶,否则那个媳妇在婆家就算被打死了都没有人给提出来。1949年前,如果是婆婆对媳妇不满意,但是儿子并不愿意离婚,婆婆非得逼着他,他就得休妻。如果是丈夫没有了的话,媳妇一般是没有多少改嫁的,如果是她的婆婆对她好,可能会让媳妇跟她丈夫的小弟弟在一起生活。如果是那些不通情达理的婆婆,媳妇就得在那里领着孩子受苦,因为那时候改嫁,人们都会笑话。等到1949年后才没有了这些情况,要不媳妇上坡里去干活,孩子只能蹲在家里等着妈妈。那个时候没有出去打工的,因为没有工厂。媳妇在结婚的当日会去祖坟拜一拜,当时我们是第二天磕头,小姑子拿着一个东西①跟着我们,陪着我们去给祖先磕头。

(二)妇与夫

1.家庭生活中的夫妇关系

(1)夫妇关系

我跟我丈夫不是结婚当天见的面,因为我们是一个村的,平时就可以经常见面。我们结婚之后,一般都说我家里怎么着的或者是我家的谁谁谁,一般不直接提姓名。

(2)当家和家庭分工

分家之后在我家是我丈夫当家,家里的农业生产是在生产队里听大队安排,以后到了大包干的时候,两个人商议着来。分家之后我也干农活,一般是他干什么我干什么,或者是他锄地的时候,我在旁边牵着牛。分家之后,工作也不能说是变轻,也不能说是变重,跟以前都差不多。因为是在生产队里给人家干活,反正都是白天黑夜地干,很累,一般是捞不着干家务活(这里的家务活是指室内的劳动)。如果是丈夫外出打工这种事,不用跟妻子商量,一般是听生产队的,生产队让去哪干就去哪干。

(3)家庭地位和丈夫权利、娶妾和过继

1949年前,妻子得伺候丈夫,给他打洗脚水、洗脸水。如果是丈夫不让出门的话,我也是不能出门的,早些时候我想去看戏,如果婆婆不批准,我也就不能出去看戏。1949年前,丈夫娶小妾这种事特别多,一个人能娶三个或者四个人,而且不需要妻子的同意,丈夫看中了就能把人家娶回来。早些时候男人都觉得女人不值钱,如果是媳妇没了,那么就再娶一个,那时候娶媳妇容易。我记得我们村里有一个人,就是因为被她婆婆还有丈夫一起欺负,就喝了卤缸水②去世了。要是结了婚之后,没有孩子,丈夫要把他那个哥哥或者弟弟的孩子给过继过来,甚至他要是再说一个小老婆,那个女的也是管不着。

(4)日常消费和决策话语权

一般家里购买些生活用品,还有人情消费是两个人一块商量着来,要是有不同意的那就再说。1949年前,家里的媳妇都不知道集市在哪里,整天不出门,她想买都不知道去哪里买。早些时候我没听说过有女的主动提出离婚的,但是有被男的休回娘家去的。

2.家庭对外交往关系

家里的人情来往一般是丈夫出面。1949年前,如果是女的出面问人家借钱,人家不会借,那时候没有跟女的打交道的。你只要家里有男人,人家就不会跟女人打交道。那个时候如果有人家的丈夫有婚外情,村里都把这些说成是不正经,当时的人比现在害羞,村里也就有一个或者是两个不正经的。我们女人当时大多都没有朋友,也不跟现在似的,有什么聚会,那

① 东西:指妇女磕头的时候可以垫在下面的东西。
② 卤缸水:一般人喝完之后容易中毒死亡。

时候可以聊聊天的,就是些邻居、临街、亲人。不过我们家老头子是有朋友的,他是在平常干活的时候认识的。在1949年后,我出过远门,最远的是到了秦皇岛,去看我姐姐。

(三)母亲与子女的关系

1.生育子女

我有两个孩子。我那个大孩子是我二十七岁的时候生的,今年五十多了。我家第二个孩子是我三十二岁的时候生的。那时候一般没有什么酒席,就是一些亲人什么的给他们鸡蛋。

有的家里公公婆婆对生女孩生多了很不乐意,但是我们家里是两个孩子。第一个是生了个女孩儿,接着好多年没生,后来又要了个男孩,家里也是喜欢得不得了。我的儿子是腊月二十六生的,那时候我公公知道了之后,家里还没有炉子,他就把那个炕沿弄了一根绳,弄了很多被,给他挡着风。

我的孩子都上过学,大孩子上学上到高中,因为记性不好,忘了二孩子上到了什么时候。在家里做衣服,小男孩小女孩都一起做,两个孩子都把他们惯得不轻。等孩子长大了,我们家大闺女挣了钱会给我还有他的兄弟买衣服,儿子赚的钱就没怎么给我们了。

2.母亲与婚嫁后子女关系

我儿子跟我女儿的婚事都是自由恋爱,儿子大约是七几年结的婚,跟我当时做媳妇的时候相比,这个时候如果是媳妇做得不对的话,我们就已经管不着他们了,反倒是我们知道的事少,他们管着我们。

我儿子没有跟我分家,从他不上学之后,就在城里干活,之后又搞了对象。1949年后,在村子里没有儿子的家庭是可以招上门女婿的,他们的孩子还是会跟着男的姓,但是在家里女的地位会比男的高。我的女儿住在我家的北边,离得挺近的,整天都来看我,我是先带的外甥,后来带的孙子。我现在是住在我儿子家里,不住在闺女家里,我闺女是五楼,上下楼也不方便。

三、妇女与宗族、宗教、神灵

(一)妇女与宗族

我们村里有过祠堂,但是1958年的时候搞"四清",清除牛鬼蛇神。你如果迷信,别人就把你弄去游街。之前都有宗族,人家家里有老人去世的,都把他迁到族祠,过年的时候就会去拜拜。等过年的时候,我老王家就得搞一个屋子出来,把老人供着,有点类似家祠。

一家人的活动、一个姓的活动,妇女可以参加,天不亮的时候,男人就去拜拜祖宗,天亮了女的再去。要是丈夫不在的话,妇女才可以参加族里事务。

我当时并不清楚有宗族,但是知道有家族。我出嫁的时候并没有享受过家族的物品分配,因为当时都饿得不轻,也没有人顾得上这个。在1949年前在一家里,如果谁的辈分最大,他就能管着一些事,比如说儿女要分家,这种事儿都去找他,在1949年后,宗族的权力就特别弱了。

(二)妇女与宗教、神灵、巫术

那时候很长时间不下雨,我们村儿后边儿有一个庙,弄上十二个光棍、十二个寡妇,村里凑上钱买上纸,他们去跪着求雨。当时村里有一句话是十二个男十二个女,十二个寡妇,十二个光棍去求雨。求子观音之类的神灵是必须女人去拜的。在当时,家里没有男孩,只有女孩会受到歧视,家里光有女人,没有男人的话,人家也会瞧不起。

四、妇女与村庄、市场

(一)妇女与村庄

1.妇女与村庄公共活动

在出嫁之前我参加过村庄的活动,村里组织大家看戏的时候,我也去唱戏,我出嫁之后也去唱过两年的戏。在1949年后就不关心男的女的是不是要分开吃饭,分开看戏了。

在1949年前,村庄的会议一般是由乡绅或者是保甲长召开,他们都是邀请男人去参加,妇女没有去参加的。1949年后,村庄的会议是由村里的组长,还有支书召集,一般是一个人在村庄里吃喝,大家听到消息就都去了。在1949年后,如果是家里没有男人的话,妇女也是可以参加这些会议的。在1949年前,村庄公共事务建设的资金和劳役摊派妇女也是接受摊派的,当时是按户来收的,如果是家里没有男人的话,女人可以少拿一点。

2.妇女与村庄社会关系

我当时在娘家没有多少女伴,只是上学的时候有过几个好朋友。那时候没有什么好玩的,只有弹沙、跳绳、打瓦等。比如说拾捡一些石头,捡五个,拾波波,捡一些小石头来弹沙。当时我们村里是有保甲长的,我们那时候叫他老庄长。在1949年前,出嫁并不需要告诉村里的保甲长或者家长,在当时出嫁的时候并不兴女伴作陪。在1949年前一般都是安排男的干活,但是1949年后也安排女的去参加劳动,他们赚的工资一般都是归他们的爹或者是他们的娘管着,有的也是自己管着。新婚之后要去拜访亲戚,给他们磕头,你的小姑子或者小叔子帮你拿着一块毯子,到那儿的时候把它铺下,你就垫着那儿给人家磕头,你就在那个正面上给人家磕三个头,在屋里的老人给三毛钱或者是给两毛钱,算是你的磕头钱。

出嫁到婆家之后,我没有朋友,因为那时候的媳妇领着朋友到婆家去,婆家肯定会反对。在1949年时,村里会组织一些会,还有一些社,让妇女积极参加,有人把你给的名字给统计上,开会了就把你叫去。村里的人办红白喜事有时会请你去帮忙,村子里要是没有人了,一般会请你去帮忙,请你去缝白大褂子、缝鞋,让你帮忙。一些结婚的事就不会叫你。夏天晚上乘凉,妇女可以出去。早些时候也跟现在一样,就是一群人聚在一起拉呱拉呱[①]。那个时候女人跟男人界限分得很清楚,两边都隔得很远。男的跟男的一起拉呱,女的跟女的一起拉呱。村里的妇女吵架,一般没有给她们调解的,都是她们自己调解,要是实在是打得厉害了,她们娘家人出面给她们说一说。

(二)妇女与市场

在出嫁之前我自己去过市场,一般是自己去,因为我走路很快,人家走路很慢,我一般都乐意自己走路。在市场中卖东西的有男的有女的,他们有挑粮食的、卖蛋的。1949年前,妇女去市场不能赊账,因为那个时候人家不跟女的打交道。如果是男的去买东西,人家说不定还会赊账给你,在当时家里纺纱用的棉花是自己种的,我们把棉花的种子压出来之后,再把种子弹一弹,纺出来的布我们通常是自己用,不是拿去卖的。在平时做衣服、做鞋的时候的针头线脑是从货郎那里购买的,货郎一般是卖针线,染料。那个时候的染料是在一个小瓶里盛着,有红染料、绿染料,我们用一个小勺把它一勺一勺地舀到棉花上给它染色。

---

① 拉呱:说话。

1949年后在集市上买东西的时候,要用粮票,还要布票去购买,村里有进行物物交换的,但是这种并不是特别多,一般都是女的来参加这种非集市式的交易活动。在割资本主义尾巴的时候,那个时候钱很缺,东西也缺,有钱的时候才去供销社买一点东西。去供销社的时候,一般是买一些好吃的食品之类的。在割资本主义尾巴的时候,经常要挨打,而且不能卖东西,自己留着一些东西,这就算是资本主义。

五、农村妇女与国家

(一)认识国家、政党与政府

1.国家认知

1949年前,国家宣传过男女平等。1949年后更吆喝着男女平等。我那时候大有印象,那时候国家做过一些促进男女平等的举措,主要就是吆喝着,不让婆婆、公公还有男的欺负媳妇。自从开了会之后,那些媳妇就像是不怎么怕公公婆婆似的了,公公婆婆也就不大敢打媳妇了。那个时候没有专门的小学,像读书的话,一般自己专门请一位老师读私塾,人家有钱人就是自己请一个老师给教着。1949年前,小女孩没怎么有上学的,主要都是小男孩上学。我见过好几种钱,现在说是一角,那时候说是一千,一元的说是一万。以后又换钱,把它换成十元的之类的。那时候的钱是国家印刷的。

2.政党认知

打从我记事儿开始,记得比较清楚的是国民党,国民党进攻,我们就要到处跑,晚上也睡不好。黑天了的时候,一听见外边有狗叫,你睡着了,老人就把你拖在炕前,不能说话,也不管它脏不脏,不能说话。我记得当时有打枪的,把我们的后窗户打上一个枪子儿,然后打到前窗户上去把它打穿了。那个时候就是打仗,抗美援朝之后差不多生活才好了。我当时记得清楚的是国民党,国民党穿的是黑衣服。那个时候我们怕他们打仗,就是跑到离着街道远的一个村庄里,我们常常看见他们就在街上排着队走过去。当时我知道有女党员,但不是我们村庄的,我也不认识。1949年后,我姑当民兵,成了女党员。

1949年前,我知道孙中山、朱德、蒋介石、周恩来,我知道蒋介石,是家里不知道从哪里搞来一个画像,上面画着蒋介石,家人告诉我说,这上面画的就是蒋介石。1949年前,我并不认识共产党员,因为那些党员之类的在1949年前不敢露面儿。1949年后受到的教育里边儿说是共产党好,然后我们在一起唱共产党的歌。我在村里当过生产大队的大队长,我们晚上的时候就去开会,开会一般是在村庄里,主要是说生产说干活。我没有参加过共产党组织的选举。我姑姑是共产党员,当时她打地主斗恶霸,所以当上了民兵、民兵队长。

我认为共产党的干部跟老百姓走得很近,跟妇女也走得很近,那些干部都对他们的工作尽职尽责,我认为共产党给妇女最大的好事就是解放妇女,以前妇女挨打受骂受压迫,共产党提高了妇女的社会地位。在1949年前也就是国民党时期,因为我还小,并没有参加过保甲长召开的会议,在1947年的时候我才八岁,当时打地主斗恶霸打狗头,我还去街上看,村庄对外的大事一般都是男人出面,如果是丈夫不在家的话,我们女人也是不能去。

3.政府认知

我奶奶非得给我裹脚,也要给我姐姐裹脚,我爷爷不让她给我裹。我奶奶给我裹上,用针线缝上,我们夜里听到奶奶睡着了,就再自己解开,我奶奶很生气。我小姑本来也裹着脚,但是她是民兵，当时工作组开会，让她们放脚，也就不裹了。我经历过政府号召或强制剪短发，当时一些妇女用簪子绾着头发，男人都是披毛①。刚开始大家是不理解，但是后来你也剪了，我也剪了，大家看着都一个样了，也就这样了。我当时没有上过识字班和夜校，上的是小学，我姐姐上的是夜校，当时来上课的老师都是村庄里识字的，教识字班的。在1949年前我听说过女的当干部，比如说赵一曼、刘胡兰这些女人。我觉得国家搞计划生育是因为国家的人实在是太多了，在1949年前我没有接触过干部，小的时候碰到村子里的保甲长，自己都吓得不得了。

（二）对1949年以后妇女地位变化的认知

我听说过妇联，但是我们从来没有组织过，也没有见过。在1949年后我经常听到男女平等观念的宣传，还有妇女能顶半边天这些话，男人能干的活，女人也能干。1949年后儿女的婚姻都是自己说了算，家里也并不怎么管了。妇女的家庭地位在一个家庭中也随之提高，如果是丈夫与别人说话，女人也可以插嘴，但是有的时候也不能插嘴，因为妇女觉得插嘴有的时候会将好事办成坏事。1949年后，女人都不怕男人了，女的骂男的，男的也骂女的。当时我们有族谱，过年的时候就把族谱拿出来供着。女的不能上族谱，但是如果是那个女的没有了的话，给你在上面写上你有几个儿子，有几个闺女。

（三）妇女与土地改革运动

在土地改革运动的时候，我们家被划分为下中农，因为工作队当时挨家挨户地吃饭，去过我们家，工作队当时动员妇女去参加会议，妇女们开始也不去，后来你家的看着他家的去了也都一个一个跟着去了。我还记得当时土地改革的时候唱儿歌，但是具体的歌词现在都忘了。在土地改革的时候，我们没有分到地主家的东西，只拿到一个驴套，后来又被人家拿走了。之后还乡团回来的时候，来到我们家，在天井②里说这不是我们家的驴套么，我家奶奶害怕，就说对，是刘大婶你的，你拿去吧。我们家当时的人都很老实，除了我们家三爷爷，我们家三爷爷在当时打狗头的时候带头，领着别人。后来还乡团回来报仇，把我们三爷爷给带了去了，又打又骂的，最后把他给勒死了。后来给我三爷爷出丧的时候，人家地主那边拿着铁锨想把他们家（三爷爷）的两个儿子给活埋，后来我家爷爷出面说，现在这两个孩子住在我家，就是我的，才把他们给救出来。

当时有贫协，就是组织起来领着你打地主斗恶霸。我当时的三爷爷就是贫协的出头人，所以当时还乡团回来的时候先抓他，带走他。村里有妇女会，但是后来也就那样，它就像是不怎么管事儿似的。现在回想起来，我们家是下中农，所以并没有分到土地，地主的土地都让那些要饭的、吃不上饭的给分去了。我们家三爷爷当时分了地主家的三间房子，还有一个床。

（四）互助组、初级社、高级社时的妇女

我们当时先有的互助组，后有的合作社。当时是几个户组成一个组，后来又分成一个队，一个队的。互助组一般是七八个户组成，一块关系都不大人③，所以就搞在一起。合作社的时候，家里的土地、牲口都入高级社了，我们就只管着去干活就行。反正当时就是这个政策，再不乐意都得这样。合作社的时候，白天黑夜的都得干活，我们记得也没有什么事很有意思，

---

① 披毛：长头发。

② 天井：院子。

③ 不大人：关系还可以的意思。

就是人家叫怎么干就怎么干。当时做肥料还得放上一些大米饼子,放在锅底下烧,论秤,一个户要交多少。在合作社里干活,家里有婆婆的,婆婆就在家看着孩子,生产队里给发工分。一个老奶奶,她看着孩子的话,生产队一年给她发三百个工分之类的。没有老奶奶的,人家就给你找个人,然后给你看着孩子,你就去干活。

跟大家一起干活的时候,对妇女也没有特别照顾,我们的那个支书没有人肠子①,当时有三四个妇女在夏天怀孕的,他就让她们在很深的壕里扔粪。你那个时候可了不得了,妇女很大岁数了也得去干活。你六十多了的时候,还得去坡里去种秧。

(五)妇女与人民公社、"四清""文化大革命"

1.妇女与劳动、分配

人民公社的时候,我当时三十多岁了。生产队里有的队是妇女多,有的是男的多,反正我们那个队里是妇女多。当时我们这里好多男的都去了东北,所以就剩下妇女。我们队里男人少,妇女也都得干。我们女的都推小车、拉小车。

大集体的时候,当时上十河头拉铁石。黑夜里做干锅,它有那个模子,和上泥,黑夜里做。一些人过年都没有口锅下鼓扎②。那个时候还有深翻土地、修水库、修大寨田,特别苦,驴没干的活都干了。那个时候有句口号是"要吃王家大村饭,必须拿命来干"。当时,结婚都没有敢去我们村的,都怕我们村的那个活。在生产队干活不能偷懒,你当时偷懒就没有饭吃,因为它是男女同工同酬,根据你干了多少给你发工分。男的是一个人十分的标准,女的是一个人八分的标准,妇女干得多了,有的时候也会多给你。

2.集体化时期劳动的性别关照

人民公社时集体生产劳动,对妇女没有照顾,在妇女的生产周期、例假、怀孕、哺乳期,都没有照顾。产假没有工分,当时我怀孕的时候跟那个人说我不去干活了,说生孩子他们还不信,他们在想昨天下午还在干活,今天就生孩子,还赶紧跑到屋里去看看我是不是真的生孩子。

3.生活体验与情感

吃集体食堂的时候死了很多人。一个村庄里,一天能往外抬四个人。当时在坡里干活,碰到耗子,还有蛇一类的,都赶紧把它烧烧吃了。倒是那些地瓜那么大,都在坡里一个一个骨碌着③,但是那些劳力被弄出去了拉铁石头,没人管,妇女只能在坡里自己拾掇。那些青年回来的时候已经十月份了,晒不干了,第二年春天,再去看的时候那些地瓜都坏掉了。那个时候有东西也没法吃,没有锅,怎么做。那时候生产队里也没有吃的。

4.对女干部、妇女组织的印象

我们这里没有铁姑娘队。我当过大队的干部,就领着干活,没什么特别的。

5."四清"与"文化大革命"

"文化大革命"的时候破"四旧",当时一句话说不好,就会被戴上大帽子拉到街上去游行。当时家里都被收拾得没有东西了,也没有什么好没收的。当时是开会动员一下,你如果自己乐意的话,就把佛像之类的东西拿出去。

---

① 没有人肠子:形容人很坏。

② 鼓扎:水饺。

③ 骨碌着:躺着。

（六）农村妇女与改革开放

现代的网络这些东西我不是很清楚。我现在看电视了解国家政策。我跟儿子住在一起，用手机平时给女儿、外甥、朋友之类的打个电话。

六、生命体验与感受

人的一辈子不容易，当时在生产队里干活，白天黑夜的，当成野兽似的对待，也不知道这日子什么时候熬过去，也不知道以后能活几天。现在就要好好享福。

DDM20180815XSZ 谢淑珍

调研点：四川省德阳市罗江区金山镇家和园社区
调研员：代冬梅
首次采访时间：2018 年 8 月 15 日
出生年份：1937 年
是否有干部经历：否
受访者结婚的时间节点：老人于 1957 年结婚；1958 年生第一个孩子。
现家庭人口：1
家庭主要经济来源：社保
受访者所在村庄基本情况：中华村地处平原地带，地势平坦，土壤肥沃。房屋多是沿公路修建，乡村公路几乎通到每村每户，整个村庄都紧靠 108 国道。这里是亚热带季风性湿润气候，雨水较多，四季分明。这里是汉族聚居地，几乎没有少数民族的居民，所以汉族特征明显。这个村庄主要种植水稻、大麦、玉米、红薯、花生等，每家每户基本都会养家禽以供自需。这里的居民多在本地工厂打工。
受访者基本情况及个人经历：老人生于 1938 年，十九岁时结婚。生有六个孩子，其中三个儿子三个女儿（大女儿和二儿子生病去世）。老人和老伴虽然年轻时经常因为钱的事情吵架，但总体关系还算好。老伴在 2017 年 8 月去世后，老人很伤心，因此患了一场病，而后老人就和儿女一起吃饭，但仍是一个人居住。

老人把一辈子的心血都花在了土地和一群孩子身上。老人从小家里田地就多，所以老人年幼时就能帮家里分担。她受婆婆的影响很大，所以从小就很能吃苦，觉得只有把田地做好，家里人才有饭吃。从土地集体所有到土地承包，老人一生勤勤恳恳种地，把家里的六个孩子抚养大。

老人是一个能够化苦为甜，思想比较积极乐观的人，尤其是生了一场大病后，她觉得今后什么也不想，要好好享受当下的生活。

一、娘家人·关系

（一）基本情况

我叫谢淑珍，生于 1938 年。我母亲是童养媳，她在七岁时就来到我父亲家。父母亲感情还是比较好，一共生了十个儿女，我在家中排行老三。我家土地改革运动的时候被划分为上中农，家里有十亩田，还喂了些猪，家庭条件在当时还是比较富裕。我和老伴是 1956 年定的亲，1957 年我十九岁就出嫁了。我嫁过来的时候，这边已经进入了集体化，所以夫家就没有土地，只知道土地改革运动的时候划分的成分是中农，家里条件一般，比我娘家差一点。1958 年我生了第一胎，是个女儿，我一共生了六个孩子，其中三个儿子，三个女儿，现在还有一个儿子一个女儿在世。去年八月初一我的老伴也走了。

（二）女儿与父母关系

1.出嫁前女儿与父母关系

（1）家长与当家

在我们这里都是男人当家做主，女人只管带好孩子干好家务。但是我家里情况特殊，父亲常年在外帮人犁田挣钱，所以我家所有事情都是婆婆做主，家里婆婆就是最大的。我婆婆活得久，直到伙食团的时候才因病去世。

家里都是婆婆在教育我们，连我母亲也是婆婆在管教。因为我母亲是我婆婆带的小儿媳妇。我母亲的父亲和哥哥都去世了，只有她父亲的一个兄弟还活着，这个叔伯就把我母亲和她的姐妹送到别人家里去。因此她七岁就被婆婆带着，受婆婆的管束，在家也没什么地位。在我家里所有的活儿都是婆婆分好的，我们就只管做就好了。她说今天给我母亲分多少活儿，她说怎么做，我母亲就快一点去做，没做完就要挨打。我母亲有一点事情没做好，婆婆就会打她，撵到田坝子里面都要打。

家务、农活是我们的任务，做好了没有奖励，但是稍微做错一点就要挨骂挨打。我记得我哥哥就是不听话，我婆婆拿起棍子打得他双脚跳。以前我们不懂，长大了就懂了，只有这样小孩子才管得住，要不然管不住。其实只要我们把她布置的任务都完成了，该做的都做了，我们要干什么、要去哪儿玩她都不管。通常情况下我们是没有时间出去玩的，家里田地多，我们的农活自然也就多。我们每天都要割三背篓猪草①，那个背篓又大，做完需要很长时间。我们必须行动快一点，要不然到了该剁猪草的时候我们还没回来就该挨骂了。

（2）受教育情况

我们家里姊妹太多了，加上田地多农活多，所以家里只有我大哥、四妹妹和我读了一点书，其他人都没有读书，因而也都没有文化。我当时只读了四年，我四妹妹因为那时家里活儿太多了，需要在家里带小孩就只读了一学期就不读了。我们那个时候只有有钱人才读得起书，穷人都读不起书。虽然我们家经济条件还可以，但是当时我们家里活太多了，所以也不可能让我们去读多少书。我婆婆经常教育我们说："你们什么都去和人家比，你比得赢人家吗？人家家里都去读书了，你家里读得起书吗？"

我小时候家乡有一所学校，最开始是私人办的，1949 年以后，学校就是公立的了，当时很多有钱人家的孩子在那里上学。那座学校建在半山腰，有时候我出去干农活儿的时候就看

---

① 猪草：喂猪的草。

得到,当时我看着他们上学心里很羡慕,但是家里活太多就不能去。而且我父亲他们也觉得读书没用,读书又不能饱肚子。每次学校有什么活动,我父亲就说:"读书有什么用,读了书就不吃饭了?女孩子读什么书,女孩子读了就不好嫁了,男孩子还没读书,女孩子读什么书。"

(3)家庭待遇及分工

我家婆婆喜欢男孩子不喜欢女孩子。我母亲最开始生了两个女儿,我婆婆就不喜欢,我大哥都是第三个了。因此他们最喜欢把我家大哥带着了,我母亲每天干活的时候都把他背着,所以我婆婆还是有那种重男轻女的封建思想。受这种思想影响,有客人来时,我们这些女孩子都不准上桌子。平常也是,厨房里有张桌子,女孩子就在厨房里吃,再加上每天那么忙我们也没有时间去坐桌子。只有父亲、婆婆他们两母子在桌子上吃,我们小孩子这些吃完饭就要去做活儿,没有多少时间上桌子,也不想在桌子上去坐。只有过年过节我们才坐到一起吃,这个时候我们才都上桌子。但是在桌子上吃饭也是有规矩的,那会儿就是婆婆跟父亲坐上座,哥哥兄弟姊妹坐旁边,我们就坐下方,下方就是家里地位最低的坐的。有的时候父母亲会在家里接待客人,这个时候就是坐两桌,男的一桌,女的一桌。来客人了都是我婆婆、我家父亲他们负责招待,我们就在家里帮着我母亲烧火。我母亲厨房里活儿多,每次她不是在炒菜,就是在翻猪潲①,每次舀碗饭、挑点菜,吃几口就去翻猪潲,所以也从来不在桌子上吃饭。而且来客人的时候,本来自己家里都是十多个人,再来两三个人就是十五六个人,就是两桌,所以忙得很,我母亲也没有时间上桌子。

至于家里的分工情况,那个时候我家里喂了一头牛,我父亲专门去犁田地。我母亲就在家里煮饭,一年喂两头肥猪,每天就是扯猪草、剁猪草、煮猪潲。我们小孩子冬天就割苕藤,夏天就去割猪草。我们每天一大早就要出去割一背篓的猪草回去,很大一个背篓。而且还要压得严严实实的,然后回到家吃饭就已经八九点了。这都还没有完,吃完饭还要接着割猪草,割好就倒在家里。堆一屋的猪草,割完了猪草,还要砍,砍完了就淘了丢锅里煮,煮好就拿去喂猪。一年三百六十五天都是这样,每天都很忙。到了打谷子的时候,我父亲请人帮我们打两天,十亩田请人做两天,剩下的就是我们自己去打谷子,小孩子去打、去割,慢慢做完。

(4)对外交往

我们家里忙得很,没有时间出去玩,所以我们从来都不串门。一般都是父亲和家里的男孩子去走大队和走人夫,婆婆和母亲则是去送月礼。他们都不带小孩子去,他们说:"小孩子去干什么,有事没事都去人家家里,人家还懒得给你们洗碗。"而到了过年的时候,家中拜年也都是男孩子和父亲一起去,我们女孩子不能跟着,就只能在正月初一、初二时玩两天。正月初一七龙庙②唱大戏,以前听唱大戏的人很多,四面八方都坐满了人,一般都是老人去听。其他时候家里都忙,不准我们出来玩。那会儿我们家里农田里的活多,家里的活也多,家里每个人都忙,没有一个是玩了的,每个人都有自己的活要做。

(5)女孩禁忌

我们家里也没有什么规矩,只要我们干好活婆婆就不管我们其他的了。穿着那些,只要我们有就穿,没有,看着别人穿得好看我们也不要想。如果说我们没有但是又想穿,我婆婆就要说我们,就说我们家里穷哪里能和那些地主家比,人家穿什么我们家里买不起。家里唯一

---

① 猪潲:猪食。

② 七龙庙:地名。

的规矩就是我们家里吃饭女孩子也是不能上桌子的,特别是来客人的时候。除了吃饭,女孩子在拜菩萨的时候也会有点禁忌。我们那边一般来说都是家里的男人去拜佛拜祖先,因为我家里是婆婆在当家,父亲也没时间管这些,所以我们家情况要不一样。除此之外就是过年的时候,我们这里流行父亲带着家里的儿子去村上拜年,女孩子就不能去。

2.女儿的定亲、婚嫁

我是十九岁结的婚,十七岁的时候就来说亲事,但是我丈夫家里太穷了,我就说算了,结果他第二年又来说媒,虽然我还是不同意,但是我婆婆说:"没什么,他家里穷,什么都没有,做着就有了。"然后就说成了。我们结婚的时候很简单,我陪嫁的是两口箱子和我自己买的一个瓷盆,夫家送的是一双皮鞋、一套单衣服、一套袄子、一双袜子。那时候一般人家陪嫁两口箱子还是不错了,有钱人家还要买五六个瓷盆。我出嫁时是我家姊妹和大嫂来送亲,结婚时来了大概两桌人。那会儿不流行请客,表示一些心意就可以了,加上我们家穷,所以我们就只请了一部分亲戚,有些亲戚就没有请。然后我们还要去拜祖先,就这样结了婚,再然后就是三天后回娘家,我们回去吃个午饭就回来。我结婚家里面准备得就很简单,但是我们哥哥结婚就不一样了,他们就要给女方过礼,一般就是过几套衣服、半截猪、五只鸭子、五只鸡。有时候女方那边要求送多一点,男方这边也只能照办,要不然他就找不到老婆。我们不按照人家要求的去办,人家就要在外面说我们家里穷,就没有女孩子愿意嫁到我们家来了。

3.出嫁女儿与父母关系

那个时候出嫁的姑娘三天后才能回娘家,就是回去吃个午饭就回家,之后就等一个月再回家了。虽然说嫁出去的女儿泼出去的水,但是我嫁了过后还是和家里有联系。我记得我女儿出生的时候,那个时候马上要过节,我父亲拿了四只鸡、一背篓的鸡蛋送来报喜。后来我父母亲去世了,我也都是回去了的。那个时候还不准开路^①,所以就没有开路,就那样把棺材抬出来放在院子边上。反正我结婚后和家里还是有联系的,有什么事情还是相互照顾。但是家里有什么事情就不会找我们了,那些事情都由家里的哥哥那些去商量,从来不会叫我们回家。

(三)出嫁的姑娘与兄弟姐妹的关系

我结婚后和娘家的兄弟姐妹还是有走动,基本的来往那些还是要有。那会我们走人夫都是吃个午饭就回来了,虽然随时都在串门,但是都只是吃了午饭就回来了。家里活太多了我们哪有时间去玩,只是说家里哪个兄弟姊妹结婚了,就要去送点礼,或者我们这边生了娃他们也都会过来看我们。反正结婚后我们这些兄弟姊妹关系还是好,来往得还是多。一般谁有困难了我们还是要互相帮助,毕竟姊妹都是一世的,能帮忙就帮下。

二、婆家人·关系

(一)媳妇与公婆

1.婆家婚娶习俗

我结婚的时候婆家的条件没有我们娘家好,他们家就很穷。他们家里土地改革运动的时候被划分成中中农,我们是上中农,所以他们家就比我们家穷一点。我们那个时候结婚也是讲究门当户对的,像我们是上中农就只能找和我们差不多的人嫁,地主那些想找我们但是我们又不愿意嫁过去受委屈。我结婚的时候就很简单,就请了两桌人,拜了一下祖先。当然结婚

---

① 开路:办丧事。

也有一些禁忌,那就是家里有人去世的就不能来,这是必须要回避的。这种时候,像兄弟姐妹结婚都只能让人把礼金带去。

2.分家前媳妇与公婆关系

我老伴有两个母亲,一个大妈一个小妈。他的亲生母亲就是大妈,我们喊的二妈,小妈就是罗江万安镇[①]这个。我老伴当完兵回来觉得罗江万安镇这边条件比二妈那边好些,所以我们就跟着小妈。

我嫁过来的时候就在伙食团里吃饭,一天三顿都是在伙食团吃。在伙食团的时候我们婆婆就在队里专门把人家割回来的猪草砍着喂猪,我们就做我们自己分到的活。那个时候都在伙食团端饭,就按照我们的级数端,我们那个时候都是按八成来端饭。那时候一家人都在伙食团,所以家里没有什么,也就不需要有人做主,就是自己在伙食团端自己的饭。在伙食团的时候,都是有生产队给我们分工的,所以家里就不需要做什么活儿了,还是比较轻松。伙食团过后,家里就是老人婆[②]做主,因为那个时候流行家里的老人做主,她说什么就是什么。以前我和我们老人婆关系还可以,从来不吵架,就只是经常因为钱和老伴吵架。

3.分家后媳妇与公婆关系

分家都是因为在伙食团吃饭的时候各端各的,然后伙食团结束了就跟他兄弟分家了。伙食团刚刚结束那会儿家里也没有什么东西,就没分到什么,分了家后还是老人婆在家里做主。

后来,我公公婆婆去世的时候,我老伴在家买了一副棺材,然后把他们的衣服穿好,装到棺材里请人抬出去。我丈夫的兄弟那会儿都还没赶回来,等到下葬的时候,就我跟我家老伴两个人请人抬出去的。我家老人婆去世的时候我们连孝服都没穿,就捆了孝帕子,男的女的都一样,给她立碑的时候也都刻了媳妇的名字。那个时候一般埋的时候都是男的抬出去的,女的没有去。但是我丈夫他们家的都可以去,侄儿男女都可以去。后面去敬她的时候我们也没去,有自己的哥哥兄弟去弄,因为那些事情都是男人的事,我们女的不管这些。

(二)妇与夫

1.家庭生活中的夫妇关系

我和我家老伴是人家介绍了两次才成的,开始就觉得他家里太穷了我不愿意,然后第二年又来说媒才说成,当时说成了就见了面。结婚后,我和他经常吵架,都是因为钱,为了生活。那会儿,吵架就是我家大女儿来劝我们。我们吵起来了,大女儿就急忙去把我们生产队的队长喊来,有时候还会闹到公社。时间长了,我就不搭理他了,懒得和他闹。他那个人都是一辈子玩惯了的,大家都知道我家,都说我是老英雄,家里什么都是我去做,他不会去做活儿。有一年种了四亩田,栽秧子、打谷子都是我去请人帮着做,就让他煮下饭。到了中午他煮了自己一个人的饭吃了就去街上玩了。等到我们做完活回来,哪有人给我们煮饭,没人给我们煮,我们只能自己煮。以前都是为了钱,他玩惯了,从来没做过活,不想做活,家里的活都是我在做,家里几个孩子有时间也帮着做。

我老伴封建得很,当时都说男女平等了,但是他观念里始终觉得国家大事不该女人来操心,女人只用管好家里就是了。那个时候男女平等了,开会也说把女人们喊上,但是他把全村

---

① 罗江万安镇:地名。

② 老人婆:婆婆。

的人都喊了就是不喊我。人家问他为什么不喊我，他说女人哪里管得到这些事情。倒是他天天跑这里跑那里去开会，家里面的事情全部丢给我，然后我就问他，他们天天开会说了些什么，结果他还不和我说，还说我们女人管这些事情干什么。他就觉得我们女人就应该在家里干活照顾孩子，这些国家大事不该我们管，我们管了也没用。不过虽然以前经常和他吵架，但是现在他走了我一个人还是不习惯，还是舍不得他。

2.家庭对外交往关系

我们那会儿的人情往来不像现在这么费钱，一年也就走三四个亲戚。我们知道要走亲戚了就攒点鸡鸭蛋去卖，卖了买两斤肉，一斤肉那个时候也才几块钱。以前都是这样，买点肉去，吃个午饭就回来了。我小的时候家里都是婆婆和父亲去走亲戚，我们小孩子就不准去，但是到了我的小孩，他们能去就去，就不像我小时候那样受约束。我老伴天天又不管家里的事情，家里大大小小的事情都需要我来操心，我走了这个家里的活就没人做了，所以小孩子能去就让他们去就是了，我在家把活给做了。

(三)母亲与子女的关系

1.生育子女

我是1958年八月二十一日的时候生了我家大女儿，后面我又生了五个，一共有六个儿女。生我家大女儿的时候还是在伙食团里，那个时候也快到八月十五了，生产队给我们分了饭。那个时候我父亲捉了四只鸡，送来了一背篼蛋，就来报喜了。那个时候通讯还不像现在这么发达，我生了就让人上街的时候给娘家人带个信，就和他们说生了个女儿。等到满月了他们才来看我，才来送月礼。后来在公社吃饭我家大女儿才刚刚七岁，她就在牛棚里牵了个牛崽崽。那个时候刚好看了三天，她说牛要跑就把牛栓在腰上，牛儿听到对岸的黄牛在叫，就拖着她跑过去，从河这边拖到那边，差点溺死，我们魂都吓掉了。我家一共养了六个孩子，只有我家老大读了书，我家三女儿读了书，我家二女儿没有读书，反正我家能读的还是都读了的。

我们家儿女结婚都是人家介绍的，我家大女儿就是黄珍琴①介绍的。有人介绍就看他们两个人同意，他们看好了就接受。介绍成了就谢红娘，给红娘几百块钱再请她吃顿饭。他们结婚的时候和我们那个时候都差不多，我家刘晓东②结婚的时候还杀了一只两百多斤的猪，酒席做了三十多桌，客人也来得多，生产队的人都来了。因为我们大娃结婚那会儿生产队都是有来往的，人就多。我们那会儿结婚只有两三桌人，我丈夫家没有什么亲戚，我家也没请亲戚，就我家姨娘、舅舅都没请。我家二女儿出嫁的时候就简单得很，都是夫家添香给我们家。我们儿子结婚的时候就给人家女方三套衣服，家里好一点的给四套衣服，然后再割半个猪，如果人少就割一半的一半。儿子结婚，已经出嫁的那些女儿多多少少还是要给家里资助一点。儿子结婚了要给他们重新盖套房子，如果正月结婚，我们腊月间就必须把房子盖好了，原先是草房子，后来就盖的瓦房。盖房子就是我们自己出钱盖了，每次我们知道要接媳妇了就卖点猪攒点钱，攒够钱把房子修好了就接媳妇。

2.母亲与婚嫁后子女关系

成家后，儿女他们就自己管自己了，我们家里有困难了也从来不会找他们帮忙。本来我家二女儿嫁的那家穷得很，她前一年腊月结的婚，第二年三月间就分家了，就分了一间房子。

---

① 黄珍琴:人名。
② 刘晓东:大女儿。

这间房子又是做厨房又是做厕所,所以都是我们帮她,她根本帮不到我们。她找我们帮忙的时间多得很,随时都在我们李家住。平时她们有时间就回来,正月间回来玩几天。他们本来就困难,所以我们家里有什么事情也不会找他们帮忙。而且他们结婚了也就有自己的家了,我这边本来也有个家,要照顾好自己的家哪里管得了那么多,我就连我的孙儿、孙女都没有帮他们带过。我们之间只是说最基本的走动还是有,现在他们有时候会给我打个电话,问下身体怎么样了,然后过年了来看一下我。

三、妇女与宗族、宗教、神灵

(一)妇女与宗族

我们娘家村里有祠堂,但是都是男人参加,女人不参加。过去都是男孩子的事没有女孩子的事,男孩子只要有三四岁就可以参加,女孩子就不会参加。这就是过去那些年喊的老封建,重男轻女。以前都是老封建,重男轻女,人家觉得女孩子是外地人,什么都是男人在做,女孩子没有地位。我们家父亲不管事,都是我婆婆在做,平时敬老祖先人,都是婆婆去。婆婆早上有空,她就去烧香。以前就是一天烧三炷香把神供着,有时候我们也会去烧,家里谁有时间谁就去敬,一般都是婆婆有空就她去烧。她早上一起来把洗脸水弄好,洗了脸就出去烧香了。我们都出嫁了,就全是我母亲和婆婆的事情了。她们逢年过节就要走坛屋①里去,烧几炷香磕下头。等到腊月团年了就全家人都去敬,正月初一就一起去,平时就是我婆婆去敬。我父亲很少去,他一年喂着牛,还要去人家犁地,从正月间起就给人家翻地,都在外面干活,没有多少时间在家。

我以前不信宗教,但是我现在信了。我公婆走的时候就喊我们走庙子,所以现在就在走庙子。原先老伴还在,我们就要走庙子,正月间要走十五天,六月间要走十五天。一般我们都是和其他老年人一起的,然后有个人领导我们,今天走高庙子,明天走观音堂②,有的时候一天就走好几个庙子。以前我们一直都在走庙子,就从去年八月间起到现在都还没走,因为参加了丧事就要满一百二十天才能走庙子。但是最近参加的丧事太多,这里还没满一百二十天,那里又有人去世了。一般来说,我们去庙子里面也就是求个平安,一家人都平平安安的。

(二)妇女与宗教、神灵、巫术

我们这里求雨求丰收都是男人去,没有我们女人的事情。那个时候生产队队长就喊家里的当家人去参加,还必须要是男的。假如老公去世了,家里有儿子就喊儿子去,实在没有就算了。这些事只有男人知道我们这些女人就不知道,我们也只听到他们在说。不管拜什么,求子那些也都是男人去。以前封建得很,吃饭人家都说女孩子不准上桌子,来客人了我们就在厨房里吃。

我小的时候在娘家,家里祭拜这些事都由我奶奶来做。后来我嫁了,在夫家就是我公婆在弄这些。一般就正月间、七月半、八月十五敬神,平时都不敬。敬神就只烧香,每天三顿都要烧香。我公婆去世后家里这些事情就是我在弄。七月半我们就在家里烧,就说:"今天七月半,给你们烧点纸,给你们买套新衣服,你们自己来领。"以前敬菩萨都要炒好几个菜,把祖先请了,纸烧了就算完事。现在就懒了,就买个刀头③、三个苹果。倒三杯酒,烧根大蜡烛,烧了就完

---

① 坛屋:音译,指的供菩萨的那间屋。
② 高庙子、观音堂:当地的寺庙名。
③ 刀头:祭祀用的东西。

事。像我家公公婆婆去世了,去敬他们的时候挨着喊,喊的时候就先从辈分高的喊,先喊男的再喊女的。

四、妇女与村庄、市场

(一)妇女与村庄

1.妇女与村庄公共活动

小时候我们那儿有冬至会,但是那些都是男人的事,没有女人的事。冬至会要坐五十多桌,家里的男娃儿都要去,只有女的不去。两三岁的男娃儿都可以去,每个人交一点钱,在庙子那边杀几头猪,大家坐在一起吃个饭。这些事情我们也只听人家说,没时间去看。

1949 年之前,保甲长那些组织开会从来没有我们的事情,那是有钱人才能参加的,没有钱的人就不能参加。像我们父亲这种人就很老实,人家都不会叫他去开会,我们甚至都不知道人家开了会。只有保甲长以前安排我们在七龙庙庙子里守夜,就是村里面每个家里的男孩子轮流守夜,家里有几个男的就要守几晚上。守夜就是为了防那些山贼,那些山贼白天睡觉晚上就出来偷东西,抢漂亮的女人上山。他们守夜就听到哪儿有动静了就过去打,把那些人打死在七龙庙下面。那些山贼抢农民的鸡、鸭,好东西挂了一屋子。1949 年以后,解放军才去打开他们的土匪窝,把他们剿灭了。那会儿,我们就知道这件事情,其他的事都不会通知我们的。到了 1952 年我们才知道男女平等了。男女平等就说会议都可以参加了,所以有时候开会就要把女的叫上。在这之前开会我都不知道,我们这些人很老实什么都不知道。他们开会喊我我就去,不喊我我就不去参加,就在家里做自己的事情。家里小孩又多,管不上那些,有时候晚上开会就去参加,白天没有时间。

结婚后夫家这边的保甲长我不知道是哪些人,也不认识。那时候村里什么大事我也不知道,不过那会儿都在伙食团了,也没有什么大事。"文化大革命"女的也不参加那些,也就什么都不知道。我也从来不关心村里的事情,我天天要照顾家里就没有心思去关心那些。村里有干部有队长,就不用我们这些社员说话。

2.妇女与村庄社会关系

以前我们也没有时间走邻居去拜年,那些都是男孩子和父亲的事,都是他们走大队上去拜年。拜年和走人夫这些事都是男人的事情,只有送月礼才是女人的事情。后来我结婚了,因为我的老伴从不管家里的事情,所以这些人际交往才是我在管。但是我一般都在忙着干活儿,都是让我们家的小孩子去。

我一直都没有什么朋友,以前人家说和我做朋友我都拒绝了,所以到现在我都没朋友,也很少出去玩。我学针线那些都是我家娘、我家大姐姐教我的,大姐走了就是二姐教我们,裁剪我都会。我自己带了六个小孩,那会儿一天都忙工,生产队做完都是晚上了,一般中午回来老伴煮饭,我就把布裁好。这些布都是腊月二十多的时候才裁几张布回来,我中午把布裁好,下午、晚上回来就弄,缝一套衣服就睡觉。

(二)妇女与市场

结婚之前,我们家里都是婆婆去上街,我们都没有时间上街。只有到了腊月、正月的时候,我们才有空出去玩。平时有时间我们想去上街,就中午和婆婆说,她就会让我们第二天和她一起去。第二天我们跟着婆婆在街上走了一圈,她就让我们快回去,我们就只能回去了,她就要玩到太阳落山了才回来。冬天反正我们把活干完了，我们说明天去上街，今天割猪草就多割点堆在家里。然后我们上街回来，下午就又要去弄，就是那样，活都是分了的，不管我们干什么都要先把活做完。我们一年到头都忙，上街的时间很少，一般买东西都是我婆婆去买。

那时候不上街我都只知道有个金圆券，我们家从来没用过，我只听说过。我们这边谢忠培[①]拆房子的时候，在墙里发现了几张金圆券，就说这是他爷爷攒下来的钱，我也不知道他找到了多少钱。这些我们就只听到过，从来没用过。那个年代有一点钱都是攒着，况且我们还没什么钱，哪里有机会用那些钱。

结婚后，在这边带了孩子买吃的那些，生活都是老伴在管。到了改革开放了，这下就自由了，随便我们想玩就玩想做就做。一般上街就买点菜，有时候买十多元的肉。这下日子好过了，天天都在玩，我们都八年没有种田了，我就在说没有毛主席我们哪里有这么好的日子，哪里有这么好的生活，这些都全靠毛主席解放了全中国。

五、农村妇女与国家

(一)认识国家、政党与政府

我以前知道国民党，不过也只听人家说过，没有什么印象。那些事情男人才知道，女人都不知道，我们也不管好坏只要有饭吃就行了。我们也不认识哪个国民党的人，就只知道有国民党，然后孙中山、蒋介石也听人家说过。共产党我都是1953年、1954年才听说，那个时候我读书的时候就在说共产党，之前就没听说过。我最早参加的共产党组织的投票是选人民代表，三年选一次。选代表那会儿妇女也都参加了的，我们那个时候就是写选票。那个时候选干部都是选好了的，我们只管填就是了，三年选一次的代表有男也有女。我反正就是选了了事，我从来都不关心这些，人家都有队长干部那些关心，轮不到我们来关心。选出妇女当干部好坏都无所谓，反正我平时也不会有什么事去找人家。我们家里只有我老伴是党员，以前当了几年兵就入了党，我家刘晓东读书那会儿只是共青团员。

关于国家的计划生育政策我知道一点。我家刘三娃出世的时候我都说去做手术，遇到一个生产队的老娘就说做什么手术，多带一个儿子少带一个儿子又怎么了，不然我家刘三娃我都要去取了。后面带着刘三娃，我又怀了一个女儿，七个月我就去取了。我都是背着老伴去做的手术，因为他一直不同意我去做手术，但是我就一直想去做手术，我就觉得计划生育好，少带点最好了，少点负担。一直以来都是儿多母苦，男人哪里管我们这些事，所以不管他怎么不愿意，我还是决定自己去做了手术。那时候国家人多，就说计划生育少养点，响应政策就不能生太多，像我家老三带两个还罚款，而且后面让我们生我们也都没办法生了，都是四五十岁的人了。

国家的其他事情我都不是很关心，也不了解。我们国家的领导人我就只知道毛泽东和邓小平，这几年的主席我都不知道是谁。我就只听人家说都选了好几个主席了，是谁我也不知道，我一直在家里，没有出去。开会也没说这些，中午开完会十二点就走了，也没人问这些，就只是听别人说又选了主席了，就是不知道是谁。平时我也不看新闻联播，又不出去玩，国家的这些事我都不知道。

---

① 谢忠培：人名。

（二）对 1949 年以后妇女地位变化的认知

1958 年的时候我就听说了妇联，那个时候就是喊妇女开会选个妇女主任。原来我们这里的妇女主任是罗玉珍，人家搞得好，每个月都要来问妇女过得好不好。生产队的队长也会问，队上的妇女主任对我们很好。我们原先的生产队的妇女主任就是曾胖子，她去世了就选的赵女子，赵超慧对我们也很好。六几年的时候我就听说了男女平等，妇女能顶半边天这些话，但是那个时候影响都不大，只是都知道。就是有妇女组织了，选出妇女领导了，男女都一样下地干活。虽然政府大力宣传，很多人也知道男女平等了，但是以前封建的观念还是没有改变，比如说我家的老伴，他天天都在开会肯定也知道男女平等，但是他还是和以前一样。他一直觉得女人就不应该管国家大事，女人把家里管好就够了。我开始还说他，后面管他喊不喊我，他喊我我就去不喊我就不去，家里这么多活，我就在家里干活。

（三）妇女与土地改革运动

土地改革运动我们不知道。我们妇女都没有参加过土地改革运动和斗地主那些。反正我没有参加，土地改革运动的时候分地决策开会还是有女的参加了。那会儿都选有妇女干部了，就有女的参加。那个时候分地，男的和女的分到的地都不一样多，男的要多点，女的要少点。当时土地证上都是男人的名字，没有女人的名字，除非这一家人男人去世了就写女人家的名字。

（四）互助组、初级社、高级社时的妇女

我记得"互助组合作社"，我们又是早班又是夜班，一天三顿都在忙，活特别多。早上五点钟就起来了，就敲钟了，我们就要搞快一点点，慢点又要扣我们的工分，一早上就要做两个小时活。我对那个时候的印象就是大家都太忙了，活做不完，一天都在忙。那会儿男女都要去外面干活，沈建平的爷爷就给他女儿沈丽儿说："你拿个锄头出去，站到外面不要在家里，你在家里点不到名。"他就最爱这么说。早上五点钟敲钟了我们就要出工，要做到十二点才收工。每个人都要出去，只有六十岁以上的就不出去做了，五十岁的都要出去加夜班。这些老年人不出去干活就有时间，帮忙带娃娃，我们加夜班的时候他们也在加夜班。我们有小孩子的又要出去干活，就把娃娃给他们，他们做个托儿所，五个娃娃一个老婆婆照顾着，加完夜班回去，我们就去把娃娃抱回来。还有的老婆婆就砍猪草、煮猪食，还要加夜班。那会儿就是忙，早班夜班一直加，结果活又没做完，都在外面玩。那会儿挖田，就几个人在那里拿起锄头挖点边边角角，没有几个人在认真做，都是火把打得大①，没几个在干活儿，都在偷懒，在外面玩。领导喊我们挖地就挖得很敷衍，隔很远挖一锄头，第二天队长去检查看有挖的痕迹就好了。他们好玩，一点边边角角要搞半晚上，我那会儿在坐月子都没有出去。那个时候他们每天都在加班，但是活又根本没做完。老伴每天都十一二点才回来，我在家里呆了四十天，我满了四十天刚好就没加夜班了。那时候活干不完，就像栽秧子，加夜班就扯秧子，我们扯三十个秧子就收工了。那种干活的方式没持续多久就一两个月时间，因为大家都没做活，活就做不完。

（五）妇女与人民公社、"四清""文化大革命"

1.妇女与劳动、分配

集体的时候我才二十多岁，生了一个娃娃，那个时候我觉得"人民公社"比"互助组合作

---

① 火把打得大：双关语，一种意思是指火把扎得大，另一种意思是讽刺大家都只是口号喊得响亮，干活效率低。

社"要好,因为不加早班夜班了。我们那个时候还是一个月有三十天就要做三十天的活,三十天工就是三百分。我还记得我们当时还唱歌,唱的东方红和国歌,晚上就喊喊口号,但是那些都是男人的事了,没有女人的事。那会儿六十岁的老婆婆就不出去干活儿了,只要满了六十岁了就不用出去干活儿了。男女平等,干活儿都是女的和男的合在一起做,早班夜班都一起做。只有棉花组是女人在专门做,种地都是男女一起种。棉花组的活儿要轻松些,所以就是女的专门做,就负责栽棉花、浇水那些工作。

大集体的时候我都在牛棚看牛,也没有多少时间出去,不知道发生过什么事情。那会儿妇女评工分,满了十八岁的姑娘就是八成,小娃娃十五六岁才参加,他们就分一个组,安排一位老人去领导,教他们怎么做。当时还分了个草皮组,就是老人带着小娃娃铲草皮子,喊他慢慢铲,教他怎么做。其余的他们也不会做什么,就只能铲草皮,栽秧子就铲下田边,打谷子就割下田边草。男女做得一样,分到的吃的也是一样的。栽秧子的时候反正就是我们一个生产队分两个组,假如男的二十个,女的二十个,一个组就十个男的十个女的,男女都是一起的。我们这个组搞得快,几下就栽完秧苗了,那个组还没栽完,我们这个组就去帮着栽,这就是互助合作。虽然大集体还是累,但是和分田到户比,我还是更愿意集体。集体有领导,我们就只管干活儿,做了就有饭吃。分田到户了就全是我们自己的事情,什么事情都是我们自己操心,买肥料这些都要自己操心,其余绝大部分其实都差不多。那个时候除了集体的地,每个人还分到了八厘自留地,我们家就有四分八的自留地。那个时候在自留地干活儿就不能耽误集体,自留地都是早晚自己做,早上一起来就去做,晚上一收工就去做。我们不能丢了集体的活,我们一天要做够那么多,做满半个小时才记得到八成,所以去晚了就要扣工分。假如我们有三四分自留地,要勾苕藤了,我们明早上两三点起来,等我们打钟了我就割完了,然后就去集体做。都是早上早点去自留地不耽误集体,耽误了开会要受批评。生产队队长和各组的组长去开会,就要说今天我们这个组分多少田,什么时候要做完。每天那么多的任务,我们必须要按时完成。

2. 集体化时期劳动的性别关照

大集体的时候我刚生了我家大女儿就在牛棚里看了四十天牛,那会儿有四十天的产假,四十天里就不做重活儿。那会儿每个月母子①都是去牛棚里去看牛,待四十天。有娃娃的女人,就把娃娃给那些老人带,他们办了个托儿所,做完工回来再去抱就是了。那些老人做不了其他的活儿,就在家里带娃娃。有个托儿所还是好,老年人带孩子就可以挣工分就有饭吃,我们有小娃娃的也可以安心干活儿了。

3. 生活体验与情感

我们那个时候在集体食堂吃饭,还要选伙食团,我们这里的队长就是曾文化,负责分饭,申表姊六十多了还在煮饭。我们生产队人少,三百多人,夏天就只有一个人煮饭,冬天还有一个老婆婆洗下红薯。那个时候吃大锅饭由不得我们,我们不愿意也没办法,都是强迫我们的。我们队上小娃娃都是分的饭,人家有些队小娃娃都是称的米自己去煮,我们这儿就不是,如果分到米我们还可以自己煮,因为家里锅碗瓢盆那些都没有交公,都是自己在用。不煮饭了活就多了,我们一点也没有轻松,人家把饭给我们煮好,做完活回来吃饭只有半个小时。我们每天忙得没办法,吃了饭还要喂小娃娃吃,我们先把饭晾着,晾凉了然后就去把小孩子喂了,

---

① 月母子:孕妇。

有些孩子还小就要喂奶,就边吃饭边喂奶,喂饱了就把他丢在背篓里就又出去干活儿。等到中午十二点收工回来把孩子抱起来,孩子裤子都尿湿了。我们一天忙得不行,但是活儿也没做完,所以后面伙食团就办不下去了,就这么分到户了,伙食就下放了。

"三年困难时期"过得苦,在伙食团吃饭,有些老人不够吃。不过我们生产队没有,我们这个生产队队长好,照顾老人,分饭的时候就给老人多舀点。有些人实在饿到了就去生产队偷点吃的,被抓到了打得特别造孽。开会的时候说去打小偷了,我都不去,看到都觉得可怜。唉,那个时候说好也不好,说不好也还可以,过也还能过,就是太忙了。

4.对女干部、妇女组织的印象

1958年的时候我听说了妇联,刚开始队上组织妇女在一起开会让我们选一个妇女主任。妇女主任的工作干得很好,每个月她们都会下来两次关心我们妇女的生活,生产队队长也经常问我们妇女主任的工作做得怎么样。有了妇女主任还是好,有点什么事情,妇女干部就会来帮助我们。

5."四清"与"文化大革命"

斗地主这些事情都是男人的事,我们女人没有参加过。那些干部要参加,我们这些老百姓不参加。斗地主那些事情只有大干部知道,我们都不知道。土地承包分配土地的时候妇女也只有那些女干部去了,我们都没去。"文化大革命"对我们也没有什么影响,那个时候家里穷得很,什么都没有,也没什么旧东西被烧了。那时候住在农村,大家都穷,没有什么人受到影响。

(六)农村妇女与改革开放

土地承包分配土地的时候我们没参加,只有女干部才参加。分配的时候离了婚嫁出去了的那些女的就没有土地了。我只参加过村委会选举,我们自己填的选票,他写好了我们填就是了。那会儿知道男女平等了,选的时候我还是选妇女。

改革开放后,我觉得政府废除那些旧的人情礼数好得很,比以前好得多了,什么都自由,生活也好了,还有号召废除包办婚姻、鼓励自由恋爱那些也都很好。国家这些政策都最好了,毛主席最好了,没有他我们哪里能这么自由。现在我每天就在家里看点动画片,一般也不出去,就不知道现在国家的这些政策。什么网络那些,我都不知道,也没听过,和儿孙联系都是打电话。我家三女在外面干活儿,有时候十天半个月给我打个电话过来关心一下我。

六、生命体验与感受

以前我刚好十八九岁的时候就一直想:人家有钱人都穿得好,吃得好,我们这种穷人,一年到头都穿粗布衣服,没有一件像样的衣服,我不知道哪辈子才过得到好日子。哪里想到毛主席来了解放全中国,听到说妇女平等了就觉得日子开始好了。这下就好了,穷人也可以翻身了。虽然现在也是穷得穷,富得富,但是我觉得人勤快、劳动得好,得到的就多,生活就好,如果说不劳动,一天都要贪玩,生活还是得不到改善,人不做就没有吃的。

我们现在生活就变好了,我们想吃什么就买得到什么,以前想买点东西都买不到,我们没有钱买,就吃不到。现在我们想吃什么就可以去买,有钱了。现在我们田地占了,我们的日子更幸福了,毛主席给我们的好处就是每个月十号到了就去取社保,我每个月都拿一千八,我原先是一千六,我家老伴去世后就开始拿一千八。多亏了毛主席,我们的生活才这么好。

我觉得我现在活到八十就是最开心的了,我的女儿儿子媳妇都对我好,都孝顺我,所以我才活得到八十岁。我想起我丈夫去世了,我那会儿还是后悔得很。我想到他那么早就走了,丢下我一个人,想到还是气得没法。我那时候想的就是活一天算一天,想吃饭就煮点,不想吃就不煮,一天就是想这儿想那儿,弄得一身的病,成了严重贫血,我从来都没得过这个病,我三五年才得一次病,平时都没有什么病。

DDM20180815XBX　徐佰秀

调研点:四川省德阳市罗江区金山镇五埝村

调研员:代冬梅

首次采访时间:2018 年 8 月 15 日

出生年份:1937 年

是否有干部经历:否

受访者结婚的时间节点:1957 年结婚;1960 年生第一个孩子,共生育了五个孩子,其中第二个女儿夭折了,其余全是儿子。

现家庭人口:1

家庭主要经济来源:社保

受访者所在村庄基本情况:五埝村属于平原地区,地势平坦。这里属于亚热带季风性湿润气候,四季分明,雨水充足,粮食一年两熟。交通条件非常便利,五埝村紧挨 108 国道,乡村公路也几乎通到每家每户,距离镇上大约 2.5 千米,生活也非常便利。这里为汉族聚居地,全村的人几乎都是汉族。农业经济特色显著,土地肥沃,水源充足,农村劳动力富足,环境无污染,气候宜人,物产丰富。粮食作物主要为水稻、大麦、玉米、花生、油菜。

受访者基本情况及个人经历:老人生于 1938 年,十七岁经人介绍与老伴相识并定了亲,十九岁结婚。一共生育了五个孩子,其中第二个为女儿,夭折了,其余四个都是儿子,都已成家立业,现在已经是四世同堂。第三子改革开放后自杀去世了,但儿媳依然孝顺老人。老人与老伴感情很好,几乎没吵过架,2017 年老伴去世后,老人独自生活。

老人一生都在尽全力照顾家庭和经营土地,自从她嫁到农村来,就一辈子都栓到了土地上,家庭收入都靠种田地。她特别勤劳能吃苦,她觉得以前的生活再苦都不算苦,只有劳动才能收获幸福。老人很善良,很老实,几乎从来不与村里人吵架,所以很受村里干部的照顾,因此被介绍到幼儿园工作。她是很值得尊敬的一位老人,坚信只有劳动才能收获幸福,八十岁高龄依然不愿意与儿女住一起,愿意一个人自己生活。也从来不向儿女要钱,靠自己的社保养活自己。老人非常崇敬毛主席,一生都牢记并且奉行毛主席的思想,并且对我们国家和党充满热情,非常关心国家大事。

一、娘家人·关系

(一)基本情况

我叫徐佰秀,1949 年出生,祖籍在陕西,后来祖辈做生意举家搬迁至四川剑阁。出嫁前家中共有父亲母亲以及姐妹四个和两个兄弟,共八口人,我在家排行老大,我上头还有个抱养的大哥。因为 1949 年初期学费很便宜,所以家里的小孩都有书读,我读完了高小,我的兄弟初中也读完了。我家土地改革运动前在做一些杀羊、煎饼子的小生意,但是基本上赚不到钱。家里只有五亩地,后来刚买了八亩就遇到了解放,土地就上交给了国家。我家在土地改革运动的时候被划分成了半农半商的无产阶级。我 1955 年定了亲,1957 年嫁到了李家,婚后生活很和谐,夫妻和睦,家庭美满,我一辈子都没和老伴吵过架,我的孩子们也都很要好,我们一家人感情很好。去年我老伴去世了,然后我就一个人生活了,因为儿女不放心我,所以就让我和他们一起吃饭,但是我更愿意自己一个人生活。

(二)女儿与父母关系

1.出嫁前女儿与父母关系

(1)家长与当家

虽然我们家里是做生意的,但是我们家里穷得很。那个时候做生意很差,一般连个人都没有。我们又住在街上什么都要靠买,连水都是买。我们家里本来就没有什么收入,然后生活又什么都靠买,那个时候家里困难得很。在街上我们连田地都没有,是我父亲去买了五亩地,都不够家里吃。五亩地都是买的人家有钱人撂出来的,人家荒着的地我们就买来种。我父亲就把这五亩地种着,庄稼长得很差,不够吃,我父亲就又做点生意。平常父亲就卖饼子、卖包子和面,母亲会纺线、纺布那些,到了冷场就纺线卖。

那个时候家里穷得很,所以就谈不上什么当家不当家的,大家做事都还是在一起有商有量的。家长一般都是男性,也有女性是家长。我们家里要说当家都可以当家,父亲也可以当家,母亲也可以当家。那个时候我家是父亲母亲一起当家,因为家里在做生意,父亲在梓潼绵阳这边送牛,母亲在家附近带着娃娃打饼子、蒸包子还有卖面。我父亲出去了,家里就是我母亲在打理,有时候我母亲一个人忙不过来就有老乡来帮忙,那个时候还不流行给工钱,请他们吃一顿饭就完了。当然那时候也像现在一样,也看能力,能力大的就能把家给管着,如果男人没有能力,那也是肯定不会放心把管家权交给他。这个跟人的能力也有关系,能力高的就把经济管得好,经济管不好要当家有什么用。大多数情况下还是女人在当家,因为女人照顾孩子还有对家里开支方面都很熟悉,做事也井井有条。我们家也还是有分工,但也不分那么清楚,男的一般管外面的事情,女的一般负责家里的事情,家里家外都在管。

(2)受教育情况

那时候新中国刚刚成立,学费很低,国家鼓励读书,所以我家的小孩都有书读,我读到了高小毕业,我的弟弟读到了初中毕业。我出嫁前在娘家过得还是很好,我们这里稍微有点钱的家庭都很尊重女性,家里的女孩是不会因为性别的差异而被歧视的。我家里还是支持我们这些小孩子读书的,不管是儿子也好,女儿也好,能供着读书的就尽量供着读书。我和我的那些同学都一样,都只读了高小,那个时候女娃娃一般读了小学就没有学校可以读了,没法读了家里也不愿意交学费了,就说女娃娃读那么多书也没用。那会儿就只有男孩子能读到初中,那就是最高等的了。我家弟弟就读了初中,后面毕业就坐的办公室。那个时候我们在街上的人都是只要能读都送去读书,特别是家里只有一个的最容易送去读书了。

(3)家庭待遇及分工

我们娘家那会儿就我父亲做饼子卖,卖那些杂七杂八的东西。有时候我父亲没在家,我母亲就自己弄,有时候忙不过来了乡上的老乡就来帮忙。在家里,父亲母亲都要做主,有什么大事情就一起商量一下。

我们家虽说在当时算比较开明的家庭了,但是难免还是会受传统的重男轻女思想的影响。虽然我们父亲很尊重女孩子,家里对女孩子还是很好的,但是过去的风俗就不能不要儿子,所以他们就很想生个儿子。我家的兄弟都是在生了我们四个女儿后才生的,求神拜佛才生到我们这个大兄弟。那会儿都说养儿防老,结果生着儿子也没有什么用,我们结婚后还是我们几姊妹在供养我的父母亲。

虽然好不容易生着儿子了,但是也没有说对男的和对女的就不一样。在我家,一家人的待遇都是一样的,不存在什么歧视和禁忌,我们都是同餐同宿,女孩子是和大家一起坐着吃饭的。旧社会女孩子会被家长拘束着学女工那些,但是到了我们那个时代,1949 年后,那就是新社会了,毛主席提出来的要解放女性,所以我从小家里就没有强迫我学女工之类的东西。我们那院子街上那几家都是裹了脚的,我们家就没有裹。我母亲是个小脚,她以前家里就富裕些,所以她就裹了脚的,她就知道裹脚很痛苦。她觉得买裹脚布恼火,缠脚也恼火,就没让我们裹脚,就说到时候嫁不掉就算了。

(4)对外交往

男女都可以出门,没有什么格外的讲究,吃酒席也没有什么忌讳。但是当时的社会还是有不太平的事,所以家里面还是要给女孩子说出门注意安全、早点回家之类的话。我朋友就是我的那些同学,串门都只能在放学后去人家家里玩一下就回来。那个时候不流行串门,我们街上的人都不串门,人一串门是非就多了,一般串门就是一堆人围着聊天,聊天就难免说错话,话说出去了就收不回来了,就容易招惹是非。那个时候不像现在大家坐一起可以搞点娱乐活动,打麻将、打牌就不会生是非,就不会吵架。所以以前都不串门,串门容易和人家吵架。

2.女儿的定亲、婚嫁

我十七岁的时候父母做主给我定了亲,我十九岁结的婚,那时候十九岁结婚已经算很晚了,和我同龄的人家孩子都两三岁了,我父母那会儿都着急得很。后来我有同学嫁到了部队里,就给我介绍了一个。那会儿结婚都讲究门当户对,就是两家家庭情况差不多才行。我的那些同学家里条件好点的都嫁到了单位上、部队上。我们那会儿穷,人家单位上的就看不上我们,所以我同学给我介绍的就和我们家情况都差不多。因此我父亲母亲看了一下,觉得对方还行,就同意了。我就和对方定亲了,婚前只准见一面,后来就再也不准见面了,订婚那天我们见了第一面,后来我在家,他在部队里,我就跟他通了两年的信,两年后也就是 1958 年我们在部队上结了婚。那会儿家里太穷,也没有什么嫁妆。唯一的嫁妆就是当时父亲看我们家里太穷了,给我们买了一床铺盖。那个时候结婚简单,结婚就领了个证,酒席都没有办,太穷了请不起客。男方这边更不要说了,条件比我家还差,什么彩礼都没有,两手空空的,坐着货车到我家来把我接走。结婚的时候按我们的风俗是要给介绍人拿钱的,也可以扯一些红布之类的东西。我结婚的时候家里给介绍人扯了两尺布,请介绍人吃了一顿饭就算是答谢介绍人了。然后一家人去绵阳玩了一个星期，没有办酒席，因为实在没钱。那时候平常人家是要闹新房的，但是部队里不流行这个，部队在那个年代也不好过，我们也就没有闹。嫁过去后看着他们家穷得很，就只有一间房子，又是当厨房又是当卧室，房子本身就小还放了两架床和一张桌子，家里面又漆黑，所以那个时候我很是看不惯他们家里面，就回娘家住了。但是我们这里结了婚以后是不准出嫁女再回娘家长住的，那时候老伴在部队待不下去也退伍了，我娘家也不准我回去，我就跟着丈夫回了他家。后面我弟弟妹妹结婚的时候也是不流行举行婚礼，我们姊妹之间送点钱去意思一下就可以了。

3.出嫁女儿与父母关系

其实也就是"嫁出去的姑娘泼出去的水"，不管我们出嫁前家里的长辈再心疼我们，对我们再好，出嫁后的姑娘回去就相当于是客人了，婚后娘家人也会关心我们，但是也比不上家里的儿子和其他的姑娘。我是远嫁到男方这边来的，我娘家和婆家隔得远，每次都是父亲母亲走路过来接我，我再跟他们走路回娘家住几天，玩几天，但是不能常住，其他的就没什么格外的讲究。如果我们两口子吵架了，两边的长辈都会来劝，两方的家长都希望我们过下去的。我这边没粮吃了，娘家还要给我送粮食过来接济我们。但是我作为一个外嫁女，对娘家的事就没怎么上心的，父母亲的赡养都是家里儿子的事。女儿有良心的话，肯定也是能照看就照看，逢年过节带点礼回去，捎点钱，但是那时候大家都穷，能照顾到对方的都很少，都是自己拼命让自己活得下去。现在生活好了，我们的关系都还是很好的。

我们结婚后，我的兄弟还在读书，所以就是我两个姊妹在养。我父母亲在自己做生意也可以养活自己，他们老了就没有做了，就是我家兄弟在做。兄弟读书的时候是我的两个姐妹在养父母亲，兄弟有能力了就是我兄弟在赡养我父母。后来我母亲父亲他们去世了，办丧事就兴老规矩。我家母亲父亲走的时候还兴开路。那个时候的老规矩很奇怪，死了人还不简单，那会儿还没有火化，就流行抬丧，还要给抬丧的人每个人买双胶鞋、一张帕子、还有手套。那个就和我们这边的习俗不一样，我们这边就不那样做。我们这边伙食团下放了，就不流行了，那会儿就不准开路了，就直接抬出去埋了。地势、风水那些都没去看，就那个样子。我们公婆去世了就没有人抬，我就去抬了一下，然后再去请那些老弱残的人帮着抬。我们那会苦得很，惨得很，在农村是最恼火的，但我们克服了，不克服没有办法。

(三)出嫁的姑娘与兄弟姐妹的关系

我们这里不管娘家还是婆家都不怎么流行串门，我和娘家的兄弟姐妹关系都还可以，在婆家跟家里人商量好了就可以去娘家住住玩玩，去姐妹家玩几天也是可以的。我兄弟姐妹结婚的时候我会去送几元钱聊表心意，当时那个年代都很穷也拿不出什么好的东西，送点钱意思一下就可以了。后来过年的时候会上门去拜年，一起吃个饭之类的，我们几姊妹都是相互照应的，感情很好。以前我兄弟还在读书的时候，我父亲每个月给我兄弟寄二十，他自己就吃二十块钱，我父母亲都八十多岁了也没有什么办法。我们有时间就给老母亲他们拿点钱，然后给他们买点东西送去。我对我父母亲好，他们也对我好。我生了娃儿后，我母亲父亲就给我们送点东西来，其他人都没送过。

我虽然嫁出去了，但是我的兄弟还是尊敬我，还是很听我的话。我那个读了书、毕了业就坐办公室的兄弟，他还读了高等学校，但是他和他老婆还经常吵架。我回去的时候他就要闹离婚，他就给我说人家女的那方怎么了。然后我就说了他，教他夫妻之间要宽容，男的要大度一点,我说了之后他再也不闹离婚了,后来不是就白头偕老了。他就说:"我们大姐最好了,说的话也最有道理了,听大姐的话没有错。"

二、婆家人·关系

(一)媳妇与公婆

1.婆家婚娶习俗

我和我老伴是别人介绍的,说成了,我们就把亲定了。那个时候不像现在,那个时候说成了就只看一两次,一两年都不能见面。那时候都穷,我婆家还没我家过得好,我们家也不奢望拿到什么好的彩礼,只希望我婚后过得和美一点,就是因为两家财力方面的差距,我丈夫平时说话也没有什么话语权,都是让着我的。我嫁过来过后想回娘家的时候,因为娘家比较远,每次都是我父亲来接我。那个时候我父亲走路从剑阁过来接我们,他们老年人没有钱坐不到车也不想坐车,所以就走路过来接我。

2.分家前后媳妇与公婆关系

我婆家只有两兄弟,除了我丈夫之外,另一个儿子在搞伙食团的时候生了病,又吃不饱,就去世了。所以我婆家就相当于只有我丈夫这一个儿子,也就没有分家。家里也没有什么值钱的物件,到现在就剩一张老木桌子和一个柜子。我跟公婆的关系都很好,他们都挺善良的,我跟他们从来没吵过架,主要是我嫁过来的时候他们岁数还是有点大了,所以也管不到我什么。我老人婆善良得很,她最喜欢抽水烟了,每次就抽着水烟和李德辉的老阿婆聊天。以前集体的时候,我每天下了工就和公公婆婆一起裁布做鞋。他们年纪大了,又那么善良,所以我从来不和他们吵架。

(二)妇与夫

1.家庭生活中的夫妇关系

我和我丈夫感情很好,没有吵过架,互相都很尊重对方,他家没我家条件好,他基本上就没有话语权。后来儿子到了说亲的年纪了,很多家的女儿都想嫁到我家来,因为听说我们两个当长辈的一辈子过得和顺,不吵架,也不跟同村的人争什么,在外人眼里,我家就是这样的。两个人相处的时候,有时间的话像有点大事就商量下,或者走哪里、做什么就必须跟家里人商量,做事情有商有量的,才能做得周到,不然一个人撅着性子来干事情,对方肯定心里要憋着气,后面迟早是要吵架的。所以我觉得夫妻两个重要的就是要宽容,然后互相尊重。像我和老伴一般都是我在做主,有时间有点大事或者要走哪里的时候才会商量一下,去姊妹家玩就必须要和他商量一下,不商量人家怎么知道我去哪里了。

2.家庭对外交往关系

婆家很穷,虽然我们已经很节约了,但是有的时候还是要去借米。我们老伴一般是不做这些的,借米一般都是我去借。那个时候借米一般都是借一斗还四斗,但是因为李德辉家里和我们家里有点亲戚关系,关系比较硬,所以我们就是借一斗还两斗,借两斗还四斗。虽然穷,但是我们还是很少去借米。

我婆家这边的人很看不起远嫁的女人,脾气比我娘家那边也古怪一点,婆家这里也不流行串门,我平常也不怎么爱说话,所以我跟他们关系很淡,不怎么打交道。有些人家会欺负我们家,伙食团的时候给我家分的粮食很少,根本不够吃,而他家的粮食却很多,那群人偷奸玩滑的,还有的人专门整我,就是因为我家在场上做生意卖秧苗挡了他们的生意。那段时间我家都是靠娘家接济的。但也有些人家的人还是好心,会帮助我家,平常被针对的时候会帮着我家,替我家说几句好话。我们队上的队长、书记那些就对我们还好,就觉得我们在农村可惜了,就给我介绍到幼儿园工作,然后没过多久就给我们把社保那些也买了。其他的这边的人都不接受我们,李德贵那些原来就最欺负我们了。我带我家李正刚①的那个时候,我在外面干活儿,我们那个娃就从大房子上摔下来了,李德贵的娘心要好一点,就喊我回去看下我的娃娃,看他醒了没有,然后我就回去了,就看着娃光着个膀子坐在树上。但是因为我回去了,他们就多干了一会,刘德福的妈来了就一直闹,就说我们少做了多少,这下子我们也不敢说话,随便她怎么骂。

(三)母亲与子女的关系

1.生育子女

我生了五个孩子,有四个都是儿子,一个女儿夭折了,其中二儿子爱打麻将,后来打麻将输了和别人吵架一气之下喝农药死了,儿媳妇就改嫁了,但还是在认我们两位老人,在路上遇到了也要打招呼。我生第一个孩子的时候,我才二十多一点,那个时候年纪小都是在别人的脚底下过的,分饭的时候只给我们分一点,别人都是分的六七瓢,我们只分得到三瓢。那会儿都是我父母节约点给我们送点杂粮。那个时候我生了儿子都不报喜,人家都觉得我们生这么多儿子,以后不好找老婆。其实我开始也觉得生这么多儿子不好带,苦得很,所以我一直都想生女儿,李家也缺女儿,但是好不容易生了个女儿还夭折了。然后我们就打算用老么去换女儿。当时我们队上林立才人家就想和我们换一个女儿,然后文兵人家也想换。但是我就觉得太近了,就怕万一我们命苦,带着人家的女儿得病了,人家就要找我们,怪我们,就吓得不敢去抱。那会儿我们家爸妈也都不同意,说说算了,就带四个儿子。结果我们的儿子还是好带,他们学到手艺了,婚姻还很好,很能干的。

我们这些儿子学过手艺加上年轻的时候长得还可以,很多人想嫁到我家。我家李正刚年轻那会儿人家都介绍了好几个,刘鑫那个妹妹就想嫁过来,但是李正刚那会儿刚刚和凤英在一起耍朋友,都耍起了我们就没办法了。人家谈了好几年了我不能说不同意,我就说让他们结婚算了。百德福也说我,他说:"我们快不要劝人家,我们万一强求结了婚,以后两个离了婚就遭了。"那个凤英年轻长得乖,所以我还是同意他们,后来他们就订了亲。他们那个时候谈恋爱就不像现在,那会儿李正刚在生产队搞记工员,没有多少时间出去玩。他们两个很早就结了婚,都还没到二十岁就结了,结婚证都没领到,生娃娃都是罚了款的。他们结婚那个时候就和我们不一样了,他们都是办了酒水了,那会儿一个队的都来了,还是热闹。我们那会儿穷,都没给人家女方送什么礼,那会儿结婚又不流行送钱,而且人家娘家又没有什么要求。她娘家那边就要富裕些,陪嫁就陪得好,衣柜、椅子、书桌那些都有。儿子结婚了,我们这边就准备给他们一人修三间房子,然后锅碗瓢盆、菜坛子那些给他们买好,然后和和气气地就分了家了。亲家母他们那边家里富裕些,家具那些都是他们买了的。分了家穷,人家娘家那边还经常给他们送吃的,也很照顾我们家。所以我们两家关系好得很,他们家过生日这些我们都要去。

家里面我和老伴都在教小孩子,只是多数情况下都是我在教。我最爱给他们说人一辈子难处是最多的了,坡坡坎坎是最难免的,不管我们有多高的文凭,都会有难事而且也不会少,

---

① 李正刚:大儿子。

但是我们要怎么样去克服,怎么样去创造,怎么样去避免这件事,坡坡坎坎慢慢来,什么事情我们都要学会忍耐。人生一辈子路长,长得很,苦短,路长苦短没有办法。我儿子都听我的话,结婚后我说什么都还是要听。以前我大儿子爱和媳妇吵架,我就要骂他,就教他男人要宽容,要大度,他是听了的,现在也不和儿媳妇吵架了。

2.母亲与婚嫁后子女关系

我的儿子一结婚就和我们分家了,儿子分家的房子都是我们两位老人修的,儿子没有出钱,结婚后生活上的开支我们就不管了,都是儿媳妇娘家那边在管。儿子儿媳妇跟我们的感情都很好,我家的儿子并不愁娶不到媳妇,因为外人看着我们老两口人都和善,儿子们都有手艺,很多人想要嫁进我家,就是没有缘分。我的儿子结婚也都是由介绍人介绍的,如果合适的话,两个人就继续交往一段时间,然后就结婚。我对儿媳妇没有什么要求,只要娘家不是太远就可以了,因为我是远嫁女,受了太多委屈,我不想让其他女孩子受我这样的委屈。我和我儿媳的关系都很好,我都把儿媳当闺女一样看待,把她们看得比我儿子都还贵重些。但是她们生了娃娃我从来没带过,没办法啊,那会儿挣工分都没有时间帮他们带,只有老幺的带了。他们的孩子都是自己带大的,原来我们大娃有个五保户老婆婆帮着带,拿点钱帮着带,或者有时候就是他的外婆帮着带,没有人带的时候就把小孩子丢在家里就是了,我从来没帮他们带过。儿子和媳妇有的时候也会吵架,一般我不管他们,有时候看不下去我就要骂我儿子。我就觉得一个家里,男人不宽容就不行,他和儿媳妇吵架我就要骂他。一个家庭吵吵闹闹就热闹,不吵不闹就不热闹。两夫妻吵架那些都没什么,总会有些磕磕绊绊。以前我们街上的人都不怎么喜欢吵架,就我家父亲和母亲两个爱吵架。但是我父亲去世了以后,我母亲最后还是思念我父亲。

我现在生活都还好,儿子照顾我,现在国家政策也好,给我们办了社保,所以就可以自己养自己,有时候生病了儿女就过来照顾一下,跑腿这些就必须要儿女。平时自己能拿社保钱就自己养自己,儿女他们有时间就来看一下我们。好多次他们都说我年龄大了,让我和他们一起住,但是我就愿意自己一个人住。我看他们活多一天也管不上我,我自己也还年轻才八十岁,现在也还走得动,等我八十多了行动不方便了我就和他们一起住。现在,我身体也还好,家里各种电器都有,儿女都教会了我用,我一个人也可以生活。

三、妇女与宗教、神灵

我们都是生在旧社会长在新社会,我们小时候就按照新社会办了,那会儿根本不信什么教。人家有些拜菩萨特别会说,我就不会说这些,我就只图个平安。毛主席来了就打破了迷信,所以我们都不信那些。我们平时敬菩萨那些就很随便,谁都可以去,哪个人有时间,哪个人就去。我们这里在初一的时候要去庙上烧香祈福,求平安,不分男女。清明的时候一家人都要去祭拜祖先,要求也不多,就是烧点纸买点贡品来祭祀一下,女人来了月经就不能去,要回避的。

四、妇女与村庄、市场

(一)妇女与村庄

1.妇女与村庄公共活动

没出嫁的时候我在家做姑娘,村里有什么事都是大人去的,我们没权利参与。我知道我们那会儿的保甲长是罗家跟张家，都是街上的人，都认识，他们这些人还是可以，很忠厚的。以前保甲长拉壮丁，家里困难的、男的走了的、做生意家里没有人，人家就不会拉我们，就不喊我们去。我们那时候还小对乡上这些事情也不关心，大人也只管我们，所以乡上的普通老百姓大多数都不关心这些，主要是那个时候我们都没有权利关心。比如说现在选干部就都要经过社员，那个时候就没有经过社员，人家有本事有能力就自己爬上去了。

后来我出嫁了，这边的保甲长就是曾家和郭家，他们我们就不熟悉了，就只是老伴在给我说。我们没事的时候就要聊一下，就说保甲长对老乡好不好那些。我们那会儿的保甲长对我们都好，只是对外村人就要苛刻一些。保甲长没有多大的势力就没有必要得罪人。他们就只管抓壮丁、管税、管土地，给国家交那些条条款款。

2.妇女与村庄社会关系

以前我们都不敢像现在这样在外面到处去玩的，只有当我朋友回家了跑他们家里去玩一下。男人是可以去街上喝酒之类的，我们这边不流行串门，容易叫人说闲话。北方赶集，南方赶场。我们这里平常是每三十天赶三场，我不能每次都去，因为要挣工分。嫁到农村里，有时间就跟人家学做鞋，就看着人家做然后就学会了。我在婆家这边，除了几个人看不起远房人，其他的人对我们还挺好的。而且这边的人觉得我们一家人都善良就愿意和我们做朋友。

(二)妇女与市场

我们娘家很穷，那会儿做生意没有什么人，上街都是稀稀拉拉几个老人家在街上喝点酒。冬天就把酒热一下，夏天就不热，就买点肉，然后坐一起聊会儿天。我们街上的人就不上街了，就是乡里的老乡上街。在夫家，家里去买东西和卖东西还是我老伴。1962年老伴儿退伍回来，就去搬糠卖、买黄面卖、卖竹条，把部队上分的衣服、鞋还有铺盖都拿来卖。那会儿没钱，要照顾这些儿女就把那些都卖了。他那会儿还去塔水①卖布票，然后那个派出所市管会就把我家老伴儿抓了，布票也拿了，我就不服。我们街上的女孩子就懂那些，我就去找我们这边派出所市管会，我就把情况说清楚，然后他们就把布票给我们拿回来退给我们了。

五、农村妇女与国家

(一)认识国家、政党与政府

我最开始知道共产党是1949年左右，大家都在说共产党好。那会儿我们队上有几个共产党员，那时候要当了兵才能成共产党员，农村上入党的很少，搞"文化大革命"社教入党我们队上只有一个。当时我们队只有吴永才入了党，没有女党员，后来陶卢慧在生产队上搞农业社搞得好，人家才选出来入了党。那会儿也不好入党，我们要在生产队上搞工作，当个妇女代表就入得了党。我家老伴儿也是党员，他当兵当了十多年，他开始也不愿意入，也没喊他写，喊他写申请他又觉得没什么意思，就没入党。他那个时候觉得入党要交党费，他就舍不得，但是后来还是入了。"革命"这个词我都是还没解放的时候就听说了。那个时候我们街上来了好多国民党的官兵，他们就说"让我们好好保重，要不了多久就要解放了，要过好日子了。"有个国民党的就在我们家煮饭，我们就给他打米、推谷子。那些当兵的在农村弄猪、牛、鸡、鸭杀着吃，都是抢的老乡的。那会儿还要拉壮丁，家务好的都去躲了，我家父亲就去躲了，

---

① 塔水：地名。

所以那个时候都不喜欢国民党。我们都喜欢共产党,毛主席去世后,我们在打谷子听到都特别伤心,都哭了,想到要变天了,结果毛主席说了的话后来都实行了。

现在国家在搞精准扶贫,还是弄得好,男女都没有什么区别。我们这里有些有六七个儿女的家里就穷,现在他们都脱贫了。我们这边都脱贫了,没有什么穷人了。国家的政策我们都还是知道一些,都是在新闻上看到的。我家老伴以前在单位上就习惯了,天天都要看新闻,就在电视上了解到国家的政策,然后队上开会也要说。我和我老伴晚上最爱聊些国家最近发生的事情了,经常一起聊哪个主席怎么样那些事情。我和老伴都关心国家的事情,应该说每家每户都还是比较关心。我看新闻就最喜欢看彭丽媛,人家穿得很得体,然后对我们这些百姓、小孩子、黑人都很好,我就觉得她是真正的国母,她和习主席都好得很。

(二)对1949年以后妇女地位变化的认知

1949年时就有妇联了,我觉得妇联很好。比如我们一家人不和,有些男的欺负女的就可以开会,妇联会就要批评男的,来家访给男人做思想工作。1949年过后国家就宣传了男女平等,妇女能顶半边天。但是女的始终还是比不过男的,男的做重活儿,女的做家务事,能干的女的都在操持家务事。那个时候我们表现好,国家就宣传我们,就选能干的当模范,主要是选那些家庭管理得好的女人家。

我选干部除了妇女主任我要选女的,队长、书记那些我都要选男的。不是因为性别,是因为那会女的当书记不行,文化条件达不到。一个书记相当于有高小文凭,没有文化就不能当,像妇女主任在农村里一般都没读什么书,所以我就觉得女的就不能当书记。选女干部我觉得还是可以,感觉女性的地位提高了。我以前虽然没当过干部,但是我当过模范,就是选出来到县上和市上去开会,那会儿我还是觉得女性的地位真的提高了。

(三)妇女与土地改革运动

土地改革运动那会儿土地改革运动工作队来过我们家,我觉得他们对我们还是可以的。那个时候我们是贫农,所以他们还是很照顾我们。那会儿我还小,土地改革运动干部就经常来检查。他们来了就直接来我们家里,主要是看清洁卫生,清洁不好就写"不清洁"写在门上,像我们开馆子的,我们不清洁就没有生意。而且写了"不清洁"就说明我们不爱清洁就违反了政策,开会就要说我们,指指点点批评我们。妇女觉悟一般都高,都很听话,作风那些都听。他那些条条款款,规定了有作风问题、骂架、不团结的这些人就要被批评。我嫁过来的时候,婆家就已经土地改革运动了,我老伴家里有八亩地被划分为贫农。李德辉家里就是老上中农,他们有二十亩地,家里面比较富裕,但是他们从来没有剥削过谁,所以斗地主的时候他家还是没事。

开会斗地主的时候我们都去参加了,妇女、小孩儿都要去开群众大会。我那个时候还在读书,我们学生都是坐的第一排。那会儿分土地男的和女的都分得一样多,我们是居民就没有分土地,但是我了解到的他们是分一样的。那会儿还有土地证,土地证上男女都有名字,有多少人就写多少名字,男女的名字都要写上去。以前我们的土地证都一直保存着的,后来被耗子咬烂了,最后搬家的时候又弄丢了,现在已经找不到了。

(四)互助组、初级社、高级社时的妇女

"互助组合作社"时期就要开会,开会的时候都是那些干部读给我们听,开一次大会我们所有人都要去。那个时候男的和女的都一样,都加入农业社,就做些砍柴、除草、造肥料那些事,所有的女的都要参加,想要养活一家人我们就必须要去做。开会的时候也经常动员我们,就说现在社会怎么发达了,我们要好好搞农业社。那个时候的生活还是可以,但是我还是觉得承包的时候好,承包了我们想怎么做就怎么做。

(五)妇女与人民公社、"四清""文化大革命"

1.妇女与劳动、分配

人民公社时期我才十多岁,我记得当时我们还唱歌,就唱东方红、北京的金太阳等。那个时候妇女都要一起劳动,不管我们是哪儿的人都要劳动,不劳动吃不上饭。不劳动的人是资产阶级的女儿,那些女的都读书就不劳动,我们这些人不管我们是农村的还是街上居民都必须劳动才有吃的。那会儿我们觉悟都高,生产队开个会动员下我们,我们就都愿意听。我们想把家庭搞好就必须要去,所以我们自己自愿出去干活儿。那时候天天喊口号,就喊毛主席万岁、共产党万岁,干起活儿来都有劲。我们干活儿也没分工,男女都做一样的。那会儿我们家里愿意搞好我们就愿意去整,街上的人就割草去卖。我带有小孩子,我们出工了,就弄张板凳喊他坐那儿玩,有的时候就不带他出去就把他关在家里。

集体的时候都说比在家里要马虎点,但是我们这边就不是,我们做集体就要认真些,我们不认真就评不到分。我们做不好,集体做不好我们哪里吃饭,要靠集体搞好才吃得到饭,所以我们必须弄好,不能偷懒。我们偷懒耽误了这季庄稼就没有收入,干部也拿不出收入。我觉得集体比分到户的时候都还好,分到户都是集体没法了才分到户的。主要是因为有人支配我们专门做什么,所有活儿都是分到头上的,那庄稼就搞得好。那几年集体化我们这里庄稼搞得好,谷子、麦子、油菜那些都好得很。不能偷懒,那会儿能干的女的就能多评分,但是一般的都是差不多的,工分评得很公平。合作化也要看劳力的,像我们年纪大或者年纪小,只要我们劳力跟得上年轻人,有那个本事做到质量好,做到对集体化有好处,再积极点,工分就是和年轻人一样的。那个时候我们还分有自留地,一个人一分儿田,都是分的旱地。我们家里还是算中等的,不算缺粮,主要是我们老伴工分高,我们挣的八分,他回农村养猪,工分就十分。集体的时候除了干活儿就没有什么活动了,那个时候天天干完活儿就觉得整个人都站不稳了,回到家还要锥鞋子、补衣服那些。男同志的衣服补丁多一些,肩膀、膝盖、屁股这些地方最容易烂了就需要补。

2.集体化时期劳动的性别关照

集体的时候还是好,对我们女的还是宽容。像集体的时候想回娘家,生产队都要给我们准假的。我们有什么事情不能去出工,就请个假,生产队还是都要批准。妇女怀孕了有产假,经期也可以请假。其他的关照,就是男的做重活儿,女的就稍微轻松点。

3.生活体验与情感

"人民公社"和"互助组合作社"时期比又要轻松好多。这个就像万丈高楼一样,从地面开始的一步一步来的,就是这个规律,社会越到后面就越好。所以和后面的"人民公社"比,互助组的时候就要恼火一些。互助组的时候一个月有多少天我们就要出多少天工,每天都要去,除了刮大风下大雨的时候,不下雨就要出去,活特别多。那个时候我们做得动的都愿意去做,像那些老婆婆做不动就不去。"人民公社"那个时候都是凭劳力分饭,我们做了多少就给我们分多少。集体食堂那会儿有专门的人煮饭,有个司务长是个男的,还有个女的。虽然家里锅锅灶灶都有,但是没有煮的东西,只能买点粮票就可以去买点面自己在家里煮,所以我们还是愿意去吃大锅饭。

"三年困难时期"过得有点恼火,苦得很。那会儿没有吃的就只能慢慢度过。如果要劳动就还可以,不劳动的他就给我们分的饭少些。我1959年、1960年的时候一般都是回娘家过,去我母亲队上玩。1961年我就在农村,那会儿还是慢慢地度,后来分粮了我们就自己煮,那会儿也有自留地了就好点了。当时还有驻村干部来调查我们,看我们家里的生活情况。我觉得食堂撤了还是有点好处,首先我们有一点自留地了,就可以自己种点菜,种点菜吃不完可以拿去卖。之前集体食堂就好多人吃不上饭,但是我们也不怨政府,毛主席他也没有办法。我们就算饿着也愿意,当时还是觉得轻松,比国民党那会儿轻松多了。我们以前社会底子就弱,所以再苦也觉得没什么。再说当时没有办法,领导都没有办法,那个时候再差也比旧社会好多了。

4.对女干部、妇女组织的印象

1949年后就开始兴妇联会了,那个时候妇联好。妇女主任她们的工作还是很重要,像以前女的就经常受欺负,有了她们那些男的就不敢了。然后六几年的时候我第一次接触妇女干部,那时候选个女干部的好处就是不管大事小事都有人管着。

5."四清"与"文化大革命"

"文化大革命"的时候我们队都没有那些人,只有其他队上有。地主婆在集体的时候好多都死了,其他的都被没收了,就和普通老百姓一样。有些地主对老百姓没有什么剥削,他们的生活还是可以,他们干活儿分工都是和其他人一样的。割资本主义尾巴的时候也只有那些做生意的人自留地被收了,人家也愿意投给国家,投给合作社去做。我们普通老百姓家里都穷,"文化大革命"的时候"破四旧"也没有什么东西被没收,所以对我们影响不大,那个时候我们回娘家还是想回去就回去。只是集体要做工就没有时间回去,而且我那个时候也什么都不会做,干部就比较宽容就让我去教幼儿园,我就没怎么回娘家了,都是我母亲、父亲、大叔、哥哥他们来给我们送吃的,我们生活还是过得去。

(六)农村妇女与改革开放

土地承包分配土地的时候我们妇女也去了,妇女也一样分到了土地。那会儿还有土地证,土地证上面全家人的名字都有,之前我们的都还在,后来被耗子咬烂了。80年代的时候搞计划生育,我们生了最后一个儿子,驻村干部看我们可怜,住在我家的时候就说,我们可以去结扎了,就不要生小孩了。我们那个时候家里穷,小孩子发烧咳嗽都是实在不行了才去医,所以人家觉得我们可怜。我也觉得生四个就足够了,不生了,就去结扎了。那个时候好多人看我老伴结扎得好,就都去结扎了。我们去的时候还没有优待,1969年还没大肆宣传,就只是愿意去就去。我们结扎了过后,他们后面去的都有优待,要给他们称粮,奖励工分。我觉得计划生育政策特别好,我支持计划生育政策。我们以前家里穷得很,家里儿子又多。那个时候我们就一直还想生个女儿,生了一个夭折了,然后算命的也说我命里没有女儿,那就算了,生这么多也够了,生四个家里都苦成这个样子,再生更苦了。

我觉得改革开放让我们的生活条件、住宿方面都好很多了,我们现在住得好,吃得好,走哪里也方便了。现在科技发达了,我儿子他们经常给我打电话,都是打给我大儿子的。我不会用手机,一般都是打给我大儿子,然后他和我说。我们都八十多岁了,那些网络那些什么都不懂。像我孙女那些都只有过年过节的时候回来了玩下,平时就是打电话。

除了这些政策我觉得其他政策也都很好,像现在的精准扶贫,搞这个贫困,要是我们家里实在没办法了人家就帮助我们。我们队上都没有几个,就只有那个父亲,他两个娃儿都是单身,就扶贫。精准扶贫对男的女的都一样,有些家里六七个儿女很贫困,去年还是脱贫了。我就觉得这些政策都好,我们队上的人现在都不贫困了,都脱贫了。

平时我们在家里就爱看新闻,就知道一些国家的政策,队上有时候开会也要说一些。但是现在开会没有待遇(现在农村中出现一种现象:只有村上说参加开会一个人多少钱才有人去参加)。社员都不愿意去。

六、生命体验与感受

我现在八十岁了,这么多年了,我觉得最开心的事就是和我老伴结了婚,再带了儿女。嫁过来老人对我也好,我觉得这个家庭、这个地方很好。虽然他们对远房人有看法,但是我和他们还是很和睦的,从来不吵架,对我们的印象还是好。我觉得这个社会对我们太好了,发展得好、政策好,我们也就觉得最开心了。虽然以前苦,但是那个时候我们也不觉得苦也不觉得累。我这一辈子印象最深刻的就是集体的时候。那个时候感受最深,最残酷,但是也没有办法,那个时候也是过得最苦的时候了。人一辈子困难总是有,我们要想着怎么去克服,要是没有办法的只有我们自己找办法去克服才行。幸福都是我们自己创造的,现在政策好了,我们更应该使劲做才行。

作为一个女人,我最爱教我这些儿子儿媳,我就说一个女人要有本事就不容易,没有本事我们要把自己家里搞好我们就必须吃苦,苦中吃苦才能得到收获。甜的日子是少数,苦的日子都是占多数。人生一辈子最开始我过得苦,但是现在我就幸福了,又拿社保,儿女也成家立业了,重孙也见了,最幸福了,我这些后代都能干,家庭也和睦,我觉得我累都是值得的。如果可以回去的话,我还是愿意回到原来那个社会,毛主席经过的那个时候。但是我又觉得现在的这个社会最好,习主席推行的这些政策也是最好的,我就最感谢他了,他扶贫把我们这些老乡的路也修好了。每一位国家领导人都好,一代一代地继承和发展,社会就会越来越好了。

DJZ20170804XBQ 谢碧清

调研点:四川省蓬安县海田乡黎坪村

调研员:邓景梓

首次采访时间:2017 年 8 月 4 日

出生年份:1935 年

是否有干部经历:否

是否生育:是

受访者结婚的时间节点、生育子女的具体情况:1952 年结婚;1953 年生第一个孩子,老人共育有七个孩子,六个男孩,女儿是老三,其中一个儿子刚出生就夭折了。

现家庭人口:1

家庭主要经济来源:子女赡养

受访者所在村庄基本情况:黎坪村地广人稀,以前的热闹已经消失殆尽。老人一个人住在山脚下,十分孤寂,旁边的山因为上面有很多坟墓而得名坟山。村庄多种植水稻、玉米、红薯、花生、黄豆、油菜等。

受访者基本情况及个人经历:老人 1935 年出生,十八岁结婚。土地改革运动时家里被划分为贫农,家里那时候有几挑谷子。老人从未读书,十九岁时生了第一个孩子,老人一共生了七胎,六个儿子,一个女儿,有一个儿子出生就夭折了。老两口在那个时代千辛万苦,把六个儿女抚养长大,还供他们读书。现在日子好了,儿子女儿都已在外面安家立业,老人自己独自在老家居住。

一、娘家人·关系

（一）基本情况

我叫谢碧清,小名谢福容,1935年出生。我出生四十天后,父亲就被拉去打仗了,从此和母亲相依为命。三岁时,父亲又回来了,在妹妹出生之后又走了,再也没有回来。母亲又嫁给了继父,添了两个妹妹。然而继父也很早就去世了。所以家里只有我、我的母亲、我的奶奶和三个妹妹。我和母亲支撑着这个家庭,土地改革运动时家里被划分为贫农,家里那时候有几挑谷子。

我从未读书,未出嫁时,在家和父母做一点小生意,主要是卖小吃,以此维持家庭开支。我十八岁时,就嫁到这边来了。丈夫家在土地改革运动时被划分为贫农成分。他有四个姐姐,两个弟兄,在搞集体生产时都死了。我十九岁时生了第一个孩子,一共生了七胎,六个儿子,一个女儿,其中一个出生就夭折了。我们在那个时代千辛万苦,把六个儿女抚养长大,还供他们读书。现在日子好了,我人却老了。

（二）女儿与父母关系

1.出嫁前女儿与父母关系

(1)家长与当家

那个时候,因为我们家里没有男人,所以没有一个主外、一个主内的说法。母亲在外给地主家帮工,家里的钱和钥匙等都是由作为长女的我管着的。女性在那个时候当家的挺多的,因为大部分男壮年都被拉去当兵了。我在姐妹中是年龄最大的,肩负的责任也是最大的。其实那个时候我管的钱不多,主要是打理家里大大小小的事情,照顾好奶奶和妹妹们,家里面大的事情也是和妈妈一起商量的。

(2)受教育情况

那时候家里没有男人,全靠母亲去地主家帮工维持,生活都保不了,更别说读书这种奢侈的愿望了,我妹妹们也没有读书。我从五岁起开始煮饭,协助母亲来打理家庭事务,尽量免除在外帮工的母亲的后顾之忧。1949年以前,那些地主家的女儿也都是读了书,不过那时大多数人还是讲女娃读书没什么用,男孩读书才有用。1949年以后,有女娃儿读书了,但是也要有钱才能读,但我已经过了那个年纪了,只有晚上时读夜班。

(3)家庭待遇及分工

我们在家里吃饭吃的都是一样的,吃得也很穷酸,什么南瓜小菜、红苕芽尖、南瓜藤芽尖和喇叭花藤,我们都吃过。那时候种了田,我们还要向地主家交粮,交了之后家里就只有百八十斤粮食了。如果不给地主家做活,地主就不会拿地给我们种。所以母亲忙完了自家地里的活,还得忙地主家地里的活。来了客人,女孩子是不能上桌子的,我们只能在一个矮桌子上面吃,还是等客人先吃之后,我们这些小孩才能吃。坐位置时老年人坐上席,中年人坐老人对面,而年轻人坐侧面。家里添的衣服都是母亲去地主家要的,拿回来缝缝补补给孩子们穿。

(4)对外交往

过年的时候,我们只去外婆家拜年,我们女孩子是需要妈妈带着去的。去了外婆家,我们是可以上桌坐在侧边吃饭的。到别人家吃饭由谁出席也没有特别的讲究,谁有空谁就去。在那个吃了上顿没下顿的年代,讨口子①是很多的。我们也曾有过出去讨饭的经历,我就曾到地

---

① 讨口子:乞丐。

主家去要饭，要了一碗就赶紧走了，回去和妹妹们分着吃。

（5）女孩禁忌

那时候对女孩子也没有特别多的禁忌，主要是因为战乱打破了原有的秩序。在1949年战争时，国民党大肆抓青年充兵，不分男女。从我十三岁的时候起，就不能随便出门了，出去干活都得妈妈带着，不能上街，不能走亲戚。为了不被拉去当兵，无论外面有多大的太阳，女孩都在外面晒，晒黑了就不会被抓去了。小的时候女孩子是不能跟男孩子一起玩的。男女的衣服也是分开洗的，各晾在一根竹子上。

（6）家庭分工

由于家里面没有男人，外面的农活都由妈妈做，我在家里做家务事，照顾奶奶和三个妹妹。大户人家就不一样了，女人们都在绣花楼上。我从十五岁开始学做鞋，但都是在有空的时候做，要先煮饭，做完了家务事才能做。做鞋子的工序繁杂，要先打鞋底，还要粘鞋子，三天也做不成一双。但是在1949年之后就不用做鞋子了，而是去街上买。

（7）父母对男孩女孩的教育

母亲对我的要求就是每天做好三顿饭，照顾好妹妹和奶奶，在其他方面也没什么特别的要求。我就在家割草、洗衣服、做饭，也没和男娃耍。那时候村里面觉得有教养的好女孩就是有本事、勤劳和能干的人。

2.女儿的定亲、婚嫁

女大当嫁，我到了年纪时，媒人主动来找我，说我该嫁了，给我说媒。那时候，女人都想找老实、勤劳、能干的男人和态度温和的婆婆。所以媒人在给我介绍男方的时候，也是这么介绍他的。结果媒人撒了谎，但我还是嫁了。娘家给我的嫁妆有一架床、一口柜子、脚盆和马桶。男方的彩礼是一架抬盒，里面有两套衣服。1949年以前，父母给的嫁妆一般是家具，没有嫁妆是不行的，多少都要有点，费用都是由娘家父母承担。如果女方家境比较好的，还会给男方几件衣服。那时候村里给女儿的嫁妆是没有什么标准的，自己看着拿，父母给自己和几个妹妹的嫁妆也是一样的。那个时候自己是没有什么私房钱的，大户人家也不会用田地当嫁妆。

定亲时双方父母是不会见面的，所以我也看不见男方是怎么样的。一旦定了亲，不管对方是瞎子还是跛子，不管自己满不满意，都得跟着他，那时候是不兴离婚的。定亲后如果男方去世了，彩礼也就属于女方家了，但是出嫁的时候是得经过男方家老年人的同意。如果女方定了亲，还没出嫁的时候去世了，年轻姑娘是埋在娘家的矮处，如果出嫁了就埋在男方家。男孩会在女方父母的生日来拜访，但是女孩要躲在家里，男孩是看不到女孩的。男方来的时候带两把面、两包糖，女方会用一顿饭招待他。女方不用回礼的，除非他回请。

结婚时没有写婚书，也不需要其他的东西来证明这个关系。结婚前先看好日子，女方男方的生辰八字要拿来合起。结婚那天没有什么特定的规矩，只需要嫁妆。出嫁的前后三天什么事也不能做，就是一个劲哭嫁，娘家的人都得哭完才行。出嫁那天，我妈叮嘱我过去了要勤恳发狠做事，没有人陪嫁，我坐着轿子就过去了。娘家摆了一二十桌的酒席，请的都是家里的亲戚和村里的一些人。那时候有很多姑娘，晚上坐歌堂。那时候也要请负责拉兵的保甲长，他们那些人都是自己一桌。出嫁后的第二天，娘家人会来接我回门，我丈夫带两把面、两包糖和我一起回来。到了娘家，我们要给妈作揖，走了还要给老姨婆老姨公作揖。出嫁后第一年娘家人会派人过来给我过生日。

娃娃亲都是地主家才有的，那个地主家生了一个儿子，这个地主家生了一个女儿，于是两家就定了娃娃亲。我记得地主家女儿的嫁妆就有七十个抬盒,其中包括两架床,还是合眠床,男的睡里面,女的睡外面,还有洗衣架、镜子和几张办公桌,但是在1949年后全部退了。我也听说过童养媳的情况,童养媳就是家里姐妹太多,无法抚养,就送给人家做媳妇。那家人将这个女孩养大之后,就会让她和自己的儿子结婚。圆房那天也要拜堂,仪式和娶媳妇差不多,童养媳也要回娘家。如果某家没有兄弟,他们就可以招上门女婿,会有保甲长作证,生的孩子,一个跟着母亲姓,一个跟着父亲姓。上门女婿是不能分家的,丈夫在外面挣钱,妻子在家里当家,一个外当家,一个内当家,不过妻子的地位要高一些。那时候也有二婚的妇女,没有彩礼的。

3.出嫁女儿与父母关系

姑娘嫁过去那年要回娘家吃团年饭,姑娘和女婿在娘家是不能住一起的,各睡一张床。姑娘嫁出去就是别人家的人了,不能回娘家扫墓。出嫁的的姑娘一般在自己长辈的生日回去,自己想回去了也可以,不过那时候家里忙,一般没时间,回去一般要带两把面和两包糖。

我以前就是家里的主心骨,又是长姐,嫁出去之后也可以管娘家的事,妹妹们小,妈又那么大年龄了,如果娘家有什么困难,也是要帮的。帮多了丈夫会有意见,但是家里就妈妈一个人打理,该拿粮还是要拿粮,偷偷摸摸也要拿。当然,如果丈夫家遇到了困难,娘家也是会帮忙的。1949年以前,如果妻子和丈夫闹矛盾了,到了婚姻破裂的地步,也有妻子回娘家的。她住在娘家,就待在屋里,也不会帮着娘家做事,而丈夫是不会来接她的。到了妻子回娘家这地步,一般是因为家暴,就算她回去了也会被丈夫打,不回去也行,就离婚了。村里的人知道了原因也会同情妇女。也有人来调解,但有的人不听劝。如果女儿提出离婚,娘家父母知道自己的女儿受了折磨,也会同意的。如果女儿离了婚而未嫁,去世后就葬在娘家。

我和丈夫不是一个村的。自己出嫁后就是别人家的人了,是不能分得父母的财产的。家里面有兄弟,没有兄弟也有未出嫁的妹妹。所以嫁出去的姑娘也不能给父母养老,当然,如果妈生病了,我们这些女儿也是要拿钱,平时也要买一些东西去,帮着做一些事。如果娘家父母去世了,在丧礼上,女儿们无论出嫁的或者未出嫁的都要坐夜,一个人一晚上轮流来,钱也是一样出。而在清明节自己也是要回家上坟的,如果有兄弟,一般是自己的兄弟通知我。在其他的逝者的生日,如清明节、月半节和过年都是要回家上坟的,也没有什么讲究,就买点纸就行了。

(三)出嫁的姑娘与兄弟姐妹的关系

出嫁后,我与娘家关系仍然保持得很好,平时就会互相走动。回了娘家,我自然是客,如果娘家有什么大事情,也要请我回去讨论,当然只能是娘家人叫了我,我才回去。娘家有兄弟要结婚了,我就送礼;妹妹要结婚了,我就添箱,也就是扯布。如果丈夫家里出了什么事需要钱,娘家的姐妹也会慷慨解囊。自己平时也可以到嫁出去的妹妹那里去走动,留宿一夜,婆家也不会说闲话的。如果我和婆家发生了什么大的事,比如被打,才会叫娘家人来调解。如果闹离婚了,就要把父母和兄弟们请来。如果被打了,而婆家人不听娘家人的劝,娘家人就会打回去。如果妻子在婆家被打死了,那就得打官司,娘家人不出席,棺材是不能抬走的。我留在家的妹妹和上门女婿打架,我就去把两个人骂了,才平息了。如果她们两个不孝顺自己的妈妈,我也会责怪他们。自己的子女结婚和娘家的那些兄弟们是没关系的,只会请他们吃酒席。如果自己的子女和我发生了大的矛盾,就会请娘家人来调解。回娘家拜年一般是初二,也会在初六,只要自己还健在,就要回娘家拜年,一般都是自己把礼品拿到娘家。

二、婆家人·关系

(一)媳妇与公婆

1.婆家婚嫁习俗

结婚时,婆家有婆婆、哥哥和嫂嫂,公公在四十八岁时就去世了,全家都以农业为生。定亲时丈夫家办了酒席,请的是亲戚们和媒人。结婚那天,丈夫的妹妹带了一个舅子来迎的亲。当时进婆家没有跨火盆,只有二婚的才需要跨火盆。结婚时要拜天地、拜高堂、夫妻对拜,晚上还要闹洞房。闹洞房时,他们扯一些叶子烟放在桌子上让我来烧,床上泼些水,有些还捉些黄鳝到我床上,就为了个热闹。而怀孕的和二婚的是不能走洞房里去的。婚宴时,青年男女还是坐侧面,长辈们都坐上面。婚后是得给公公婆婆磕头请安端茶的。除了坐歌堂那天晚上要烧纸,以后每年都要去拜祖坟。

2.分家前婆媳与公婆的关系

没分家之前是婆婆当家,只有在分了家之后,才能由丈夫当家。婆婆管着钥匙,家里面大事小事都是由二老决定。我嫁过去之后,一般是和丈夫在田里干活,婆婆负责煮饭。我和婆婆的关系也还是好,婆婆不会打骂我,也允许我出去串门,当然我回娘家也要征得二老的同意。1949年以前,我们做媳妇的不能打骂婆婆,吃饭不挑嘴。洗衣服也只需要洗自己的,婆婆也理解我农活多。有客人来了,公公婆婆要上桌子,小娃儿不能上,媳妇也可以上,不过座位不够就不能上。

婆婆平日里只希望我和丈夫不吵架,好好做事。如果公公婆婆对我有意见,丈夫也会站在我的角度来帮我说话。小时候也听说过婆婆虐待媳妇,如果实在合不来,就会分家。家里与外面交涉的事一般是丈夫出面,丈夫和婆家人有矛盾,我也是可以调解的。在正月间、月半节、母亲过生日,我都要回娘家。从娘家带过来的嫁妆也是属于我的,如果我被休了,我就不要了。1949年以后,我们挣的钱也是要交回去给老人的,但分钱的时候我们也算一份子。

3.分家后媳妇与公婆的关系

(1)分家

儿大怕分家,在我的二儿子出生后,我们就分家了。在1949年前,如果家里矛盾太大了,父母还健在也是可以分家的。分家是老人提出来的,分家只要公公婆婆同意就行了。分家的时候一家人拿起箩斗量谷子就是了,照人数来分。有肉分肉,有油分油。一个儿子就可以代表他的爸爸,所以即使父亲去世了,儿子也是可以参与分财产的,如果没有儿子,妻子孤身一人也是要分财产的。当时我们四个人总共分了五挑谷子,还分了麦子。

(2)离婚

如果自己和婆家实在合不到一起,就要离婚,但是儿子不愿意离婚的话就分家。婆家也可以在媳妇不听话的时候把媳妇休了,离婚要到老剖案①那边,一方说二十八个条件才能离婚。丈夫去世了,婆家也就没法阻挡媳妇改嫁,媳妇可以把嫁妆拿走,子女是一边分一个,但这是婆家说了算。公公婆婆老了时,由几个儿子一起抚养,如果一个儿子去世了,孙子和媳妇也得履行抚养义务。公婆去世后下葬时妇女也是可以参加的,请人看好墓地,男的在左边,女

---

① 老剖案:这里语意不明,可能是到老断案的乡贤处。

的在右边,都要立碑的。

(二)妇与夫

1.家庭生活中的夫妇关系

(1)结婚分家后家里夫妇关系

结婚那天,夫妻俩才见第一面,我比丈夫小十岁,丈夫对我很满意。我叫他老邓,他叫我老谢。分家后是我当家,钱也是由我管,但我要花钱也是要经过丈夫同意的。每年栽秧、种田都是大家一起协商。需要借粮食的话,我们家是由我这个负责煮饭的去借。如果要建房也是一起协商,房屋是要在公社登记的,写我们两个的名字。丈夫要用我的嫁妆也是可以的。分了家之后全靠我们两个,别人也有一个家。外出借东西或者公社有什么事都是谁有空谁出面。如果自己在外面出了什么事,也是不想连累家里人的。如果丈夫要外出务工,需要和我商量。

(2)夫妇的分工

如果饭不够吃,我们当然是保证儿女先吃饱。由于夫妻俩都是一起在地里干活,所以女人既要做外面的活,又要管家里的事。我每天要种小菜、带娃娃、煮饭、喂猪、喂牛、打洗脚水、端饭,这些都是一起干的。丈夫要妻子做的事,妻子也得做。厨房里的事情,带小孩也都是女人做的。在以前男的洗了衣服,别人会说他给婆娘洗裹脚布,即使是妻子来了月经,也是三天后妻子自己洗。如果丈夫在外面赌钱,把钱花在别的女人的身上,妻子是可以管的。

(3)娶妾

那个时候地主家讨六个老婆,妻子没法反对,也只有地主家才能娶得起妾。今晚上和大婆娘睡,明晚上和二婆娘睡,不过始终大婆娘要好强些,他把男的往屋里拖。娶妾大部分原因就是为了生儿子,娶妾是不用讲门当户对的。正妻和小妾们的关系一般不好,小妾一般称呼比自己地位高的妻子为姐姐。如果生了男孩,都是大家一起来呵护,但是孩子还是归亲生母亲。吃饭大家也是在同一张桌子上吃。家里当家的自然是男的。

(4)夫妻矛盾

结婚后,妻子没有生男娃儿,丈夫想要过继一个,是需要征得妻子的同意的。1949年前是有丈夫打骂妻子的这种情况,有的妻子被打得很惨,一句话说得不合适就会被打,当着小孩子的面也打。这种情况,有的保甲长收了男方的好处,也是帮着男方讲话,妻子想给娘家说,却没办法去,只能干挨打。1949年后,打骂妻子的现象还是有,但没有以前严重。

日常生活用品都是我平时赶场去买的,丈夫知道我是精打细算,也不会不同意。我小的时候也曾听说过女人自己提出要离婚,比如嫁过去才知道丈夫是瞎子、跛子。妇女离婚后是不能分家产的,1949年后也不行。分家之后丈夫要离婚,也不需要和公婆商量。

2.家庭对外交往关系

家里请客是夫妻俩一起商量着办。丈夫在外面有花债、赌债,家里有钱也得帮丈夫还。1949年前,如果媳妇是当家的,就可以借到钱。1949年之前,男女在外偷情的也多,女方偷情被知道了会被打。我在这边一般不接见朋友,也不串门,一般是在做活的时候一起说笑。我们妇女1949年之前一般不敢出门,1949年后就敢出门了。

（三）母亲与子女的关系

1.生育子女

一般是头胎出生后报喜,生个儿子捉个鸡公,生个女儿捉个鸡婆,到娘家报喜。男孩满月时要办满月酒,只请亲戚,娘家会买一套衣服、送些钱。那个时候送礼就是两角钱。在孩子满四十天的时候,娘家也会来接我和我儿子回去玩,丈夫也会来接我回去。孩子满了一岁也要过生日。这些宴会不分男女,只要是头胎。但是公婆都喜欢男娃,生了女娃都不会给媳妇吃饭。我的子女都上过学,那时候只要孩子成绩好,还会借钱供孩子读书。平时我们对待男孩子女孩子都是一样的。教育子女的时候一般是父亲批评第一次,母亲批评第二次,女儿是由母亲教育。儿女没结婚之前,赚的钱也归父母管,这些钱也是不会还的。儿女的婚事都是请人说媒。结婚费用都由我们承担,儿子结婚之前是要重新盖房子的。

2.母亲与婚嫁后子女的关系

人大要分家,树大要开丫。儿子与我分家都有三十年了,分家之后,他自己挣得钱自己花。分家时,我们就分了点谷子。女儿二十岁定亲,二十三岁出嫁,我们不准她自由恋爱。定亲时,兴看家。1949年后,男女在定亲之后是要见面的。但两家不会走动,女儿不能和未婚夫来往,准女婿会来拜访,带的礼物是两把面和两包糖。出嫁时女儿的嫁妆是一架床、两口柜子、脚盆、马桶、两架抬盒。那时候女儿的彩礼是一点衣服。我们和女儿家的来往还是挺多的,女儿家有困难也是要帮助的。我也帮儿子带过孙子,费用都是儿子出。我们老了是由儿女们一起抚养的,儿女们不抚养我,我就要去政府告。如果老人没有儿子,女儿也嫁出去了,就该被国家抚养,但是女儿也要拿一定的赡养费用。我喜欢自己住,自己煮自己吃。

三、妇女与宗教、宗族、神灵

（一）妇女与宗族

我们村以前没有宗祠、祖堂、祖祠,但是有求雨丰收的那些祭神活动。在天旱的时候,大家都去拜菩萨,把菩萨从龙岗寨抬到润和沟来求雨。这些一般由那些拜佛的人主持,男女都可以拜。那时还要敬灶王爷和土地公。如果某家出了什么事也是请菩萨保佑,生病了要请娘娘婆,无子的要找菩萨求子。如果去许了愿还要找菩萨还愿,比如某个媳妇想要孩子,就去向菩萨许愿,在孩子出生之后,这个媳妇就要做一双鞋子或者捉个红鸡公去还愿。

我们家原来也供奉一些菩萨,初一、十五、十九都要给菩萨烧纸,要作揖跪拜。我只是觉得人要做好事,不能去害人,但是我不相信那些跪跪拜拜的事。村里面信教的男女都有,中华乡有一个教堂,我去看了的,就是放歌,让大家交钱,然后给那些干部发钱。有人交十元、有人交二十元,还有人交五十元、一百元。

（二）妇女与村庄市场

1.妇女与村庄公共活动

出嫁前,我没有参加村里组织的活动。当时在街上有一个专门唱戏的班子。1949年以后,不论男女都可以看戏。坐位也不分男女,有的站,有的坐。1949年前,女人不能参加保甲长召开的会议,而等到我出嫁后,那里就没有保甲长了。我们出嫁的时候,不需要告知保甲长,结婚时他愿意来就来。1949年后,由选的干部来召开会议,干部发言,我们就在下面听着就好。

2.妇女与村庄社会关系

在娘家时,我的女伴就是妹妹们,我要给她们陪嫁,出嫁的早上还要陪她哭嫁一早上。1949 年前,如果家里没有男劳力,女娃儿就要做农活,煮饭、喂猪,工资要归家里人。如果别人家建房子,我要去帮忙煮饭。村里面的红白喜事是家里的老人出席,如果嫁女的话,则是我们参加,妇女去唱歌,男的去帮忙。1949 年前,我们都不敢聊天。1949 年以后,我们才敢聊天。同一个生产队的人一起打猪草、割草,平时也就聊聊家里面吃的东西。夏天时一家人都可以出去乘凉,冬天时几个妇女一起做鞋子。男人们聊天女人也可以参加了,不过男人们一般是在开玩笑。村里面妇女吵了架也没人管,骂了就算了。

3.妇女与市场

出嫁之前,我在街上卖冒儿头和三尖角。1949 年前,只有不正派的女商贩去外面的市场。如果遇到熟人,女性也是可以赊账的。那时候的女性是很少参加喝茶、听戏一类的活动。1949 年后,继父在街上做活儿,每月有二十斤米票。那时候妇女之间,这个妇女做鞋子没有布了,我可以拼点给你。

四、农村妇女与国家

(一)农村妇女认识国家、政党和政府

毛主席来了,我都十七岁半了,第一次认识到国家这个概念。小时候啥都不懂,只晓得什么兵什么兵。国民党来了,他们走到地主家里,把地主家的猪宰了,不刮毛煮进锅里。我们就躲到一边,不敢露面,因为一旦露面,他们就会把我们拉走。八路军来了就好了,八路军有天早上从我们这里路过,对我们说:"你们不要怕,不要怕,我们是八路军,大姑娘,不要躲,我们八路军路过了。"我们在追他们。我觉得八路军来了就好了,那就放心了。八路军来了就宣传男女平等了,也建了一些小学,但是没钱读,有钱的才能上大学。小的时候,我见过镍币、银元、小钱和纸票。

现在的国家主席是习近平,这是我从电视里看到的。在我十五岁时,听说过"共产党""革命"这些词。我没当过干部,也没参加共产党组织的选票,现在家里党员挺多的,现在妇女入党的也多。我觉得包办婚姻不好,政府是对的。1949 年之前女性一般没接触什么干部,1949 年后我接触了大队里面的干部。1949 年之前也有女的当干部,1949 年后当干部的女性就多了,我也希望自己的女儿去当干部。计划生育是在吃集体饭的时候提出的,不准妇女多生。

(二)对 1949 年以后妇女地位变化的认知

我只是听说妇联,却不知道它是做什么的。1949 年时,毛主席来了,我们就听说了男女平等,妇女能顶半边天。1949 年后,儿女的婚姻还是由父母决定的,吃集体饭过后,婚姻就是由自己处理。1949 年后,男女平等,妇女地位也提高了。那些老的骂人:"妇女提高了你们就不得了了。"夫妻之间也是相互称呼名字,丈夫要求做的事不能做也可以不做。我们家里,饭还是由我煮,孩子由我带,我的女儿读到初中辍学了。

(三)妇女与土地改革运动

土地改革运动时,我们家被划为贫农成分。土地改革运动时我们有斗地主,我们在旁边看他们斗,也有妇女去斗地主,把地主的头发都扯掉了。土地改革运动分地时,我们没去参加,家里有小娃儿。当时也有妇女会,我们没去,小娃儿那么多。那时候说"女的翻了身了,女

的翻到男的身上去了"讲起都好笑。土地改革运动后当干部的妇女也是要有钱的。

(四)互助组、初级社、高级社时的妇女

互助组时男的做什么，女的也做什么。那时候我名下的土地要入社时，也不会征求个人的同意。我们妇女对入社也没有什么想法，自愿去上工，因为不上工的话就没工分。我们一起做农活时，有的男的会说一些玩笑话，我自然也会说。在怀孕、哺乳、月经这三个时期，妇女是不会有特殊照顾的，除了在生娃儿时有三十天休息时间。刚参加集体劳动时，我家里有两个娃儿，晚上做家里，白天做外面，娃儿是婆婆帮着带。那时候的妇女要一直做活，为了挣工分，直到不能做了时才能休息。

(五)妇女与人民公社、"四清""文化大革命"

1.妇女与劳动、分配

人民公社那时候就是吃集体饭了，那时比较流行的歌是嫁女歌，劳动口号我不记得了。那些喊口号的人最后是走不脱的，还跪了高板凳。我们都是做自己能做的农活。像插秧、种麦子、割麦子这些活一般是女的来做，像生产队队长、记分员、会计和操作机器一般是男的做。那时妇女也要参加水利建设，她们把娃娃带着，边做活边照顾，晚上还要出夜工。这都不是最累的，最累的还是送"征购"，我们要一天跑三回把东西送到季度镇。我们在集体里做事较为认真，因为偷懒的人得的工分就少。那时越苦的活工分越高。男女做事得到的工分一般是按照做的东西来评定的。如果工分不足，分粮时就需要交钱补社，要把钱补齐了才有粮食吃。我在大深沟水库时，挑一天泥巴能得十二分，捡一挑狗粪回来能得十二分，所以我一天能得到二十四分，我丈夫一也天能得二十分。就算这样，家里也没有余粮，吃集体饭就是有一颗吃一颗。

2.集体化时期劳动的性别关照/生活体验与情感

生产队没有专门修建一些部门来照看小孩。我曾经到食堂煮饭，食堂的干部有伙食团长、会计，分别负责弄菜、推米和弄米的三个服务员、三个负责煮饭的炊事员。这些干部中男的女的都有。

办大食堂前，家里面的铁锅、铁铲都被收了。食堂一般吃时令菜，红苕出来吃红苕，豌豆出来吃豌豆。食堂里的饭一般是用瓢舀着分，小娃娃根据年龄分层，一般分不到大人那么多。我们是不愿意吃大锅饭的，因为根本吃不饱。有一次，中央下来一个干部，走到我们这里来，我们蒸了一笼烂苕做的苦苕馍馍给他吃。他中午吃了以后回去反映："这个日子不好过，他们那些队员哪么过日子哟？那个苦苕馍馍苦死人。"

家里老人或者小孩子饿到不行了，也会偷偷摸摸去生产队搞吃的，如果被抓到了，就会扣工分。邓洪凡的妈妈出去打谷子时，她在那些干草上面收集了一些谷线线，放在狗槽中，用棒煮成稀饭，刚刚煮好，稀饭就被监管员端走了。那时候是不准在家开小灶的，长期的饥饿导致人们全身浮肿。我们就算给队里提意见，他也不会理我们。那时也没什么集体活动，我们每天都是埋头做活挣工分。那个时候，社员之间矛盾较多，你不服我我不服你，因为有人偷摸队里面的粮食。妇女之间也有矛盾，出力不一样，工分却一样。那时候也有妇女骂人，没有人来调解。

3."四清"与"文化大革命"

"四清"那时候，我的大儿子都当干部了，清查组就在我家吃饭。他们主要清钱、清粮食，什么东西都要过秤。"文化大革命"时批斗干部，干部让我们去，我们没去，听说那些地主和他家的老婆、儿女就在地上趴着。有时分粮食都不会分给地主的后代。破"四旧"时，书都被卖了或者烧了。

（六）农村妇女与改革开放

每家分土地时，我们这里都是家里的男人去参加，但是女的也可以去。我认为，相对于集体劳动，单干收入多一些，人也要轻松一些，不用像在集体里卖命挣工分了。那时候妇女可以分到地，土地证上也有我的名字。分地之后，要离婚的妇女是没法分到地的。搞了计划生育后，有孩子的人就得结扎不能再生了。精准扶贫政策对于老年人都一样，不分男女。我家里有电视，了解国家政策也是靠听。我不知道什么是网络，儿孙联系我都是打电话。

五、生命体验与感受

我这辈子吃集体饭辛苦，带小孩也苦。现在日子终于好过了，习近平办得好，妇女就好，办不好的话，妇女就像那些年一样交上缴款、送征购一样苦。现在我听说又不送征购，还会给我们拿点米，像我们八十岁一天有一块钱，还有一个月七十五块的养老保险。时代好了，可惜我已经老了。总体来说，这辈子做女人非常辛苦，要抚育六个孩子吃饭、读书和结婚。

FHF20170211LDM　吕党梅

调研点:甘肃省泾川县高平镇铁佛村

调研员:范红福

首次采访时间:2017 年 2 月 11 日

出生年份:1930 年

是否有干部经历:无

是否生育:是

受访者结婚的时间节点、生育子女的具体情况:老人于 1945 年结婚;1950 年生第一个孩子,共生育六个孩子,两个儿子,四个女儿。

现家庭人口:6

家庭主要经济来源:务农

受访者所在村庄基本情况:铁佛村位于高平镇西南部,全村共 7 个自然村,378 户,2860人,3200 亩土地,因境内出现过一尊铁制佛像而得名。该村距离高平镇 15 千米,距离泾川县45 千米,1—4 自然村民小组位于该村东北,绝大多数人姓王;5—7 自然村民小组位于该村西南,绝大多数姓范。该村土地以黄土高原山地为主,种植旱作农作物,近年来发展苹果经济林,收入可观,民风淳朴,地域特色明显。

受访者基本情况及个人经历:老人生于 1930 年,五岁和第一个老伴定了娃娃亲,十五岁结婚。老人一生结过两次婚,生有六个孩子,与第一个丈夫共育有一个儿子和两个女儿,与第二个丈夫也育有一个儿子两个女儿。老人现在和小儿子一家生活在一起,四世同堂。

老人从娘家的贫农到婆家的贫农,一直延续到包产到户都在为吃饭和生计忙碌,一生劳苦。幸好老人的大儿子读书后当了工人,在兰州上班,小儿子在家务农,两个儿子都对老人比较孝顺,现在老人生活富足。

一、娘家人·关系

（一）基本情况

我叫吕党梅，1930年出生，属羊，名字是我大①起的。我家共有六个兄弟姐妹，其中姐妹有三个，兄弟也有三个。现在一个妹妹和一个弟弟已经去世了，剩下包括我在内的两姊妹和我两个兄弟，一共只有四个人。

我娘家所在地叫龟山子，我在那里长大，十五岁时嫁到这里。记得土地改革运动的时候我已经二十六岁了，那时我已经生了两个娃娃了，就是我的两个女儿，大女儿嫁到原尚，二女儿嫁到东坡。我嫁过来的时候就听说共产党了。我的男人是队长。我们家一直很穷，我的娘家是贫农，我来到范家还是贫农。

我一辈子嫁了两个男人，我和第一个丈夫生了一个儿子、两个女儿，和第二个丈夫生了一个儿子、两个女儿。大女儿是1950年出生的。我的二女儿嫁到东坡，三女儿嫁到高平，小女儿嫁到玉都塬。小儿子在家里，大儿子在兰州当工人。

我觉得我对得起死去的人，也对得起活着的人。

（二）女儿与父母关系

1.出嫁前女儿与父母关系

(1)家长与当家

那时家里特别穷，没有什么大事情需要谁做主，也没有像谁说的那样，男人什么事情都管。虽说大多数情况下女人把家里内务收拾好就行了，但是家庭分工也不是特别明确。在我们家，我爸做主，但是我妈也安排家里的事情，事情都是他们俩商量着干。一般我爸有啥想法也问我妈，我妈也说她的看法。

(2)受教育情况

那会儿我们家里没有人念书，一是村里没有学校，二是因为我们家穷，也没有钱。最主要是上学了就没人劳动了，所以我们姊妹几个都没有读过书。我们多是由父母给我们讲一下为人处世的道理，这些道理也是从他们父母那里得来的。

(3)家庭待遇及分工

家里的男娃娃总的来说都比较值钱。家里有啥好吃的，大人们就给男娃娃吃了。我们姊妹几个就看着眼热，有时甚至嫌弃自己是个女娃娃，啥好的都得不到。那时女娃娃长大一点就跟着母亲学习做衣服、扎花和做饭，男娃娃多半就找猪草、喂鸡、给父亲拉牛、学着种庄稼。这些东西都要提前学，那时我们都结婚早，要是不会，一结婚就没有办法生活了，这些都是最基本的生活技能。

(4)对外交往

那时男女娃娃都可以出门，没有什么严格的讲究，吃酒席也没有什么忌讳。男娃娃就自由一点，想啥时间出去就啥时间出去。我们平常也不走亲戚，多数就在家里待着，到了过年时就开始走动。我们那里初一不出远门，主要就拜访家族里那些年龄大、辈分高的老人，初二一般就开始走亲戚，多数情况下是走老丈人或者舅舅家。

---

① 我大：父亲。

（5）女孩禁忌

我妈在我小时候让我缠脚，但是后来有人来查妇女是否缠脚，要是被查出来，还要罚钱，我大就不让我缠了。我妈强扭不过，又担心罚款，就让我拆了裹脚布。我就拆了裹脚布，刚拆了那会疼得不能动，后来脚长开了就好了，要不然我就成小脚了。

那时女孩都有一定的规矩，我们不能乱奔乱跑，不能光脚，所穿的衣服可以不新，但是不能太脏。我们也可以和邻家男孩子玩耍，但是一般没有啥事情，我们就要待在家里学习女工。一般八九岁时，我们就要自己洗衣服，十四五岁来了月事，我们的衣服就不能和家里其他人的衣服一块洗了。

（6）"早夭"情况

那时早夭的娃娃很多，尤其是女娃娃，多数都是人的偏见造成的。在重男轻女的社会，很多女娃娃都被糟蹋，再加上没有医生，也没有钱，多半娃娃照顾不好就早早死了。那时一家子生八九个娃娃，死一些也不稀奇，时间一长，人就都忘记了。

2. 女儿的定亲、婚嫁

我那时候是定的娃娃亲，亲事都是由媒人去谈，到了最后，媒人才把我领去看，我很害羞，都不敢去。我们需要给媒人一些谢礼，但是我们不给钱，道谢的时候就是给她铺盖面子和一瓶酒就可以了。

我结婚时，娘家大要彩礼了，要了三石麦子，婆家用老牛车给娘家把麦子送来的。我就是只要了婆家一点麦子，有的姑娘还要银元。我记忆中娘家没有东西吃，再加上我娘家娃娃多，于是多要了一点麦子，再没有要钱。但是我娘家什么东西都没有给我陪嫁，因为我娘家穷，少吃无喝。我还记得我奶奶给我大说："给你女儿陪个马甲，娃过去拉①个布衫就把季节过了"，我大说："不给，哪怕②热死去呢。"我嫁过来的第二年，夏季热得不行，我就把棉袄里的棉花拆了穿了一年，第二年时，我才买了一件布衫。当时也没有过年的衣服，冬天一直穿的衣服坚持到过年，做衣服的人很少。我那几年把罪受尽了，我在我娘家穷的受罪，来到婆家也受罪。我十五岁出嫁，到1949年时我已经二十六岁了，我嫁过来还受罪了十几年。

刚嫁过来时，我们家住在下方，邻家住着五家子的人，包括存明家、广田家、老杜家、王献青家。婆家就五亩山地，打下粮食不够吃，那时候没有化肥，一年这几亩地都种成麦子，打的麦子还没有两石。

3. 出嫁女儿与父母关系

女娃娃出嫁后就成了婆家的人了，对娘家爸爸妈妈就没有直接的、必须的赡养义务了，所有的看望和经济补偿都是子女的孝心。

那时候走到娘家里也没有啥禁忌，我有时候会给我娘家大、娘家妈买些床单、裤和被套等，或拿些自己蒸的包子。不过，我多数时候是啥都不拿，两个肩膀上边挂个头就走了，一是因为外面没有东西卖，二是因为缺钱。

正月里走娘家一般是过了初七、初八后。回娘家多数都是我一个人回，那时我和我老伴刚结婚，他忙着喂养他的驴。我一般是初八回去，初九待一天，初十再回来。我那时还很担心有狼，但是我一直一个人去娘家，一个人回来，没有见过狼。

---

① 拉：缝制。

② 哪怕：就算。

74

（三）出嫁的姑娘与兄弟姐妹的关系

我的兄弟姐妹们关系都挺好,娘家父母在世的时候,在过年的时候,我们兄弟姐妹能到娘家聚聚。父母过世之后,我们就不怎么去娘家了,多半就是我们兄弟姐妹的孩子相互走动。表兄弟接触得还比较多,表姐妹就不怎么联系了。

二、婆家人·关系

（一）媳妇与公婆

1.婆家婚娶习俗

我记得我们是前半年定亲,后半年结婚。结婚当天,我打扮好之后,有人把我背上川坡的坡上,然后把我放到锁奎家的牛车上拉上来。

2.分家前媳妇与公婆关系

我嫁过来时,婆婆已经去世了,只有公公在。我每天给老人家做饭,他说个啥我也不顶嘴。他年龄大了,让我把面条煮烂一点,他咬不动,我就听话得很,按照人家的要求办,那时我很乖巧。

3.分家后媳妇与公婆关系

（1）公婆关系

我婆婆已经去世了,家中只有公公。他对我不错,从来不为难我。

（2）分家

家中只有我、我老伴和掌柜的①他老大②三个人。直到老人去世,我们也没有分家,一直在一块生活。

（3）交往

我嫁过来之后,因为没有妯娌,多数情况我也不出去串门,就待在家里,劳动的时候我才出去和同村的人一起劳动。我刚来的时候还比较害羞,时间长了就好了,也有相处得好的几个女人,闲了坐到一块说话。

（二）妇与夫

1.家庭生活中的夫妇关系

（1）夫妇关系

我丈夫娶我的时候已经二十六岁了,他不打我,我也是个老实人,不惹他生气,也不骂他。家里置办东西时,都是我老伴说了算,我一个女人一般不插言语,他自己做主,也不问我的意见。老伴劳动得挺好,我们都指望劳动吃饭。再加上我给他生了很多娃娃,到老伴去世的时候,我们一共有两个女子和一个儿子。老大十三岁,老二十一岁了,兰州的那个大儿子才两岁。我为他守了一年。我本来说就这么过着就行了,但是我娘家大说让我再嫁个人,他说:"娃娃还小着呢,谁给你喂养?"我因此就招赘了一个男的,就像我的这个小儿子一样瓜着③,一直不爱说话。他和我搞和④了十七年,后来也去世了。

---

① 掌柜的:老伴。

② 老大的:父亲。

③ 瓜着:人比较老实。

④ 搞和:凑合。

(2)娶妾与离婚、婚外情

我们这里基本没有娶小老婆的人家，因为我们这里土地改革运动时，基本都是中农和贫农，连富农都没有，更别说地主了，这样的家庭条件连媳妇都没有钱娶。

那时我们这里基本上没有离婚的，一般两个人分开都是婆家不要女方，没有女方说不愿意在婆家过的事。我们都不知道在村里乱搞男女关系的事情，这种事情都比较隐秘，一般人都不知道。

2.家庭对外交往关系

女人多半就是围着灶台转悠，见最多的就是家里这几个人，顶多就是邻家和自己庄里的人。男人就交往得稍微广泛一点，一到空闲时间了，他们就在村里那个大涝池边上坐着说话。1949 年后，女人也能坐到那里去聊天了，不过还是男人和男人说，女人和女人说。

(三)母亲与子女的关系

1.生育子女

(1)生育习俗

我们那时生的小孩子不做满月，因为经济条件真的非常困难，就是买一瓶酒都没有地方买。我们家都是自己做醋吃，买盐只需要两毛钱，但是我们连这两毛钱都拿不出来，我们只能卖了鸡蛋，赚了四五毛钱才去买盐、买洋火。

(2)生育观念

我生了两个儿子、四个女儿。我更爱儿子，大儿子给我的钱多，二儿子现在和我生活在一起，我就等着我的小儿子以后给我养老送终，照顾我剩下来的日子。女儿一结婚就成了人家的人了，一年来看几次，再就是等我死了，能来哭几嗓子，这些我都不需要。

(3)子女教育

我的娘家在龟山，那里没有地方念书，加上家里穷，家长也不让我们念书，因此我们弟兄几个都没有念过书。我小的时候队里也没有念书的娃娃。我自己的这几个娃娃倒是都念书了，老大是中学毕业。家里这个小儿子不会读书，当时是大人①教书，人家不要他了，他们说他念不下书，让他回家算了，坐在这里也白坐着，大人就把他给赶回来了。但是不管怎么样，他们都进学校了。过去的社会要是能认识几个字也就行了。

(4)对子女权力(财产、婚姻)

我大女儿在四岁时就卖给了尚家人，用四斗麦子把婚事定下，但是她一直在我们家养着，到了十五岁时才结婚，我强迫尚家给了我们一百元钱，那时的一百元还是很值钱。我的二女儿是前半年定亲的，后半年就嫁出去，我什么都没要，还给了三十多元钱的陪送。我的三女儿嫁到胡家峪，人家给了八百元钱彩礼。我的小女儿嫁到玉都了，彩礼给了一千三百元。

2.母亲与婚嫁后子女关系

大儿子结婚了就去兰州了，一年也不回来一次，不过他回来时就会给我点钱。我和小儿子住在一块，他对我还好，就是我现在年龄大了，人家都看见我烦得不行。

四个女儿对我也还凑合，一年来看我几次，来的时候买些东西。我今年腿脚不灵便了，听说王家街道有很多好吃的，我就把老年金取了两百给我二女儿，让她来的时候给我买点好吃的。人老了就是嘴馋。

---

① 大人：村里的一位先生因辈分高、个子高被叫"大人"。

三、妇女与宗族、宗教、神灵

1.灶王爷的祭拜

灶王爷的祭拜食物一般都是妇女准备。但是到了腊月二十三,祭拜的时候只能是男人在那里看香、烧纸、点灯、磕头、作揖、礼毕,女人不能做这些事情。

2.腊月三十敬神

腊月三十时,我们要把做的所有好吃的都敬献给神灵,放一段时间后,大人和孩子才能吃,要是我们提前吃了,我们的嘴就会烂。家里有神像的地方都要祭拜,祈求来年平安健康、财源广进、万事如意。这些事多数也是男人在操持,如果家族里有祖先的牌位,我们还要祭祀牌位。

3.拜门神

门神多半就是贴秦琼、敬德的画像,说是要挡住那些不好的鬼祟,确保全家安宁。我们多数就是在院子里摆放一下香案,进行祭祀。

4."当工"(音译)

我们这里叫神汉或者阴阳先生,多数就是家里有人逝世了,请他们看一下墓穴的选址和下葬的时间。有时候家里乔迁新居,我们也请他们选日子。

5.送子娘娘

送子娘娘就是那些家里生不下孩子或者想要个男孩子的家庭祭拜的一个神仙,其实就是迷信。后来毛主席打倒一切牛鬼蛇神,就不让我们搞这些了。

6.求雨

我们这里一般不求雨,就是个别人灾荒年月了就去土地庙祭拜,村里没有集体的祭祀活动。

7.宗教

我们那时候没有啥宗教,平时就是过年过节或者村里唱戏的时候,祭拜一下道教的玉皇大帝、关公。或者有些家长为了孩子能考上大学,就祭拜一下文曲星。我们这里回族的人都信仰伊斯兰教,还有部分人信的是佛教和基督教。不过这些都是少数,大多数人还是没有宗教信仰。

四、妇女与村庄、市场

(一)妇女与村庄

1.妇女与村庄公共活动

我们出嫁前就是看看社火,一般还要去其他村里。我们女孩一般是和爸爸妈妈或者兄弟姐妹一块去。家里人要是不去,我们就和同龄的姑娘一块去,那几年的那个社会坏得很,害怕出事情。

2.妇女与村庄社会关系

村里其实没有啥事情,就算有啥活动,我也不能出去凑热闹,因为家里人害怕惹是非。女人一般也就不参加村子里的活动,大多数情况下都是男人在操持,女人和社会上联系得不是特别密切。

(二)妇女与市场

那时我们这里没有集市。如果要赶集,我们要到窑店街道去,一般我们也不去,因为没有钱。我是一辈子不花钱的人。夏季,人家往回家里走,我还在麦子地里拾麦穗,捡回来喂鸡,冬天时,我就把那个糜子捡回来喂鸡。那会儿可能大家普遍贫穷,也没有说是一家特别富有,而且大家也没有啥空闲,就不去集市上。我们卖鸡蛋是在家门口卖的,天天有人收,一次卖三四个,一个鸡蛋也就几分钱。我们一次卖二十几个鸡蛋才有三四毛钱。我有时也去高平赶集,去之后也是一分钱不花。毛主席来之后,我特别欢喜,我还去买了个毛主席的画像,然后就说他带领我们把生活过好了。

五、农村妇女与国家

(一)认识国家、政党与政府

1.国家认知

我小的时候就听我爷爷说过共产党。共产党好得很,他来了之后,人就不用愁吃饭了。他分地主富农家里的土地给我们种。共产党来就是进行土地改革,贫下中农一下就翻身了,我吃的和别人家一样了,种的和别人家一样了,就好好劳动,感谢共产党,感谢毛主席。我还买了一张毛主席的画像,现在还在我们家里贴着。

2.政党认知

国民党当时给人的影响就是抓的兵丁多,最后马家队伍来,直接把我们家里的粮食和钱就抢去了,我们都很害怕。

3.夜校

当时生产队里办学校和夜校,让村里不认识字的孩子和成年人去念书,谁去都可以。我那时家里孩子比较多,就算是农闲了,我家里的农活也干不完,所以我就没有去,到现在一个字都不认识。

4.政治参与

我们家里没有党员。我老伴虽然是队长,但是因为他是贫农,而不是党员。子孙后辈就没有党员。

5.干部接触与印象

我一直在家务农,基本上没有见过什么大领导。就是上边来个大领导,我也不认识。人家在上边讲话,我就在下边听着。那时我做饭还不错,队长有时就把这些领导派到我们家里吃饭。我见过公社书记,人家说话就是好听,不过他和一般农民一样都穿的布鞋。他吃完饭之后给了我们半斤粮票,好像二毛钱,我能记起来的就是这些。

我们要是出门走亲戚或者赶集,如果农业社里有农活,我们就要向队长请假,要是农业社不给批准,我们就不能去。不过这个农村的事情,也没有什么标准,关键还是看人情、看关系。大家一般都在一个村里,也不会故意为难。

6.女干部

土地改革运动的时候,我们这里基本上没有啥女干部,只有积极分子。刚开始时,大家都还不敢说,到最后,工作组就慢慢动员,好多人就参与斗地主了。到农业社时,我们这里就有女队长带着我们干活。

7.政治感受与政治评价

我印象比较深的就是计划生育,那时家里有男娃娃的还好,没有男娃娃的妇女就一直躲着,但是躲着也没有作用,最后有些人家还是没有生下男娃娃,人们就抱怨,不能传宗接代。现在人的观念好多了,生儿生女都一样,现在还允许生两个娃娃,我觉得好得很。

村里也没有新型的劳动工具,就是有一年来了拖拉机把庄稼收割了,人们都感觉比较新奇。我们当时还选了队里和生产大队里的领导,我们都去看几个候选人讲话,我觉得他们很风光,不像刚刚土地改革的时候只是看人的成分是不是贫农。

(二)对 1949 年以后妇女地位变化的认知

我小时候就听过妇女平等,结果到现在还不是很平等,但是要好得多了。1949 年以后,女人就可以自由婚姻,也可以离婚了。

(三)妇女与土地改革运动

1.妇女与土地改革运动

因为我十五岁就结婚了,土地改革的时候,我已经在婆家了。婆家很穷,后来土地改革了,别人家种塬地,我们也种塬地,别人家种山地,我们也种山地,日子才基本上好了。有很多工作队到我们这里来,他们都是男人,我们看见那些人都很害怕,我看见就藏起来了,那时我还梳着毛辫子。他们让我不要害怕,他们不打人也不骂人。我们这个队是六队,没有富农,也没有地主,就是锁奎他大,也就是二娃他爷当的队长。土地改革时,没有女人当队长。土地改革之后,存喜的老婆当了个女主任。范家庄里我们家最穷,当时我们划分的成分是贫农。第二穷的就是要虎家。虎家是几辈人都穷,他们三辈人都是早晚不出来,不和人接触。

2.妇女组织和女干部与土地改革运动

土地改革的时候,村里也没有啥妇女组织。我就记得当时工作组选了几个积极分子,教我们唱"东方红,太阳升,中国出了个毛泽东",他们教我们各种歌颂共产党和毛主席的歌曲。我们开会的时候唱歌,干活的时候也唱歌。土地改革运动对我们来说挺好的,我家分了别人家的土地和牲口,别人家有的,我也有了,过得才真真像个样子了。

(四)互助组、初级社、高级社时的妇女

那时在农业社里,男人和女人干的工分一样,男人和女人都是十个工分。工分主要看干活的好坏,要是干得不好,别的女人是十分工,我就是六分工。做完活后,记工员把工分先记下,然后到决算的时候给算出来,挣了多少工分就给多少粮。

我们那时候天天劳动,年三十都还在劳动,就只有初一不干活,初二就已经开工了。我们一年就是挖挖这个,挖挖那个,不知道在干啥,不过我们都干着。我们一天要干三次活,谁要是不去就要开会批斗这个人。我们连做豆腐、蒸馍都是一晚上做。

东坡修水利时,我等不到天明就把粑粑馍都蒸出来了,装到包包里。我出来之后,天还黑着,我就进来了,靠着这个墙坐着,结果睡着了。当我醒来时,窑都亮了,我就赶快跑过去,王德辉说:"都像你这样,这个水利谁做呢?"他让我把锣敲响出去给别人说,我说:"我不去,都像我,水利还能没人做?我今年都四十多岁了,人家三十多岁的都在家里坐着呢!我不去说,我就只给你说。"王德辉就这样算了。

我们修水利时,挖多少土都要给人家拉出去。我当时看见有个熟人,我去找他要了一辆架子车。人家说一个人需要拉十二车土,我就把这个土拉出去。收工的人都说,我已经干得多出来了,让我不要再干了。我干活好得很,我没有亏过农业社、没有亏过人。我在农业社里,没有谁说我干活干得不好,去年锁俊说:"你老家在农业社把活干扎实了。"

我们一块出去干活,偷懒的人也不多。我挣的工分多,得到的粮食就多。娃娃一般也不干活,都在上学。我们那会是五口人,然后每人一分,全家也就是五分地。自留地里一般种的是庄稼,爱吃啥就种啥。

(五)妇女与人民公社、"四清""文化大革命"

1.妇女与劳动、分配

刚开始办集体伙食的时候,上级让我们把锅什么的都交了,最后把我们家的两个瓦缸都抱走了。到了分了队时,我就去王家把我的两个瓦缸抱回来,把我的条桌拿回来了。我们在大灶上那时是一天吃两顿饭,刚开始能吃饱,后来分到的粮食很少,根本不够吃。我们家这五六口人,决算的时候分到了一百多斤粮,我们就全凭吃那些菜叶叶。吃到最后,上级把自留地分下了,我们才能吃饱。有人也去偷吃农业社里粮食,能吃到的人都是能占到面子的,占不到面子的都吃不上。

那时候啥人都有,好人也有,坏人也有。大灶是前一年六七月份办的,刚过了个年,上头看不行,就让把大灶分开了。当时有这样骂人的话:"把这个人吃得饱死了,把那个人就饿死了。"那时牲口死了很多,主要是集体上不给这些牲口吃东西。这个要是自己的,就肯定照顾得比较周到,放到一块私心比较大,就没人干了。

2.集体化时期劳动的性别关照

女人要是怀娃,还是照样要干活。那一年我怀的兰州的那个儿子,他是十月出生,七月的时候我还在沟里挖地种田。那时候我也不知道为什么我在碾场,我晌午把场起来,天黑时,我就生了我兰州的那个娃,那就是人家不管这些事,只要把活干了就行。

3.生活体验与情感

那时我们穷得盖不起房,这个房是我五十二岁时才盖下的,今年都二三十年了。原来我住在下边的那个烂窑,我把房子盖好之后准备搬上来,我尚家女婿不让我拿这些东西。但是我说今天是个好日子,我就把鸡放在背篼里,把驴牵上就搬进新房子了,第二天原来住的那个窑洞就塌了,土块就像人那么多。我说:"这一辈干下的这个事,我就对着呢,我牵的驴,我背的鸡,啥都没有损失。"

以前我们要是生病了就找老良医看。村里的医生还有任亮、王世奎,这三个人,他们多数都看一点柴药①。

4.对女干部、妇女组织的印象

我们这个队一直没有女领导,就是大队里有一个尚芳珍。这些人说话都好,干活也不错。

5."四清"与"文革"

我们队里有个人叫王子坤,他在土地改革的时候打人。他是积极分子,后来当了队长,在农业社里还是社主任,就欺负人,干活看情面,他自己是范家的人,还把自己几庄子②修到王家去了。"四清"的时候,我们队里就把王子坤那个大坏蛋给惩办了。

---

① 柴药:中药。
② 庄子:房屋。

（六）农村妇女与改革开放

家庭联产承包责任制实行的时候,我们家里承包了十亩土地,一半山地,一半塬地。女人的活就开始变多了,但是人的心里开心,打下的粮食都是自己的。我们给公家交够以后,也不用害怕集体克扣,我那会干活也快,干完之后,就能休息下。原来在农业社里不行,那就是一直干活,年三十都不能闲,想起来就感觉苦得很。

六、生命体验与感受

我活了一辈子,起先活得啥都没有,现在啥都不缺,吃的不缺,穿的不缺。那会还上交公粮,现在不但不交粮食,国家还给我低保和老年金。我现在都有重孙子了,四世同堂了,心里舒服得很,也没有啥大病。我还想再好好活几年,舍不得死,把这个社会再好好看看。

HCL20170714CYF　曹艳凤

调研点：山东省东营市利津县陈庄镇堼西村
调研员：郝春亮
首次采访时间：2017 年 7 月 14 日
出生年份：1939 年
是否有干部经历：否
是否生育：是

受访者结婚的时间节点、生育子女的具体情况：1960 年结婚；1961 年生第一个孩子，共生育四个孩子，两个儿子，两个女儿。

现家庭人口：1

家庭主要经济来源：务农；子女赡养

受访者所在村庄基本情况：堼西村位于兵圣孙武的故乡东营市境内，因为位于黄河大坝的西面而得名，主要是由于黄河淤积而形成的一个村落，其村民主要由外地逃荒迁移而来。村民的姓氏多种多样，主要以赵氏为主，每个姓氏都有自己的家族。不过现在年轻人大多数都已经不在村里居住了，都已经外出务工了，因为这里的土地以盐碱地为主，所以以种植棉花为主要经济作物。现在村里的土地都已经承包给了家庭农场，集体生产耕种，现在集体生产之后，以水稻为主要农作物，现在村里的农民基本都已经没有土地了，都以打工为生。

受访者基本情况及个人经历：老人生于 1939 年，四岁和老伴儿定了娃娃亲，二十一岁结婚。生有四个孩子，两个男孩，两个女孩，现都已成家立业，老伴儿四五年前去世，现在老人在村委会大院自己独自居住。

因为老人小时候家里很穷，小的时候就学会了纺线织布，在三四岁的时候就和这边定了亲。她嫁到这边之后，就在家里干活来维持整个家庭的生存和生活，算是这个家里的顶梁柱吧。老伴走了以后，她就在村委会的大院里独自生活了，不过他的子女比较孝顺，每年都会给她点生活用的钱，也会定时来看看她，老人觉得现在生活得是比以前好很多了，非常满意现在的生活。

一、娘家人·关系

(一)基本情况

我叫曹艳凤,1939年出生,属龙。我的名字是家里的老人给起的,是按我们家里的辈分来起,具体是谁给我起的名字,我想不起来。当时家里有三十大亩地,和现在的亩数不一样,比现在要少,土地改革运动的时候,家里被划分为贫农。我在家里排行老大,有两个弟弟,三个妹妹。由于当时家里穷,我很小就定了亲,大概是三四岁的时候,是娃娃亲,虽然定亲早,但是结婚晚,二十一岁才结的婚。我嫁过来的时候,丈夫家的地都已经入了公社,所以就没有地了,这边同样也是划成了贫农。现在自由恋爱,比以前自由很多,我非常支持婚姻自由,孩子们不用再走我们的老路。

(二)女儿与父母关系

1.出嫁前女儿与父母关系

(1)家长与当家

那个时候都是男性当家长,都是男性说了算,只有当家里的男人去世,女人才能当家。在我们家都是老人说了算,如果爷爷奶奶在的话,就是爷爷奶奶说了算。如果爷爷已经去世,就是奶奶说了算。家里也有明确的责任分工,家里一般是老婆说了算,外面是丈夫说了算。但是总体上家里遇上大的事情的话,还是要召开家庭会议进行讨论,也都是家里的长辈说了算。

(2)受教育情况

我小的时候没有真正地上过学,因为那个时候我家里穷,孩子们都不去上学,当然我们家的孩子也没有能够上学。特别是女孩子,因为当时都认为女孩子上学没有什么用,女孩子长大了就会出嫁,出嫁了就成了别人家的人,我们就什么也捞不着。1949年之后,女孩儿上学的情况有些好转,但还是不如男孩儿上学得多,还是存在重男轻女的现象。

(3)家庭待遇及分工

在我们家里的话,一般都是干活儿的吃的多,不干活的吃得相对比较少一点。因为当时我是老大,干的活多,所以我吃得多,好吃的也都记着我吃。在这个阶段也是我的地位比较高一点,弟弟和妹妹们都要听我的话,还是我说了算。但在整个家庭中还是爷爷奶奶说了算。总而言之,在我们家就是根据干的活的多少来分配吃的多少。在家里的话,男人主要负责干体力活,在外面锄地,跟着大家一起出去修大坝,进行水利工程建设。而女人们主要留在家里负责做饭、烧水、纺纱、织布、做鞋。家里家外,外面的劳动主要由男人负责,女人主要负责家里的劳动。如果女人在家里比较忙不开的话,男人也可以帮忙,但是在我们那个时候主要是在家里,不能让外面的人知道,不然别人就会笑话这个男人。

(4)对外交往

在我们那个时候,男人是可以随便出门的,而女人出门都会有一定的限制,比如说过年的时候都是男人带着男孩们出去拜年,女孩没事很少出去拜年的,都是陪着老人们在家里待着。还有就是女孩们也不能随便出村庄,我记得我当时最远就到过我娘家,如果被人发现你出村庄,就会受到惩罚会挨揍。而且同一个村里的男孩和女孩也不能随便在一起玩耍,如果被抓住了,也会挨批评。我记得那个时候有一段时间没有饭吃,由于老人们担心女孩子的安全,也都是让男孩们出去讨饭吃,让女孩们在家里。还有就是村里的一些比较重大会议也都是由男人们代表家庭去参加,像借钱还钱,这样的事情也都是由男人去做,只有在很个别的情况下才会让女人去做这些事情。

(5)女孩禁忌

我记得我们那个时候的女孩也没有什么太多的禁忌,就是一些大面上的禁忌,比如说女孩不能随便出门,不能和同一个村里的男孩们在一起玩耍,拜年的时候一般不出门,在同一个桌子上吃饭的时候,一般女孩们都是坐在比男孩们次一等的座位上,座位上都是男孩们坐。

2.女儿的定亲、婚嫁

由于我家里穷,在我很小的时候就已经定了亲,就是所谓的童养媳①,虽然我是童养媳,但是我结婚在当时也算是比较晚,二十一岁才结的婚,虽然如此,但是我们在结婚之前都没有见过面,是父母包办的婚姻,双方的父母见了面,互相商量好,然后再托媒人说一下就可以。当时有一个说法,叫做隔山买卖,俗话说得好,嫁鸡随鸡嫁狗随狗,就算男方是一个瞎子、聋子或者瘸子,只要是你已经定亲了你就必须嫁。如果你要是反悔的话,娘家人都不会接受你,不会同意这件事情,而男方如果想要悔婚的话就容易得多,只要写一封休书就可以,所以你只能听父母的话,遵照那个时候的习惯。现在多好,男女平等,婚姻自由。我结婚的时候,男方就给了我一斗粮食,而人家地主的女儿结婚,不管是吃的东西、穿的衣服,还是用的都是全套,日常生活用品都有。当时我的嫁妆只有一个橱子和一个椅子、桌子,和有钱人家的女儿比,真是比不过。我记得比较清楚,当时男方来提亲的事,我还坐在树上玩,当时就是有一头驴驮了一袋粮食,我还不知道是什么事情。

那个时候定亲见面的时候还有替婚,就是说男的原本是一个瘸子、聋子、瞎子等残疾的人,可是他却找了一个健全的人来替代他来见面,结果可能当时就同意,按照当时的习惯同意了就不能更改。我们那个时候的改嫁就比第一次结婚更好,因为随着她的改嫁,时代在变化,给的东西就更多。换亲和招上门女婿在我们那个时候也很普遍,所谓的换亲就是结婚的双方都有一个男孩女孩,然后他们都要结婚,所以两家就开始换亲。而招上门女婿的情况就是那户人家家里只有女儿,没有儿子,为了养老送终,只能招一个上门女婿,那上门女婿就相当于儿子,他就可以分这个家里的财产,可以做这个家的主,他的地位也比女儿的地位要高。

3.出嫁女儿与父母关系

俗话说得好,嫁出去的姑娘泼出去的水,姑娘嫁出去之后,她的事情娘家人就不会再管。就是比如说,我在婆婆家和丈夫打架,这样一般小的事情,娘家人是不会管理,而且只有等到遇到大的事情的时候,娘家的人才会过来看一看你。那如果是男方做的事情实在是有一点过分,娘家人也会来给你出气,但前提是村子也要离得比较近才可以。同样的道理,娘家的事情,女儿也不能过分的去管。比如说当家里需要有一些帮助,我也是可以去帮忙,但主要的事情还是由儿子去做,父母的养老送终最终还是由儿子负责。有一句话叫十个女儿不如一个瞎儿子,这正好照应了那一句话,嫁出去的姑娘泼出去的水,也说明了儿子比女儿更加重要。当然,两家之间如果都有困难,也会互相帮助。

在我们这里,女儿回娘家也没有什么太大的忌讳,没有什么定期的回,都是说你想什么时候回,就可以什么时候回,这个还是比较自由的事,回娘家的话一般都是住在娘家,很少会住在兄弟家里。毕竟如果你住的时间太长的话,有一些兄弟媳妇儿就会说闲话,所以我也不

---

① 童养媳:按老人的述说,她似乎不应是童养媳,而应该是娃娃亲。

会经常回娘家,我一年也就回两三次,当然,回娘家的话我都会或多或少地带上一些东西。如果家里比较穷,不带东西的话也没有事情。关于财产继承,只要你嫁出去,就不能再继承娘家的财产,就是说娘家的事和我没有任何关系。

(三)出嫁的姑娘与兄弟姐妹的关系

我在家里是老大,所以在我没嫁过来之前都是我在照顾弟弟妹妹,我和弟弟妹妹的关系还是不错,嫁过来之后,我们的关系还是没有发生什么很大的变化,回娘家的时候我都是先去兄弟的家里看看,给兄弟和兄弟媳妇儿带点儿东西,然后我再去妹妹家里看看,坐一坐,毕竟如果我在婆婆家里有矛盾的话,都是要先让兄弟去解决,妹妹也要结婚嫁人,很少要麻烦妹妹去解决,所以相对来说我和兄弟的关系比较亲。嫁过来之后,我和这边的兄弟姐妹们的关系也是不错,有什么事情也是相互照应着,互相帮忙,互相理解。

我嫁过来之后,因为很少回娘家,所以和弟弟妹妹的联系也不是很多,当家里有困难需要帮忙,或者是和婆婆或者丈夫发生了矛盾的时候,迫不得已才会请兄弟来帮忙,一般的话都不会麻烦兄弟和妹妹。有一段时间是见面最多的时候,就是到了上坟的时候,就会和兄弟妹妹们聚在一起唠唠嗑,聊一聊天,说一说自己家里的事情,不过这在过去是很少的事情,大家都各自忙大家的事情,而现在变得不一样,兄弟姐妹之间的走动更加频繁。

二、婆家人·关系

(一)媳妇与公婆

1.婆家婚娶习俗

婆家和我们家挨得很近,所以婚娶的习俗和我们这边的差不多。结婚都是要媒妁之言,父母之命,孩子们结婚都是父母说了算,结婚都是双方的父母先去见面,只要双方都愿意就可以定亲。这之前双方的儿女不能见面,只有等到结婚那天才能够见面,就会出现很多事实不符的婚姻,就是说定亲的时候男方是健全的人,结婚的时候却是残废的人。关于结婚的欺骗是经常出现的事,但是在当时只要定亲了就不能反悔,男孩子离婚方便,女孩离婚就不是那么方便。定亲之后,男方要向女方去送节,就是所谓的定亲礼,也是父母去送,这个时候父母就可以看一看对面的男方怎么样,或者是女方怎么样,到这个时候婚就算是成了,没有什么太大的变化了。

还有就是结婚的时候请客吃饭,家里穷,也就只请了一桌的席,只是请了关系比较近的亲戚和长辈,在席上,只让女婿和长辈上桌吃饭。

2.分家前媳妇与公婆关系

我来的时候公公婆婆还都健在,在家里主要是公公主事,家里有什么大事都是公公说了算,在家里的分工主要是婆婆说了算,在家里,我主要负责纺纱、织布、做鞋来供应全家人使用,而婆婆家的男人们就要下坡种地,跟着公公一起种地。婆婆和我则在家里为他们做饭、洗衣服,饭后的碗碟也都是我来刷。刚结婚的时候,早上起来要先给公公婆婆端洗脸水,晚上则要给他们端洗脚水,吃饭的时候,也都是让公公婆婆坐在正席,第一碗要留给公公婆婆吃。每逢过节,重大节日的时候,都由婆婆来主持,吃饭第一个动筷子的也是公公婆婆。我和公公婆婆关系还是不错,发生矛盾也是很少的,也有许多不可避免的矛盾。当发生矛盾时,丈夫都是向着他的娘说话,有时候婆婆让他打我,他也会打,所以我在家里很受气,是不会主动找事儿发生矛盾的,能避免的话都是尽量避免。

在这边,婆婆都不让儿媳妇有私房钱,家里的钱都让儿子拿着,如果我要花钱的话都要先和丈夫要。所以说,家里的财政大权都是丈夫掌管着,和现在完全不一样,现在大多数都是媳妇儿拿着钱,掌管着钱,男的和女的都有自己独立的钱,花起来也更加轻松,不像以前有约束。而且当时的土地、房子的买卖都是男的说了算,涉及对外交涉,也都是男的出去交涉,像借钱、还钱什么的也都是男的去做。

3.分家后媳妇与公婆关系

因为我们没有分家,也就谈不上与公婆关系的变化,关系还是以前的老样子,没有什么太大的变化。而像别的已经分家的人,公公婆婆与儿媳妇之间的矛盾会有所减少。

我们没有和婆婆公公分家,还在一起生活,在我们村里分家的话一般都是媳妇提出来,丈夫不能提这种事情,如果是丈夫提出来的话,就会被认为是不赡养父母,不孝顺的表现。之所以会提出分家,是因为家里的孩子太多,儿媳妇也太多,这就不可避免地会出现矛盾和争吵。如果家里的孩子少的话,就没有分家的必要。分家的时候都是一家人参与,然后再叫上家里的长辈们,由长辈们讨论该如何分,一般女孩儿的话是不参与分家的事情,是要和父母在一起,那些出嫁的女儿,和她们没有关系。参与分家的孩子们,东西分得都是一样多,因为家里穷,也没有什么可以值得分的东西,都是一些日常用品琐碎的东西。如果分家的时候,儿子没了的话,只有儿媳妇儿,也是要给她分一点。如果她还有孩子,要给她多分一点来照顾孩子,毕竟都是自己的孩子。

我们那个时候离婚是很少发生的事,而且一般都不鼓励离婚,要离婚的话也很简单,只要丈夫写一封休书,这就算是离婚,被休的儿媳妇儿是没有脸回娘家的,这会被村里人笑话,所以说只有发生了很极端的情况才会离婚,否则一般不离婚。而且无论是儿子女儿,谁想离婚,如果父母不同意他们没有办法离婚,这个时候父母的权力还是很大,而在 1949 年之后,有一些父母就已经管不住自己的儿女,儿女结婚、离婚更加自由。

(二)妇与夫

1.家庭生活中的夫妇关系

(1)夫妇关系

我定的是娃娃亲,当时定亲的时候我还不懂事儿,因为从小就和丈夫在一起,所以我们的关系还是不错的,家里有什么事儿也是我们两个商量着来,比如说家里要盖房子,要添置田地,要买树林,都是我们俩个商量着来,他要出去务工也要和我商量才能出去,如果我们在这些事上有分歧的话就会打仗,最后的话一般就不了了之。

而处理家外的关系一般都是由我老伴做主,像是村庄的关系、生产队、大队或者是公社的关系都由丈夫去料理,像孩子结婚也都由他出面,讨债、借农具一般也由他出面,如果他不在家的话我也能够借出来。如果与他们发生矛盾,也都是由他去出面解决。在我们家里都是以干活的多少来进行排序,干的活多,吃得多。经费的开支,也要先保证他的使用,所以在我们家的排序是丈夫第一,我第二,儿子第三,闺女第四。

(2)娶妾与离婚、婚外情

我在 1949 年之前听说过娶妾,那都是有钱的人家才会做的事情,只有地主家的孩子结婚才能这样,在我们村 1949 年之后就没有再听说过,没有第二个妻子,如果娶了妾的话,妻子的地位要比妾的地位高,只要妻子在,妾就不能当家作主,就算她生了儿子,如果妻子没生的话,儿子也要叫妻子是娘,妾地位比较低,不如妻子的地位名正言顺。当然,如果丈夫不务正业,赌钱上瘾的话,甚至是可以把他的媳妇一起赌出去。

在我们那个时候,离婚大多数是要丈夫提出来,写一封休书就可以,但是离婚这种事情很少发生,大家对婚姻都是很看重。婚外情是几乎不可能会发生的事情。反正在我们村,我是没有听说过。

2.家庭对外交往关系

家里的人情往来,像是平时邻居间的送情、请客、送东西、给压岁钱,这些都是他说了算,都由他出面,那个时候就是女人和女人打交道,男人和男人打交道,那个时候女人是不能随便出门的,我在那个时候基本上很少出门,我出过的最远的门也就是在村里,以前我也就有一两个小伙伴,现在我认识的人也多,在一起聊天的人也多。

(三)母亲与子女的关系

1.生育子女

(1)生育习俗

我一共生了四个孩子,其中两个男孩儿,两个女孩儿。我是在 1962 年生的第一个孩子,第一个孩子是个男孩儿,以后便慢慢地生下了第二个、第三个、第四个孩子,那个时候生完孩子不能立刻就抱出来给大家看一看,要在孩子差不多五六个月大的时候才可以抱出来,这个时候也会摆宴席来庆祝孩子的出生。在我们村里,男孩和女孩在庆祝的方面没有什么不一样的地方,因为当时家里都很穷,也没有什么很好的东西,宴席上都是大家平时能吃到的东西,然后就请和自己比较亲的那些亲戚来庆祝一下,这个时候娘家的人也会来,大家都很高兴。同时大约一个月左右的时间我就可以带着孩子去娘家住,这个时候娘家的人很高兴,我也可以在家里多住些日子,但是也不能太长,过了一段时间的话,丈夫就会来接我回家。

"报喜"的话,就是会和娘家里的人和这边的亲戚们都说一说,叫他们来看一看孩子,无论是生男孩儿还是女孩儿报喜的过程都差不多,可能每一个家庭的方式不一样,这个也没有什么固定。当然,那个时候没有现在这么好,会给孩子过生日,我们那个时候根本就没有这种事。

(2)生育观念

我们村里也都是很喜欢男孩儿,大家都认为只有男孩儿才能传宗接代,养老送终,所以都必须要求儿媳妇要至少生一个儿子才行,不然的话婆婆就有可能就会让儿子领养一个男孩,那你的地位在家里就会一落千丈。

(3)子女教育

我生的四个孩子,我尽量让他们都上了学,尽量不让他们辍学,不管男孩还是女孩我都让他上学,不会说是先让儿子上,再让女儿上,就算家里很穷的话,我也会向别人借钱来让他们去上学,我对孩子们的教育很重视。但对他们的教育之中,男孩子的教育由他父亲来负责,女孩子教育则主要由我来负责,我们两个人有分工,对儿子和女儿进行教育,使他们不能落在别人的后面。

(4)对子女权力(财产、婚姻)

我们那个时候都没有什么钱,所以就不存在什么私房钱,在儿子和女儿结婚之前,家里的钱都由我保管,这个时候儿子和女儿的权力就比我那个时候大得多,有的时候他们结婚我们都干预不了。现在他们的婚姻都是自由的事情,结婚谈恋爱都是自由的事情,都是他们自己说了算,我也就是提个建议看看,不过能不能结婚还得看家里有没有钱,如果家里没有钱,结婚是不可能的事,虽然结婚我不能够干预,但是女儿们的嫁妆还是由我来筹办,我要来给她们决定,要给她们多少嫁妆,尽量给她们多一点,不能让她们在那里吃亏。孩子在结婚的时候要给他们盖新的房子,所以他们结完婚的时候我们就主动提出分家,不过盖房子的时候能帮衬着一点是一点,结婚后,孩子们的财产就由他们自己来决定,我们也不管。

2.母亲与婚嫁后子女关系

儿子和闺女们结婚的第二年,我们就主动提出分家,他们结婚的时候和我们结婚就不一样,就比如说我结婚的时候要给婆婆端茶送水,他们就不用,和我们是完全不一样。我记得我们那个时候结婚后第二天就要给婆婆端茶送水,婆婆就坐在炕头上等着我给他们端茶送水,现在不一样,儿媳妇都很厉害,也能和我顶嘴,家里的钱也大多都是儿媳妇管着。我记得当时和大儿子分家的时候,我的闺女还没有出嫁,她就不能够参与财产的分配,到她结婚的时候就给她多一点儿嫁妆。我的闺女也是自由恋爱,二十几岁才定的亲,不像我那个时候很早就定了亲,现在就算是我不同意,也挡不了他们结婚,不过现在他们很幸福,虽然我挡不了他们结婚,不过他们还是要征求我的意见,我觉得这样就可以。除此之外,孙子、孙女也是由我来带,也给他们能够减轻点儿负担。现在赡养父母也不一样,以前都是由儿子来赡养,现在则是由儿子女儿轮着来,每个人能照顾差不多一两个月,我一般没事的话,都是去儿子家住,很少去女儿家住。

现在也还存在上门女婿,上门女婿就是家里没有儿子,女婿就相当于自己的亲儿子来负责他们的养老送终,所以他们也能够参加家里的财产分配,地位也相对高一些。

三、妇女与宗教、神灵

因为我们村里大多数人都是迁移过来的,以前没有什么信宗教的人,现在都是一些女的信宗教比较多,不过我不信宗教,我也不会劝我的丈夫去信宗教,我也不知道他们为什么会信宗教。有神灵的话,人都会去拜观音菩萨,来求生子或者是祈求全家平平安安,主要还是女的拜得比较多,我认为是一种精神寄托。在求雨的时候,就是戴上草帽子,身上系着绳子,在院里跳跳,最后跪在那里拜上几拜,祈求老天爷下雨,参与的人不分男女,都可以,没有什么苛刻的要求,也没有什么限制。但如果有人被吓着,都是女的去请神仙,来给他叫一叫。我们这里也没有拜灶王爷、土地公的。

四、妇女与村庄、市场

(一)妇女与村庄

1.妇女与村庄公共活动

在我没有出嫁之前,不能随便出门,所以我也没有参加村里的一些活动,像修路、修大坝什么的也不让女的参加,当时村里的村长,说话算数的人我也不知道是谁,对村里的事情我也不关心,1949年之后就好很多,我也能参加村里的一些活动,也能和大家在一起玩耍,村里召集的会议我也能参加,也能投票选举代表。我记得最深的一件事就是参加代表选举,当时就是自己愿意选谁就选谁，只要是性格好的就可以选。还有就是村里的建设资金与劳动摊派，妇女也是要接受的。

2.妇女与村庄社会关系

我在村里的关系比较简单，和小伙伴们在一起玩耍，小伙伴们大多都是女孩，男孩儿很少，因为当时是不允许女孩随便和男孩在一起玩耍，就算是一个村的也不行。我结婚之后就好很多，可以和邻里之间说说话，聊聊天，就是邻居需要盖房子，需要帮忙的时候我也可以去帮忙，女的帮女的干活，男的帮男的干活，分工明确。夏天晚上也可以出来乘凉了，和邻居们聊聊天，说一说好玩的事情，也能出村庄，去外村玩耍，活动的范围更大。

（二）妇女与市场

我在出嫁前去赶过集，主要在集上买做衣服的针线和织布的棉花，从1949年到改革开放，在街上就主要买一些布来做衣服、做鞋，当时集上还没有卖鞋的，鞋都是自己做，记得我织布织了好多年，在1958年之后才用上了织布机。家里就一台织布机来供应全家人使用，当时村里人也可以进行物物交换，比如说你有一个鸡蛋，我有一个鸭蛋，而我们正好都需要对方的东西，就可以互相交换。在割资本主义尾巴的时候，我好几周才去一次供销社，买上需要的针、线、布，还有吃饭的盐，当时都是用粮票。

五、农村妇女与国家

（一）认识国家、政党与政府

1.国家认知

关于国家这个概念我还是听我的父母和我说，还是在一九五几年的时候才和我说的，在那之前我根本不知道国家是一个什么东西，也不知道它是什么意思，他们和我说了一下，我才知道国家。国家就是一个大的家，有国才有家。在1949年之前国家没有宣传过男女平等，也没有促进男女平等的措施，1949年之前国家也没有建设过小学，村里的小学都是村民筹钱自己建的，现在国家的政策好，建立了一些学校和医院，从我记事的时候起，就来了国家医生。

我算是比较幸运的人，我没有被裹脚，因为当时国家政策宣传裹脚就是残废，所以村里就都不允许裹脚。我记得那个时候的钱比现在的钱值钱很多，还要给国家交税，也还要服劳役，不分男女都要去。

2.政党认知

1949年之前，我接受的教育都没有关于国民党和共产党的东西，不过我就是感觉国民党不好，共产党好。在1949年之后就有了关于共产党的宣传，我也知道有共产党。

3.夜校

我读了几年夜校，上过几次识字班，不过我们都是为了挣工分才去，那个字不好认，一般记不住，就是上课的时候记一遍，回家的时候再记一遍，然后再上课的时候就会检查，看你能记住几个字，这个是有工分，大家都是在闹着玩，没有几个人是认真记字。

4.政治参与

我们家有一个党员，其中一个儿子是因为当过兵才入党，我认为只有优秀的人才能够加入中国共产党。我也很赞同我的儿子加入中国共产党，我感到很高兴，脸上很有光。

5.干部接触与印象

关于与村干部的接触,印象我记得不是太清,就认识一个村长,别的官我也没有见过,也没有为我真正解决过问题,我也不是很关心这些当官的人。我感觉现在当官的不如以前当官的那么实在,就是不如以前当官的人认真做事,现在都人浮于事,都是为了自己的前途着想,不会主动关心一下百姓,过去的干部干得好,都为老百姓着想,现在都不一样。

6.对女干部、妇女组织的印象

在没有宣传男女平等之前,女的就不可能当上干部,男女平等之后,就有一些女的当上了干部,比如说妇联主任,还有一些个别村的村长是女人。我对妇女当干部既不支持也不反对,不过在她们当中的确有一些做得很好,但我还是觉得男的当干部比女的当干部比较好一些,因为男的比女的更有气势,更能够压阵,女的就不行。不过有一些事情还是和女的说比较方便,比较容易,比如说女人之间的事情,女人和女人之间就可以更好的交流,女人当干部既有好处也有坏处,所以女干部也是可以,如果我的儿媳妇要当干部的话,我不支持也不反对,当然我对女的当干部也不羡慕,也不嫉妒。

7.政治感受与政治评价

当时我认为国家搞计划生育是对的事情,因为当时我们国家的人很多,都吃不饱,我觉得人少了就可以吃得饱饭,就可以活下去。虽然我认为在农村推行计划生育没有困难,但是当时村里也有很多人为了躲计划生育跑到外面去,政府也是想了很多办法来对付这些跑了的人,比如说拆他们的房子,罚他们的钱,不过这些都不能阻挡他们生孩子的愿望,毕竟一个孩子比较孤单,只要他们不生,没有生下孩子来就不让他生,生下来就管不了。

1949年后的妇女更加自由了,虽然她们既要出去挣钱,又要照顾家里很辛苦,忙里忙外,但是她们自由,她们比我幸福很多,我觉得共产党做的最大的一件好事就是让男女平等。还有政府提倡的移风易俗,我也很支持,因为这样既简单又省时省力,还省钱,是一件很好的事情。

(二)对 1949 年以后妇女地位变化的认知

以前妇女都不能随便出门,更不用说男女平等,1949 年之后就好一些,男女也平等,一些女的都可以当上干部,像什么村长、妇联主任,这是我们以前想都不敢想的事情,现在可真的是妇女能顶半边天,妇女的地位是不断地提高。就比如说 1949 年以后妇女就能够自由婚姻、自由恋爱,在家庭里男女也平等,婆婆也不能随便打儿媳妇,而且如果受到了虐待,还可以请政府来帮忙。现在村里投票选举,女的也可以参与选举,也可以投票等,可以说是妇女得到了真正的权力。

(三)妇女与土地改革运动

1.妇女与土地改革运动

当时土地改革运动的时候,是要划成分,有富农、中农和贫农,当时我们家的成分被划成了贫农,土地改革运动工作队还进过我们家,不过当时具体是怎么宣传,具体的情景,比如给妇女分土地的政策,以及是怎样动员妇女参与土地改革运动等这些事情我都没记住。不过我记得村里有许多妇女,她们参与土地改革运动的积极性都很高,因为她们都是逃荒过来的,本来她们就没有土地,土地改革运动之后她们就有自己的土地,我想正是这个原因她们才积极参与。不过土地改革运动之后,你嫁过去之后土地还是不跟着你过去。土地证上也没有我的名字,所以说离婚之后我就没有土地。

2. 妇女组织和女干部与土地改革运动

土地改革运动的时候,我们也成立了妇女会,我也积极参与了组织,也可以自由发言,组织组织的活动我都积极的参与,不过当时的妇联主任我记不清是谁,我记得都是那些家里特别穷的人当。当时就是批斗地主,分地主的地、房子、财产,特别穷的人的积极性最高,当时有很多人都上台批斗地主,我因为胆小并没有上台去批斗地主,就是在台子远远地看着,我也就是图个热闹。当时有很多人都分到了地主家的东西,而我没有分到,因为那个时候我也用不着。还有就是那些当干部的女人,她们也都是逃荒过来的,土地改革运动时也是冒尖的人物,虽然她们当上了官,但是村里和家里的人还是能够管住她们的,我和她们接触的时候发现她们的性格很好,不是很泼辣的那一种,脾气也很好,也受到人们的拥护和支持。

(四)互助组、初级社、高级社时的妇女

我记得当时人们都很积极地参与互助组、合作社,我也非常愿意和大家在一起下地干活。当时组里和队里动员村里的妇女参加合作社,大家参与的积极性都非常高,都主动参与,家里的土地都集中在一起入了合作社,都没有自己的土地,大家都是按照一定的时间去干活,以前不用下地干活的妇女现在也要下地一起跟着干活。那个时候都是动员妇女们要积极干活,不是每一个人都愿意干活,不想干活的人就扣她们的工分,扣她们的口粮,这样她们就会去干活。

当时,干活的时候男女要进行分工,男的和男的在一起干活,女的和女的在一起干活,男的和女的干的活都差不多,像是拔苗、摘棉花,这些比较轻快的活男女都可以干,而那些比较重的体力活都是男的主要负责。我印象最深的事,就是能够吃饱饭,总之我就是高兴。当时对孕妇也有很多特别的照顾,你可能想不到,特别的照顾就是不用干活了,不用下水干活,因为不干活工分自然就没有了,只能吃自己的口粮了。如果家里有小孩,孩子还是特别小的话,晚上就不用上工,不过白天还是需要干活。妇女到七十多岁就可以不用下地干活。

当时,我们的工分都差不多,有时候我一天能挣八工分,有时候一天能挣十工分,我每次都去,一年几乎每天都去。那个时候我也没有当过干部,不过那个时候合作社里有女干部,就是领着大家一起干。女队长、女组长啥的都是大家投票选的,她们的性格很好,脾气也很好,大家都选那些性格好、脾气也好的人当干部、当组长、当队长,这样大家在一起干活也轻松。当时的粮食是按工分分一部分,按人口分一部分,大家基本上都能吃饱,干活的积极性也比较高。

互助组开会都是共产党领导,妇女不能参加更谈不上在会上发言,都是我丈夫去参加。我都是在家里照顾小孩子,开会的什么活动就是他去参加,我去是不可以的事情。

(五)妇女与人民公社、"四清""文化大革命"

1. 妇女与劳动、分配

那个时候的劳动和分配就非常的明确,像修大坝、修水利、挖沟这些力气活都是男人们去做,像育种、耙地、操作机器、电工等,这些技术性含量高的东西也都是男人去做,而像棉花种植、采摘这些轻松的活都是女人去做,生产队的副业像养猪、养羊、养牛也主要由我们这些妇女来做,同时生产队里队长、组长也大多是男。

在刚刚搞人民公社的时候,我才十七岁,记得当时人们去干活的时候都不需要动员,都主动去参与,有工夫的话都是抢着占工分,那个时候的大炼钢铁,女的也要参与,当时也不知道是什么回事,干活的时候也不觉得苦,也不觉得累,既要照顾孩子,也要去干活,有时间就去干活,没时间就在家里照顾孩子,我一般是上午干完活回来就看一下孩子,就是这样做到兼顾家里和家外。

2.集体化时期劳动的性别关照

如果当时生孩子的话可以有一个月的假,那一个月不会喊你上工,也不会给你记工分,你到了预产期的时候也不用下水去干活,不用干活就是对你的性别的关照。就是说男女干的活是一样,那么给的工分也就一样多,给你一定的任务,只要你能够完成就可以,只要做得不差就行,你提前做完了就可以去忙别的事情,如果人家看着你不顺眼,觉得你做得不行,就会带生产队去检查,好的话就加分,不好的话就减工分。

3.生活体验与情感

大食堂刚开始的时候,粮食都是大家贡献,家里有粮食的人,就不愿意吃食堂里的饭,但是规定你就得吃食堂里的饭,不吃也得吃,到了后来家里都没有粮食,在大食堂里就只能吃菜面子、糠面子。在食堂里做饭都是村里固定的那五六个人,在这一年里都是他们负责给我们做饭吃,做饭的既有男人也有女人,吃的饭都是分配着吃,都是一定的量。

大集体的时候也没有什么唱戏的集体活动,那个时候大家一起唱歌都非常的热闹,但就是吃不饱饭,我也不知道是什么原因,有人自杀,大多可能是因为过不下去,不过集体自杀的没有听说过,也没有见过,到了1978年之后自杀的人就变得少了,也不知道是什么原因。挨饿的时候,我们出去讨饭,去逃荒,也没有人敢偷生产队的粮食,如果被抓住了就会挨揍,当时我们也有人向上边提过意见,但是没有什么用,上面的领导又不听我们的话。

当时都在一起干活矛盾也是不可避免的事,不过都是一些小矛盾,互相迁就一下就过去了。

4.对女干部、妇女组织的印象

我记得我们村也没有铁姑娘队,当时我们村里也有一些女干部、女队长,她们都是思想比较先进的那些人,我也是很羡慕她们。我们村里也有妇联,她们也组织过一些活动,不过我都记不清,我只记得她们没有为我解决过什么问题。

5.“四清”与“文化大革命”

“四清”的时候,我记得像什么佛像、银元、首饰、书等很多旧东西都有一些被没收、被烧掉,好多人都是主动向上面贡献,也有一些人把东西藏起来。“文化大革命”的时候,回娘家不受影响,走亲戚也没有受到很大的影响,我身边的一些朋友也参加了新一轮的斗地主,以前地主家里过得很好,批斗完了就过得不好。当时“文化大革命”提出革命化的婚礼、葬礼,我记得当时并没有受到很大的影响,该怎么埋葬还是怎么埋葬。

(六)农村妇女与改革开放

改革开放,实行土地承包,我们家也分到了地。我自己感觉现在土地承包不如以前土地承包方便,不过毕竟有了自己的土地,人们比以前干活更加卖力,如果能再给我一次选择的机会,我会选择个人承包土地,而不会选择集体去劳动,如果平等地分到土地。我也参加过村委会的选举,我也选举过妇女干部,投票都是自己投,不过写选票的时候是有人给写。

现在的生育政策和以前的计划生育不一样,以前是因为人多吃不饱,所以实行计划生育,现在二胎放开,如果让我生的话,生一个男孩生一个女孩就可以,日子会过得更好。我不知道什么是网络,不过我现在和我的儿子、孙子联系都是用手机,不过我感觉老人中用手机的还是男性比较多,手机真是方便了我和儿子、孙子的联系,挺好的。

六、生命体验与感受

现在这个时代真是好,比我们那个时候好很多,我也没有很多感受,就是感觉现在虽然妇女既要照顾孩子,又要出门打工,养活家里,但是她们自由,比我们自由很多,还有就是感觉现在的社会进步,手机方便了和儿子、孙子的联系,手机真是个好东西。

HCL20170716WLX　王兰香

调研点:山东省东营市利津县陈庄镇薄家村

调研员:郝春亮

首次采访时间:2017 年 7 月 16 日

出生年份:1935 年

是否有干部经历:否

是否生育:是

受访者结婚的时间节点、生育子女的具体情况:1957 年结婚;1960 年生第一个孩子,共生育四个孩子,全部都是男孩。

现家庭人口:2

家庭主要经济来源:务农、子女赡养

受访者所在村庄基本情况:薄家村位于山东省东营市利津县境内,地形主要以平原为主,土地以盐碱地为主,所以种植玉米、小麦、棉花,和埝西村隔沟而望。村子以南北为主要走向,村委会位于村子的中间,村子里有两个商店,为全村的人提供基本的服务。现在大多数地已经被包出去了,村民外出打工或者是自己创业,年轻人已经不在村里居住了。

薄家村是由于黄河淤积而形成的,主要以迁移的居民为主,村里的姓氏多种多样,各种姓氏的人数基本都差不多,村里还有一所薄家小学,为周围几个村庄的孩子提供教育。

受访者基本情况及个人经历:老人生于 1935 年,她和老伴并不是一个村儿的,而是经过别人介绍才来到这个村子和老伴结的婚。二十一岁和老伴儿定了亲,二十二岁结婚。二十五岁生了第一个男孩,后来又连续生了三个男孩,现都已成家立业。老人对她的婚事非常满意,他们老俩口生活在一起,其乐融融。

老人将自己一生的心血都倾注在了自己的一群孩子身上,很努力的干活,尽量让孩子们都上了学,他们有两个儿子都考上了大学,都已经工作结婚了,他们对此感到非常的自豪。她年轻时候曾经干过生产队的队长,带着大家一起下地干活,村里有什么活动她都积极地参加。

一、娘家人·关系

(一)基本情况

我叫王兰香,1935年出生。我的名字是我在上学的时候,老师给我起的名字,也没有什么特别的含义,就是随便起。我兄弟的名字都是我哥哥给起,是按照王家的家谱上的辈分来起的。家里就我一个女孩,我有一个哥哥,一个弟弟,都是亲生的,没有被抱养的人。当时我们家里的地很少,一共就一亩多地,土地改革运动的时候被划成了贫农,我是二十一岁和这边定的亲,二十二岁就嫁过来了,当时我嫁过来的时候这边都没有地了,都入了农业社,家里的地都是国家统一在种,丈夫家里有三个兄弟,四个妹妹,一共七个人,也都是亲生的,没有被抱养的。我一共生了四个孩子,我在二十五岁的时候生了第一个孩子,是一个男孩,后来又生了三个,也都是男孩。

(二)女儿与父母关系

1.出嫁前女儿与父母关系

(1)家长与当家

那个时候我的家里很穷,也没什么东西可以来当家,不过在一般情况下,都是我娘当家,她说了算。我们那个时候没有对内、对外当家分得这么细致,如果不是特别重要的事情,一般都是我娘说了算,遇到特别重要的事情,也是要召开家庭会议来讨论决定。我们那个时候一般都是男性当家做主,女性当家的很少。

(2)受教育情况

在我还没有嫁过来的时候,在我娘家驾屋村,我比较幸运,我们那个村里上学的女孩儿也算是比较多,我也是在我们村里上的学,上到了五年级,然后就退学照顾我的弟弟,哥哥和弟弟也都上过学,当时我们村里也是不支持女孩儿上学,而是都支持男孩儿上学,他们都认为女孩上学是没有用处的,我之所以能够上学,是因为当时我比他(弟弟)大,比他大十岁,在他还没出生的时候,我还可以上学,等到他出生了我也就不上学了。1949年之后就好很多,这个时候女孩上学的也就增多,女孩和男孩一样都可以上学。

(3)家庭待遇及分工

在我们家,一家人都是一样的同餐同食,除了我读书读得有点儿少之外,其他的待遇基本都一样。由于在我们家就我一个女孩子,所以相比较其他人,我还是比较受宠。比如说,那个时候添饭是先给我添,好吃的东西,也是先让我吃。要添衣服的时候,也是先给女孩儿添新衣服,因为女孩穿上新衣服,花花绿绿的好看。吃饭的时候我们都在一起吃饭,女孩儿也可以上桌吃饭,没有什么特别的讲究,在吃饭坐座位的时候,是我的爸爸坐正面,然后我们就坐侧面,吃饭的顺序没有什么特别的讲究,那个时候是谁愿意吃,谁就可以先吃。因为当时我们家里很穷,都没有钱,所以过年的时候,男孩儿和女孩儿的压岁钱一样,都没有。

关于家庭的分工,有钱的人家和没有钱的人家差别也很大。有钱的人家,他们基本都是自己不干活,他们花钱雇人替他们干活,而我们家里很穷,没有钱,雇不起人给我们干活,所以也只能我们自己干。记得当时就是我不干活,主要是哥哥和我爸爸干活,哥哥和爸爸负责外面的活,他们去上坡里干活,因为我娘的脚是小脚,不能去上坡干活,所以就负责在家里做针线、看孩子、做饭。当时的女孩就是在家里做针线、纺线、织布,我也会纺线织布,我是跟着我娘学会的,我大概十五六岁的时候就学会了纺线织布,那个时候要用的棉花一般都是自己种、织出来的布、做出来的衣服都是自己穿、自己用。

（4）对外交往

过年的时候,我记得都是允许男孩儿跟着出去拜年,而女孩是不允许出去拜年的,我的爸爸和妈妈也不用出去拜年,而是待在家里等着别的小辈儿的人们来给他们拜年。如果说是家里要请客人吃饭,上桌的话,是没有什么特别的讲究,男孩子和女孩子都可以上桌,当时也是很重视女孩,所以说是都可以上桌。如果要出门,别人家里要请我们家里的人吃饭,一般都是我爸爸去,代表着我们全家人。如果说是要走亲戚,家里有事情,在这种情况下,我娘就可以出去。那个时候,有的情况下女孩儿也是可以代表全家人去外面吃饭,不过那个时候村里的人都还是认为男孩儿代表家里人去吃饭比较好。如果家里没有饭吃,要出去讨饭,一般也都是男孩儿出去讨饭,在我们家里,就是我哥哥、我爸爸和我妈妈出去讨饭,讨饭的时候就是他们三个一起出去讨饭,因为我的弟弟年龄小,所以他不用出去讨饭,我就留在家里来照顾弟弟。

（5）女孩禁忌

我记得,我们那个时候女孩子没有太多的禁忌。很早的时候的女孩儿和现在的女孩儿是不一样,以前,我娘的那个时候是要缠脚,缠了脚之后就不能下地干活,只能待在家里干活,而我那个时候就不用缠脚,我也没有裹脚,我也能干活。在我们那个时候,我也是可以出门,也可以和同一个村里的小男孩在一起玩耍。洗衣服的时候也可以放在一起洗,那个时候洗衣服都是我娘洗,不用我洗,我哥哥和我弟的衣服和我的衣服都是放在一起洗,也都是放在一起晒,没有说是衣服分开洗,衣服分开来晒,没有区别对待。

2.女儿的定亲、婚嫁

我那个时候结婚,都是父母包办婚姻。那个时候,我都没和你的爷爷见过面,都是双方的父母说了算,我当时记得,是你的爷爷家里找媒人来说,媒人正好是你爷爷家里的嫂子,也是你爷爷的干妹妹,我记得就是媒人一直说那边人家的好,具体说的是什么我记不清楚,反正就是说,你爷爷和他们家里的人都很好,婆婆人很好,家里人口很多,很团结。我是在 1960 年定的亲①,当时定亲的时候比现在简单得多,就给了我三十块钱和两块布,原来我们两家是没有亲戚,我们都不在一个村子里,都是媒人来说,也因为媒人和我丈夫家有亲戚,所以也就没有给她钱,当时我的父母也非常同意这门婚事,所以当场就答应了。我记得当时我躲在屋里偷偷地看见了他,他也看见了我,就是两个人并没有相互说话,我觉得当时挺好,也算是比较满意。

他们那些定娃娃亲的就和我这种定亲就有一些不一样,在定亲时候,他们是要粮食,而且所有的事情都是双方的父母出面来办,因为当时的孩子都很小,什么也不懂,也不会征求孩子的意见,就给她做主,她不能够改变一些东西,只能到时候就到男方那边去。而我相比来说,在那个时候,就已经算是比较幸运的人。首先,我们两个人是见过面,虽然是偷偷地见面。其次,我的父母也问过我,也征求过我的意见。最后,我自己也感觉比较满意。只要两方都定了亲的话,一般是不能反悔,如果女方定了亲之后,死了就会埋在男方这一边,所以说只要他们定了亲,一般这个女的就已经属于男方这一边儿的人。如果说出现了特殊情况,比如说这

个女的已经和一个男的定了亲,她如果想再和另一个男的定亲的话,这个女的就必须和他家里的人商量商量,如果说这个女的实在是不想跟这个男的话,这个男的也是没有办法,只能是再另外找一个人。

一般情况下,男方和女方在结婚之前是不能见面的,只能等到结婚的时候两个人才能见面,在这之前都是双方的父母互相见面,互相商量结婚的事情。我们在结婚的时候也没有什么特别的仪式,就是简简单单,把人送来就行,我记得我嫁过来的时候,是我的哥哥把我送来的。因为当时我们家里穷,结婚的时候也没有摆宴席,就是和平常一样,简简单单地在家里吃一顿饭就行。我结婚的时候嫁妆也没有什么东西,家里穷,就是简简单单的一铺一盖,而人家有钱人的人家,孩子出嫁都是桌子、椅子什么的都有,比我们的嫁妆好很多。

3.出嫁女儿与父母关系

我结完婚的第二天就可以回娘家,也就是回门,这时候姑娘再也没有什么太多的忌讳,比如说过年的时候,吃年夜饭,也可以回娘家吃。过年上坟的时候,我就不能去上坟。我一般都是在我娘和我爹过生日的时候回娘家,和我丈夫一起回娘家,带着鸡鸭鱼肉这些好吃的回娘家,在娘家我和丈夫也可以住在一起,没有什么说不可以住在一起。虽然嫁过来之后,娘家里的事情我就不能再管,但是当娘家里的人遇到了困难,我还是要帮忙的。如果在你帮忙的时候,还没有和你的婆婆分家,那婆婆肯定是不愿意,只要你和她分家,她自然也就管不着你,你也就可以更好地帮你娘家里的忙。当然,如果我在这边儿有什么事情,遇到了什么困难,娘家里的人也会帮我的忙,帮我渡过难关。

如果我和我的丈夫闹矛盾的话,是不能自己跑回娘家里去,那里的人也是不愿意,也是不欢迎。两个人发生了矛盾,也就是打打仗,吵吵嘴,只要两个人有一人主动认错,这个事情也就算是过去了。很少会有人因为两个人之间的矛盾离婚,因为离婚在当时是很少见的事情,同时双方父母也不愿意两个人离婚,如果说闹得比较厉害的话,也都是双方的父母来说和说和,这个事情也就是了结了。闺女嫁出去后,就不能参与分割娘家里的财产,那都是儿子的东西。结婚之后娘家里的父母,女儿也是要赡养,在 1949 年之前主要还是儿子来赡养父母,在1949 年之后女儿承担赡养父母的责任就更多,原来都是儿子来赡养父母,现在都变成了儿子和女儿。轮流着来赡养父母,比如说一个人来照看一个月,或者是更多。

(三)出嫁的姑娘与兄弟姐妹的关系

我嫁过来之后,和我娘家里的兄弟姐妹的关系还是很好,我每次回娘家都是带着礼物回娘家,如果你空着手回娘家,村里的人会笑话你,自己也会感觉不得劲,所以说回娘家,一般都不会空着手去。我回娘家的时候,娘家的哥哥、嫂子也是比较欢迎我回娘家,也会给我做饭吃,娘家家里有什么重要的事情要开会讨论我也会参与,我也会提一点意见,在那个时候,我说的话也算数。我说我在家里遇到困难,需要钱,都是先跟我的兄弟们借钱,因为我感觉娘家里的兄弟比娘家里的姐妹们更加实诚。

因为我没有姐妹,只有哥哥和弟弟,所以回娘家的时候,我一般都是住在兄弟家里,住上两三天,兄弟媳妇儿也算是脾气好,也不会说什么闲话,也没有什么意见,当然,我回娘家的次数也是比较少,我也就是一年回去一两次,一般就是大年初几的时候回娘家。如果说我的兄弟媳妇儿和我的爸爸妈妈闹矛盾,我一般都会向着兄弟媳妇,给兄弟媳妇儿说理,不会给我的爸爸妈妈争理,同样的,如果我的兄弟媳妇儿和我兄弟闹矛盾,我也会教训我的兄弟,一般会说我的兄弟,而不会说我的兄弟媳妇,如果的确是我的兄弟媳妇儿做错的话,我会教训兄弟媳妇儿,让她明白道理,调解好两个人之间的关系,缓和他们之间的矛盾,避免他们真的发生离婚这种情况。如果说我的兄弟和兄弟媳妇儿不赡养父母,没有做好他们应该做的事情,我就会教训他们,好好地说他们一顿。而我和我丈夫相处得很好,没有发生过很大的矛盾。

二、婆家人·关系

(一)媳妇与公婆

1.婆家婚娶习俗

我是二十一岁和我的丈夫定的亲,二十二岁我们就结婚。婆婆家的婚娶习俗和我们娘家的婚娶习俗差不多,没有很大的区别,当时也是我丈夫家托媒人来说的亲,碰巧的是那个媒人正好是我丈夫家的嫂子,在定亲的时候我还偷偷地见了我丈夫,在那个时候一般是不能和丈夫见面,只有结婚的时候才能和丈夫见面。

婆家这个村里也有换亲的习俗,就是需要换亲的两家人,他们每个家庭里都有一个儿子和一个女儿,他们的儿子正好也都娶不到媳妇,然后两家就互相换一下,他儿子娶对家的女儿做媳妇儿,同样他的女儿要嫁给他的儿子,这个时候双方就不用互相送礼,他们双方也就互相扯平。关于上门女婿,我婆婆家的村里也有,就是女方所在的家里只有女儿没有儿子,那么就可以招上门女婿,女婿上门的话,女方要给男方彩礼,上门女婿就相当于来了女方这边当儿子,所以一般儿子承担的义务他都要履行,尽管是这样,但是在他们村里还是女儿的地位比上门女婿的地位要高,而且上门女婿也不能够分家,要和老人们住在一起,照顾老人们。

2.分家前媳妇与公婆关系

我嫁过来的时候,在家里是公公婆婆当家作主,他们说了算,但是当家里遇到一些重要的事情的话,也会开会讨论讨论,商量商量,这个时候我也可以参加,也可以发言,提一点意见,如果说我和公公婆婆的意见不一致的时候,最严重的时候就是相互吵架,没有其他的解决方法就是吵架。我嫁到婆家这边之后,主要就是上坡、种地等干一些农活。我嫁过来之后要给我的公公婆婆端茶倒水,但也不是说每天都要这样做,公公婆婆的洗脸水和洗脚水都是他们自己打,不用我去给他们打。在婆婆家里规矩也不是很严格,只要婆婆坐着,我们就可以坐,不用说非得婆婆让坐我们才能坐,而是说我们就可以随便坐。对于给公公婆婆铺床,我也不用给他们铺,都是他们自己铺。吃饭的话,我们也是在一起吃,上一个桌子在一起吃饭。到后来我们就分家了,也就不在一起吃,自己做自己的饭,自己吃自己的饭。

3.分家后媳妇与公婆关系

(1)公婆关系

分家之后,我和公公婆婆的矛盾显然变得很少,也不在一起吃饭,都是自己做自己的饭,自己吃自己的饭。我是1960年结的婚,在1964年就分了家,就是说在结婚后的第四年我们才分的家,在还没有分家的时候,我和我的公公婆婆吵架,都是我丈夫来调解,丈夫来说和说和,一般情况下都是向着我说话,而当我的老公和他的爸爸妈妈吵架的话,我就负责来调解他们之间的关系,在这种情况下都是向着婆婆公公说,给婆婆公公争点理儿,而去教训我的丈夫,最后把他们之间的关系调解好,我们分家之后之间的矛盾都得到了缓解,关系也变得越来越好,没有以前那么紧张,我能更加方便地做我自己想做的事情,不用受到更多的约束和管教。以前没分家的时候,我出门还要和公公婆婆商量,怪麻烦的,现在好很多,我愿意什么时候出门就可以什么时候出门,也不用再和他们说。而且现在家里一般事情都是我做主,我说了算。

(2)分家

我们在一起住了好几年,到了结婚后的第四年我们就分开各自住,也就不在一起住,那个时候的分家都是老人家自己提出来。当然,我在心底里也是很希望能分家,因为那个时候谁都想分家,想自己做主,而且他们那个时候家里人很多,有十三口人,在一起也不好办事情,所以自然而然就到了分家的地步。分家的时候都是家里的老人来主持分家,不需要外人来掺和这件事,这都是我们自己家里的事情,那个时候家里穷,也没有什么东西可以分,那时候根本就没有钱,所以就只分了一点粮食,把粮食分了分,除了分到了一些粮食,其他的东西我啥也没有分到,如果说分家的时候,家里正好很有钱,就像那些有钱人家的分家,就会把钱多分一点给儿子,少分一点给女儿,因为还要给女儿准备嫁妆,同时儿子都照顾不过来,更没有时间去照顾女儿。

(3)交往

分家之前出门都要和公公婆婆说,出门很不方便,也很少出门,分家之后就好很多,我就可以比较容易地出门,而且出门完全按照自己的意愿,想什么时候出门就可以什么时候出门,不过也要和丈夫说一声才能够出门,这样可以不让丈夫担心,比如说邻居家里请客吃饭,娘家里有事情,我也要出门回娘家。

(二)妇与夫

1.家庭生活中的夫妇关系

(1)夫妇关系

因为在定亲的时候,我曾经偷偷地看见过我的丈夫,同时他们家里情况也不是很坏,所以我对这门亲事也是比较满意,我们夫妻之间的关系相处得非常好。在我们结婚后,我们都是互相直接称呼对方的名字。在家里的事情也都是我说了算,像出门借粮食、借钱、还钱,也都是我出面去做,如果要盖房子也是我说了算,那时候盖房子都不需要登记,现在盖房子都要登记。现在我们年纪都很大,都不种地,如果那个时候,家里想要买地、种地的话也是我说了算,如果我想花钱的话,我也可以花钱,也不用和丈夫说,同时家里的花费支出也都是我说了算,所以说在家里一般事情都是我来做主。

一般像在外面开会、出面,就是老伴儿出面。同时外出打工也是老伴出去,我待在家里做饭、缝衣服、照顾孩子,如果说我丈夫想要出去打工,也要和我商量商量,都同意了才能出去。在我们家里,我排行老大,然后老公是第二,大儿子是第三,二儿子是第四,三儿子是第五。在我们家里孩子很重要,如果家里的饭不够吃,我都是先给孩子们吃,让他们先吃饱,如果说家里人都生病,都是先给孩子看病,而出去讨饭的时候都是我出去讨饭,让孩子们在家里待着。像我们那个时候都要给丈夫打洗脸水,女人要伺候丈夫,现在好了一些,现在男女平等,都是自己的事情自己干,现在也变得更轻松,不像以前那么辛苦。

(2)娶妾与离婚、婚外情

娶妾我听说过,不过这种情况很少见,一般是只有大户人家,有钱的人家才会娶妾,离婚那就比较困难,同时也很少会发生离婚,因为只有不到万不得已的时候才会离婚,你要离婚的话,还要和自己的父母商量,特别是女的离婚,如果女的要离了婚的话,家里的人都不是很欢迎自己回来,父母都是劝和,不希望他们离婚。婚外情的话,我们村里很少听说有婚外情的,这几乎是不可能发生的事情。

2.家庭对外交往关系

那个时候家里的人情往来和出去吃饭、出面都是男的说了算,如果说邻居家请客吃饭,我也可以跟着一起去吃饭。如果说丈夫在外面赌钱欠下了债,则我们要一起承担这个债务,要一起挣钱还债。

(三)母亲与子女的关系

1.生育子女

(1)生育习俗

我一共生了四个孩子,全都是男孩儿,在1962年生的大儿子,也就是我生的第一个孩子,那个时候生了孩子也是要往娘家里报喜,也是因为当时我们家里都很穷,所以就没有摆桌子,请客吃饭,同时那个时候也是连饭都吃不饱,根本就没有工夫去请客吃饭,现在生活也好很多,社会也好,人们生活水平都提高了,都能够吃饱饭,在小孩满周岁的时候都会给孩子过生日,而在我们那个时候饭都吃不上,所以孩子满周岁的时候就不给他过生日,也不用上坟去和老人们、已经死去的人们说一声,同时更没有钱去摆宴席,只是和娘家里的人、亲戚们说一声就行,让他们知道有小孩了就好。

(2)生育观念

当时人们还是很喜欢男孩子,如果说你只生了女孩,没有生男孩的话,那么你在这个家的地位就会明显地降低,公公婆婆也不会给你好脸色看,如果实在是没有办法,他们就会去抱一个孩子,也就是说去买一个小男孩回来养着,像我们这里有家人,他就只生了三个女孩,没有男孩,所以他就去云南买了一个男孩回来养着。当然,也有很多家庭并不在乎是男孩还是女孩,不过这还是很少数的情况,我算是很幸运的人,我生了四个,全是男孩,所以我在家里的地位很高,家里的事情都是我说了算,现在我就特别喜欢有个孙女儿,对孙女特别的喜欢,因为我自己没有女儿,只有儿子,所以我就很喜欢孙女。现在好很多,生男生女都一样好。

(3)子女教育

我一共生了四个孩子,他们都上过学,其中还有两个儿子考上了大学,大儿子现在在法院工作。我们家里的人都是希望孩子们能上学,那时候因为家里穷,所以我只上了五年的学就退学了,现在家里有点钱,所以是希望孩子们都能上学的,你看看我们家里,基本上孩子都上学,今年还有两个考上了大学,在东北那一个,今年就是让他小姑和小叔去利津县给他报的志愿。我的孩子,那个时候他的爸爸去部队当了兵,所以孩子们的教育都是我来负责,我们家都是竭尽全力让他们都上了学,你看现在他们都有了出息,都有工作,都结婚了,都在外面买上楼,我们也是很高兴。

(4)对子女权力(财产、婚姻)

我们的儿子结婚之前的钱都是我拿着,结婚之后的钱就是他们自己拿着,因为结婚之后他们就自己挣钱花,在他们结婚之后,我也允许他们有自己的私房钱。我的孩子结婚的时候和我那个时候就不一样,我们那个时候都是父母包办婚姻,媒人说媒,他们结婚的时候都是自由恋爱,自己说了算,我们当父母都挡不住,顶多也就是提提意见,当时我们大儿子定亲的时候,是儿媳妇那边儿派人说媒,然后我们两家就定了亲,我们家里人都很满意这桩婚事,而且当时结婚的时候比现在简单得多,也没有花很多钱,也就花了万数块钱,在外面都是自己买楼,我们没有给他盖房子,在家里的那一个儿子,他的房子也是自己盖的。

2. 母亲与婚嫁后子女关系

儿子们结婚之后,就是在外面的那几个儿子,现在都在外面住,都没有和我们在一起,这也不算是分家,自己做自己的,自己做饭自己吃,没有出去的那一个儿子也基本上是自己做饭吃,不和我们住在一起,他们在我们原先的那个房子的地方盖了新房子,他们自己住着,有时候农忙的时候也和我们在一起吃饭,不过这是极少数的情况。我的大儿子结婚都三十多年了,他的儿子都二十七岁了,我的儿媳妇儿们都很听话,也没做错过什么事情,所以我也没有教训过她们,也没有和她们发生过矛盾。我儿子结婚的时候,儿媳妇也要给我端茶倒水,不过像那些倒洗脚水、铺床的活动都没有,而且现在一般女的都比男的地位要高,在家里一般都是女人当家作主,男的都要伺候女人,就像我们家的大儿子,在家里都是大儿子做饭,儿媳妇下班之后,就在那坐着等着吃饭,什么也不用做。假如说现在要是想要分家的话,习俗还是没有改变,也都是家里的老人说了算,就是说现在结婚的更加麻烦,现在结婚要的钱更多,而且有很多人都说不上媳妇。

三、妇女与宗教、神灵

1. 灶王爷的祭拜

灶王爷的祭拜一般都是妇女祭拜的相对较多,把灶王爷的头像贴在房子里面,一般是北面的墙上面,一般是过年前后的时候给祭拜一下,在头像上面摆上一些好吃的好喝的东西,算是给灶王爷的礼物,祈求来年丰收。

2. 求雨

求雨的话,一般都是法师来求雨,一般是男的还是女的当法师,我不是非常的清楚,因为好像在我们村里没有法师,都是在北边才有求雨的法师,我们这个村里并没有,以前有没有我记不清楚。

3. 其他神灵

我们这里也有拜土地公爷爷,一般男的女的都可以去跪拜,对性别并没有严格的要求,观音菩萨也是男女都可以祭拜的,不过相对来说女的要比男的多。菩萨主要掌管着保卫,保护全家人平平安安,没病没灾,像这种祈求平安,以及祭拜相关婚姻、生育、出行、预测的神灵,大多数都是女的去祭拜,男的很少去祭拜。

4. 宗教

我们这个地方原来并没有信宗教的人,现在才慢慢地有许多信仰宗教的人,主要是信奉耶稣,在我们这个村里相对来说比较少,邻村里,像集贤村、郭屋村,有比较多的信奉耶稣的人。他们虽然信耶稣,但不干坏事,而是做一些好事情,他们主要是出自兴趣爱好,所以才会信耶稣,我自己是这样认为的。他们主要是宣传主会保佑他们平平安安,不生病不生灾,死后可以上天堂,而不信奉耶稣的就会下地狱。他们家里去世了老人,他们不会哭,他们也不会去上坟。我和你爷爷都不信耶稣,我们家里人都没有信耶稣,这些信耶稣的主要以女性为主,男的相对来说比较少,但也有,如果说你爷爷要是信的话,我想我不会支持他。

四、妇女与村庄、市场

(一)妇女与村庄

1.妇女与村庄公共活动

在没有嫁过来之前,我不参加我们村里的公共活动,不过像唱歌、跳舞我就会参加,那个时候村里面唱戏,我还上台唱过戏,在我娘家的村里我还参加过村里召开的会议,也发过言,嫁过来之后我就没有参加这个村儿召开的会议。那个时候开会都是村长和民兵连长来召集开会,也会动员妇女参加会议,会挨个门地动员她们参加。在1949年之前,村庄公共事务建设的资金与劳力摊派,女性也要接受摊派,没有男女之分。结婚的时候,一般都是男孩结婚会通知村里面的村长之类的当官的人,而女孩结婚就不用通知。

2.妇女与村庄社会关系

在我娘家里有许多女性小伙伴,我们在一起干活,在一起上学,一起看书,如果要是说我的小伙伴结婚,我也会回娘家参加她们的婚礼,在那个时候村里也会安排女性参加劳动,我记得我们在卫星连里干活,周围的好几个村子都在一起干活,有什么红白喜事,我也会主动去参与,去了的话也就是帮点忙,去充个人数。

(二)妇女与市场

嫁过来之前我也去市场赶集,我去也就是买点日常用品,买点吃的东西、穿的衣服、用的东西,嫁过来之后我就和你爷爷一起去赶集,有的时候我自己去赶集也会和你爷爷说一声才去,免得他担心。赶集的人里面卖东西的也有女人,一般也可以去外村赶集,不会在外面留宿。赶集的时候一般都没有赊账的人,也不会给你赊账。赶集的话一般是十多天我才去一次,供销社的时候去的次数就多,什么时候缺东西用了就什么时候去供销社。

五、农村妇女与国家

(一)认识国家、政党与政府

1.国家认知

国家很早就有,在我很小的时候就听说过,大概还是五六岁的时候就听说过国家,我认为国家就是共产党,因为有了共产党就有了国家。在1949年之前,国家也有学校,女孩们也能上学,也宣传过男女平等,在1949年之后就是中华人民共和国,那个时候我见过的钱很少,连一千元钱都没有见过,最多的只见过一百元钱。现在国家富裕,都可以给老人们钱花,在1949年之前,每一个人都要向国家纳税,男女都一样,妇女也要被抽去服劳役。

2.政党认知

在那个时候我也听说过共产党和国民党,国民党就是汉奸、土匪,还有许多名字,有些还是杂牌,那个时候,在我的身边有国民党员,也有共产党员,不过我认为国民党是坏的人,共产党是好的人。

3.夜校

我也读了几年夜校,和我的女性小伙伴一起上,当时来给我们上课的老师都是一些民办老师,当时是在识字班里面上,等着上午小学放了学,我们就去上学,主要就是去学认字,晚上我们也要上课学习和认字,当时我也没怎么认真学。

4.政治参与

我们家里也有党员,你爷爷就是党员,是因为当过兵才入党,我因为一些事情并没有入党,但是在我的心里觉得加入中国共产党的人要比普通人更加优秀,我也很支持我的孩子加入中国共产党。

5.干部接触与印象

在我们那个时候,也听说过孙中山、蒋介石,因为那个时候唱歌就可以唱到孙中山、蒋介石,在电视里我也听说,我们现在的国家主席是习近平。那时候老师给我们上课,也给我们讲国民党和共产党的知识,就是说国民党是坏的人,共产党是好的人。那个时候村里开会我也会参加,我记忆最深的一次就是参加村里选代表和选干部的大会,那个大会是共产党组织的,投票都是自己写,自己投,你想选谁就可以选谁。我还记得我当过我们娘家村里的生产队队长,我就是带着大家一起干活,也不算是干部,那个时候共产党的干部和老百姓走得很近,办得最好的一件事,我认为就是1949年之后,男女平等,男女平等之后,就没有童养媳,女人也不用再裹脚,就可以和男人一样随意出门,也不用说要征得谁的同意。

6.对女干部、妇女组织的印象

我们那个时候也有女性当干部,我第一次接触女性干部,是我在十五六岁的时候,我自己觉得女性和男性一样都可以当干部,都可以做得一样,而且女性比男性更加温柔,更加细心。当时我也当过生产队的队长,领着大家在一起干活,我认为女性当干部可以解决男性当干部解决不了的一些问题,也可以更好地解决一些问题,更容易地解决一些问题。我也希望和鼓励我的儿媳妇儿当干部,现在我的儿媳妇儿就有当干部的,我的大儿媳妇儿在消防办干会计,二儿媳妇在乡镇里坐办公室,她们都是女干部,她们现在干得也非常好,我觉得她们并没有比男性干部差到哪里去。

7.政治感受与政治评价

搞计划生育是因为国家贫困没有钱,人口很多,土地很少,根本就养不起这么多人。我们那个时候计划得比较晚,那个时候就有很多人,都已经生了很多,对已经生了的人,政府就没有办法,对没有生的就会不让她生,那个时候这种事情基本上都很多。

后来政府鼓励妇女要走出家门,参加社会劳动、社会生活,我觉得这个办法很好,虽然现在的儿媳妇儿满天下走,又要照顾家里又要参加工作,比当年我们只待在家里是辛苦了一点,但是她们幸福,更自由,她们生在了好的社会里。在改革开放的时候,政府提倡移风易俗,新事新办,废除旧的人情礼俗。我觉得政府这件事情做得很对,这样减少了很多不必要的过程,节省财力物力。政府也号召废除包办婚姻,自由恋爱,现在孩子们是多么的幸福,可以自由地选择对象,比我们那个时候幸福好多。在我们那个时候我比较幸运,没有被裹脚。政府提出的妇女政策是非常好的事情,自此以后男女地位平等,也不会出现童养媳这样的现象。

(二)对1949年以后妇女地位变化的认知

以前就听说过以后要男女平等,妇女能顶半边天,到了1949年之后终于实现了,1949年之后孩子们结婚都是自由恋爱,不再受父母的包办婚姻,其实在我们那个时候,父母已经不能完全说了算了,妇女的地位提高了,也不用再去伺候丈夫,两个人的地位一样高,在家里,两个人也可以互相直呼对方的名字。

(三)妇女与土地改革运动

1.妇女与土地改革运动

在土地改革运动的时候,我们家被划成了贫农的成分,我丈夫家也被划成了贫农,因家里很穷,也没有什么东西,也没有地,在土地改革运动的时候我才十五六岁,我记得当时还分了地主家的一头牛给我们家,当时土地改革运动的时候,土地改革运动工作队也到过我们家,当时把地主家的东西给分掉,给我们家分了一头牛和一点粮食,当时就是把富农和地主家的东西分给没有地的贫农和中农,使每一个人都有地种,有粮食吃,上台斗地主的时候,我还参加过批斗地主,而我就是非常高兴,终于分给了我们家一头牛,因为那个时候贫农家里什么也没有,还得给人家扛活。给地主家干体力活,斗地主和土地改革运动中最积极的就是政府了,政府带领着我们去批斗地主,分地主家的粮食和土地。如果那个时候女的要出嫁,那么她原来的土地是不能带着走,都是家里的人说了算,自己的地自己不能说了算。在土地证上不仅仅有男性的名字,也有一些女性的名字。

2.妇女组织和女干部与土地改革运动

土地改革运动的时候,也有一些女性干部和组织,当时那些当干部的女人都是贫下中农,家里都是很穷的那一种人才能当干部,她们参加斗地主和土地改革运动的时候特别的积极,我想是因为她们可以分到土地和粮食,同时这些女性干部也大多都是中国共产党员,所以家里的人也不去管她们,其实她们的脾气也很好,不会很泼辣,她们和家里的人相处得都非常的好。

(四)互助组、初级社、高级社时的妇女

我们那个时候也都入了社,进了互助组,是先有的互助组,后来进的合作社,那个时候进互助组都不需要动员,都是大家自愿去。那个时候每个人都需要干活,干活的时候就是村里的干部用大喇叭吆喝着,谁该干啥谁干啥,该拿锄的拿锄,该拿镰的拿镰,都去干活。进入合作社的时候,是村里开入社大会,每个人都要参加,每个人都要入合作社,一个人的地都没有,都进了合作社里,大家都在一起干活,合作社也是不用强制每个人去,每个人都是自愿去。我们这里是1955年入的社,那时候每个村里的队都集中在一起,有一个大的合作社,因为地都入了社,所以我们就不用在家里干活,我主要在家里哄孩子,在家里做饭,那时候男女都要去合作社里干活,男女干活没有分工,每个人都要去干。合作社里也有女社长、女组长、女队长之类的,也有一些村还规定了必须至少有一个女干部才可以。当时粮食分配是按工分和人口分,男女没有区别,给的一样多。我也很愿意和他们一起出去干活,和男人在一起干活我也比较习惯,没有什么不适。那个时候如果女性到了特殊的时期,像是怀孕的时候就可以请假,不用干活,女性到了六十多岁也不用下地干活,但是如果不干活就没有工分,得到的粮食也就少,只能得到按人口分配的粮食。

(五)妇女与人民公社、"四清""文化大革命"

1.妇女与劳动、分配

人民公社是比合作社更进步了一步,是更加高级的合作社,那个时候男女也没有分工,我记得当时进人民公社的时候我三十多岁,当年的公社就是相当于现在的乡镇。当时也没有说有什么活是女的不能干,只能是男人干,就是说能干啥,女的就去干啥,一般是都得干,一

般情况下农活和重体力活都是男的去干,女的都去干一些比较轻快的活,能干得动的活。如果说男的被调去修大坝、做工程、农田水利建设,大多数的农活,剩下的都得由妇女来承担。当时生产队的记工员和队长有男人、有女人,我还当过生产队的队长,带着大家一起干活,不过相对来说,公社的时候,干部里面男的还是比女的要多。大炼钢铁的时候把家里的铁锅、铁盆啥的都给砸掉,大家都来大炼钢铁,女的也要参加大炼钢铁,因为当时家里都没有锅,所以只能去吃食堂。那时男女的工分是不一样的,一般男的大多数是十分,女的顶多也能挣个七八分,我觉得虽然有一些不公平,但是总体上男的比女的干的活要多。

2. 集体化时期劳动的性别关照

在集体化时期,对妇女没有什么特别的关照,假如说女性怀孕,因为劳动生病,在"大跃进"的时候生病,政府也都是不会去管,都是你自己拿钱去看病,那个时候政府根本就不管你生不生病,好像跟他就没有一点关系。那个时候也没有专门来照顾小孩的托儿所,因为当时正好赶上困难时期,政府根本就没有心思来管这些事情。

3. 生活体验与情感

当时吃食堂的时候,就是一个村里一个大食堂,然后队里去食堂里领粮票,然后人们再拿着粮票去吃饭。那个时候男女老少分的饭都是一样多。那时大食堂里会专门找一些会做饭的去食堂里做饭,做饭的基本上都是女的,男的主要负责去记账。一开始的时候人们还愿意在食堂里吃饭,后来到了"三年困难时期"的时候,人们都没有饭吃,都开始挨饿,人们也不愿意在食堂里吃,但是你不吃也得吃,因为家里又没有做饭的工具,只能在食堂里吃。虽然我们不用在家里做饭,但是也没有时间闲下来,没有时间去休息,我们还得出去挖野菜吃,把挖回来的野菜交给大食堂,大食堂就会给我们做饭吃,挖得多,奖励就多。到最后遇到了"三年困难时期",死了好多人,大食堂也就办不下去了。当时死的大多数人都是迁移来的人,本地的人死得比较少,后来幸亏有国家调的粮食,不然的话死的人就更多,我们也是吃糠咽菜才活到了现在。

4. 对女干部、妇女组织的印象

我记得我当时当过生产队队长,也不算是什么干部,我主要负责的工作就是带着大家下地干活。当时我们这里也有妇联,也为我们解决过一些问题,其他的我就记不清楚了。

5. "四清"与"文化大革命"

"文化大革命"就是反对那些说坏话的人,反对地主和富农,在"文化大革命"的时候,那些地主和富农过得就不如以前那么好了,他们的孩子上学和当兵都会受到影响,就算他们考上大学也不会让他们去上,他们也没有资格去当兵,去当兵的话,人家也不要。而现在好一些,不管这些,也没有地主富农,无论是谁家的孩子都可以去当兵、去上大学。上集体工的时候,闺女们回娘家并没有受到很大的影响,还是和以前一样回娘家就可以。

关于破"四旧",我还记得那些老东西、旧的书籍都要上交或者是被烧掉,因为当时我们家里很穷,什么东西也没有,当时我们就是拿着一个烂筐来到这里,所以就不关我们家里的事情。当时"文化大革命"也提倡革命化的婚礼和葬礼,所以那个时候结婚就很简单,只要登一个记就可以,不像现在结婚这么麻烦。

(六)农村妇女与改革开放

土地承包与分配。在土地承包的时候也有妇女参加,对于我来说,相对于集体劳动,我更喜欢单干,因为起码单干能够吃上饭,集体干的时候,地都被荒掉,都没有人耕种,所以就都不产粮食,人们连饭都吃不饱。而实行土地承包与分配之后,人们都能吃上饭,妇女也能分到土地,在土地证上也有妇女的名字,离婚和改嫁的妇女也能保证始终有自己的土地,和以前的土地政策相比有了很大的进步,同时也能参加村委会的选举,可以选举妇女,你自己想选谁就可以选谁。

计划生育认知。以前实行计划生育是因为以前我们的土地少,人口多,国家贫穷,国家没有这么多钱养得起这么多的人,如果不实行计划生育,人会更多,而现在放开二胎,是因为现在的老人比孩子要多,老人多了孩子少了也白搭,你说要放开二胎,鼓励大家生孩子,如果说再给我一次生孩子的机会,我会生两个孩子,一男一女,这样正好,不多也不少。

政策的了解。我一般都是通过电视来了解国家的政策,你的爷爷天天都是通过电视来看新闻,他懂得事情要比我懂得事情多。我也不知道什么是网络,不过现在我们村里的老头和老太太都有用手机,不管是男人还是女人,我也是通过手机和我的儿子孙子联系着。

六、生命体验与感受

我觉得现在社会变得好,国家变得更加富裕,也给我们老人钱花,我觉得现在最高兴的事情是孩子们都上大学,在我们家里包括儿媳妇、孙女、儿子都有十个大学生。现在比过去幸福很多,我记得最难熬的日子就是 1964 年和 1965 年的时候,那个时候正好遇上黄河发洪水,闹涝灾,我们家里劳力又少,孩子又多,所以挣的工分就少,分到的粮食就不够吃,就是天天挨饿,现在多好,你们都赶上了好社会,社会进步,国家也富裕,也能吃上饭,现在真的好很多。

HJ20170815XDY　谢东英

调研点：江西省永新县三湾乡石口村

调研员：黄晋

首次采访时间：2017 年 8 月 15 日

出生年份：1933 年

是否有干部经历：否

是否生育：是

受访者结婚的时间节点、生育子女的具体情况：1948 年结婚；1952 年生第一个孩子，共生育八个孩子，三个儿子，五个女儿。

现家庭人口：9

家庭主要经济来源：务农

受访者所在村庄基本情况：石口村隶属江西省永新县三湾乡，是红色革命老区。319 国道穿过本村，村附近有条河流。该村依山傍水，风景独好。村里总共 278 户，但是分布比较广，因此一个村依然分为很多小村，各个小村之间和谐地相处，关系密切。

受访者基本情况及个人经历：老人生于 1933 年，从小和父母生活在一起，在古城镇居住。老人既是家中最大的小孩，也是唯一的女孩，老人之下还有三个弟弟。老人在家中的任务就是务农和帮父母照顾弟弟们。

　　到了十七岁时，老人嫁到埂背村(现与多个村合并为石口村)。老人的丈夫并非公公婆婆亲生，丈夫年幼时由姐姐照顾，姐姐出嫁后再由哥哥嫂子照顾，后来哥哥嫂子分家之后，丈夫就由好心人(一位朋友)抚养长大。老人十九岁时生了第一个孩子。老人一共生了八胎，三个儿子、五个女儿，加上扶养老人，夫妻二人一共要养十个人。老俩口在那个时代吃苦耐劳，把八个儿女抚养长大，还供他们读书。老人的儿子基本都读到初中，女儿中除了小女儿读到了初中外，其他的都没读书。老人的大儿子现已六十多岁了，与老人生活在一起，照顾老人的日常生活。老人的身体不算太好，依然乐观地生活。

一、娘家人·关系

(一)基本情况

我叫谢东英,乳名菊秀,1933年生。我从小和父母生活在一起,在古城镇居住。我是家中最大的小孩,也是唯一的一个女孩,我下面还有三个弟弟。我们都没读过书。我被父母拉扯大之后,就陪父母一起把三个弟弟拉扯大。我们一家过着很普通的农村生活,日子不算好过,但靠山吃山,靠水吃水,勉强能维持生活。

我到了十七岁时,嫁到埂背村。我丈夫不是他父母亲生的。丈夫年幼时由姐姐照顾,姐姐出嫁后再由哥哥嫂子照顾,后来哥哥嫂子分家之后,丈夫就由好心人(一位朋友)抚养长大。后来土地改革运动时,他们家里被划分为贫农,分得一些土地,他们在土地里种上了菜和水稻来供自己家人的生计。我十九岁时生了第一个孩子,一共生了八胎,分别是三个儿子和五个女儿,加上抚养老人,我们一共要养十个人,负担非常重。现在最大的儿子都六十多岁了,与我们生活在一起,照顾我们的日常生活。

(二)女儿与父母关系

1.出嫁前女儿与父母关系

(1)家长与当家

当时家里的男人一般都是干农活,钥匙都是由家里的老人管着的,因为儿子和儿媳妇经常到外面干活,在家时间最多的就是老人了。女的在那个时候当家的挺多的,不仅仅是因为穷,当时一家根本也没多少钱,也因为大部分男的一般都是负责体力活,这种细心的事务就交给女人来打理,例如吃穿的开支等等。当家的抑或是说家中权力最大的就是老人,因为是长辈,一般大户人家差不多都是男的当家作主,甚至一夫多妻,像外婆家这样的普通家庭就没有这么多的条条框框。其实那个时候当家的管的钱不多,主要是打理家里事务,照顾好老人和小孩就行。当时的最大追求就是吃饱饭。家中出现大事的话,一般都是商量讨论。

(2)受教育情况

那时候的生计都成问题,读书只是奢望,再者说,当时读了书的跟没读书的也没有太大的改变,读书一般都是大户人家的事情,中等的家庭一般会让家中的儿子去接受小学教育,初中的费用承担不起,普通老百姓就是先辛辛苦苦把小孩拉扯大,小孩长成为劳动力之后,就能一起帮助家中打理事务、干农活和带弟弟妹妹。1949年之后,情况有些好转,但是依然没有太大改变,女生去上学的情况也有,但大多女生都是大户人家的小姐,普通老百姓家的女子早已帮家里麻利地干活了。

(3)家庭待遇及分工

靠山吃山,靠水吃水,当时自己的吃穿问题都是自己解决。当时的生活水平很低,一年都难得吃上一两次肉,我们平时吃得最多的就是地瓜了,因为地瓜种在地下长得也快,数量也多,而且连地瓜藤都是可以吃的。我们基本过着每天都是一样的生活,平时吃饭基本随意,也没有那么多的规矩,只是吃饭先要保证小孩子的饭量,不能把小孩给饿了,大人辛苦一点没有关系,也心甘情愿。要是家里来客人了,就有些讲究了,小孩一般与大人分开坐,坐位置时一边挑一位长辈坐在上席,而年轻人坐侧面,再晚辈就坐下席了。家里要置办衣服的话都是难得去很远的地方托别人带回布匹来自己缝补,大多衣服都是缝缝补补的、带有补丁的,有时甚至麻袋也能拿回来缝补一下再穿,当时为的是保暖,没有那么多讲究。

(4)对外交往

过年之时,我们会去亲戚家拜年,一起吃饭,礼品当时可能会带一些用地瓜粉自制的食品,再贵的也就送不起了。再者说,亲戚之间也没这么多的讲究,吃饭也很随意,在一起过年图的就是欢乐,只要言语得体不出格就行。我们家谁都能上桌吃饭。如果当时有人的生计实在是有问题,也去乞讨,到地主家去要饭,要了一些就赶紧走,回去分着吃。当然更多的还是不去乞讨。

(5)女孩禁忌

那时候对女孩子也没有特别多的禁忌,村里人不像书上的一样,除了传统上的有些重男轻女,上学之类的先男后女,其他的好像没有太多的禁忌。男的和女的在村里也能自由地聊天,甚至开些玩笑,邻里之间更多的是和谐,而不是隔阂,更多的是互相帮助,而不是你站在原地看我的好戏。晾衣服就更加没有讲究了,都是晾在一起。只不过女孩的话,家里人会很早就帮她物色人家,更多的是奶奶辈分的,妈妈一般都有些不舍将自己女儿这么快就嫁出去。其余的话,就平时生活和日常聊天,男女差别不大。

(6)家庭分工

家里其实没有具体的分工,要说分工的话,长辈一般在家带小孩,有时间的话再煮好饭。我们这一辈分的,更多的时间就是下地干活,我男人和我都是在一起干活,互相帮助,维持家里生计。我丈夫是被带大的,家中没有兄弟,虽说有些辛苦,但是我们夫妻俩的关系特别的和谐,丈夫很会体谅人。至于纺纱,那时候的农村人只会一些简单的针线活,稍微复杂一些的就没有接触过了。

(7)父母对男孩、女孩的教育

父母在教育小孩的时候,大方向都是一样的,要学好不要学坏,在一些小事情上还是不同对待的,要看不同的家庭了。更多家庭在对待自己儿子上还是更加的严厉,因为儿子是代表自己家的,女儿迟早是要嫁出去的,因此也不会太多的打骂,况且女儿一般也懂事得多,当媒婆说媒的时候,一般会说女孩的优点,例如乖巧懂事、会做家务等。

2.女儿的定亲、婚嫁

等女儿长大了,有些媒人就会上门说媒。那个时候,女人在出嫁前可能连男的面都没见过,因此女人在相貌方面也就没有太大的要求,只想要一个老实本分、能好好疼爱自己的男人。我的婚事是亲戚介绍的,也是因为对亲戚比较信任,所以就早早出嫁,以媒人介绍亲事的还是多数。

我是1948年结的婚,结婚后一年就1949年了,经过亲戚介绍,嫁到了现在这个村庄,当时这个村庄仅仅有两家人,后来逐渐才有了现在这个样子。我嫁过来那天,坐的是轿子,男方派人去迎亲,把我抱上轿子,抬到了婆家,再到祠堂里面拜堂,拜堂之后再向亲戚朋友敬酒。我十七岁就嫁到外地内心五味杂陈。结婚时也没有写婚书,一般都是商量好的婚事,再请见证人主持自己的婚礼,到时叫上亲朋好友见证,从今以后就是夫妻了。那时候也没有交换生辰八字,当时结婚为的就是传宗接代过日子,不会有那么多的讲究,只是选个良辰吉日成亲就行了。做喜酒那天,除了当地的亲朋好友来了,摆了七八桌的样子,我们还请了当地比较有威望的人,比如保甲长之类的人物。

彩礼仅仅是一床棉被,加上另外的一些小物件,就是全部的彩礼了。大户人家的彩礼嫁妆跟普通老百姓比起来,就是一个天上一个地下,不仅有棉被,还有梳妆桌,更加富裕一点的话,甚至还会有嫁妆山、嫁妆田。

关于童养媳,我们这里有童养媳,童养媳就是家里姐妹多了,实在养不起了,或者是太穷了,养不起小孩,童养媳在很小的时候就去了婆家,由婆家的人抚养长大,等到长大以后再圆房成亲,迫于生计实在是没有办法,自己的小孩当然谁也不愿丢下。

定亲时有的父母会征求自己女儿的意见,有的父母就不会。定亲之后,倘若对自己的老公不满意也是不能毁约的,自己的意愿不能代表家长的意愿。再说这个是一家人的面子问题。上门女婿在当时的农村还是几乎不存在的。

3.出嫁女儿与父母关系

出嫁的女儿回娘家在本村庄是没有多大禁忌的,依然是像出嫁前那样。只不过出嫁之后身份变了而已,吃饭依然是一起吃,没有规矩可言。拜墓的事,一直以来基本上都是男人完成的,女人一般都不会参与。礼品需要带上一些,至于带什么礼品,没有多大的规矩,甚至不带都是可以的。

出嫁之后的女儿依然是可以管原来家里的事情的,只不过娘家不需要女儿那么上心,毕竟嫁出去的女儿如同泼出去的水,再者说,管多了的话,邻居是会议论甚至说闲话的。娘家实在是有困难,亲家这边当然会帮助的。女儿在婆家遇到了困难,娘家同样会伸出援手。

丈夫对我很体贴,在日常生活中,两人非常合得来。邻居如果夫妻有矛盾,大多数都是女的一方忍气吞声,毕竟自己是嫁过来的,因此女的多干活,少说多做。实在忍不了,可能会回自己的娘家,但这在外人看来是非常不好的事情。这种情况还是很少见到的。

出嫁之后,原来娘家的财产自然就得不到了,除非有一种情况,就是原先家中只有女儿,没有儿子。这种情况下,赡养老人的任务也就交给了几个女儿。直到父母去世,那时候几乎死了人直接就是去埋,葬礼特别简单的,其实根本都不算葬礼。

(三)出嫁的姑娘与兄弟姐妹的关系

出嫁之后与原来的兄弟姐妹的感情没有什么变化。只不过身份有变化,原先是主,现在成为客人,但不是普普通通的客人。回娘家的时候,带礼物可带可不带,全看自己意愿,倘若不带礼品的话,旁人一样不会说闲话,因为都是邻居,都知道互相的情况。家中的哥哥嫂子招待还如从前,只不过会稍微热情一些。家里如果有大事需要决策,有的时候是会将女儿叫回家来商量的,说话的分量与出嫁前依然是没有多大的区别。当自己的兄弟姊妹结婚的时候,礼金稍微还是有区别的,男的更多一些。但这都是传统,没有人会太在意这些事情。回娘家一般住在娘家,也有的时候住在弟弟家,这要看自己的意愿,这些问题上很随意的,没有具体规定,想住几天就可以住几天。如果出现弟弟不赡养父母的情况,姐妹们当然会责怪他,但是姐妹们依然会担起赡养父母的责任。回娘家拜年也没有具体是哪一天,看自己的意愿。

二、婆家人·关系

(一)媳妇与公婆

1.婆家婚嫁习俗

嫁到婆家之后,我丈夫是被带大的,没有兄弟姐妹,父母也有六十多岁了,平时也是以干农活为主,父母待在家,偶尔也出去干点活。毕竟结婚前一个男人还是忙不过来,嫁过去之后,我们两年后才有了小孩,以后父母基本就是帮带小孩,我们就外出干活,一直早出晚归很辛苦。父母也很体谅我们,家中事务打理得还不错,也会帮晚辈做好饭菜。

结婚时,我丈夫因为没有兄弟姐妹,因此请的是朋友前去迎亲,接到婆家之后,去祠堂拜堂成亲,也没有太隆重的仪式,一切很平常,就是有些想家,就这样嫁出去了有些舍不得。证婚人男的女的都有,但以男的居多。只要被邀请了,谁都可以参加婚礼,其他没有什么忌讳。座位讲究就是舅舅坐上席,男方的家长也是地位比较高的,其余依次按席位坐着,新郎新娘再依次敬酒。结婚之后不需要去拜祖坟,拜坟之事大多是交给男人去做的。当地没有这个规矩。

2.分家前婆媳与公婆的关系

嫁过去之前,婆家当家的是婆婆,男的都要去干活,女的稍微少干一些,管着家中的钥匙。嫁过去之后,钥匙依然是由婆婆保管,因为婆婆在家的时间最长,而不是因为掌握着权力,在权利方面,全家人几乎都是平等的,几乎每件事都会商量的,一家人很和谐。钱就由我管着,需要给小孩置办新衣服,买些油盐等必需之物。平常做事情也很自由,不需要向公公婆婆请示,也不需要跟丈夫说,我们基本都是跟丈夫一起下地干农活。家庭会议也是很少的。跟公公婆婆的关系非常好,不仅是因为公婆和蔼,也因为自己在做妻子这方面很合格,得到了公公婆婆的信任。等到不再生小孩之后,两人要养着十个人,辛辛苦苦地过着日子。

3.分家后媳妇与公婆的关系

(1)分家

我们一直与公婆住在一起,没有分家。

(2)离婚

如果妻子和丈夫或者婆婆实在合不到一起,就可能考虑离婚,但离婚在当时是非常罕见的,大多数离婚都是因为男的对女的不好,女的一气之下就出走了,再也不回来。婆家要求离婚的话,娘家几乎是没有谈判条件的,因为婆家可能会对儿媳妇使用些强制措施将她逼迫走。

(二)妇与夫

1.家庭生活中的夫妇关系

(1)结婚分家后家里夫妇关系

结婚后就是一直和父母生活在一块儿,没有分家。

(2)夫妇的分工

家里干农活基本都是夫妻一起出去干的,如果要说分工的话,女的做稍微不那么累的活,脏活累活一般都男的给包了。我们在家吃饭,也就勉强吃饱。最艰难的"三年困难时期"都是先喂饱自己的孩子。家里日常的衣服当然是由妇女来洗。晾衣服也没有多大的讲究,我们都是一起晾。

(3)娶妾

那个时候地主家讨三四个老婆是常有的事,也只有地主家才能娶得起妾。妻和妾一起生活倒也没什么矛盾,但这都是大户人家的生活。在农村,基本每家每户都是生活水平不太高,结婚生子都不是为了享乐,只是为了传统的传宗接代以及安安稳稳地过着小日子。

(4)夫妻矛盾

结婚过后,夫妻之间的小打小闹是常有的事,大多情况下都是今日事今日毕,到了第二天就好像什么也没发生过,毕竟是要生活在一起一辈子,也会为对方着想。倘若有个大吵大闹,甚至吵着要离婚时,要么女的忍气吞声,要么女的出走,男方让步的还真是少之又少。

2.家庭对外交往关系

对外关系在那个时候大多是因为邻居,有的时候要邻居帮忙,就稍微叫别人来家里吃饭,其他的就是过年的时候了。那时候也没什么交通工具,基本都不外出,一切活动基本都是在家附近的地方。

(三)母与子女

1.生育子女

农村的传统观念都是希望第一胎能是个儿子,这也象征着一个好兆头,公公婆婆在此方面就更是这个想法了,一是为了传宗接代的任务,二是也有面子。我生的第一胎是个儿子,过了两三天的样子就办了一场酒席,村里人以及亲朋好友都前来祝贺,并且送上礼品或者礼金,但之后七个小孩都没有办过酒席了,这就像是不成文规定,不管这家生几个小孩,都只能办一次酒席。所以绝大多数人家都选择在第一个儿子出生的时候办酒席。

2.母亲与婚嫁后子女的关系

村里很多人家的儿子大了之后都是要分家的,我年纪逐渐大了以后,大儿子舍不得我独自居住,所以一直跟着大儿子居住,其他的儿子在县城,如果想儿子的话,会去另外两个儿子家里玩上几天,儿子也经常会回家看看我。女儿都嫁出去了,但依然会经常回来看看,回来的时候带上我喜欢吃的东西,跟我说说话,唠唠家常。

三、妇女与宗教、宗族、神灵

(一)妇女与宗族

1.妇女与宗族活动

村里原来有个祠堂,经常有些集体聚餐、祭祖活动,过年的时候可能还会请来唱戏的前来热闹热闹。聚餐等活动前,一般都会请妇女们前去打扫卫生,活动之后通常都会一起吃饭,互相聊聊家常,开开玩笑,欢声笑语很是和谐。

祠堂举行祭祖活动时候,妇女一般都不去参加,按照当地传统,祭拜祖先都是男人的事,每逢二十年一次的修族谱仪式,通常女的也是不参加的,1949年前,族谱上是没有女性的名字的,更别说前去参加了。

2.妇女与宗教、神灵、巫术

如果当时很久都没有下雨了,村里人就会集体举行求雨仪式,会举行得比较隆重,会从别的地方把菩萨"请"过来,然后由施法人主持求雨。求雨人有男的也有女的,性别没有多大的关系,有的时候上午求完雨,下午就会下雨。这些仪式在当时都是集体的,像是过节日一般,放鞭炮,敲锣打鼓。

(二)妇女与村庄市场

1.妇女与村庄

(1)妇女与村庄公共活动

村里会举办集体活动,一般都是聚餐类的活动。过年的时候还会有戏可以看,还没有出嫁的女孩子也是可以去看的。村里举行的这些活动就是为了村里人一起欢乐欢乐,聊聊天,增进一下感情。过年看戏的时候可以随便找座位坐下,男的女的也可以随意坐。女的也可以去参加村庄会议,但是大多数女的都不想去参与这些事情,因为家里的事情都忙不过来。村里当时有绅长、保甲长,具体是谁都忘记了,都是很久远的事情了。

(2)妇女与村庄社会关系

在娘家的女伴就是姐妹们,在一起几乎无话不谈,小时候一起玩耍,玩游戏,长大了后一起帮家里干农活。一般都是在家附近玩,偶尔去亲戚家玩几天。直到姐妹们要出嫁了,其他姐妹们一般都会送着姐妹前往她的婆家,也希望姐妹有个好婆家。出嫁那天衣服穿得稍微体面一些就行了,在颜色上也没有太高的要求,不要求哭嫁。

(3)妇女与市场

当时村庄里的生产水平不是特别高,市场离村庄还是比较远的,对市场的要求也不是特别大,一般很久才去一次市场购买一些油、盐等必需之物。去集市都是妇女自己的事,不需要向丈夫报告,丈夫估计也不想管这些琐碎之事,男人更多的是靠劳动让家里过得更好些。买这些东西都要用特定的票。快到过年,给每个小孩置办一双新鞋,纳鞋底,做鞋子,钱还有多余的话,置办一两件新衣就更好了。

四、农村妇女与国家

(一)农村妇女认识国家、政党和政府

村里人一句传一句,我便知道了自己是中国人,都是因为村里的老人家才知道了国家、党。1949年,前国家也没有来宣传男女平等的,1949年之后,就有宣传男女平权。那个时候我就有听说国民党和共产党,但1949年后就是共产党的天下了。现在的国家主席是习近平,我从别人口中也听说了,自己从电视上也看到了。我原来也参加过选举共产党员的投票。丈夫就是共产党员,什么事情都愿意去干,任劳任怨,在那个年代吃了很多苦,大家都很欣赏这个人,当时也是觉得共产党好,加入了中国共产党。也的确共产党让农村发生了很多改变,有好的也有坏的。

(二)对1949年以后妇女地位变化的认知

当时也没有什么妇女联合会,因为村子也不大。政府也有下来宣传男女平等的,可能是因为在1949年前,村里对妇女的规矩就不是特别多,所以地位也没有改变太多,依然可以称得上比较自由。丈夫和别人说话,插嘴没有任何问题,直呼丈夫的名字也是可以的。

(三)妇女与土地改革运动

土地改革运动时期,我们家里被划为贫下农。土地改革运动主要就是将地主和富农的田地分给其他人,按照人口为标准分得多少田地。地主的日子就不太好过,村里会集体开会讨论如何惩罚地主,打的打,骂的骂,扒衣服的也是存在的,地主被饿,更是再平常不过的事情了,有一些原先的地主受不了就自杀了。

（四）互助组、初级社、高级社时的妇女

村里有互助组的时期，就是一起下地干活，但是男的干的活更偏体力一些，例如到山上去砍木头、砍竹子，一天给你定个工作量，一定得干完了才能回家，所以当时就有很多人会去上夜班，就是为了完成这个任务。很多人都是愿意自己一家单独干活，因为很多人在一起干活还会有偷懒的。

（五）妇女与人民公社、"四清""文化大革命"

1. 妇女与劳动、分配

人民公社时，我大概三四十岁，大家都要入社，一起下地干活，几乎干什么事情都是一起做。有的时候也有人在干活的时候唱唱歌活跃一下气氛。那时也没有太具体的分工，更累一些的就交给男人们。村里当时生产队里女的好像还多一些，我们当时有些男的到别的地方去做生意了。当时也有的人被调走去修水库了，因此留下很多的农活给妇女，但是这都是没有办法的事情，当时再苦再累也是为了一口饭吃，大家都是迫于无奈。很多人还会偷懒，因为反正不是自己的田地，很容易造成矛盾，容易吵起来，吵着吵着男人们就会出来调解。男人干一天赚十工分，女人干一天赚八工分。吃饭的时候都是按照人口分的，一人二两左右，具体我也记不清了。

2. 集体化时期劳动的性别关照/生活体验与情感

人民公社时期，妇女要是遇上了生理期也是得不到任何照顾的，怀孕的话只好请假，但是就没有了工分，家里什么事情都得靠男人了，自己就照顾自己，生产队的劳动依旧，不会有任何减免。我们吃饭的时候都是吃大锅饭，家里多少人就分到多少饭菜，但谁都吃不饱，所以都不愿意吃大锅饭，但又没办法，因为家里的做饭工具都交公了。我在帮生产队里煮饭的时候偷偷地装一碗饭，被队长骂得不行，还被批斗了。当时谁也吃不饱。到后面"三年困难时期"很多人吃不上饭，食堂也就办不下去了，"三年困难时期"真的是困难，我的母亲本来就有病在身，再加上没有东西可以吃，最后就这样病死了。有些人吃一些稻谷外面那层皮磨成的粉末，甚至还有的人吃草，当时的人是只要猪能吃的东西人就能吃。回想到当初的困难时期，还是有些后怕。

3. 对女干部、妇女组织的印象

当时女干部也是存在的，只是不多，有文化的女的差不多都能当上干部。我们那时也有女道德模范，她们因为踏实劳动而受到了队里的表彰。我们对此也没有什么好羡慕的，自己过好自己的日子就可以了。

4. "四清"与"文化大革命"

割资本主义尾巴的时候，就是什么东西都要上交，自己家基本上什么东西也不能留。有些地主家里就被搜了，烧了一些书，还有些值钱的东西要么分给别人，要么就交公。结婚时婚礼依然跟传统差不多，没有太大的变化。

（六）农村妇女与改革开放

到了土地承包自己种自己土地的时候，生活就更上了一个层次，妇女也能分得土地，但是土地证上依然写的是男方的名字。但是那段时期都是自己干自己的，是自己想要的那种生活。也参加过选举，但选的都是别人，跟着别人写，别人选谁我就选谁，但有个选人原则，就是选村里比较老实本分的人。再后来也经历了计划生育，如果自己也在计划生育的年代，生三个最为理想,两男一女。现在生活也好了,老人不用做事国家都会发钱补助。也希望国家越变越好。

五、生命体验与感受

现在身体一天不如一天,也不知道哪天就会离开,八十多岁了什么都经历过了,什么苦也吃了,就是现在的生活好了一点,跟原来比真是完全不同。原来真的是苦,说不完的苦,现在有国家在,我们老人的生活也好过了一点。

HJH20170803ZGY　赵桂英

调研点：安徽阜阳颍州区颍西街道代郢村

调研员：郝佳豪

首次采访时间：2017 年 8 月 3 日

出生年份：1937 年

是否有干部经历：否

是否生育：是

受访者结婚的时间节点、生育子女的具体情况：老人于 1956 年结婚；1957 年生第一个孩子，共生育四个孩子，第一个是女儿，后来又生了三个儿子。

现家庭人口：2

家庭主要经济来源：务农

受访者所在村庄基本情况：代郢村位于阜城西郊，临阜临路，隶属颍州区颍西办事处，辖 15 个自然庄，24 个村民组。代郢村位于黄淮海平原地区，暖温带半湿润季风气候。房屋多依河而建，位于汾泉河南岸大片地区，村庄距离市区比较近。村庄人口众多，姓氏众多，村民多为汉族，少数民族较少。多种植小麦、玉米、红薯、大豆、棉花等，基本上都养家猪、家禽等以供自需。年轻人多以外出打工为主要经济来源，人地矛盾缓和，整体环境良好。

受访者基本情况及个人经历：老人出生于 1937 年，十九岁结婚，一共生了四个孩子，其中一个女儿，三个儿子。目前子女生活水平都比较好，老人和老伴生活，生活比较舒服自在，平常四处逛逛，和别人唠家常，看电视等，生活比较安适。

老人一生经历坎坷，经历过土地改革运动、"文化大革命"、改革开放，对以往的事情记得较清楚。老人在土地改革运动时划成贫农成分，经历过许多坎坷岁月，体验到生活条件发生的巨大变化。一生从事务农劳动，勤劳耕作维持生活，是一位独立自强的、受人尊敬的老人。

一、娘家人·关系

(一)基本情况

我大名叫赵桂英,小名平平,我生于1937年。我的名字是父亲在我十几岁时给我起的,之前小的时候他们都叫我的小名。我有一个妹妹,妹妹比我小十岁,今年刚好七十岁,父母就生了我们两个。在我小的时候,父亲和母亲给地主家种地,自己家也有几亩地,家中总共应该有七八亩地可以耕种。土地改革运动的时候,我们家被划成贫农。我十四岁那年土地改革运动,十九岁那年出嫁,婚姻是父母从小定的娃娃亲。婆家有两个兄弟,我丈夫排老二,还有个大哥和大嫂,夫家的经济条件也不好,家里也只有几亩地。我结婚第二年生了第一个孩子,第一个孩子是个女儿,之后又生了三个儿子。我一生亲历了很多事情,生活从贫穷到富裕,现在过得很舒服,子女也都很孝顺,这个时代的生活比以往好多了。

(二)女儿与父母关系

1.出嫁前女儿与父母关系

(1)家长与当家

在1949年前,几乎都是男的当家,很少有妇女当家的情况。在我家当时是我父亲当家。平常有事情都是父亲出去应对,母亲在家里照顾儿女、做家务。也就是说男的负责外面的事情,女的负责屋里头的事情。那时候经济条件不好,对于谁当家分得也不太严,只要你的决定是对这个家好就可以。

(2)受教育情况

我没有读过书,也不识字,那时候农村里念书的少,这极少的读书人中基本也都是男孩儿念书。我们这一辈子的人几乎都没有念过书,主要还是因为那时候都很穷,没有额外的精力和钱供孩子上学,从1949年以后,条件都好了,我就供了我几个儿子读书。

(3)家庭待遇及分工

那时候家里条件不好,父母就我们两个女儿,过得也都挺好,父母从不偏心谁。我从十几岁就开始干活,爬树采东西,下地干活,我从小就开始给家里做事。那时候,我也是跟母亲学的纺纱织布,衣服都是自己家自己做,自己种棉花或者种麻纺布,自己纳鞋底子,自己做鞋。

(4)对外交往

我们那时没有太大的规矩,男的女的都可以出门。但是我们出门也不会去太远的地方,那时候家里都很穷,也没有要出去干的事情,也不会赶集。小时候,我会和村里的姐妹们一起玩儿。长大了就开始下地干活,和父母一起到地里干活,所以很少出村子。

(5)女孩禁忌

就我自己的经历而言,我们这对女孩的禁忌比较少。主要是做女孩儿要老实本分,不能像男孩儿一样四处跑去玩。

2.女儿的定亲、婚嫁

我的婚姻是小时候父母做主给定的娃娃亲,结婚都是父母做主,自己不能有意见。结婚一般都要找媒人,当时是父母找的我们村上的一个保甲长,也和父母有些亲戚关系,我父母找他说的媒,从小给我说了娃娃媒,等到我长大了,就嫁过去。那时定亲,就是男方愿意,女方也愿意时,男方家中就定个日子,到了时间就把女儿嫁过去。我和我丈夫在结婚前都没有见过面。那时候哪有见面这一说,等 1949 年后,土地改革运动以后才可以见面。那时还有到了结婚当天,才发现男方比女方大十几岁、男方是瘸子的情况,但是遇到这种事也没办法,只能嫁过去,否则就只能寻思上吊了。

我是十九岁出的嫁,出嫁的时候因为赶上涨水,所以什么嫁妆也没有。那时候都比较穷,结婚也不摆酒席,也不办什么大仪式,亲戚朋友也只是告诉一下。地主家嫁闺女就要好一些。等到出嫁那一天,我是坐着轿子出嫁的,婆家的人没有来,而是找的另外的人到我娘家去接我,1949 年一开始是用轿子,等 1949 年以后都是用架子车。

我们那里的习俗是结亲之后十八天就要回娘家,"十八天,娘家接"。娘家来接时,我们还需要问婆婆允许我们回家住几天,反正婆婆说几天就是几天,但是以后就是我们想什么时候回去。回去住多少天都可以了。

1949 年以前,有人找不到媳妇,就直接去抢回来,这就是童养媳。土地改革运动以后,国家开始宣传讲自由恋爱,号召男女平等,父母不能婚姻包办,男女双方可以自由恋爱,也可以通过媒人介绍,见过面愿意就愿意,不愿意就不愿意。

3. 出嫁女儿与父母关系

女儿出嫁以后,就不算娘家的人了,就变成婆家的人了。结婚以后,妻子过几天回娘家,叫做回门,回门时可以在娘家住几天,然后再回婆家。再往后,出嫁女儿往娘家去的时候就比较少,一般都是过年过节走娘家。土地改革运动时,娘家这边算人口数时不算嫁出去的女儿,出嫁女算在婆家的人口中,到最后分土地也是从婆家分。等到生孩子,婆家就去娘家告诉一声报喜,以后有什么喜事,娘家也会过来看看。在生产队里干活的时候,因为每天都要干活挣工分,所以那时候妻子回娘家的时候比较少了。赡养父母主要还是兄弟们的事,比如说,一家要是有几个弟兄,就得轮流赡养老人。要是一家就一个儿子,那就他自己伺候老人。女儿嫁出去后,相对来说与娘家的关系就浅了。

(三)出嫁的姑娘与兄弟姐妹的关系

我父母就我两个女儿,我有个妹妹,比我小十岁,反正从小都在一起玩,等结婚以后见面就比较少了。当时我妹妹结婚也是我父母安排的,那时候我已经嫁过来了。现在我没事儿的时候就去妹妹那和她说话,我们姐妹俩的关系非常好。

二、婆家人·关系

(一)媳妇与公婆

1. 婆家婚娶习俗

我和我丈夫是父母从小定的娃娃亲,我小时候也不知道。以后都是父母过问婚事,等长大了才知道。那时候结婚都要找媒人,媒人一般谁都可以当,或是找村里的保甲长,或是找亲戚,有时候邻居中看着可以的人也可以当媒人。因为那时候穷,其他也没有什么大的规矩。

2. 分家前媳妇与公婆关系

那时候,婆媳之间也没有什么矛盾,家里主要也是公公当家。1949 年之前,听其他的老人说,有那些婆媳有矛盾的,婆婆虐待媳妇的,1949 年以后,号召男女平等,新式婚姻,也就没有那些事了。那时候也没有说给公婆请安一说,没有什么太大的规矩。

3.分家后媳妇与公婆关系

(1)分家

那时候分家没有闹矛盾。分家时,我并没有在家,而是回娘家了,等我回来时,家已经由公婆分好了。说是分家,其实也就是分几斤红芋片子,那时候也没有分房子,一开始的时候我丈夫兄嫂住两间房,然后我们和父母住另一间半房。

(2)赡养与尽孝

那时候主要是儿子们赡养老人。我在婆家的时候,也都是帮着洗全家人的衣服。那时候洗衣服都是用灶底灰来搓洗。除此之外,我还经常给老人做饭,给老人干活,反正分家以后,我们过得也比较融洽。

(3)公婆祭奠

我公公是1960年去世的。那时老人去世了,我们都需要披麻戴孝,爹孝穿二年半,娘孝穿三年。我们的鞋都是现做的,在鞋边缝上了麻子边。而在出殡过后,我们还要再做一双鞋穿。像我这种媳妇,都是把头发挽起戴上长手绢①,衣服边上缝上白线。那时候,在老人出殡前,我们都不能坐板凳,吃饭都是站着吃。出殡中,妇女不能去,那时妇女的脚不能踩坟地,只有上坟时妇女才能出席。我们那时一般是结婚和逢年过节时去上坟。

(二)妇与夫

1.家庭生活中的夫妇关系

(1)夫妇关系

我嫁过来以后,和丈夫的感情还可以,也很少有闹矛盾的时候。那时候一般都是男的当家。男的就负责外面的事,妇女就负责在家做家务、看孩子。等大生产的时候,夫妻就一块儿到地里去干活,不过有时候他也会到外面做工。

(2)娶妾与妻妾关系

1949年前,只有家里有钱有势的地主会娶几房妻妾,其他人一般没有娶妾的。这种事别人也不敢当面对着他说闲话,最多也就是在背地里议论几句,到1949年以后就没有这种事了。

(3)典妻与当妻

以前我也听老一辈人说过,旧社会时期,有些不沾闲②的男人会把自己的老婆卖了。那时还有买卖婚姻,有些人贩子将寡妇卖到别的地方,有的还转手了好几家,寡妇自己又得不到钱,反而背井离乡过得非常辛苦。等到1949年后,这样的情况就比较少了。离婚、婚外情这些也都是看夫妻感情,牵扯得很少。

2.家庭对外交往关系

那时我们过得都不好,也很少有人办酒席。比如说家里要有个红白喜事,我们一般不告诉别人,也不去参加村里的,因为没有钱随礼。我们最多的社会交往就是和大伙一起去干活,在地里说话。

---

① 长手绢:毛巾。

② 不沾闲:指没有本事、才能的人。

（三）母亲与子女的关系

1.生育子女

（1）生育习俗

那时我们生第一个孩子时，无论男女，会染十个红鸡蛋回娘家报喜。那时候没有请满月这一说，也就是娘家的姑姑和姨妈送点东西来看看孩子，然后我们在家里随便做几个菜招待一下就好。此外，我们还要去给老人上坟，买串鞭炮在老人坟前放一下。

（2）子女教育

我一共生了四个小孩，刚开始都去上学了，谁知我的大女儿上到二年级时，因为和她一起玩的伙伴不上学了，她也跟着不愿意上了，一心想着去玩，老师都找到家里，我也打她骂她，可她就是不去。在1960年时，东西差不多够吃了，我就给我的孩子拿红芋干子面馍做伙食，后来分地到户了，家中有麦子了，我就给两个小一点孩子拿更好的面馍做食物。我的孩子们都是每周五或周六回一次家，上学时是背一个星期馍去。冬天还好，夏天他们都是吃发霉的馍馍，以至于现在肠胃都不好。

（3）对子女权力（财产、婚姻）

1949年以后，子女的婚事还是父母做主，由媒人介绍。介绍过后，男女双方会见一面，见过面以后，如果同意就结亲，不同意就算了。

2.母亲与婚嫁后子女关系

儿女结婚以后，一开始我们也是住在一块儿。现在是我和老伴住在家里，有时候也去儿女家居住一段时间，或者过年过节他们来看我们。他们都很孝顺，我们都过得很舒服。

三、妇女与宗教、神灵

我们这里以前没有人信教，也没有有关神鬼的传统。这是因为1949年时毛主席号召破除迷信，不准信教。最近这些年，我们这里才有人信基督教，每周星期天都去做礼拜。我没有信教。

四、妇女与村庄、市场

（一）妇女与村庄

1.妇女与村庄公共活动

1949年前有保甲长，那时候甲长就像现在的生产队长，保长就像大队的干部。保长管一个行政村，甲长就管一个生产队。1949年以后，保甲长都撤掉了，有些贪污的保甲长还被枪毙了。那时生产队里就是由生产队长管理，行政村中就是由村长管理。

搞人民公社大生产的时候，生产队里喜欢开会，那时候都是白天干活，晚上开会，不论男女都要去。开会时会给我们宣传新知识和安排今明两天的任务，还有的晚上去上夜校。

（二）妇女与市场

1949年前后，我们那里也有集市。一般是男人上街赶集，去集市的妇女很少。这是因为家中没有多少钱，就算妇女去也不能买东西。我们家上街一般是因为家中的盐用光了，我们去卖掉粮食换点盐回来吃。

五、农村妇女与国家

（一）认识国家、政党与政府

1. 国家认知

1949年时候，我小时候就听人说八路军、共产党、国民党、蒋介石之类的话。我有一年还听说八路军攻城，最后把国民党打跑的事迹。我对日本人没有什么印象。

1949年前，我们这里有土匪出没，家里稍微有点东西，就会被土匪抢走，连被子和衣服都不会留下来。要是谁家中有粮食，土匪就会让他把粮食拿到市场上去卖，卖的钱必须全部交给土匪，要是不交，土匪就会一把火把粮食烧光。后来，1949年毛主席到来后，土匪就不敢横行霸道了。

2. 政党认知

我对国民党的印象就是拉壮丁。家中有一个男丁的不会被拉，有两个男丁的就会被拉一个走。毛主席时期就不一样了，当兵都是靠自愿。

（二）对1949年以后妇女地位变化的认知

1949年以后，国家就号召男女平等、新式婚姻和自由恋爱，那时妇女地位就提高了。土地改革运动以后，我们村里也开始有女干部，比如妇女主任之类的。

（三）妇女与土地改革运动

土地改革运动之前，那时是地主家的地给农民种，种出来的庄稼要和地主对半分。如果没有吃的，想找地主借一下粮食，那时就是"借一斗，还二斗"。这样一来，第二年至于以后的每年粮食都不够吃了。

到了土地改革运动时，我刚刚十四岁，当时我们家里划的是贫农成分。那时我们会开会批斗地主。那时的口号就是"消灭地主，打倒地主""共产党好，毛主席好"。咱这边儿地主也不多，就咱这吴寨这一片有个叫吴四儿的地主，吴寨旁边的地都是他的。土地改革运动时，我们就批斗他的一个小老婆和他一个名叫其少的儿子。没斗多久，他们就跳吴寨的河淹死了。土地改革运动时我们根据人口分地，每个人分二亩九或者三亩地，把地主的地都分完了。

（四）互助组、初级社、高级社时的妇女

我们的地归属集体，大家一起干活。我们每天天不亮三四点就要起来做事。生产队里也养牲畜，主要养的有猪、羊和牛。到入冬时，男的就去参加水利建设。

那时我们都是按工分来分粮食。男劳力是一天十分，女劳动力是一天八分，有时候如果干活不足，就是一天七分。像我干一天的活，早晨是二分，晌午是三分，要是缺了半天没来，就少记三分。记分都由记工员来记，人到齐了，他就把名字记上，到分粮食的时候就根据记账来分。挣的分多，分的粮食就多；挣的分少，分的粮食就少。要是这家孩子多、工分少的话，还得补社。

（五）妇女与人民公社、"四清""文化大革命"

1. 妇女与劳动、分配

在生产队打下粮食之后，我们除去交公粮的部分，再除去生产队的存粮，之后再让会计算每一个人能分到多少粮食。我们大部分家庭中都养着牲畜，有每家单独养和合养的，合养的一般是耕牛。到了农忙时节，大家就是轮流使用耕牛。我们每家都有篓、耙和犁等农具。那时开会说:"过美满生活,点灯不要油,犁地不用牛"。

2.集体化时期劳动的性别关照

妇女怀孕时并不放假,如果想在家中休息也可以,但是不做活的话,就没有工分。

3.生活体验与情感

食堂开饭了,我们就拿着盘子拿着碗去排队端饭。我们都是吃红芋①叶子,饭上都有虫漂着。食堂用一个大木勺子给我们舀饭,大人是给一勺子,半大孩子给大半勺,小孩是给小半勺。如果家中人口多,他就给两碗,少的就给一碗。

1960年,搞"大跃进",我们家中不能留食物,那时干部还会去我们家中搜,一旦搜出来,就会说这是偷的,然后就会被批斗。正因为家中什么东西都没有,所以1960年才那么多人挨饿。那时候人也胆小,生产队里养的牛和鸭就在大路上,但是也没人敢去吃。国家也会给我们发救济的东西,领的人路上吃一点,村里干部又拿一点,最后到社员嘴里根本都没有多少了,上边也不管,朝毛主席说社员吃的都是花卷子②,实际上连口稀饭都喝不上。我们一家人就剩下我和一个小妹妹。

4.对女干部、妇女组织的印象

土地改革运动时组织有幼儿队和姊妹连,那时都是一起喊口号、扭秧歌。渐渐地我们这里也有女的大队干部和女的妇女主任。

5."四清"与"文化大革命"

"文化大革命"时期,就是红卫兵斗贪污的大队干部,那时候还叫大队书记刘德志戴绿帽子。红卫兵还搞造反运动,还有《毛主席语录》,也没有到家里造反,当时红卫兵造反都是朝上边去造反,对老百姓没啥影响。"四清"运动的口号是"破四旧,立四新",谁家有古董和银子都要上交。我有一天记得种豆子时,听广播里说毛主席去世了,一开始我们谁都不敢说毛主席去世了,后来知道毛主席真的去世了,我们都在哭,特别伤心。

(六)农村妇女与改革开放

1.土地承包与分配

到了最后又土地承包下户,一开始有些人都不相信,因为上级原本说是三十年不动。那时的政策是超生小孩的家庭必须要交二百块钱罚款才能分地,有些人因为不相信,又舍不得钱,最后没有分到地。如果生产队中地多就能多分,地少就只能少分。我们这里是一人一亩二分地,家中添了小孩可以多分,外嫁的女儿就到外地去分。

2.计划生育

计划生育已经推行四十多年了,一开始的规定说是"一个不少,两个正好",如果家中有两个女孩,计划生育的干部就会让妇女先上环,等到小孩大了,再准许生一个,这是两女户最后还能再生一个。如果家中有一个女孩也是一样,也准许再生一个。如果家中已经有男孩,就只准生一个。

3.社会变化

后来生活更好了,我们也不缺吃了,就开始喂猪喂牛,我们家的牛还生了小牛犊。1949

---

① 红芋:指红薯。

② 花卷子:本地特色面食。

122

年前没有自行车,还是等到我二儿子上高中时,我们托在肉厂上班的孔繁德用票给他买了一辆,但是买了也不敢骑,怕被人偷走。还有个缝纫机,也是一个熟人帮着买的,那时候也要票。土地分到户以后,如果要嫁闺女,聘礼要四大件,都是组合柜,包括一个大站柜、一个储物柜、一个桌子和一个写字台。

早些年,我们种地种两茬,割过麦子以后种豆子,豆子割过以后,豆茬还放在地里,接着再种麦。近十几年,有人开始开园①种西瓜,西瓜地里套种点棉花。以前盖房子都是泥巴房子,二十多年前,出现了砖头房子,到后来能再盖个走廊房子,这十几年建设都是楼房了。

六、生命体验与感受

我最深的感受就是这十几年过得越来越好了,生活水平提高了,子女也都孝顺,平常日子过得很舒服,比之前好太多了。

---

① 开园:开展大棚蔬菜种植。

HL20170109XLY 徐留英

调研点:江苏省盐城市盐都区潘黄镇何桥村
调研员:韩露
首次采访时间:2017 年 1 月 9 日
出生年份:1938 年
是否有干部经历:有,何桥村妇女主任。
是否生育:是
受访者结婚的时间节点、生育子女的具体情况:老人于 1954 年结婚,共生育了四个孩子。
现家庭人口:5
家庭主要经济来源:子女赡养
受访者所在村庄基本情况:何桥村位于江苏盐城市盐都区潘黄镇,村域面积 6 平方千米。本地属于温带季风海洋性气候,一年四季分明,夏天最高温度达 36.5℃,冬季最低温度达零下 10℃,地处里下河地区的苏中平原,旱能灌,涝能排。种植物主要为水稻和小麦,实属鱼米之乡。何桥村位于盐城老城区(铜马广场)西南 3 千米处,北邻蟒蛇河,东与亭湖区文峰办事处长坝村接壤,北与朱庄村区毗邻,西靠新 204 国道。近几年,何桥村的交通变得十分便捷,全村 12 条主干道中,204 国道、新都路、世纪大道、东进路 4 条路的宽度均在 60 米以上,都是沥青路面的一级公路。所有公路(除宝郝路、鹿鸣路外)全部灯光化,路灯设计各有特色,非常美观。此外,该村庄的人主要姓氏为何、朱、徐,当地村民们热情淳朴,大家相处十分友善、和谐,有什么困难都会一起解决。

受访者基本情况及个人经历:老人很小的时候父亲就去世了,后来,母亲改嫁。老人的爷爷因为伤心失去独子,便卖了家里的地,带着她和奶奶到上海谋生。老人读书到小学二年级,等到她十三岁的时候从上海回来,跟着叔叔一起生活,相对艰辛。老人十七岁嫁给其丈夫,共生育了四个孩子,还在村里当了二十五年的妇女主任,她善于调解邻里之间的矛盾,有很好的文字功底和口才。

老人与其丈夫目前住在儿子家中,家里有五口人,儿子是教师,家中没有田地。老人目前的生活来源除了儿子的照顾,还有每个月 330 元的社保和八十岁以上老人补贴。老人精神很好,闲着的时候喜欢出门散步或者到邻居家串门,时常出去打麻将,眼不花手不抖,连白头发都很少。

一、娘家人·关系

(一)基本情况

我叫徐留英，名字都是父母在我出生的时候给我起的，这个名字也没有什么特别的意义。我们的名字是按照族谱排辈的字的顺序起的，像我的两个妹妹，一个叫徐彩英，一个叫徐翠英，我们都是排"英"字辈。其中一个妹妹给大姨娘家抱养的。我的弟弟是我母亲改嫁后生下的，他也姓徐，名字叫徐汉生。我出生于1938年，家里大约有四亩土地，我爷爷唯一的儿子也就是我的父亲去世之后，他就把这些地都卖了，举家搬到上海生活。我家的成分是贫农。我在虚十七岁的时候出嫁，丈夫的家里大概有七亩土地，他们家是中农，丈夫家里有一个哥哥、一个妹妹，一共兄妹三个。他家没有兄弟被抱养，丈夫的父母也在上海生活。我们结婚后，生育了三个女儿、一个儿子，我大闺女今年五十五岁，属虎的，我二十五岁左右生的她。

(二)女儿与父母关系

1.出嫁前女儿与父母关系

（1）家长与当家

在娘家的时候，我家的家长是我堂叔，家中的事都是我的叔叔婶婶说了算。因为我父亲去世早，我在堂叔身边大概待了三年多，就嫁到丈夫这边来生活。旧社会没有多少钱，而我的生活费都是叔叔给的。在旧社会，要是爷爷去世的话，奶奶可以当家的。一般情况下是男性当家，因为"妇女主内、男子主外"。按照旧社会的说法，男子十六岁就可以成人了，有的人家会把这个家长的位置交给成年的孩子，也有人家不交的。如果孩子未成年的话，就不能让他们当家。如果家里生的都是女儿，父母会让最亲的一个女儿留在家里，然后招上门女婿。

（2）受教育情况

1949年之前，村里很少有女孩子去读书的，只有到了1949年后，上了初级社，女孩子读书的情况才渐渐多起来。总体来说，女生很少读书，男孩儿读书的多，旧社会有个思想就是姑娘嫁出去就是人家的，除了一些地主、富农家的小姐会去读书，贫苦人家一般不会让女孩子读书。不过在那个年代，就算是有些男孩子都读不了书的，因为大家生活都是很苦的。1949年后，这种情况稍微好些，男女平等了。不过，在旧社会的时候，男孩子的地位要比女孩子高些。

我十一二岁才开始读书，只念了二年级，是我的爷爷奶奶把我带到上海去读书的。我在上海读的是夜课，就是下午三点到四点在学校读书。那时候，上海已经解放了。我的弟兄也读书了，我的两个妹妹没有读过书，像彩英的话，家人让她读书，她却不愿意读书。我对这个女孩子不能读书没有什么看法，因为那个时候条件有限，很多人家很穷。而且，当时我一个人跟着爷爷奶奶过的，因为一个妹妹被姨娘家抱养了，一个兄弟是同母异父的，他们没和我在一起生活。其实，我也很想读书的，但是没有钱读书，不然怎会去读夜课了。

（3）家庭待遇及分工

家里添饭的规矩，我没有经历过，因为我一个人生活在爷爷奶奶身边，但旧社会一直都是男尊女卑。那个时候，女孩子可以上桌吃饭的，但是到人家做媳妇的话，会稍微有点规矩的，她们需要等到家里的长辈吃完再吃，还不能上桌吃饭。在家里的话，姊妹都是坐在一起吃饭的，一张桌子上，男性会面朝南坐，女性则是可以坐其他方位的。要是饭不够吃的话，我们就先给长辈吃饱，而且家里的长辈先吃菜，晚辈才可以动筷子。我们穿的衣服都是买布匹做的,但在农村里,大家都很少买衣服,而且做衣服的话,一般会先满足男孩子的需求。那个时候,只有过年才能添衣服,一件衣服能穿好几年,上面都是补丁。过年的话,男女都可以收到长辈给的压岁钱,但是钱很少。

(4)对外交往

那个时候,男女对外交往是有些差别的,要是出人情的话,一般都是男性去出礼。过年的时候,小女孩还是三四岁的时候可以在大年初一给邻居拜年,等到了十几岁的时候,就不出去拜年了,家里的大人们则不需要拜年,都留在家里。

只有来客人的时候,家里的位置不够,母亲才不会上桌吃饭,不然,母亲都是可以上桌吃饭的。要是桌子上有位置,兄弟姐妹们也可以上桌吃饭。到别人家出人情的话,父母可以结伴一起去。如果父亲不在,母亲会出席,要是家里有大儿子的话,也可以由儿子出席代表。要是兄弟小,姐姐已经大了的话,姐姐和妈妈都是可以去的。

过去没饭吃时,很多人都会出去要饭,一大家子都可以出去讨饭的。但是爷爷奶奶因为年纪大了,一般就待在家里。那时常常是夫妻两个、娘儿俩、爷们儿一起出去要饭,因为一大家子出去要饭,讨到的东西比较少。

(5)女孩禁忌

农村的姑娘很少受什么规矩,大户人家的姑娘是需要坐绣楼的,村里的姑娘是要干农活的,所以什么时间都可以出门,而且女孩子外出的时候,能随意谈话。但是姑娘随便走亲戚的情况还是少数。在亲戚家的姑娘出门①、儿子结婚、老年人逝世等情况下,女孩子是可以出去的。要是男孩和女孩的年纪比较小,他们是可以一起玩耍的,到了十五六岁的时候,就不能在一起了,不然会被其他人说闲话。姑娘也可以跟同宗同族的男孩子一起玩耍,但是到了一定的年纪就不允许了,会被老人管教的。

那个时候,女孩子的上身衣服可以和父亲、兄弟的晒在一起,但裤子不能晾在一起,这个是要讲规矩。洗衣服的时候,上身的衣服先洗,裤子要摆在旁边后洗,而且上衣和下衣不能在一个桶里洗。这个是要上规矩②的,像我没有父亲,跟着爷爷奶奶生活,奶奶在家里做饭,爷爷是上海码头的工人,我十四岁的时候才从上海回来,然后跟堂叔们一起生活,真的吃了很多苦。

(6)女孩的家务

村里大户人家的母亲或者姑娘很少下地干活,因为过去她们都是小脚,即使她们下地干活了,也不会被人看不起的。一般家庭的母亲则是需要干活的,因为请不起伙计。在我们这边,像耙地、拉犁、踏风车③这样的重活妇女都要干的,不种地的话,生活也熬不过去。过去的姑娘不仅要干家务、割麦、栽秧、在场上滚稻子之类的活都要干,此外,我们还要学针线、烧煮、养鸡鸭。贫穷人家儿子也要干这些活。

大概七八岁的时候,我就开始纺纱、纳鞋底了,这些都是姊妈教我的。做的这些东西都是自己穿,就连出嫁的东西也是自己做的。我很少做鞋子的,一年也就做两双穿。到了上海之后,我就不弄这些了,后来回到盐城,我又开始断断续续地做针线活儿。

---

① 出门:方言,指嫁人的意思。

② 上规矩:方言,讲规矩的意思。

③ 风车:指从沟渠里运水到田地里的工具,类似于水车。

(7)男孩、女孩教育

像我家的话,三个女孩、一个男孩,男孩子自然要受到父母多一些的疼爱,父母亲对四个孩子的教育是一样的。旧社会有很多规矩,像我小时候也有一些规矩。我不能出去玩,还要割草、割猪菜。到了过年的时候,我们头上要戴一个红绿色的绸子。他们还会教导我要谨开言、慢开口,意思是不要抢话说。当时,媒人与家长谈话的时候,女孩子是无法与男孩子见面的,媒人会说这个女孩子不错、能干、能烧煮。要是谁家的姑娘插花纳鞋、下地进厨房,说明这是个勤劳能干的好姑娘。要是谁家的女孩子喜欢串门,东边玩、西边跑的话,周围人对她的评价就不好了。

2.女儿的定亲、婚嫁

我是在1952年定亲的,1954年嫁到丈夫这边,我们不是娃娃亲。我父亲死得早,他去广东打工的时候,因为水土不服去世的,那时候,我才四岁。我是被姑母介绍嫁过来的,说我从小生活比较辛苦,而我丈夫是个能过日子的人。当时,我的公公婆婆也都在上海,家里只有我丈夫的外婆。而我之所以十七岁时就嫁过来,是因为丈夫的外婆是小脚,邻居夫妻打架,她去拉劝,被人家甩了一下摔倒了,后来就瘫倒了。那时候的婚姻自由程度可不像现在,我愿不愿意都没有用,这些都是家长做主的事情。说媒的时候,我的家人都很同意,也不需要给媒人报酬。

像我定亲的时候,有两套衣裳、一副耳圈,还有就是配红历,不像现在的结婚证,红历上会写上我们的生辰八字。夫家这边需要挑个礼担子到我家,媒人需要到我们家。我们没有合八字,那时候,要是两个人的八字不合,双方可以要求退婚,但是接着过也成。有的人家彩礼要得比较多,要很多粮食、钱。娃娃亲和成人的彩礼是差不多的。富人家的彩礼是随女方妈妈的情况,她们会要一些阴阳钱和几石粮食。穷人家的话,摆几桌酒席差不多了。定亲的时候,双方的父母都会出席,要是没有父母的话,就是哥哥出席,只要父母同意,姑娘是不敢反抗的,因为父母做主。过去的话,姑娘不能经常见到男方,要是看到定亲的对象来了,姑娘还要躲起来。那个时候,我是随堂叔的意见,他们决定就好。

定亲之后,女方是可以毁约的,这需要请媒人来调解,也可以打官司通过公办解决。如果是男方先毁约,女方可以不退还彩礼;要是女方反悔的话,女方需要退彩礼。要是对方不同意毁约的话,可以请当地的乡老,就是现在的民调主任吧。

定亲之后,两家互相走动是可以的,但是姑娘不能单独到男方那边。准女婿逢年过节要拜访岳父母,还需要买点茶食过去。一般人家很高兴接待女婿的,会烧一些好菜、茶水给女婿。头一年①的话,女婿需要买两包果子,然后女方再退一包给他。即使在定亲之后,男女双方不太经常见面,女方见面还需要躲起来的,比方说女婿在桌子上吃饭,女孩子是要回避的。只有男方在逢年过节拜访的时候才能见面,就是见面的话,不怎么说话的。

结婚的时候,没有婚书,只有我刚才说的红历。姑娘嫁到婆家之前,娘家会办酒席表示欢送。比方说,嫁过来头一年的时候,妈妈这边会送上花生、果子和一些压岁钱,到了第二年夏天,妈妈会做一套夏衣给姑娘。如果姑娘明天出嫁的话,今天就是催妆,姑娘在这一天不能出门,什么活也不用干。过来迎亲的交通方式是船,新郎官、我和两个撑船的,没有其他人来我家接亲。等新娘子到了婆家的时候,家里的父母和叔叔会来送亲的,送亲是平辈分的人,主要是男性过来,母亲不会过来的。在娘家这边,我母亲会叮嘱我,到婆家那边要好好地过日子,

---

① 头一年:指第一年。

要孝敬公婆、尊重老人。我出嫁的时候,家里的亲戚少,就摆了三四桌,带了舅舅、姨娘、姑妈之类的。娘家那边没有请保长和甲长,婆家这边有请这些人。座位的话,我的舅舅坐正席,姑父和姑母坐的陪席。

我结婚的时候,家长会送糖粮脚桶①、胭脂花粉、梳子镜子等作为嫁妆。大户人家的嫁妆稍微好一点,会有箱子、柜子之类的。那时候,女孩要是没有嫁妆的话,会被婆家看不起的。我们这边,大户人家没有陪田给姑娘的,只有人家将牛作为嫁妆送给女儿。我的嫁妆都是我的叔叔办的,母亲改嫁后就很少管我了,她在我嫁人的时候看过我。当时,聘礼和嫁妆是没有关系的,就算婆家聘礼少,我的嫁妆也不会减少的。过去旧说法:"有真礼钱、没有真陪送",意思是女方可以向男方要彩礼什么的,但是男方不可以向女方要这些东西。在我家,我的妹妹陪嫁的东西比我多,因为妹妹出嫁的时候,家里的条件稍微好些了。

我刚出嫁的时候,娘家会派兄弟来看我,以防我想回家。因为我嫁过来一个月后,才可以回娘家的。回门的时候,女婿要陪同一起去,还要带上果子、肉、糕、糖。姑娘的小生日,娘家是不需要过来庆祝的。

小的时候,村里有些人家有童养媳。当童养媳的话,日子过得苦,吃饭都是待在旁边,不能上桌吃饭,干的活还特累。像我的姊妈就是童养媳,但她过得不太苦。我的三奶奶就我叔叔一个儿子,家里多了三亩地还要被划分成富农,就把自己的娘侄女做自己家的童养媳了。娶童养媳也需要办酒席,迎亲的话,就是房子的东屋是新娘子房,媳妇先在西屋里梳妆起来,然后往东房里搀扶过去,再拜堂就行了。

我们这边也有换亲的情况,但是很少,换来只要两家同意就行,倘若你家的儿子和女儿与我家的两个孩子年纪相仿,就可以换亲了。换亲主要是考虑儿子,怕他们娶不到媳妇。换亲双方的结婚时间不一致,这种情况到了1949年之后就没有了。

招上门女婿的情况就算现在也是存在的,因为家里生的都是女儿,没有儿子,就会选择留一个女儿在家里,招个上门女婿。招赘是需要同族的人同意的,也需要人来说媒。要是女婿不孝顺的话,就会让他离开。在入赘的人家,生的孩子跟着女方姓,女婿还不能分家,但是男方在家庭里面可以当家长。要是族里的事情,比如说祭祖,他是不能插嘴的。要是这户人家对女婿尊敬的话,也会把女婿当做儿子来对待。

我们村里也有二婚改嫁的妇女,旧社会的时候,有的人家丈夫死掉了,妇女就会选择改嫁。改嫁的妇女可能会很受欢迎,因为有些娶不到媳妇的男子就会组织一些人来把她抢回家做老婆,有这个风俗的。二婚的结婚仪式是有区别的,改嫁的没有拜堂的仪式,重新娶的人家可能会办酒席,不过很少。二婚的妇女不会被看不起。我们当地也没有冥婚的情况。

3. 出嫁女儿与父母关系

出嫁的姑娘正月初一到娘家,正月十五要回去。我们很少会在娘家吃年夜饭,一般都是在婆家吃年饭。出嫁后,我是可以回家扫墓的,一般的话,会去拜爷爷奶奶和父亲的墓。此外,我需要在农历二月二、端午后一天回娘家吃粽子,和我的丈夫、孩子一起回,我们回家会带一些茶食。我们要是回娘家的话,不能和丈夫睡在一起。要是娘家有困难的话,我有能力会出钱帮助的。要是我在夫家遇到什么困难,我也会找娘家的亲人商量的。要是娘家穷得没的吃了,我这边就会拿点粮食过去给他们,因为过去没有什么钱,只能靠种田生活。若在婆家受到虐

---

① 糖粮脚桶:指糖、粮食、盆、桶之类的统称。

待,被丈夫打骂或者与丈夫闹了矛盾,我就可以回娘家了。但是要是姑娘在婆家不守规矩,和公婆闹矛盾,娘家是不欢迎的。在娘家我可以出门,也可以和其他人见面。我一直待在娘家,要是婆家那边有人来带我的话,我就回去了。

旧社会,妇女是很难主动提出离婚的,要男方写休书才行。父母也会规劝,要是男方确实有问题的话,才会同意他们离婚的。回娘家的话,就住在妈妈这边,有的嫂子可能还不太愿意小姑子回来。

我的娘家和婆家不在一个村子,我是马沟镇的,他是潘黄镇的。定亲之前,我们是没有交集的。结婚之后,我与姓吴的这边更亲近一些。像我的话,娘家那边又没有什么亲人,换工什么的都是婆家这边的人。

要是谁家只生了女儿,就会招女婿,而且只能留一个女儿在家里,再把所有的财产给留在家里的这个女儿。没有生男孩的人家,姑娘是需要赡养父母的,要是有儿子的话,姑娘可以不用赡养父母。要是出嫁的姑娘有心意的话,也可以给父母一些钱,都是随她的心意。父母生病,女儿需要分担的,但是过去哪有什么医院,生了病都靠拖着。

在葬礼仪式上,儿子披麻戴孝,姑娘只需要戴白布,不用披麻。儿子和媳妇站在前面,姑娘站在后面,行礼的话,也是儿子在前面。女儿是不能主持葬礼的,还不准暖炕。过去都是把棺材埋在土坑里,儿子是需要在坑里走一圈的,但是女儿就不可以。丧葬的费用是儿子来,收的礼金也是儿子收,姑娘负责吹鼓。清明节的时候,女儿要去上坟烧纸、哭几声的。烧纸的话,兄弟跪在左边、姑娘跪在右边。一般在父母生辰、七月半的时候,女儿要回来上坟。

(三)出嫁的姑娘与兄弟姐妹的关系

我出嫁后和娘家的兄弟姐妹的关系还行,和娘舅的亲戚都有来往,大家相处得还算可以。我要是回去的话,还是要带果子、白糖之类的,如果空手去的话,也没有什么关系。我结婚后再回家的话,就是客人的身份了,兄嫂会买点菜招待一下。要是娘家有什么大事请我商讨的话,我就会回去的,一般的情况下,我不怎么参加娘家的事情。要是家里比较拮据的话,看兄弟姊妹谁有钱,就先向谁借钱。

我回娘家的话,一般都是住在父母家,也会在姊妹家做客,我一年也就去一两次,都是当天去当天归,因为大家离得很近。我会觉得去姊妹家方便,女生之间比较热情些。娘家兄弟的话语权分量是要看情况的,如果姐姐、妹妹的婆婆对她们有虐待了,娘家的兄弟才有说话的立场。要是娘家这边婆媳闹矛盾的话,我会去调解的,只能说妈妈的不是,而不能说哥哥嫂子,不然会生出家祸的。要是我说得对,他们就会听我的,要是我说得不对,他们就不会听我的。要是兄弟不赡养父母,我也就只有劝说吧,要是不听的话,只能让他们自己解决,或者通过领导来解决。在旧社会,要是在婆家出什么事的话,都需要请娘家的兄弟;而到了新社会,村里的干部会调解这些。但是这些情况我都没有遇到过,只是看到别人家有这样的情况。要是姑娘被婆家虐待死了,娘家会过来调查,看为什么会把自家姑娘给害死,过去这个叫"苦处"。娘家人不在场的情况下,姑娘是不可以下葬的,必须要娘家的人看一眼才可以下葬,不然的话,娘家人不知道姑娘的死因。

我儿子结婚的时候是不需要娘家人同意的,但在我孩子结婚的时候,他们是要出场的,女方的亲戚一般坐在右边,是下首,男方的亲戚坐在上首①。要是我儿子不听话的话,我也可

---

① 上首:指坐席的主位。

以请娘家的人来出面劝说。他们不听劝的话,过去是有专人劝解的,我可以由他们来协调。儿子分家的话,是请本家这边的人来调解。

姑娘回家拜年的话,大年初二回去,初六回来,还要带些果子和糖,旧社会就只有这些了。我们回去需要给母亲、叔叔、婶妈、爷爷奶奶之类的拜年,没有时间是可以不回去拜年的。如果父母去世的话,因为娘家还有兄弟,像我们生了儿子的话,孩子就有了舅舅,这就需要给兄弟拜年了。子女还小的话,是家人带着孩子一道去拜年,要是孩子大了,就由孩子单独去舅舅家拜年。我出嫁后,当然是与姊妹亲近点,大家有聊得来的共同话题。我当时住在潘黄,兄弟则住在马沟,我们这间隔了一个公社。小妹妹住在五星,二妹妹在宝才,大家离得不算远,逢年过节或者办事情的时候,我们才会见面走动。

二、婆家人·关系

(一)媳妇与公婆

1.婆家婚娶习俗

我十七岁嫁来这边的,因为我的公婆都在上海,家里只有我的丈夫和外婆在家,因为家里种田比较苦,公公就去上海拉黄包车,后来又把婆婆、两个女儿和大儿子也带去上海了,家里就剩下我的老公。我婆家家里有七亩地,还有房子。我定亲两年后就嫁过来了,在结婚的时候,去女方那边接新娘子就算提亲。彩礼就是双方提前商定好的两桌菜、两套衣服、一对耳圈。定亲的时候,男方和女方都是要办宴会的。我儿子结婚的时候,是新社会了,不需要向族长报告的。

我们结婚的时候是 1949 年后五几年了。在娘家没有什么仪式,新娘子在家梳妆好了后,有个挽新奶奶(现在的福奶奶)专门把新娘子挽扶到房里去。然后,婆家用船把我接过来的,婆家这边没有人去迎亲的,就只有两个撑船的。船头上会摆一尊菩萨像,那时还请了公会老爷用洋号奏乐。我坐船到码头后,福奶奶把我挽上岸来,然后先跨火盆,再跨鞍(就是小板凳),地上还会铺点柴,让新娘子走过。拜堂之后,新娘子还被挽去搅猪食缸,嘴里要说:"猪食缸里瞅一瞅,养头猪子大如牛。"接着再去搅锅镗,嘴里唱着:"口①锅镗里拨拨金,里②锅镗里拨拨银,中锅镗里拨到个聚宝瓶,聚宝瓶一枝花,盐城你是头一家。"

旧社会没有夫妻对拜,我们回来只是拜了家中的菩萨。拜堂的时候,没有什么禁忌,怀孕的和寡妇是需要回避的,拜堂还需要把门给关上,二婚的则不能到新房里看新娘。

拜过堂,我就进去房间了,坐在床边的踏板上,一直等到晚上吃暖房酒。暖房酒就是坐在房里,桌子上放两三样菜,两个童男坐在新娘子两侧,男方吃菜喝酒,还用红筷子捅破红窗户(梳妆台正对着窗户)。有句顺口溜是这么说的:"手拿红牙筷,倚在窗户外,捅破窗户纸,看看新娘子。"

吃过暖房酒后,新娘子会出席喜宴。婚宴是男方这边准备的,需要请村里的小干部和媒人的。新娘子坐在桌子的上席,但是新娘子不允许吃菜,只能坐在那里。等到上了肉菜的时候,新娘子会被福奶奶挽回房,并让一个童男坐在新娘子的那个位子上吃菜,还会包个红包给他。此外,会把桌子上的一些肉菜用小碗盛点给新娘子,待到第二天再让新娘子吃。家里的

---

① 口:指外面的、靠得近的。

② 里:指里面的、靠得远的。

男长辈在丈母娘那边是坐首席的,在家这边第一餐的时候,男方坐主席。男方的那些姑母等女性则是坐在主席旁边,要是座位多的话,她们也可以坐在主席。女方的长辈只有在出堂的时候,可以坐个主席。

我们结婚的时候没有主持婚礼的人,只有福奶奶负责一些事情,给我们叠被子,第二天早上给我们打水洗脸,还要给我和我丈夫每人剥三个红蛋,要是一口能吃到蛋黄,福奶奶就会把男方请到外面,用细线把他脸上的细毛给弹走。现在是没有这些了,过去人的脸都是很方正的,这是用线弹的原因。

结婚的第二天,女方的家长还会过来,俗称"乔朝"①,舅舅就会坐主席,女方的父母则会朝西而坐,俗称太事坐。媒人随便坐在哪里,她是没有主席可以坐的。女孩的哥哥或者兄弟会把她的包袱从娘家背过来。

结婚后,我不需要给公婆磕头、端茶,但在二朝(第二天)的时候,要去给爷爷奶奶请安的。结婚后,我们不需要去拜祖坟,只是在结婚前的一两天,新郎官要去扫墓,俗称送喜钱封子。以后就是逢年过节的时候会去拜墓的,像我是不需要去祖坟烧纸的,都是男方去烧纸。

2.分家前媳妇与公婆关系

公婆在的话,就是公婆来当家,公婆不在就是自己当家。要是家里的母亲不管事情的话,兄长可以接任当家长的。别人家的公公会管一些大事小事的,而我的公公、婆婆在上海,他们不怎么管事情,也不需要向他们请示。

家庭的一些事情可以商量,如果家里要建房子,我是可以参加的,婆婆也可以发言,要是大家的意见不一样的话,谁说得有理就听谁的。我嫁过来之后,淘米、洗菜、洗衣、地里的农活我都是要干的。男的就负责种地,那个时候,我们就苦得要命,又没有机械化,特别是靠两个脚踏洋风车来汲水,真的很累,劳动强度很大。婆家这边的男士基本上不需要干家务活,只需要种地就行了。

我们婆媳关系还可以,都挺客气的,她在上海,我们也不是经常接触的。她会教我干一些活,只要我听她的就行了,她不会打骂我。我的婆婆还是蛮好的,她对我串门什么的也不会管束。当时,我都在种地,我们村里也没有什么活动可以参加。到建立初级社之后,逐步地开始举办一些活动,我们也会去参加。我回娘家的话,会跟我的公婆知会一声。每年农历新年、二月初二、五月初一,我都会回娘家待几天,八月半②团圆节、除夕夜需要在男方家过。

1949年之前的规矩还是很大的,媳妇要是回娘家的话,需要得到婆婆的批准,不然的话是不准离开的。大户人家的规矩更大一些,很多事情都需要注意,做事、说话都要得体。在旧社会,媳妇不仅要给公婆端洗脚水,还要把洗完的水给倒掉,还需要干其他一些家务活。平时吃饭的话,要是这户人家老的、小的比较多的话,一桌子坐不下,媳妇就要在旁边吃饭。我倒是没有不在桌上吃饭的这种情况,我的小姑、小叔都在上海,我们家的人口比较少。

丈夫在外面干活,媳妇就需要把饭菜煮好了给他吃,还要把洗脸、洗脚水打过来给他洗漱,茶水都是要伺候好了的。要是男性干家务的话,婆婆会有点生气,村里人也会在背后讨论,说这个男的无能、怕婆娘。婆婆就会说教媳妇,意思是丈夫在外面劳动了一天,很不容易,需要把他伺候好了。

---

① 乔朝:方言音译。

② 八月半:指农历八月十五的意思。

1949 年之前,有婆婆虐待媳妇的情况,但是媳妇不能反抗,要是反抗的话,还会被婆婆打骂,甚至赶出家门。要是婆媳有矛盾的话,丈夫会帮着父母说话,要是帮媳妇的话,会被说护短,父母又会生气的。要是公公在的话,公公会出面协调婆媳矛盾,公公不在的话,丈夫就会出面解决。要是丈夫和公婆有矛盾的话,媳妇会劝婆婆不要生气,再让丈夫不要太较真。1949 年后,公婆虐待媳妇的情况少了,女孩子的婚姻自主权大了。

嫁到婆家之后,要是没分家的话,媳妇就没有财产权。要是分家的话,会按照家里的人口来分财产,媳妇是有财产权的。媳妇应该没有陪嫁田地吧,我们这边倒是没有这样的情况。但若真是媳妇带过来地的话,那应该还是属于媳妇的,婆家没有权利去卖,只有这个媳妇有权处置这块田地。那时候,如果男方写休书把她休掉的话,女方是可以把嫁妆带走的。要是女方自己要离开的话,只能光人走①。我嫁过来之后,是 1949 年后了,就不弄纺纱织布这些了。像我的话,公婆也不在家,也不需要私房钱,但有些妇女是会存私房钱的。

3.分家后媳妇与公婆关系

(1)分家

结婚后,我们没有分过家。其实,我们家也等于是分开的,因为我们和公公婆婆不住在一起,他们在江南,我们在江北。以前,要是家庭不和睦或者家里有两个以上儿子的话可以分家;要是家庭和睦、家里只有一个儿子的话,就不可以分家。

(2)离婚

在旧社会,要是夫妻两人相处不和睦的话,要写休书离婚的。但是按照风俗,离婚是很难的事情,因为嫁鸡随鸡嫁狗随狗。要是儿子想离婚,他们夫妻关系不好,这是没有办法的事情,就必须要离婚,就算娘家人不同意也没办法。娘家不会允许婆家无条件休妻,除非这个女的作风上有问题、对公婆不孝顺,就可以写休书了。写休书没有什么仪式,直接写个休书就行了,那个时候,哪里有政府来管这些,都是家族的长辈来管事情。

(3)改嫁

1949 年之后,公婆在子女婚姻上的权力没有旧社会的时候大了,因为子女的婚姻开始自主了。如果丈夫去世的话,妇女要改嫁,公婆是没有办法阻拦的,因为丈夫没有了,妇女可以自行选择婚配。但是过去有个风俗,就是男方死了,女方可以一直不改嫁,称作"守节",只有真心和贤德的妇女才会这样做。分家之后的改嫁,女方是不好被婆婆管束的,因为她有自主权了。要是分家之后,那些属于她自己的财产可以带走。要是她有子女的话,那些财产是需要留给子女的,等到孩子长大,再给他们继承。

(4)外出经营管束和赡养尽孝

1949 年之前,妇女一般的都是小脚,都是待在家里搞家务、下地里干活的。公婆年老时,有儿子和孙子的话,就由他们来赡养。要是丈夫死了,媳妇还没有改嫁,而且有能力的话,可以帮忙照顾公婆,特别是在婆家生了孩子的,是需要赡养公婆的,但是这种情况很少。公婆办寿的话,媳妇需要磕寿头,然后公婆给点红包。要是儿子来组织这场寿宴,收到的人情钱都由儿子收下。

---

① 光人走:指什么东西都不带走,只有人可以走。

（5）公婆祭奠

公婆去世的时候，我和丈夫的孝服是一样的，跪拜是有区别的，男左女右。下葬的时候，妇女不能到坟墓上去，等到棺材已经埋入地里了，妇女才可以烧纸磕头。过去是用棺材埋葬的，公婆两个人的坟墓也有规矩，遵照男左女右，男的会被埋在左边。磕头的话，儿媳、儿子、孙子先磕头，姑妈、姑父、其他亲人后磕头。给公婆立碑的时候，只有儿子、孙子的名字会被刻上墓碑。去祭拜祖坟的时候，媳妇是需要带着儿子一起去的。

（二）妇与夫

1. 家庭生活中的夫妇关系

（1）夫妇关系

我与丈夫在结婚之前就已经见过面了，但是都不搭话的。见面后，我对他挺满意的。再说，我们都定亲了，不满意又能怎么办，这些都是父母和叔叔们做主。结婚后，我们俩就互相叫名字，因为大家都是平等的。嫁过来之后，家里的钱和钥匙都由我来掌管，因为我的公婆不在家。家庭的农业生产也都是我安排，如果需要请工什么的，就是我丈夫出面，但一般情况下，我家的劳力还是足够的，很少请工的情况。如果家里的房屋要倒闭了，建房子什么的，也由男方来决定。那个时候，建房子不要做登记，初级社和高级社的时候，房屋的大小是需要村里来安排的。要是买地的话，我丈夫会与我商量的，因为钱都是两口子的，肯定要知会一声的。家里的事情都是我来，种田是我们俩一起，但家里的劳动负担也不轻松，需要花很多精力才能把田地种好。

在我的小家庭里面，家庭排位是这样的：丈夫第一、儿子第二、我第三。饭不够吃的话，先让儿子和丈夫吃饱。家里的经济开支要先满足丈夫的需求，讨饭的话，我们也会一起去。家里有人生病的话，有钱就先拿钱去看病，没钱就借钱看病吧。

1949 年以前，女人需要打好洗脸、洗脚水端过去给丈夫的，饭也会端上桌子，就是现在我家还是这样。要是丈夫不学好的话，妻子是可以管教的，不过，有的人家管不来，我家还是没有出现这样的情况。妻子还嘴这个需要看情况的，要是丈夫做得不合理，可以与丈夫据理力争。要是丈夫让妻子干活，妻子不干的话，两个人之间就会争吵。一般情况下，妇女很少外出，因为有家务和带孩子，这些都是女性要做的。女性上身的衣服是可以和男士的放在一起洗，下身的衣服不可以一起洗，需要先洗男士的。我们的衣服可以晾在一起，但是女性的下半身衣服会晾在比较隐蔽的地方。与 1949 年之前相比，很多风俗发生了变化，一是婚姻上，女性自主权更大，不需要父母包办了。二是妇女的话语权更大，可以参与村庄的公共事务，丈夫也可以分担家务了。

（2）娶妾与离婚、婚外情

1949 年之前，能娶妾的都是地主、富农、资本家，贫农娶不起两三房，也没人愿意嫁给他。没有大房同意丈夫娶妾的，但是丈夫也不会征求妻子的同意。父母爱财、家里比较穷的话，把自己的丫头给人家当二房的话，可以多获得一点的彩礼钱。娶妾的钱会比娶妻的多一点，如果他娶贫穷的人家，对方会多要一些钱的，等于把女儿卖给他家做妾。旧社会，娶妾也是要拜堂的，妾会叫妻子大太太，但妾不需要行跪拜礼。但凡是可以娶上二房和三房的，就不需要自己动手干什么活了。大房要是不生养的话，可以抚养妾的孩子。妾是否当家要看家里的情况，如果丈夫看不起老大的话，可以让二房来管家，但是一般情况下，都是大房来当家作主。

旧社会存在典当妻子的情况,丈夫赌博输了的话,就会出现这种情况。我在戏剧上看过,但我没有见过真实的情况。丈夫卖妻子是不需要中间人的,有些妻子要是不同意的话,还会自杀。1949年之前,因为旧社会有男尊女卑的说法,丈夫打骂妻子的现象不少,但要是妻子没有缺点,丈夫无缘无故批评人的话,家里的长辈会护着媳妇。要是家里的长辈都不能制止丈夫的这种行为,娘家会有人来协调的。1949年之后,丈夫打妻子稍微有些改变,再到后来男女平等,这种现象就更少了。在农村,可以把家里的家务干了,还能与家里的小叔、小姑和睦相处就能算是好妻子了。

结婚后,我的钱不需要交给丈夫,因为只有两个人过日子,大家主动承担起家庭的重担。那时候,靠着挣工分生活,他挣得比我多。家里的家庭支出都是他来决定,要是大事的话,我们一起商量。1949年之前,妻子到市场买东西的情况很少,一般的都是男性去买。女性无权去卖东西的,男性却可以。在那个时候,要是男的吃喝嫖赌不好好过日子的话,女方可以提出离婚。1949年之后,女性提出离婚得比较多,因为之前是包办婚姻。要是男方不学好的话,女方就可以提出离婚,但是女方提出来离婚,不可以分割财产;要是男方提离婚,还可以分割共同财产。

2.家庭对外交往关系

我家的人情往来一般都是丈夫出面,娘家那边要是操办事情的话,妻子需要和丈夫商量,并一起去出人情的。平日里的请客送礼什么的,两个人共同协商,男方会稍微多出一些。要是别人请吃饭,我也可以参加。要是丈夫在外面有债,妻子可以帮忙还,但只要丈夫能改过自新。

以前,妻子独自去借钱,人家是不肯借的,必须要丈夫出面才可以。女性地位提高一点之后,她们是可以借钱的,但人家会看你家庭的偿还能力。1949年之前,要是男方有婚外情,周边人对这个男的评价不太高,认为这个人不靠谱吧。要是女性有婚外情的话,邻里会说这个女的不贤德、比较风流,丈夫会对她打骂,并送她到娘家去。

那个时候,我的好朋友是邻居小姐妹,我们都一起到田地里干活的。我出去串门的话,不需要跟丈夫商量的,因为都解放了。在一起干活的时候,大家在一起的时间还蛮多的。1949年之前,我不怎么出去,去过最远的地方就是上海,是跟我的爷爷奶奶一起去的,因为我的父亲在广州打工的时候去世了,爷爷的家产没人继承了,他就把家里的东西都卖了,在我四五岁的时候,带我们去了上海,我的妈妈也改嫁了。

(三)母亲与子女的关系

1.生育子女

(1)生育习俗

我生了一个儿子、三个女儿,第一个孩子大概在1963年出生的。我生大女儿的时候,我们有向邻里乡亲报喜,到了生二女儿的时候,就不报喜了,等到生了儿子的时候,我们才又去报喜的。生儿子的话,家里的长辈很开心,夫家会买染红的鸡蛋和面条到我的母亲家。要是女儿生多了,家人就会有点不开心。在我们当地,生儿子会办三朝饭,就是在儿子生下来的第三天办饭,还会到祖坟上烧点纸钱,将喜悦分享给祖宗,保佑孩子健康成长。到孩子满月的时候,需要往孩子的脸上涂个黑色的东西,等到孩子从外婆家回来的时候,就给孩子涂个红色的。办酒席的时候,邻居、亲戚都需要邀请,他们来会包个红包给孩子,同时,我们需要给每户人家发三个红鸡蛋。娘家人也会来庆贺,他们会带糖、蜜枣、果子之类的。孩子出生一百天的时候,可以把孩子抱出来给邻里看看,可以让孩子不认生。孩子满周的话,我们这里叫娃周,就是孩子一周岁的时候,家里需要庆祝的。

在我生第一个女儿的时候,家里也有庆祝,就是带亲戚到我家来吃饭,也需要给邻里发红蛋,娘家人会来送月礼,就是给我带点茶撒子。公公这边的人只要生个男孩子会很开心,要是都生女儿的话,他们会很不高兴的。那个时候,没有避孕的法子,有的人家能生七八个或者十来个,因为家里长辈必须要抱孙子。

(2)生育观念

1949年之前,家里的媳妇不能生育的话,儿子就需要娶二房或者抱养兄弟家的小孩。1949年之后,这种情况也还存在,俗话说:"不孝有三,无后为大",家里的长辈肯定是希望抱大孙子,如果媳妇无法生育,他们就会逼着儿子离婚、重娶。但也有一些比较痴情的或者真心爱老婆的人,不会在意老婆有没有生养孩子。

(3)子女教育

我的儿子是大学生,三个闺女是初中生,我家的儿子和闺女都是一到学龄就读书了,男孩、女孩在我们家都是一样的疼爱。我丈夫在教育孩子方面还是挺严格的,会鞭打小孩,像我的话,孩子不听话就会言语说教。虽然当时有"女孩子不需要读多少书,反正是要嫁人"的说法,但我们双方都认为男孩女孩都要读书,只有读书才有出路。在儿子读书方面,爷爷奶奶不在家,不怎么问事。那个时候,我们只有挣工分和养猪供孩子念书,没跟别人借过钱。

(4)对子女权力(财产、婚姻)

儿子女儿在婚前挣的钱有一部分会交给我们。他们要是出省去打工的话,挣的钱就自己花。我大女儿是自由恋爱,其他的孩子都靠媒人介绍的对象。他们在结婚之前,一般会测八字,看两人的属相是否相配,要是两个孩子同年出生就不需要测。我们的观念是,只要子女同意就好,我们不会干涉他们的选择。他们结婚和我不一样,他们结婚是用的自行车接亲,而我是坐船来婆家的。我女儿结婚也没什么聘礼,就买了一些胭脂花粉、糖果、盆子之类的。儿子定亲也是自由的,我们就给媳妇买了一条项链,女方那边也没有要彩礼。我们花了两三千块钱买了一些嫁妆,比如说衣橱、梳妆台,我媳妇家陪嫁的是台电冰箱和椅子、沙发。那时候,我儿子在学校做教师,是住的学校的房子,他们是1993年结婚的。

2.母亲与婚嫁后子女关系

我和媳妇的关系还算可以,我也不会管他们小两口的事情,现在的媳妇不需要伺候公婆和丈夫。我儿子不会做家务,家里的事情都是媳妇来干。我们是2005年分家的,这是我儿子提出来的,因为我们是农村的,而媳妇是城里的人,可能有些想法、观念不一样。财产没有进行分配,只是我们老两口住在另一间房屋里,吃饭都是自己做。分家的时候,女的也可以参加,反正我们就这么一个儿子,今后的财产都是他的。

我女儿都是二十几岁定亲的,大女儿是二十岁,二女儿是二十三岁定亲的。她们定亲的时候,父母只能做参考意见,主要还是看小孩子自己的决定。她们定亲后,经常两边走动,逢年过节的时候会来拜访我们,她们会带一些香烟和酒过来。他们和我的那个年代相比是有变化的,在六几年的时候,婆家一般会准备缝纫机和手表、衣服之类的,有的人家只要准备几桌菜就娶亲了。嫁妆方面,有钱的人家给得挺多的,有车、冰箱、房子之类的。现在,农村结婚的彩礼没有规定,随便人家的心意,多少不等。现在姑娘选对象的标准还挺高的,要看文凭、工作、家庭的情况。彩礼的变化也挺大的,我们那个时候也没有什么聘礼和彩礼,只要双方同意就联姻。

1949 年之后,家里没有儿子就可以招女婿,这个是不需要家族里的人同意的。要是大房里没有儿子的话,就会从兄弟那里过继儿子。招的女婿是可以当家长的,也能处理一些事情。有的人家会让上门女婿当家长,他的家庭地位挺高的。要是上门女婿离婚的话,这些财产是要给家里孩子的。

我和女儿家常来常往,姑娘家有困难的话,我们也会竭尽全力帮助她们。她们要是请我帮忙的话,我也会帮她们带孩子,但是他们也不需要我来带的,因为她家有公婆。在我看来,外孙和孙子没有区别,都挺喜欢的。我们也不太需要孩子赡养,因为自己有养老金,他们逢年过节也会买东西和给我们钱。一年下来,我大概也就去女儿家两三次吧,虽然我与她们离得还挺近的。

三、妇女与宗族、宗教、神灵

(一)妇女与宗族

我们这边没有宗祠,但有祭祖的活动,男的不在家,女的是可以去参加的。妇女不可以参与修族谱,必须要家族里辈分比较高的人来参加。1949 年之前,老年妇女是可以参加宗族聚餐的,但是她们不能在宗族会议上插言说话,年轻的媳妇不可以参加。那个时候,妇女都是小脚,要是扫墓的地方比较远,妇女就不去了。祭祖的时候,有一个祖先牌位会在每个家族谱系里面轮流供奉。在举办祭祖的时候,妇女可以参加,也能发言。我出嫁的时候,是需要请家族的宗亲。生男生女在宗族上没有什么仪式,我们这里也是没有族田,就更别提什么溺婴现象了。

(二)妇女与宗教、神灵、巫术

宗教、神灵、巫术之类的在旧社会才有。那时候,要是很多天不下雨的话,人们就会到龙王庙烧香求雨。家里有人生病的话,会请事很高、有点本事的妇女作法,她们会把一双筷子立在水里,嘴里念着死去长辈的名字,要是喊到那个名字时筷子在水中立起来了,就会烧香磕头,嘴里叮嘱这位长辈保佑家里生病的人。这些都是妇女来干的,在作法的时候,一旁的闲人不准插嘴。

我们这有祭拜灶王爷和灶王奶奶的风俗,在农历十二月二十四日的晚上,装一碗饭、在饭上放一块豆腐,还在桌子上放五谷杂粮,并烧三炷香,用火烧掉用竹子编成的马,这就是送灶王爷。灶王爷和灶王奶奶的供品都差不多。大年初一的时候,家里的成年男子会到土地庙拜土地公公,以期保佑自己的土地在这一年可以高产。我们这边也有拜送子观音的风俗,特别是妇女嫁到婆家几年都没生育的,她们会经常来送子观音庙烧香祷告。

那个时候,我们当地有一些神婆,按照现在来说的话,她们就是骗钱的,但当时信她们的人很多。求平安的神灵是由男性来烧香磕头。关于婚姻和生育的事都是妇女去找神婆算命,通过生辰八字预测孩子的婚姻状况和生子情况。村庄祭祀什么的,女性可以参加。

为了保佑家里老小的平安,我们家也摆了一尊观音菩萨像,每年春节,丈夫都会摆上供品祭拜,而平日里都是我来烧香供奉。每年农历七月半的时候,一般都是丈夫去坟地烧纸,妇女只能去磕头。要是他不在家,我也不能去烧纸,因为旧风俗说妇女上坟烧纸是破钱,家里的经济条件会走下坡路。祭拜鬼神什么的,都是丈夫在祭拜,当然也是他来操心。至于宗教信仰什么的,因为我是汉族人,不信鬼神的,但我们村里也有信耶稣的,不过信的人很少,他们是在得病之后才信这个的。

四、妇女与村庄、市场

(一)妇女与村庄

1.妇女与村庄公共活动

出嫁前,我的年纪还小,没有参加过村庄活动。那时候,村里有一些文艺活动,我们是可以参加的。1949年之前,村庄会议一般都是男性参加,但也有个别能力比较强的妇女可以参加。我出嫁后已经到初级社了,我们也参加一些会议,比如说搞生产动员的会。村里的公共事务我也参加了,比如好多修路、挑沟挖渠。1949年后,妇女是有发言权的。1949年以后,乡长、保长会召开一些会议,妇女可以参加,但我没有发言,只是去听他们讲东西。1949年以前,女性也有摊派的活儿。

2.妇女与村庄社会关系

在娘家的时候,我有关系比较要好的女伴,我们会在一起挑猪菜、聊聊天。那个时候,还没有集体化,都是各家各户自己安排劳动。1949年之后,女性不裹小脚了,很多农活女性也会参与。大换工的时候,女工的劳力是男工的一半。新婚后,做新娘子满一个月,妇女才可以去邻居家,这是因为旧社会有个风俗,做新娘子到邻居家是不好的,走到哪里哪里的地就被卖掉,其实这个是迷信。出嫁后,我的朋友都是邻居,与本家的关系也挺好的,大家会一起聊聊天。村里要是有红白喜事,请我去的话,我就会去帮忙张罗。通常关系好的妇女在田埂上就可以聊天。男的也会聚在一起聊天,他们都是东扯西扯地乱聊。我们一般是不去外村聊天的,在本家这边聊天的话,也不需要得到丈夫的同意。

(二)妇女与市场

我出嫁前没有去过市场,那个时候也没有集市。出嫁后,我去过市场,都是我一个人去买东西。那个时候,市场上有女性商人,她们在丈夫同意后,也可以到外乡的市场做买卖。女性可以去市场上买东西,也可以赊账,这是需要卖家同意欠账的。我嫁过来之后,就不纺纱什么的了,大概在六几年大集体的时候种过棉花。我家做鞋子、衣服的针线都是奶奶捻线或者到店里去买的。1949年以后,妇女什么都可以卖,我们当时发过布票和粮票,有的还用不掉,因为没有钱买。那个时候,村里的物物交换还是挺多的,三斤豆子能换一斤豆腐。

五、农村妇女与国家

(一)认识国家、政党与政府

1.国家认知

国家这个词,我是嫁过来之后才知道的,因为初级社、互助组的时候,开会有人宣传的。我还在上海的时候,国家还在国民党总统蒋介石的手里,后来解放军过长江,1951年时,我就回江北了。1949年之前,国家没有宣传过男女平等的思想,那时候是私塾,女孩子很少会念书的,除了有钱的大户人家。那时候,我们买东西都是用铜板、银洋钱和蒋介石的纸票子。

2.政党认知

当时,蒋介石的儿子蒋经国在上海限价,让老百姓没有钱买东西,也没有东西可以买,为此,老百姓都到市场上抢东西。我们在念夜课的时候,读过孙中山是国父。那时候,我还不知道共产党,1949年后,我才知道的国民党就是蒋介石那边的,共产党是毛主席这边的。我在1958年的时候,当过村里的妇女主任,当了二十五年的干部,到了1983年的时候,我才退休,我们那个时候当干部还是很苦的。我在1972年加入中国共产党,我儿子也是中共党员。选干部和选代表,我都参加过,我也被选作人民代表。因为我比较能吃苦,干活比较好,被评了一个模范,支部书记看我的表现好,就让我去参会,然后就留在村里做事了。我的入党介绍人是施政权,我打报告两年后才获批入党。我认为,土地改革运动后,贫农对共产党是感恩戴德,没有共产党就没有我们今天的美好生活。

3.夜校

我在上海读过夜校,给我们上课的老师我们也不认得,都是共产党这边的人,那时号召念不起书的人去读书,我还上过冬学。

4.女干部

我见过最高级别的干部是我们这边的县长,1949年之前,政府里很少有女干部。我第一次接触女干部是在1958年的时候,乡里组织我们去开会,有个叫张美珍的人带我们学习。我也希望我的家人可以当干部,这样可以为人民服务,当人民公仆了。我认为计划生育政策挺好的,可以减少人口,以前是提倡一对夫妇养两个孩子,后来就只能生一个孩子了,我觉得一个孩子太孤单,现在习近平又开始放开二胎政策真是太好了。我们当时搞计划生育的时候,还是比较困难的,人家怀孕了,给人家做工作,让她们引产、打胎,真的不容易。现在的妇女比以前的要忙碌,她们既要工作,又要带孩子、做家务。

(二)对1949年以后妇女地位变化的认知

我在1958年第一次听说妇联,我也参加过妇联的会议,那个时候妇联会号召男女平等,女性也可以出去工作,而且儿女的婚姻可以自己做主了。以前婆婆可以打骂媳妇,现在婆婆和媳妇是平等的。1949年以后,只要夫妻关系好的话,女人也可以称呼男性的名字了,还可以并肩出门,家里的内务男性也可以做了。政府对男的打女人是会说服教育的,与我小时相比,现在的孩子学历越来越高,我孙女也是研究生,这些都与政府的政策有关。

(三)妇女与土地改革运动

土地改革运动之前,我家是贫农。土地改革运动的几年,因为我年纪还小,而且我随爷爷奶奶去上海了,对家里的一些情况不太了解,开会斗地主什么的我也不太清楚,因为我们是1949年才回到盐城,土地改革运动都结束了,我们家没有分到土地。

(四)互助组、初级社、高级社时的妇女

我嫁过来两年后,这边开始搞互助合作了,我们组里都是一些周边的邻居,大家的关系都很好。加入初级社的时候,我们家最先同意入社的,因为家里没有踏车、耕犁这些大型农具,还要自己挑水灌地,真的很辛苦。上了大集体后,我们倒是轻松了一些。那时候,社里不会强制妇女上工,但我们会主动干活,因为我们都是大脚了,需要挣工分吃饭。大跃进的时候,我组织了妇女突击队,哪里的活儿干不出来,我就带领她们一起去干。那时候,我们这边没有女社长,到了冬天,男的出去挑河泥干重活,女的就在家里种地。男女的报酬有一些区别,男

的工分会稍微多一些,因为他们干的是重活。集体派工的话,会给妇女安排一些轻巧活。孕妇可以休产假一个月,但不干活就没有工分。我们没有哺乳期的,趁着空闲时间回家带孩子或者把孩子带到田地里干活。

我六几年的时候,才有了第一个孩子,因为我丈夫出去当了几年兵。我那个时候,还是很辛苦的,公公婆婆又不在身边,孩子都是我一个人来带,上工的时候,只能把孩子寄托在邻居家。我基本上天天出工,连大年初一也干活。

(五)妇女与人民公社、"四清""文化大革命"

1.妇女与劳动、分配

人民公社的时候,我才二十岁,大家都会唱《东方红》。那时人们需要工分,因为多劳多得,也不需要上级动员,大家就会参加劳动。青年妇女什么都会干,老年妇女只要到棉花地里干活就行了。割麦、栽秧、挑粪、挑河泥这些都是妇女一起干的,但女性不用参加大炼钢铁。那时候,村里的男女劳力数量差不多。

我出去上工的时候,就把大女儿关在家里,让她在摇篮里待着,等到她大一些了,就让人家帮忙来带。等到我到村里做妇女工作了,我就组织一些老妇女组成托儿所的形式,让她们专门带孩子。相比大集体劳动,我更愿意选择分田到户,因为田地都是自己的了,我们的积极性和热情也就更高。那个时候,我一年能挣两千多工分。生产队的油粮都是按照人口来分的。我家是缺粮户,因为我家的劳动力少。

2.集体化时期劳动的性别关照

那时候,对妇女没有太多照顾,孕妇只有在哺乳期干些轻活,要是哺乳的话,就在下午的时候请个假,回去奶孩子。也有些妇女生病了,政府最多补助一些粮食。我们生产队是有托儿所的,都是生产队的老人来照顾,一天给她们五六个工分。

3.生活体验与情感

我们这边食堂由男性做饭,食堂的饭看人家你怎么定了,要是定一斤的饭,你就吃这么多。小孩子只能吃大人的一半,我们还吃过周转粮,困难的时候,一个月只能吃两顿米饭,其余的都是喝粥。那时候,人们都太苦了,没有东西可以吃了,只能逃荒或者吃草和树皮。在"三年困难时期",我丈夫在外面当兵,我在家做工分,生活还是混得过去的。那时候,有人到生产队田地里偷粮食、青蚕豆等,有的会被捉住,但因为人饿得实在没办法了,就把他们放了。那时候,大家相处得很纯粹,也很热闹,要是干部不在的话,我们就在一起聊天、纳鞋底。

4.对女干部、妇女组织的印象

那时候,我们几个能干的妇女成立过特级队,帮老弱病残家栽秧,以防过了时节。我是生产大队的妇女主任,因为我劳动积极、干活好,能够保质保量地完成任务。

5."四清"与"文化大革命"

在"文化大革命"的时候,我们批斗过"当权派"。那时候,我们的自留地没有被收走,鸡蛋也可以到市场上卖。我们可以走亲戚,但是我们一般很少出去玩,因为那样就没有工分了。

(六)农村妇女与改革开放

我们参加过分土地的决策,妇女也能发言。那个时候,我们都愿意分田单干,因为集体劳动的话,粮食挣不回来,吃不饱饭。分地的时候,村里都是按照人口来分的,土地证上也有我的名字。要是离婚的话,妇女不能带走自己的土地,只能留在婆家。我参加了村委会的选举,当上了妇女主任,也有一些妇女当上了生产队队长,反正妇女的地位逐步提高了。

六、生命体验与感受

我一生最艰苦的时候就是从上海回来跟着堂叔过的时候,那三年时间最苦,在他们家挑菜、割草,还没有什么衣服穿,能够在外婆家待一段时间就觉得特别幸福了。后来,我嫁到这里,逐步加入了互助组、初级社和高级社,挣工分吃饭了。因为我家老头在外当了几年兵,我在家干活,顺带照顾瘫痪的老人,生活很不容易,但至少我可以凭借自己的劳动养活自己了,而且我的丈夫对我很好,什么事情都会跟我商量。接着,我们生了几个孩子,虽然挣的工分不够,生活很拮据,但我们感受到家庭生活的乐趣,靠我们两口子的努力共同经营着小家,也在看着国家这个大家的发展、变化,心中乐开了花。到了现在,我们人老了,一是不用干活了,国家政策对老人很照顾,看病也可以报销了;二是家里的孩子很孝顺。同时,女性在社会上的地位比之前更高了,男女平等,女性有自己的发言权,可以做自己喜欢的事情,不受旧风俗的约束了,这是最大的变化。

HL20170114WCY 王翠英

调研点:江苏省盐城市盐都区潘黄镇宝才村
调研员:韩露
首次采访时间:2017 年 1 月 14 日
出生年份:1934
是否有干部经历:否
是否生育:是
受访者结婚的时间节点、生育子女的具体情况:1952 年结婚;1953 年生育第一个孩子,共生育了三个儿子,儿子都已经成家。
现家庭人口:4
家庭主要经济来源:务工
受访者所在村庄基本情况:宝才村位于江苏省盐城市盐都区潘黄镇,因纪念革命烈士胡宝才而得名,村域面积 7 平方千米。"要想富,先修路",近几年宝才村的交通变得十分便捷。境内住户结构由常住户、暂住户两方面构成,据统计,2013 年年底,全村有常住户 1027 户,计 4382 人;暂住户 168 户,计 524 人。居户共有姓氏 49 个,以商、周、李、朱为主,村内系汉族聚居区,少数民族的只有回族两人(是婚姻迁入)。

宝才村现有 145 名党员,村民代表 71 人,党支部下辖"两新"联合,村务管理、工业、三产、宝华、华刚等 13 个党支部,从 2007 年到 2013 年新发展党员 40 人。全村至 2012 年有固定资产 3500 万元,经济总量 12 亿元,上缴国家税收 2500 万元,人均收入 11400 元。在开展群众性体育活动方面,在居民区添置了体育器材,为群众开展日常体育锻炼提供了方便。在环境方面,宝才村天蓝、水清、路平、环境宜人。

受访者基本情况及个人经历:老人生于 1934 年,家里除了父母,还有一个弟弟叫王镇江,一个姐姐和一个妹妹。贫农成分,有十亩地。老人的父亲除了自家劳作,还给富人家做伙计。当时的生活条件很差,老人十五六岁的时候还出去讨过饭,十七岁到商家庄打工,后经媒人介绍嫁到了这里。老人十八岁结婚,也就是 1952 年,并于次年生了第一个孩子,共生育了三个儿子。刚嫁过来的时候,老人的丈夫家仅有一亩二分地,是贫农成分,一家生活清贫。老人是个很能吃苦的人,在她和丈夫的共同努力下,把小孩拉扯大,逐步过上了幸福的生活。老人的丈夫去世后,她和大儿子一家生活在一起。谈到过去,我从老人眼里看到了辛酸和不易,她坚信先苦后甜,所以她很珍惜现在的美好生活。

一、娘家人·关系

(一)基本情况

我叫王翠英,这个名字是在上冬学的时候,一个叫商春芳的会计给我起的名字。在此之前,我的小名叫小五子,曾在尼姑庵待过一段时间,唤作元文。我有一个兄弟叫王镇江,生了五个孩子,他在四十七岁的时候就死了。此外,我还有一个十六岁就已经嫁人的姐姐,和一个妹妹。通常情况下,男性是按辈分起名字,女性不按此风俗。我是1934年出生的,家里是贫农,仅有十亩地用以耕种,父亲给富人家做伙计谋生。我家没有人是被抱养的,那个时候,很多人家都会生养十个、八个小孩。因为孩子生得多,生活的条件很艰苦,我十五六岁还出去讨过饭,十七岁到商家庄打工,后被媒人介绍嫁给了这边的人。我十八岁嫁过来,丈夫家只有一亩二分地,是贫农。次年,我生了第一胎,后来陆续生了两个儿子。

(二)女儿与父母关系

1.出嫁前女儿与父母关系

(1)家长与当家

在娘家,我的父亲是家长,母亲管内务。虽然他一个字都不识,但什么事情都是父亲一个人说了算。虽然家里有十亩地,但因为气候、土地肥力等原因,一季下来收不到什么粮食,后来,我们全家都出去讨饭了。在我们村,女性是可以当家的,但是她们没有实权。在旧社会,女性没有什么地位,也不可以当家长,爷爷去世的话,只能让儿子来当家。父亲去世的话,儿女长大了,就让儿女来当家了。那时候,十八岁算是成年人,就可以担起家里的事务。

(2)受教育情况

我读过两年的私塾,后来和平军经常到我们这扫荡,私塾就散了,我们就不读书了。我的兄弟读了五年的私塾,姐姐妹妹们倒是没有读过书,因为饭都吃不饱,家里没有能力供那么多人读书。在1949年之前,农村的女孩也可以读书,但只有有钱的人家才会给孩子读书,穷人家的孩子没钱读书,只能早早地帮助父母干农活。

(3)家庭待遇及分工

在家里,男孩的待遇要比女孩好一些,家里吃饭的话,女孩子也可以上桌吃饭。像我们这些连饭都吃不饱的人家,座位是没有什么讲究的。家里谁没有衣服就给谁买,再说了哪有什么新衣服穿,只有在过年的时候,家里会拾点花生到集市上卖,然后换点钱买点破烂衣服给我们穿。

(4)对外交往

过年的时候,女孩子是可以出门给邻居们拜年的,但是我家是没有客人来的,因为我们住在很偏僻的地方。只有日本鬼子来的时候,会有一些人躲在我家附近。那时候,大家的日子过得都很穷,没有谁会到别人家吃饭的。在没有吃的时候,我们一家都出去讨饭,不过是分开出去讨饭的,不然人家不肯给饭吃。

(5)女孩禁忌

那时候,家长是不让女孩子随便到别人家去玩的,我从小到大都没有去过太远的地方,天天在家挑菜、拾草。小时候也没有出去走过亲戚,都是家长去的,我外婆那边也没有多少亲戚。那时候,洗衣服的话,男性的衣服一起洗,女性的衣服一起洗,洗衣服连肥皂都没有,都是用灰汤水来洗。在娘家的时候，我父亲就给人家盖房子、箍马桶什么的，只是混张嘴而已，又没有工资，母亲就在家烧煮。家长会惯着兄弟的，我兄弟都不怎么干活，到了他十几岁的时候，就给人家磨豆腐糊口。

像大户人家的母女也是需要种地的，有的人八十几岁了还下地干活，她们不会被人瞧不起的。一般的家庭，也是要下地种东西的，大小活都是需要干的，像我六岁就开始推磨子了。我有一样手艺就是会纺纱，我七八岁在尼姑庵的时候，看着别人纺纱，也就开始自己模仿着弄了，最后的成品会有人收的，卖到的钱就给我家里人，这些钱都不自己留着。我不会织布，家里没有织布机，也就没有学过。我还是比较灵巧的，针线活、织补衣服什么的一学就会，嫁人之后，经常做这些。

那时候，对孩子的教育是没有分工的，都是靠父母教育小孩，主要看谁教育得好谁就负责教育孩子。在女孩的仪态上，我们家是没有规矩的，都是一天到晚地干活，白天到地里割草。那时候，我在商家庄打工，有三个媒人给我说亲，因为我干活比较勤快，而且我嫁过来的话，夫家会给两担礼钱（两石谷的礼钱），不然我也不会嫁过来的。那个时候，我的丈夫就一个人，无父无母。

2.女儿的定亲、婚嫁

我十七岁的时候出门①。那时候，我自己都不知道他家那边的情况，都是媒人直接和我的父亲说的，姑娘家怕丑②。我丈夫三岁就没有父亲了，十三岁母亲也去世了。给我介绍这门亲事的是村里的人，是她们主动给我家说的亲。我父母都不问对方的贫富、美丑，只是因为两担礼钱就把我给嫁出去了。我不知道是否需要给媒人好处，因为她们是与我父母说的话，我们都不管这些事情的。

在定亲的时候，家里给我捆了四套衣裳，衣服是二毛钱一尺的布，因为收到对方的彩礼只有那些。那时候，有个称为红历的风俗，就像现在的定亲照一样，纸上会写上双方的生辰八字、结婚的各项事宜。我们结婚的时候，没有合八字，要是生肖不合的话，女方可能就不愿意嫁给对方了。我定亲的时候就摆了两桌菜，一般会做八样大菜，请亲戚们来吃。定亲的时候，也没有什么特别的规矩，没有写婚书，只要挑一个好日子就行了，父母也没有征求我的意见，那个时候，姑娘家不做主的，都是父母做主。他们双方都谈成功了，连定亲的日子都定下来了，才告诉在大孙庄干活的我。对于这个婚事，我也不清楚是否满意，因为我的年纪还小，对这些也不懂。在我们这儿，定亲后，要是一方死了，婚约是可以解除的，还有人家姊妹差不多的，男方死了之后，可以勾亲，就是把女儿再嫁给他家的小儿子，这种情况还是挺多的。定亲后，一般情况下也是可以悔婚的，但是女方要退彩礼，还要多出一点钱给对方。我们是可以互相走动的，过年和八月半，女婿上门最少四样礼，一般都是六样礼，我家会烧点茶、做些菜，要是收到女婿的六条鱼的话，就要回给一对鱼让女婿带走。即便是在定亲后，女方是不好意思与男方见面的，还会害羞地躲起来。

出嫁那天，娘家也没什么规矩，在娘家吃过饭后，就把我带到男方这边了，男方还没有房子，暂住在其他人家的。我嫁来的时候，家里没粮没草。送嫁时，只有三个女的和三个男的到我母亲那边接我。娘家办宴席的时候，就带了我的大伯过来，他包了一块钱红包给我

---

① 出门：盐城方言里指嫁人的意思。

② 怕丑：盐城方言里指不好意思、害羞的意思。

压口袋①,那个时候穷,什么特殊的仪式都没有,吃完饭就走了。1949年以前,发财的人家才会有嫁妆的,会陪给姑娘一个箱子、椅子、盆子、桶。一般的人家只能陪个糖粮脚桶,像我们这样的穷人家,几乎没什么东西,但没有嫁妆的话,会被人家发笑②的。我记得嫁妆只有三升米和衣服、一个镜子和梳子。那时候,我没有私房钱,父亲又没有收入,鸡生的几个蛋都用来换油盐了,我们就什么都没有,我到了十八岁,连两毛钱都没有用过。

在我结婚的时候,兄弟会来送亲的,男方这边会准备八碗菜,等到肉菜上桌的时候,我的两个兄弟就走了。回门是第三天,夫妻两个会带两小篮子的肉、鸡蛋、鱼带到娘家。我出嫁第一年生日是我侄子来给我过的,旧风俗说"生日要是不过的话,人死后是不能上桌吃饭的"。

1949年之前,我们这边是有童养媳的,我听过的,但没有见过。换亲以前也是有的,1949年之后就没有了,换亲的原因是一个人家的儿子有缺陷,另一户人家的姑娘嫁给他家,然后这户人家再娶了那户人家的女儿。那时候,谁家要是没有儿子的话,就会让自家的女儿招一个女婿回来。入赘的女婿也可以分家,像我们这边赵海家就是招女婿的,赵海的妈妈就生了一个女孩,他的父亲是我家表亲,赵海入了姓王的人家,而姓王的人家都是靠打铁的,赵海也学了这门手艺。上门女婿怕是不能当家的,女婿只能当两口子的家,不能当整个家庭的家。那时候,改嫁也是可以的,头一户③人家过得不是很顺心,就可以改嫁。重新嫁人还是有彩礼的,但是没有嫁妆。

3.出嫁女儿与父母关系

出嫁的女儿是不能经常回娘家吃饭的,姑娘回娘家的话也不能和丈夫同宿,那个时候是有规矩的,不然就不合规矩了。只有过年和中秋的时候,我可以回娘家,其他时间没有回过。嫁人第一年是夫妻一起回娘家的,过了第一年姑娘就可以一个人去娘家了,而且第一年要带礼物的,之后就可以不带了。要是娘家有兄弟的话,娘家的事情可以少管一些。要是娘家有困难,那也没有办法,因为那个时候每家都没有钱,但是自己会护着妈妈。即使我在婆家受到委屈,我也不会和娘家说的,因为日子需要自己过。再说了,娘家、婆家两边都穷,他们不惦记我的东西就已经很好了。我记得我生小儿子的时候,我父亲认为我们这边有吃的,还到我们这边混嘴。那个时候,我和我丈夫的关系还可以,没怎么闹过矛盾的。

1949年之前,女方是可以提出离婚的,这种情况还挺多的,就算父母不同意也没办法。那时候,我父母家在万盛村,我在宝才村都没有什么亲戚。我父母那边都穷得没有吃的了,没有什么东西可以分给我。1949年之前,养老的话都是儿子来承担的,不需要姑娘的。父母生病,要是姑娘心善的话,可以和兄弟一起承担费用。父母去世的话,儿子需要承担把父母埋掉的钱,姑娘需要承担两桌菜的钱。在葬礼上,儿子会站在姑娘前面,两人都是需要披麻戴孝。老人死的话,在送死人饭的时候,走在路上的一排人不能歪歪斜斜的,也不能回头看,不然会想着这个死去的人很多年。到了清明时节,每年都是需要去上坟的,坟墓需要维修的费用是由儿子来出。

---

① 压口袋:指守住口袋里的钱财,有祝福的意思。

② 发笑:指笑话的意思。

③ 头一户:指第一户的意思。

（三）出嫁的姑娘与兄弟姐妹的关系

出嫁后，我跟我兄弟的关系不怎么样。我兄弟是做豆腐的，那个时候，他为了节省自家的粮食，卖完豆腐就到我家来吃午饭。正巧我家那时候需要建房子，他和我父亲居然把我家的粮食都吃光了，而我家那时候也很穷的。我与娘舅的亲戚也没什么联系，我母亲七个月的时候，外婆就死了，她也是被卖给我爹做媳妇的。要是娘家那边有什么活没干完，需要我回去帮忙的我才会回去，我也算半个主人身份，因为很多事情都是我来干的。我回娘家的话，哥嫂都不招待的，都是妈妈烧饭给我吃。等他们生了小孩子之后，哥嫂就和我父母分了。在娘家要是有什么事情，要我出钱的时候，我就会带钱回去了。如果我家需要借钱，我是向他们借不到的，因为他们也没有钱。回娘家的话，我会住在妈妈那边。我也会去姊妹那边的，但只在有事情才会去，因为一天到晚自己的事情都忙不过来。婆家就我丈夫一个人，我们两口子也没闹过脾气，所以没有矛盾。要是娘家的父母和媳妇产生矛盾，因为我夫家不靠着他们，一般情况下是不会去调解的。如果我在夫家产生委屈，我也不会请娘家的亲戚的，因为地方是有村干部来调解纠纷的，就不需要娘家那边出面了。

我儿子结婚的时候，不需要征求我兄弟的同意，只是在结婚的时候，他们来出人情就行了。在我儿子的婚礼上，需要把主位留给我兄弟来坐。我回娘的话，一般都是大年初二，会带些糖、蜜枣、果子、圆眼，还有一些蒲叶，主要给我的父母、兄弟拜年。嫁人以后，我和他们的关系都还行，与兄弟和妹妹的关系都差不多，但平时联系不太多。

二、婆家人·关系

（一）媳妇与公婆

1.婆家婚娶习俗

我结婚的时候，我丈夫他很早就没有父母了。他是在盐城失陷的时候从外地回来的，那时候，他在街口要饭。后来又去袁家庄给日本鬼子做工，被鬼子嘲讽说他还没有枪高，让他滚蛋。后来，他就替人家割牛草。在我结婚的时候，我丈夫复员回来开始挑担子卖洋火、香烟，后来挣到两石稻子的钱了，就给我们做礼金了。定亲的时候，男方这边也没有什么仪式，定下亲来就上了一次门，把两石粮食挑过来就算完事了。我们也请媒人吃饭的，当时有三个媒人和春波的妹妹，一共四个人来带我去男方那边。嫁过门的时候，我还要搅脏水缸，这是一个风俗，让周边的邻居看看新娶的新娘子好看不好看。我们没有拜过天地。二婚和丧偶的人是不能参加婚礼的。结婚第二天，是要回娘家的，俗称回门。另外，我们当地有风俗是说结婚前三天需要到祖坟上去烧纸的，但是我家是什么都没有搞。

2.分家前媳妇与公婆关系

嫁到这边，家里的农活都是我来干，里里外外也是我来忙，这边就是我当家，因为我丈夫有点病，出去买什么东西也都是我自己。1949年之前，女性坐月子或者做新娘子的几天里是不能到周边人家去的，旧风俗说她们走到哪里，哪里的地就会被卖掉。那个时候，媳妇也不需要伺候公婆洗漱什么的，除非家里的老人老得不能动了，他们才会用儿媳妇。因为我家没有婆婆，也没人说这些的。一般的话，男士在外面干农活，女士就把家务事都给干了。那时候，我们在洗衣服的时候，妇女的衣服不能和男子的衣服放在一起，洗衣服也不能泡在一个桶里。要是男的来洗衣服的话，会被周边邻居笑话的。要是我没有伺候好丈夫，我父母知道的话，他们会说我的。

那时候,婆婆虐待儿媳的情况挺多的,有的人家媳妇比较厉害,就会与家里的长辈反抗。我家的一些事情需要出面交涉的都是我出面,如果与家里的妯娌产生矛盾的话,家里的亲戚会调解的。我们平时不怎么回娘家,像农历八月半和春节是需要回娘家的,但在除夕的时候回夫家度过,求个团圆吧。

1949年之前,嫁娶的媳妇没有产权。那时候,随便多少东西,再有钱的人家都不会陪田给自家闺女的。即使他家都生的是姑娘的话,田地也是带不走的,会让其中的一个女儿招赘。此外,女方从父母家带来的压箱钱一般是不愿意告诉丈夫的,不然丈夫会要她的钱。在我们这儿,如果女方要离婚,她带来的东西是可以带走的。

3.分家后媳妇与公婆关系

(1)公婆关系

因为没有公婆,只有我们两口子生活在一起。1949年以前,有公婆的人家可以分家,要是婆媳关系不好的话,也可以分家。分家的时候,媳妇不可参加讨论,只有儿子和舅舅们、叔叔伯伯可以参加。家产都是儿子的,随便多大的家产,闺女是没有份的。

(2)离婚和改嫁

1949年之前,婆家让媳妇离开、劝儿子离婚,大概是因为这个女的不受丈夫的喜欢,或者女的不守妇道。如果仅仅是因为婆婆不满意儿媳妇,这婚是离不了的,因为媳妇是和儿子生活在一起的,只要他们两人关系好就行。要是儿子想离婚,家长会干涉,不一定能离成的。要是丈夫去世,妇女要改嫁的话,这个没有办法,媳妇可以自己偷偷跑掉然后再嫁人。要是生养的孩子能够着锅、能抓碗筷,媳妇就会把孩子丢下来,要是孩子还不能自理的话,媳妇会把孩子带走的。

1949年之前,妇女可以外出帮工,我知道有的妇女到上海去倒卖雪花膏。公婆年老是由儿子来养老,养公公和婆婆是没有区别的,丈夫去世,也需要媳妇来赡养。公婆办寿的时候,家里的菜都是媳妇来做主,丈夫也会帮一点忙。要是公婆去世,我们俩穿的孝服、跪拜仪式是一样的,没有区别。下葬的时候,女的是不能上坟的。公婆的坟墓由阴阳先生来安排,公公的墓地放在东边,婆婆的放在西边。立碑时,是不让媳妇的名字上墓碑的,这是风俗。

(二)妇与夫

1.家庭生活中的夫妇关系

(1)夫妇关系

结婚前,我们见过面,之前去过对方的家里,但是我们没怎么交流过。就算当时我对他不满意也没有办法,我又不能做主。结婚后,我们都直接叫对方的名字。我在夫家当家,村里没有人说闲话的,这个家的农业安排、借钱、建房子什么的都是我来安排的。家庭的地位是他第一、我第二、孩子第三,但是如果饭不够吃的话,先要给孩子吃饱了。那时候,有病也不看的,因为没有医生,就一直拖着、忍着,具体怎样都看命了。

1949年之前,女人是需要伺候丈夫的。1949年之后,这些情况有些改变,男性可以干一些家务活,男女都平等了。在我家,家里的衣物都是我来洗,即使我坐月子,也是我来洗。我们的衣服不放在一块洗的,这是我母亲教我的规矩。

（2）娶妾与离婚、婚外情

1949 年之前，丈夫娶妾是不需要妻子点头同意的，可能是妻子不生养，或者妻子生女儿的话，他就可以娶几房了。娶了之后，妾就叫正妻为大姐，二娘子也是可以当家的。1949 年以前，我也听我母亲讲过村里有卖妻子的情况，不需要请什么公证人，直接卖了就算了。分家后，妻子没生男的，丈夫要过继孩子，妻子是有发言权的。那时候，"穷打架、富烧香"，我们夜里走夜路时，就能听到好多人家都在打架。要是打了重的话，妻子会去寻死。那时候，妻子的地位比男子低，什么活都需要干，还要照顾长辈、顺从丈夫。

1949 年之前，妻子自己是可以去市场上买东西的，但是家里没什么钱买东西，都是靠自家种点东西。那时候，有些女的会提出离婚，离婚也是有原因的，因为男的各方面都做得不好，但是女方需要补贴一些费用给男的。离婚后，除了嫁妆，女方是拿不走任何东西的。不过，那会儿，还是男的提出离婚的多些。

2.家庭对外交往关系

我家与亲戚的人情往来，出面的多是丈夫，要是自家送情、请客基本上是我张罗。平日里，我是可以上桌吃饭的，但是家里来的客人比较多的话，我是不上桌的，要是客人少的话，我就能上桌了。如果丈夫不在，我可以代表家里出席亲戚的婚丧嫁娶。要是丈夫在外面有债务的话，妻子是不用还债的，要是家里夫妻两口一起欠下来的债，才是两口子共同偿还。要是妻子出去借钱，是否借得到钱，这在于个人能力，要是人家与你共事，觉得你这个人比较靠谱的话，就可以借给你。

1949 年之前，要是男的在外面偷腥，村里人肯定说这个男的不好，妻子没有办法就不管吧。要是女的出轨的话，会有很多背后之言，要是丈夫知道的话，会把她打得要死的。

那个时候，我天天都在田地里割草，早出晚归，朋友很少的，少数玩得好的朋友是天天在一起割草熟悉的。我串门的话，不需要告诉丈夫，而且我串门的次数很少，因为大家都忙着干农活。我和她们都是在一起干活的时候，聊聊家长里短。1949 年之前，我是不怎么出门玩的，去过最远的地方就是东海，到那边给人家打茅草根。

（三）母亲与子女的关系

1.生育子女

（1）生育习俗

我生了三个儿子，十九岁的时候生的第一胎。我生儿子和生女儿（生了几个女儿都在几岁的时候夭折了）都没有报喜，只有第一胎的时候，妈妈家买了三尺布，送月礼的时候，买了两斤鱼和肉。在小孩打三招①的时候，我们这的风俗是给儿子洗个澡。那时候，生儿子都没有给村里的人发红鸡蛋，只是孩子一百天的时候，我抱他出来给亲戚、邻居看看。因为那时候每户人家都生好几个孩子，大家生活都很穷，也就不会举办什么仪式了。

（2）生育观念

那个时候，一户人家要是只生了丫头，没有生儿子的话，会被同村的人看不起，笑话的人还是很多的。有钱的人家会选择离婚，重新娶亲，没钱的人家只能过继兄弟家的儿子，或者另想办法了。

---

① 打三招:满月酒的意思。

（3）子女教育

那时候,家家户户都没有钱,但我们过得再穷,也不能让孩子像我一样大字不识,所以我把家里养的鸡和猪卖了来供三个孩子读书。

（4）对子女权力(财产、婚姻)

我儿子结婚都是通过别人做媒的,大儿子靠生产队长给说的亲,没有合八字,他们的年纪一样大。他们结婚是需要征求我的同意,我结婚的时候是靠走路来夫家的,他们则是用船给接回来的。媳妇那边陪了一个箱子、暖瓶、脸盆、脚桶,就这么些,我儿子这边则是给了六百块的彩礼钱。我儿子结婚的时候,都是我上街去买的菜,晚上挑回来的,还花了千把块钱。媳妇陪嫁的东西,我没有过问,都由她自己支配。

2.母亲与婚嫁后子女关系

我对儿媳妇还是蛮好的,不要她干什么活儿,一天三顿都是我烧给她吃。媳妇无论做什么事情,我都不管的,他们结婚的时候,也没有拜我们,也不需要给我端茶倒水什么的,那些都是旧风俗了。我们婆媳之间没有闹矛盾的,她们上工回来的话,我都会把饭菜烧好了端上桌。我和他们分家是因为我们家老头子不能动,我的小儿子还小,大媳妇就想和我们分家,然后就带村干部来分家。我那一年挣的工分和得的钱也都给她了,猪圈里有一头六七十斤的猪,当时没有与他们分,他们还不太乐意。当时是腊月里分的家,我们还分了一百多斤的稻子给大儿子,让他写了个分家书,把家里的所有东西都列下来,标明清楚。我们原本准备建造房子的东西,后来也分给他们建房子了。就算有债的话,也不需要他们来还的,都是我们来还。对于分家,我儿子倒是没有意见,但在分家的时候,他看到自己没有衣服穿了,连父亲的衣服都拿走了,锅碗瓢勺都拿走了。分家的时候,女的不能参加,参加的话,大家会觉得啰哩吧嗦的,就只是让男子来分的。

1949年之后,家里一个儿子都没有的人家可以招女婿,有的人家性格好些,有的人家不好,女婿的地位也不一样的。上门女婿离婚,财产是不能带走的。

我的孙子、孙女子都带过,带他们没什么花费,他们不吃零食的。我与三个儿子都分家了,现在我老了,儿子会主动赡养我,他们每年会给我点钱用。

三、妇女与宗族、宗教、神灵

（一）妇女与宗族

我们村里没有宗祠,但有祭祖的风俗,1949年之前,妇女是不能参加祭祖的。那个时候,妇女一个字都不识,也不能参与修家谱。在祭祀活动中,餐具都由妇女准备,但是她们不能参加。扫墓的话,妇女也不可以单独去,只有在家长、丈夫的陪同下才能去。我结婚前,回去给祖上坟前烧纸,会烧点纸替我自己说点好话,让他们保佑我有好运。

在我们那时候,生男孩、女孩没有什么仪式的,只生女孩子,有些是会被同族的人笑话。要是家里没有男丁,可以让自己的亲侄子来继承财产。当时,我们村里溺婴这个情况还挺多的,许多没有结婚的大姑娘生了孩子会往河里扔的。

（二）妇女与宗教、神灵、巫术

1.灶王爷的祭拜

我们这边有求雨的活动,就是在天气特别干旱、很久不下雨的时候,村里的小干部或者村里年纪比较大的会来主持这个活动,做这些仪式的话,都是女的在家里烧香,男的在外面搞这些。那时候,生病的人是不能参与这个仪式的。逢年过节要拜神的话,都是家里的男人烧纸、烧香,要是男的有病的话,就会让女人来求神,或者请当地有名的星姑奶奶①来看病。那时也是需要拜灶王爷的,都是男的上庙里烧香礼佛,我对这个还是比较信的。求子和求平安是妇女来拜的,灶神也有女的。

四、妇女与村庄、市场

(一)妇女与村庄

1.妇女与村庄公共活动

出嫁前,我没有参加过村庄的事务,有钱的人家才会参加村庄的活动。我七八岁的时候,村里开始选妇女队长什么的。我十二岁的时候,开始土地改革,通过斗争,把所有的地都拉起来重分了。村里的聚会我们看不到,因为妈妈家穷,没有这个条件去看的,像我们这些穷人家都是到田地里面干活的。1949 年之前,村庄的会议我们是很少参加的,参加的都是男性,不过,比较能干的妇女是可以参加的。1949 年以后,这些会议我们可以参与了。在我们村,妇女主任是可以发言的,我记得陈昌美和于秀怀来给我们开会宣讲。关于保甲长什么的,由于时间太过久远,我记不清楚了。

2.妇女与村庄社会关系

在娘家,我是有女伴的,我们天天一起干活,但都不到家里玩的,只是在田地里铲菜的时候接头聊会儿天。1949 年之后,村里还会安排我们挑河,就是挖河道,真的是太辛苦了。那时候,田多的邻居家会请妇女去帮忙栽秧,都是混张嘴,也没有工资的。那时候,我出去工作都是需要丈夫同意的,他要是不同意,我就不出去。新婚后,我是不到邻居家里去的,都是在外面聊聊天。本族有人建房子的话,我是需要去帮忙的,建房子的时候,妇女不可以爬高,不能站高过男人的头顶,因为妇女的地位比较低。要是谁家有红白喜事,人家会请我去帮忙烧火、淘米、洗菜,这算是换工,他们也会到我家帮忙的。要是周边人家吵架或者打架,我们会两边拉拉劝,邻里之间的关系都挺不错的。

(二)妇女与市场

出嫁前,我们这个村里没有菜市场,菜市场在大孙庄那里,我也没去买过菜,都是家里种什么我们就吃什么,食盐什么的调味料都是丈夫到大孙庄上去买了带回来的。那时候,女性做生意的比较多,她们还是比较辛苦的,既要忙地里和家里的活儿,又要找空闲时间去集市把东西卖完后才能回家。1949 年后,女性赊账也有的,卖家会记个账吧,但一般情况下,卖家是不准赊账的,人家怕你没钱还。对于市场上的活动,我们也很少去看戏的,大概一张戏票二毛钱。

嫁过来之后,我也不纺纱了,家里有一些布票什么的可以做衣服。布票、粮票换来的东西是不够用的,但是我家也没有钱买。我嫁过来之后,衣服不是粗布织的,开始用细洋纱织的布。那时候我不怎么去买东西的,只有到亲戚家走动的话,会到大孙庄拿个二斤肉,不去亲戚家的话,自己家的生活过得很将就的,一年才吃一两次肉。

---

① 星姑奶奶:指巫婆,人们认为她们有点巫术,可以作法让病人好起来。

五、农村妇女与国家

(一)认识国家、政党与政府

1.国家认知

"国家"这个词在我五六岁的时候,听长辈说过,我认为国家就是人民做主,让很多人有饭吃了。那时候,很少有人给我们宣传男女平等的思想。我八九岁的时候,就是敌人①走了之后,我们这边就开始办小学了,我也念了一两年的书。在我们这边建的学堂读书,一个月需要交一斗米。那时候,我是和男孩子在一个学堂里读书的。我当时见过好几种钱,一个铜钱相当于五分钱,一个银洋钱相当于一块钱,还有国民党的纸票子,这让我体会到了不同政党的存在。

2.政党认知

1949 年之前,敌人就是国民党吧,和平军就是他们的人,和平军下来扫荡的话,也会怕遇到共产党打他们。他们一来的话,小姑娘就都躲起来了,只有一些老头、老太太在家。我知道孙中山是好人,共产党我也是知道的,当时,有些地下党人没有地方躲了,就躲在我出嫁之前住的地方。那个时候,我没有参与选代表什么的,但是妇女是可以投票的。在我家,孙子和孙女都是党员,因为他们讲话、讲理比较好。在入社的时候,他们听上面的话,看有什么政策、什么时候栽秧就开始往下面传达,我觉得干部和我们最亲近。我没有参加过什么甲保长会议,女性是可以参加的。我在六岁的时候裹过小脚,白天被家人缠上,到了晚上我就咬了线疙瘩放开脚,即使我的父母打我,那也没有办法,真的太疼了。

我当然认为自由恋爱好。在 1949 年之前,女性干部也有一些。我认为计划生育这个政策是有好处的,但大家都只能生养一个,不能养二孩,一个孩子会比较孤单。

(二)对 1949 年以后妇女地位变化的认知

陈淑如就是妇联的干部,我在 1950 年之前就听说过。刚开始的时候,儿女的婚姻还是父母做主,再往后一些,就是子女自己决定亲姻大事。后来,我家娶了媳妇之后,她们挣到的钱都自己上腰②,也不需要交给上人③了,可能上人还要给他们一些钱吃喝穿,现在的婆媳关系都倒过来了。这些变化与政府是息息相关的,妇女在家的地位得到提高,女性开始有工作了。1949 年之后,女性也可以上坟了,这都是政府在推动。现在,我的孙女孙子都是大学生,每个地方都有妇女代表。

(三)妇女与土地改革运动

土地改革运动的时候,我家是贫农,工作队没来过我家,这些土地改革运动队员会到能力比较强一些的妇女家里动员。我记得那时,工作队的人把所有妇女都领到地主的家里去翻东西,看有没有什么金银珠宝,还把地主的头发都剃光,让他们跳杨贵妃舞,就是欺负、戏弄他们,谁让他们之前尽干坏事、欺压我们这些百姓。那时候,我家分了一个坏床、小桌子。土地改革运动分地的决策妇女可以参加,但我没有参加,因为我年纪太小了。那个时候,男女分到的地一样多,照着人口平均分配的,我也分到了一亩二分地。妇女离婚后,土地跟着人走。我们村的土地改革运动工作队有男有女,村里也成立了妇女会,第一个妇女会的主任

---

① 敌人:指和平军。
② 上腰:指上腰包的意思,就是钱进自己的口袋。
③ 上人:指上一辈、长辈的意思。

就是陈淑如,她胖胖的、高高的,由她专门负责村里妇女的工作,她的工作能力很强,与人相处的也很好。

(四)互助组、初级社、高级社时的妇女

互助组的时候,我们都是贫农,大家的步伐也都一致,像我们组里的商士荣、商士秀等人能力比较强,会组织我们一起互助合作。我们村里有二三百户人家,我们这个组叫商南,有百十户吧。开动员会议的时候,我们都去开会的,大家都挺愿意入组的。那时候,我们只知道一天到晚做生活,别的闲事我也不怎么管的。我们这边也选了女干部,因为女性方面的一些事情男的干部不好办,就选了一个女性干部专门办这些事情。

那时候,男的干什么,女的也干什么,女子的干活能力丝毫不输男子的。像我以前,上午给别人割麦子,下午就给人家挑泥,我还是很能干的。干同样的活,男性会比我们高两个工分,因为他们说男子的力气大,这对女性来说是不公平的。粮食分配是很公平的,多劳多得,按照工分的多少分配粮食。在妇女三期的时候,村里会有些照顾,生孩子的话,可以一个月不用上工。等到孩子一岁的时候,我要到田地里面去干活,就放一个小板凳在地里,让孩子自己在那儿玩,因为没有人带孩子。其实,妇女的劳动也不轻松的,我们还需要去挑河挖沟,活儿是很重的。入社的时候,一天就几分工,一个月基本上每天都在干活,一天都不闲的。只有在下雨的时候,村里会组织男女老少开会,不下雨的话,大家都在地里干活。

(五)妇女与人民公社、"四清""文化大革命"

1.妇女与劳动、分配

我记得生大儿子的第二年我们开始吃食堂了,还有这么一句俗话,"大海航行靠舵手、万物生长靠太阳",意思是我们要始终跟着党走。人民公社的时候,妇女也需要下地劳动的,男女没有分工的,很多活都是男女一起做的。那时候,插秧、割麦一般是女的多,男的还有其他行当需要做,像炼钢、炼铁几乎都是男的,技术性工作基本上也是男的,生产队的副业有男有女。

我对"翻深土地"也有一些了解,不然土地没有肥力,不肯长东西。那个时候,妇女干活很少有偷懒的,白天需要到公家的地里挣工分,自留地都是自己抽空做的,我们六口人分了三分地。集体种地、分到的工分粮是不够我们吃的,到了分田到户,自己种地的积极性比较高,我们才开始吃饱饭的。那时候,我的丈夫有病,家里五口人的粮食都是我来挣的,白天挣不回来,我晚上还是要打夜工,真的特别辛苦。像我家是缺粮户,家里的劳力比较少,只能吃每年460斤的基本粮。

2.集体化时期劳动的性别关照

人民公社的时候,集体会照顾有生理周期的妇女,但要跟生产队队长反映才行,生孩子也可以请一个月的假,但在派工上是没有照顾的,需要干的活儿还是很多。我们这边没有托儿所,像我们连专门的哺乳时间都没有,在下午休息的时候,我溜回去喂奶,然后赶紧回地里干活。即使是来月经,我还需要下地干活的,不然工分挣不到,哪里能填饱肚子。因为不注意这些而生病的人只能回家休息、吃点药,政府也不会给什么帮助的。

3.生活体验与情感

我记得吃食堂的时候,马文英在食堂做饭。那个时候,宣传说吃饭不要钱,但我们吃得好差,每人每天四两八钱的饭,下饭菜是萝卜、白菜。再到后来,一顿只能吃两碗粥了,能连着几个月看不到米饭,大家都饿得不行,还有些人吃豆腐渣和麦麸子给噎死的。我不愿意吃大锅饭,因为那么多的人都吃不饱,我巴不得食堂散了。当时,有的干部把集体的粮食挑出去卖,四个干部像社长、保管员、主任、场头队长都有吃的,百姓只能饿着。在"三年困难时期",我们一家人只能每天弄一个瓜和二两饭拌在一起吃,能活过来真的是不容易。在这个时期,大家都很反对大食堂的,我们都觉得还是分田到户好。大家一起上工的时候,相处得很和谐,不会有什么小矛盾。

1949 年之前,听过有妇女自杀的,有人家媳妇比较忤逆,和公婆吵架后,会想不开的。1949 年之后,这种情况也存在,没得吃、孩子多,很多人是被困难压倒的。

4.对女干部、妇女组织的印象

我们这边没有什么铁姑娘队,我记得村里的第一个女干部是陈淑如,现在是唐秀英。能够选上干部的是会识字、念书、讲话能力强的。我们大队是有妇联的。

5."四清"与"文化大革命"

"文化大革命"的时候,都是瞎批斗,只要有人跟另一人有点矛盾,就会想方设法陷害他,像我们这里的张曰新就是被人陷害受批斗的。好像有户人家把毛主席的画像拎在手里,没注意拎反了,被人家发现后举报了,因此还被批斗。我没有参加这个批斗,我丈夫参加的。有的人家会不娶地主家的女儿,因为她的成分不好。那时候,我家的自留地也被收上去了,这对生活是有影响的,我们所需的物品都没有钱买了,只能家里养点鸡,然后用鸡蛋换东西。我记得,"文化大革命"时我们这里没有办过革命化婚礼的。

(六)农村妇女与改革开放

我参加过土地承包分配的会议,就我而言,我更愿意承包单干,因为自由,而且可以吃得饱了。同时,妇女也平等地分到了土地,土地证上也有了我的名字。离婚的妇女,她们的土地是带不走的,还属于娘家,但是出门的姑娘可以回家吃饭。至于村委会的选举,我也参加过,选票是我自己填的,也选了一个妇女当干部,因为这个人比较好。我认为过去的计划生育政策挺好的,现在开放二胎也很合理,我觉得生两个比较享福,不然的话,要给儿子供房供车,真的会愁死人的。

六、生命体验与感受

我越是年轻的时候,日子越难过。有钱的人家有几十亩地可以种,可以做豆腐、开磨坊,还能养几头猪,反倒是我们这种单纯靠种地的,没有什么肥料,地里都长不出东西,所以我们一家就出去要饭了。我刚嫁过来的时候,日子也很苦,老头子有病,家里没有房子,也没有床,也有人劝我离开他,但是我舍不得,因为他娶我的时候借了人家的稻子。要是我离开的话,他就娶不到人了。最幸福的时候,就是我和我丈夫共同努力,把自己的家撑起来了,不用再过之前乞讨、吃不饱的生活了。后来,我丈夫因病死了,我一个人住在小房子里,什么杂七杂八的事情都不用管,我每个月还有一些养老保障、社会保障,加起来也有五六百元,生活还是很富足的。我觉得现在什么都好,就是有病不太好,因为之前大集体我坐月子的时候没有好好调养,落下了很严重的病。

JYY20170117LQH　李清会

调研点：四川省宜宾市南溪区林丰乡石龙村
调研员：姜越亚
首次采访时间：2017 年 1 月 17 日
出生年份：1934 年
是否有干部经历：有
是否生育：是

受访者结婚的时间节点、生育子女的具体情况：老人于 1962 年出嫁，一共生了 6 个孩子，3 男，3 女，夭折了 1 个。

现家庭人口：1
家庭主要经济来源：务工

受访者基本情况及个人经历：老人现年 83 岁，是 1934 年生人。1949 年以前，老人家是靠租地主家的地来生活。老人的父亲 1949 年前曾是甲长，1949 年后又当上了生产队长。土地改革运动的时候，老人家里被划为贫农。老人于 1958 年 9 月 1 日加入人民公社大食堂成为厨师，1962 年老人出嫁到金坪乡，1963 年生下大儿子，1964 年和丈夫迁回娘家石龙乡，从此在家务农。分家的时候老人由小儿子赡养，老人现在在家务农，儿子和媳妇都在外务工，老人一人独居，但小儿子负担老人的生活费。

一、娘家人·关系

(一)基本情况

我叫李清会,1934年出生,名字是爸妈起的,是按家族辈分起的,但没什么特别的意义,家里还有一个妹妹、一个姐姐、一个哥哥,哥哥生下来就去世,姐姐14岁抱出去,21岁就死掉了。1949年以前是租的地主的地来种,具体租了多少不记得。土地改革运动的时候我家被划为贫农,我28岁出嫁,丈夫家是中农,有5兄妹。我嫁过到丈夫家几年后,婆婆死了丈夫就招进我家当上门女婿。我一共生了6个孩子,夭折了1个还剩5个,3男3女。结婚后的一年生的第一胎,那时29岁。

(二)女儿与父母关系

1.出嫁前女儿与父母关系

(1)家长与当家

在娘家的时候肯定是爸妈当家,妈妈主内,爸爸出去挣钱。那时候我爸是一个泥匠工,到处跑去干活挣钱。那会儿如果男的不成才,女的是可以当家,谁有能力谁当家。

(2)受教育情况

在娘家的时候没有读过书,1949年前,我们院子里就有教书的,但是是私人办的。那会儿读书的时候男女是一起读,没有人会说闲话。

(3)家庭待遇

我娘家只有我和妹妹,哥哥出世就去世,所以不存在重男轻女的现象。平时吃饭没什么规矩就是座次有点讲究,老人就坐正上方我们晚辈就只能做两边。那会儿都是自己扯布缝衣裳,谁需要就给谁缝,没有先后顺序。

(4)对外交往

我们家对外交往的时候男女是没有区别对待的,男女都是一样的。过年的时候女的可以出门给大家拜年,可以在院子里玩捉迷藏、踢毽子等。那会儿家里来客人了大家都是一起上桌吃饭,没有说谁不能上桌。到别人家去吃宴席的时候都是大家一起去,留一个在家看家,其他都去,一共家里就只有我们三四个人。

(5)女孩禁忌

那时候父母对我们的教育比较松,因为我家没有兄弟,所以没什么特别的要求,从小我们就可以到处去玩,只是不准乱说话,要有礼貌。只要你自觉,你就可以和同村的男孩女孩一起玩耍。那会儿小,什么都不懂,爸妈基本上天天都不在家,每天都在干活,帮人家栽秧、晒谷、点麦。后来自己大一点了就知道分寸了,适当和男孩保持距离。

我13岁的时候就去赶集,还去外乡的集市去卖东西,像邱场、李桥、石柱庙这些我都去。但是必须是当天去当天回,不能在外面逗留太久。我家基本上都是女人,所以洗衣、晾衣裳的时候没有什么讲究,只要洗干净就行。

(6)家庭分工

家里面还是有一定的分工,爸爸就主外负责做田里的事情,妈妈就主内,做土里面的活。穷人的孩子早当家,我十二三岁的时候就跟妈妈学会了纺纱做些那些女工。我做的那些成品都是交给我妈,谁需要就给谁,反正就是一家人穿。

那时候有很多农活只有在农闲的时候才做那些女工,我一年还是能纺几斤棉花,自己纺布做衣服一直做到 1969 年,1969 年以后才开始买衣裳来穿。

(7)家庭教育

我们家教育都是一样,因为只有女孩儿没有男孩,所以没什么区别。

2.女儿的定亲、婚嫁

(1)定亲经历

我定亲的时候是 1952 年,定亲前这个来说媒那个来说媒,说这儿好那儿也好。后来有个叫刘雪芬的来说媒,说男方家好,就一个婆婆。然后正月初一我和丈夫就在赶集的时候见了一面。那时候那个媒人是我丈夫的亲戚,一直夸我丈夫好,说比我小 3 岁,让我自己考虑。见了面以后,我觉的还行就同意,也没经过爸妈的同意,他们都让我自己决定。我对婆家没有什么要求,只要有一个家就行。

我们是初一见的面,十五他就来我家,我丈夫来我家的时候,家里米都没有就煮了一个红苕稀饭,他也什么都没带。见了我爸妈的面,我们的亲就算是定下来。本来那时候我打算不嫁,后来大家都劝我,后来我爸爸就说让我自己选,只要我嫁就行。

那时候定了亲女方就不能悔婚,没听说过悔婚,男的可以退婚。定亲之后两家就可以走动了,但不是随时都可以走,只有逢时过节、家里有人生日的时候才走动。那时候已经是新中国成立之后了,他来我也不回避,大家一起吃饭讲话。那会儿定亲就是伙食团定,没有什么仪式,彩礼就是两件衣裳,其他什么也没有。

(2)出嫁经过、嫁妆

我 28 岁出的嫁,结婚的时候就办了个结婚证。出嫁的前一天晚上,就找人开边、扯头发、洗澡,衣服全部换掉,身上全部都要洗过穿新的衣服。出嫁的那天,我穿上男方拿来的那件衣裳,男方有喊人来接亲,还抬了轿子,我穿好衣裳,他们就把轿子抬到我家门口,蜡烛点好、香点好、拜菩萨,拜了菩萨就上轿。我记得那时还是我的一个叔爷送的亲。上轿子到男方家之后,就跨火盆、拜天地,然后就开席,当时摆了两三桌,请的都是同院子、同生产队的人,还有就是亲戚。

出嫁前挣的那些东西还是归娘家所有,不能带走。结婚后 10 天就回门,只有我一个人回去,因为我没有兄弟,就是另外一房的一个哥哥来接我。我回去吃了午饭,丈夫又来接我回婆家,不在娘家住。

当时回去的时候什么也没带,走得时候什么也没拿,两方都省。嫁到婆家之后,过生日娘家没有人来,也没人知道我什么时候生日。但是我娘家还是关心我,有时会给我拿一把面、背一点花生。那时候大家都穷,娘家也没有准备什么嫁妆,就办点铺盖、床罩,那时候都是好不容易办了一铺一盖。

(3)童养媳、换亲

1949 年前,童养媳很多。一般童养媳,养到三四岁就抱给人家,人家就拿轿子来接,媒人就坐在轿子里把你包好,到婆家就喊你烧火干活。那时候把女儿送去当童养媳都是穷人,来抱的那方什么都不用拿,把人接走就好。

童养媳圆房的时候大概 20 岁,那个男孩儿也要满了 20 岁,就看个吉日,有条件的还要办一套被子、衣裳、鞋子,没条件的就算了。然后就拜祖宗,拜天地。拜了就牵进房间喊人洗脸、扯头发、扯花巾、扯眉毛①、化个妆就可以圆房。关于换亲我们这边没有。

(4)招赘、改嫁

1949年以前没有听说过招赘,二婚的倒多得很。二婚没有彩礼。假如你男人死掉,你要再嫁的话,你老婆婆就不准你从正门嫁,只能从后门出去,也不能在自家洗澡,只能上轿去别人家洗澡上轿。虽然没有彩礼,但是男方会拿钱给她婆家,就像卖儿媳妇一样。看不起二婚的人倒是没有,就是二婚出嫁的时候没有头婚的光彩。我们这地方没有冥婚。

3.出嫁女儿与父母关系

(1)风俗禁忌

出嫁的时候、姑娘回娘家的时候没有什么风俗禁忌,像过年那些只要娘家有人来请就可以回去吃年夜饭,一般都是娘家兄弟来接,吃了饭又送你走,你要给娘家兄弟一定的报酬表示一下,毕竟是大过年。

我家没有男孩,所以就算是嫁出来了,还是要回来上坟,回去要给自己的爷爷、奶奶上坟。但是怀孕的妇女就不能去上坟。出嫁之后,除了10天后要回娘家,一般过年过节都要回去,还有娘家有老人过寿也必须回。一家人都要回去,回去的时候就拿点糖,经济好点就拿一点冰糖、白糖,经济不好的时候就拿片糖。

(2)与娘家困难互助

嫁出去的女儿泼出去的水,一旦你嫁出去了娘家就不会管你,就算家里吃不起饭了,我们也不会向娘家伸手要钱,只能靠自己。但是由于我家只有女儿没有兄弟,所以娘家有什么事情我都会回去帮忙,该出钱的就出钱,该出力的就出力。我婆婆人挺好的,我回去帮忙她也不会说什么。

(3)夫妻矛盾调解、离婚

我和我丈夫没有吵过架。1949年前,也不会有什么人提出离婚,那时瞧不起就不嫁,即使嫁了也可以跑,反正以前又没有结婚证,但一般还是不会想走,除非打架。1949年以后,提出离婚的也很少,而且离婚也不会向父母征求意见,不会有人去说,但是还是有离婚的人,只不过占少数。离婚的时候,也比较麻烦,如果不愿意,想走还要写休书,再嫁的时候还要写婚书,但一般没多少人写,写完休书过后,娘家会倒霉。另外,离了婚的妇女死掉,死在哪里就葬在哪里,不会葬在婆家。

(4)娘家与婆家关系、财产继承

我丈夫在我们结婚几年后,就迁过来成了上门女婿。我父母死了以后也没留下什么财产,我们就只得到了一个破房子,这个房子有4个房间,其他也没有什么。

(5)婚后尽孝

1949年前,姑娘也可以通过给钱、给粮、帮干农活的方式赡养自己的父母。

因为我们家没有兄弟,所以爸妈都是我赡养,我爸死的时候没有钱,衣服和裤子也没有,就直接办。我记得是九月初九,我去借了1斤油来给他点灯,还贷了20块钱,喊了一个道士来给他办丧,那个时候是农业社,不准办丧事,我们没有锣,都是到大队偷偷拿了一套锣鼓来,把人埋下。

清明节的时候,肯定是要回家上坟。上坟的时候要带钱纸、作揖、磕头那些。七月半的时

---

① 扯眉毛:修眉毛。

候,也要敬老人,要做粑粑①,要煮饭煮肉,煮起给在世的人吃,碗摆上,饭舀好,菜炒好,放到比较高的地方,点好灯,摆好茶、粑粑、花生、糖然后就请他们进来吃茶了,最后烧纸就好。

（三）出嫁的姑娘与兄弟姐妹的关系

那时候家里有什么大事还是要叫我们回家商量,处理这件事花了多少钱大家平摊,不分你我。

我婆家有什么事情我从来没有去找过我的娘家帮忙,都是娘家找我帮忙。我们家我就只有一个妹妹,我女儿结婚的时候她就是我们家的代表。回娘家拜年就是大家约个日子,初一、初二都可以,反正除夕那天都要往自己家里走,不能再到处跑。回家拜年的时候,一家人都要回去,要带一些糖作为礼物,一般回家都是给自己娘家一家人拜年。

我跟我娘家的妹妹走得很近,走动也很多,我们关系非常好,只要有空就去妹妹家,没有选日子。我回娘家走得最远的一房就是我伯娘那一房了,其他的没怎么走动。走娘家的亲戚没什么顺序,哪家在办事就走哪家,没有固定的时间。

二、婆家人·关系

（一）媳妇与公婆

1.婆家婚娶习俗

结婚的时候,我丈夫家穷得不行,什么都没有,房子也是要塌不塌,简直是座危房。他们家一共五姊妹,有两个儿子、三个姑娘,老公公死得早,就剩一个老婆婆。他们家也是农民,也是每天在生产队干活。我们定亲的时候没有任何仪式,没有请吃饭,没有合八字,也没有请媒人、族长那些见证,他到我家见了面就算定好。我的孩子定亲的时候,我家里面的条件要好些,定亲的时候还请了自己一大家人吃饭,大家一起看看、谈谈互相介绍一下。

结婚的时候,按照我们那边的习俗出嫁的前一天晚上要洗澡,要扯头发、修眉毛,第二天结婚的时候,一大早就有人来接亲,大家一起在娘家吃了早饭就往婆家走,到婆家去吃午饭。走的时候要放火炮拜菩萨,然后上轿。刚到婆家还没进门的时候也要放火炮,然后把轿子抬到屋门口,门口放了一个米筛②,两边站着的人就喊你下轿踩,然后等你出轿的时候,牵你的那个姑娘就一下把你推到在米筛里,然后你就踩。

这是我们那的一种风俗,说不踩米筛就会亏③婆家,踩了米筛就亏娘家。结婚的时候大食堂的那个厨师是我们的主婚人,主婚人只能是男人。点蜡烛、牵新娘的就是女人。

进门之后就拜堂,拜堂的时候,有怀孕的和来月经的女人要回避,这种风俗大家都知道,所以不用提醒,她们自己就会回避。拜完堂就开席,摆了三四桌席,男的长辈老人就坐上方,女的老人长辈就坐下方,其他人就坐两边。

我结婚的时候是吃大食堂的时候,没有什么给公婆奉茶之类的习俗,我记得1949年前,刚结婚的媳妇儿就要给公婆奉茶,公婆还要给红包。我们结婚的时候没有去拜祖坟也没有拜祖宗,我们这边没有这样的习俗,但结婚后就可以随便去拜,现在我都还会回去拜拜坟。

---

① 粑粑:音译一种用面粉做的食物。

② 米筛:一种用做大米分离杂质的工具。

③ 亏:伤害、损害。

2.分家前媳妇与公婆关系

(1)婆家家长与当家、劳动分工与婆媳关系好坏

我嫁过去第二年的农历八月分的家,那时两个儿子各分到100斤谷子、100斤玉米。没分家的时候就是我的婆婆当家,分了家之后就是我丈夫当的家。我们家没有开过家庭会议,那时大家都是在农业社里上工,所以没有家庭分工。

那时候在农业社都忙不过来,要做这做那没人来监督看管你,所以和婆婆关系一般没有发生过什么矛盾。我嫁过去的时候都28岁,我那会儿都还是懂事的,没惹婆婆生过气。

(2)婆媳规矩与状况

1949年以前,嫁到婆家的儿媳妇,天刚亮就要去给婆婆打洗脸水,晚上还要给婆婆打洗脚水,吃饭的时候要给他们添饭。和公婆说话要轻言细语不能大吼大叫,要是顶撞婆婆的话轻则被骂、重则被打。

1949年前,婆婆虐待媳妇是司空见惯的,一般的情况就是婆婆吃干饭,媳妇儿就吃稀饭或者红苕稀饭,里面没几粒米。媳妇儿不听话的时候婆婆就会打她,很多时候都不给饭吃,但赶出家门的少。那时候的女人没什么地位,婆家的一家人都压着你,婆婆要管你,公公要管你,丈夫也要管着你,没有自由,没有地位。1949年以后,婆婆虐待媳妇的现象基本上就没了。

(3)外事交涉、家庭矛盾、过节习俗

家里的对外交往都是由婆婆和我丈夫出面,几乎都不会和我商量,人家两个去了就是。一般情况下,婆婆和丈夫发生矛盾我都不管,也管不了,最多劝劝丈夫让着老人家。

我和丈夫吵架的时候,婆婆是不会讲话的,谁也不帮。一般过年过节都要回娘家,比如娘家喊你团年,你吃了午饭,下午你就要走。初一是要在婆家过,只要娘家人没叫你回家你都要在婆家过。

(4)财产权

1949年前,儿媳妇在婆家没有财产权,那时候都是重男轻女,妇女的地位都低。1949年后,儿媳妇在婆家的财产权还是有一定的变化,主要表现在分家的时候按人口分,儿媳妇也有份。

3.分家后媳妇与公婆关系

(1)分家

1949年前,父母都在还是可以分家,只要想分都是没有限制。我是嫁到婆家9个月后分的家,老婆婆还在。那时候吃都吃不饱,你不分家,更没有吃的,所以必须要分开。我家就是因为这个分的家,也有的人家是因为婆婆总是欺负媳妇儿才分的。我们家分家是大家一起商量讨论,决定了就直接分了,就是也没请谁来见证。那时候家里的东西都被生产队收完,没有粮食,就只有几个柜子和一些罐罐,当时我和我丈夫就分了一个柜子、一个罐罐,还有一个房间,然后就是我的嫁妆。

(2)离婚、改嫁、财产继承

1949年前,只要婆婆不要你、丈夫也不要你,你直接走了就是。那时候没有结婚证之类的东西,只要人家不要了你就可以走。如果丈夫死掉,妇女要改嫁,一般情况下是要经过婆家的同意,走得时候你只能一个人走,嫁妆都不能带走,更何况是孩子。寡妇是不能继承公婆的财产,因为只要儿子死了,媳妇儿就不是自家的人。

(3)外出经营管束、赡养与尽孝、公婆祭奠

1949 年前,没有妇女在外经商或者打工,那时候的妇女都是大门不出二门不迈的,只能在家做做家务、绣绣花。

如果家里的公婆办寿,儿媳妇儿就负责洗碗、煮饭,基本上活儿全包。公婆去世的时候儿子和儿媳妇都要戴孝帕,长短是一样的。公婆下葬的时候没有什么特别,没有合葬,是单独葬,清明节的时候我们还是要去祭拜,一般都是我丈夫去,因为我们家里养着牛、猪,走不开,还带着孩子没办法。

(二)妇与夫

1.家庭生活中的夫妇关系

(1)夫妇关系、当家、家庭分工

我的丈夫是我自己选的,没有什么不满意的,都老夫老妻了。我们婚后都是直接叫对方的名字。分家后基本上还是我的丈夫在当家,他负责家外的事情,我负责家内的事情。那时候的农业生产基本上都是我在管,我干活快,弄好饭后,我就到处去转一转,如果他铋①草草、镐灰②,我就在旁帮着挑粪。

要借钱给别人、家里要修房子这些都是两个人商量,当然修的房子还是要写自己丈夫的名字。那会穷,没有什么私房钱,都是大家一起用。分家之后还是要干农活,他干他该干的事情,我干我该干的事情。分家后劳动强度也没有减轻,又要管理田里地里,又要管家畜生,还得带孩子,每天都忙得很。

(2)家庭地位、丈夫权力

我们家还算是比较平等,没有谁的地位高谁的地位低的说法,大家都是一样。1949 年前,妇女地位都低,丈夫权力大,丈夫可以随便打骂妻子,而且妻子还必须好好伺候丈夫,丈夫在外面欠了钱,妻子还得商量着帮他还。那时候丈夫和别人讲话的时候,妇女是不能讲话的,如果你随便讲了话,是对的就没什么,如果是错的你就要挨打。丈夫命令妻子做的事,妻子必须做,厨房的事也必须是女的做,洗衣服也是妇女做。1949 年后,这些现象也没什么变化。

(3)娶妾、典妻与当妻

1949 年前,有很多不经过妻子同意就娶小老婆的现象,那时候叫娶妾。如果妻子敢反对的话就要挨打,所以基本上没有不同意的。那时候有钱的家庭就可以娶妾,娶妾不像娶妻,娶妾没有彩礼,也不讲究什么门当户对。那时也听说过卖妻的事情,但是那时候我还小,我不知道他们是怎么卖。

(4)过继、家庭虐待与夫妻关系状况

关于过继的事情我不太清楚,反正我们家没有过继。1949 年前,家庭虐待是很常见的现象,丈夫打妻子不会有人管,谁要是管了就打得更凶。那时候村里面公认的好妻子就是人品、才干各方面都好的那种人。

(5)副业收入、日常消费与决策话语权、离婚

那时候女的没有权力,收入都要给丈夫,女的也没有机会去赶集,人家买什么都是人家

---

① 铋:音译,除草。

② 镐灰:音译,讲草烧了做成肥料。

说了算。我们家还好，那时候的家庭日常消费都是讨论决定，今天要给孩子买点什么，家里又要买点什么，反正都是大家讨论。家里的人情往来那些，他在家的时候就由他决定，他不在家的时候就是我决定。1949年前，都是男的不要女的，没有女的不要男的的情况，男的不要女的了就喊人来写休书。

2.家庭对外交往关系

家里来人的时候他们就在桌子上吃饭，我就端着碗到旁边去吃。新中国还没成立的时候，女的出去借钱的情况少，只有在女的当家的家庭，女的才会出去借钱，一般都是男的出面借钱。我没有朋友，也没出过什么远门，就没出过宜宾，去过最远的地方就是丈夫家金坪乡。

（三）母亲与子女的关系

1.生育子女

（1）生育习俗

我一共生了5个孩子，老大是1963年出生的，那时候报喜没有什么区别，生儿生女都拿把面，或者蛋，有10个就拿10个，有5个就拿5个，有3个就拿3个。孩子满月的时候要办满月酒，请的就是娘家人和本生产队的那些人。满月的时候就把孩子抱给大家看了。我们这边生男生女庆祝方式都是一样的，没有什么区别。

（2）生育观念、学校教育、性别优待、家庭教育

丈夫和公婆对于生男、生女态度大不一样，生女的就没有那么高兴，生男的就很开心。我的儿女都是读过书的，男女都是一样的，读书没有什么区别，在家庭教育中也不会对儿子有什么优待。

（3）对子女的财产、婚姻权力

我的儿女婚事都是别人说媒，定亲的时候没有合过八字，婚姻都是他们自己的事，我都不管，他们愿意就行。我女儿出嫁的时候，有三四套衣服和双铺双盖作为嫁妆。

2.母亲与婚嫁后子女关系

（1）婆媳关系、分家

与当年相比，现在的婆媳关系好多了，我对我的儿媳妇就是什么都不管，要干就干。她对就对，不对我也不会说什么。我儿子结婚的时候，没有什么仪式。我儿子是20年前和我分的家，那时候家里的女儿全都嫁出去了就剩两个儿子。分家的时候请了他幺爹、五爹来做见证，我们是按人头分的家，什么东西都平分，当时没有写字据，直接就分了。

（2）女儿婚嫁、招赘

我女儿是20岁定的亲，我是允许她自由恋爱的，但是她也是有媒人来说的媒，那时候是征求了她的意见，定亲的时候就见过面，和我定亲的时候没有什么不同，基本上一样。我女儿出嫁的时候，婚俗还是有一些改变的，原先是用衣裳来接亲，现在是用钱来接。

没有儿的家庭就可以找上门女婿，招进来的时候还是要看日子，写合约。虽然是上门女婿，但生下来的孩子还是跟着男方姓。有上门女婿的家庭基本上是男女一起当家。

（3）援助儿女与赡养关系

我女儿有困难的时候，我是肯定会帮助她的，那会儿我还要帮着带孙孙、孙女。我对我子女没什么要求，你拿钱给我我就要，不给就算了。有事的时候还是要去女儿家，但是去得少。我还是希望住在我的儿子家，因为当时分家的时候我就是住在我的儿子家的。

三、妇女与宗族、宗教、神灵

(一)妇女与宗族

1.妇女与宗族活动

我们村没有祠堂,有家族、也有谱书。家族每年都要聚会,叫做清明会,人家大家族一个清明会要杀3头猪才够吃。妇女也要参加清明会,吃饭的时候妇女跟丈夫是坐在一起的,在清明会的时候妇女就负责做饭、打扫卫生。清明会祭祖祭坟的时候妇女就不可以去了,只能男人去。

我们家有家神,过时过节男女都要拜家神,还有就是接亲嫁女的时候要拜家神,拜家神的仪式很简单,烧香,点灯。

我出嫁的时候,没有惊动家族的人,就请了些最亲的人。我们的家族比较散,没有专门管事的长老。家里除了要拜家神外,每年还要去祭拜祖父祖母、要烧纸、上坟那些。我祖父和祖母没有合棺,但都葬在一个山坡上。

2.宗族对妇女管理与救济

1949年前,在家族里生男生女没有什么特别的仪式,如果一个家庭里面像我家那样只有女孩没有男孩儿,要么就招一个、要么就是女儿继承父母的财产。家族对寡妇没有救济,就算你是为这个家族生了一个儿子,家族也是不会救济你的。从这个家族嫁出去的女的,如果受到了别的家族的欺负,也没有人会来帮助你,你只能自己受着。

对于抱养、过继和招进来的人,家族都没有什么特别的要求,一视同仁。那个时候如果有女的出轨或者未婚先孕,家族中的人就会烧死你。在整个家族的眼里,女人的贞洁是最重要。

(二)妇女与宗教、神灵、巫术

我门村基本上就只有信菩萨、灶王爷、土地公公、家神这些。这些神的祭拜男女都是可以的,拜神的位置次序没有特殊规定。祭拜这些神的时候要烧香、点灯,来月经的妇女需要回避。大家拜这些神都是为了求平安。还有就是七月半的时候要去烧钱纸和拜坟。有时候村里有人生病了,还会请刮痧婆①来看病。具体什么情况我就不太清楚,我们家没请过。

我和我丈夫都信佛教,我们已经吃了三十几年的素了,但是我们没有皈依证。我们之所以信佛教,都是听人家说,信佛教可以保平安幸福。

四、妇女与村庄、市场

(一)妇女与村庄

1.妇女与村庄公共活动

(1)村庄活动参与

村庄是1949年后才有的名称,1949年前,我没有参加过保甲会那些。1949年后,只要是国家让参加的活动我都参加,没让参加的就没参加。

(2)开会

1949年以前,没参加过那时候的会议,1949年后倒是参加了不少的会议,那些会议都由

---

① 刮痧婆:音译,巫婆。

生产队队长或社长召开。大家都要来开会无论大人小孩、无论男女都要参加。

(3)村庄绅士、保长、甲长印象与接触

还没出嫁的时候，我知道我们村的保长是谁，叫赵申谷，甲长就是我爸爸，保长我也是听我爸爸讲的。我爸爸是一个很有能力的人，后来新中国成立了，他还当了生产队长。那时候的我还小，对村里的事没有什么概念，更不知道关心。出嫁之后新中国就成立了，没有保长、甲长那些了，只有生产队长。

2.妇女与村庄社会关系

(1)社会交往

1949年前，记得那时候有8个姑娘和我玩得最好，但是后来她们出嫁的时候，我没有去陪她们，那时候没有这种说法，所以就没去。新中国成立后，生产队的活动我多去参加，像妇联那些我都有积极地去参加。

(2)务工与报酬、交往习俗

1949年前，就没有换工的说法，根本不会有人请换工。换工都是在1949年后才有。

以前不像现在，新婚的夫妇要拜访邻居之类的事情，以前都没有这样，首先是大家都穷，要是去拜访的话不带点礼物不好。其次，那时候有干不完的活，哪有时间去拜访。

嫁到婆家之后，我没有朋友，妇女之间也没有什么组织、什么会那些，但是生产队的那些姻亲，需要帮忙的时候我们还是要帮，像修房子还有红白喜事那些，就去帮忙煮煮饭洗洗碗、抹抹桌子。男的就搬桌子、凳子、抬水。

(3)妇女聚集于活动

我们生产队的妇女就只有在干完活歇着的时候才会聊聊天，一般都在晚上。因为我们都是早干完活的时候才会一起聊天，所以别人也不会说什么闲话。一般一个村就是一个单位，没有到外村去聊天的妇女。现在那些和我玩得好的那群人基本上都死了，就剩我一个，没得聊。

(4)女工传承、矛盾调解

我的那些手工技艺都是在娘家学会，但现在这些都没什么用，没有传承，我有儿女的时候，大家都开始买衣裳穿了，谁还学这些。

那时候同村的妇女相处得比较和谐，很少有吵架的现象，大家都一起在生产队干活儿，每天嘻嘻哈哈，没有吵过架。

(二)妇女与市场

没出嫁之前都是我一个人去赶集，一般就是去卖东西，卖糠、卖菜这些，买东西的时候少，要买都是买一些必需品。结婚之后还是要去集市赶集，有时候是丈夫去、有时候是我去，谁想去就去，谁有空谁就去。那时候的集市上男男女女老老少少都有，和现在没什么大的区别。

那时候有去外乡赶集的，有但是少，去外乡赶集一般不能在外留宿，像赶邱场乡的集市，天还没亮就去，买完或者卖完东西就往回赶，中午要到家吃午饭。那时候赊账的少，女的赊账的更少。

那个时候都是自给自足，用的东西都是自己做，吃的就自己种。像纺线的棉花是自己种的，穿的衣裳是自己缝的，绣花的花样也是看着别人的然后自学，没人专门教。除了卖菜、卖糠、卖油、卖米外，其他的东西就不卖，要买就买一些生活必需品。

1949 年后还用过粮票、布票、肉票那些，那时候我们家才 3 尺布票，布根本不够用，其他那些就更不够了。那时候的票证就相当于现在的钱，用布票那些就可以直接和别人换鸡蛋等。我对供销社的印象不是很深，只知道那时候让捐东西，然后才能去买东西，我没去买过，所以不了解。

五、农村妇女与国家

(一)认识国家、政党与政府

1.国家认知

我是在工作队下来开会的时候知道国家的，那时候天天都要开会，白天开晚上开。国家对于我来就是一个大地名。1949 年以前，没有宣传过男女平等，那时候开会就是保长点名，所有男女老少都要登记在册，没有讲过什么男女平等。那时以前也没有专门的小学，有小学都是私人办的。

小时候见过几种钱，最先是小钱——中间有一个眼，大指拇般大小，用红头绳穿成一串。然后就是铜元、新二百——由银和铜构成，后来就是辅币①，辅币过了就是票子，分钱一张，上面还有孙中山。最后就是印有毛主席的纸币。

2.政党认知

国民党就是拖壮丁，拖去打仗。我没有认识的国民党员，只知道有孙中山、蒋介石的存在。1949 年前就知道共产党，我隔壁就有一个共产党员，我还认识一些女党员，我们每天见面。1949 年前我没读过书，所以我接受的教育中没有关于国民党和共产党的知识，我是从和别人的聊天中得知共产党的，那时我还小，具体多少岁我也不清楚了。我不是共产党员，我们家也没有共产党员，也没有参加过党组织的投票，只去开过会，那时候还有很多女性参会。

3.政府认知

我没有裹过脚，那时候没有人让我裹，因为裹了脚就什么也干不了了，那时家里穷，要挑水、挑粪，所以不让我裹脚。政府强制放足剪发的时候，在街上抓着一个就用剪刀把辫子给剪了，走在大街上，就只看到那些拿着剪刀剪头发的人。

1957 年左右，我还参加了识字班和夜校，上课的老师是个道士②，叫李守兵。那时候政府的人会来动员你去参加，每天中午吃了饭就去学两个小时，回来之后又上工干活。以前教的那些字，我都记不住，现在想想应该认真学。土地改革运动工作队的时候，我接触了不少的干部，1949 年以前，我父亲是甲长，也算是个干部，其他的干部我就不知道。我对我的女儿、儿媳妇没什么特别的要求，她愿意当干部就当，不愿意也不强求。这是她们这一代人的事，和我无关。

(二)对 1949 年以后妇女地位变化的认知

我知道妇联的存在，也认识妇联队长，我还参加过妇联会。那时候妇联会是妇女必须参加的，不去的话就会扣工分。

十八九岁的时候我才听说男女平等，从那个时候开始，妇女的地位就发生变化了。1949 年后，男女平等，妇女的地位就提高了，这和政府有着密不可分的关系，我们家比较平等民

---

① 辅币：硬币。

② 道士：当地专门负责死人葬礼的人。

主,平时谁有空谁就干点家务,没有谁要帮谁打洗脸水、洗脚水,或者说谁伺候谁的问题,大家都是平起平坐。

1949年后,政府就要管男人打女人的家庭暴力事件,我们村就有个叫赵向喜的人,他的姐姐被她的男人打,想把她烧死,后来都是政府救了她。

现在的妇女干部和男性干部一样,可以为人民讲话,只要她有能力,就可以当好干部,那时候选举,还是有很多人选妇女。

(三)妇女与土地改革运动

1.土地改革运动动员与参与

土地改革运动的时候,我们家被划成贫农,当时土地改革运动工作队就被安排住在我家,一住就是两三个月,每天晚上干活回来,土地改革运动工作队的队员就开始动员你,具体讲些什么我也不记得了,我就记得每天都要开会。

2.斗地主、分田

我没有去参与斗地主,但是我看到了斗地主,当时大队干部让必须去看。我记得那时候的口号就是:"打趴地主,穷人翻身。"

因为我们家是贫农,所以分到了地主家的一张桌子、一个柜子,当时我特别高兴。那时减租退押,就是把地主的田和东西分给大家,我还记得是在郭家的场坝进行的,当时地主的东西在那里摆放了3天,等着大家来分。那时我还没结婚,分给我的土地都由家里说了算,出嫁的时候是不能带走的。

3.对妇女组织与对妇女翻身的认识

那时候村里成立了贫农团、妇联这些组织来帮助妇女,所以妇女可以分得土地,翻身解放。我没有当过村干部,也没有那个能力当,对土地改革运动时期的女干部只有一个大概的印象。

(四)互助组、初级社、高级社时的妇女

互助组就是分组,这组做完,就做那组,分组都是一个生产队3个组,这里做完调过去做那里,那里做完调过来做这里。当时大家都要在互助组干活,男的就犁田、耙田,每天的工分是12分,女的就干土里的活,每天工分是8分,虽然不公平,但是男的干的活要重些,也没人说什么。那时候还是通过干部开会组织动员村民起来形成互助组的,当时我们家入组是由上级开会组织的,没有经过我的同意。

在互助组的时候,大家为了挣工分,都得干活,即使妇女在来月经、怀孕、哺乳的时候也不可以请假,但是可以安排做轻松一些的活,坐月子除外,坐月子是必须休息40天的,有50斤的奖励粮,但休息的时候没有工分。

我没有当过互助组的干部,我们这组的干部是罗冠青的婆婆,妇女队长就是罗冠青。合作社就是一人投两块钱入社,我们是1957年入的初级社,1958年就是高级社,1958年9月1日正式成立伙食团。

(五)妇女与人民公社、"四清""文化大革命"

1.妇女与劳动、分配

(1)妇女与劳动

1958年也就是人民公社时期,那个时候大家一起吃大锅饭。那时把家里所有的东西都

收走,田、土、锅都端走,盘子也收走,所以大家只能在食堂吃饭。人民公社时期,男女老少都要干活,不干活就在食堂吃不到饭。

男的就负责种田,女的干土里的活。也有女的下田干活,但是少,那时候我和伙伴就犁过田。我们生产队一共就60个人,男劳动力比女劳动力多。

(2)单干与集体化的选择、工分、同工同酬、分配与生活情况

干集体的时候,偷懒的现象肯定是有,但不是很多。如果让我再选一次肯定选分田到户,集体的时候,有些人懒死了,只知道玩,不干活,不公平。

我知道男女同工同酬的说法,但是具体是什么样的我不太清楚,反正政府就说同工同酬,一样的工作,一样的吃法,一样的穿法,男女平等,男女都有权。那时生产队分粮是有等级的,你活儿干的哪一级,就吃哪一级的粮食。主要劳动力,就吃一级粮食,二级的就吃二级的粮食,小孩儿就是三级的粮食。那时我们家的粮食刚刚好,既不缺粮也没余粮。

2.集体化时期劳动的性别关照

集体化的时候没有对性别有特别的关照,只要是劳动力都要干活,全部都要干,最多就是让你干稍微轻巧一点的活,但是这种现象都少。我记得最清楚的就是,调我和伙伴去马儿岩去修水库,天天挑抬,我的伙伴大半年没来月经。

像干活的时候就算你来月经了还得下田干活,还是要挑粪,一点都不敢怠慢。因为那时干了太多重活和三期照顾不周,导致后来没来月经,不能生育的或者得妇科病的情况也不少,即便这样政府也不会管你,只有自己去就医,有的没有钱看病也就找找偏方吃点药草。

我们这儿从来没有建过什么托儿所,自己的孩子都是自己照顾。

3.生活体验与情感

(1)大食堂

1958年9月1日正式成立大食堂,当时就安排我去食堂做饭,做饭的人很多,男女都有。

我每天天没亮就把红苕拿来蒸,蒸好后一个人一斤红苕或者两斤红苕。食物的分配都是定额的,还分了等级,主要劳动力就是一级,两斤红苕;妇女就是一斤、一斤半、一斤二两;小孩儿、老人就是半斤、四两。那时候没什么吃,除了吃红苕就是青菜萝卜,没有米也没肉,实在没办法,热天就只喝水。

没人愿意吃大锅饭,吃的不好也就算了,还吃不饱。虽然不在家里做饭了,但是一点也没轻松,每天有做不完的活,晚上还要让你加班,打着火把干活。

(2)"三年困难时期"

1959年的时候,我们生产队没有人饿死,首先因为我们生产队的人都很勤劳,大家都干活努力挣工分,只要有粮食就大家一起分着吃,互相帮助。其次,那时我父亲是生产队队长,他就召集村里的人去挖一种泥巴①,然后用拿药水来煮,煮好后用火炼,炼好了亮晶晶的,国家要购买,所以那时我们生产队就有粮食。

我们家养了一头生产队的牛,父亲去挖那个东西,我就去掏红苕沟②,每天掏120丈。就这样没日没夜地干活才熬过这几年。

那时候饿得不行,也没有人会去生产队偷粮食,因为如果被抓住了的话,就要被打、被批

---

① 泥巴:根据描述可能是硅。
② 掏红苕沟:一种农活,将泥土挖成一条条的沟壑,种上红薯。

165

斗,大家都怕。我们生产队应该没人抱怨政府,反正我没有抱怨过。

(3)文娱活动与生活体验、妇女间的矛盾、情绪宣泄与集体自杀

我不怀念吃大锅饭的时候,也不想回到那个时候。人民公社的时候妇女一起有时也会有矛盾,吵架是很正常的事情,只要有人闹矛盾,干部就会来调解。当然也有那种蛮不讲理的泼妇到处谩骂,这种就没办法了,只有随她去了。1949年前,没听说过妇女自杀的,集体化的时期倒是有,那时候有人去偷生产队的粮食被抓到了,怕被打和被批斗就自己自杀。

4.对女干部、妇女组织的印象

我们这儿没有铁姑娘队,但是有女干部,像那个黄素琴就当过我们生产队的队长。她1949年前是给人家地主家当丫头的,她的老公是一个教书的,其他就不知道。我不羡慕那些当干部的人,反正国家安排哪个就是哪个,我听国家的就行。

5.“四清”与“文革”

1959年的时候开始斗干部、斗老师。我记得那时候有一个老头儿被弄在田里头,然后就开始搜他的东西,还要搜他家里面的东西,像铺盖、罩子、衣服这些全部都收了。在这样的环境下,那些人的生活多多少少会受影响。

1959年的时候自留地就被收了。四清的时候还是可以买卖东西的,就是要去登记,比方说你要卖鸡蛋,你养的鸡就必须要去登记。买卖东西极其不方便,除了油盐其他都不容易买到。那个时候也没人办事,没人走亲戚,大家都人心惶惶。

“破四旧”,烧东西的时候,我们家没有东西可烧,但是那些老师的旧书基本上全被烧了。“文化大革命”的时候,就是要求革新,什么红白喜事那些都不办,我们也不敢去走亲戚那些。

(六)农村妇女与改革开放

土地承包的时候,每个人都分到土地,每个人的名字都在土地证上,只要你是有户籍的,你就有土地,如果你是离了婚下了户口的你就没有土地。分土地的时候把大家伙高兴的,大家都愿意单干,没有谁愿意集体劳动。

我没参加过村委会的选举,关于20世纪80年代的计划生育政策我没什么看法,我没遇到,与我无关。如果现在我还年轻,还没有这么多孩子,我会顺其自然,多生一点也行,少生一点也好,没有也可以。没有孩子要安静一些,孩子多了闹杂。

精准扶贫就是把贫困户搞好,哪个穷帮助哪个,没有什么区别。现在步入新社会,也没有那么多规矩,男老人也可以和女老人说话,性别歧视也变少了。

我们家有电视,一般是我的孙孙告诉我国家发生的一些事,因为他们都在读书。我知道网络,我们这才迁来了网线,但是我没用过,都是年轻人用。我有手机,但是只会接电话,其他的不知道怎么用,一般都是通过电话和子女联系。

六、生命体验与感受

我的一辈子就算这么过来了,有儿有女,现在生活还算过得去,现在我在家还是养猪、养牛、种菜。孩子们都长大了,他们的事我又不管,他们要怎么安排就怎么安排。我现在身体还算可以,除了吃不下去太多饭,其他也没什么病,我现在就每天念念经、拜拜佛祈祷我全家平平安安、和和气气。现在的日子比起以前我们那会儿真的是好很多,这些都是国家政策好,没有毛主席就没有今天。

JYY20170112YZM　杨中明

调研点：四川省宜宾市南溪区林丰乡

调研员：姜越亚

首次采访时间：2017 年 1 月 12 日

出生年份：1935 年

是否有干部经历：无

是否生育：是

受访者结婚的时间节点、生育子女的具体情况：1951 年结婚，1953 年生育第一个孩子，一共生了 7 胎，但 7 个之中夭折了 1 个，其中 1 个男孩、6 个女孩。

现家庭人口：7

家庭主要经济来源：务工

受访者所在村庄基本情况：林丰乡位于南溪区、翠屏区、富顺县三区县交界处，距县城 35 千米，距宜宾市市区只有 30 分钟的车程。海拔 400~490 米之间，以邱家岩为主体山脉，地处东经 104.85 度，北纬 28.85 度，属亚热带湿润型季风气候区。全乡幅员面积 32.85 平方千米，总人口 9500 多人，下辖 6 个行政村、49 个村民小组，可耕地面积 16000 亩，林地面积 28700 亩，森林覆盖率达 60%，地貌为低山浅丘型，山岭重叠，属典型岩区乡。"古柳沱"是四川省宜宾市南溪县林丰乡的一个小山村。大约在康熙三十三年（1694 年）康熙发布"招民填川诏"之后的几年内，赵氏由广西桂林迁入林丰乡古柳沱，即今天石龙村。此后世代繁衍，人丁兴旺。当地有宜人的气候，也有诸多人文景观和雄奇的自然景观。

受访者基本情况及个人经历：杨中明，1935 年出生，现在 82 岁，家中共 3 个姊妹，只有杨中明一人活了下来，名字均由父母所起，具体是谁她不太清楚，名字的具体意义她也不明白。出生时家中无地，为了生活，都是去租地主的地来耕种，家境十分贫寒，土地改革运动的时候，被划成了中农成分。老人 16 岁便出嫁，丈夫家有两个兄弟、3 个姐妹，同样是一贫如洗，也和她在娘家的时候一样，都是租地主家的地来耕种，以此谋生。

一、娘家人·关系

(一)基本情况

我叫杨中明,我父母一共生了3个女儿,我有1个姐姐、1个妹妹。3个女儿中,我是唯一活下来的人,我和姐妹的名字是由爸爸或妈妈起的,具体是谁我不太清楚,名字的具体意义我也不清楚。我1935年出生,出生时我们家没有地,为了生活,家里都是去租地主的地来耕种,家境十分贫寒,在土地改革运动的时候,我们家被划成了中农成分。我16岁便嫁给了我的丈夫,而且出嫁时都还差两个月才真正满16岁,丈夫家有两个兄弟、3个姐妹,他家也是一贫如洗,也和我在娘家的时候一样,都是租地主家的地来耕种,以此谋生。我一共有6个小孩儿,第一个孩子出生的时候我18岁,一共生了7胎,但7个之中夭折了1个。其中1个男孩、6个女孩。

(二)女儿与父母关系

1.出嫁前女儿与父母关系

(1)家长与当家

那个时候家里很贫困、很穷,连家当都没什么东西,没有什么好当家的。家里面基本上还是由我父亲管事,不过像钥匙这种比较重要的东西,都是我爸妈共同管理,所以没有谁明确当家的说法。因为那时候很穷,也不会存在什么管钱之类的事,家里根本没有钱拿来管,我那个时候听说的都是男女共同管理家庭,没有谁当家一说。假如男的不争气,女的是可以挑大梁,接过男性的当家职务。至于那些男性去世后,女性可否当家的情况,我真的不清楚,就我们家而言,由于没有钱,也没有谁管内、谁管外这一说。但主要是男的负责挣钱,女的在家。

(2)受教育情况

我小时候没读过书,就像上面说,我爸妈一共生了3个女儿,但有两个都夭折了。1949年后,村里也有女孩儿开始读书,并且是和男孩儿一起读,没有用性别来把男女的教育分开,并且村里的人对此也不会有什么异议。

(3)家庭待遇

我们家只有我一个女儿,所以待遇那些也没什么区不区别。在我们家吃饭是不讲究男的或者爷爷奶奶必须坐正上方的,吃饭的时候都比较随意,想坐哪儿就坐哪。以前住在凉水井①,家里人不是很多,所以吃饭时一人坐一方都是可以,当时家里很少有那些特定的讲究,但是作为小娃,还是要给长辈添饭。以前家里真的很穷,父亲帮别人干活,一天只能挣3角钱,爸妈都没有钱用,怎么可能会有压岁钱给。

(4)对外交往

我以前在娘家,我们家在和别人打交道的时候,是没有男女区别对待的。出嫁之前,父亲对我管得比较严,平时走路时假如脚抬得过高,就会挨涛②。而且以前也不能到处③去耍,女孩是不能出门的,嫁人后,也差不多,没怎么出去过,我连赶场都很少。以前很穷,所以过年的时候也不会去给哪一家拜年,更不用说和母亲一起出去给别人拜年。以前在娘家的时候,家里

---

① 凉水井:地名。

② 涛:音译,骂。

③ 到处:多个地方。

来客人,基本是我煮饭,但不会有让女的和男的分开吃饭的情形,都是坐到一起吃。那时候家里很穷,住在那丁字屋基①,食物真的少得可怜,而且由于大家都很穷,家里面都没有什么食物,所以即使出去讨饭也讨不到,都只有靠自己过日子。买一升米,根本吃不了多久。

(5)女孩禁忌

由于以前家里穷,所以要帮家里干活以此减轻父母的负担,所以每天活路②都搞不赢③,谁还有时间出去耍。每天都要弄柴、割羊子草④,等等。而且以前我在娘家的时候,一个人是没有赶过场,也没有一个人走过亲戚,以前的生活不像现在这样自由,不能像现在这样想去哪儿就去。即使是赶场的时候也不讲究,穿点毛蓝布⑤衣裳就去赶场,而且赶场是不会有家人陪同的。平时基本上都到山上去砍柴,也不会去其他地方。我小时候基本上没赶过一次场,每天除了干活就只有待在家里,连偷偷跑出去的机会都没有。我连大年初一都没出去玩过,平时就更没有出去玩过,平时活太多,根本没有时间出去玩。更不用说和男孩儿还是女孩儿一起玩。家里洗了衣服也不会像你问的那样,要把男性的衣服和女性的衣服分开晾,我们家里没有这个讲究。

(6)家庭分工

我还在娘家的时候,我爸妈都是农民,是种田的。在家里,我和我母亲负责家务,我们没有分工,随便哪个做饭都可以。但父亲不一样,他要干活,所以他是不会做饭,所以我家是父亲主外,我和母亲主内。那些大户人家就和我们家的情况有着天壤之别,有钱人家的母亲是不用下地的,他们都是雇人干农活,至于有钱人家的女儿,她们干不干农活我就不大清楚了。像我这种一般人家的女儿,在家基本上就要做家务,比如用麻来补衣服,把麻弄成丝,然后用来补衣服;除此之外还要弄柴、做饭、种地,等等。从小时候到现在,我只会拧麻绳,其他织布、纺纱、纺线、绣花等基本上不会。不过我会做鞋子,因为我妈教过我,但是鞋子的外观也不是很好,鞋子做出来一般都是给自己穿,不会给其他人,以前在娘家的时候,因为小,鞋子就是母亲帮我做。后来大一些,我会做鞋子,我做好的鞋子,就拿给我母亲,让她分配。不会想着在娘家的时候做衣服、鞋子之类的来当自己的嫁妆,我的嫁妆是嫁出来后自己慢慢做,而且出嫁的时候,穿一双鞋子出来就够。我以前做鞋,不会刻意去规定每天要多少时间来做鞋子,一双鞋子不管你花多长时间做好都可以,有一句俗语:"做双鞋子,人家修起了房子!"以前一年一般只做一两双鞋,反正觉得够穿就可以,而且以前经常都是赤脚走路,不怎么穿鞋,所以对鞋子的需求不大。以前公社化的时候,是没有做鞋子,因为大家都忙着到山上去干活,干活挣工分,就不做衣服、不做鞋子,直到后来我搬到坡上住的时候,我们就开始买鞋,买那种胶鞋来穿。

2.女儿的定亲、婚嫁

(1)定亲经历

我的婚事是代四娘(媒婆)来家谈的,具体也没有说些什么,反正就是双方谈高兴了就行。他(我丈夫)来的时候,什么东西都没有拿来。我是十多岁定的亲,具体是不是在1949年以前我也忘了,定亲的过程其实也没什么好说,反正男的那方来了一个人,把我爸妈说高兴了就定下。我和他在没结婚之前就见过,我们不是你说的那种娃娃亲,我也不是童养媳,但主要还是听从父母的意见,应该算是包办婚姻。我和他定亲的时候是由媒婆介绍的,当时我不在场,所以媒婆是怎么介绍男方家里情况的我也不太清楚,反正媒婆来给我父母说了之后,我父母同意,这门亲就定下。我和他的媒人就是村里面的人,是她看着我们年龄相仿的情形下,主动带着我丈夫的家人来说的媒,结婚后我们并没有谢媒,没有给媒婆报酬,但是其他的人一般都要谢媒。有时候媒婆可能会夸夸其谈,把男方夸得很好,但实际情况却完全不同,假如受到了欺骗,这桩婚事也只有宣告结束。

我定亲的时候,根本没有什么定亲仪式,我和我丈夫就开始谈恋爱,谈高兴、称心了就成,但是没有婚约、婚书,怎样交换生辰八字我不清楚,但我知道的是要交换,只不过是我们双方的父母在弄这个事;我也不记得我和他结婚的时候是否合过八字,这些事也都是父母在管。有时候可能会出现八字不合的事情,但这也不会造成双方的父母悔婚,不会阻止女的出嫁,也不会阻止男的娶亲。

以前结婚的时候,由于时代穷,家里也穷,连彩礼都没有,一毛钱彩礼都没有,甚至是其他的物品也没有,结婚的时候,有吃的,就把另一方喊到一起意思一下就可以。但是俗话说,时代再穷也会有富人。有钱人家结婚就和我们不一样,我们是没有彩礼,人家是各种彩礼,什么东西都有。

我定亲的时候, 双方父母是进行了面谈的, 只是我不太记得我当时到底去没去参加面谈,但我知道定亲时,双方父母进行面谈时,孩子是可以去看看、听听的。我定亲时,我父母没有问过我的意见,只要他们高兴、满意就可以,不会来过问我的意见,问我是否同意这门亲事。我也不太记得我父母是什么时候给我定的这门亲事,我只知道我丈夫家来谈了一下后,我母亲就说给我定了一门亲事。虽然我是被通知定了一门亲,但是我对这门婚事还是很满意,一旦定了亲,即使不满意也得嫁过去,而且也都是父母说了算。虽然当时是包办婚姻占多数,包办婚姻下也不排除有很多特殊情况,假如说我和我丈夫定亲后,还没有走到结婚的那一步,我丈夫去世,在这种状况下,我不可以解除婚姻。只能守着这段不完整的婚姻到老。我们这辈人对待婚姻是很认真的,说定亲后基本是不会出现悔婚的现象,男女双方都不会有这种想法。男女双方定亲后就可以见面,这也就意味着男方成了娘家的准女婿,准女婿来娘家时,女方就可以不回避了。

(2)出嫁经过及嫁妆

我 16 岁出嫁,结婚后就是办结婚证,由于我结婚的时候年纪太小,只有 16 岁,所以结婚的第一年没有办到结婚证,直到第二年,通过大母舅郑少清,才去把结婚证办了下来,现在回想起来,真的觉得那时候办结婚证好多水分。我结婚的时候是没有写婚书的,也没有什么仪式,直接就去婆家,确实很简单地就把婚结了。以前真的很穷,所以结婚的时候没有摆酒席,什么东西都没有带就嫁过去,就只过去了一个人,其他什么东西都没带。

我以前出嫁的时候,父母没有提过嫁妆的事。主要是因为 1949 年以前真的太穷,所以一般人家都不会有嫁妆这个东西,也没有什么嫁妆田、嫁妆山之类,我也不太清楚那些条件稍微好一些的人家,嫁女儿的时候有没有嫁妆。我出嫁之前,还在家里当女儿的时候,在家里虽然要干农活、做鞋子、背柴之类的,但是却没有存下来一点钱,这些都没有任何收入,而且家里本来就很穷,父母也没有钱用,更不用说有存私房钱的机会。

我出嫁后也没有你说的梳头油,但是我婆家离我父母的家很近,所以他们会来看我,出嫁后还是会回娘家帮父母挑水,做一些活,帮他们分担一下。我出嫁后没有所谓的回门,因为我娘家挨着婆家很近,所以经常就和丈夫一起回娘家,回去的过程中也不会拿什么东西,也没有讲究什么规矩,我出嫁后的第一个生日,父母是没有来给我庆生的,因为那时候确实穷,无能为力。但我父母还是很爱我的,他们的方式很简单,就是回娘家时会煮饭给我吃。看似简单,却充满爱与关心。

(3)童养媳、换亲、招赘、改嫁

关于童养媳这个现象,我不知道以前有没有,但我知道的是去做童养媳人家是不会给钱的,直接接过去就可以。由于原先家里很穷,养不活孩子,有些人就从中牵线搭桥,当孩子还比较小的时候就带走。带到别人家,在别人家生活,等孩子长大,想要就要,不想要就把孩子撵走。撵走后,原来的父母和养她的父母都不会管她。别人不要她这个童养媳,她就可以另外找婆家再嫁。童养媳在满 20 岁后,找一个干净①日子,拜一下菩萨,把婚结了就是。当童养媳要看运气,假如你拜的人家好,你就好,假如拜的人家差,你过得也差。

据我所知,我们村没有换亲的习俗。但是有招赘的,二婚、改嫁的人也有,但是二婚没有彩礼。我们这个村我还没有听说过冥婚,只有那种守寡到终生的女性,就是丈夫死后一直都不改嫁,守寡到自己去世。这样做的原因还是因为二婚会被别人耻笑。

3.出嫁女儿与父母关系

(1)风俗禁忌

我出嫁之前,回娘家也和平时一样,没有什么风俗,由于我婆家与娘家距离不远,所以我嫁出来后过年是要回去吃过年饭的, 或者把他们叫下来大家一起吃。我们家只有我一个女儿,我也不大记得出嫁时、清明是否回去上过坟了。

(2)与娘家困难互助、夫妻矛盾调解、离婚、娘家与婆家关系

我嫁出来后,还是会回娘家帮着做事,比如挑水等。娘家有困难的时候我还是会帮助父母,当我有困难的时候,他们由于身体原因,帮不上我。嫁出来以后,即使有什么事也没有找过娘家协商解决,都靠我们自己。一般夫妻生活在一起难免会吵架,但是我和我丈夫就没有吵过嘴,更别说打架,所以娘家人没机会帮我们解决感情纠纷。我结婚是在 1949 年以前,那时候连婚姻都很少听到,就只知道嫁娶,所以我们以前没有女的提出离婚,因为根本没有婚姻这一说。我婆家和娘家是同一个村子的,所以对于我而言,回娘家那是很方便,我婆家和娘家的关系处得还可以,两边的走动还是很多,关系比较密切,毕竟是亲戚。

(3)财产继承、婚后尽孝

我出嫁以后,父母也没有财产,婚礼过后把东西又搬到另一个地方去,再后来又搬了一个过来给我。我父母就只有我一个女儿,所以我得赡养我的父母,如果我有兄弟,那就应该是兄弟做这些事情。但是一般我娘家发生了什么事,娘家的人都不会和我一起商量、讨论,从来不会问我的意见,我丈夫去世时,娘家人没来过,我也没回过娘家。我婆家这边有什么大事时,比如我的孩子结婚等,娘家人还是会过来。

(三)出嫁的姑娘与兄弟姐妹的关系

我一般回娘家拜年都是初二或者初四,这几年我老了一些,行动不太方便,所以我没有

---

① 干净:吉利。

走动,都是我的儿女们在走。以前的娘家人都没有了,所以基本不回去拜年,回娘家时除了香蜡钱纸①以外,其他基本不会带什么东西。回去过后,看一下亲戚,煮点饭给你吃,然后就结束。娘家也没有多少亲戚,以前走得最远的也只走到大观②,基本上只有儿子女儿才会去那里,其他的亲戚都不怎么走动。

一般走亲戚都是在过节的时候,比如端午、中秋、春节等节日,刚嫁出来的时候会走动多些,现在都很久没走那些亲戚了。一般要走的话,都是走我妈那边的亲戚,我爸这边没人,所以就没法走。我回娘家,我丈夫的大哥会说我经常都回去,每次回去都是转一圈就回来,从来没有在娘家睡过一晚。

出嫁之后我就有两类亲戚,一类叫婚姻亲戚,另一类叫血缘亲戚,相比之下来看,就我的感觉而言,我觉得我的婚姻亲戚更亲密一些,其中的原因很简单,因为娘家那边的亲戚几乎都不在,没有什么亲人了。

二、婆家人·关系

(一)媳妇与公婆

1.婆家婚娶习俗

我结婚的时候,婆家的条件也不是很好,家里喂了一头牛,我丈夫和公公都是农民,面朝黄土背朝天。我和丈夫定亲的时候,没有什么特殊的仪式,在丈夫这边吃午饭,过后就是两边玩,除了这些之外也没有什么。我结婚的时候,新中国还没有成立,所以没有领结婚证,并且我也没有像以前的人那样,跪拜天地、拜家神这些都没有。以前很穷,生活也很艰辛,我家的成分是被划成了中农,其实就靠自己家的两个人吃苦耐劳。

2.分家前媳妇与公婆关系

(1)婆家家长与当家、劳动分工、婆媳关系好坏

婆家中,公公是婆家的当家者,假如公公去世,婆婆是可以取代的。我嫁出来的第二天,就直接过来住了,不回娘家。在婆家,是没有家庭会议的,有什么事情不会一家人一起商量,几乎都是由当家者做好决定。后来就分家了,我丈夫比较老实,而他大哥就偷家里的物品去卖,所得的钱就存下来当私房钱,自然我丈夫吃了亏。分家以后,我丈夫干活,我也没有闲着,他下田种庄稼,我就在土里劳作,各司其职。嫁过来后,发现婆婆对我这个媳妇还是挺好,只是有时候说话很不讲道理,人比较犟,以前真的被她骂得狗血淋头。不管她怎么骂,反正我都忍让着她,不和她计较。嫁过来后,婆婆倒是没打过我,但她骂人真的很难听,各种话都能骂得出来。

(2)婆媳规矩与状况、外交交涉、家庭矛盾

我还记得1949年以前,那时候才嫁过来,还没有分家,我每天要给婆婆热洗脸水,热好了还要给她端去,除了热洗脸水还要洗衣服,公公的衣服、帕子③等都是我洗。那个时候有些家里面的婆婆会打媳妇,而且打得还很厉害,但是我这个婆婆没打过我。我觉得1949年以后婆婆打媳妇这一现象也没有发生什么改变。

我们家走亲戚,一般都是全部一起去,不会某个人代表全家。那个时候男人商讨事情时,女

---

① 香蜡钱纸:祭祀用的东西。

② 大观:地名,一个镇。

③ 帕子:音译,毛巾。

人是不能插嘴的,只能在旁边听着,而且我为人也比较老实,他们讨论时我没说过话。我婆家的关系还是比较和睦的,丈夫和他母亲、兄弟那些没有吵过架,所以也不会有我去调停的情况。

(3)过节习俗、财产权

出嫁以后,每年还是有很多时候要回家,比如端午节、中秋节、父母生日等,都要回娘家陪着父母。而且家里面就只有两个老人,不回去简直是没有道理,也不会存在婆家不让回的情况,每年这几个时候都和丈夫、孩子一起回娘家。但每次都是空着手回去,没有带什么礼物。以前家里面很穷,婆家、娘家的经济状况都不乐观,所以没有什么财产,更没有财产权。以前穷,出嫁的时候嫁妆的东西很少,无非就是蚊帐、枕头等,枕头都是我父亲去街上领的,而且款式都不一样,我16岁不到就嫁出来,娘家穷,我父亲以前帮工一天只能挣到3角钱,所以我也没有什么所谓的私房钱。

3.分家后媳妇与公婆关系

(1)分家、离婚、改嫁

我是结婚三年后分的家,分家也没有什么仪式,没分到多少东西,我和我丈夫就分了两个罐子、一张床、一间房屋等,而且罐子后来都被婆婆拿回去,房屋也很窄,面积很小,床的质量也很差,摇摇晃晃,噪音很大。分家也分不到粮食,假如想分到粮食,就必须保证自己的田地在婆家这边,不然没有粮食可分。

我在娘家当姑娘的时候没有听说过有离婚的,我也没有去打听过这些事情。但据我所知,是可以离婚的,但是离婚的人还是很少,因为离婚过后会被别人说闲话。我没有被我丈夫休掉,我也没有听说过这种事情。

假如说我想离婚,就必须经过公公婆婆的同意,他们在我们的婚姻中还是有比较大的权力的,没经过婆婆的同意是不能嫁过去的,是不能结婚的。

(2)财产继承、外出经营管束、赡养与尽孝、公婆祭奠

我还没嫁出来的时候,大概10多岁的时候,不可以出去帮工挣钱,也没有听说过这类事情。嫁到婆家过后,公公婆婆由我们养,虽然以前很穷,不会给钱,但是还是要养他们,给他们端洗脸水、洗脚水、提豁儿①那些,反正还是要赡养他们。以前公公婆婆办寿的时候,我还是要帮忙做一些事情,比如弄饭、洗碗那些。公公婆婆去世过后,我们作为子女还是要捆孝帕②那些,所有的人都一样,长度那些也没有区别,他们下葬的时候,我们作为晚辈是要跪成一排磕头,除此之外还要丢风米露③,但站或跪的位置有讲究,由专门的人来负责指导,指导的人会安排你该站哪里,反正就是一排一排站着,那个时候穷,我婆婆他们也没有立碑。

(二)妇与夫

1.家庭生活中的夫妇关系

(1)夫妇关系、当家、家庭分工

我和我丈夫结婚前就已经见过面了,我和他是一个生产队的,经常能碰面,不像你说的结婚时才见面。我结婚的时候也没有去拜祖坟,我也不知道为什么不去拜,只是清明节的时

---

① 提豁儿:音译,取暖的物件。

② 孝帕:孝服。

③ 丢风米露:音译,一种葬礼的仪式。

候要去给公公婆婆扫墓,而且我嫁出来后,也要回去给我妈挂清①,因为我妈就只有我一个女儿。结婚后,我对我丈夫也没有什么特殊的称谓,基本上都是直接喊他的名字。

我们和公婆分家以后,家里就是我丈夫当家,有些家里是女人当家,即使这样,也没有人会说闲话。家里的农活,比如说种豆子、收花生等,基本上都是自己按着时令去做,没有谁特意安排,如果非要说是谁安排的,那就是自己。分家过后,家里面也没有分工,反正家里、家外的事情都要做。那个时候基本上没向别人借过什么东西,都靠自己,公社开会之类,假如通知的是大家都去就全部去,假如只喊一个人去,就是我丈夫去。

(2)家庭地位、丈夫权力、娶妾与妻妾关系

结婚过后,我就有自己的小家庭,我也没有觉得丈夫和儿子比谁会更重要一些,在我看来我们都差不多,反正孩子小,你要做给他吃,但是也不会刻意去满足谁,大家都要吃饭,只不过有时候他们多吃一些,我们就少吃一些。1949年前,我没有听说过有丈夫打妻子的,但是村里面有打架的现象。也有男的打女的,管还是有人管,只不过有些能管得到,有些就管不到,具体哪些能管、哪些不能,我就不清楚了。我小的时候家里做饭、洗衣服这些都是大人们在做,出嫁后,这些就是我做,我们家男性的衣服和女性的衣服没有分开来洗,晾衣也没有讲究次序,没有像有些人家里那样分开。

1949年以前,我们这没听说过有人娶妾,但村里是有出轨的人的,他会在外面养一个小老婆。关于有没有人说他闲话、他妻子和小老婆的地位高低这些我都记不住了。

(3)过继、家庭虐待与夫妻关系状况

我没有听说过有人典妻卖妻,我们家里没有过继这种现象,也没有听说过村里有,有没有丈夫打妻子这种现象存在我也不清楚。以前我很少赶集,赶集也不会去买菜那些,赶集都是去买一些针线头之类的小东西,而且这些东西都由我丈夫出面去买。我1949年以前很少去赶集,所以也没有什么经过允许之类。

过后我也没听说过有女的提出离婚,没有听说过那种过不下去要离婚,以前都没怎么出过门,所以不清楚这些。有些人家打架,现在打骂妻子这种现象还是少的。我不知道有没有人搞婚外情,记不得。

2.家庭对外交往关系

以前会有一些人情往来,高兴就都去,有些不想去的就只去一个人,一般就是我丈夫去,回娘家的时候我是可以一个人代表我们全家。

那个时候我也没有朋友,小时候门都不怎么出,出门就是干活,哪来什么朋友。小时候也没怎么出过远门,基本上就是到坡上去割草,或者去凉水井②打猪草③,就只有这些地方,其他地方都很少去。有时候会去走亲戚,这种时候会走得远一点。

(三)母亲与子女的关系

1.生育子女

(1)生育习俗

我一共做了8个月子,也就是生了8胎,但是活下来的只有6个,我18岁的时候,生了

---

① 挂清:音译,清明节的一种习俗,与扫墓相同。

② 凉水井:音译,地名。

③ 打猪草:把菜叶等切碎来喂猪。

第一个孩子。我家生男生女没有什么风俗,也没有报喜之说,就简单地说一下生的是男孩还是女孩就可以,而且生儿子或者女儿都是要办满月酒,没有男女之差。办满月酒时,会通知我的娘家人,请他们来分享这种喜悦,但是他们来是不会空着手来的,都会有所表示,比如我父亲来就会拿一些鸡蛋、拿一点面。男孩、女孩庆贺方式都是一样,没有区别。

（2）生育观念

我婆家对生男孩、生女孩的态度没什么区别,也没有要求要生多少男孩,我婆婆自己都没生多少儿子,所以她也没有要求我。以前生活很贫苦,基本不会给孩子庆生,所以儿子女儿生日的庆祝也没有什么区别。

（3）子女教育

我一共生了8胎,活下来6个,第一个就是女儿,以前因为家里很穷,日子过得很艰辛,所以因为经济的问题,大女儿只读过一段时间就没读了,后来就生了老三了,老三是个儿子,老三后面都是女儿,我的儿女都是读过书的,只不过有时间长短的区别,以前因为大家都很穷,假如因经济原因,孩子无法读书,我们也不会去向别人借钱,甚至是自己的娘家人,也不会去找他们借,因为几乎借不到钱。

（4）性别优待、家庭教育、对子女财产和婚姻权力

以前家里穷,我们是经常都吃不到肉的。家里会给男孩一些优待,以前穷,都是吃红苕,但是我会给儿子蒸一碗米饭在红苕上面,他就吃米饭,我们就吃红苕,所以对儿子还是要好一些。

我儿女结婚前没有出去打过工,都是在家附近做农活,也挣不了什么钱,所以没有什么地方可以让他们藏得起来私房钱,所以更没有我允不允许这一个说法了。有一次我儿子想买双鞋子,在家里背了一些稻谷去卖,卖了买鞋,我也不清楚买了鞋子过后还有没有剩余的钱,反正是没交给我的,我觉得可能也不会有什么剩。我们没分家之前,家里的财产是归我公公管理,分了家过后就是我丈夫管理财产了。

我儿女的婚事,都是有媒人在中间介绍,没有自由恋爱,至于合没合八字那些,我不太清楚,我没有去管过这个。儿子结婚的时候给了多少彩礼我也记不清楚,女儿结婚的时候,我丈夫倒是给她置办了铺笼罩①被那些,媳妇嫁过来后,她的那些嫁妆都是她自己管理,没有拿出来一起用。

2.母亲与婚嫁后子女关系

（1）婆媳关系、分家

我儿子是在他20多岁的时候结的婚,以前我结婚的时候搞得真的很简单,我儿子结婚时的那些仪式就和我那时候很不同了,他结婚的时候,我拿了好像3万块还是多少,反正花钱挺多的,就跟我拿钱去买了一个儿媳妇差不多。我这个儿媳妇还是挺好的,她还会给我打洗脸水、洗脚水那些。因为我在楼上睡,早上的时候,她还会煮面给我端上来,让我吃,真的还是可以。我这个媳妇人很和和气气,很随和,对自己的丈夫还是很好。

我只有一个儿子,其他的全是女儿,所以我们家就没有分家之说,更没有什么分家的仪式,我以前分家也没有请什么见证人,而且家里的东西也不是平分的,都是分家前,东西是谁置办的就归谁。

---

① 铺笼罩:嫁妆,包括:棉被、蚊帐、床单等。

（2）女儿婚嫁、招赘

我女儿好像是满了20就定亲了，我也记不太清楚。定亲的时候，是有媒婆来说的，反正当时大家都比较高兴。媒婆介绍了男方的情况，以前嫁女儿主要看男方有没有房子，有房子就会更好地过日子，没有房子生活真的很艰辛。

我家里没有招上门女婿，村里的有些人倒是有，但关于他们招上门女婿的具体事我不太清楚，关于什么合约、抱书之类，我都不太清楚。上门女婿生下来的孩子，可能是跟着妈姓，我只是猜测，不太知道具体的情况。我也不太记得上门女婿离婚后，是不是可以分家里的财产，具体谁当家这些我都不知道。因为那是别人家的事情，我不太好问，所以不清楚。

（3）援助儿女、赡养关系

我和我女儿还是走动得比较多的，毕竟是自己身上掉下来的肉，所以再怎么都觉得亲切。我没什么钱，假如她们有什么困难，我肯定是愿意帮，只不过涉及钱的时候，我就无能为力，因为我没有。但是比如我的孙子、孙女那些我会帮着她们带，只不过带孩子所花费的钱也是她们出，我只负责带一下。

我的儿子还是很孝顺的，不会不赡养我。其他家可能有那种不赡养老人的情况，我不太清楚。以前我父母只有我一个女儿，我会经常回去看他们，给他们钱，帮他们干活，就相当于我尽了这个赡养的义务。现在那种只生了女儿的家庭，他们的女儿养不养我就不太清楚了。我一般还是会去我女儿那里，我刚刚都说了，我和她还是会有走动，去她那里也不会住太久。我丈夫去世后，我女儿叫我去她家玩，我去了一段时间，我玩够了就不想去了，有时候我会去她那里过年，但一般前一年去，第二年就不会去，我一般都是住在我儿子这里。

三、妇女与宗族、宗教、神灵

（一）妇女与宗族

1.妇女与宗族活动

我家里面没有祠堂、家神、祖祠之类，但是有些地方有。拜祖坟、聚餐等活动，还是有女的参加，只不过我由于记忆力不太好就没去参加，但是听说有女的参加，只不过我不知道具体的人数，因为我没去过。至于清明会，有反正是有，但是我没有去过，在我家里我也没有被谁排斥过。以前出嫁的时候，我没有把娘家的亲戚都请来，我娘家也没有所谓的家族，也没有听说过那种家族惩罚女儿的现象。以前在娘家的时候，我没听说也没看到过祖祖①的灵位，我们娘家没有这些。

2.宗族对妇女管理与救济

我们家生儿子、生女儿是没有什么仪式，因为家里面太穷了，办不了什么仪式，有些人家里只有女儿没有儿子，村里的人也不会像你说的那样说闲话，不会去说别人生不出儿子这种话。我们村里有些人生女儿生得比较多，但是也不会将自己的女儿掐死或者溺死。因为丈夫去世的缘故，有些妇女会改嫁到另一家，我儿媳妇的一个姐姐就是这样，她丈夫死掉，她也就改嫁了。我们这个家族不是很紧密，比如我嫁出来后，在婆家受到了欺负，他们都不会帮我的忙。有些家族对女孩子的婚姻对象是有一些规定的，比如门当户对、年龄相仿等。我们这个家族没有招上门女婿的，至于那种女的出轨倒还是有，只不过她具体受到了什么样的惩罚我

---

① 祖祖：音译，祖婆。

就不清楚了。

（二）妇女与宗教、神灵、巫术

1.神灵祭祀、女巫

俗话说迷信迷信，信则有，不信则无。我还是比较信①神灵的，只不过我也不是很真诚，我会信观音菩萨、灶王菩萨②等，送子观音我没有拜过。我们以前在七月半③祭拜的时候，也没有什么特别讲究的仪式，供品也比较随意，在家里抓几颗花生就当做是供品，然后就是烧纸、供灶烘④。所谓供灶烘就是，大年三十晚上，灶王爷要从天上下来，我们就要给他烧纸钱、点香、点蜡烛，以此祭拜他。我们拜灶王爷的时候没有分性别，男女都可以拜。一般都是我在烧，前几年都是，这几年是我儿媳妇在烧，女性生理期或者身上不干净的时候不能去拜神，这是对神灵的亵渎。以前男人拜的神和女人拜的神都是一样，没有区别。我们以前生病了不会去找巫医，基本上都是去街上看病。

2."求平安"、预测神灵、性别禁忌、家神、鬼节

我们以前求平安不会特意地求哪位神灵，基本上都是把纸钱烧在那里，然后喊保佑我就行了。还有一些活动，比如老人去世，如果妇女身上不干净，是不能参加的。我们家里面没有供奉家神，所以不会有拜家神这一情形。七月半的时候，一般不会去上坟，但是要在家里烧纸钱给老人，我和丈夫都可以烧，没有性别差异。

四、妇女与村庄、市场

（一）妇女与村庄

1.妇女与村庄公共活动

我以前没怎么参加过村庄的公共活动，开会、看舞几乎没有，以前村里面会修路、挖井，但这些需要钱，这些钱具体是政府拨款还是村里人凑我就不知道。村里的那些保长、甲长那些我还是认识，我知道是谁，我对我们村里的事情还是挺上心的，毕竟生活在这里。由于我和我丈夫是一个生产队，所以出嫁以后保长没有变，还是以前那个人，但是我们不用把结婚的事情告诉给保长或者甲长。结婚以后，就是1949年，就开始领结婚证了。

2.妇女与村庄社会关系

（1）社会交往、务工与报酬

我嫁到婆家以后，也和原来在娘家时一样，没有什么关系比较好的女伴，我们家在山上孤零零的，就我们一家人，周围都没有其他人家，平时聊天都找不到人，很孤单。

以前村里还是会安排女性去参加劳动，只不过活要稍微轻一些，我小时候只在家里割草、砍柴之类的，没有什么机会出去玩，所以都没有那种从小玩到大的女伴。后来集体化、合作社以后，大家就开始出去干活挣工分，从白天到晚上整天都在挣工分，有了孩子以后，还要把孩子背在背上干活。

---

① 信:信奉。

② 灶王菩萨:灶王爷。

③ 七月半:民间传说中的鬼节。

④ 供灶烘:音译,一种祭拜的方式。

（2）交往习俗、妇女聚集与活动

我小的时候，家里有亲戚要修房子之类，我也帮不上忙。后来年龄大了，有亲戚喊去帮他，我还是会去帮他干活的。有时候村里会有婚丧嫁娶的事情，现在基本上不会喊我去帮忙，都是年轻人帮忙；以前只要有人喊，来请，肯定会去帮忙煮饭、洗碗这些。反正这些都是互帮互助，这次你帮了我，下次我也会来帮你。不管结婚与否，都是可以去帮忙的，帮忙的时候不光是女性，男性也要，他们都是搬桌子等，有些还是会帮着洗碗。

夏天很热，以前没有什么电风扇之类，就只能晚上去外面走走、乘凉。男女都可以出去，没有性别限制，乘凉几乎都是本村的人，都很眼熟。大家会坐到一起聊天，不管是和家人聊天还是和其他人，都可以。妇女聚到一起聊天，也没有人会说妇女爱搬弄是非，也没有因为聊天在妇女间就形成了一个团体。聊天也不会有男女之间的限制，只不过有时候男的和女的在一起聊天，会被别人说闲话。

（3）女工传承、矛盾调解

我做鞋子的技术是我妈教给我，我没有和同伴们学过这些，这些手艺基本上都是以妈传给女儿的方式进行传承，如果我不会做鞋子，婆婆也不会骂。有时候村里会有妇女打闹，有些女的真得很凶，政府也不怎么来劝架，几乎是放任不管。

（二）妇女与市场

我出嫁之前，十多岁的时候没去赶过集，只有结婚之后才去赶过，赶场基本上也不会买什么东西，反正就是去玩，市场上人多，热闹。那个时候没有什么好玩的，市场上也有女性的商贩，而且女性一般赶集都不能走出自己所在的那个乡。假如走出去了，也要当天就回来，不准在外面留宿，再晚都必须回家住。以前家里很穷，不会想着赶集的时候去坐一下茶馆，喝喝茶，连男的也不会去。做衣服、鞋子，都是自己去买布，买完布自己打壳子[①]。做鞋子很慢，自己都不够穿，没有拿去卖过，还有那种以物换物的现象，用钱买还是少。以前有供销社，买东西就要去那里，但我记不大清楚多久去供销社买一次东西，买些什么都不记得了。

五、农村妇女与国家

（一）认识国家、政党与政府

1.国家认知

我现在年纪大了，很多事情都不太清楚，国家的概念我确实不知道，也体会不到，也不知道自己是什么时候听到这个词，我就觉得毛主席领导的时候要比小时候吃得好一些，穿得好一些，其他的我就不知道。男女平等我倒听说过，反正是国家在宣传这个观念，但我不知道国家采取了什么具体的措施来促进男女平等。以前书也不是每个人都可以读，只有那些富家子弟才有可能进学校读书，男女都在同一个班级里，学同样的东西，没有区别。我没用过银元、铜板那些，只有我妈那辈人用过，但是我见过，有小钱、铜板、纸币等种类。

2.政党认知

我不知道什么是国民党，不知道谁是孙中山、蒋介石，也不知道谁是国家主席，听你说了以后我才知道了。我20岁左右的时候知道有共产党的存在，我也去参加过共产党组织的选村长、村委会的投票，我是自己投的票，没有让别人代投。那时干部、代表都是通过这种方式

---

① 打壳子：音译，做鞋的过程。

选出来,所以还是很公平公正。以前还去参加过共产党组织的会议,但是具体内容是什么我记不起来。

我儿子就是共产党员,我不知道他是以什么目的去入党,但我觉得至少这是一件好事。我觉得所有人都可以入党。

3.政府认知

我小的时候就不像我母亲小时候,我没有包过脚,我不知道是不是政府说的不准裹脚,反正我父母没有给我包脚。由于以前我年龄小,所以我没有看见过号召剪头发的。我不认识字,也不记得自己是否参加过识字班。1949年以前,我好像没有听说过有女的当干部,现在倒是有,只不过我一大把年纪也不可能去和他们打交道,但是我很认同女的当干部,当干部很好,有吃、有穿,我也希望自己的女儿、儿媳妇当干部。关于计划生育这个政策,我觉得还是比较好的,没有觉得有什么不妥。以前政府主张妇女走出家门,出去劳动,出去挣工分,我觉得这个政策挺好的,妇女一天也可以挣十分,我觉得十分幸福。改革开放前,政府提倡移风易俗,我们后面这一批人,都没有谁裹过脚了。

(二)对1949年以后妇女地位变化的认知

1.妇女组织、妇女地位变化、婚姻变化、政府与家庭自由、家庭关系

我以前参加过妇联,我也知道妇联,我觉得里面的人都很好。我参加的这个是汇佳岩[1]那个杨易兵组织的,以前参不参加妇联全凭自愿,去不去随你,在那里面就是要搞一些活动,比如唱歌、跳舞等,但是在里面也没有什么收获,和没参加没有什么两样。1949年以后,儿女的婚姻变得自由一些,不再由父母做决定,而是自己做决定,如果父母不同意,孩子一般也不会去告父母,我反正觉得这些事情,他自己高兴就好,全都看他自己,他们结婚与我那时比变化真的很大,我觉得有这种变化是好事,婚姻自由。

1949年以后,政府号召要家庭平等,不准丈夫打老婆、婆婆虐待媳妇,其实当时没有多少婆婆会打媳妇,对媳妇都很好。我觉得除了有婆婆不准打媳妇的政策外,还应该制定一个媳妇不准虐待婆婆的规定,假如媳妇虐待婆婆,那么婆婆就可以找政府帮忙。

2.宗族地位、政府与习俗、政府与教育、妇女政治地位

1949年以后,我觉得妇女的地位并没有得到提高,至少不明显,我没有感觉到其中的变化,比如说有时候丈夫不准妻子做的事而妻子却做,那么肯定是要挨骂。而且家里的饭还是要女的煮,现在就是男女都可以煮,小孩儿也是自己带,男人基本上不会帮你带小孩,反正就是自己管自己。村里有时候还是会有男人打女人的事,有些村干部还是会管这个事,至于管得多或少我就不清楚了。1949年以后,有些方面确实有了变化,妇女可以去上祖坟、拜祖宗,但是我自己没有去过。从我到我女儿再到我孙女,上学的时间都是越来越长,这一点真的很好。

(三)妇女与土地改革运动

土地改革运动的时候,我们家被划成了中农,土地改革运动的工作队没有来过我家。我以前参加土地改革运动的时候,什么斗地主之类的活动我都没有去参加过,看都没有去看一眼。我父亲在斗地主的时候去分了地主家的东西,工作队的人员没有来动员我们去斗地主,都是我父亲去。以前还有打倒地主的口号,我记不太清楚,以前我们这边也有地主被斗,我大

---

① 汇佳岩:音译,地名。

嫂就是地主的女儿,过后她嫁到这个彭家后,我婆婆很嫌弃,就因为她是地主的女儿。以前分地主东西的时候,也没有怕过,但是我们没有去参与分东西,都是我伯伯他们去的,分了几个罐子、柜子回来,心里很高兴。村里有其他妇女参加过斗地主的,由于记忆力的原因,我真的不清楚,不知道她们斗地主的具体过程,打倒地主后我是分了田的,大概0.8亩左右,土地证上也有我的名字,哪怕是分家的时候,那块田地也是属于我和我丈夫的,是不会拿出来分给其他人的。

由于时间过长,我不知道妇女会、贫农团。妇女的地位在土地改革运动过后变得更好了,至少有自己田地。我以前没当过村干部,土地改革运动的时候我们村也没有那种比较拔尖的妇女干部,以前那个彭章权就是妇女干部,她比较优秀,性格温柔,也是穷人出身。

(四)互助组、初级社、高级社时的妇女

1.互助组时期、合作化时期

我知道互助组,以前我也参加过互助组,那时候要把所有的东西都交上去,拿给政府统一管理。互助组,就是把一个生产队的人分成几个组,互相帮助,谁干完了就帮另一个组的干。这些我是经历过的,我以前和那个石安强一组,我记不到他是怎样来喊参加互助组的,但是我记得来过,是来动员我们的。我记得在我们组成一个组过后,我就跟他们一起干活,田、地都要下。在土里面点豆子,以前点豆子基本上是单干,不会一起干,拿到豆子后,就福田坎①。以前还是挺喜欢和大家一起干活,因为每个人做一点,每个人做一点,干起活来有伴,不知不觉间就做完了。以前还是很高兴有这种形式的,但在互助组中,还是有人偷懒,只不过我不清楚到底是谁,也不清楚他们怎么偷懒,反正偷懒的人肯定是有。

合作社的时候是会来动员你参加的,不去的话他也会来喊你,就动员你去干活,不做就没有工分,没有工分还会挨骂。合作社的时候也要下田、下地干活,有些以前没种过田的人,在合作社的时候也可以做得比较好。

2.合作化时期女干部、性别分工

我以前没有当过组里的干部,以前反正是有社长、组长,而且是女的,但是我忘了具体是哪个,只记得有女的社长,我也不清楚他们是怎么选的这个女干部。合作社的时候,男女的工作是没有分工的,都是在一起干活,一起去一起回来。男的和女的干的活都是一样的,男的和女的一天最高的工分都是10分,不会说谁比谁多或少的情况。比如说,挑水来淋菜那些,男的怎么挑,女的就要怎么挑,工分也是一样。并且我个人觉得,不管是集体劳动还是单干,都是可以,都挺好,除了这些外,在干活的时候并不会觉得有什么不适应,不会觉得不平衡,你想工分多一点你就多干点,反正付出与收获是一样。但是合作社的时候,假期是不大合理的,妇女怀孕、经期时是可以请假的,但是请假就没有工分,如果没有工分就没有吃的,所以还是要选择做一些轻巧的活,来挣工分。

3.集体劳动、集体分配、公共事务参与

刚开始参加集体劳动的时候,我有两个小孩,要在生产队干活,又要照顾小孩,就只能背着小孩儿干活,一大一小,大的可以走,小的就只有背。有时候还要背着小孩儿在街上去挑东西,有时候晚上打起火把都要干活,但是我晚上没有干过。我不知道到底是互助组的时候更轻松,还是人民公社的时候更轻松,我只知道,别人来喊干活时就干,不会拖。而且互助组时

---

① 福田坎:音译,把田坎抹光滑。

每个月都是满工，只有过年的时候可以休息久一点，以前也没有说到了多少年龄就不用干活，只要你能做就得做，再老都要干活，只要你还能干。

以前互助组的时候，共产党的会很多，白天黑夜都是会，我有时候也要参加，而且会上也会有妇女发言，但是我记不住她的发言是什么。

(五)妇女与人民公社、"四清""文化大革命"

1.妇女与劳动、分配

(1)妇女与劳动、单干与集体化的选择

我们以前是在盘龙公社①，那个时候我大概 27 岁，以前人民公社的时候会喊一些口号，但是过了这么久，我不记得。当时也要动员妇女下地，通过喊、唱的方式来动员。那个时候还有识字班，来教我们认字。干活也要挣工分，男女也是 10 分满，但具体的工作分工我不太记得，反正就是按照别人的指示做事情，他让我晒谷子我就晒谷子，他让我掏红苕沟我就掏红苕沟。那个时候也有妇女要下田插秧、打谷子那些，但是我没有。至于犁田、耙田就不会让女的做，这些活基本上都是男的做，那个时候大多数人都在劳动，我们生产队一共 100 多个人，我也不清楚是男的多一些还是女的多一些，记不起来。但是插秧、耙田这些活就是男的多一些，割麦子、点黄豆就是女的多一些，还有就是比如犁田这种技术性比较强的活，就是男的做，女的不会就做不好，喂牛、养猪这些一般就是女的来做，女的做这些活的更多。

那个时候我们这个生产队还会烧窑，一般都是男的烧，生产队的会计、队长，包括窑里的员工基本上都是男人，以男的为主。那个时候还要修水库之类的，做这些的时候就会调劳动力，男女都有，男的被调去修水库，我一个人在家里干活，更觉得累。"大跃进"的时候，我没有去参加炼钢，但是我看见过炼钢，其实就是烧钢碳。把树砍好，把窑子打好，把树锯断码在窑洞里烧，烧钢碳的时候要守着，几天都不能睡觉，我没去烧过，我伯伯去过，很累，而且弄得花眉戏脸②的，那个时候带着小孩也要烧钢碳，以前男人烧钢碳，女人就种地。

合作社的时候我知道有人偷懒，人民公社的时候我就不清楚了，不过应该也有。我个人觉得分田到户或者大家一起种某一块田，这两种耕种方式都是可以的，我无所谓，而且做活路就无原则③，不管是集体劳动还是个人劳动都可以。

(2)工分与同工同酬、分配与生活情况

我那个时候根本不知道什么男女同工同酬，我只知道男的和女的工分都一样，那个时候我的工分好像是 5 分半，一个女的最多一天可以挣 10 个工分。以前生产队分粮食、分油、分柴那些我也不清楚他们怎么分，应该是一样多，不会有区别。自留地好像是按人口分的，男女都是一样的分。我们家以前的粮食刚好够吃，所以应该不算是缺粮户，具体一天要挣多少工分才能养活我自己，我也不太清楚，一年家里能挣多少工分我也不清楚，因为是他们在写。

2.集体化时期劳动的性别关照

我记得集体化的时候，我们家两个人干活，还有两个小孩，每个月还要挣钱，但是那个时候即使你来月经不要妄想不干活。以前还有那种因为做修水库等重活而导致不能生育的情况，但是公社不会给她提供免费医疗，只能自己去找医生治疗，自己出钱治疗。以前生产队没

---

① 盘龙公社:地名。

② 花眉戏脸:口语,即脸很花,形容干活时弄脏了脸。

③ 无原则:形容干活是没有什么给你挑的。

有什么托儿所,有时候家里有人,小孩儿就放在家里,家里没人就带着一起干活。

3.生活体验与情感

(1)大食堂

以前公社的时候,就是吃大锅饭,就像平时煮饭那样,只不过可能要煮得多一些,以前食堂里面煮饭的人还是比较多,煮饭的人都是干部喊到就去,喊谁去谁就去,煮饭的人没有分男女,男女都有。吃饭的时候,会有专门的哨声,听到哨声大家就回去吃饭。饭量是有固定分量,一个人就是三两左右,小孩子会少一些,分这个是按照实际情况来的,男的和女的会有一点区别。早晨、中午吃的也不一样,早晨好像是二两,中午就是粑粑①,还有三个红苕。食堂的食物比较单一,就是米饭、红苕、白菜这些,基本上没有肉吃。

大锅饭一点都不好吃,我不愿意吃这个,而且也吃不饱,几个人只有半桶不到的饭,那个时候家里的锅碗瓢盆那些都是被收,收去过后也没有还回来,吃食堂我也没有觉得会轻松一些,也差不多,基本上都是红苕干饭,吃都吃不饱。后面不知道是怎么的,下放的时候食堂就解散,解散了我还是挺高兴的。

(2)"三年困难时期"

1959年到1961年的时候挺困难的,那个时候被称为"三年困难时期",而且很多人都得了浮肿病,脸、脚都肿。我也挨过饿,那个时候没有吃的,就挖泥巴来吃,但是泥巴吃了小孩子就结不出大便,所以小孩子就吃糠,我大女儿吃了不大便,她外婆还要去给她抠。那个时候除了吃泥巴,还吃柑子叶、萝卜缨这些来充饥,但是我没有吃过萝卜缨,我讨厌这个东西,就吃那一点点粮食,后来还吃过燕子花②。那个时候很饿,有时候就会去公社里偷吃,那个时候大家都饿得没有力气,也没有人会去抱怨。我一点都不怀念那个时候,觉得那个时候很苦。

(3)妇女间矛盾、情绪宣泄、集体自杀

以前妇女要去挣工分,干活时会有一些矛盾,很多妇女都很会骂人,都是乱骂。队长会来过问一下,问了还是就结束了。那个时候还有人会骂街,那些人很不讲道理。以前我没有听说过有妇女自杀的。

4.女干部、妇女组织印象

我不知道我们村有没有铁姑娘队,那个时候是李铁慧③当干部,她对人还是很好的,性格还是很好,我很羡慕她的品性好。

5."四清"与"文革"

我年纪大了,记忆力不好,我记不大清楚"文化大革命"那些,但那个时候我们家没有被烧东西。那个时候地主挣的工分和我们平民也差不多,是一样,都是按照活来,活少的就少一些,活多的就多一些。那个时候还是可以卖东西的,那个时候虽然锅那些被收走,但是也没有什么影响。集体干活的时候是不会走亲戚。我记得那个时候葬礼那些要求简化,我觉得也没有什么不好。

(六)农村妇女与改革开放

搞土地承包的时候我不知道有没有女的去参加,但是我没有去,我觉得全体劳动和自己

---

① 粑粑:一种面食,与饼类似。

② 燕子花:音译,植物名。

③ 李铁慧:音译,人名。

劳动都差不多,我觉得都可以,只要有吃的就可以。我觉得现在和以前比,还是有很多变化,那个时候要挨饿,现在不会挨饿,那个时候衣服都没得穿,没有钱去买,现在也有衣服穿。现在妇女也分到了土地,而且土地证上有自己的名字,土地确权过后,我就有自己的地。以前还是有那种离婚的妇女,她们也可以分土地。我不记得我参加过村委的选举没有,但应该是参加过,选票好像是别人帮我填,选举的时候是男女都选。

我觉得计划生育还是比较好的,假如让我回到年轻的时候,我会选择只生一个或者两个,不会生那么多。我不知道精准扶贫的政策,不记得贫困户那些。

我们家有电视,国家的那些政策我是听别人跟我说的。我没用过网络,也不知道什么是网络,我有手机,现在基本上大家都有手机,我和我的儿孙们还是会通过电话联系,但基本上都是他们给我打电话,因为我不怎么会用。

六、生命体验与感受

我 1935 年出生,到现在有 82 岁了,经历过很多事情,只是现在上了年纪,很多事情都记不得。要说以前的生活,那确实是很艰辛,现在回想起来真的很辛酸。但是现在日子是越过越好,生活也富裕,和以前大不一样,现在吃得更好,穿得也更好了,生活水平提高。我要趁着这种好日子,多活几年。

LN20170121CXY　陈秀英

调研点：四川省广元市青川县乔庄镇

调研员：刘娜

首次采访时间：2017 年 1 月 21 日

出生年份：1928 年

是否有干部经历：有，合作社期间曾担任妇女队长

是否生育：是

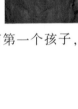

受访者结婚的时间节点、生育子女的具体情况：1945 年结婚；1946 年生育第一个孩子，共育有 4 个孩子，两男两女。

现家庭人口：7

家庭主要经济来源：务工

受访者所在村庄基本情况：乔庄镇属于城市社区，为县政府和镇政府驻地。乔庄镇处于中低山区，其地势西北高东南低，山脉纵横，谷深坡陡。乔庄河自北向南，流经大沟村的白家田坝、吊坝子、欧家河坝、白家湾到县水泥厂，过县城至回龙村下关家坪，进入黄坪乡。这里属亚热带季风气候，雨水充足，四季分明。

"5·12"汶川大地震后，在浙江省宁波市援建和中央灾后恢复重建基金，以及社会各界大力支持下，经两年多的恢复重建，使全镇的基础设施建设、民生工程、产业、社会经济等得到迅猛发展。教育、体育基础设施较为健全，九年义务教育得到全覆盖。医疗卫生也较快发展。粮食作物丰富，主产玉米、小麦、水稻和杂粮。畜牧业以饲养猪、羊、鸡为主。种植茶叶、木耳、香菇。2015 年，辖区总人口 23902 人，其中城镇人口 18395 人，农业人口 5507 人，居民主要以汉族为主。

受访者基本情况及个人经历：陈秀英生于 1928 年，籍贯四川省巴中市，逃难到青川县清溪镇。于 1945 年结婚，共育有 4 个孩子，两男两女。现在与小儿子一家居住在青川县乔庄镇民主社区，目前每个月共领取 540 块钱，包括遗属补助、高龄补贴和其他国家补贴。老人一生质朴勤劳但命途多舛，出生于 1949 年前，作为女孩儿没有名字，自己起名为陈秀英。小时候家里穷，从巴中逃难到青川后，成为地主家的长工。父母之命，媒妁之言，陈秀英与丈夫成了婚。结婚后，陈秀英勤劳持家，自己缝衣服做鞋子。土地改革运动时，娘家被划分为雇农成分，婆家被划分为贫农成分。陈秀英曾担任过生产队的妇女队长，后因家庭原因卸任。在人民公社时期，被选为炊事员，成为见证集体食堂的活历史。老人一生经历了许多苦难，人生的各个阶段都有酸甜苦辣。在她回首往事时，感慨道："现在政策还是好，新中国不成立，我们这些人咋活得出来。"

一、娘家人·关系

(一)基本情况

我叫陈秀英,1928年出生。我娘家原本在巴中,家中所有土地、房屋也全都在巴中,因发生战乱逃难到清溪以后,既没有土地也没有房屋,因此就在别人家街沿旁边搭建一个高粱棚子暂时居住,给他家干活,我年仅7岁就替别人家看牛,但7岁的孩子哪里看得住牛?我用一根绳子将牛栓在我的腰上,结果牛到处跑,把我拉倒,整条腿完全磨烂。牛去偷吃其他人家土地里的粮食,结果被那家人看到后,便首先把我打一顿,并将牛扣下来,同时告诉我,必须回去通知主人前去取牛,结果主人家又把我打一顿,说我连牛都看不住,不愿意再雇我干活,回家后父母又把我打一顿。

之后娘家就租别人家的房子居住,但1个月需要给房东家干3天活,顺便向房东家租佃了少量土地,父母便开始耕作土地。至于我,还是在别人家当长工,帮别人家照顾孩子、扫地、洗衣服,直到17岁左右就结婚了,当时是丈夫入赘到我娘家。土地改革运动时我娘家被划分为雇农。

(二)女儿与父母关系

1.出嫁前女儿与父母关系

(1)家长与当家

1949年以前,存在女性当家的情况,但是此类情况非常少,那时候"只有男州没有女县",除非女性十分能干才能够当家。尚未逃难至清溪之前,我父亲三兄弟尚未分家,家庭中由大爸担任外当家,大妈担任内当家。逃难至清溪以后,只有我们一个家庭,便由我父亲担任家长,因为我母亲是作为童养媳自小来到陈家,她既不认识钱,又不识数,所以未曾让她担任内当家。

(2)受教育情况

我原来没读过书,当时一般男孩才能读书,我两个弟弟都读了书,一个读了初中,一个读了小学。新中国成立以前,也有女孩读书,但是发财家庭的女孩才读得起书,且那些家庭最后都被划成地主成分。而我们家本来就穷,没有钱供我读书。

(3)家庭待遇及分工

我在娘家的时候,他们对男孩好一些,而对女孩差一些,就是爱儿子,见不得女孩。平时家里没有客人时,我也可以上桌吃饭,男孩吃3碗,就只给我吃两碗。坐座位也要分上下尊卑,小孩只能坐环席即两边,上下则是大人坐,哪怕是一个长辈在家,另一个长辈没在家,只能由那一个长辈单独坐上席,小孩还是得坐两边。舀饭要先给长辈舀,将饭舀好之后还要用两个手捧着,端饭时也要使用两个手捧着,不准将大指拇露出来,怕你的拇指沾着饭了不干净。吃菜时,长辈、当家之人把菜夹到我的碗里,我就可以吃,但我不敢主动去夹菜。因为家中爱儿子,不爱女儿,男孩就敢主动去夹菜。平时家中偶尔吃肉时,大人给我们几个孩子分配肉,给儿子分的肉多,而给我只分一点点肉,夹一至两块肉到我的碗里就已经感觉是天大的人情了。穿衣服时,女孩就是穿的烂褛褛,打个光脚丫,穿一双破烂鞋,趾脚都露在外面,非常冷。而男孩过年时既有新衣服也有新裤子穿。过年时,女孩做梦都不要想得到压岁钱,不挨打就已经是好事。但家中有一些资金便会给儿子发压岁钱,一般发一分钱或者两分钱,家中没钱时便算了。

村里比较有钱的人，他们的母亲不会出门干活，像我的奶奶、大妈、二妈，都属于明媒正娶的媳妇，娘家都有钱，嫁到陈家后都没出门干过活，而我母亲作为童养媳就必须出门扯猪草、麦子。一般我们这种贫穷家庭的女孩都要干活，而有钱人家的女孩平时就不干活。

我会做鞋子和衣服，是我自己向他人学习而来。有人在山坡上做衣服、做鞋、做花，我就观察她们如何做。假如年纪比我大，我就称呼为张妈妈、李妈妈，说你教我一下嘛。她们家没有猪草了，我就去扯一背篼猪草。她们家的牛跑了，我就去帮她们看牛，于是别人便买些布及花线，并在山坡上教我。

(4)对外交往

我们女孩过年从来不去给别人拜年，我母亲也不会去，父亲给亲戚拜年时便把兄弟带去。家中来客人的时候，我母亲从来没上桌子吃过饭，只要桌子坐得下，我的兄弟便会上桌子吃，客人太多坐不下便不上桌子，但是会单独给兄弟留饭菜。此外，我母亲也从未到别人家吃过酒席。当家里没有饭吃的时候，我妈把我带着去坝子里讨饭，而我父亲便带我兄弟去讨饭。看到天已经黑了，我们一家人就在别人家街沿边边给他们求情，求老大娘、大嫂、大哥，我们全家在你街沿边上借个歇，歇一晚上，人家就叫你在街沿边住一宿，于是我们再顺便借他们家的灶煮饭，将白天讨来的米面煮来吃。

(5)女孩禁忌

由于我一直给他人帮工，一直帮到16岁，所以我平时不会上街。平时不被允许和男孩一起玩耍，甚至不允许与男孩说话。家里男孩的衣服不能跟女孩的下装泡在一块洗，需要各洗各的；女孩的上衣可以和男孩的衣服泡在一起，但洗内衣也要分开洗，晾的时候也需要各晾各的，女孩的内裤都是晾在角落里。说话时家长不允许我们说脏话与脏字，吃饭、端饭、放筷子时需要整整齐齐地放桌子上，端菜需要轻轻地放在桌子上，然后叫爹，吃饭了。穿衣服没有什么讲究，大人与儿子穿得好些，女孩则穿破烂衣物。

2.女儿的定亲、婚嫁

1945年，我17岁时开始有人来说亲，说亲时由父亲一个人做主，母亲不会做主，我的父亲与媒婆商量好，媒婆又到男方家说媒，商量好以后又来给我家反馈。当时我父亲没问我的意见，父亲觉得人老实就行。结婚前我也没见过丈夫，那时是1949年前，"嫁鸡随鸡、嫁狗随狗，嫁个树桩就等到树桩朽"。那时候不用给媒婆拿钱或食物，只需要请媒婆来家里吃顿饭就行。定亲不写婚约，但需要合八字，由于是丈夫入赘到我家，便使用红布将我丈夫的八字包起来交给媒婆，媒婆再转交给我家。然后观察之后的21天内家中有无破败现象，没有出现破败，然后便去合八字，合得上就行了。

那时候给我们送聘礼、彩礼，是养女孩的规矩，但由于是丈夫入赘上门，所以只需要半成酒礼，包括半头猪、一斗二升米、一百升酒、一个毛蓝布、一个白布以及四套衣服，就是这么多。人家发财人家的女孩，那时候插香就是现在的定亲，插香时男方就需要送半头猪、一斗二升米及酒面等，结婚时则要一条整猪、二百四十斤酒，二斗四升米，此外还需要几匹布。

那时即便定亲以后也仍可以退亲，譬如发财人家的女孩定亲后不喜欢男孩，如果到婆家男孩家里穷，男孩不懂事、好吃懒做、好打牌、掷骰子、不诚实，娘家就要去找媒婆退亲。我17岁结婚，当时需要使用滑竿将丈夫接到我家来，还使用红色的布制作成一朵花系在他手上，他的兄弟姐妹、亲戚送亲时也要坐滑竿。

我们结婚的时候摆酒席待客了,当时摆了几桌酒席,我们属于外地人,只是暂时在当地居住,因此在本地没有多少亲戚。不仅邀请了村中的邻居,比如对方姓陈,我父亲也姓陈,便将对方认为兄弟姊妹,还邀请了甲长与保长。由于是丈夫入赘到我家,因此不需要嫁妆。爸妈回老家巴中时,本来要把我和丈夫一同带回老家,但由于我丈夫不愿意,于是我与丈夫便留在了青川。

新中国成立前,有童养媳,女孩很小时就交给其他有儿子的家庭,但有些男孩不愿意娶童养媳,于是又把童养媳嫁给他人。我们村也有换亲的情况,你家的女孩交给我家,我家的儿子交给你家,两个家庭换亲。无论双方家庭之间是否熟悉都能够换亲。也有两姊妹开亲的,即妹妹的女儿与哥哥的儿子开的姊妹亲,但开近亲不好,现在社会已经不能开近亲了。

新中国成立前,抱儿子①的现象比较多,我丈夫便是抱儿子。一般情况下男孩入赘时需要改姓,还会写抱约。之后所生孩子,既可以跟女方姓,也可以跟男方姓,但是生下来的第一个孩子必须跟女家姓。抱约的内容如下:"祖宗吾德,上山下河挑水,上山背柴、背夹子一个,如果乱走乱动,乱棒打死,拖到荒山老林。"上门女婿需要等家中老人去世后才可以当家,如果上门女婿能干、有出息,且上门以后与女儿两人和气、和睦,此时也可以当家。某些发财人家庭原本有儿子,他又要抱个力气大的男孩到家,目的是让男孩为自家干活。等男孩长大后,不会将自家的女儿嫁给他,而是为男孩重新在外寻一个妻子。

新中国成立前,村里面也有二婚的人。通常是丈夫去世时女性还年轻便要改嫁,二婚时没有彩礼。如果是儿媳妇已经有三四十岁,她的孩子还小,便不会改嫁,怕男方对她的孩子不好。而且改嫁后原来婆家的一切财产都得不到,相当于把女性撵出去了。

3.出嫁女儿与父母关系

刚开始我的婆家与娘家在同一个村,后来我爸妈回巴中,娘家和婆家就不在一个村了,婆家在青川。我几年回一次娘家,1961年我与丈夫走路回去时,足足走了8天。我母亲去世时,娘家与我通信我便回去了,当我父亲去世时,娘家未与我通信,我不知道此时便没回去。父母去世时,是家中的两个兄弟负责收埋。之后我会回去上祖坟,也会为我母亲与父亲上坟,为他们烧纸点蜡。

(三)出嫁的姑娘与兄弟姐妹的关系

我婚后两至三年,那时我的长子才几个月大,父母便带着1岁多的兄弟回巴中老家了,回去后一直没给我写信,后来我找到他们的地址,找到以后就与兄弟们经常联系。那时候我经常回去,当时父母仍在世,兄弟们尚未结婚,因此与父母居住在一起。等到兄弟们与父母分家后,我又回娘家几次,回去后我还是住在父母家里,与兄弟在同一个院子里,吃饭时,今天在大弟弟家吃,明天在幺弟弟家吃,后天又在父母家里吃。我的兄弟们结婚,由于婆家走不开我便没有回去,于是我便给他们寄钱回去。我父亲由于生病身体不好,但那时候农忙,孩子又在上学,于是也是将钱寄回去。

我的儿子与女儿结婚时,曾邀请娘家人,他们都来参加婚礼了。回娘家,有时候是家里有事,家里有人结婚便回去,我回去要带礼物,一般带耳子、香菌、竹菌等礼品,回去还会赠送礼金。我和我兄弟姊妹关系好,我们一共才三姊妹,怎么可能关系不好?我回娘家以后,我们三姊妹抱在一起哭,由于本来就有血缘关系,同父同母所生,怎么可能不互相心疼?

---

① 抱儿子:入赘。

二、婆家人·关系

(一)媳妇与公婆

1.婆家婚娶习俗

我与丈夫刚结婚时,是丈夫入赘到我娘家,因此前3年均居住在我的娘家。但每年都会到婆家去拜年,之后我的父母返回巴中老家以后,我便与丈夫正式搬到婆家居住。

2.分家后媳妇与公婆关系

(1)公婆关系

我的婆家最初由婆婆当家,刚开始婆婆身体不错,但她后来瘫痪了,便由我丈夫当家长。婆婆和我们居住在一起,我每天要给她打洗脸水、洗脚水,她没有能力自己洗,还要给她洗,她最后没有能力吃,我用勺子给她喂。

给公公婆婆庆寿时我们会请客,包括她的儿女、孙子都前来参加,快要吃饭时,就把婆婆扶到椅子上面坐好,然后儿女、儿媳、女婿孙子都要跪着给她磕头,点燃大香蜡,还会放火炮。公婆年老以后,由我和丈夫负责赡养,他们去世的一切事宜也是我和丈夫在管理。公婆去世后埋葬在清溪老坟,两人的坟墓隔了一点距离。我每年清明节要回去给他们挂坟。七月半、过年及他们的生辰也会给他们烧纸,但是不会到坟山烧,而是拿到河边去烧。烧的时候要把公婆的名字写在纸上面的,如果不写名字,他们怎么能收到钱?

(2)分家

我还没到嫁到婆家时,他们家便已经分家。丈夫一共四姊妹,丈夫的姐姐早已嫁给别人,在清溪街上开饭店,而他的二哥也是入赘到别人家,土地改革运动时被划为地主成分,一个妹妹从小交给别人养,因此便自然而然地分了。

(二)妇与夫

1.家庭生活中的夫妇关系

(1)夫妇关系

我们是结婚之后才见面的,见面后觉得他一般,既不是特别好,也不是特别差,他对我比较满意。我们结婚以后直接称呼对方名字。家庭赶场、买卖等事情都是由我出面。那时候没有多少钱要管理。比如今天逢场,把家里的粮食或者牲畜拿到集市售卖以后,再使用这笔钱称盐、灌油便用光了。

我们当时没请过工,粮食基本够吃,不会向别人借钱、借粮食。后来我家的房子垮掉,才重新迁移修房,当时所有孩子都已结婚,孙子已经出生,我们才决定修房子。丈夫与他人换工砍树,丈夫必须去给别人家帮忙做事以后,别人才会来我家帮忙做。

平时用钱不需要经过丈夫的同意,我平时没有存太多私房钱,但凡稍微存一点私房钱,小孩念书又拿出来用了。我们家庭超分,吃饭的人多,做农活的人少,小孩都要去念书,但即便超分我也必须让他们去读书,由于家庭超分,必须要交钱才领得到粮食。

平时在家,我干农活最多,那时候农业社流行定工,每个月农业社给我定8个工,做不够了便会惩罚。那时候农业社里吃饭的人多,干活的人少。我们家平时与村里及大队公社的事情,都是我的丈夫出面去处理。如果丈夫没在家,便由我出面。我没到集体去借过粮食,因为我们是超分户,借粮食后也还不起,因此根本不会将粮食借给我们。

家里每个人的地位都差不多。如果饭不够吃，便先让小孩吃，让他们先吃饱。但我们之后没有去讨过饭，家里的钱首先用来给小孩念书。当亲戚朋友生疮害病，还需要买东西去看望。

新中国成立前，我不会给丈夫打洗脸、洗脚水，将饭煮熟以后，第一碗饭都盛好放在桌子上，第二碗便是丈夫自己去舀。丈夫平时穿衣服，我会给他收拾好，清洗得干干净净。他与别人说话时我一般不插言。他如果说我，有时候说得对，就不回嘴，如果他说得不对，我还是会顶嘴，我的性格还是比较要强的。平时如果他使唤让我做什么事情，我也可以不做。他平时允许我出门，而且我一般是和很多妇女一同出门。家里煮饭，我和丈夫平时谁先回家，谁就煮。如果我不在家，丈夫也会带小孩，平时他也会倒小孩的马桶。家里的衣服都是我洗，一直都是男孩、女孩分开在洗，洗衣服时我不会让丈夫洗，他洗不干净。但当我生病、坐月子时，不能触摸冷水，则还是由他洗。

新中国成立前有人娶妾，娶3个女人，假如他娶的大老婆没有能力、没有出息、不能干，且属于大人包办婚姻，他个人不喜欢，于是就再娶一个；但第二个老婆生小孩时只生女儿，不生儿子，他又要去娶一个。那时候全都是发财人家娶妾，男性读书多当了官后便娶妾。娶小老婆需要给彩礼，结小老婆又不等于结二婚，而且结小老婆全都是结的黄花大闺女。

1949年以前，男性打女性现象多。女性若有些方面没做对，丈夫说几句，妇女如果回一句嘴，丈夫拉着老婆就打，村上没有人管理此事，每个家都有这种现象，但有时附近的邻居会去劝架。女性根本无力还手，因为打不赢自己的丈夫。有些丈夫打媳妇，公公婆婆会站在媳妇一方，教育自己的儿子。有些公婆不喜欢儿媳，反而还会鼓励儿子打媳妇，但我家不存在这种现象。1949年后，男性打女性的现象也有，但是很少。1949年后提倡男女平等，男性能做的事情妇女也可以做得下来，妇女能顶半边天。

村里能干的老婆比较多，差的老婆相对少，差的老婆就是没有能力，又没有出息，什么都不会做。原来老公怕女人的现象很少，1949年后这种现象也少。我们家平时赶集都是由我负责，但我会与丈夫商量，他也会同意我去赶集，因为所购买的物品都是家庭必需品。

新中国成立前，妇女主动提出离婚的现象也有，但是非常少，当时称为"打离婚案"。离婚以后的妇女一切财产都得不到，属于净身出户。1949年后有的丈夫和妇女二人稍微吵架，便提出离婚。

2.家庭对外交往关系

我家当时的人情往来都是由我出面，不仅会去给别人帮忙，家里送多少钱也是由我管。当时坐席是坐席的，帮忙是帮忙的。至于坐席，丈夫愿意去就去。我们家里如果有客人，我可以上桌吃饭。与我关系好的妇女很多，邻居、亲戚都有。我平时不经过丈夫同意也可以去串门，就在同一个院子里，我把小孩抱着去玩即可，但不会出远门串门。赶集时是很多人一同前去，一个人，你敢去赶集？路程很远，又是小路，那时候哪有公路？

(三)母亲与子女的关系

1.生育子女

(1)生育习俗

我一共生育4个孩子，两个儿子与两个女孩，大儿子是1947年出生。我们那时候生儿子不报喜，娘家在当地才报喜。我们那时候也不流行办满月酒，那时候新中国还没有成立，娘家由于距离太远，因此没有人来看我，那些邻居也不会来。我生孩子后，丈夫的大姐姐给我们送了一升米、一只鸡。我不会给孩子庆祝生日,那时候只给七八十岁的老人庆祝生日,即便三四十岁的人也不会庆祝生日。

(2)生育观念

新中国成立前,结婚3年后若还未生孩子,男方就不要女方了;如果生第一个是女孩,第二个又是女孩,不生男孩,男方也不要女方。即便男方将女方留下,人家也会去讨个小老婆,而女方就在家里干活,伺候丈夫和小老婆。

(3)子女教育

我的大儿子读了小学六年级,后来家里没有劳力,他才14岁就回家干活,要照顾兄弟妹妹,就辍学了;大女儿读了小学五年级就辍学回家,老师到家里来找过她,但没办法,平时我需要干活,便需要她来照顾小孩。幺女儿是在成都读大学毕业,在学校时就分配了工作。幺儿子读了初中,读高中时因为他自己读书不行,便不愿意去读,就回家劳动,当了两年记分员,之后就出去工作了。我们这一辈人对儿子与女儿都是同等对待的。

(4)对子女权力(财产、婚姻)

那时候家里穷,儿子女儿没有私房钱,最后儿女结婚成家后便分开了。我的儿子、女儿那时候都是自由恋爱,孩子同意后,我们作为长辈还是有一半决定权,也需要经过我们同意。只有大儿子1965年结婚时,是我和丈夫主动请媒为他说媒。大儿子结婚是他自己修房子,我们只给他补助了一点钱。小儿子在单位上班,结婚是他自己相中的对象,当时结婚不再合八字了。小儿子结婚时给女方家送聘礼,但当时国家对这方面管控得比较严格,最后给女方家20斤米、20斤肉、20斤酒及6套衣裳。两个女儿是在单位结婚,她们自己喜欢,家里择定日期后待客就行。

2.母亲与婚嫁后子女关系

我大儿子是1965年结婚,1968年就生小孩了,当时媳妇就不需要给我们端茶了。他们结婚近3年就与我们分家了,因为他们懒,早上睡懒觉,也不煮饭,在家什么也不做,其实就是想分家。因为分开他们自由,没有人管他们,要是她自己勤快,做得好就好,结果她做得差,最后还不是要来剥削我们老两口,把我儿子支来向我们要东西。当时分家不会请人写分家单,粮食则按人口称,土地属于集体。另外给他们修了两间房子,我们出钱和地基,他们拿去审批。屋脊、树这些也要去批,填砍伐证需要给国家拿钱,木匠来帮忙修房时,我就负责给他们煮饭。分家时没给女儿分,大女儿在家里,但女婿有单位,小女儿夫妻两人都有单位。

我的大女婿属于上门女婿,当时大女儿没有嫁出去而是留在家里。定亲之前见过男方,其实我们两母女都不怎么喜欢,但我丈夫喜欢,认为他是个孤儿,没有父母,又没有姊妹弟兄,一个独人,来到我家能长久住下来。现在还是不错,女婿本是绵阳人,小孙女才7岁时,他就迁回绵阳了。大女婿是入赘到我家时已经不流行写抱约,也不改姓。小孩和女婿姓,1949年前才写抱约,小孩跟女方姓,也要给女婿改姓,现在却不,不管你把女儿嫁给他还是入赘到家里,小孩都跟女婿姓,一般的小孩都跟父亲姓,谁还跟母亲姓?

我带过孙子、外孙,但与我住在一起才可以带,没在一起就没法带。我大女儿刚开始和我住在一起,当时帮她把一个孩子带到11岁,一个孩子带到7岁,之后大女儿与女婿就迁家走了,我便告诉他们,如果你们都走了,那我就成了孤家寡人,于是他们给我留下了一个外孙女,将她带大至18岁,我才给大女儿写信,让她把孩子带走。

平时主要是我幺儿子在赡养我,我还有生活费,是老头子去世后解决的生活费。过去一个月几十块钱,今年都20年了,现在一个月有440生活费,我还有一个75元的高龄补贴,年过80岁的老人都有,此外还有一笔补贴是一个月有25元。现在政策还是好,如果在1949年前,我们这些人怎么活得出来?我马上要去女儿家玩,之前我去重庆孙子家玩了两年,又到绵阳女儿家玩了一年,之后又跑回巴中娘家去玩,总之到处玩。

三、妇女与宗族、宗教、神灵

(一)妇女与宗族

1.妇女与宗族活动

我的娘家还未逃难至青川县时,巴中老家所在的村庄建有祠堂,每年还会做清明会,但必须同姓家族人才能吃清明会,女孩嫁出去以后便属于外人,就没法吃清明会,儿媳则可以,我以前在家里时就会吃清明会。清明会便是全族人在一起吃饭,给去世的前辈人烧纸、挂坟,男女都可以去。在祠堂,专门有人负责煮饭,也有组织会场的人办会。清明会上没有东西可以分,就是去吃饭,今天晌午若吃不完,晚上又去吃。总之,清明会只是在清明节的时候吃一天饭,平时不会吃会。

2.宗族对妇女管理与救济

清明会就只管清明节一天的饭食,平时不管我们。如果女孩嫁出去受了欺负,家里面的人会出来帮忙,此外,同属于一个大家族的人也要管,但是互相之间属于亲戚关系才管。

(二)妇女与宗教、神灵、巫术

1.灶王爷的祭拜

妇女还会祭拜灶王菩萨,正月初一、十五晚上吃完饭,将灶上的东西收拾干净,然后将清油、灯草放在杯子里,再在灶头上放一个碗,烧香、烧蜡均点在碗里。

2.祈愿拜神

我们原来也信神、信佛、信观音菩萨,但主要还是信佛。前些年每个节气我都要上庙去烧香,现在我腿脚不方便所以没再去了。男性、女性都有上庙、上香拜佛的。

求雨、求丰收时也要拜菩萨,就是白雨会。我们也要拜土地公,土地公就是土地庙的两个老爷,包括土地公公、土地婆婆,男性、女性都可以祭拜。我们村里有一个土地庙,我们平时做农活途经土地庙,便将手上的东西放下拜土地婆婆、土地公公,每月初一、十五也会去烧香、烧蜡。

我们还会拜求子观音,一般都是女性拜,男性很少,凡是女性生病以后需要问神,就是男性去拜了。求平安时也会拜家神,家里供的有老爷、菩萨、家神,都做的有神龛,在香炉罐里面烧香,过年过节及每月初一、十五会烧香、点蜡,给家神作揖磕头,男性女性都要拜。

七月半在河边或者路边烧纸,但不能到坟上去烧纸,我们全家人都去河边给老祖先烧纸。

四、妇女与村庄、市场

(一)妇女与村庄

1.妇女与村庄公共活动

我出嫁以前,没去参加过村中活动。村中唱戏时经过父母允许后才去看,比如唱戏一至两个月,父母只允许我去看一两天,我看戏时都是与父母、姊妹、女孩一起坐,从不与男孩坐一起。

新中国成立前,我没有参加过任何会议,而是1949年后才参加过会议,村里通知我们女性参加,需要表现好、要劳力好、作风好的才有资格参加。每次开妇女会、公社开劳模会,都会邀请我。开会要让我们发言讨论。我发过言,但还是有点害怕,因为不认识字,各乡、各队的人都有,所以感觉有点不好意思。会议让你参与讨论,你要发言就早点发言,你不说就一直不要说话,你后面发言,别人都说过的内容,你又去反反复复地去说,所以要说就先说。

2.妇女与村庄社会关系

我以前在娘家,有和我关系好的女孩,不是亲戚,而是主人老板的女儿,我们就是住在他家的房子,他们自己住一半,我们租了一半。我们那时候都在家里玩,1949年前,女孩不敢出去乱走。她出嫁的时候办酒席,我还去参加了。她和我关系好,她的嫂子、哥哥那些都去做农活了,我的爸爸妈妈也出去做农活,让我在家里待着看门,我就和她一起玩。快要煮饭时,她问我煮什么,我问她煮什么。她要给她哥哥嫂嫂煮饭,她的父母去世得早,她跟着她哥哥一起生活。

新中国成立前,雇女孩劳动的情况少。地主请女性长工做家务,我从小帮地主干活,7岁就给别人看牛,后来就给别人照顾小孩、扫地、洗衣裳。一般都是有钱人才请得起长工,请我们不给钱,就只供饭。有时做到过年,老板给你缝一套毛蓝布、白布的衣裳,然后老板大方了,给你一些旧裤子。那时候就是当长工、短工,腊月二十四就回去过年,在自家过年。过完年,正月初四或者初五,又去帮工,没有人开钱。我们那时候帮人干活,没与老板一起吃过饭,长工们吃一锅饭,主人又是吃另一锅饭,他们吃得更好些。

我记得当时换工,我还与别人换过工。而代耕队则是有些家庭没有劳力、没有人耕地,然后便主动将这一情况告知生产委员,他给你派人来给你代耕。没有劳力的家庭才会帮你代耕,不需要还工也不给钱,这是政策,是帮助你。

当结婚以后,也有与我交好的女性,要么沾亲带故,要么是周围的邻居,互相之间投缘便在一起玩。我不会与个性好强的女性一起玩。

我们当时要组织妇女开会,会上讲应该对公公婆婆孝敬,对男性热情,要给男性浆洗缝补、煮茶办饭、问吃问喝,对丈夫的姊妹要团结,女家姊妹与男家姊妹要同样看待。组织妇女到农场,所有妇女去栽树。有些妇女对丈夫不好,不洗不补,丈夫穿的衣服又烂又脏,又不给丈夫收拾,对婆婆十分可恶,开会时便表扬好妇女,批评差妇女。

村里人修新房子,我要去给他们帮忙煮饭,等于是换工,之后我家里有事,他们又来给我家帮忙。我们那个院子里,一二十个人做农活,全都是我负责煮饭,村里有红白喜事也要请我去帮忙,已婚妇女和未婚的女孩都去帮忙、去玩。

我们以前关系好的女孩会聚在一起聊天,一起出去洗衣服,一起乘凉。夏天晚上,我们也要出来乘凉,有一家人的院子里有很大一棵核桃树,又有洗衣板、凳子,大家都在那儿坐着乘凉聊天、说笑,白天、晚上都在那儿玩。

但我们不去别的村子玩,平时大家聊天就是讲过去的事情,过去妇女到其他地方去需要给丈夫和婆婆说,要批准后才能去,不批准便不能去。那时候是国民党蒋介石在管,后来换成毛主席领导大家,男女平等,妇女能顶半边天,男性能做的事情女性也可以做。聊做农活的事情,今天做什么,明天做什么。煮饭要问婆婆,要问男人,煮什么饭,别人说煮什么才煮,否则煮熟后别人不吃。

我们村里妇女之间平时有吵架的情况,有些妇女性格好强,有些妇女弱些,如果吵架,队里的妇女主任要批评。看到底谁对谁不对,然后批评不对的妇女。

(二)妇女与市场

我出嫁以前去过市场赶场。父亲不允许我上街,但是我会悄悄去赶场。我们院子的妇女、女孩都对我好,看到我的父亲刚出门,妇女们就立马把我带着出门,父亲赶场时进西门喝酒,女孩们就把我带着进南门,我们到集市把东西买完马上回家,而我父亲下午才回家。去市场里主要是买布、买花线线、做鞋子绣花。我出嫁以后,去赶场跟丈夫说,家里需要些什么便购买什么。

新中国成立前市场上有女性在卖东西,卖粮食、卖核桃、卖板栗。妇女只在本地赶场,不去外乡赶场。买东西必须是认识的人才能赊账,否则便没法赊账。

男性会在市场茶馆喝茶、酒馆喝酒,没有女性去。我很小的时候,奶奶、妈妈就在纺线,之后就不纺线了。我们平时做鞋子、做衣服所需要的针头线脑都是去市场买。

1949年以后到改革开放以前,买布发布票,买棉花发棉花票,割肉要肉票,买针头麻线也要票,没有票买不到。我们的票不够用,但是可以购买他人的布票、粮票,几角钱一尺布。我们平时做衣服是自己用针线缝,那时候又没有缝纫机。鞋子我也是自己做,买鞋子已经1949年后的事情了,新中国成立前没人买鞋子。

我还记得割资本主义尾巴,那时候不允许搞自发式,不允许你搞生意、买卖、投机倒把。但是买盐、买油、买针头麻线可以去买,这个不属于做生意,也不是投机倒把。

五、农村妇女与国家

(一)认识国家、政党与政府

1.国家认知

新中国成立前我听他们说起过国家,说这次是国民党的队伍与国家打仗,我们中国肯定要打赢,国民党要打输,结果最后真是国民党那边打输了,我们这边打赢了。

1949年前,只有男州没有女县,没有男女平等,只有男子在外面,妇女只能在家里,做家务事、煮饭、赶集、买卖都是男性负责,由男性当家,妇女一般当不了家。1949年后,则是男女平等,男性有能力做的事情女性也可以做。

新中国成立前有学校,当时有女孩上学,但发财人家及当官之人比如甲长、保长、县长的女孩才会上学,我们这些穷人老百姓没有女孩念书。

以前我还是小孩时使用小钱,我只看到大人用铜元、银元,之后就是一千、一万元等纸币,纸币上的人像是蒋介石。之后国民党造的钱不能在市场流通,就只有全部烧掉。1949年后,纸币上面就换成毛主席的头像了。

新中国成立前要向国家交税收,我们作为穷人没有钱又没有土地,不需要交税,有房子、有地、有田的有钱人家才需要交税。

2.政党与政府认识

新中国成立前,我听他们说过国民党,蒋介石太坏,打倒蒋介石穷人就翻身了,就说毛主席好,毛主席万岁,打倒恶霸地主蒋介石。毛主席解放全中国,毛主席才是我们的恩人,毛主席爬雪山过草地时没有食物可吃，把皮带煮了嚼着吃。1949年时，解放军与国民党打仗，我们一直感到担心，害怕解放军打输了，国民党那头打赢了，那我们这些穷人便会被国民党砍脑袋。发财人将共产党称为"霉老二"，发财人就是恨共产党。我们这些一无所有的穷人就喜欢共产党，就笑着说共产党要来了，我们这些人要活出来了，打倒蒋介石。新中国成立前我不认识共产党员，只听别人说起过。

3.政治参与

我家里有中共党员，我的女儿与女婿都是共产党员。首先需要入团，然后才能写申请入党。入党需要大公无私、为人民服务、干好事情、什么都要为集体，不能为个人，然后还要一段时间才能审批下来，总之入党不容易。我希望家人入党，平时得知我的孩子们申请入团，我便高兴得不得了。我觉得共产党员更能干一些，如果你不好好为人民服务，不好好地为集体，你怎么入得了党？

4.干部接触与印象

我觉得共产党干部给我们干的最好的事情就是土地改革运动时，先讨论登记家里缺什么然后便相应补什么。当时分了地主的五大财产，尤其是我们这种一无所有的家庭，相当于共产党给你新安了个家，怎么不好？没有什么就给你分什么，还会分锅碗勺铲。给妇女干的最好的事就是提倡男性不能打骂妇女，不能虐待儿媳，男女吃穿都要一样，男性脾气不好需要改，婆婆脾气不好也需要改，女孩在家便有一定的说话的权利了。新中国成立前没有村长，而是保长、甲长，我没有参加过他们的会。我虽然接触过那些人，但我家没有势，又没有田，什么都没有，他给我办什么事？

5.女干部

新中国成立前，我不知道有没有女干部，保长、甲长都是男性。1949年后，成立乡镇，清匪反霸，才选举妇女乡长、妇女主任、妇女小组长。我觉得能干的妇女可以当干部，也希望女儿当干部。

6.政治感受与政治评价

我小时候在巴中老家时，奶奶给我缠了一次脚，不久后我就与父母逃难出来了，便不再缠脚了。之前我是把辫子盘起来，土地改革运动之后，我便把头发剪短。当时没有强制要求剪头发的，不愿意剪头发的便不剪，愿意剪的才剪，当时大多数人包括发财人都剪掉了。

我觉得政府废除包办婚姻，鼓励大家自由恋爱好，新中国成立前结婚、谈恋爱，是家长包办婚姻，女孩看不到男孩，男孩也看不到女孩。新中国刚成立那时，则说大人小孩在婚事上各决定一半，现在则几乎不需要由长辈做主了。

计划生育时非常严格，有些人怀了二胎，不允许生，如果生下二胎，不仅罚款，还会把家里的猪牵走，把房顶的瓦揭掉，所以有些妇女怀二胎以后跑去娘家里藏起来。我觉得计划生育有必要，但还是生两个好。开会时干部向我们宣传，你饭吃不饱，衣不暖，你还想生？以前生太多孩子，结果没吃没穿，你那样好不好？然后就有人回答说，我们人年轻，还有生育能力，还是希望生两个孩子，只生一个孩子，等我们到了四五十岁的年龄，万一小孩突然生病而且医治不好，那时候再想生育，我们已经生不出来，那我们怎么办？

(二)对1949年以后妇女地位变化的认知

土地改革运动之后，提倡男女平等，妇女顶半边天，男同志干得下来的事情，女同志也干得下来,新中国成立前男人才能干的事情,现在男性女性都一样。政府号召家庭要平等,不允许打老婆,不允许虐待媳妇,我觉得这样很好。

1949年后,政府和村上要管男人打妇女的事情,由妇女主任管,看究竟男性不对还是妇女不对,谁不对就批评谁,男性过分地糟蹋妇女,那就不行。和我相比,我的女儿们接受的教育比较多,我小时候没读过书,我女儿还读了大学了。我觉得这与政府对教育投资有关系,我们女儿去读高中的时候国家一个月补助3块钱,怎么不好?她读大学的学费都是国家管,每个月还有钱给她发。现在乡上、村上也有妇女干部,县上、国家里面也有妇女当干部,妇女地位提高了。

(三)妇女与土地改革运动

1.妇女与土地改革运动

土地改革运动的时候我的婆家是贫农成分,娘家是雇农成分。土地改革运动工作组、工作队每天组织每家每户都在开会,登记家里有多少人、房子如何、家中有多少土地。但是我们这里是山区地形,居住得比较分散,所以一般是大家聚在某一家开会,白天黑夜开会,如果你不参加会议,地主的五大财产包括田地、房屋就分不到。将地主、发财人家的房子、田地、耕牛、猪全部没收,又把地主迁移到差地方如深山老林边的茅草棚棚居住。

妇女参加斗地主非常积极,有人将地主的拇指套个绳子,晚上让这些女孩拉着地主跑圈,地主们疼得直叫唤。因为这些妇女以前被地主欺负惨了,没有粮食,问地主、发财人借粮食,借地主五升粮食,要给他还一斗,他们根本看不起穷人。

有些妇女不愿意斗地主,因为她与地主沾亲带故,地主没有欺负过她,但其他人就不依,让她说出开地主会不发言的原因。斗地主时专门有人喊口号,好比某个地主成分的女性姓张,其他妇女就说打倒张婆娘,怎么整我们,怎么害我们,把她斗垮,把她斗倒,就问该不该斗,我们说斗争到底,我们才得胜利。

我非常恨地主,那时候我帮地主干活,看牛、引小孩,吃饭时我们帮佣吃的一锅饭,他们地主家吃的另一锅饭,一天做这做那,最后还挨打,把我的腿都打出血了,他们还用脚踢我。我帮地主干活,给我分配什么我就做什么,但我每天非常努力做还是做不完,地主便说我没做在偷懒,实际上我那时候才十几岁的小孩,但我干不了的活他们也让干。

土地改革运动时我上台斗过地主,我还把地主拉着跑,我们两个女孩拿着两根绳子,她拿一个,我拿一个,拉着地主使劲跑。当时还有诉苦会,专门的工作组组织开会,忆苦思甜、诉苦诉冤。借地主的粮食,借一斗要给他还两斗,借五升要给他还一斗,就是他剥削我们的劳动力。做农活时让我们这些穷人去给他做农活,做完又不开钱,给我们吃的食物和喂猪的食物差不多。

我敢分地主家的东西,怎么不分?土地改革运动就是分东西。我们分得了土地、粮食,两家搭伙分得一个牛。还有农具,包括薅草锄、挖地锄、砍柴的刀、割麦子的镰刀。此外还有锅碗瓢铲,还有柜子,登记了土地改革运动就按照登记单分,别人喊到你的名字,你就去拿,如果自己拿不回去,别人还会帮你拿。土地改革运动分地,男孩女孩分的数量一样多,还有土地证,上面写了我的名字,当时分给我的土地,家里人都管,妇女也管。

我们村的土地改革运动工作队有妇女,她们是自外地调来的。我对女工作队员没有意见,我们非常喜欢她们,一看到她们来了,就问她们吃饭了没、冷不冷,让她们烤火。工作队的年轻女孩女同志,她们也问我们愿不愿意土地改革运动,我们回答怎么不愿意?问我们愿不愿意解放,我们回答愿意解放,问我们解放好还是不解放好,我们就说解放好。问我们土地改革运动好还是不改好,我们就说土地改革运动好。

2.妇女组织和女干部与土地改革运动

我当时参加了妇女会,土地改革运动的时候都要参加,鼓励我们发言,那时候讨论还不知道怎么讨论,胆子小,特别害怕说错了就违法。我觉得通过土地改革运动,妇女翻了身。不管赶集、买卖,不管哪里人情世故,妇女都能去,无论说话还是干事情,妇女都和男性一样。

我们村当时成立了妇女会,有妇女主任。妇女主任就是我们本队人,她能干、老实,又不狡猾。土地改革运动的时候有妇女村干部,包括妇女村长、妇女乡长,她们的家人也表示支持,她们都是贫下农成分,中农成分便不行,主要是选家中没有田地的贫农。要选温柔、心地善良的女性,有些妇女在人前表现出一套,人后又是一套,这些妇女便选不上,而且选举之后还需要经过多重调查、审核。

(四)互助组、初级社、高级社时的妇女

我记得互助组、初级社、高级社的事情,先办互助组,之后就是合作社。我们成立互助组时首先开会讨论,到底成立互助组更好还是不成立好,成立互助组有哪些好处,不成立又有哪些坏处。大家就说成立互助组后有人领导,有人带头让我们怎么耕作,我们就按照季节播种、收获,这就是好处。互助组时妇女也要下地做农活。当时是小兰村先办,我们白庙乡关虎村后办。我们那儿的男女乡村干部都去小兰村参观,参观别人怎么做,怎么办的合作社,我们这里回来才办。上中农不允许入社,他们就属于单干户。

我婆家是贫农成分,什么条件都好,就该入社,土地和耕牛都入社了。耕牛入社时,给我们折价了,耕牛分为几等,母牛、嫩牛、老牛分别折为不同的价格。土地入社以后所有人在一起劳动,妇女也愿意一起劳动,粮食一起分,有劳力的家庭工分多,所分得的粮食多,劳力少的家庭工分少,分得的粮食少,就要超分。

我没当过互助组或者合作社的干部,我只在合作化时期当了两年妇女队长,后来我生了小孩就没有当了。我们那时候有女组长、女社长,每个村都有。一般都是大公无私的人,对大家好,能够爱护公共财产,爱护集体,这些人就能担任;自私自利,做什么事情都只为她一家人发财,那就不行。

做农活时,劳力好的妇女就跟着男性一起干活,没有劳力的妇女就跟没有劳力的一起干活。而我劳力好,就是与男性一起干活,工分与男性评的一样——12分,吃粮也是一样,其他女性一般就做轻巧的活,工分少,粮就相应少。我拼命挣工分,每回开会评模范,我都会获奖。工分多,分粮分得多。我平时跟男性在一起做农活感到适应,因为本来就是同一个队的人,我们一个队一共只有3个女性和男性一起干活。当时我们几个比较可怜,男性挑粪担多久,我们就要挑多久,挑一天就把肩膀上的皮都磨掉了,晚上回去饭都不吃一直哭。挑了几天以后又找两个垫肩垫到肩膀上,之后就习惯了。

互助组及合作社时期,女孩来月经、怀孕时可以请假,但请假没有工分。我家和队里另外一家人小孩多劳动力少,我有4个小孩,年龄都小。"大跃进时期",我们晚上会做夜工,人民公社和合作社的时候做的农活都差不多。我一个月要做28个工,做不够,那时要惩罚你。我们那时候白天做农活,晚上还要出去开会,妇女也可以发言,如果说得对,别人就接受。

(五)妇女与人民公社、"四清""文化大革命"

1.妇女与劳动、分配

人民公社时我们开大会,首先是别人读文件,然后唱毛主席土地改革运动的歌。公社和生产队要动员妇女出去下工,女孩做手上的农活轻巧。而我那时候,捡包谷、背粪。新中国成立前,妇女没栽过秧,1949 年后有水田,才开始栽秧。每家每户都有一个妇女和一个男性,这样计算我们队的男性、妇女数量一样多。当时技术活以及发展副业养猪、养牛主要是男性负责。我们队有一个瓦厂专门烧砖瓦,然后办了一个养猪场。以前,生产队队长、会计、记工员都是男性。修堰时,则妇女也有,男性也有。如果家里有两至三个男性,就都要去。

我们队里选干部去学大寨,学完回来就给大家宣传。大寨公社粮食多,我们公社有些懒人认为哪里好,他就想迁往哪里,我们公社干部就对他说,你往大寨走,大寨做得好。炼钢铁的时候,我还去马公铁厂背钢板、炼钢,我们那时候累。

我们做集体农活认真些,自留地就是一家一户,属于自家的。做农活有空隙的时间,就到菜园子里做一下,若当时农忙没空,大清早趁集体还没开始做工,就去菜园子做一会,然后快要出工的时间便立马吃完早饭走,集体的活要紧。有人监视偷懒之人,别人知道某人在偷懒,便向队长反映,队长便会批判此人。比如我们两人一同做农活,我认真些,你偷懒,就可以反映,因此总体而言偷懒之人很少。但土地归集体有一点不好,天晴要下地耕作,下雨时全身淋湿也要去耕作。每年粮食都不够吃,除了交公粮、交国家税收,私人分不到多少粮,每年没有足够多的粮食吃。私人的土地下放到户以后,私人耕作,还轻松些,自己够吃,农业税也能交齐。集体时期有些人做农活不太认真,只图把工分挣到就了事。集体耕作就应该是认真做,按照季节做,多久该种,多久该收。

同工同筹便是女性与男性干同样的活,工分也一样,妇女最多得 12 分,男性也是 12 分,所分得的粮食也一样,这样更加公平。没出嫁的姑娘一般 7 分、8 分,那时候六七十岁的人都还在农业社做农活,老太太一般挣五六分。

人民公社的时候,我家小孩都在上学,丈夫在养路段上班,就我一个人做农活。那时候丈夫工资很低,才 28 块钱每月,我们家只有我一个人在挣工分,所以我们每年都要超分。超分后便按照工分折价,我家当时一年交超分款便需要交 50 块钱。

我们生产队当时分粮食,男性妇女的基本口粮都一样,而小孩则不一样,小孩的基本口粮相对少。由于我家小孩多,所以每年我家分得的麦子、黄豆、谷子等细粮少。但是我丈夫的单位有救济款,评出哪些家属困难,会适当补钱救济。

2.集体化时期劳动的性别关照

人民公社的时候集体劳动,来例假、怀孕或者哺乳期都可以请假,我怀孕请假请得少,因为我家本来就已经超分,如果我请假更超分了。

"大跃进""三面红旗"的时候,有些妇女太累了,该照顾她,结果没照顾好,后来累出来病。生病那几天去公社医院看病,但是生病没人照顾你。其实当时既有妇女真的被累病,也有些妇女是装病。

办伙食团[①]时,我们生产队还办了托儿所照顾孩子。找个人专门负责带小孩,我的小孩就让她带,我就可以抽身出来做农活。妇女主任晚上让大家一起讨论选人,一方面照顾小孩要

---

① 伙食团:食堂。

耐心,不打骂别人的孩子,性格好、劳得神,将孩子的脸洗得干干净净,大家同意选谁就选谁。照顾孩子也有工分,假如我有孩子,你给我带,评工分时就在我这里分工分,你以为是集体给工分? 总体而言,将我的小孩放在托儿所,我还是感到比较放心,因为她不敢打孩子,如果某些孩子的脸弄脏了,别人也会提意见反映,没把孩子带好就不要想得工分,最后伙食团下放后托儿所就解散了。

3.生活体验与情感

刚开始,我们公社的 3 个队组成了 3 个伙食团,持续 3 个月左右。别人就说这个队把粮食吃多了,饭要干些、要好些,他那个队又说,他吃少了,吃得要差些。于是公社干部又亲自下队,经讨论以后 3 个队合并到一起煮饭,最后选出一个会计与两个炊事员,而我便是其中一个炊事员,于是我便不到上坡去做农活。最初刚开伙食团时,都是一家人舀在一起吃,但一家人中有的人胃口大,有的人胃口小,于是便每人分舀。吃饭时区分等级,男性吃多少,参加第一线农活的女性与男性吃得一样多,而后勤队、半劳力吃多少,小孩吃多少。我在伙食团做炊事员也有工分,与参加第一线的人工分一样多,当时我与侄女儿两个一起当炊事员,她比我小 3 岁,但她有点爱玩、偷懒,全都是我一个人做,把我累得没法了。但我还是没向上反映,结果其他人就有人发觉了,就反映上去,就把她派到养猪场去给农业社扯猪草。然后再选一个炊事员,大队书记、公社干部就下队商量,就说我和会计两个人一起煮,但会计还是比较贪玩,我发现附近有 3 个老太婆没法上坡做农活,就让她们帮我择菜、切菜,饭熟了,打锣了,我就让她们回去了,当大家把饭吃完,她们又来帮忙。当时伙食团在二队,而我家住在三队,我就把钥匙交给她们,她们清早上就把伙食团门打开,帮我把水烧好。

刚开伙食团时,妇女都愿意,觉得自己变轻松了,可以吃现成而不需要自己煮饭吃。但后来有些人不愿意在一起吃了,但能吃的人还是愿意,他一个人要吃两个人的份,你说怎么能行? 吃伙食团的时候,家里的锅都交给集体了,不允许私下冒火焰,早晚洗脸、洗脚都到伙食团洗,后来伙食下放,分到户,每家的锅又还回去了。

"三年困难时期",就是"过粮食关"也叫作"过伙食团"。我们队缺粮食,就到蔡家坝的几个队去背下拨的粮食,他们离公社又远,土地又宽,耕作了很多蔬菜,我们队人口多,土地少,就在他们队去背萝卜、蔬菜、洋芋,因此我们队情况还好。但当时我们那儿有些人,饿的实在受不了了,悄悄跑到生产队的土地里面刨粮食,晚上民兵将他抓到后就批评他,还会扣饭、扣粮,扣上几顿了,他没有粮食怎么办? 每顿就给他少舀一瓢饭,但总体偷粮食的不多。对于大集体食堂,有些女性说好,有些妇女说差,她们说吃饭不自由,就吃那么点儿汤汤。然后去上坡做农活,一会儿就饿了。当时在本队的饭量大的人可以下地找野菜吃。搞表演就是去公社唱歌跳舞,女性都要参加,但我没有去,我不好意思。现在我很怀念集体上工时期,当时非常热闹。

4.对女干部、妇女组织的印象

有妇女当模范,做农活不偷奸耍滑,出工也出得早,做什么都维护集体,干事积极,不自私。给模范的奖励就是发奖状,农村里奖励的实物就是薅草的薅草锄,挖地的挖锄,割麦子的镰刀,砍柴的弯刀,耕地的滑子。公社的时候,大队的妇女主任是我们小队的人,叫陈远慧,小队的妇女主任是我的亲家母贾有珍。当时公社和大队有妇联,就是动员年轻的妇女为集体栽树,发展家庭副业,还会组织大家一起开会。办活动就是唱歌跳舞,并互相比赛。

5."四清"与"文化大革命"

我知道"四清"和"文化大革命",那些"当权派"头戴尖尖帽,背上贴些大字报,带黑牌游街,站在高板凳上打,把有些人打得好可怜。假如你是"当权派",我是你手下,如果我来保护你一下,就要打我,就叫我"保皇狗",打倒"保皇狗"。当权派就是公社、区里的官员,因为贪污,对人民都不好。我记得"割资本主义尾巴",资本主义就是搞自私,当时手里有自留地,如果家中自留地多,有些人就一天搞自私去了,于是集体又把自留地收一半,留一半。那时候可以卖鸡蛋,我就卖过鸡蛋,如果不发展家庭副业,那么家里称油买盐及小孩念书,哪里有钱?我们这些贫下中农什么都没有,什么都可以卖,只要勤快还会被表扬。

原来集体上工的时候可以回娘家走亲戚,但必须是最亲近的亲属的。当时需要写张假条,还要盖个拇指印,约定你回来的时间。当时结婚仪式要简化,但还是会待客,只是不允许待客数量过多。

(六)农村妇女与改革开放

集体时期粮食不够吃,当承包土地分田到户后,每家每户做得都好,粮食也够吃,我认为分到户比集体更好,集体时期无论怎么耕作,每天下地干活,粮食还是不够吃。分地分到户时,女孩也可以分土地,土地证上面有我的名字,30年不变,去世的不补,离开本地的人的土地不收,生下的小孩就没有土地。

我原来参加过村委会的选举,不管选什么干部,你觉得谁为集体,大公无私,不自私自利,就是维护集体,你同意谁,你就选谁。选举时需要写票,但我写不来字,就找别人帮忙写,然后在票上面还要盖个拇指印。我选过女性当干部,男性、妇女都可以选,你同意谁,你就选谁。

20世纪80年代的计划生育,那时候农村还是允许生两个。我家原来是黑白电视,现在我平时还是会看国家政策,看哪些是对的,哪些不对。我不懂网络,因为不识字,不认识电话号码,所以也没有用手机。

六、生命体验与感受

我觉得这辈子,最煎熬、最痛苦的时候,就是小时候,我7岁就开始帮人干活,帮到16岁,还不痛苦?那时候地主还要打人,我们吃饭时与地主分开吃,冬天结冰时还要去为他们洗衣服,我的手当时冻坏了,疼得非常厉害,最可怜就是那些日子。要说好日子当属现在,孩子们都有事情做,孩子们好过大人就好过。现在我的几个孩子们,有的孩子在上班,有的孩子在做生意,但虽然现在日子好过,可我年龄又大了。

LN20170119MZX　谬忠贤

调研点：四川省广元市青川县乔庄镇
调研员：刘娜
首次采访时间：2017 年 1 月 19 日
出生年份：1937 年
是否有干部经历：合作化时期作团支部书记、生产队妇女主任；"文化大革命"期间为生产队出纳
是否生育：是
受访者结婚的时间节点、生育子女的具体情况：22 岁；共育有 4 个孩子,1 男 3 女
现家庭人口：5
家庭主要经济来源：个体工商户
受访者所在村庄基本情况：乔庄镇属于城市社区,为县政府和镇政府驻地。乔庄镇处于中低山区,其地势西北高东南低,山脉纵横,谷深坡陡。乔庄河自北向南,流经大沟村的白家田坝、吊坝子、欧家河坝、白家湾到县水泥厂,过县城至回龙村下关家坪,进入黄坪乡。这里属亚热温润季风气候,雨水充足,四季分明。

"5·12"汶川大地震后,在浙江省宁波市援建和中央灾后恢复重建基金以及社会各界大力支持下,经两年多的恢复重建,使全镇的基础设施建设、民生工程、产业、社会经济等得到迅猛发展。教育、体育基础设施较为健全,九年义务教育得到全覆盖。医疗卫生也较快发展。粮食作物丰富,主产玉米、小麦、水稻和杂粮。畜牧业以饲养猪、羊、鸡为主。种植茶叶、木耳、香菇。

受访者基本情况及个人经历：谬忠贤生于 1937 年,22 岁结婚,籍贯四川省广汉市三水镇。共育有 1 男 3 女,现均已成家立业,老人现与大女儿居住在青川县乔庄镇胜利社区,女儿一家作为个体工商户,开了一家餐馆,外孙则以经营小型电脑商店为生。老人目前每个月领取几百块钱的遗补作为生活费。

谬忠贤生活在一个开明的家庭里,可以与家里男孩一样读书上学。父亲送给谬忠贤一支钢笔,鼓励她认真学习。土地改革运动将其家庭划为中农成分,谬忠贤于 1955 年入团,1956 年参加党训班,并于 1957 年入党。1958 年,公社将老人派到农业技术学校学习。合作化时期老人曾担任过本村的团支部书记,生产队的妇女主任。老人在农校上学期间结婚,1962 年生下大儿子,由于丈夫在青川县人民检察院工作,迁到青川县乔庄镇。"文革"期间担任过生产队的出纳。1977 年,儿子结婚,完成儿子的终身大事。生活艰难时,她咬咬牙就挺过去了,生活顺风顺水时,懂得知足常乐。

一、娘家人·关系

(一)基本情况

我叫谬忠贤,1937年7月1日出生。我的名字是出生时父亲所起,寓意为忠厚、老实、贤惠,家里兄弟们的名字都是我的父亲按照辈分所起,我父亲属于"杰"字辈,而我们则属于"忠"字辈。在娘家时我是长女,我们一共有6个姊妹兄弟,其中有3个弟弟,之后有个弟弟给别人修房子时摔死,就只剩下5姊妹了,家里兄弟、姐妹未曾被抱养。我家之前是租佃地主家的土地进行耕作,一共有8亩左右,土地改革运动时我家被划分为中农。

我22岁结婚,嫁过去连丈夫爹妈是什么样都不清楚(公婆当时已经去世),丈夫在青川检察院工作,和他结婚时我还在农校读书。土地改革运动时丈夫家也被划为中农,他们家里也比较贫穷,但不清楚具体的土地数量。他们家的姊妹多,一共6个姊妹兄弟,家中有大哥、二哥,他是老三,还有个弟弟,此外还有个大姐、二姐。我的公公当时属于入赘,从何家入赘到杨家以后便从此姓杨,因此我的丈夫也同样姓杨。我在1962年就生下第一个孩子,一共生育4个孩子,包括1个男孩与3个女孩,男孩是长子。

(二)女儿与父母关系

1.出嫁前女儿与父母关系

(1)家长与当家

我的娘家最初是由爷爷当家长,爷爷去世之后,便由我父亲当家长,一般家长负责管理家庭经济,但家里非常贫穷,经济方面没有什么可掌管。在家里主要管权的都是男性,没有女性当家,一般女性都不可以当家,即便是积极分子也不可以。但是有种特殊情况下女性也可以当家,取决于家庭具体情况,即男性当不了家的情况下女性就可以当家,比如说男性各方面都欠缺、不能干的这种情况下,女性就可以当家。但是在我父亲还在世时,我家的女性不可能当家,同时我家中也无内当家与外当家这一区别。

(2)受教育情况

我以前上过中学,毕业之后在生产队当过团支部书记和妇联干部,干到1958年,公社又把我调到农业技术学校去学技术。当时是我父亲送我去读书的,当时没有钢笔,他就调米去售卖,卖米之后给我买了一支钢笔,我现在都还记得钢笔是什么样子,是细长的一根铜管笔。我的其他兄弟姐妹们也都上过学,都是中学毕业。我爷爷奶奶、父亲思想都很开放,家庭无论多困难都要把小孩送到学校,让我们坚持读书。我是1949年以前就开始上学,那时候村里面也有其他女孩读书,女孩和可以男孩一起读,我读小学时就在本村读,学校距我家大约5里远。

(3)家庭待遇及分工

我娘家男孩的待遇与女孩都一样。家里添饭时有一定规矩,先给岁数大的爷爷奶奶舀饭,再给父母舀,之后才给兄弟妹妹舀。过年还要给老年人拜年,磕头作揖,拜了年以后爷爷还要给我们发点儿过年钱,不发钱就给我们买件衣服,而且那时候给男孩和女孩的压岁钱也一样多,父母对儿子和女儿的教育也没有什么区别,反正谁不对谁就挨打。

平时家里吃饭,女孩可以上桌吃饭,全家人都在一个桌子上吃。座位也有一定讲究,老人坐上半位,走进来有神的那一边就是上半位,对面就是下半位。吃饭全家人都一起吃,没有特别的讲究,开饭了都可以吃。如果家庭没有饭吃的情况下优先给小孩吃,吃完没有就算了。小的时候我们没有能力挣钱,父母给家中的男孩女孩缝制一双新鞋子,大家便感到非常欢喜,等我们长到十几岁时,就扯兔子草、喂猪赚钱,然后自己去制衣服。

我小时候大约读小学四年级就开始纺线,在一个纺车之上,使用一只手摇,另一只手拉。但是我只会纺线、绣花、做袜子、做鞋子,不会织布和做衣服。我大约 8 岁时我的亲妈便去世了,之后父亲娶了一个后妈,主要是我奶奶把我养大,这些女工都是奶奶教授给我。自己做鞋子自己穿,做不好也无所谓,她们大人做得好些,她们便给大家做。纺线时,一般星期天早上一起床便开始纺,一直纺到吃早饭,吃完早饭后又去坐着纺。纺到下午便去扯猪草、兔子草,回来又去坐着纺,如果不耽搁,我 3 天就能纺一斤棉花。我只有小时候纺过纱,因为集体的时候就去挣工分了,之后也没有纺过纱了,现在我还会纺纱,只是没有纺车。

(4)对外交往

过年的时候我娘家只与亲戚之间互相拜年,譬如到姑妈、叔辈家里去拜年,我也可以一同前去,但不会与同村人相互拜年。当有客人到我家做客,父母亲戚都要上桌子吃饭,但是客人来了以后我们几个小孩很少上桌子。父亲去别人家吃饭的时候,母亲如果愿意去可以一同前去,这取决于她自己的个人意愿。

(5)女孩禁忌

我家对女孩有一定的规矩与要求,比如吃饭的时候,要等老辈人夹菜以后,女孩方才可以动筷子,且吃饭时不允许说话,吃完饭就走。至于女孩出门这个问题管得非常严,过去的女孩,只要年纪大了就不允许出门,只有小的时候不懂事,才可以出去到处跑着玩,长大后如果要出门,就要跟父母、姑妈一起出去。家中的女孩不会与村里面其他男孩一起玩,但是可以和亲戚家的男孩玩。女孩的衣服与兄弟、父亲的衣服都是分开洗的,女孩的衣服与裤子不能与老辈人的衣物一起洗,将老辈人的衣物洗完以后才洗女孩的衣物,但晾衣服时所有衣服可以晾在一起,不过女性的内裤需要晾在角落里。女孩的穿着方面没有特定规矩,想穿什么颜色的衣服都行。我奶奶经常对我说,作为女孩就要守规矩,有人来家里做客,女孩就不要哈哈大笑,要爱干净,懂礼貌。村里认为家教好的女孩,一是将家里收拾得比较整洁,二是个人爱干净、有礼貌。

(6)家庭分工情况

我的娘家内部有一定的分工,女性主要负责煮饭、喂猪、照顾小孩、洗衣服、收拾家里、扫地等;男性主要负责外面,栽秧打谷、做农活、赶场①购买物品都是男性的事情。女孩也要下地干活,小脚女性不可以下地,但我的几个姑妈包括我都是大脚,谷子成熟后都去打谷子、栽秧子。我母亲从不下地干活,带小孩也没法下地。我在家主要负责扫地、擦灰、生火,不会让几个兄弟干家务活。

2.女儿的定亲、婚嫁

我的这门亲事是我姑妈做主所定,丈夫与我的么姑妈是一个单位的同事,虽然丈夫家庭不好,弟兄又多,但他这人有工作,又进步、思想积极,劳动也好,反正文武方面都可以,我姑妈就给我介绍。定亲的时候没有任何仪式,婚约八字都没有,也没有彩礼,双方家长没有见面,他的父母亲早就去世了,我母亲也早已去世,家中就剩下父亲,但父亲由于家里事忙也走

---

① 赶场:赶集。

不开,反正我姑妈做主便算数。结婚时丈夫在单位上班,而我那时还在农校读书,本来学校不同意我结婚,当时班主任说,你作为一个学生结什么婚? 那时候结婚,我说句内心话,从我思想上来说,并没有完全通过。虽然丈夫本人各个方面都还是挺不错的,但我娘家三水镇常乐村是属于川西平原,而我丈夫家地处山区,两地差别非常大,总之山区地方让我始终感到不放心、不满意,现在人已经这么老也没办法。我与丈夫定亲后双方还是要走动的,他去过我家两次。我出嫁时家里太穷,根本无力为我置办嫁妆,没有任何陪嫁品,只有大户人家的女儿才有嫁妆,出嫁时还会坐轿子。1960 年元月我与丈夫是在公安局里结婚,当时条件非常困难,根本无法购买到瓜子、糖果等物品,大家就在一起坐着闲聊了一会儿,举行了一个简单的结婚仪式。我定亲是 1960 年,当时十分困难,我于 1960 年元月份结婚,9 月我父亲就生病去世了,那时伙食团把粮食吃光后便没有粮食可吃,我是因为 1958 年出来学技术,否则我也要在村里挨饿。

1949 年以前有童养媳,我的大姑妈便属于童养媳,她才 14 岁就开始到地主家去当童养媳,因为当时地主要使唤她干活,一切钱粮都不给我家,地主好像认为我家欠他一般,他喜欢怎样就怎样。童养媳与嫁出去的姑娘不一样,嫁出去的姑娘可以回家走亲戚,而童养媳则必须一直待在对方家里,不允许回家串门。新中国成立前可以入赘,我老公的父亲就属于上门女婿,原本姓何,当入赘到娘家以后便跟着娘家改姓杨。

3. 出嫁女儿与父母关系

我刚出嫁时不流行回娘家,嫁到青川来很多年以后,直到儿子已有两岁左右,才回去了几次,就只是回娘家祭拜祖宗以及爷爷奶奶,一般过年过节我都不会回去,当时会携带少量礼物回去,但回去也觉得没有什么意思,此时母亲父亲都已经不在人世,姊妹们也都结婚成家。丈夫由于工作繁忙,没有跟我一起回过娘家。

娘家有困难时我会提供帮助,给娘家人借点钱,有时写信问候一下。我出嫁之后没有分娘家的财产,粮食、土地我都不要。那时候过粮食关,我从农校回去看我父亲的时候,他连话都说不出来了,指着他自己的肚子说特别饿,我就到街上去给他买了碗汤圆,父亲很快吃完精神就上来了。娘家给我父亲办丧礼的时候我还是回去了,主要由我弟弟主持,但我弟弟年龄还小,当时他在成都工作,因此办丧事时他和我各出一半钱,棺材 300 多,拜托姑父帮忙购买。那时候家里穷得很,后妈又不管事,父亲身体那么差,她都没去看下我父亲。由于娘家与婆家距离太远了,之后清明节我也没回去上过坟。

(三)出嫁的姑娘与兄弟姐妹的关系

我和兄弟姐妹之间的关系很好,兄弟姐妹结婚时我都送了礼金。由于他们当时也比较困难,所以我婆家有困难时也不会向他们借钱。我出嫁到青川县以后,与几个兄弟姐妹的关系都差不多,兄弟姐妹们有时间便来婆家看我。刚嫁到青川县以后那几年,没有娘家人来给我过生日,现在大家都已经是七八十岁的人了,都有时间,于是趁给我庆祝生日的同时顺便在附近玩一会儿。我有个弟弟现在还在工作,他每年都要给我寄钱,他认为我那点钱平时根本不够花,今年过年前又给我寄了 500 块钱。

二、婆家人·关系

(一)媳妇与公婆

我与丈夫结婚时,丈夫的父母亲都已经去世多年,只有两个哥哥一个弟弟,以及一个幺妹妹与一个大妹妹,家庭条件比较困难,因此我们结婚时没有通知他们前来参加。当时结婚并无迎亲之人,就只举行了一个简单的结婚仪式,结婚以后我们也没有回丈夫的家中拜过祖坟。

(二)妇与夫

1.家庭生活中的夫妇关系

(1)夫妇关系

结婚以前,1959年我与丈夫在绵阳市见了一次面,1960年便在青川县举办婚礼,当时年轻不懂事,满意不满意就是那么一回事。我们结婚后都是直接称呼对方的名字,我平时称呼丈夫为老杨,当时他在检察院工作,家中是由我当家,那时我没有上班,在家专门负责带小孩。

我嫁过来时生活非常困难,丈夫一个人在工作,我又没有工作,还生了个小孩,当时什么都没有,在别人家借住了一年,"文化大革命"开始,我们就自己着手修建房子,修了两间土墙房子以后才住进去。1962年生大儿子,当时什么东西都买不到,但首先要保证小孩吃饱,后来把小孩送到幼儿园去,幼儿园需要交粮票,我又没有粮票,幼儿园需要交米我又交不出米。

1949年以前,把女性不当人,不管家中有钱还是没钱,女性就是要伺候男性。我们结婚已经是1949年后,便不再如此了,而且我丈夫是参加工作的人,思想层面不一样。丈夫下班回来时,我如果有空,就把洗脸洗脚水给丈夫盛好,反正不会专门去服侍他,我也没看到其他女性给丈夫洗脚。1949年以前,丈夫如果跟别人说话,女性谁敢去插嘴?1949年后,我们就没有那些规矩了。1949年前丈夫不允许妇女出门就不可以出门,我家就没有那种情况了。1949年前,厨房的事情必须女性做,小孩也由女性带,而我家不是,反正丈夫下班回家也带小孩。1949年前是女性倒马桶,没有男性会去倒马桶,而我家夫妻两人,谁有空谁便去倒马桶。1949年前,家里的衣服都是女性洗,而我家不是,我和丈夫谁有空谁便洗。过去要先洗男性衣服,洗净以后才洗女性的衣服,女性的内裤不能正对天空,只能晾在角落。1949年后谁会注意那些,反正我家没有遇到这种情况,我家是1949年后的新思想了,没有那些规矩。

2.家庭对外交往关系

家里平时与外部比如与生产队的人打交道都是由我去。如果有客人来家里做客,我可以与他们一起吃饭。我的朋友很多,一般是女性朋友,平时丈夫下班回家后,我会到邻居家串门,她们也会来我家串门玩。

(三)母亲与子女的关系

1.生育子女

(1)生育习俗

我一共生育4个孩子,大儿子是1962年出生。当时他的父母与我的父母均已去世,因此就没有向人报喜。大儿子满月时,一般40天左右就可以抱出来给大家看,然后我们把期间送礼之人请到饭店招待一顿饭。有些人是我们主动请来,一般来说亲戚都是自己主动来看望,来时还会带点礼物,有的亲戚送一只鸡,有的亲戚送一些鸡蛋。我生孩子以后,由于相距太远,娘家人没有来看过我。我们的儿子没有庆祝过生日,当时也没有听过生女孩要庆祝。

(2)生育观念

我家认为,生育男孩与女孩都一样。

(3)子女教育

我的小孩全都上过学,基本上都是高中毕业,有时候还借钱给他们读书,尤其是缴学费的时候没钱便需要找人借。那时候生产队的书记为人好,他知道我家困难,带几个小孩,交不出来学费,每年都要给我家写张申请,证明我家里困难,就不用缴学费。此外,我家对儿子和女儿持有相同的教育态度,而且他们平时都很听话。

(4)对子女权力(财产、婚姻)

我的儿女们结婚后是他们自己管钱,他们能干才能挣得到私房钱,不能干就没有私房钱。我儿子的婚姻,我做了主要决定,是通过我广汉的同学介绍,让我儿子到广汉当上门女婿了,他现在都有点后悔所以来埋怨我。当时他们没有合过八字,不流行合八字,最后儿子结婚是在广汉办酒席,我和丈夫都没去。所以之后几个女儿结婚,我都是取决于她们,我一般不去包办小孩的婚姻,自己喜欢你们就结,免得以后还要来埋怨我。我3个女儿结婚都办了酒席,女儿结婚的聘礼也是她们自己管理,我不会管她们的聘礼。儿子结婚没有给女方聘礼,女儿结婚也没有陪嫁,儿子结婚后居住在女方广汉家的老房子,没有新修房子。

2.母亲与婚嫁后子女关系

我的儿子于1977年结婚,因为他是去广汉当上门女婿,结婚时我和丈夫没去,之后才去看他们,所以也没有拜公婆、给我们端茶。我大女儿是八几年结婚,他们是自由恋爱,结婚没有彩礼、聘礼、嫁妆。我大女婿是来我家当上门女婿,但是结婚后所生小孩还是跟着男方姓,我的儿子也是上门女婿,孩子也是一样的跟着父亲姓,上门女婿都可以当家,他们两个都在当家。我的孙子离我较远,没有让我带,只帮大女儿和幺女儿带过孩子,现在没帮他们带重孙,3个重孙都是他们自己带。我平时是和我的幺女儿住在一起,国家每个月给几百块钱的生活费(遗补),过年过节时我的孩子也会给我拿钱。

三、妇女与宗族、宗教、神灵

我娘家所在的地区主要信耶稣教,也就是基督教,但是我嫁到婆家以后就不再信奉了,不拜灶王爷、土地公,只去赶过两次庙会,就再也没有去过。

四、妇女与村庄、市场

(一)妇女与村庄

1.妇女与村庄公共活动

我出嫁前没有参加过常乐村里的聚会、吃饭等活动,但是去看过戏。听见别人说起过保长,因为那时候他就住在我家隔壁。我是1949年以后才参加过村中的会议,当时我是村里的团支部书记,因此就要参加村里的各种会议,包括参加代表选举,参加社员大会,开团支部会,开妇女大会。1949年后,村里面的会议一般是由村长或者书记主持召开,也要求妇女参加,只要你是社员都要参加,可以发言,有什么想说的都可以提出来。

2.妇女与村庄社会关系

在娘家的时候我有几个相交好的女伴,一般我们会在一起看戏,哪里有戏看好看就要过去看,那时候我们村有戏班子唱戏,但是看戏时男女要分开坐,男性坐一边,女性坐一边。我的女伴出嫁的时候,如果我有时间去当个送亲客,此时一般穿红衣服或者花衣服。

当时社会上很少有请女性干农活的情况,别人一般都是请男性干农活。请女性干家务的情况也有,通常是请女性当保姆,主要是煮饭及服侍有钱人,只有有钱人家才请得起保姆。

互助组时主要是相互换工,你帮我做,我帮你做。有些人为人好,男工和女工都一样看待,有些人为人不好,他就要说,男性做的事情多一些,因此男性的分也要高些,理应让女姓多换几个工。

我嫁到婆家以后,同姓人或者亲戚建新房,我一般不会去帮忙,但我家杨老汉儿(我丈夫)若有时间便会去帮忙,因为他懂得这些人情世故。由于我需要照顾多个小孩,因此红白喜事请我帮忙的情况非常少。我的朋友大多都是我们生产队的,我们几个关系好的女孩干活时就一起在田盖上玩、聊天,农闲时晚上一边散步一边聊天。夏天还会一起出来乘凉,一般都在自己村聊天,很少去其他村。关系好的朋友,你在我家里玩,我在你家里玩。妇女之间发生争执,村长会来管理,村中女性和男性吵架的情况非常少,干农活时偶尔争吵几句,事后就算了。

(二)妇女与市场

我出嫁以前很少去赶场,出嫁之后因为要买东西,不得不外出赶场。一般都是我一个人去,如果有熟人就一同前去,丈夫平时上班不在家,因此我不需要告诉他,家里需要买什么物品我就自己出门去买了。市场里的女商贩非常多,包括卖鸡蛋、卖蔬菜等,基本上都是女性在卖。我娘家以前就有妇女可以在市场上听戏、聊天,十分热闹。嫁到婆家以后,由于没有纺纱机器我就没有纺过纱了。我们那时候做鞋子的针线都是到市场上去购买,那时候容易买到针线,但 1949 年以后到改革开放以前,尤其是过粮食关的时候不容易买到东西。1962、1963、1964 这 3 年不容易买到,1965 年的时候什么都有了,我 1965 年生大女儿,就什么都有了,鸡蛋才几角钱一斤,肉才几角钱一斤。我们那时候买东西是凭票,有四票,包括粮票、布票、肉票、油票,那时候实行计划供应,足够用更好,不够用便只能自己想其他办法。

在娘家的时候,我的姑妈和我均未出嫁时,主要是姑妈负责织布,做衣服时使用土布机,既要用手拉,又要用脚踩,但我从来没有织过布。新中国成立前,我们三水镇就有一个大市场,使用鸡蛋换布,有需要时就去交换。割资本主义尾巴的意思是赚取两地的价格差异钱,比如将此处鸡蛋运到他处去卖,这种就不允许,就要割你的尾巴,不允许你卖。

五、农村妇女与国家

(一)认识国家、政党与政府

1.国家认知

我们上学,讲历史的时候就要提及国家,老师给我们讲,我们中国是一个国家,英国、美国、印度这些也是国家。1949 年前,没有听见过男女平等等话语,1949 年后,干农活尤其是评工分的时候,才听见有人讲男女平等、同工同酬。评工分的时候宣传男女平等,我觉得还是有一定效果,有些女性劳力好,与男性干的活一样多,就应该跟男性评一样的工分,如果评分不对,我就要说,男女平等、同工同酬,一份劳力一份代价,比如栽秧子,男性栽一排,女同志也要栽一排,男性评 10 分,给女性评 8 分,那就不行,最后还是改变了一些,男性与女性做一样的工作,评工分就评成一样。

1949 年前,国家就建立了专门的小学,我就在我们那个生产队读书,女孩与男孩一样上学读书,学的知识也一样,我觉得这算是一个进步,读书的时候,学过关于国家的一些知识,都是老师教的。新中国成立前和现在使用的钱不一样,我用过小钱,现在我家里都还保存有小钱,这是国民党时期发行的,1949 年后,就没有人再用小钱了,改用纸票,这让我感觉到我们国家也在进步。1937 年我刚出生,不知道日本入侵中国一事。1949 年以前,我家也要交人丁税,都是由我父亲负责交,男女都要交人丁税,因此抓壮丁的时候我家没有人被抓。

2.政党与政府认识

1949 年前就是国民党,我们那时候将他们称呼为"棒老二",晚上来抢有钱人家粮食、财产。棒老二就是国民党,他们坏,我们就是恨他们。那时候国民党人多,保长、甲长都是国民党手下的走狗。新中国成立前,老师给我们讲过孙中山和蒋介石,当时老师说,孙中山领导我们中国,不过孙中山去世太早,孙中山如果不死,我们中国不会像现在这样落后。

1949 年以前,我的李姑父就是中国共产党地下党员,那时候我年龄还小,他也没告诉我他是地下党员,他不敢给我们说,我父亲的思想十分开通,他就一直躲在我家里。当时胡宗南的部队打败了,从我家门前经过,门口是一条大路,许多士兵把这条道路重重包围起来,当时李姑父不知道是怎么回事,他也被吓到了,因为中共地下党被国民党抓住后会掉脑袋,于是李姑父化妆外逃 3 天,等到国民党队伍离开后他又返回我家。之后姑父到成都与重庆,均是我父亲使用鸡公车推他作为掩护而得以成功。直到 1949 年,姑父到泸州的党组织去,那时候我才知道他是中国共产党地下党员。1949 年后,老师给我们上课讲述历史,才讲革命和共产党,老师告诉我们刘胡兰就是共产党女英雄,还有渣滓洞一个同志,也被国民党害死了。

3.夜校

上识字班的时候,我是老师给别人讲课,主要是给社员、妇女、老婆婆们讲,给他们教识字,中国、共产党都要给她们讲。上夜校我就没去过,那时我的四姑姑担任老师去讲课,夜校也专门有本书,四姑姑还会给他们讲识字本。

4.政治参与

我当过团支部书记与妇女主任干部,经常开会,我们开团支部会、青年会、妇女干部会,开妇女大会,讲妇女怎么翻身,现在不能裹脚,思想应该开放,跟着共产党走。印象最深的会议就是我驻党训班的时候,感觉党组织要培养我入党了,当时思想十分进步,1956 年去驻的党训班。1956 年培训,培训一个月就申请入党了,因此 1957 年我就正式入党了。我之前参加过共产党组织的投票,选党代表和干部,作为党员拥有选举权就应参加这一选举。选举时投票有时是写选票,我自己写好选票再投,有时是举手投票。我的娘家,除了我和弟弟,还有我的两个姑妈,李姑父都是党员。在婆家,我的丈夫也是党员。我们入党是因为共产党好,共产党解放人民的痛苦,毛主席解放了全中国,成立了中国共产党,对人民关心,我们全家人都认为参加共产党才有出路。

我支持家里的孩子入党,但有些孩子条件不够就没被允许。反正认识到中国共产党是中国工人阶级的先锋队,便都可以入党。我认为党员确实更优秀一些,党员是先锋队。我们当时入党,第一是政治历史清白,但凡有一点儿污点都不被允许入党。入党的条件主要包括历史清白、工作积极、思想进步,要认识中国共产党是先进组织,真正的先进组织,这个党组织能给人民解痛苦,认识深刻就可以加入中国共产党,我们村的村长和书记是我的入党介绍人。

5.干部接触与印象

1949 年后,共产党的干部和老百姓走得最近,只有毛主席和共产党救中国,群众思想也提高了。共产党的干部也为妇女做了很多好事,一是 1949 年后不再裹脚,还有个同工同酬,男女平等了,现在男性女性都可以上班,过去"只有男州没有女县"。新中国成立前,我没有参加过保长、甲长召开的会议,完全不懂那些,那时候我也没有接触过国民党政府当官之人。1950 年之后,公社通知我们去开会,就经常接触乡长、书记这些干部。

6.女干部

1949 年以前没有女干部,那时都是国民党在领导,根本瞧不起女性,当干部需要家庭有钱有势,别人根本看不起穷光蛋。1949 年后,只要个人能力强,女性也可以当干部,我就当过团支部书记和妇女主任。我非常鼓励我家的女孩当干部,其中一个研究生孙女,我便在给她做思想工作,让她看党章多学点知识,早点靠近党组织。

7.政治感受与政治评价

我曾经裹了一天脚,奶奶刚把我的脚裹起来,我就坐着一直哭,我父亲就给我解下来了,他对着我奶奶说,你把你自己的脚裹得那么小,不要把孩子的脚也裹小。我大姑妈曾裹脚,所以只能做点家务事,在家带小孩。当时刚刚是 1949 年后,政府就宣传,说妇女不能裹脚,但是已经把脚裹小的妇女便没法了。男性也不允许留辫子,有些人自己主动将辫子剪掉,有些人看到别人剪便也剪掉,但有些人就是顽固不剪,最后还不是都剪掉。而且政府还主张废除包办婚姻,鼓励自由恋爱,包办婚姻不好,本人不同意却强迫就是不好,还是自由恋爱更好一些。

对于计划生育政策,我家的孩子们思想上还是有抵触情绪,我儿子是 1962 年生人,之前只允许他们生一个,现在儿子想再生一个,但是现实不允许了,儿子和儿媳生不出孩子了。我觉得现在鼓励妇女走出家门,参加社会劳动好,只要你有能力,有知识文化,一切都可以。但现在女性既要在外面工作,又要照顾家里,比当年那些女性只待在家里,确实更辛苦与操心一些。

改革开放以前,政府提倡移风易俗,有些东西就是管得好,现在也提倡移风易俗,过去的老东西、传家的东西、好的东西有些还是应该继承下去,电视里面每天在讲这个,好的方面我们要学习,差的方面我们要废除。

(二)对 1949 年以后妇女地位变化的认知

我是 1955 年入团以后才听说有妇联组织,比如我们的副乡长就是个女性,她非常能干,不管多少人参加的大会,都让她上台讲话,若有什么问题便找到她帮忙解决。我们以前经常开妇女会,是县传达后由公社组织,比如三八妇女节,开会结束后就传达,公社传达给乡,乡传达给村、社,总之各个层级都要传达。我是因为入了团才参加这些会,自己很喜欢参加这些会。

1950 年的时候,我就听过"男女平等,妇女能顶半边天"这句话了。1949 年后到处都说这些,主要形式就是宣传这些方针政策。新中国建立之初的几年,结婚还是要依靠以前的风俗,自己不能做主,还是家长做主,但之后就是自己做主。

1949年后,政府号召家庭平等,不允许丈夫打老婆、婆婆虐待媳妇,我认为这样也好,以前经常出现家庭暴力。我们结婚是1949年后,参加工作的人思想层面不一样。丈夫下班回家以后,我可以为他打洗脸、洗脚水,但不会专门去服侍他洗脸洗脚,也没看到有人会去给丈夫洗过脚。1949年后,我们就没有丈夫说话不允许插言的规矩了。丈夫平时如果让我做某件事情,我有时间就去做,没有时间就算了。我们家也没有男性不允许女性出门的情况。丈夫平时回家也会带孩子。至于倒马桶,我们家就是谁有空,谁便去倒马桶。洗衣服也同样如此,我们两人谁有空便由谁洗。新社会怎么可能还如同从前一般。我和丈夫都是1949年后的新思想了,我家从来不曾有家里饭必须女性做、小孩必须女性带、马桶必须女性倒等规矩。

1949年后,没听见过女性入族谱等说法,到祖墓拜祖坟不分男女,都可以去。而且女孩读书的情况也更多了,比如我的女儿基本都高中毕业,我的孙女儿也是读了研究生,我觉得这和政府改善教育、对教育的投资有关系,我当时家里困难,是村支部书记知道我家小孩多,经济困难,拿不出来那么多学费,他每年都要给我们写个申请单,然后免学费。现在村里面也有妇女干部,县里、乡里、国家都有妇女干部,妇女地位都提高了,我投票的时候也会投给妇女。

(三)妇女与土地改革运动

1.妇女与土地改革运动

土地改革运动的时候我娘家被划分为中农,土地改革运动工作队也来过我家,我的四姑妈就是土地改革运动小组成员,她们来就是动员大家,宣传政策。妇女愿不愿意参加土地改革运动,主要是取决于思想上受压迫的程度,有些妇女受压迫深就要去参加斗地主,受压迫不深就不愿意去参加。有些受地主压迫很深的妇女不仅去斗地主,还要去打地主,将鞋子脱下来打地主,我姑妈也去斗地主。

我当时年龄还小,没有去参加土地改革运动,也没去开过会,只知道我的四姑妈去参加过,那时候土地改革运动的口号就是"打倒土豪劣绅,打倒地主分田地,打倒土豪分田地"。我对地主的印象最深,我有个大奶奶是在地主家干活,地主让她去喂猪、淘猪草,她在堰沟里洗菜时,把菜拉不起来,结果人反而被淹死了。我那时候非常讨厌地主,地主来我家,我不会理睬他,饭都不给他吃。土地改革运动时我父亲去参加过斗地主,之后分地主家的东西,当时集体分,妇女可以参与,一起讨论哪些家庭分多少以及分什么,土地改革运动的时候有分给妇女土地的政策,男女平等,所分得的数量一样多,我家就分到了土地、农具、耕牛,但土地证上面没有妇女名字,土地证是写当家人名字的,当家人一般是男性,土地改革运动时给我家分的土地便是由我父亲做主支配。

2.妇女组织和女干部与土地改革运动

当时,我们村的土地改革运动工作队有两到三个女队员,贫农团中也有受压迫最深的妇女。1950年以后,村里就成立了妇女联合会,那时候有女性当干部,我姑妈就是村干部,一般就是积极分子及忠于共产党的妇女都可以当干部。有些家里会因此而数落这些妇女,有些家庭则不会。

(四)互助组、初级社、高级社时的妇女

成立互助组的时候我小学尚未毕业,平时在学校读书,放学回家还是要干农活。高级社的时候我在家,家里土地、农具全部入社,当时我还是要跟着他们下地干活。那时候开会,有些家庭不愿意入社,干部便给他们做工作,最后才将犁头、耙这些主要农具归入集体。那时候不需要动员妇女,因为凭借工分吃饭,如果不下地干活,她就分不到粮食。

那时候我当过妇女干部,担任生产队的妇女主任管妇女。上级有政策来宣传、传达,我们就要组织妇女会。每个社都有女社长管妇女,有些家庭夫妻吵架时也需要管,在夫妻之间调解。当时有识字班,我给他们上课,还是有人愿意听,有人还使用一支笔照着写,如果还是写不来就慢慢学。当时工作不好做,有的人偏要和我吵架。当时集体干农活,男性干重农活,比如打谷子就是男同志干,反正重的农活一般没有女性做,轻农活、手上的农活则由女性做,背、挑这些重农活就是男同志做。当时我很适应下地做农活,因为我从小在农村长大,栽秧、打谷子等都要干。

当时,男同志干挑重活工分就高些,一般最高 10 分,12 分则是最高分,女性一般 7 分或 8 分,偶尔也有女性得 10 分,比如栽秧子,男性栽一排女性一排,男性评多少,女性同样评多少。分粮食就是按照工分计算,做了多少工分,应得多少粮食,就分多少粮食。男性平时挣工分挣得多,相应地所分得的粮食就更多。我当时愿意与大家一起干活,自留地的农活主要是由我爷爷和我父亲去做。

公社集体化时期就是集体派工,妇女也都要做,除非完全没劳动能力便不去做。妇女如果遇到特殊情况,比如来月经时身体不允许下田,就请假,有些妇女不好意思说出来,就蛮干,有些妇女则会说出来,于是就另外给她换一个干活的地方,比如铲草等轻巧的农活。当时我没有听说过产假,她愿意做就做,不愿意做就算了,没人会强迫她做,但是不干活便没有工分,只有基本口粮。集体干活时大家一起耕作,很快就做完了,活根本不够做,而私人一家一户耕作,做很久做不完。那时候共产党所组织的会议多,每天都要通过开会解决问题,妇女也可以发言,但是一般妇女很少愿意发言。

(五)妇女与人民公社、"四清""文化大革命"

1.妇女与劳动、分配

人民公社时期,1958 年我 20 岁,那年到农校去学习了,学校离我娘家只有十几里路,每个周末我都会回去,有时间就去生产队干集体农活,没有时间就算了。当时我们队里的记工员、会计都是男性。我们生产队也有一些副业,平时都是女性负责养猪。

我们生产队男性劳力多,每家每户至少都有一个劳力,有些家有两至三个劳力。在田里插秧、种麦子、割麦子,都是男性居多,女性也可以去割麦子。人民公社的时候不需要动员,因为评工分吃饭,没有工分就分不到粮食,只能分到基本口粮。

当时从我们生产队抽了很多男性去修堰,因此能够做的农活女性都需要做。学大寨就是人民公社学大寨公社,这是全国的标兵,所有公社都要向大寨公社学习。深翻土地假不了,必须要认认真真,别人怎么挖,你就要跟着怎么挖。自留地耕作起来很简单,只需要一至两个人就把它做好了。当时怎么不累?都累,土地全部翻深,将地下的土翻起来。

相比于分田到户,我觉得集体耕作好。集体的时候,劳力多,能力强,大家耕作起来非常有干劲,那时候实行同工同酬。妇女一般就是 8 至 9 分,男性一般 10 分,最高 12 分。像栽秧子这些,男性一排,女性一排,有些女性就在一边议论,我们干的活一样,为什么给我评的分这么低?我便告诉她,有意见你就提,但是她不敢提。那时候生产队尚存在封建思想,男性的分比女性高,女性的分就是比男性低一点,总之就是存在着这样一种思想。

生产队给未出嫁的姑娘也要评分,劳力强的姑娘还是评8至9分,有些女孩比较斯文,做不来活只能慢慢学,她就只能得4至5分。我家当时有四五个人挣工分,我的父亲、我的弟弟、我的妹妹,还有一个没出嫁的姑妈,我由于当时在学校上学,挣不了多少工分。生产队给男性女性分的口粮、油均一样,统一计算出来,工分是多少,就给你算多少,油则是平均摊,一个人可能吃1斤,所有人都是1斤。自留地就是按照人口分。我家当时是缺粮户,姑妈后来出嫁了,爷爷奶奶慢慢就没有能力劳动,过粮食关父亲又生了病。

2.集体化时期劳动的性别关照

人民公社时期,妇女遇到特殊时期也可以得到照顾,怀孕的妇女就做点轻活,可以请假,但是没有产假。是否有妇女因为照顾不周累病了,这方面我不清楚。我们公社有专门管小孩的托儿所,我那时候在家里教过托儿所,每个村都有托儿所,家中妇女去劳动就把小孩送到托儿所来统一看管,又有公社食堂,不上工的老年人若还有一定劳动能力的就在家里做些家务活,完全没劳动能力的老人就在家休养。

3.生活体验与情感

我觉得集体劳动挺好,不过刚开始吃集体食堂,公社就把我送到农业技术学校去读书了,每个月发14斤粮食还是不够吃。那时候生产队是吃大锅饭,当时是按照计划吃粮食,专门有人负责煮饭,结果很快就将粮食煮光,之后就没有粮食可吃了。

集体时期会组织活动,平时会扭扭大秧歌,大家都去过,我也跟我姑妈去扭过,看别人在前面扭,我们则跟在后面扭。我现在还是会怀念集体时期,大家都想到集体去干活,大家一边唱歌一边干活,一会儿就做完,活还不够做,又不感觉累,单家独户怎么耕作都做不完。集体妇女一起上工,难免有矛盾,但需要判断具体是什么矛盾,如果是阶级矛盾,那就需要去调整。平时干农活也会有矛盾,有些人干得多,有些人干得少,特别是评工分,评少了就有意见,这种情况都是生产队来解决。

4.对女干部、妇女组织的印象

我以前担任过生产队的女干部,首先由公社提名然后群众选举产生,个人想选谁便选谁。我们当时的妇女挺好,互相之间没有出现过严重的矛盾。妇联主要是组织妇女一起去扭秧歌,还会一起看川戏、坝坝戏、台台戏,我们村文娱活动干得好,尤其是演戏非常出名,演了王贵与李香香,是由我们村几个年轻人所表演,后来还因此获奖。

5."四清"与"文化大革命"

我记得"文化大革命",因为我的姑父就是"文化大革命"的时候被批斗了,他那时候当县长,其实最后弄明白了,根本没有那些事,全都是别人乱说的。当时没斗地主,主要是斗领导、割资本主义尾巴,就是几个当官的遭到严重批斗,青川县县委书记薛景后遭到严重批斗。割资本主义尾巴的时候自留地没收,比如将这儿的鸡蛋运输到那儿去卖,这种情况就不允许,就要割你的尾巴,不允许你卖。那时候买东西根本买不到,有钱买不到东西。那会买东西需要四证,包括布票、肉票、盐票、油票。那时候我们仍然是集体上工,没有谁干预大家走亲戚。"破四旧"时旧的东西、不合适共产党的东西都烧掉。"文革"时候听说过要简化婚礼和葬礼,但是我们又没亲眼见过。

(六)农村妇女与改革开放

改革开放后我也当过干部,当时生产队的出纳就是我。相比于土地承包到户,我认为还是集体更好一些,单独做起来不行,还有一个困难就是单独耕作时一年四季忙到年末都耕作不完。包产到户时是按照人口划分土地,当时每个人都是 3 亩多地,目前家中的土地证上面就是我的名字。现在家里有了电视,我平时主要通过电视看会议来了解国家政策,但目前我就只会使用手机接电话与打电话,其他方面都不会,网络就更不懂了。

六、生命体验与感受

我这辈子最辛苦的时候就是 1964 年我刚迁来青川县时,吃穿都短缺,把我大儿子带到幼儿园去读书,又需要交粮票,又需要交米,但我家既无粮食,也没有米,于是我又把他带回来,小孩和我坐在一起哭,就是那几年最苦,最初自家没有房子,后来有房子以后情况便稍微改善,每年喂头猪,过年有肉可吃。最高兴的时候就是现在,我的这些孩子们都比较听话,还有了重孙,现在主要是考虑要把自己身体养好,给儿女减少负担,自己不受苦受累、不受痛苦。

MZY20170115WYQ　武玉泉

调研点：山东省肥城市新城街道丰园社区

调研员：马致远

首次采访时间：2017 年 1 月 15 日

出生年份：1935 年

是否有干部经历：否

是否生育：是

受访者结婚的时间节点、生育子女的具体情况：老人于 1961 年结婚；1963 年生下第一个儿子，老人一共有 3 个女儿 1 个儿子。

现家庭人口：1

家庭主要经济来源：养老金

受访者所在村庄基本情况：老人生于山东省肥城市安驾庄镇北石沟村。北石沟村的名字源于一道石沟，因村子位于石沟北边得名。

老人当前居住在肥城市新城街道丰园社区。该社区成立于 2008 年 8 月，辖区面积 3.4 平方千米，辖区内驻有 13 个企事业单位，楼房 60 栋，常住居民 2449 户、6491 人。

受访者基本情况及个人经历：老人生于 1935 年，因家里是地主成分，比较富裕，得以上学读书，师范学校毕业后一直在农村担任小学的老师。但也因成分过高，结婚时间较晚，第一个孩子在她 28 岁出生。老人的老伴也是老师，于 2015 年去世，现在老人自己生活，儿女也会轮流来照顾。

老人在师范学校毕业后，基本脱离了原来家乡的环境，一直工作在农村小学教育事业的一线。老人育有 4 个孩子，1 个儿子，3 个女儿，在学校的工作繁忙，孩子的教育也没有落下。老人为教育事业工作了 33 年，任劳任怨，在工作中自己很满足，老人和自己的丈夫相敬如宾，没有过大的争吵，退休后自己有退休金，不拖累孩子。

一、娘家人·关系

(一)基本情况

我的名字是武玉泉,这个名字是我爷爷在我上学后给我起的名字。之所以起玉泉为名,就是因为我小名叫水。兄弟姐妹的名字都是爷爷起的,一般男孩子按辈分起名,女孩子不用。我是1935年3月出生,家里有几亩地已经记不清了。土地改革运动的时候家里是地主。我家里有兄弟3人,姊妹3个,都是一母所生的。我27岁出嫁,丈夫家是贫农成分,丈夫家是兄弟4个,没有姊妹,都是生的,没有抱养的。我有4个孩子,1个男孩,3个女孩,第一个孩子出生的时候我28岁。

(二)女儿与父母关系

1.出嫁前女儿与父母关系

(1)家长与当家

我的娘家因为我爷爷去世早,我奶奶管家,钱和钥匙都是奶奶管,女性当家在村里很受认可。父亲土地改革运动前的角色像村长一样。后来我姥爷巫启贤参加革命,我父亲就随他参加了,在外边打游击战。那时候我大哥上的日本鬼子的小学。日本投降以后,就在黄河西考入军干校。二哥成人以后就从山西铁路局里工作。三弟弟毕业以后在宁阳实验中学当校长。因为这几个兄弟都在外面工作,所以家中就一直都是奶奶管家。

(2)受教育情况

我读书时日本还没投降,在安庄定了据点,之后建了小学,我大哥就在那个小学里上学。后来我家安庄乡北石沟村里建了小学,就换去了村里上学。到了1946年土地改革运动,家里不肃静,我们就不上了。一直到1949年,因为父亲是革命干部,他去了黄河西回来以后叫我上学。我从1951年又开始上学,上了初中一直到师范毕业。家里的其他兄弟也都在外面读书,只有大姐、二姐没有读过书。五几年那个时候村里女孩子读书的很少,一个班里也就10多个女同学,到了初中班里才4个女同学,到了后来的师范学校也是只有4个女生。

(3)家庭待遇及分工

娘家里吃饭时,添饭先给有年纪的爷爷、奶奶盛饭,然后是父母,小孩。我家族挺大,也没分过家,家里一般都有做活的,会先让做活的吃。娘家一般都重视男孩,女孩一般不上桌吃饭,都在厨房吃,而我的兄们会上桌吃饭,吃饭的座次倒是没有讲究。家里有了新衣服男孩女孩都一样穿,那时候过年家里不给压岁钱。

(4)对外交往

过年的时候,女孩不拜年,都是年龄大一点的出去拜年,一般十几岁的男孩出去拜年,女孩不出去。母亲和父亲会给近家族的老人拜年。家里来了客人时,爷爷奶奶上桌,父母不上桌,兄弟也不在正桌上吃饭。那个时候不去外面筵席,来了客人之后老人要陪客。

(5)女孩禁忌

我年龄小的时候就是在本村里玩,不允许去别的地方,允许出家门,一般都是和自己的姐姐、妹妹玩。家里洗了衣服之后,也会和兄弟的衣服一起洗一起晾衣服。

(6)"早夭"情况

我的家庭中没有出现早夭的情况。

2.女儿的定亲、婚嫁

定亲的时候，我在学校里，家里老人不在家。我毕业以后在学校里教书，教学了4年后，那时的年龄相比其他姑娘就有些偏大了。我学校里的校长、书记就开始给我操心介绍。学校里一个支部书记给我介绍了他堂叔家的弟弟。当时媒人介绍了对象的情况，男方是在济南师范毕业，而我在泰安师范毕业。男方的几个哥哥都已经成家，就剩了他自己没有成家。因为我们两个都在外面工作，没有农村家里过日子的想法。介绍这个亲事，我家里也知道，家里老人的思想比较开放，就是给提了几个要求。我父亲提的要求是道德品质、长相、工作态度、身体状况几个方面要好。那时候媒人说亲不用给报酬。定亲和结婚也没什么特别的仪式，当时在学校也没有回娘家，就是我大哥来到学校里。结婚当天我大哥、校长、书记送我到婆婆家，一共待了一天就又回去上课了。我的婚事办得很简单，没有交换生辰八字之类的讲究。当时没有写婚约，因为那个时候就有结婚证了。家里一分彩礼也没给，因为老人都在老家没有来，婆婆家也没彩礼。结婚后双方家长才见了面，是我婆婆、父亲、母亲3个人。

我姐姐结婚时的婚事规矩比较多，先经过媒人同意，找人查八字，合适了之后就换帖，这就算是定亲完成。等过段日子结婚时再换柬，媒人会拿着红袄。我姐姐的媒人是男方找的，因为我姐夫和我父亲在工作中要好，中间托媒人说了这门亲事。我姐姐陪送的嫁妆比较多，有柜橱、桌子、椅子。那个时候男方没有彩礼，都是女方陪送，彩礼里包括衣裳、铺盖，男方最多准备床上的东西。彩礼也有高低之分，家庭富裕的就多，一般家里比较穷的就会比较简单。当时我有一个叔二婚，娶了一个大家户的女孩子，彩礼就比较多，有两套柜橱、衣架。媒人给说的亲事，一般可以以生辰八字不合适为由不同意。

我这些姐妹里没有娃娃亲，只听说过其他地方有娃娃亲，就是从亲戚朋友之间，小时候男孩女孩之间定的亲，娃娃亲彩礼和普通的结婚都一样。在那个时候，婆家一般不会提嫁妆的要求，娘家愿意给什么都可以，数量由家里的老人做主。娃娃亲也是会换帖、结婚换柬、送袄。结婚时会把红袄放在凳子上，会做长寿糕，摊大饼，去看新媳妇的都给长面火烧吃，几岁就给几对。定了亲之后自己拒绝婚事，除非是两方的老人不同意才行，那个时候结婚找个瘸腿瞎眼的对象根本不知道。女方进门的时候，由男方的兄弟陪着他，最后和媳妇喝完交心酒时才能见面。

我爷爷结婚时，没有等到结婚，刚定完亲女方就死了。当时只要定了亲换了帖，就算男方家的人，女方死了之后会抬到男方家中。女方不仅来家中祭奠，在男方第二任妻子进门以后，会让第二任媳妇认死去第一任的娘家，叫做"续闺女"。如果定了亲之后男方去世，女方还活着，这门亲事就会退掉，女方再找对象不需要征求死去男方家里的意见。定亲之后没有毁约的情况，只要是娶了亲，就算媳妇受虐待也不能不去男方家，重新找男人和重新嫁人比较困难。定亲之前双方一般不走动，定亲之后两个人也不能见面。

我的家族里没有族长，我结婚的时候只需要奶奶、父母同意就可以。我出嫁那一天，早上吃过饭，给学生上了一节课之后，找了一个六年级的学生，让他推着车子带着我的铺盖、推着箱子，校长、书记、哥哥陪着我走去婆婆家，在婆婆家招待了两席客人。送嫁的时候我大哥来的，娘家都在宁阳，就我嫂子在家，娘家没有摆宴席。大户人家给嫁妆，可以给很多，而且东西都可以很仔细，有柜橱、桌椅、衣架、盆架。嫁妆的费用是娘家承担，嫁妆是女方陪送的，结婚一块送到男方家里。我当时结婚没有聘礼，定亲也没有给东西。土地改革运动以后，家里不剩多少东西了，姊妹的嫁妆都很一般。全家的收入会归到一个大家庭一块用，支出是我奶奶做主。在出嫁的时候自己赚的钱不能带走,有的女方家族好,会给几亩地。娘家带去的私房钱,婆家不会管。我的家庭里,当时没有分家,男孩只有我父亲自己,姑姑们都结婚了。那时候姑娘嫁出去之后,娘家会按照亲戚一样,过年的时候娶的姑娘,要回娘家看老人。结婚后一般第三天回门,女儿和女婿一起去,会带着四生盒"鸡鱼肉酒"。那时候年轻人不过生日,过了60多老人才过生日。

我只听说过,没亲眼见过童养媳。童养媳一般是女方家穷,养不起,男孩为了以后娶媳妇,接管了女孩子,养着她,到了年龄就举行结婚仪式。土地改革运动以后有换亲的,一般是成分高的说不上来的,男方女方对换,或者是男方家里很穷,实在说不上媳妇。1949年前没有换亲的,也没听说有入赘的,二婚改嫁的一般新中国成立前也很少有。以前男方死了之后女方不能外嫁,1949年后,才允许改嫁走,二婚一般没有彩礼。冥婚就是阴亲,我家里我三姑就是。她当时因为日本鬼子进了家,吓病了,18岁就去世了。当时给她办的冥婚,也是给她买的衣服裙子,和结婚一样穿戴上,打了板以后蒙上红布,送去男方家和男方一块合葬,就等于出嫁。

3.出嫁女儿与父母关系

当时出嫁的姑娘回娘家有很多规矩。姑娘出嫁了之后,只有娘家的来叫了,她才能回娘家。娘家派的人一来,婆家就会给姑娘安排活了。姑娘去娘家待多久,婆婆就给姑娘安排多少活,必须做完,我母亲走娘家之前要给主事的老人磕头,说一声自己要回娘家,要不然家里的老人就会说"是不是你忘了什么"提示。到了时间,姑娘必须回婆家,一般娘家会派人准时送姑娘回婆家,如果晚一天,婆婆就会说闲话,一般送到婆家之后,来送的人会吃了饭再走。土地改革运动之后这种形式就慢慢取消了。夫妻一同回娘家时,我们不允许姑爷和女儿住在一起,家里分好几个院子,会让姑爷住到屋子外的客厅。

出嫁的姑娘不用专程回家拜墓。嫁出去的女儿就不能再管娘家的事,娘家生活很难的话也不能帮助。女儿在婆家受欺负了,自己跑回娘家了,娘家要给婆家赔礼道歉,会说自己的女儿做的不对,惹你们生气。我家没出现婆婆家困难了找娘家帮忙的情况。我和丈夫没有吵闹过,因为家务事我们二人都不管,都是老人做主,想干什么都是老人会分咐,所以也没什么矛盾。

1949年前,出嫁的女儿不能提出离婚,1949年后很长一段时间,两个人不和才有离婚的情况。那个时候娘家和婆家一般是两个村的人家。出嫁之后就分不到父母的财产了,娘家的什么事都不能介入。如果家里只有闺女,自己的兄弟家儿子多的话,就会过继一个儿子,闺女不能继承财产。过继就是好比兄弟俩,哥哥要是没儿子,兄弟两个儿子,就可以把一个儿过继过去,继承他的财产。要是兄弟俩只有一个儿,他可以继承连续财产,不允许闺女接手。过继必须是亲兄弟们之间,其他姓的不能过继,像堂兄弟之间过继的情况也有,但是很少,一般是亲兄弟的孩子之间可以过继。1949年前上门女婿很少,上门女婿不能继承财产。女孩出嫁之后娘家父母的养老事务不用操心,1949年之后女孩才有继承和养老的事情。

父母去世的时候,由儿子养老送终,女儿没什么讲究,给女儿去了信之后,女儿会来给老人发丧。主持葬礼的是儿子,女儿也是披麻戴孝,不承担丧葬费用。去世3年以内的忌日要给老人上坟。十月一、清明节也都是固定上坟时间,上坟之前还不用通知兄嫂,到时候娘家就有数了,知道出嫁的姑娘要回来,姑娘上坟给老人烧纸,吃完饭就走。

（三）出嫁的姑娘与兄弟姐妹的关系

女儿出嫁之后和娘家兄弟还会有联系，但是女儿出嫁了之后娘家的事一概不管，只有固定的时间走走亲戚，一般只有生孩子后、坐月子时、过年、割麦时才会走动。刚出嫁的女孩回娘家会专门定一个时间，一般是过了年初几的某个日子，这个日子是婆家定。拜年时，姑娘要带酒、肉、挂面走亲戚。父母去世了之后，姊妹之间就不再互相拜年，一般家里还有长辈，过年会去拜年。妇女回娘家之后是住在父母家，不能住在兄弟家。过去，出嫁妇女连自己的姊妹家也很少走动。娘家兄弟和媳妇闹矛盾后，姊妹之间很少参与。出嫁的姑娘在婆家受了欺负，会有娘家的老人出面，他的兄弟一般不出面。一般女孩子母亲的姥娘家，兄弟、姊妹都不走动。娘家兄弟结婚不需要随礼。

二、婆家人·关系

（一）媳妇与公婆

1.婆家婚娶习俗

我结婚时候，丈夫的兄弟几个都已经分家过各人日子。丈夫排行老四，他的几个哥哥都成立自己的家庭，他跟着他母亲生活。我结婚的时候，婆婆已经70多岁了，公公在50多岁时去世了。进婆家门的时候没有什么仪式，婆家没派人迎亲，那时候女方出嫁，男方不出人，女方这边去送人。送姑娘的人进门之后把蒙着红盖头的姑娘送到婆婆手里。他的兄弟都各有各的家庭，只在婆婆家候了两席客人，其他人都没参与，花费是我们自己出，然后我们吃了顿饭就完了。进洞房之后，丈夫揭开盖头，姑娘要坐帐，3天后才能出门。出门之后，姑娘要先给家族年纪大的磕头，之后再回娘家，去待几天再送回来。我回娘家那天，到娘家已经10点了，第三天吃了早饭就上学上班了，没有其他特别的仪式。

2.分家前媳妇与公婆关系

婆婆是家里的家长，未结婚的时候，家里的钥匙是婆婆管。我丈夫他们兄弟成家立业之后，各人成立个人的家庭，只有老太太自己在家生活。我们结婚之后，两个人都在学校里，没和婆婆一起住。1962年以后，我从孙柏调回来，当时婆婆帮我们看着孩子。那时我们和婆婆也没住多长时间，一到假期我婆婆就自己回家了，有一段时间，我也是找其他人看的孩子。婆婆家没什么规矩，那个时候都已经六几年了，不讲以前的规矩了。媳妇带来的钱是属于自己的，我结婚后村里就成生产队了，婆婆挣工分，可以分粮食。她自己在家待了三四年。1968年教师回队，我也回到家，老太太当时年龄大了，没法看孩子了。所以丈夫的兄弟四个轮流着照看婆婆。

3.分家后媳妇与公婆关系

(1)公婆关系

1949年前没有离婚这回事，1949年后，政府里允许离婚，结婚要领结婚证，离婚要办离婚手续。婆婆对儿媳妇不满意，退婚的有很多，一般是婆媳关系不和，闹得很僵，儿媳妇过不下去了，就会离婚。婆婆非让离，儿子不愿意的情况也有，最后没办法了就只能离。要是儿子不愿意，婆婆愿意的情况，这个婚也能成。一般娘家不会同意离婚，如果真离婚了，姑娘会回娘家再重新找。婆家直接休妻一般是婆媳关系差，夫妻俩也实在过不下去了。

丈夫死了改嫁，属于妇女个人的事，如果妇女不愿意在婆婆家，婆婆也挡不住。但是如果妇女有孩子,就会牵扯到财产纠纷。如果寡妇不改嫁,可以继承婆家的财产,即使没有孩子也可以继承。但是如果她改嫁的话,不能带走孩子和财产,只能自己走。1949年前没有打工这个名词,没有出去帮工的,但是做小买卖的有,像小酒铺什么的也很少,一个村里不一定有一个。

(2)分家

一般分家都是结婚之后,有了孩子就把家分了,各人过各人的日子。那个时候分地,会根据孩子家里的人口,平均分开。后来土地实行了集体制,生产队以后,就凭自己的工分了。1958年大炼钢铁,地就归集体了,凭劳动工分分粮了。丈夫当时是没分多少家产,他是直接分配到学校,他是非农业户口,所以农业地里的东西什么也没有。

(3)交往

以前公婆都是儿子赡养,因为儿子会继承财产。公公婆婆过寿的时候,自己的女儿女婿和老人娘家的兄弟们、侄子们会给老人上寿,而儿媳妇则不能上桌给老人上寿。公婆去世的时候穿的孝服都是一样的,女方就是头戴搭头。下葬整个过程,妇女都能参加。祭奠的时候,儿子、孙子都站在一边。公公、婆婆的墓要分左右,公公在右边,婆婆在左边。而站立时,男的在右边,女的都在左边。至于祭拜,如果公公、婆婆在一个坟墓里,子孙就会一块祭拜,平时也会烧纸祭奠。立碑的时候,儿子、儿媳妇、孙子、孙子媳妇,曾孙的名字都可以上碑,但是不允许闺女上刻碑,给公婆扫墓只需要孩子去。老人去世以后,年年过节时就去扫墓,清明节和十月一。

(二)妇与夫

1.家庭生活中的夫妇关系

(1)夫妇关系

我结婚时比较开放,我和丈夫在结婚以前见过且谈过几次,后来订了时间我们直接定亲,双方都同意之后,我们就领了结婚证。那个时候领结婚证不需要媒人在场。结婚之后我们互相称呼姓名。家里的房子是平房,是学校里分的,我们住在学校里。在家管钱的一般是我,他那个时候在泰安七中。

小家庭的地位排序是丈夫、我,再往下是孩子。我们对待儿子和女儿没有什么区别。那时候家里的饭够吃,因为是国家供应的粮食和油都足够。孩子当时生病的话,小感冒会去地方卫生室,大病去县医院。结婚之后,我不需要伺候丈夫,但是洗衣服、做饭都是我的活。至于对外的事情,我们也是互相交流,没出现过矛盾。丈夫和别人说话的时候我也能参与,我们两个平常在生活工作当中比较合意。在教育上,两个人思想比较统一。厨房里的活,因为孩子小,还是以我为主,小事他会给我帮忙,当时我们都在工作单位上班,下了班时间很紧,主要还是我管。家里衣服都是我洗,那个时候,我丈夫到周六才回家一次,也没时间洗衣服。不过,暑假时期,我们会一起把孩子衣服被褥拆了,拿去大河坝里洗。我生病的时候,丈夫也会照顾我。

到了教师回队,我就回到自己家庭了。那个时候家庭花钱,我们两个人会商量,一般外头大的东西采购是丈夫买,家务、孩子还是我管。到了假期,两个人互相管理。那个时候家里不参与田产山林,因为都是非农业人口,孩子的户口都随我。1962年从孙柏调到安站来,我跟前就俩孩子了,后来我丈夫从泰安调过来以后,从教育站上干了几年。我丈夫那边的亲戚少,都是男孩,没有姐妹,老亲戚只有他舅家,我那边就是我娘家和姊妹,我们两个人过了年、割了麦,会走亲访友。一年也就走两回亲戚,其他时间教学也没时间。走亲戚的时候我们两个都出面,后来孩子大了以后,就由孩子出面。我们当时和村里的生产队大队联系不多,因为只管着在村里教学。亲戚家的小孩结婚、农村的红白喜事,只要人不错的,我们都可以参与,一般是我出面。

(2)娶妾与离婚、婚外情

1949年后不允许娶妾,1949年以前,大户人家有娶好几个媳妇的情况。我知道安庄姓梁的一个大夫,家里过得挺富,他第一个媳妇没生养,又娶了第二个,过去很多大户人家都娶第二个老婆。哪怕第一个媳妇有孩子,再娶第二个的情况也有。一般大户会纳妾。纳妾的彩礼和正常比没有什么区别。丈夫纳的妾和正妻以姐妹相称。妾见了妻不用行礼,平时也能上桌吃饭,基本上都是平等的。第二房生了儿子归到整个家庭。1949年前没有卖妻子的。如果妻子不能生养孩子,丈夫想过继一个,妻子也会同意。

1949年前,有丈夫打骂妻子的情况,家庭出了矛盾,有点不符合自己心意的就打,媳妇没法反抗。那个时候家规挺厉害,妻子不敢去娘家控诉,后来妇女收入提高,丈夫打妻子现象有所改变,当时政府也没插手。1949年前,好妻子的任务一般是照顾好丈夫,管好家,一切以家务为主,不参与对外事务。外出购物基本是男方出面,有的妇女裹着小脚走不动。1949年前,没有丈夫害怕妻子的情况。妻子自己有东西,就像有私房一样自己管理。1949年前,没听说有离婚的现象。

2.家庭对外交往关系

那时都是女管内,男管外,妇女负责操持家务。男的负责宴请之类的对外交往。1949年前,妇女不能对外借钱。妇女在娘家能吃饭上桌,但是在自己家不能上桌,只能是丈夫上桌。1949年前,丈夫有婚外情,家庭会尽量封闭消息,村里只会有闲言碎语,但是没人管。1949年前,女孩子到了十几岁,就限制出远门了。

(三)母亲与子女的关系

1.生育子女

(1)生育习俗

我有3个女儿1个儿子,我结婚是1961年。那时的风俗是妇女生了孩子,婆家就要去娘家报喜,报喜之后,娘家就拿着挂面、鸡蛋来探望女儿和外孙,还会定下吃面的时间。不论生的是男是女,吃面的习俗是一样的。此外,生了孩子后我们还会敬告各位列祖列宗。过去我娘家有竹子,我们会把孩子的名字按行辈签到竹子上。在生了男孩的第6天、9天或者12天,我们会办宴席来庆祝,亲戚、族人和熟人朋友都可以来。他们一般都是带着挂面、鸡蛋、糖、米等礼物。我们给他们的回礼一般都是红鸡蛋。在办席的时候,我们会把孩子抱出来给人看。在1949年前没有这种现象,只能是娘家的近人去那里看看,其他人不参与。

(2)生育观念

以前大家还是重男轻女,但即使妻子只生女孩或者不生养,一般也不会休妻。

(3)子女教育

我的孩子到了年龄都上学了。我在吃穿上对孩子都是一视同仁,不分男女。教育子女的时候我和我丈夫是一起教育,一样管理。女儿没出嫁之前,她们是国家安排的工作,谁的钱谁拿着,因为我和老伴有钱,所以不用她们的。我们家没有分家这个说法。他们现在虽然照顾我,但是花销都是我自己负担,他们的钱是他们的。

(4)对子女权力(财产、婚姻)

当时我大儿子在车间干得不错,所以车间主任给他介绍的妻子,大女儿也是通过媒人介绍。老二和老三则是在厂里自由恋爱。他们定亲的时候都没合过八字,她们婚礼的仪式没有很复杂。儿子在老家结婚,也没举行什么婚礼,只是在家里邀请了几桌客人,关系不错的会送礼。回到厂里后,他自己又请了一些亲朋。大女儿的婚事是婆家办理。大女儿和二女儿都没有聘礼,只有老三有聘礼,因为早些年经济差。儿子的婚事大多都是他自己办的,家具都是自己操心做的,我们不过是给他了两个钱。女儿出嫁都是我们俩花费,大女儿结婚是我们最困难的时候,所以没有陪送嫁妆。二女儿是他们自己打的家具,老三陪送的比较全,因为她是最小的。孩子有事反正就是我负担着。儿子结了婚以后他就在厂里住,他们一出生就随着我是非农业户口。他们在单位也没有自己盖房子。

2.母亲与婚嫁后子女关系

儿子结婚是 1987 年国庆节,那时他 25 岁,当时我在工作单位上,儿媳也在工作单位上。儿子结婚的时候不拜公婆,我们的婆媳关系很好,夫妻关系也平等。因为不在一个单位,他们都是过年过节的回来,在家里住上两天,吃顿饭就走了。那时没有分家的说法。大女儿是 1987 年定亲,老二是 1985 年定亲,老三是 1992 年①定亲,然后大女儿、二女儿和三女儿分别是 22 岁、25 和 29 岁时结婚。那个年份一般女孩子都 20 岁就结婚,都是自由恋爱。我们就是给他们提一下建议,他们自己同意就行。新女婿定亲以后就可以到女方家。

农村男女的婚事由家中长辈做主。男方也不给女方送彩礼,男方大队可以组织人员打着锣鼓去接送,女方到婆家后,只能晚上才能见男方。姑娘出嫁后和家里的来往不像现在一样这么频繁。

当时我孙子出生后,我伺候了一个月就回来教课了,后来把他们带来这里,我给他们找的保姆。等孩子大点,我们就把他们送到托儿所了。我当时只做了孙子的棉衣,其他事情我就没管。外孙我没有照看过。我自己的生活是退休工资支付,我这个房子孩子没出一分钱。我也偶尔去孩子家住。农村不孝顺的孩子要占到百分之八十,养老一般是儿子承担费用,女儿不出钱。现在城里,儿子和女儿都能养老送终。

三、妇女与宗族、宗教、神灵

(一)妇女与宗族

我娘家有祠堂,还没建完时,日本人就已经进入中国。那时,妇女是不能进入祠堂参加祭祖的。宗族扫墓时,因为妇女小脚走不动,也都是男人出面。大家族里有家族老人管事,一般都是男的。那时没有宗族的大聚会。只生下女儿的妇女不会受到歧视,如果兄弟们家的儿子多,家产是可以过继的,过继的时候需要举行仪式写个约定。那时也没有溺死女婴的事。家族没有族田,宗族对寡妇没有救济,嫁出去的闺女受到欺负,宗族也不提供帮助。家族的联姻没有什么规定,对上门女婿没有什么说法。家族对乱搞男女关系处罚很重,但对女方更严。媳妇犯错,婆婆打她,不需要通知娘家人。

---

① 这里的年份存疑。

（二）妇女与宗教、神灵、巫术

1.灶王爷的祭拜

灶王爷一般贴到厨房，到了腊月二十三祭拜，送他回天上。我们上供糖瓜是因为糖黏，这样才能封住灶王爷的嘴，让他说上天后不能说坏话。这种事一般都是妇女操办，小时候是我奶奶干。

2."当工"①

我老家有神婆，一般是女的多。

3.求雨

村里要是干旱了，大家会把寡妇和姑娘们组织起来，敛了钱，烧了纸，扫的扫，拥的拥，下满坑。这事男人不参与。

4.宗教

我不信教，其他妇女有信教的。她们信的是耶稣教和福音，信这些的人不多，只是一个小团体。他们星期天时会集中到一家聚会或去祠堂聚会跪着。

5.巫术

那时生了病实在治不好的人也会去选择求神拜佛、找神嬷嬷。我对象他大娘就是一个神嬷嬷。找她的人很多，对于一些治不好的病，她可以查查病因，画个符，冲水让病人喝下去及烧香拜天。

四、妇女与村庄、市场

（一）妇女与村庄

1.妇女与村庄公共活动

我出嫁前没有参加过村庄的活动，因为我一直在学校里教书。1949年前，妇女不能参加村庄会议，也没法从旁边听。那时我没有听说过保长、甲长、乡绅之类的人。1949年后，妇女可以参加村里的会议了，村里一动员大家都会去。

2.妇女与村庄社会关系

我在娘家没有一块玩的女伴，新婚后，我们会去拜访邻居。村里的红白喜事我们一般都自愿去给家族或者邻居帮忙。那个时候妇女没有在一块聊天的，夏天晚上都没法出去乘凉，更不可能去到外村，因此没有吵架的情况。

（二）妇女与市场

十几岁的时候，我一直在学校，没有在老家待过。1949年前是没有小摊的，后来妇女能上市场上买东西，也有女性商贩。那时购物是不能赊账的。妇女能从集市上买一些青菜、日用品和针线。供销社从我参加工作1957年就有了，供销社卖烟酒糖茶食品，日常生活用的小东西。那时候在学校里，也没工夫，一两个月去供销社也就一两次。粮票布票是1961年开始发放，我记得领结婚证时就限制发放布票。那时购物很难，没票买不出来。家里的衣服从八几年开始买的，而不是自己做了。

---

① 当工：音译，巫，通神的人

五、农村妇女与国家

（一）认识国家、政党与政府

1.国家认知

我们当学生的时候比较单纯一些，参加工作后对国家的事务大体有些了解。中国这个概念，我小学没有接触过，中学以后对这个问题有点认识了。1949前男女交税都一样的，没有差别。

2.夜校

我一直是在正规学校上学，没有上过夜校。

3.政治参与

在学校里，我是1953年考的初中，国家就实行了"三反五反"。后来1958年上半年，整风反右，参加了这些政策性的活动。以后又是大炼钢铁，教育上比较松了。当时这里也开始刮"五风"了。我在学校被提拔到肥城博物馆，博物馆里都展览着"五风"的东西，包括上千斤的地瓜等。上级让我们去做做沙盘，里面还有灯泡。

1949年前，我们没有宣传男女平等，1949年前小学是我们村里自己建的，我上学的第一年在安庄建的小学读书。日本建了据点之后，在此印刷他们的材料。第二年村里建了小学，我就回来了。那个时候女孩上学很少，男女上课的内容一样。1949年后，上学的人就多了，但女孩子还是不多。那时在中学一个班里才三四个女生。

日本进了中国之后，就提倡放脚，日本走了之后，咱国家更开放了，我姐姐今年90岁了也没裹脚。1949年以后也允许剪短发，还废除包办婚姻，这时妇女得到了解放，妇女非常满意。

4.干部接触与印象

我毕业后一直在小学教书，见过的干部就是学校里的领导。

5.对女干部、妇女组织的印象

1949年以前，我亲眼见到过女干部，当时我娘家家族大，住的房子也大，经常有住的部队。我就看到有女的骑着白马去参军。1949年以后，我到了济南，这里属于后方，残疾军人就在这里住过。女性一般都当卫生员，直接参加战斗的不多。当时家里还不允许女性当干部，一般参加的都是家庭比较受气的年轻妇女。

6.政治感受与政治评价

计划生育政策是70年代的时候，国家困难负担不了，提倡少生，当时也有控制的技术了。在农村推行计划生育当时很困难，有逃跑的，有拿不出钱拆屋的。那时推行难也要硬性地办，超生的会挨罚，有的还会挨揍。现在国家也是鼓励妇女走出家门，妇女在外面也要打拼和男同志一样，家里也得顾着。现在提倡简事简办，我觉得很节约，事也办得好。

（二）对1949年以后妇女地位变化的认知

妇联在五几年的时候就有了，就是当时有了妇女主任。我没参加妇联是因为我一直在学校。1949年以后，我才听说男女平等、妇女能顶半边天这句话。1949年以前，结婚还是父母包办，后来就是征求子女的主意办，现在实行自由恋爱。1949年后，政府号召家庭平等，不准打老婆，国家执行的政策很好。丈夫打了女人，村里也会出面管。

（三）妇女与土地改革运动

1.妇女与土地改革运动

我家是地主成分，但是没有挨过批斗。因为我这个家庭比较进步，父亲、哥哥都在部队，往外拿东西都是比较自觉。土地改革运动以后家里该拿的东西都拿出去了，包括一头牛、一头骡子和所有的土地。工作队对我们还是比较优待的，给我们留了一片好地、一个水车和一头驴。

2.对女干部、妇女组织的印象

土地改革运动的时候有村里的人，也有上头的派下来的工作队。工作队里没有女队员，贫农团里都是贫农参与的这些事。村里成立时没有成立妇女会，土地改革运动的时候庄里只有一个冒尖的妇女，其他妇女都没怎么参与。

（四）互助组、初级社、高级社时的妇女

互助组的事还有印象，但是互助组时我不在家里。农村合作社，有一段时间家里的东西都合了，去生产队里干活，计工分。妇女也下地干活挣工分，要不不能分粮食。那时候有女组长和女社长，但是村里主任都是男的。也有村里有妇女主任，领导妇女干活、生产。互助了之后男女一样干，工分不一样。我在学校是教学，没有参与。当时他们干活有生产队长领导着干，不干也不行。妇女下地干活不习惯也没办法，不干就没有工分。很老了的妇女不能干了，就不安排干活了。合作化的时候妇女自由了，说话有发言权。

（五）妇女与人民公社、"四清""文化大革命"

1.妇女与劳动、分配

人民公社应该是七几年，那时候男女分工一样。集体化之后，有些活也让妇女干，家庭里夫妻两个都得干。那时候没有去外边打工的，大家都是一样下地干活。生产队里有副业，到了后来有养鸡养牛的。生产队队长、会计等干部大多数都是男的，只有妇女主任是女的。如果男的派出去干大活，地里的活都是妇女来做。

大炼钢铁的时候妇女也参加了，翻土地修水库。采矿石的时候我参与了两天，那时候学校里的老师学生都参与。还有自留地，自留地的活抽空干，不能影响集体的。那时候劳动工分不均匀，男女干一天给的工分不一样，一般妇女少点，但是分配活的时候妇女的活也轻点。生产队分东西的时候按户分，一户有多少工分，按工分分粮食。

2.集体化时期劳动的性别关照

集体劳动的时候对妇女如果生孩子、生病，可以不干活，但她也不挣工分。经期也要干活，妇女干活太累得病的不能干就不干，也没什么照顾。公社和生产队里没有托儿所。

3.生活体验与情感

人民公社是吃食堂，但吃的时间不长，做饭的是生产队里找的妇女，吃饭随意吃。村里的妇女也不愿意吃，后来大炼钢铁，家里的锅灶都收走了，自己没法做饭，逮住了也不好看。不自己做饭也不轻松，该干活的干活。"三年困难时期"，国家供应粮食，我没受影响。其他人也是很困难，吃不上喝不上。大食堂大集体，我学校里还执行了一段，我那时候正好在博物馆里，没参与这个事。那个时候没有妇女压力太大骂街的，没有听说自杀的情况。

4.对女干部、妇女组织的印象

当时有铁姑娘队，参加大的修路、建铁路。女劳动模范政府没有奖赏，只能是干活上有点优惠。公社和大队、生产队都有妇女主任。她们会互相联系,组织活动帮妇女解决问题。

5."四清"与"文化大革命"

我参加了"四清"和"文化大革命",斗地主、斗干部也参加。地主挣的工分和贫农挣的工分一样。破"四旧"的时候把以前老的竹子家具都砸掉,连椅子上的花都要刮去。

(六)农村妇女与改革开放

土地承包就是土地分田到户,生产队里分地,需要往国家交粮食,大队里有书记、主任、会计、妇女主任,妇女说话也有分量。妇女分到的土地都一样。村委会选举,在我教师回队的时候参加过两次,是填自己的选票,没有特意选妇女。当时计划生育政策执行力度一开始很严,后来就没那么严重。精准扶贫的政策我也知道,对男女老人没有区别,老人过了60岁都给钱。我有手机但是不上网。

六、生命体验与感受

一生当中最艰苦的时候算是结婚生了孩子之后,生了这4个孩子,工资低,孩子多。最幸福的时候就是孩子都参加工作以后,后来我俩工资也高,一直到现在生活很顺利。我自己来讲,这一生在教育事业上,干了33年,任劳任怨,工作中自己很满足,从对国家做贡献来讲,我的教学成绩还是在上游,没有对学生的拖欠。从上学一直到教学这个期间,还是比较幸福的,在学校里看来,上学的学生不容易。作为我来讲,父亲在外面工作,对我照顾非常好。那时候还是比较幸福。一生总的来说还是很幸福。

MZY20170117LHX　刘洪香

调研点：山东省肥城市新城街道桃都社区

调研员：马致远

首次采访时间：2017 年 1 月 17 日

出生年份：1930 年

是否有干部经历：否

是否生育：是

受访者结婚的时间节点、生育子女的具体情况：1951 年结婚，1952 年生第一个孩子，一个男孩两个女孩，儿子是最大的孩子。

现家庭人口：2

家庭主要经济来源：子女赡养

受访者所在村庄基本情况：受访者生于山东省肥城市安驾庄镇杨庄村，村子位于安驾庄镇的西南方向。安驾庄镇因宋真宗赴泰安封禅途中安驾驻跸而得名。以前的杨庄村属于张候管区，张候管区下面有 7 个村，包括北张候村、杨庄村、店子村、南园村、围子村、正东村、安刘村。之后杨庄村成为一个独立的大队。

受访者当前居住在肥城市新城街道桃都社区。辖区内有武装部、人防办两个单位及桃都国际城、山水名园两个居民小区，现已入住 3853 余户，11500 余人，其中党员 411 名。

受访者基本情况及个人经历：老人生于 1930 年，21 岁结婚，育有一个儿子两个女儿，都已成家立业。儿子已经去世，老人与丈夫现在居住在城中的房子之中，房子是孙子所购买。因老人与大女儿居住于同一小区，大女儿每晚都会与二位老人一起吃晚饭。

作为封建家庭出生的长女，老人不太受大家庭之主的大爷所疼爱。从小照顾比她年纪小的弟弟，到了上学的年龄也没有上学。出嫁前，娘家是开药房的，家庭条件较好。出嫁后，老人育有 3 个子女，老人一生勤俭持家，教育子女，任劳任怨。因为婆婆和公公很早就去世，丈夫作为村里的会计，事务繁多，同时丈夫经常做木匠活需要外出，家庭生活杂事的重担都落在老人身上。出嫁后老人与娘家也保持联系，经常为娘家、娘家兄弟之间解决问题。老人的一生全部奉献给了家庭，培养的子女都很优秀。老人现在身体健康，平日出门散步与同龄人聊天，生活由子女负担和照顾，老人现在很幸福。

一、娘家人·关系

(一)基本情况

我的名字叫刘洪香,是在我家帮忙干活的人给我起的名字,"洪"字就是辈分字,第二个字"香"是因为当时都嫌弃闺女,就取个香字。我有3个兄弟,都是我大爷取起的名字,大兄弟叫刘洪福,二兄弟刘洪禄,三兄弟叫刘洪铎。家里没姐妹,我是最大的孩子。我是1930年出生,那个时候家里是中农。我是21岁出嫁,丈夫家有11小亩地,丈夫家是中农。丈夫后来出继跟着他大爷,养父家就他一个男孩,此外还有3个姐姐。我丈夫的亲生父母那边是兄弟两个,姊妹3个。这些都是亲的,那时候没有抱养的孩子。我育有两个男孩、一个女孩,第一个孩子出生的时候我22岁。

(二)女儿与父母关系

1.出嫁前女儿与父母关系

(1)家长与当家

没出嫁之前,在娘家我大爷是家长,我嫁人了之后,马上就分家。我爹成了小家的家长。分家后钱和钥匙是我爹管,他是医生。分家前,我大爷管钱,那个时候有专门放钱的柜子。我大爷是外当家,家内就是我大娘当家。那时候很少有妇女当家的,要是爹娘不成器,孩子成器,就孩子管家。爷爷去世了奶奶当家,奶奶不能干,糊涂,老了会把位置传给长子,家里都是闺女的话,会过继儿子。那个时候都是男主外女主内,主内的妇女是做饭、推磨、捣碾、蒸干粮、擀面条,负责全家吃饭。

(2)受教育情况

家里在教育男孩的时候,娘、爹都会管教,女孩大多数都是娘管,父亲不太管。我没有读过书,我愿意念书,我爹不封建,但是我大爷封建,就不让我去读书。念书是好事,我结了婚有了女孩也都让她上学。家里的其他兄弟都读书上学,他们都害怕家长,家长说上,他们就不敢不上。1949年后上识字班,家里让我娘替我去,不让我自己去。那时只要是不封建的家庭,都让女孩上学,南张候村的刘梦碧是地主,家里有6个闺女,因为钱没地方花,他供家里的五、六闺女上学。我大爷还笑话人家的闺女穿裙子、剪头发。当时我大爷是医生,他去给她们看病的时候,就恶心她们,就说这些闺女丢人。其实人家不丢人,到了土地改革运动复查,因为刘家的闺女在北京、上海当官,所以这家人就没挨批斗。她家的闺女那时候上学就和抗战的性质一样,她们的丈夫都当兵抗战,现在活着也得100多岁。1949年之后,情况就变了,女孩也都让上学,我二哥家的侄女就上学,后来在宁阳县妇联工作。

(3)家庭待遇及分工

娘家男孩子比女孩子待遇好,让男孩上学,不让女孩上学。但是吃饭的话,在家里男孩女孩吃饭一样,盛饭不分先后。女孩也能上桌吃饭,我和我弟弟都在一个桌子吃饭。吃饭的座次没有讲究,就是一张桌子,围着坐。家里的老人不在小桌上吃饭,就直接在北屋里椅子上吃饭,家里人给他把饭端过去,盛饭也是先给年纪大的盛饭。我们平时吃饭坐哪里没有讲究,但是家里来了客人,会有坐上手下手的讲究。家里有了新衣服,男孩女孩一样穿,过年也都不给压岁钱。

我爹和大爷是医生,我们家开着药铺,都是中药。我家的医术有名,最远西边走到东平县,忙的时候一天跑5个县,请我家看病的农户基本来自东平、宁阳、汶上、肥城、泰安等几个地区。在家里,母亲做饭,她也下地干活,负责刨芋头、拾芋头、割麦子。弟弟小时候上学,长大后就在药铺里抓药,男孩都不做家务。我小时候在家就照看孩子,弟弟都是我照看大,此外我还做针线活和厨房里的活。女孩也会下地干活,小时候就会跟着母亲,长大了后就独自干活,到现在我那个侄女都在北赵庄地里干活。

那时候家里也种地,但因为做买卖忙,自家没有时间种地,我们都是找人种。我娘只是偶尔纺棉花,虽然会手艺,家里有棉花车子,但没时间弄。家里指望着妇女做饭,来看病的熟人就会住下,母亲早晨进了厨房,一直忙到天黑,做了一锅接着做另一锅,一整天都出不了厨房。

(4)对外交往

过年的时候,女孩会买花扎在辫子上,还会买火鞭炮玩。家里都是年纪大的男孩出去拜年,女孩年纪小的男孩都不出去。那时候我没见过母亲出去拜年,但是过了年走亲戚,她就要去我姥姥家。家里没有老人的就不再出去拜年。家里亲戚多,我们五更就开始转悠,一家一户地拜年。妇女一般不串门,晚上只有男人才能出去串门,有的起了兴致,第二天也可以继续串门。妇女出席的活动,一般是有新生儿出生,会拿着东西去看望,叫做"吃面"。有娶媳妇需要花钱的情况,男女都可以去。姑娘出嫁以后,新婚夫妇要去丈母娘家,需要招待新女婿。男方家也要找陪客的人,家里儿子过百岁的,也会让妇女出席。筵席一般是男女分开,出席的时候妇女要在女席上。

那时候有的农户能吃上饭,有的就吃不上饭,过的都不均匀。那时也有出去讨饭的人,男孩女孩都有。我见过一次,一个妇女用绳子把孩子绑在背上,她一手挎着要饭的篮子,另一只手拿着碗。要到了饭,她娘喝一口,就嘴对嘴,喂她一口。

女孩小时候自己能去街上玩,也可以和男孩一起玩,等十四五岁的时候她们出门就不能走远了,请席也不能去,就算去也得大人领着。家里洗了衣服之后,女孩子和男孩的衣服可以晾到一起。

(5)女孩禁忌

女孩子在家里要守规矩,不让出门就不能出门,在家里做针线活,长大后去厨房、烧大锅、包饺子、擀面条、摊煎饼等。女孩子在仪容仪表方面,到过年的时候头上会扎一朵花、戴一朵花。女孩子在家也可以正常说话,但是来了客人后,家长就不再让乱说话,如果说笑的声音过大,当家人会说:"什么样子。"家里有专门针对女孩子的家规,以前女孩不让上学,如果有外心偷偷在外面交往男人,让家长知道后也会被教训。关于好女孩的标准,一般在媒人说媒的时候,都说好姑娘都是长得好,穿的好,大门不出,二门不迈,安稳,会做针线活,会往鞋上插花的女孩。后来我二娘家二哥的闺女上学,我大爷还很生气。

2.女儿的定亲、婚嫁

定亲之前先要说媒,因为男、女方都认识媒人,所以以前会让俩人远远地看一下,见见面,但是不让聊天,后来说媒时也可以聊天了。媒人介绍男方条件的时候,会说家里有几亩地,家里日子过得怎么样,闺女家也得过的好的才匹配。一般媒人介绍女孩的时候,会说闺女不错。女方长得好就行,但是男的家里要条件比较好才行,不能让媳妇进了门之后挨饿。媒人都是亲戚,一般介绍都不用给钱,只有妇女三四十岁或者男方家里穷说不上媳妇,才付钱给媒人让他费心找。我结婚时的媒人也是我家的亲戚,我姑姑的儿媳妇是媒人的大姐姐。媒人是主动上门的,她看着我们两家条件都不错。当时我家是开药铺,成分较高。我的丈夫因第一个媳妇不太正经,所以就和她离婚了。

定亲的时候,先是男方写请亲帖,双方是换帖,后来是换写的红柬,换帖之后多久换柬都行。有的人家还会合八字或算卦,但是我家没有弄。我结婚时没有彩礼。定亲的时候,只有自己愿意不行,必须双方的父母同意。当时还有因父母不同意,小姑娘自己跑去夫家以及有的男孩领着女孩跑了的情况。当时我定亲的时候,家里没有问我愿意不愿意,只要家长愿意就行。

如果定亲后,出现一方去世的情况,女方去世会埋到男方坟墓里,男方去世后,女方可以再找男人,如果有的男方家日子过得很好,有的女方就会去男方家过日子。如果在定亲之后结婚之前,男方去世,女方不用去祭奠;女方去世,男方也不去祭奠。定亲之后双方不会走动,男女双方也不会再见面。在张候河西村,男女双方相亲的时候是一个人,娶的时候变成了另一个很矮的小脚姑娘。

我出嫁时没有婚书,那时候就可以领结婚证。领了证之后再看日子结婚。出嫁时,有的娘家会用车、轿子送嫁。送嫁的时候,娘家会找一个女的送媳妇,送客的也会有七八个男人一起送的情况。离开娘家的时候,母亲会嘱咐姑娘,让她好好孝顺老婆婆老公公。有的人家还陪送东西。每家每户陪送的东西不会完全一样,有的人家就不会送嫁妆。如果没嫁妆,那也没办法,在夫家贫困的情况下,媳妇家一般也不会很富裕,没有嫁妆也正常,只是以后日子,丈夫也要好好对待媳妇。富裕人家就有陪嫁地,当时一大家子过日子,小家也有小地,我娘一亩多,我大娘也是一亩多,用钱买的。妇女有钱去买地,买了地就是小家庭的了。我结婚时陪嫁了6件柜橱。婆家给礼都是有数的,都是些招待客人的东西。那时候娶媳妇给得少,一般是20块钱招待客的钱,那时候20要顶现在两千。

新媳妇进门之后,3天后要回门。男方去丈人家,丈人会拿鸡鱼肉招待女婿,日子过得好的还会摆筵席。媳妇的姐姐妹妹也会出席。新女婿上门要找人陪客,一般是新媳妇的叔叔、大爷,有时也会找有头有脸的人陪客。如果是十四、五就结婚的小孩,还要找一个会陪酒,陪他整个流程走下来。我四姊子他家那个女婿年纪就小,就由我大爷家的哥哥陪他一整场。

那时候闺女大了不让干活,闺女自己没收入,家里不封建的会让上学。姑娘嫁出去之后,过年的时候,男方要到丈人家,也就相当于闺女回娘家,有了孩子会带孩子一起。过了年会看亲家,过十五会亲家,男女双方的父母会互相看看男亲家、女亲家。女方回门是第三天,有的夏天娶了,等过了年才回门,男女一块去,坐着车,带着鸡鱼肉。那时候姑娘不过生日,小孩也不过生日,只都给老人过生日。

童养媳就是以前娘家穷,养不起闺女,就把年纪小的送到婆家里养着。有的由老公公搂着,和闺女一样过日子。童养媳的仪式就是送过去,等女孩大了,再让他们结婚。童养媳不需要媒人介绍,婆家也不给娘家东西。我二娘娘家大哥的儿媳妇,就是被自己的父母在她十二、三岁送到男方家的。大复查以后有换亲的情况,以前换亲的事情较少。所谓换亲就是将这家的姐姐送到另一家,另一家的妹妹再送回来。当时也有换去不满意直接疯掉的情况,一般换亲换来的女婿不是年纪大,就是日子过得很穷。换亲也是媒人介绍。

1949年前有入赘的情况,上门女婿也需要说媒作证。上门女婿在丈母娘家过日子,女婿不敢不听话。生了孩子后不一定跟谁姓,上门女婿一般不能分家,有的因为分家会打起来。上门女婿一般不当家长,也有丈母娘丈人管不了家的情况,也会让上门女婿当家。上门女婿和女儿的地位,一般是谁行谁就当,女婿有本事,就是穷点,也不会吃不开,男方没本事,才吃不开。村里以前有二婚改嫁的情况,是长兴大叔,我家和他一条街,他女婿去世后,女儿去西街一户人家和一个男人过日子去。二婚没有彩礼嫁妆,因为不提倡,一般都是跑着去,也没有仪式。我听说过冥婚,男、女都去世后,女方的尸体送到男方墓地,一起下葬,算是成了阴亲。

3.出嫁女儿与父母关系

旧社会,媳妇进门后要给婆婆磕头,媳妇回娘家,婆婆还要让她拿活回娘家干。还有个当戏唱的:"七双袜,八双靴,棉花六斤多",就是说媳妇要拿六斤多棉花回去,然后纺成线,做七双布袜子和八双靴子(鞋子)。

如果家中的爷爷奶奶去世,刚去世的时候,娘家发丧,女婿也要出席,以后五期、三期忌日都要上坟,过了3年后也就不烧纸了。姑娘出嫁之后,什么时候回娘家都能行,但是一般在过了年和割了麦子后拿着东西去给丈母娘磕头。如果姑娘当家而且过得好,她就会给她娘送礼物。如果丈母娘家挺富,闺女又少,回家之后会好生照顾,如果闺女多了就疼不过来。过年时姑娘不能在娘家吃年夜饭。她们回娘家后也不能和姑爷住到一起,但是黄河西那边的习俗可以允许住在一起。

嫁出去的女儿是否管娘家的事务全看自己,孝顺女儿也是会管,有的兄弟不管,就靠闺女来管。娘家生活很困难的,女儿可以帮助,如果和婆婆分家了,闺女愿意帮娘家,婆婆也管不着。要是没分家,婆婆一般也不会愿意。女儿在婆家受欺负,要是娘家过得好,也会管出嫁的闺女。当时我爹是医生,我爹也是供着我花钱,我有3个兄弟,就我自己是闺女,有什么我爹都给我送过去,有布票的时候,我爹给我钱,说:"别浪费了布票,没钱找我要。"

有的妇女和丈夫吵了架之后,就跑回去娘家,住在娘家。娘家就会派人去婆家说事,让他们再把媳妇叫回去。我有一个妹妹在护驾院村,她和妹夫打了仗,就跑回娘家,我问她怎么没抱孩子回来,肯定是打仗了。我就和家里老人说,中午包水饺,叫妹夫来吃水饺,吃完水饺就接走了,就没事了。有的男女两家故意闹大,也会离婚。出嫁的女儿提出离婚需要和娘家商量,有事可以回娘家住着,有不同意离婚的,也有上吊、跳井的情况。

我的娘家和婆家相隔12里地,那时候娘家和婆家在一个村里的很少。我结了婚就没公婆,出嫁之后也不能分娘家的财产,如果娘家只剩闺女,有的让闺女继承,有的也会过继儿子。以前闺女养老的较少,因为妇女不当家。发丧老人的时候闺女家也可以出钱,愿意拿多就多拿一些,愿意少花就少花一些。葬礼有专门收钱来主持的人,负责安排葬礼。婆婆和亲娘死的时候,女儿也要披麻戴孝。回娘家的时候,女婿会被当作客人,会给大腰带、孝帽子。清明节姑娘能回家上坟,不用通知兄嫂,因为都知道清明、十月初一是去上坟的日子,会拿着纸,自己愿意拿东西会拿一些东西,坟墓是儿子负责修和照看。

(三)出嫁的姑娘与兄弟姐妹的关系

出嫁后,姑娘可以在娘家住一段时间,回婆婆家时,媳妇的兄弟就会去送。回去见婆婆要带礼物,但是上娘家不用带礼物,都是说媳妇往家走,老婆婆张着口。回娘家,姑娘就算是客,娘家的哥哥嫂嫂会把你当作客人看待,当然也有不好好对待的。娘家兄弟结婚,会给他道喜,喝喜酒,挂帐子,不会拿太多钱,付礼也没多少。

我刚结了婚,我兄弟马上就娶了媳妇,我大爷就要分家,我爹也十分生气,我不敢参与意见。回娘家之后是住在娘家,大爷分家了就不再管我,娘家兄弟都是家人,会把我当成客好好说话。娘家兄弟和媳妇闹矛盾后,自己也能调解,两个兄弟闹矛盾,姐姐可以说说事。当时我二兄弟盖屋,因为穷,他想砍了家里的树做窗户,大兄弟不让砍树,两人吵了起来。我知道后,就说:"他屋子盖不成,急疯了,不就完了。"我吓唬了一下大兄弟,他也就同意砍树了。兄弟和媳妇不赡养父母,我也会去管。姑娘在婆家受了欺负,娘家兄弟来出气、说事。娘家的人要是厉害的,要是媳妇死了,娘家可闹得厉害,死了之后虽然要下葬,但是娘家不来人不敢下葬。

我的孩子结婚不需要我兄弟同意,都是我和丈夫管。姑娘回娘家拜年,一般都是大年初儿,拿着东西磕头去,都是头十五去,过了十五就不去了。父母去世没爹娘就不用拜年了,我没有姊妹,和兄弟的联系就是出嫁了之后上我娘家去,当时兄弟们还没分家,就在一起吃饭。要是走娘家回去,家里有婆婆,就得带东西回去见婆婆。婆婆家有婆婆、公公、兄弟、妹妹、哥哥,一大家子人。

二、婆家人·关系

(一)媳妇与公婆

1.婆家婚娶习俗

我结婚时,丈夫当时还上着学,家里只有一个老公公,没有婆婆。结婚后,女婿要拿着东西看望丈人。定亲的时候男方摆席,女方不用摆席。到了结婚时,媒人需要到场。婆婆家派人去迎亲,会去一户找个会说话的前去迎亲。进婆婆家门的时候,媳妇要穿红袄,蒙着头红。当时我没有拜天地、拜高堂和夫妻对拜,有的人家会拜。我是晚上送去婆家,马车拉着去,驾的车是自家的车。结婚时,没有主持婚礼的司仪,送到婆家后,我被直接用椅子抬到屋里。那时候筵席分男女,男人坐一起,女人坐一起。男媒人随着男人坐,女媒人有的也都一起上桌。我那时是女媒人,当时也没找送客的人。

2.分家前媳妇与公婆关系

结婚后,家里有事,一家人会坐到一块聊聊,比如怎么送客迎媳妇,什么时候送客、弄菜。丈夫和叔伯商量事,女的也能插嘴,要是事办得不妥当,妇女也不愿意。到婆婆家之后,丈夫上完学后当了互助组小组长,我负责做饭、推磨、捣碓,也要下地干活。以前有婆婆虐待媳妇的情况,媳妇不能反抗,男方家过得好,就折腾儿媳妇。丈夫和老公公有矛盾,一般孩子也没什么意见,老人说什么是什么,没有反抗的情况。八月十五、五月端午、十月一,媳妇要会回娘家,娘家会派人来叫。媳妇的压柜钱自己拿着,从娘家带来的钱是自己用,也会和丈夫商量着花。

3.分家后媳妇与公婆关系

(1)公婆关系

1949年前没有离婚的情况,那时候只有休媳妇。婆婆对儿媳妇不满意,儿子满意,婚离不了。要是儿子不愿意,婆婆愿意,婚也离不成。想离婚的话,如果自己的娘家同意,就能离成,就算娘家不同意离婚,也能回家住,不然会一直受婆家的气。婆家直接休妻的情况,是觉得媳妇不好,一般丈夫都听老人的话,让揍就揍,让骂就骂。当然也有让儿子打儿媳妇的婆婆,儿子也不得不打媳妇。

(2)分家

丈夫是过继来的唯一男孩,没有分家。

（3）离婚

离婚和娶媳妇的仪式不一样，孩子离婚有的是因为老人不愿意。如果丈夫去世，媳妇要改嫁，不需要婆婆同意，财产能带走由娘家陪送的部分，但是婆家的家产不能带走。媳妇愿意带着孩子走就带走，孩子想跟爷爷奶奶的就跟着。过去改嫁能带孩子，但是如果有家规的，只能自己走，孩子不让带走，财产也带不走。有孩子的寡妇能继承财产，只要不找新的丈夫，没孩子的寡妇也可以继承，也有守寡一辈子的人。以前公婆是男方赡养，俩口子关系好，女方也能赡养自己的父母。

（4）公婆过寿与去世

公公婆婆过寿的时候，娘家和邻居家都会来人。当公婆去世的时候媳妇和丈夫穿的孝服一样，但侄媳妇就不一样了，她们带搭头。侄女、侄媳妇要带布，布蒙到头上的就是媳妇、闺女、侄女。公公婆婆的墓，公公在上手，左男右女，立碑的时候娘家人不上碑，闺女也不上碑。媳妇结了婚之后去婆家祖坟磕头，去认认去世的老人。公婆去世之后还给公婆扫墓磕头，清明节和十月一，一年两次。只要不忘，年年要去，忘了就没办法了。

（二）妇与夫

1.家庭生活中的夫妇关系

（1）夫妇关系

我和丈夫结婚前见过面，当时就可以领结婚证。结婚之后不直接叫名字，有了孩子后就叫"孩子他爹"。结了婚之后，公公是家长，公公白天出去做木匠活，天黑后回来。结婚4年后，公公去世，之后丈夫和我一起当家，那时候家里有两个孩子。

丈夫不争气不能当家，女的当家的情况也有。家里农活大多男的干，如果妇女有了孩子，有奶奶的可以帮看孩子，不能把孩子留在家里出去干活。家里盖房子都会商量，买东西都是男的出去买，那时候大户人家的妇女有私房钱，嫁妆归妇女所有，离婚的话陪送的嫁妆都得拿走。我的丈夫当时种地，当记工员。后来在大队里干活，我在家忙活着看孩子，因为没有爷爷奶奶，孩子没人看管。村里的事、孩子结婚都是丈夫出面，有来家中借东西的邻居，谁在家里，就可以做主外借。丈夫曾经出去过两年，在他表哥那里干活，后来又回来了。

家庭地位的排序是爷爷、奶奶，然后是小辈。我的儿子和女儿地位都一样，不重男轻女。那时候家里的饭不够吃的话先给老的吃，但我家里倒是没有过不够吃的情况。当时生病了去医院，走娘家，因为娘家开药铺，懂医术。结婚之后丈夫有本事，挣钱多，妇女会怕丈夫，丈夫没本事的也怕妇女。丈夫和别人说话的时候不能插嘴，丈夫训媳妇、男的脾气不好，妇女都不敢说话。也有家里妇女当家，如果家里丈夫行，妇女就不敢，只在家里做饭。丈夫不让出门的话，一般妇女就不出门了，妇女敢出门，一般是妇女管家的情况。厨房的事情妇女干，男的也是会管管柴火。孩子一般是妇女带，男的带孩子太多会被笑话，衣服也是妇女洗，所有人的衣服都一块，在家里洗用盆子，也有去河里洗的。

（2）娶妾与离婚、婚外情

1949年前有纳妾的农户，妾叫"小婆"，一般是家里日子过得好，大媳妇没孩子，就弄个小婆。也是和娶大婆一样。家里穷的才让闺女做小婆，小婆也有彩礼，折二三十块钱，小婆一般是娶的，不是买的。小婆、大婆互相称呼为姐姐、妹妹。丈夫一般是今天去这个小婆屋里，明天去大婆屋里。家里有的大婆当家，有的小婆当家，大多数情况下大婆当家，小婆也会参加劳动,如果小婆生了男孩是小婆照应着。吃饭的时候大婆、小婆一块吃饭,小孩都会叫两个人妈。

1949年前,买卖妻子的不少,有的娶不上媳妇,就用钱买,有的女孩七八岁就被卖掉。1949年前,丈夫打骂妻子的情况很多,有厉害的和不厉害的,也会当着孩子的面打。媳妇被打了会给娘家说,如果女婿来了娘家,媳妇的兄弟都要揍女婿。1949年前,好妻子一般是对老人孝顺,对丈夫贤惠。1949年前,有丈夫害怕妻子的情况,如果丈夫怕媳妇,媳妇对公婆就不一定好。家庭日常消费支出,有老人的说了算的,也有媳妇说了算的。1949年后,妇女很少赶集上店,不如男人赶集的多,1949年后就能去市场上买东西。

两个人想离婚,提出离婚的话不用告诉公公婆婆,不过老的也有阻挡的情况,好的婚事,老人也是不愿意他们离婚,但是有的媳妇不行,老人也支持离婚。有的媳妇好,儿子不中用,公婆也会只要媳妇不要儿子,有的儿子抽大烟,有钱都败坏完了。1949年后提出离婚的比之前前多。

1949年前,丈夫有婚外情,如果让妇女知道了也会打闹,村民也会说丈夫不成器。女的有婚外情,别人也会批判她,丈夫知道了也会吵闹。一般到了离婚这一步,都是外面有人。

2.家庭对外交往关系

家里人情往来都是丈夫出面,摆席宴请也是男方出面,如果家里男人不当家会由妇女出面。家里只有男客,妇女不能上桌吃饭。如果到别人家吃饭,有女客的也会叫女人上桌,有男客会叫男人陪客。丈夫不在家妇女能代表出面,但是也是坐在妇女席。1949年前丈夫在外面借了钱,如果正常的借钱,媳妇可以还,也有的男的是赌博鬼,借的钱一概不承认。1949年前,如果是正经的妇女来借钱,也会借给她,有的妇女喝酒赊账的,一般都不会借给她钱。结了婚之后除了家里人之间有来往,男的有男的朋友,女的有女的朋友,有男的找女的,也有女人找男人。1949年前女孩让出门,但是女孩大了之后就不让出门。

(三)母亲与子女的关系

1.生育子女

(1)生育习俗

我有3个孩子,第一个孩子属马的,1954年出生。报喜的风俗上,女孩会拿朵花,去了就知道是女孩,男孩子是拿本书。男孩出生了之后会吃面,婆婆家出面办,孩子出生后第几天吃面都行,我的孙子是第二天。生了孩子都是娘家人做客,一席男客,一席女客,大娘、叔叔、大爷都会来,一般邻居不来,都是近门亲戚来。一般来吃面会带礼物,都是糖、面和鸡蛋,主人不回礼,都是压个碗和筷子,意思是去他姥姥家有碗用,有饭吃。孩子抱出来是不是给人看就不一定了,有的四五个月不出门,有的出了满月就抱。满月会接孩子回姥姥家,一般住一个月,但是愿意住多久就住多久。我当时还没住够满月,当时因为我大姑姐没过3年,不能看灯,让我去邻居家,就去捎的信叫的我,没满月就走。我满月在娘家,丈夫没有去看过我。

(2)生育观念

孩子一周岁一般不庆祝,孩子出生后不去祖墓祭告,生男孩女孩的仪式一样都是吃面,但是老人不喜欢女孩,如果第一个是男孩,第二个是闺女也会挺喜欢。如果媳妇没法生养,一般要过继一个男孩来继承家产。当时我的孩子都让他们上学,我家对男孩没有优待,但是如果闺女多,有个儿子就会稀罕点。

(3)子女教育

教育子女的时候是一起教育。

(4)子女权力(财产、婚姻)

闺女结婚前挣的钱都是放在她娘的手里。分了家之后,闺女挣的钱能拿走,女孩子也不一定有私房钱,我家没有,一般是一大家子人在一块没分家前自己的小家才有私房钱。

2.母亲与婚嫁后子女关系

当时两个闺女都是自由恋爱,她们都是在外面上学,后来家里的老大在外面教学,老二在园林上班,家里的事她们都不管了。闺女结婚,当时没有合八字,也没有聘礼,结婚没陪送也没要他的东西,一个人两百块钱,两个闺女是旅行结婚。儿子25岁结婚,那个时候两个人加起来够50岁才能结婚。儿子结婚时折礼,当时他娶媳妇算是比较费劲,儿子结婚的费用是家里出,当时儿媳娘家是陪送家什,儿子结婚后,带着媳妇去前街近门的去认识了一圈。当时已经不封建,老婆婆老公公端茶我都没有经历过,这种事还得靠前的时间,得(现在有)100岁的人当时才给老人,端茶、洗脸、装烟点火。那时候妻子也不伺候丈夫,媳妇做家务活、做饭、照顾孩子。如果婆婆、儿媳妇闹了矛盾,近的邻居也来调解,闹得乱子太大,要经过大队调节。媳妇惹了公婆生气也有邻居说说事的,小事自己就解决了,如果媳妇要是从娘家不回来了,就得经过大队调节。我只有一个儿子,所以就没有分家,一般分家是待不到一起,分家时老人会给孩子分东西,给个锅碗瓢盆,给点吃的就行了。老的和儿子分家不用邻居见证,兄弟们分家有的需要用别人见证,分家的时候妇女能说上话,分家产是儿子平分,闺女不分东西,家里有养老女婿的,就当成儿子也分家产。分家时,如果姑娘没出嫁也不能分到财产,姑娘会跟着她娘生活,该嫁的时候就嫁,如果爹娘都死掉,姑娘和哥哥兄弟的关系好,就跟着哥哥弟弟一起生活。

我的俩闺女都是自由恋爱,当时都上学,找对象我没管过。她们问我的意见,我没参与,就说了说你们看着行就行。那时候有彩礼,娶的时候,候客折礼,闺女折了两百。嫁妆是老婆婆弄,俩闺女都是给了个桌子、一个橱子。现在农村要彩礼还有上万的,万里挑妻(万元彩礼)。陪嫁是闺女陪送嫁妆,一般是衣服、被子褥子,都用轿子送。现在闺女结婚,就是自己就去,我这俩闺女连送也没送,自己领了结婚证就去各人的单位。

1949年后农村有上门女婿,现在也有,以前闺女多的,留下一个闺女,再娶个女婿,养老女婿随他娘家姓。上门女婿也有当家长的,有丈母娘和丈母爹活着的,上门女婿一般当不了家。如果上门女婿离婚了,他什么也带不走,上门女婿和媳妇谁当家不一定,地位也不好说。

我自己的姑娘家如果有困难,我也会给她帮忙,给她们看孩子花的钱,都是闺女给,当时我也看孙子、孙女。养老钱也都是闺女、儿媳妇、孙子过年过节的,都来送钱。农村有不孝顺的,城里少,农村多,有不孝顺的大队里会调解,也有告到法院里去的。只有有女儿没有儿子的会闺女养老,一般的会娶个养老女婿,不娶养老女婿也是闺女养老。如果老人不能自理了,孩子的家愿意去谁家住都可以。

三、妇女与宗族、宗教、神灵

(一)妇女与宗族

以前家族里都有修的家庙、祠堂。我的家庙在南张候西边,刘家家庙,但是我没去过,家庙有院墙和瓦,里面有埋的人。妇女能进入祠堂去玩,当爹娘死了之后会埋到家庙中,儿女就会去烧纸。1949年之前,整个宗族有一大家子一块过日子的,叔叔、大爷、婶子大娘的都在一起过。有事情会敬告老祖宗,但是没有给他上过坟,大年三十往家里请老人,年三十上午请,下午送老的走,也有第二天早上送走的。请人时,在大门上用草烧烧,家里没托盘的用簸箕,有的就用托盘,会给老的磕头,回屋后放到大桌子上,桌子周围都不让坐。

一家子吃饭,男女分开桌,做饭一般是妇女做。那个时候有因为不喜欢女孩把女儿淹死的,有一户人家是因为家里孩子多,她(产妇)就把孩子扔到瓮里,她女婿(丈夫)在床上听着扑腾扑腾的声音,就起来把孩子从瓮里抓起来,送到屋里,孩子的奶奶也起来了,他爹、奶奶看着那个孩子也是蒙上被子哭。

那时候寡妇有改嫁的,能带走自己的孩子的就带去,不带的就爷爷奶奶养着,一般爷爷奶奶养着孩子,孩子也是往他娘那边跑,爷爷奶奶有年纪,不一定能照应好。小时候家里有规矩,出去玩的时候,也是和家长提前说。过继的时候,一般大爷没儿子,就过大的,叔没儿子,就过小的。不是一个姓不能继,也可以讨孩子,讨进来之要改姓,跟谁就姓谁的姓。

(二)妇女与宗教、神灵、巫术

1.灶王爷的祭拜

腊月二十三祭奠灶王爷,有一句顺口溜,"灶王灶王,你上上房,少说是非,多带杂粮。"灶王爷有男的也有女的,他是一大家子人,一边一个媳妇。给灶王烧了纸,跪在那里烧烧香,灶王就上天了。一般都是一个老太太跪着,男人不跪。当时是我大娘跪,给灶王上供的糖瓜。

2."当工"

女巫叫"神妈妈",一般神妈妈女的多,也有神老头。

3.送子娘娘

有拜观音的,我的二闺女家里供着个菩萨,整天给她买水果,过两天买新的会换上新的。有求子的神,女娲娘娘,给她磕头上香,开天辟地,就是女娲娘娘的泥巴人。求平安的神就是拜观音,男女都拜,那时候生孩子出行有算的,看看生什么,我老家里有家神,有画的人,在上面盖个红布,是仙姑,会给她烧香、烧纸,男女都能拜。

4.求雨

农村有求雨求丰收的,会上供,抬着一桌子贡品,敲着锣鼓,带着铃铛念叨,"告雨合适,大雨来到。来到那里?来到眼下。"都是男的祈雨,女的在旁边看,求雨不让带草帽子。

5.宗教

妇女有信教的情况,信耶稣教的有很多。信教都是学好事,"信主好,不生气,不烦恼,有事和人家不计较,人家骂咱咱就走,人家打咱咱就跑。"他们会过礼拜,在安庄那里有个耶稣教堂,和学生讲课一样上课。教堂那个地方通的小公路都要拐弯让路,都不能破坏教堂。

6.巫术

生病一直治不好有求神的,生了小孩的,也找个神妈妈看看。会在太阳底下,把手放在小孩头上,叫叫小孩名字,给孩子弄一对钱,初一十五带上,其他时间放在门扇坠子上挂着。

四、妇女与村庄、市场

(一)妇女与村庄

1.妇女与村庄公共活动

出嫁前村里没有什么活动,闺女大了因为封建,家里不让出门。村里唱戏时有的能去看,但是家里封建的不行。出嫁了一般不让妇女出去玩,1949年以后就好。出嫁之前村里是王茂盛管着,结婚后是尹茂左,他们以前有是乡长的,村长的,村书记,乡书记。

小时候有和我一块长大的孩子,也一块玩。她们结婚的时候我不出面,都是大人给她买袜子、手巾,有的交情深的就多给点。村里安排妇女种地,女的也有出去的,有的比男的还有本事。干活给工分都是一家人工分拿到家里,工分分粮食。结婚了之后会有3天时间认邻居,一家一户的认,男的不去,会找个人领着,一般是婶子大娘的,或者找个认识的去。

2.妇女与村庄社会关系

那个时候妇女没有佛缘会、姊妹会,到了后来开会就有了姊妹团,比我年龄大的人参加过。村里的红白喜事邀请帮忙的都是自己家的近门,其他的关系不错的找我,我也会去,帮忙都是厨房里烧水、择菜,现在都去饭店,也没有找的了。结婚之后玩得比较好的妇女,附近的你去我家,我去你家。男爷们也聚到一起聊天,有的也是去玩玩。夏天晚上乘凉的时候妇女也可以,吃了晚饭,拿着板凳和蒲扇去街上凉快,大门口铺上凉席,有孩子的,孩子躺在席上,大人给他扇扇。妇女找妇女聊天的时候,也是会让他参照应着孩子。那时候妇女也是哪里凉快去哪里玩,一般和外村里的妇女没联系,现在我也经常出去聊天。村庄妇女之间有吵架了,关系不错的会去说事,说不下来,就大队里说,两方的丈夫各人向着各人的媳妇,丈夫出面也没法调解。

(二)妇女与市场

出嫁前没见过女人去赶集的,现在是愿意去就去。过去市场有女商贩,有鸡蛋和粮食拿着去集上卖,去购物赊账的话认识的才能行。那时候如果没有人去家里串门去,还会别人被笑话。那时候纺棉花都是自己种,有的在集市上卖布,孙柏公社有很多卖老粗布的。在集上有摆摊子卖针线的人,现在商店里卖。那时候集上什么都有,卖菜、粮食、鸡蛋,但是没有卖零食的。粮票的年岁就长,我结婚的时候还有。有布票,一人一年3尺,还有碳票,票有的够用,有的还买不起。以前的衣服是自己做,那时候没有卖鞋的,这几年越混越好了,家里开始买。我年龄大点的时候,先有的日本鬼子的钱,后来日本人走了,是八路军的钱,没钱之前有铜子、银元。那时候有换东西的,有鸡蛋换盐、换花生,都挑着挑子,小孩拿着破鞋,什么都换。供销社愿意什么时候去都行,供销社什么都有,卖布的什么布都有,买工具的就去买,生活资料也卖化肥,肉店里光卖肉。

五、农村妇女与国家

(一)认识国家、政党与政府

1.国家认知

洋鬼子走了后八路军就来这里,军队来了没扎根马上就走掉,洋鬼子走的时候我年纪还小。现在宣传男女平等,1949年以前都是妇女受气。1949年前小学是村里自己建的,有的自己家里过的富的,自己雇老师,私塾,单独教你,当然也有上不起学的,各家的情况不均匀。以前妇女不交人丁税,就是交过公粮,打了粮食送去,一开始是送到泰安,后来是安庄粮站。家里男孩多的还让去当兵,也是自愿的,儿多的让去,儿少的让去抬担架,儿多的上前线。

2.政党认知

国民党来的时候还没有到1949年,和洋鬼子不是一回事,是中央军,国民党可坏了,没在这里扎营,洋鬼子在这里修过炮楼,国民党扫荡也没扎下根。国民党在我宅子上住了7天,在我那个屋的墙上打眼,有一块石头落下来,把一个中央军砸死,后来就埋掉了。国民党在那里住,强奸大闺女,有大闺女的脸上抹灰,赶紧找个婆婆家送去,我丈夫他三姐姐,先送到大姐家住了7天。孙中山和蒋介石电视里看过,没经历过,他们和八路军是敌人。八路军是毛主席那一块的,毛主席和蒋介石还是同学。八路军那时候没那么平稳,说跑,黑夜就跑到山上睡觉去,怕洋鬼子来。当时有个走路走得急的人,都以为是来鬼子,就都上山去睡觉。现在的国家主席是习近平,天天讲,那时候没电视,不认识当时的国家主席。

3.夜校

识字班那时候,我娘封建不让我去,就上了两天夜校,来上课的老师是庄里识字的,在树荫里上课,有石板、石碑。

4.政治参与

投票选干部我没参与,当时共产党,思想不进步的还不要。那时候党员开会,去地里没人的地方去开会,害怕让人知道,那时候共产党还没公开。1949年前就有共产党了,不公开谁也不知道,入党的人,亲戚什么的都要思想好的、成分好的。共产党给妇女办过事,妇女放脚、剪发,都是共产党。以前裹小脚,我那个嫂子是99岁,后来政府就不让裹,让剪发,男女平等。

5.干部接触与印象

我见过最大的干部就是北石沟的武锡贤,后来是国务院组织部长,家里还是地主。

6.对女干部、妇女组织的印象

以前村里有女共产党,也是当干部。女干部住我嫂子她娘家,刘家庄孙伯公社,她叫李霞,她跟着八路军,她是女兵。妇女主任后来才有,那时候封建,识字不多,就是有妇女想当干部,家里老人也不让当。

7.政治感受与政治评价

1949年后废除包办婚姻,提倡自由恋爱。自由恋爱好,那时候给你找个瞎子瘸子都不知道。实行计划生育政策就是因为孩子多,管不起饭,那时候在农村推行计划生育,有的思想好的就去动手术,把子宫拿出来。1949年后妇女让出门,外面的活也干,家里的活也干,做饭、捣碾那时候可辛苦,晚上点着煤油灯做活。以前的礼节繁复,娶个媳妇,还得给老婆婆上烟,一大家子人也是犯愁,现在没有这么多礼节。

(二)对1949年以后妇女地位变化的认知

妇联主任我还记得她的一些情况,她14岁结婚,21岁离的婚,她比较野,离婚后又嫁给了别人。妇联是八路军组织的,妇联主任就是妇女有事会找她,就是请假也得给她说,当时我没有参加妇联。1949年以前,结婚是父母决定,爹娘当家,也有些爹娘不当家的。建国后号召不准打老婆,婆婆不虐待媳妇,都是因为政府号召男女平等,政府的政策好。建国后妇女在家里的地位提高,男的活女的也干,女的活男的也干,妇女家里地位也提高。建国之后妇女不用伺候丈夫,我没伺候过。丈夫说话的时候也能插嘴,有的妇女比男的还当家,那时候妇女出门丈夫也不管了。家里的家务事都是妇女的,妇女忙的时候,有孩子的男人也会抱抱孩子,也会添添柴火。家里大事有的男的说算,有的女的说算,男的不会当家,有本事的就让女的干。丈夫打了女人,你要是告到村里就给管,不知道的就没人管。我的闺女都上学,也都考上学,老大教学,老二在园林处。那个时候政府就都让上学,和我这个年纪似的,也有叫上学的,庄里那个地主也是让孩子上学。妇女代表一直有,也能说上话。村里投票选干部,那时候妇女不去开会,男人不在家的妇女会去。

(三)妇女与土地改革运动

1.妇女与土地改革运动

我家当时开药铺,比较富裕,但是家里地少,一开始评的经济富农,后来找了找,成中农,因为开药铺看病是为人民服务。土地改革运动工作队,会督促拿出地和房子,没进过家里,就是开了大会,看看谁家穷。我庄里挺穷,其他庄有挺富的,但是人家家里也有抗战的人。当时动员妇女参加土地改革运动,都有妇女队长。开会也斗地主,地主家的东西都分下去。我大爷在三官庙里诉过苦,当时受洋鬼子的气。农户都分到地主家的桌椅板凳,衣服,什么都有。

2.妇女组织和女干部与土地改革运动

土地改革运动斗地主的时候有比较积极的妇女就是姊妹团、儿童团。姊妹团是喊口号,都是女孩。儿童团是小孩,男的是儿童团,女的是姊妹团。土地改革运动分地的时候,家里只有一个妇女的也给分地。有土地的离了婚,土地不能带走,按人分的地就卖,卖到庄里。土地改革运动的时候我家中农,丈夫家是中农,都没分地也没拿地。我家里没有挨斗,人家有挨斗的,我家没有,因为劳力都当医生。土地改革运动以后家里收入有地和药铺,主要指望药铺。

土地改革运动的工作队里有女队员,都是姊妹团。当时有妇女主任,我忘记她的名字了。家里人因为封建,不让我参加妇女会的活动,1949年妇女翻身,我结婚的时候就1949年了。当时当干部的妇女家里一般都是穷的,让穷人干。冒尖的妇女丈夫管不了,积极开会,你要是管她,还算是犯罪。

(四)互助组、初级社、高级社时的妇女

互助组自愿成立,当时互助组男的多,男的不在家,女的也收麦子。那时候妇女也下地干活,也愿意和互助组下地干活。那时候女的很辛苦,组里干活,回家去还得推磨捣碾。当时上工是自愿干,自己干,抢着干,都挣工分。那时候有女组长,女社长,我丈夫不干大队会计了之后,就是个女的干,她很积极,也入党。大队里的干部,都是操心的人,该种地的时候,大队书记敲门叫小组长,什么事都管。妇女都是什么农活都干,又是剜地、割麦子、秧芋头、挑水,妇女下地干活,不适应也不行,不干就没有工分。妇女和男人干的活有一样的,有的比男的还有劲。干一样的活一样的钱,分粮食一样,"人七劳三",按人分70,30是按工分。那时候自己家里还有自留地,在自留地干活有劲,自留地自己干、插空干。自留地是聚宝盆,老母鸡是活财神,都上自己地里狠劲干,也有饲料地,喂猪的地在山上。那时候一起干活,男的干的活重,分就多,轻活分就少。有的男的骂人,地里干活的干部一般不敢骂,其他人也不敢,闹着玩还行,当真了就不敢骂。

妇女经期可以请假,请假没有工分,毕竟不让你干就挺好,生孩子的就有工分粮食,这一个月给20斤谷子。生产队和家里的活,先干队里的,家里的插空干。那时候晚上有夜战的,场里的活拉电灯去。人民公社一开始就是男女都干,有的愿意干,有不愿意干的,思想不一样,妇女有年纪大的还去干活,不下地的让儿女去,没儿女是五保户。那时候共产党开会,是妇女干部的参加,不是的就不参加,妇女也有发言权

(五)妇女与人民公社、"四清""文化大革命"

1.妇女与劳动、分配

人民公社我记的是1958年"炼钢铁",那时候男女都干活,女的干和男人一样的活,和男的一样的工。人民公社也是算工分,男劳力女劳力都一样。村里有技术性比较强的活,比如挖沟子、耕地的,一般男的比较多,挖沟子也有一些女的干,但是耕地,女的没有干的。当时有搞副业的,木匠、铁匠、石匠,搞了副业的要交钱,这种"四大匠"的活一般是男的干。生产队队长、会计等干部男女都有,还是男的多。大活,女的也有干的人,但是少,大工程就是修水库,晚上拉着灯干。大炼钢铁的时候妇女去山上砸石头,我没去,我看孩子,女的去的是家里有婆婆看孩子的,"大跃进"当时就是掀屋脊。那时候集体种地打粮食,耪地,集体的草就不太弄,自己的地很用心。那时候的工分分到户里,分多就多分粮食,女的不中用的挣不多,女的干男人活的,工分多。男女干一天给的工分一样,当时一户能挣的不均匀,我这个户算是最大的户,那时候我和丈夫、儿子和儿媳,4个劳力。自留地留了是按人留,一个人平均给多少,我家里是一分地。家里是余粮户,丈夫当会计,挣分不少,黑天做账也有工分。

2.集体化时期劳动的性别关照

"大跃进"妇女也下地干活,但实际也干不了活,砸石头就是砸着玩,听着锤子响就是干着。"大跃进"没听说妇女干活太累得病,到了后来分到户家才下力干活,当时集体干活都不好好干,当官的去了干一会,走了就不干。公社和生产队里也有托儿所和看小孩的地方,但是都不愿意去,因为娘一走,孩子就哭,当娘的心疼也不愿意。你指望别人给看孩子,一个人照看好几个,能看得好?

3.生活体验与情感

人民公社是吃食堂一段时间,但不是随便吃,那时候有司务长,他发粮票,拿着粮票领馒头,当时也吃了一段时间芋头。村里的妇女不愿意吃大锅饭,但是当了司务长那个人之后胖了很多。我家里还有锅,因为我那里执行没那么严。1959年当时不让家里做饭了,也不给你粮食。当时我老公公去世,村里不让做饭招待客人,让去村里领窝窝头给人家还人情,来的人都不吃就走,你用窝窝头招待人肯定不行。食堂办了一年时间不长,以前做饭的时间都去上坡干活,也是出工不出力。家里最困难的时候是1953年,那时候粮食有的够吃,有的不够吃。粮食省着吃,卖地的卖了地就饿不着,卖了把地给人家,粮食自己不舍得吃,到过了麦,都是撑坏了,因为把肠子都饿细了。

生产队里各人管各人,不敢去地里偷刨粮食吃,大集体的时候没听说妇女有集体活动,大集体的时候一块上工,都按工分,干活去地头等着,官不去就不干。妇女一块上工没有矛盾,全看活。那个时候也有妇女骂街打仗的,自杀的,建国前、现在都有,都是因为家务事,以前的时候妇女受气多。

4.对女干部、妇女组织的印象

以前有铁姑娘队,三队里有铁姑娘。她就是去坡里干活去,我们队里总是给人起外号,说人家干活厉害,那时候有女劳动模范,对她有奖赏,奖励之类,一般给个草帽子、镰、铁锨的。那时候我的三婶子好好干,光得模范,儿媳妇和侄女媳妇也是急,急也没用,人家好好干就得模范了。我老家里妇女干部是谁已经记不清,后来我结了婚,大队里是孙桂芳。干活积极的妇女能当上干部,那时候我也不出去干活,在家看孩子,要是有婆婆看孩子,妇女会出去干的,妇女干部也会帮妇女解决问题。

5."四清"与"文化大革命"

"文化大革命"过去的时间不长,当时斗干部,给大队书记套上草帽子游街,学校里一开始斗学生,后来就是让校长游街,让他在板凳上跪着。那时候家里还有自留地,"文化大革命"时候也有做买卖的人。那时候有成分的影响,你家里成分高,当干部也不让你当。破"四旧"的时候家里拔屋脊,椅子上的花也不能留,那时候的佛像和首饰收上去,老的竹子藏起来就烧不着。银元也有人收,但是比那个好藏,也有留下的人。"文化大革命"时期的婚礼也是陪送锄、镰、掘、掀,四大件,打锣鼓,娶了媳妇用4盆子菜招待客人。

(六)农村妇女与改革开放

土地承包分到户里,妇女也分到土地,都是按人分,大人孩子都有。那时候村委会选举,我在家看孩子,没参加。计划生育时,因为我丈夫是党员要带头结扎。当时我生了3个孩子,其他的有的生10多个,生多少也不一定。中央扶贫我不了解,村里的老头老太太也会聚在一块聊天。现在了解国家的政策都是通过看电视,上网也不知道怎么上,我和孩子也都有手机,都通过手机联系。

六、生命体验与感受

我这一辈子印象最深刻的就是养孩子、做饭、吃饭。现在是最幸福的时候,现在不挣钱有吃有喝,什么都不缺。作为女人这一辈子,就是赶集买点菜,我闺女就说了,年下的东西你别管,我这也不打算管了。我感觉妇女一辈子可不容易,家务事,养孩子,还得为人处事,我没有老婆婆,没上过学。

OYQ20170103LZL 李招俚

调研点：江西省青原区河东街道大塘村

调研员：欧阳倩

首次采访时间：2017 年 1 月 3 日

出生年份：1931 年

是否有干部经历：否

是否生育：是

受访者结婚的时间节点、生育子女的具体情况：老人于 1946 年 6 月结婚；1951 年生第一个孩子，共生 6 个孩子，4 个儿子、2 个女儿。

现家庭人口：1

家庭主要经济来源：养老金、子女赡养

受访者所在村庄基本情况：河东街道下辖 17 个行政村之一，位于吉安市东南部、赣江东岸，东为天玉镇，西为胜利行政村，南为浒岗行政村。大塘村于 1987 年与斋楼村合并，现包括斋楼、中团、老屋下、下村、山塘、上西坑、下西坑、上岗元、小塘 9 个小村组。大塘村主要有欧阳和张两个大姓，欧阳姓分布于老屋下、上岗元、小塘、下西坑，张姓分布于斋楼，还有曹、李、稂、彭、胡、刘、周等 7 个姓。

大塘村为典型的丘陵地带，气候温暖湿润。土地改革运动时期，大塘村条件艰苦，农民普遍贫困，人地之间有很大的矛盾，分地后有明显的改善。大塘村内有一大型水库，灌溉整个村 1000 多亩土地，使得当地一年可种两季水稻，产量较高，近年来水库与水田之间沟渠逐渐疏通，农民灌溉和种植越来越方便。

受访者基本情况及个人经历：老人 1931 年出生，爸爸 1945 年去世，家中有 4 姊妹，一个哥哥、一个弟弟和一个妹妹。母亲和大嫂都是童养媳。老人于 1946 年定亲，1949 年 6 月结婚，娘家是中农，出嫁之后婆家是贫农。婆婆 30 岁的时候开始守寡，丈夫家里有两兄弟。老人生了 6 个孩子，4 个儿子、2 个女儿。老人没有读过书，在娘家的时候主要就是做家务事，会纺纱织布。丈夫对老人很好，在 1997 年的时候因患气管炎去世。

老人现在一个人居住，生活自理，还能帮子女做点家务活，平时不是在园子里，就在家里看电视，很少出门做其他的事情。老人目前主要的生活来源就是子女的赡养费和自己的高龄补贴。

一、娘家人·关系

(一)基本情况

我叫李招倖,李家人,1931 年出生,户口上写的 1932 年出生。我的名字是我爸爸起的,他在 1945 年抗战的时候就过世了①。我叫大招倖,我妹妹叫小招倖,我哥哥叫大狗倖,弟弟就叫小狗倖,全是我爸爸起的,不知道是什么意思。那个时候我觉得我爸爸还挺怪的,我们这一代是邦字辈,但是我们的名字都没有按照辈分来起。哥哥比大我 16 岁,相差很大。日本人侵略的时候,弟弟才两岁,我老二,妹妹老三,弟弟最小。我和我妹妹、弟弟之间都是间隔 3 岁。孩子都是爸妈自己养,我妈妈是童养媳,我大嫂也是童养媳,大嫂九岁就被带到了家里。

我出生的时候,家里有 10 多亩地,是中农。我在 1949 年 6 月嫁人,婆家这边的条件很苦,两兄弟一起的房子才 60 平方米,还是土砖房,一个人一间。我家婆②30 岁开始守寡,自己带着两个儿子,天天给别人做事谋生。本来还有一个女儿,送给别人被带死了,所以就只有两个儿子。当时家里没地,只有我过继的一亩六分八的地,是个真正的贫农。

(二)女儿与父母关系

1.出嫁前女儿与父母关系

(1)家长与当家

在娘家爸爸没去世的时候,就是爸爸当家,任何事都是爸爸管。爸爸去世之后,大嫂当家,家里的事情都由她处理。那个时候大嫂比大哥要强一点,我哥哥有点文化。那个年代,妇女可以当家,但是还是男性当家的多。

(2)受教育情况

1949 年以前,妇女不能进学校门,男的才可以去上学。我没有读过书,连学校的门都没有进过,我妹妹也是一样。当时重男轻女,女的不能上学。女孩子不会想去读书,因为要在家里干农活。我哥哥读了书,还读了挺多年,他文化很高。我们家里只有两个儿子读过书。1949 年前,村里面也有女孩子读书,读的土馆子③,学"人之初,性本善"这些知识。私馆的位置不知道在哪,我没看过他们上课,所以不知道是不是男的和女的可以一起上。1949 年之后,女孩读书的就多了。

(3)家庭待遇及分工

在娘家的时候,男孩和女孩的待遇差不多。爸爸去世之后,妈妈没权,大嫂管家。大嫂比我大很多,我要弄个鞋底④都不行,一直让我去干活。吃饭的时候没太多规矩,女孩子也可以一起上桌子吃饭,位子可以随便坐,那个时候我们还小,都是端个碗到处跑。

做新衣服的时候,都是全家人一起做,每个人都做一件新衣服。过年的时候,每个人有一件衣服,一双鞋子和一双袜子,在大年三十晚上都得赶出来。平时衣服做得少,省下来的布到过年再一起做新的。我嫁过来之后,每年都要做十几双鞋。1949 年之前,过年也有压岁钱,三角、四角、五角不等。哥哥弟弟他们有多少我不知道,他们不会告诉我。

---

① 应是 1944 或 1945 年去世。

② 家婆:丈夫的母亲。

③ 土馆子:私塾。

④ 鞋底:纳鞋底。

（4）对外交往

过年的时候，女孩子也会出去给别人拜年。妈妈不会和我们一起回娘家拜年，都是后面自己回去。我妈妈没有自己的爹娘，也没有自己的姐妹，有一个弟弟也是过继的，所以她一年回去一次。

家里来了客人，妈妈会上桌子一起吃饭，小孩子也一起吃，吃饭没有多余的要求。去别人家吃饭的时候，一般都是爸爸去；比较亲的亲戚如果请了全家人，妈妈这个时候也会一起去。我家没去讨过饭①，乞丐才会去讨饭吃。我婆婆带他的两个儿子虽然说没有要过饭，但是帮别人推谷打米，帮谁做，谁就给这两个孩子吃点饭。

（5）女孩禁忌

在娘家的时候，没有禁忌的事情，没有说不能随意出门，但是平时玩的时间很少，每天要砍柴，还要养猪，要干的事情很多。晒衣服的时候，家里人的衣服都晒在一起的，男女的衣服不会分开，可以晾在外面，也可以晾在里面。

（6）家庭分工情况

还在娘家的时候，哥哥安排家里的事情，大嫂也会安排。农忙的时候要莳田、踩田、割稻子，农闲的时候去山上捡皮菇②给猪吃，一天要捡几篮子。哥哥和弟弟主要是种地，家里的生活条件一般。

村里的有钱人，田都是自己种，他们也要干活。女孩子早上一起来就是去砍柴。男孩子不怎么会做家务事。1949年之前，我就会纺纱织布，那个时候有纺车。我都是和别人学的，村里有专门教的老婆子。除了织布，我还会做鞋底。集体出工之后，我们也被带到田里，晚上回去之后还得继续干。我也会做衣服，小的衣服会做，大的衣服就比较困难，大部分都请裁缝做。我娘会的东西不多，10岁的时候就当做童养媳到我家，她没权。当时一件布织下来可以省下一点纱，多省几次也能自己做一件衣服。

（7）男女教育区别

我哥哥和弟弟都去学校读过书，爸爸去世比较早，都是妈妈在教育我们。哥哥、弟弟读了书，但是不会教我们几个姊妹。在家的时候，没给我和妹妹定规矩，比较随便，没太多的要求。

2.女儿的定亲、婚嫁

我的丈夫是经媒人介绍的。媒人会给我家讲男方家里的条件，我家的情况她也会和男方家庭说。我是1946年的时候跟男方定的亲，定亲两年后才结婚，也就是说，我是17岁的时候嫁过来的。那个时候都结不起婚，我们又还小，因此婚礼也没有办得十分隆重。他比我大了10岁。媒人与我们家相熟，也姓李，但不是亲戚，告诉我家男方家里刚开始发家，人很老实。我妈妈在家里没有权力，我的婚事也是听我大嫂的，因为有人要总比没人要好，我妈妈就怕我没人要，十分担心。男方需要给做媒的人送肉以示感谢，我家作为女方是不需要给的。

两家定亲的时候，会写好送多少礼钱，给几套衣服，几双袜子。我定亲的时候，男方那边给了我家5担谷子作为礼金。礼金是我哥哥和男方家里说的，因此也算是哥哥给我定的亲，我妈妈早就盼着别人来说亲，怕我没人要。

说媒如果不满意，两家的任何一方都可以悔婚，但这种情况很少，不会像现在这样。我是

---

① 讨饭：要饭。

② 皮菇：菇的一类，呈黑色薄片状。

定了两年的亲才嫁到我丈夫家的,之前我和他见过,他也会到我家来玩或者做事,不过,在结婚之前我是不能见他的,他要是来了我家,我是要躲起来的。

结婚的时候,我家和我丈夫家没有写过婚书,也没有留什么证据,就是定了结婚的日子,然后办酒。结婚那天也没有什么特定的仪式,就跟普通人家一样。男方那边会有花轿来我家,敲锣打鼓,香、蜡烛、爆竹这些都有,"八月毛"也有,另外我还要跨火盆。

我家这边也有送亲的,我弟弟和侄女都可以去,姐姐、妹妹也可以去,但是爸妈通常不会去。我家这边好像办了 4 桌酒席,就是随意地请了一些亲朋好友,没有大操大办。男方那边也办了几桌酒水,还挑了几桌菜到我家这边办酒,一起吃席。

我的大嫂很小气,一件布匹或衣服都没有给,我的嫁妆只有一张桌子、一个桶、一个脚盆和一个脸盆。我家里算是有些嫁妆,一些人家家里穷,什么嫁妆都没有,女孩子也还是会怨的。有钱人家给的嫁妆就会多一些,有几十件衣服的,有几床被子的,甚至还可以有几个箱子。我的嫁妆钱是我哥哥出的,男方给了我家几担谷子,出这些嫁妆是必要的。男方礼钱多,女方的嫁妆就多,相应地礼钱少,嫁妆也少。村里有钱人家的嫁妆包括几十件衣服和袄子,还有的人家做旗袍。普通人家就陪几件衣服,也不会问男方家要很多钱,大概就是百斤肉、4 担酒。我和妹妹的嫁妆是一样的。

结婚之前,家里用剩的布、织的布和纺纱的东西归家里一起用,不会自己一个人用。我哥哥和我爸妈在我结婚之后分了家,所以当时的嫁妆就是爸妈给的。

我嫁到丈夫家里以后,哥哥、弟弟过年过节的时候都会来串门。结婚第三天我可以回门,也不需要带什么礼物,直接回去就可以。我 20 岁的时候生了第一胎,这个孩子没活几年就夭折了。

3.出嫁女儿与父母关系

结婚之后,我就不能回娘家过年了,生了孩子以后,就又可以回家过年了。结婚第二天回门,满月第三天回娘家。有了孩子之后,我随便什么时候都可以回去,丈夫家里也没有规定。通常都是我自己一个人回去,带上小孩子一起回也可以。我回娘家不用带什么礼物,就是回去做客,吃个一两餐就回来了。

嫁出去之后,我就不会管娘家的事情,我在婆家住着,哪里管得了娘家那么多的事。结婚之后,我家没有遇到什么困难,娘家也没什么困难,要是娘家家里有人生病了,婆家就会给一点钱以示慰问。

结婚之后,我要是和婆家人闹了矛盾,按理可以回娘家住,但是我没有和婆婆闹过大的矛盾,因此也就不怎么回娘家。我嫁到婆家以后,就不能分娘家家里的东西,家里也没什么东西可分。我娘在我婚后没几年就去世了,我爹死得更早,40 岁左右就去世了,所以家里没有老人需要赡养。爹娘去世的时候,儿子和女儿要做的事情没有区别,穿的衣服、站的位置都是一样的。

嫁到婆家之后,过清明这类的事情不需要我管,都是家里的哥哥弟弟们弄。村里的人家要是家里没有儿子,女儿就需要回去,有儿子的就跟我一样,不需要回娘家。嫁到婆家之后,我仍和兄弟保持着联系,不过平时也没时间回去,逢年过节会去串串门。

(三)出嫁的姑娘与兄弟姐妹的关系

我舅舅姓蒋,过继而来,很早就去世了。我出嫁之后,和我娘家的亲戚就不怎么走动了。

我家这边的侄女出嫁之后也不会和我们走动。出嫁之后，娘家要做什么决定也不会找我回去商量，家里也没遇上什么麻烦。

作为姐姐，弟弟结婚的时候，我也需要送礼。送给弟弟、妹妹的礼钱没有区别，想送多少就送多少，有钱的时候就给得多一点，没钱的时候给得就少一点。家里若是碰上困难需要借钱，肯定会找自己亲近的兄弟姐妹借，不会找外人借。

我爹娘没有房子，娘家的房子都属于哥哥和嫂子。我不是个喜欢走亲戚的人，因此也不会经常到娘家去。过年初二的时候，有老舅舅①就得先去老舅舅家拜年，我家里没有老舅舅，因此我只需要在初二的时候回娘家。拜年也不用带礼物，只要带些爆竹过去，图个喜庆。即使我父母过世了，我也还是要回娘家给哥哥嫂子拜年，先去祠堂里放爆竹，接着就去娘家吃几顿饭。

结婚之后，我和兄弟、妹妹都保持同样的亲密，我也没时间经常去串门。远的亲戚就不怎么走动了，譬如侄女就不会和我家走动了。回娘家拜年也有一定的次序，爹娘还在世的需要先到爹娘处拜年，没有爹娘的就需要给哥哥、嫂子拜。吃完午饭，我还会去大伯、叔叔家里拜年，因为这是我父亲的兄弟，跟我家也是很亲近的。

二、婆家人·关系

（一）媳妇与公婆

1. 婆家婚娶习俗

结婚的时候，我的公公已经去世了，我丈夫这边只有两个兄弟，靠种地、做生意、挑担为生。当地婚娶就是定亲、结婚，婚后就没有什么特殊的仪式。婆家定亲也会请客，算是给自己家里的人宣布一下这门亲事。结婚的时候，婆家会请一些锣鼓去接亲，亲戚不会前去，娘家这边就是送亲。到了婆家之后我就跨火盆，也会拜天地、拜高堂。

结婚第二天需要回门，也就是回娘家，第三天则是娘家的人要到婆家来。结婚当天得去祖先那里烧纸祭拜一下，结婚以后，也要去山上拜一下祖先，向祖宗宣布一下。

2. 分家前媳妇与公婆关系

嫁到婆家之后，我丈夫当家，我也可以当家。家里只有婆婆在，公公40岁的时候就去世了。我丈夫和他的哥哥是分开来吃饭的，丈夫的哥哥和家里的老婆子②吃，我就和我老公吃。婆家家里从来没开过什么家庭会议，家里倒是有具体的分工，女的做家务，男的种地。

我嫁到婆家之后，婆婆不跟我和丈夫一起吃饭，她就和丈夫的哥哥一起吃，因为老大的妻子1954年的时候过世了，婆婆就开始和他一起吃饭。我和婆婆的关系算不上好坏，婆婆也不大会管我。女的主要做家务事，男的也会帮忙做家务。

结婚之后，我还会在家里织布纺纱，只持续了两年，生了孩子之后，就不能做这些了。我织的布都是自家用，自己的孩子也要穿。

3. 分家后媳妇与公婆关系

我没过门之前，我丈夫和他哥哥就是分开吃饭的。村里对于分家的时间没有任何规定，若是家里一团和气，兄弟之间一起吃多久就吃多久。家里不团结就会分家，家里人都扭气，肯

---

① 老舅舅：妈妈的舅舅。

② 老婆子：婆婆。

定不能一起吃饭。村里分家不用分个先后,爹娘说要分家就可以分,不需要听外人的意见。丈夫家分家比较早,家里的两间土砖房子60平方米左右都是老大的,我结婚的时候丈夫和我只能租别人家的房子住。我和丈夫租房子住,换了好几个地方,土地改革的时候,我家才分了房子。

我过门的时候,丈夫家只有婆婆在。我公公和婆婆去世以后没有埋在一起,公公埋在曹塘,老婆子埋在旁边那座山上。因为老头子40岁就死了,死得比较早,而婆婆死得比较晚。现在我的坟和我家老头就在一起,在我老头死的时候,我的儿子把我的位置给定好了,说是怕没了位置。公婆去世之后,我每年都要去拜一次,就是清明节的时候带上家里的后代去扫墓。

(二)妇与夫

1.家庭生活中的夫妇关系

(1)夫妇关系

我和丈夫在结婚之前没有见过面的,因为结婚之前不能见面,女的是要躲着的。我也不知道为什么不能见,就是家里人不准见,自己也知道要躲起来。但是,结婚之前的二月,我就到婆家来了,六月的时候才结婚,因此可以说,结婚之前我和丈夫还是看见过的。我和丈夫见面的时候,我对他的样貌还是挺满意的,他对我很好,我们之间也有话说。

我丈夫可以直接叫我的名字,有事就直接跟我说。我不会直呼其名,要唤他的时候我就会笑一下,让他过来。因为我那时年纪不大,他比我的年纪大上许多。我知道他的名字叫曹道旭,小名叫小贵,他家老大叫大贵。

我丈夫和老大分家之后,我们两个人一起当家,有吃的时候一起吃,没吃的时候就得去外借。开始的时候,我就跟他说我不敢去跟别人家借,让他出面去借,他不肯去,第二天孩子就没饭吃了。后来出去借谷子的时候,我们两人都可以去。我丈夫在村里有认识的朋友,第二年我们的谷子收割之后就可以还给人家,那时家里那一丘田也能割到十几筐谷子。

我和我丈夫都能在家里做主,两个人商量着决定,他说的话有用,我说的也算数,说话的分量是一样的。家里要做事的时候我会自己去干,忙完了就可以休息,我自己可以安排。平日我家务做得比较多,老公自然也会帮忙,家里的事情都是会互相帮助的。

家里没饭吃的时候,都是我丈夫出面去借,然后借了谁家的就会告诉我,让我去还。那时我年纪还比较小,又跟村里的人不太熟,不好意思去借。如果家里的粮食不够吃,我会先留给我老公吃,然后再让老公出去借,借了之后来年再还。除了借谷以外,丈夫也可以去砍柴卖,接着去粮站买米。

我老公身体比较好,没有得过大的毛病,因此我不用服侍他,也从来没有给他洗过脚。我丈夫是1997年去世的,他去世的时候,前一天晚上还吃了一碗饭,半夜的时候就死了,后来知道是得了气管炎。家里煮饭这些家务通常都是我来做,有时他也会帮着我做。家里的衣服都是由我来洗,我老公不会洗衣服,即使坐月子我也必须自己洗衣服,前一天生了孩子,第二天就得继续做家务,没有片刻休息。

(2)娶妾与离婚、婚外情

村里有个叫李伟的地主家里有钱,娶过小老婆,还有一种情况就是大老婆不能生养,男的就会接着再娶一房小老婆,即使家里是贫下中农,也还会娶一个。大老婆和小老婆是有区别的,丈夫会选择轮流的方式决定当天晚上去谁那里住。只要丈夫当天决定了,就把凳子放到房门前。大、小老婆也会发生争风吃醋,但是以轮流为主。妻子和小妾可以一起吃饭、一起做事,李伟家就是大、小老婆一起吃饭,小老婆会称呼大老婆为姐姐。如果家里没有生孩子,需要过继一个儿子,需要经过老婆的同意,修家谱的时候是会弄好的。

那时村里经常发生男人打老婆的事情,还有男的把自家老婆打跑了。老婆反抗是没用的,女人又打不赢男人,打完了还是一样的,不会结远仇。我丈夫从不会打我,我个性也比较要强,他脾气来的时候我就会让着他。1949年之后,这种打老婆的情况还是有所改变。我起初还在婆家织过布,生了孩子之后就少弄了。家里买东西都是自己做决定的,我可以自己去市场上买卖东西,走路担担去,也不用我丈夫陪着。

(3)家庭对外交往关系

我在1962年的时候交过一个朋友,是我治病住院时认识的。当时我治病的时候,家里穷得任何东西都卖光了,就跟医生说我不治了,然后那个医生就给我说,你治,没钱我借给你。她姓刘,广东人,她当时和我说,如果把我的病给治好了,我们俩就做姊妹。后来我的病真的好了,我们就以姐妹相称,我和她的关系一直很好,她于我是有救命之恩的,正月的时候我家的孩子每年都会去到她家拜年。我没有去过很远的地方,也没有交过很多朋友,电缆厂是我去过最远的地方,那个结拜的姐妹家住在那里,我常常会去找她聊天。

(三)母亲与子女的关系

1.生育子女

(1)生育习俗

我有4个儿子,2个女儿。那个时候生男孩和生女孩没有区别,生完之后只会打个包,不会报喜。然后放一下鞭炮,也不会请客,因为家里太穷了。生了小孩子两三天之后,就放在筐里,丢在外面晒太阳,具体出生多久才能放出去,没有规矩。随时都可以去外婆家,没有规定时间。带孩子回娘家,不会在那过夜,因为家里还有其他的小孩要照顾,孩子满月的时候也没有办酒。

(2)子女教育

我家的小孩子都读过书,老大读的最多,读了"共大",相当于现在的大学。老二读到了初中,老三、老四读的较少,老三只到小学毕业。老四读到了初中,读了一个学期就没有再去,他说"去学徒,18岁就可以当老板,你让我读书还得花家里的钱"。所以最后他还是去学徒了。那个时候读书便宜,几块钱。家里的男孩子要比女孩子读的要多些。女孩子放学回家后,要去砍柴卖钱。我们家不会重男轻女,家里也就两个女儿。

(3)对子女权力(财产、婚姻)

子女结婚前,家里的财产都由我管。比如去砍柴卖了钱,晚上卖回来之后就得上交。子女长大要结婚了,自己需要攒钱娶老婆。后面结婚生子后,他们的钱我就拿不到了,他们会自己留着。

家里小孩的婚事,老二是我们给定的,老大的对象是自己找的。我家没有给孩子定娃娃亲。那个时候结婚需合八字,合得来就要,合不来就不要。那个时候结婚不需要花很多钱,就是自己要养好猪。

嫁女儿的时候,没多少礼金,大女儿办了个定亲酒。当时陪的嫁妆就只有几个箱子,几件衣服,然后两床被子。儿子结婚的时候,给了两千块钱礼金,还买了两斤毛线给她媳妇的娘家。他们结婚的花销都是家里一起出,还有就是他们自己存的钱。

2.母亲与婚嫁后子女关系

我有4个媳妇,没闹过矛盾,分家之后都是自己过自己的。几个儿子结了婚就分开住了。家里没有严格规定说结婚就分家,想分就分,不用其他人同意。大家分开生活,彼此不增加麻烦。分家的时候,每个儿子分的东西都一样,女儿出嫁则不会分东西。分家之前媳妇自己出钱买的东西,在分家之后还是归她们自己。

我大女儿是1951年的,女婿是1948年的,女婿是她姑姑的儿子,定亲两年才结婚,结婚的时候20岁。女儿的嫁妆和我们那个时候差不多,多了热水瓶、桶和脸盆。

现在和大女儿很少往来,只有过年的时候才会去一次,现在生活全靠小女儿。我没去给他们带孩子,他们的儿子、孙子都没有带过。现在我也是自己养自己,不用他们养,其他老人没儿子养的也有钱,还有国家的补助。我不会经常去女儿家里玩,要去也就是做好事的时候才会去,要么就是正月的时候等客过完再过去玩。去了晚上也不会在那过夜,每次都会回来的。

三、妇女与宗族、宗教、神灵

(一)妇女与宗族

1.妇女与宗教活动

祠堂我们这里一直都有,家族唯一一次聚餐就是大年初一。过年的时候,全村的人都要去祠堂里面拜祖先,妇女也可以去。女孩的名字不会写进族谱里,只有男的行。宗族举办活动的时候,妇女可以参加。修祠堂的时候,男丁凑钱,女的不用。家里要做大决定,女的可以提意见,开会妇女也可以参加。

2.宗教对妇女管理与经济

1949年前后,生男孩和生女孩有区别。1949年前,重男轻女的情况要严重一些,时常还会出现丢弃女婴的事情,溺婴较少。而且在村里,生女儿不算作是"添丁",女孩也不能登记到族谱里。我们村没有专管妇女事情的人,如果是村里有谁家里只生了女孩,没有生男孩,不会被别人歧视。

过继的情况就是族谱上的名字写到过继到的家庭上,就算是过继成功。没有儿子的就可以在亲戚中寻找合适的孩子过继,一般都是兄弟的儿子。兄弟没有两个及以上的儿子,会退而求其次找一大家的,按照大小区分,其他姓氏的不可以过继。如果是家里没男孩子,女儿也有继承财产的权力。

(二)妇女与宗教、神灵、巫术

村里有过求雨和拜神之类的活动,即信迷信,不过这种人比较少的。现在我们大厅里也还会挂一些家神,每个家神都分管不同的职责。逢年过节,家里有喜事、要做大决定的时候都会拜神。我们这里一年要"挂两次纸"[①],就是清明和冬至。七月半是鬼节,称为"烧纸",清明和冬至是挂纸。"清明要挂向前,冬至就要挂到年"。七月鬼节给自己的亲人烧,烧给那些过世的人。另外,我们这个地方不信教。

---

① 挂两次纸:给祖宗烧纸钱。

四、妇女与村庄、市场

(一)妇女与村庄

1.妇女与村庄公共活动

出嫁前,村里开会妇女可以参加。村里要做事,要盖祠堂,女性不要凑钱。如果祠堂办酒请客,妇女就可以参加。在我出嫁之前,我知道村里的保长、甲长,也认识他们,上西坑的周远兰就是一个保长。他们会到村里收月捐,经常可以看到,所以才认识的。结婚的事情,不用告诉他们,也不用请他们。

2.妇女与村庄社会关系

还在娘家的时候,我没有一起玩的女伴,很少出门,就待在家里和妹妹玩。白天干活,晚上睡觉。结婚之后,也很少出去和邻居聊天,因为没有时间。也不会和其他人去做事情,就在家里做。村里做红白好事,不会请妇女帮忙,一般都是请男丁。

(二)妇女与市场

出嫁之前,我时常和母亲去市场上买卖东西,偶尔也会和村里人一起,当时买卖东西不能赊账,除非是家里的熟人。家里使用的纱、布都不是家里的,都需要购买。自己织的布自己用,不会拿出去卖,家里的小孩子多,要用到的也比较多。市场上的东西很多,需要的东西都可以买到,但是数量多了就不一定。那个时候买东西需要用票,粮食没有粮票买不到,布匹则需要布票。

五、农村妇女与国家

(一)农村妇女认识国家、政党与政府

1.国家认知

平时接触国家这个词比较多,1949年前没听说过宣传男女平等,1949年之后才听说。1949年之前没有小学,一般都是去私馆读书。村里之前人多,几家人一起请一个老师负责教自家的孩子。1949年之前用的钱,有纸币、硬币,也有现洋,我没有用过纸币。1949年前,妇女不用摊派人丁税。

2.政党认知

国名党时期要交"月捐",我们要是不交,他就用枪指着我们,然后打骂,很是粗鲁。共产党是好人,心思很好、心软,国民党的心是硬的。我认识的党员,都是男的,平时很少一起聊天。我没有在村里当过干部,也没有投过票,家里也没有党员。我没有裹脚,那个时候已经改革不用裹了。当时没有要求必须剪短发,但是我的头发一直都是短的。

3.夜校

我没有读过书,连学校的门都没有进过,更何况是夜校。我平时和干部基本上不接触,女的干部也不认识几个。我的孩子都是些老实人,没有当干部的。

(二)对1949年以后妇女地位变化的认知

我不知道什么是妇联,1949年之后才听说男女平等,"女的也能顶半边天"也是后来才说的。1949年之后,子女的婚姻开始可以自己决定,对象可以自己找。家里男人打老婆的情况也有所减少,婆媳关系较之前也有所改善,妇女的地位有所提高。

(三)妇女与土地改革运动

1.妇女与土地改革运动

丈夫家划分的是贫农,家里很穷。土地改革运动的时候,工作队到家里来,当时工作组有两三个人,几个干部都是男的,来过两次。参加土地改革运动的男性居多。那时候,我家里分到了几亩地,家里的生活条件较之前改善了很多。

(四)互助组、初级社、高级社时的妇女

我们家参加了互助组,所在的互助组共有 8 户,都是一些关系好的。当时互助组伙伴都是自己挑,你好说话一点、勤快一点,都会来找你一起"兴互助组"①。互助组和社里的干部有妇女,她们也要一起干活。组长也有妇女,但是社长都是男的。初级社的时候,男性和女性做的事情都不一样。像挑牛粪就由妇女来做,男的负责犁田。

集体化的时候,我已经有孩子了,老大 1951 年,老二 1954 年。那个时候既要在家做家务、带孩子,还要出工,非常累。我们每天出工多少是随机的,女的就是记 6 分,男的就是记 10 分。所有人都得出工,还会发出工证,早上没拿到出工证,早上就没有饭吃。女性上了 60 岁就可以不再出工。但是有些老人还愿意出工,因此也会给他记工。记工分开会的时候,妇女可以发言,维护自己的利益。

(五)妇女与人民公社、"四清""文化大革命"

1.妇女与劳动、分配

人民公社时期,我 25 岁,那时候经常举办活动,唱歌、跳舞的都有,唱的什么歌不记得了。女的唱"剪头发"的歌,男的唱"打土豪"的歌。人民公社的时候有"打倒国民党""共产党万岁"这些口号。

集体时期,生产队中男劳动力较多,其中很多男的没有娶妻生子,只要到了 18 岁就得参加劳动。妇女做的事情没有具体规定,挑担、挑粪都可以。集体的时候,那些"吊儿郎当"的人做事就马虎,但是群众的眼睛都是雪亮的,后面做事就不会和他一起合作。记工分则是男的 10 分,女的 6 分,分配粮食时是男的就吃 700 斤,女的就吃 600 斤,一发就是一年的粮食。年龄上了 10 岁的 200 斤,没有 10 岁的 180 斤。我们一家人共两千多斤,要维持一年。分的粮食根本不够一家人吃,所以还会去砍柴卖,卖的钱拿去买米。

2.集体化时期劳动的性别关照

人民公社时期,对妇女的照顾和关爱开始变多,但是妇女该做的事情还得做。集体的时候,生产队里有托儿所,但是没办多久就散了。我家的小孩都没有放到托儿所,因为托儿所是付费的,把孩子放在那需要交钱,那些看孩子的人都是从上面分下来的。

3.生活体验与情感

吃"大锅饭"的时候,煮饭的都是些老婆子②。从 1958 年开始吃,当时随便吃多少,可以一直吃。所以才会有 1959 到 1960 年的"三年困难时期"。闹饥荒没饭吃了,大食堂也就散了。

4.对女干部、妇女组织的印象

当时我们村里有妇女当组长,但是其他主要干部都是男性,那些干部都组织过哪些活

---

① 兴互助组:组成一个互助组。
② 老婆子:年纪大的妇女。

动,具体干什么,我都不太清楚。

5."四清"与""文化大革命""

20 世纪 60 年代,经常斗地主、斗干部,还要戴"高帽子",让他们夏天的时候穿皮衣和袄子。当时还有 "破四旧",很多东西都要被烧掉,我家没有东西被烧,家里太穷,没什么东西可以烧,烧的较多的是那些有钱人的家庭。

(六)农村妇女与改革开放

土地承包分地的时候,都是晚上开会,妇女也要参加。妇女分到的田和男的分到的一样多。我们那个年代,没有计划生育,像现在这样有计划生育,我肯定不会生那么多。

现在村里的老人经常会一起聊天,我去的比较少,很少和他们一起聊。我要么在家看电视,要么在菜园里。我知道网络,家里的小孩都会告诉我,但是我没有手机,因为不会用。我儿子本来说要给我买,我没要,平时和他们联系较少,打不打电话没差别。

六、生命体验与感受

我觉得最煎熬的一刻,是二女儿去世。她去世的时候还很小,上午在家还吃了东西,下午出去后人就没了。当时我的大女儿还不敢告诉我,说是怕我哭,自己一个人把妹妹抱到山上去,然后直接埋了,现在都找不到具体埋在哪。

最幸福的就是有一个爱我的丈夫,他比我大 10 岁,一直都很照顾我,从来没打过我。每次看到村里有夫妻打架,我就觉得我找到了一个好人。我觉得一个女人,如果没有老伴儿的陪伴和爱护,她的一生都是不值得的。找一个好的老伴儿,是一个女人一生最重要的事情。

OYQ20170105LDG　粮冬菇

调研点:江西省青原区河东街道大塘村
调研员:欧阳倩
首次采访时间:2017 年 1 月 5 日
出生年份:1935 年
是否有干部经历:否
是否生育:是
受访者结婚的时间节点、生育子女的具体情况:1953 年 9 月 27 号结婚;1954 年生第一个孩子,共生 8 个孩子,3 个儿子、5 个女儿。
现家庭人口:1
家庭主要经济来源:养老金、子女赡养
受访者基本情况及个人经历:老人于 1935 年出生,冬天出生所以叫冬菇。有 3 姐妹和两个哥哥,老大叫粮业平。在娘家的时候家里没有土地,是个贫农,嫁到这边家里是个中农。这边有 3 个兄弟,两个姐姐。老人有 8 个孩子,3 个儿子、5 个女儿,老大是 1954 年的,现在已经有一个去世了。

老人现在一个人居住,生活自理,子女都在外面,儿子媳妇都在外面打工,老人能帮助子女做点家务活,平时老人就是在家看电视,空闲的时候出去和村里的老人聊天,很少出门做其他的事情。老人目前主要的生活来源就是子女的赡养费以及自己的高龄补贴。

一、娘家人·关系

（一）基本情况

我叫稂冬菇，小时候还在娘家的时候，别人都是这么称呼的。我不知道这个名字是谁给起的，从小就有。那个时候冬天出生就叫冬，秋天出生就叫秋，我是1935年10月出生，所以就叫冬菇。我有3姐妹，有两个哥哥、两个嫂子。我哥哥他们的名字是我爸妈起的，他们都是"业"字辈，在我们村，女孩子没有辈分。哥哥们比我大很多，大哥哥去年过世，如果还没去世，现在有90多岁；小哥哥已经过世10多年。1949年之前，我妈妈有两个儿子、一个女儿，大哥被拉去做壮丁，15岁的时候还给一个做饼干的店里去干活。土地改革运动以前，我家里没有田，后来土地改革运动的时候得到了一点田。我娘21岁的时候和我爹结婚，当时我爹31岁，那个时候爷爷已经不在世了。当时女儿定了亲，就是别人家的人，听我娘说，那个时候我爸爸是收租的人，当时来我们这里收租，看到我娘说"有个老闺女"，后面就追我娘，让我娘嫁给他。嫁过来之后，这边家里没有土地，土地改革运动时评的是贫农。

（二）女儿与父母关系

1.出嫁前女儿与父母关系

（1）家长与当家

当时家里当家的是爸爸，但是他也不管什么事。男性就算不成器也可以当家，所以一直是父亲当家。后来，我爸去世了，然后就是大嫂和大哥两个人当家。就像现在一样就是两夫妻一起管，现在的女的还有一点私房钱，以前的女的每次都要问男的拿钱。以前没钱，也不用管钱。我哥哥他们没结婚的时候就是我爸我妈管，不过那个时候家里也没什么可以管的，那个时候就是弄点吃的，不像现在一样有家当可以管。那个年代，爷爷去世了就奶奶当家，总是那个辈分大的当家。等到他们不在了的时候或者年纪大的时候，就把家交给自己的子女，一代传一代。

（2）受教育情况

以前读书的机会很少，那个时候读书就是有钱人能读。我们读书都是读"假书"，经常都得在家里做家务。1949年以前，读书就是"省斗派"①。国民党月月要凑钱，就是"月捐钱"，但是如果读了书，就不用交月捐钱。当时我们就是挂名去读书，实际上我们就是在家做事。那个时候娘的年纪也大了，织布这些事情都是我在做。我们读书的小学是国家办的"村小"，我读了一年。当时我们有3个女孩子一起，有一个叫水梅，比我小两岁。我们根本不会说读书的事。我的两个哥哥虽然也没读多少，不过他们比我读得要多。1949年有扫文盲的活动，那些女孩子、妇女中午的时候都要去上课，那时的读书人比之前多，但是我也没去。

（3）家庭待遇及分工

在娘家的时候，重男轻女肯定有。上半年时，要莳田到中午，我们才有饭吃，下半年时，割完稻子以后，我们就没有中饭吃。我们家吃饭时没有什么规矩，当时我们就是在祠堂旁边的石头上吃，然后吃完就在水塘里洗碗。吃饭的时候没有规定哪个人坐哪个位置，位置随便坐。女孩子能上桌子上吃饭，没有先后顺序之分，我和我父母都是一起吃。而且我们都是随便吃，想吃什么就吃什么。那个时候小孩子和现在一样，都是吃"游行饭"，吃一顿饭到处跑。如果是

---

① 省斗派：以免因不同的党派问题而遭受不公平的待遇。

家里要做新衣服,不会说先给男孩子做,再给女孩子做,都是一起做。做的也不算什么新衣服,我们就是捡一点粗糙布自己做,而且只有过年才能做、才能穿。

在娘家的时候,家里有分工,半年收半年闲。种地之后,我们就出去走长路^①。爸爸在家种地,妈妈在家织布,大哥就出去帮别人做长工,小哥就是担点"短扁担"去做小生意,或者走长路,我就在家织布和做农活。我十来岁学会纺纱,十二三岁的时候学会了织布,纺纱织布都是我娘教的。那个时候婆子就是用脚车纺,女孩子就是用手车纺。我们从早织到晚,一天就能织成一匹布。一年能织成几匹没有定数,织的慢的十几天织一件,织的快的几天也能织一匹。没拿到纱的时候,一个月能织一匹也可能。当时有好多个"揽头",我们都去她们那里拿纱线。织的布会去卖,一匹布有 5 毛钱的手工钱。此外,绣花我也干过,做衣服和鞋子也是那个时候女孩子要学会的。我现在的小孩子从小到大穿的衣服都是我自己做。我家小孩子的鞋子,每个人每年要做两双,全是手工做。我给他们做的衣服都是背带裤、西装衣服,不会说像其他小孩子那样,都是便装。我嫁到这边的时候,我娘也没怎么再教我。后来,村里有一个女的,她教我做鞋子、做衣服。

(4)对外交往

过年的时候,小孩子没有压岁钱,过节能有点肉吃就挺不错的。我有 4 个舅舅,当时只有我和哥哥们会去舅舅家拜年,我父母不去。如果是家里来了客人,我妈妈能在桌子上吃饭。当时虽然穷我家也没去讨过饭,这辈子过了这么久也没去讨过饭。

(5)女孩禁忌

在 1949 年以前,除了出去换布,女孩子都不能出门,都得在家做零活。唯一可以的就是过年的时候和父母一起走亲戚。1949 年以前,斋楼村地方大,曹家、张家、粮家的小孩子都是在一个地方玩。我们都是在那种坝上玩耍,男孩子躲猫猫,女孩子踢毽子、跳绳。有时男孩和女孩还会一起玩,人很多非常热闹。之前在家的时候,一家人的衣服都是晒在一起,一些有钱的人家就比较讲究,说不能晒在一起。我们种地的时候,女孩子要跟着一起去田里插秧、割稻子。哥哥他们也要跟着一起插秧、割稻子,过了农忙,他们就去走长路。

2.女儿的定亲、婚嫁

1949 年以前,找对象和结婚都需要介绍人,我结婚是新富爸爸做的介绍,我是我丈夫婶婶的大妈的女儿,还沾亲带故的。他们家当时就是一个"寡公"^②,什么都没有。当时的婚姻都是家里包办,介绍人不会和你说对方的优缺点,都是和我爸妈说,我对男方一无所知,就是我妈听那个介绍的人说,然后就这样把我送出去。结婚以前,男女双方是不允许见面的,还需要刻意避嫌。那个时代还就是那样,不管那么多,把姑娘安置出去了就好。对于那些做媒的人,不会给他们拿钱,就是给两斤肉、一百个饼,表示一下心意。那个时候结婚,聘礼是一对金耳环就为好。当时我看到别人也有,然后就和我妈妈说我也想要,我妈妈就找媒人去和男方的父母商量,让他们打一对金耳环。那个做介绍的人就说:"妹妹,要什么金耳环,要吃饱饭就好。"

以前我们结婚没有嫁妆,能有几件洗换的衣服就不错。在结婚之前,男女双方需要合八字。我 1953 年的时候结婚,我大嫂都没有来,我大哥出去走长路了。我爸爸就从那个时候开始得病,十二月初八的时候去世。然后很多人就说是我结婚的日子"碍死"了我爸,说是我们

---

① 走长路:做生意。

② 寡公:形容家里很穷。

253

娘家这边没有选对结婚的日子。以前那个时代没有医院,有病就吃中药,吃了还没用就没办法了。我出嫁没有彩礼,因为当时家里也很穷,父母就是给了十三块钱"整箱"①的钱,后面也拿这些钱去买了一点东西。定亲的时候,我爸妈和那边的爸妈只见了一面,就是过礼的时候,我的爸爸才到我们那边去了一趟。以前那个年代,出去见面还得借的衣服。

关于结婚,我爸妈没有问过我的意见,就是到了日子你就得上轿。定亲的事情我还是知道,但是我看不到对方是谁。那个时代,男女双方都不能见面,都是相信介绍人的评价。当时如果出现已经定了亲,但是有一方家里有人去世了,这个时候会解除婚约。我记得1949年的时候,如果是女方不同意,可以不嫁,但是男方不同意的话就不可以。毁约的时候就是当事人自己说,不同意就不同意。定亲之后,双方可以见面,男的要去女的家里,但是那时候基本上没哪个会见面的。结婚的时候需要打结婚证,当时还有检查身体,还有抽血。我的结婚证到现在还没有丢。那个时候结婚规矩比现在要多,"出轿"要有三花灯学,现在是没有的。还要拜天地,男方还需要"起彩"。送亲的时候送到半路就得回去,我结婚的时候是我哥哥来送的,要背镜子,走到一半的时候就要转镜子,然后送亲的队伍就得回去,回去的时候把东西给媒人。出嫁时,父母会给自己的女儿说要听话,嫁过去之后好好生活,"当时就是嫁瘤子就得跟瘤子"。

我结婚的时候,双方都办了酒席,男方这边只有一个儿子,我家那边也只有一个女儿。请了10桌左右,家里的亲戚都来了。关于嫁妆,就是我娘给了几件纱布的衣服,然后后面我哥给买了几个蜡烛灯给我,还有就是自己的舅母也会送一件衣服。都是织的布做的,原先就是出得这个钱,都是自己家的钱,就将就着家里的钱用。以前有这样一种说法,就是"上等子女'赠钱'嫁女儿,中等子女'将钱'②嫁女儿,下等子女就'卖男卖女'的"。我们村一般规定的嫁妆就是一个箱子,几件衣服,不像现在一样有这样有那样。那个时候连被子都没有。有钱的人家,女儿出嫁还会送田,我家没有。我出嫁的时候,我大哥在上面帮别人做长工,我爸妈都是和我小哥哥一起住,没有分家。

3.出嫁女儿与父母关系

我们是出嫁后第三天回娘家,这一天就叫"回门"。当天丈夫要担炉子、椅子、4斤饼干到女方家里,4斤饼干要分给村里面的其他人,吃完中午饭和晚饭就回去。然后就是满月,女方的婶婶、大妈、兄弟都要到男方家里吃晚饭。那个时候,嫁出去的女儿如果没到满月,是不能回娘家的。满月回娘家可以留在家吃饭,其他时间随时都可以回去打个转,没事的话就不会回去,基本上都是正月里回去的比较多。还有每年过八月节和五月节的时候,我都要回去送礼。我都是自己一个人回,从来没有和我男人一起回去过,小孩子平常也不经常去。后面开始走集体③,没时间去。女孩子嫁出来之后,就不会管娘家家里的事。娘家人遇到了困难,很少会帮忙,还巴不得他们帮助一下我。娘家的生活比我过得好一点,我的大老兄④自己没有儿子。嫁过来之后,经常米不够吃,娘家人就借点粮食给我,总会帮助一下,不要说是兄弟、姐妹、家人,就是邻舍之间也会互相帮助。

嫁过来之后,如果和家里人闹了矛盾,我不会自己一个人回家,也不会告诉娘家人。我娘就我一个女儿,告诉了怕她会心疼。也不敢说离婚,那个时候是不会出门、不会出户。不过那

---

① 整箱:买木箱。

② 将钱:将就拿男方家拿来的钱嫁姑娘。

③ 集体:合作社时期。

④ 大老兄:大哥。

个时候我家公①对我很好。每次回娘家的时候,我娘送我回来都要走很远。我家只有一个女儿,要是现在的话,我死都不会嫁到这里来。我们村里没有离婚的情况。女儿出嫁之后,就不能分娘家人家里的东西和财产,就算家里没有儿子,后面家里的财产也是归公家。同时出嫁之后,女儿也不会回娘家上坟烧纸。父母生了儿子的就享福,女儿也就是去世的时候会拜一下,其他的就是儿子管。我嫁的那一年,爸爸过世,以后每年我回去都要带香和蜡烛。回娘家一般就是给比自己大的拜年,舅舅、舅母,还有老表。嫁到这边来之后,大多数和娘家走动,其他亲戚之间便不怎么走动。

(三)出嫁的姑娘与兄弟姐妹的关系

我出嫁之后,兄弟他们会过来看看我,一般都是过年的时候,同样的,我也会回娘家。出嫁之后,我和哥哥、嫂子之间的关系普普通通。结婚之后,和舅舅就没有走动了。娘家如果有事,不会把我们一起叫回去商量,他们自己就能决定。我们平时也就是正月的时候走动。做"好事"②的时候,给哥哥、嫂子他们送礼是必然的,兄妹之间就是这样子。我家如果需要借钱,会找哥哥借,但是一般很少借,那个时候大家都可怜,他们也借不起。我哥哥和我相反,我哥哥就是5个儿子、3个女儿,我就是3个儿子、5个女儿。我出嫁之后,我哥哥他们就分了家,爸爸妈妈都是我哥哥他们养的。

二、婆家人·关系

(一)媳妇与公婆

1.婆家婚娶习俗

1949年前结婚有媒人,结婚当天抬轿的和敲锣打鼓的就会去接亲。新媳妇进门的时候要跨火盆,要拜天地,要起彩也要下彩。在结婚第二天,还得请客吃饭,第三天回门之后,则视为结婚结束,男女双方就得过一辈子。结婚之后,要去拜祖先,就是在祠堂里拜,让祖先知道你结婚了。

2.分家前媳妇与公婆关系

当时基本上每家都是爹妈管家。我丈夫5岁的时候就没有娘,他娘埋在哪里都不知道。当时家里就3个人吃饭,都是在一起吃。这样家里一般管事的都是我爸爸,有事需要出面的也是他。毕竟他年纪要大一点。我嫁过来的时候,没带什么嫁妆。爹妈年纪也大,还得管自己一家人的生活,没有多少钱。开始集体之后,每天都需要开工,没过几天单干的日子,然后就是互助组、初级社和高级社接着来。

3.分家后媳妇与公婆关系

(1)公婆关系

我家婆婆在我还没嫁过来的时候就去世了,公公在1957年就也去世了。

(2)分家

当时没有分家,我1953年结的婚,我公公得了气管炎,1957年冬至那天就去世了。在他在世时,我们都是一起住的。

---

① 家公:丈夫的父亲。

② 好事:喜事。

（二）妇与夫

1.家庭生活中的夫妇关系

（1）夫妇关系

我和老公是结婚当天才见的第一面,之前他来我家的时候,我还要避嫌,不能见面。家里做事的时候,他安排,我也安排。这一辈子他比较累,没有过一天的好日子。家里的大事,都是我们两个人一起决定,他会和我商量,我也会和他说。结婚的时候我们住的土砖房,连瓦片都没有盖,厨房都要倒了。

在家洗脚都是老公自己洗,我不会服侍他,不会给他洗脚。2016年正月开始生病,我才开始服侍他,也给他洗脚。我老公不会煮饭,因为他在大队当会计,没有时间煮饭、做家务,他也经常不会在家里吃饭,都是在外面吃饭,我在家里自己做饭吃。坐月子时,我都是自己煮,因为婆家没有家婆妯娌,我家公是个气管炎,也做不了事情,娘家自己的老兄、大嫂都有自己的孩子,没空来照顾我。我就在家带小孩。他什么都帮不上,全都是我自己一个人。有病、有痛,还全都是自己做。当时我老头都在大队上班,他就会去把水缸里的水挑满,供家里使用。

（2）娶妾与离婚、婚外情

1949年以前,有钱人才会娶小老婆,没钱的可能连老婆都娶不起。有钱人一般是因为大老婆不能生孩子,所以才会娶一个小老婆。穷人家一般会同意自己的女儿做小老婆,不同意也要同意,因为有些有钱人会给钱,还有一些直接抢。我们当时在家做女儿的时候,隔壁村的那些娶不到老婆的就会去某个地方抢回来。当时也有卖老婆的情况,一般是丈夫不在了之后把媳妇给卖了。如果女的不能生儿子,家里人只能去外面找过继的人,一般都是过继自己兄弟家的孩子,最少也是亲戚家的。那时候,丈夫还会打女人,火气到了、脾气到了就提着你打一顿。邻居们也就是劝说不要打架,劝不赢的也没办法。打的时候,女的还不能反抗,有时候还会当着孩子的面打。

2.家庭对外交往关系

嫁到夫家之后,我只认识给我做介绍①的人和一个一起织布的人,其他的人都不认识。家里需要借钱的时候,都是由我出面,我家老头就是死做死累②。娶个媳妇他不会出去借钱,请个帮忙也不会出面,都是我去。村里的人对我们都很好,我去借,他们也会借给我。我们那个时候都是没有朋友的,不像现在能出去接触那么多的人,也没有时间出去结交朋友。

1949年之前,我基本上都不出门,以前的上街就是过河,过河之后就是街上。有船的时候就马上就过去,没船的时候就得一直在那等着。我们过街主要就是换布,那个时候没什么买卖的东西。当时我就是和村里的伴一起去,没伴的时候就和那个"揽头"③一起去。

（三）母亲与子女的关系

1.生育子女

（1）生育习俗

我大女儿是1954年的,第二个1957年。大女儿兰芬办了出生酒,其他的什么都没有。小孩子出生3天后办酒,叫上自己家的几个老人、爸妈,哥哥嫂子他们一些比较亲的亲戚,一起

---

① 介绍:做媒的人。

② 死做死累:形容只会做事,不善于交流。

③ 揽头:负责揽活发活的包工头。

吃一顿。满月的时候不会办酒，就是会回娘家满月，娘家会煮几个鸡蛋给孩子吃。我生了几个小孩，没有吃过一只鸡，也没有吃过补品。孩子办满月酒，亲戚不会送礼，但是一般都会给小孩子拿点钱，表示一下心意。孩子满月之后，也就可以抱出来给其他人看。从出生到满月的一段时间，小孩子一般不会抱出家门。

（2）生育观念

1949年以前，生儿子女儿没有区别，出生的时候都不会报喜。我结婚之前，家婆很早就去世了，家公为人很好，但是知道我生的第一个是个女孩也不开心。

（3）子女教育

我的子女都读了书，就是读的多和少的区别。大女儿兰芬读得最少。一是她自己不想读的，二是后面又有弟弟妹妹，家里需要让她带孩子。二女儿春芬读书不行，读不进去，两个女儿读的要少一些，后面的几个孩子读得就多了。最小的女儿初中读了一个学期，有一个儿子因为读书读不进去，后来就去做水泥匠了。那个时候读书便宜，一个学期5角钱。不过那个时候的钱和现在不一样，做一天的小工才7毛钱。

（4）对子女权力（财产、婚姻）

我对自己的孩子都是一样的。做衣服的时候，我都是要做就一起做，要么一起都没有，不会男女区别对待。我家的几个孩子都是年纪到了才找的对象。我们没有给他们定亲，因为家里穷，也定不到亲，都是大了才找人说的媒。他们好像没有合八字，双方同意就可以。

2.母亲与婚嫁后子女关系

我和儿媳的关系普普通通，刚开始分家的时候闹了一下，后面也就和好了。如果是她们做的不对的地方，也很少说他们，说了也没用。分家之后就不怎么"搭架"①，自己过自己的。我儿子前一年结婚，后一年就分家了。3个儿子都是这样，大儿子是怎样的，后面就是一样的了。分家的时候，每个人分的东西都一样，不过家里也没什么东西分给他们。家里孩子多，老大结婚的时候，家里还6个人要吃饭。大女儿1954年出生，19岁的时候定亲。她是自己在外面做小工的时候，有一个我女婿村里的人认识我女儿，就过来给我们说，我女儿就同意了，也算是介绍的，然后就办定亲酒。大女儿和二女儿都办了定亲酒，后面几个孩子就没有办了。大女儿是20岁左右出嫁，出嫁的时候，马马虎虎，什么嫁妆都没准备。小女儿出嫁，也都没准备，因为家里置办不起，没什么东西可以给她们。

结婚之后，我和女儿家里就没再怎么来往。那个年代没有电话，没事基本上都不联系。她们在外面做事也很辛苦，不会经常来往。家里遇到了困难还是会帮，但是也不会每次都帮。女儿生了孩子之后，我没有去带过外孙。如果家里面只有女儿没有儿子，老人老了之后女儿还得养父母。

三、妇女与宗族、宗教、神灵

（一）妇女与宗族

（1）妇女与宗教活动

村里面一起办的活动，像开会这些，我们都很少去。集体劳动的时候，没有办法我们才

---

① 搭架：接触的意思。

去,但是去了也就是听,手上还干自己的事。

村里有祠堂,祠堂里要开会、聚会、办餐时,会叫我们去做事。那个时候村里面的活动不多,一大家聚餐一起吃饭的情况也很少,要做"好事"的时候才会一起聚,其他的时候都算各家。做"好事"的时候,族里会按家庭来分,不会一起都去做事。宗族就是"一大家",刚开始的时候,我们这个宗族有3大家,请客的时候要送礼,但是送了之后,后面还得还回去。村里生了男孩,都要在正月初一的时候在祠堂里面上谱,还要开茶话会。但是生女孩子也只能上草谱。现在就只有男孩子上"红灯",女孩子不会上。

(2)宗教对妇女管理与救济

以前生女孩会打草谱,但是现在只有生男孩,才能上祠堂的族谱,女孩子不能上。过年全村一起祝贺的时候,女的也可以参加,但是一般站在后面。如果是家里只生了女孩,没有生男孩,会被村里面的人看不起。

如果没有男丁或者父亲去世,家里都可以在自己本家里过继亲叔伯兄弟的儿子做自己的儿子,过继的先后顺序按照血缘关系的亲疏。另外,宗族也会支助本家族的孩子去上学,一大家里不允许溺婴或者"倒插门"的现象出现,会觉得丢面子。

(二)妇女与宗教、神灵、巫术

1949年前,村里没有信迷信的人,也不拜神灵。我们最多就是家里摆个观音,放点水果或者大堂的墙上会挂家神,求得心理安慰。这些习惯不知道从什么时候开始就有了,就一直延续下来了。我们没有很迷信,也没有信宗教的,大家就都只是简单地供奉一下。

四、妇女与村庄、市场

(一)妇女与村庄

1.妇女与村庄公共活动

出嫁之前,我年纪还比较小,没有参加过村里面的活动,村里一年聚一次,在大年初一的时候,女孩子也可以去。男女都是一起坐,没有区别。

村里开会,女的不可以参加,男的才能参加,妇女说话不管用。村里面要做事摊钱的时候,也是只有男丁需要凑钱,女的不用。妇女出嫁也不要告诉甲长、保长,都是自己管自己家里的事情。

2.妇女与村庄社会关系

在娘家的时候,我没有自己的伙伴。因为没有时间结交朋友,每天就是干活,砍柴,织布纺纱,做家务,而且本来女孩子也少,我们很少和男孩子玩。村里的红白喜事,一般都是请男的帮忙,女的一般不请。结婚之后,空闲时,一些玩得比较好的妇女会坐在一起聊天,闲聊一些家常。

(二)妇女与市场

出嫁之前,我会经常去市场,一般都是去交布。有时候一个月去两次,有时候一个月一次也不去。次数多的时候就是织了布要去交,然后家里没布了,又要去市场上拿纱。我出嫁的时候,还没人用洋布,乡下人都用不上,都是纺纱织布,做一点家居布,剪洋布穿的都是地主家。

五、农村妇女与国家

（一）农村妇女认识国家、政党与政府

我知道国家这个词。1949年前，我们百姓的日子过得很辛苦。国民党抓壮丁，逼交月捐，把农民弄得很苦。男的要交人丁钱，女的交月捐，如果去读书的话就不用交月捐钱。那个时候男的都要进丁，有句俗话叫"好子不当兵，好铁不打钉"，有些不想当兵的人拿20块钱去买一个壮丁替自己去进丁，钱就是交给保长，然后交去乡里，我们都不知道具体是买到了还是没买到。

1949年之前，我不知道共产党是什么，到1949年的时候才开始知道，我家里没有共产党员，我也听说过孙中山和蒋介石。偶尔在开会的时候，听说要打倒蒋介石。共产党时候的国家，老百姓的生活变得越来越好。1949年前没有听说宣传要男女平等，1949年之后才说妇女也是半边天，再后面就是男女平等。

我没有被裹脚，因为那个时候不用裹脚了，我妈那个年代就要裹。1931年的时候就放脚①了。1949年之后，我再没有绑过辫子，一直都是短头发。

（二）对1949年以后妇女地位变化的认知

我没有听说过什么妇联，不知道那是一个什么组织。1949年之前没有听说过男女平等，1949年之后就听到过"妇女也可以撑起半边天"，妇女的地位慢慢开始提高。女的地位提高之后，家里的家庭暴力也减少了，1949年之后，子女结婚的事情基本上还是父母说了算。和小时候相比，可以去读书的女孩子比以前多了。

（三）妇女与土地改革运动

土地改革运动的时候，娘家成分评的是贫农，婆家成分评的是中农。当时土地改革运动工作队进村，来过我们家，那个时候每家都要轮流给他们做饭吃。工作队里面当时有一个妇女队长，也会动员妇女一起参加到土地改革运动中去，我没有参加土地改革运动。但是开会都会去，我们就是耳朵听，手上做自己的事。

打地主的时候，我还在家里做女儿，这里打地主的时候的事我不知道。嫁过来之后的事情我们才知道，这个地方没有地主。土地改革运动分地的时候，我还在娘家，没嫁过来。来这里的时候，这边已经分完了，这边的中农，没有分到地。娘家那边分了一点地。

土地改革运动的时候，农民翻身做了土地的主人。妇女也分到了地，和之前的妇女地位相比，进步很大。当时我嫁过来的时候，这里的工作组有两个男的，一个女的，是上面调过来的。他们在这里的时候是3个人住一个地方。那个女的人很好，但是不记得她叫什么名字了。

（四）互助组、初级社、高级社时的妇女

我不知道这边家里是不是参加了互助组，嫁过来的时候这里就转初级社了，然后第三年就是高级社了。听他们说的互助组，就是关系好的拉拢起来一起做事，效率比较高，都是家里的主要劳动力去干活。初级社的时候，每家每户的农具和耕牛都要交上去，上级不会征求意见。我们交的时候会登记，所有的都要归公。妇女也要一起去干活，除了不会用犁和耙，其他什么事情都要做，上田下田都要干。

---

① 放脚：妇女不再被裹脚。

我没有当过互助组和合作社时候的干部,当时妇女当干部的几乎没有,都是男的当。互助组和合作社,就是针对种地来搞的,男的干重活,妇女干的活要轻松一些。但是记的工分是不一样的。分粮食的时候按照口粮和工分一起计算。互助组的时候大家都愿意一起干,就像给自己干活一样。到后面初级社和高级社的时候,就开始有人偷懒。集体的时候,我们家里有几个孩子,我每天又得干活又得带孩子,真是很辛苦。相比人民公社的时候,互助组和初级社的时候,妇女还是要轻松一些。

　　(五)妇女与人民公社、"四清""文化大革命"

　　1.妇女与劳动、分配

　　人民公社的时候,我23岁也要跟着一起劳动。那时候经常开会,开会的时候就要听他们说,大家都是一只耳朵进,一只耳朵出,不会去管那些事情,自己的事情都管不来,女的不仅要在家里干家务事,也要出工,男的就是种地那些活。

　　生产队里,男劳动力和女劳动力的数量差不多,家里有男的就会有一个女的。做事的时候,像插秧这些简单的事情,都是妇女干。生产队里记工分的是个男的,妇女有一个妇联队长,其他干部都是男的。

　　那个时候炼钢铁的人都是每家每户派人去,也有妇女去的。在集体干活,大家都没有在自己地里干活那么认真,都想着偷偷懒。当时的工分都是评的,妇女一般有五分半、六分,也有四分和四分半的。工分还分等级,也要看做事的表现。妇女六分为高,男的就是十分为高。犁、耙、锹、锄头男的都要做,像灌水这些重活都是男的干,女的就做手上功夫的事情。分东西的时候,按工分分,男女一样。就是"锅里完了,肚子里饱了"。

　　2.集体化时期劳动的性别关照

　　人民公社的时候,生了孩子可以休息两天,妇女坐月子保护的没那么好。休息两天之后又得去出工干活。做事的时候,还不能回来给小孩子喂奶,就在田里喂,村里搭了一个棚子专门给妇女喂奶使用。集体一般不管每家人自己的生活。当时村里没有托儿所,小孩子都是家长带。

　　3.生活体验与情感

　　人民公社的时候,在大食堂吃饭。煮饭的人都是选的,我也去煮过饭,煮饭的都是女的。刚开始的时候,大家一起吃,后面饭不够吃时,食堂就按照每个人吃的量来分,每家人每天只有几两米。我们中午吃饭就用三两半的米煮成的稀饭,我们家就拿脸盆去装。这段日子我们过得很苦,但是我们村没有饿死人,我老头子在大队,他不吃就会省给我吃。

　　4.对女干部、妇女组织的印象

　　村里没有铁姑娘队,但是队里有一个妇女队长,她会稍微管一下,做事的时候吹哨子。当时也有妇联,专门管妇女,偶尔开会说事情,也不会管很多事。

　　5."四清"与"文化大革命"

　　"文化大革命"的时候,村里要斗地主、斗干部,斗一些四类分子和反革命。斗完之后就把他们弄去修渠道、修水库。我们还搞过"四清"运动,"四清"就是"破四旧、立四新",我家没有那些东西,所以没有被烧。家里有东西的人家,东西就被烧了。

　　(六)农村妇女与改革开放

　　集体劳动和单干相比,我更愿意单干。集体做事的时候,都是站的站、玩的玩,老实一点的,就在那里做,那些懒的经常偷懒,会影响整体的效率。土地改革运动分田,每个人分的数量是一样的,平均分配。分地之后发了土地证。我参加过村委会的选举,但是没有参加过投票,因为我不会写字,就用嘴巴说。选的时候,他们会说"某个当什么,同意不同意?"回答就可以。

现在村里的老人会经常出去一起聊天,我也去。不出去的话,我一个人在家里就是打瞌睡。我在家也会看电视,就看中央电视台。我不知道什么是网络,我有手机,但是我只知道接电话,不知道怎么打。

六、生命体验与感受

我们当时的生活非常苦,在娘家的时候,家里没饭吃,还得天天做事。嫁过来之后,还是每天干活。我自己生了几个小孩,集体的时候出工、干家务时,还要带小孩,说说都想哭。

那个时候,幸福的事情很少,在娘家长大了就嫁人。好在当时我找的是一个老实人,两个人也就这样平平淡淡地过完了这一生。老伴去年去世,现在剩我一个人,没有之前过的舒服安心了。所以我觉得女的找一个好人家,这辈子才能过好些。

PQ20170108PXS　彭新隋

调研点：湖北省利川市团堡镇长槽村

调研员：彭茜

首次采访时间：2017 年 1 月 8 日

出生年份：1934 年

是否有干部经历：1959 年曾担任妇联主任。

是否生育：是

受访者结婚的时间节点、生育子女的具体情况：老人于 1953 年结婚；育有 5 个儿子，2 个女儿。

现家庭人口：1

家庭主要经济来源：老人有残疾证，每个月有 100 元补贴，此外每月还有 50 元高龄补贴。

受访者所在村庄基本情况：长槽村位于利中盆地，湖北省利川市团堡镇东北角，海拔 1000 至 1200 米，年平均气温在 15 摄氏度左右。气候温和适中，东与晒田村相连，西与马栏槽村、野猫水村接壤，南与大坝村接界，北与马踏井村毗邻。东西长 2 千米，南北宽 1.23 千米，总面积 2.46 平方千米，耕地面积 104.3 公顷，其中旱地面积 79.6 公顷，水田面积 47.7 公顷；林地面积 97 公顷，森林覆盖率达 36%，宅基占地 16 公顷；公路占地 4 公顷；水域面积 18 公顷。全村共 15 个村民小组，其中 4 至 9 六个组在集镇中心，1 至 3、10 至 15 九个组属集镇郊区，以汉族、土家族、苗族为主，共 782 户，2784 人，劳动力 1200 人，其中男劳动力 640 人，女劳动力 560 人。人均收入 1585 元以上，人均粮食 350 公斤。

受访者基本情况及个人经历：老人 1934 年生于湖北省利川市团堡镇，今年 83 岁。老人的老家在团堡的彭家院子，那里有四十几户姓彭的人家，彭家院子现在属于长槽村管。老人就读于国民党办的小学，读到二年级。老人 19 岁嫁到冉家，育有 7 个孩子，婆家里有 5 亩地。老人 1959 年当了半年妇联主任，做农活时不小心把脚摔断以后请了半年假，怕耽误工作就辞职了。老人曾参加过识字班和夜校，读了一年，所以比其他妇女文化相对高一些，后面公社搞托儿所，就在托儿所当了半年的老师。

一、娘家人·关系

(一)基本情况

我叫彭新隋,1934 年出生。我这个名字是小学老师彭仕国给我起的,我们彭家没有乱辈分的传统,所以他根据辈分给我起了这个名字,我觉得这个名字很好听就接受了。以前没有名字的时候,我在家里排行老三,他们一般叫我三妹。那时候我家里有四姊妹,上面有两个姐姐,下面有一个妹妹。我老家在团堡的彭家院子,我们老家有四十几家姓彭的人家,彭氏只在代金沟和利川少见,我们那边最多。彭家院子现在属于长槽村管,这个院子里的人都特别能干,例如教书先生彭仕国,现在调到元堡去当校长了。

那时候我家土地面积比较宽,有十几亩。土地改革运动之后,分出去一些,家里的地就没有那么多了。我爷爷他们那一辈有 6 个兄弟,我爸爸他们那一辈只有两个兄弟,所以分到我爸爸这一辈不仅土地多,山林也有很多,故称"彭家大堡"。家里只有我爸爸和我妈妈两个劳动力,我爸爸去世得早,才四十几岁就去世了,那时候我才十几岁,我们家土地面积宽,没人种才出租的。我们家父亲过世后家里条件也不好了。土地改革运动时期本来给我们划分的成分是比地主和富农稍微次一点的小地主,第二次划成分时就给我们家改成中农了。我 19 岁嫁到冉家,他家只有 5 亩地,土地改革运动时期给他划的中农。我有 7 个孩子,这几个孩子都特别孝顺,大儿子今年满 60 岁了。

(二)女儿与父母关系

1.出嫁前女儿与父母关系

(1)家长与当家

我爸爸去世早,基本上是我妈当家。以前是爸爸管钱,后来就是妈妈。一般男人去世了,就让女人当家。彭家院子四十几户人家,彭德风家娶了 3 房,后面他去世了,也是女人当家。彭德风是族里当时比较有名望的人,我爸爸叫彭德运,他和我爸爸是叔伯弟兄,我要给族长叫叔叔,他当时的地位相当于现在的大队队长、小队会计之类的。我父亲比较能干,小的时候家里条件还算可以。后来爸爸去世了,妈妈一个人带我们 4 个,没有劳动力,种庄稼也种不好,就比较困难了。妈妈没读过书,只能喂点猪、种点地,养我们 4 个小孩,比较辛苦。

(2)受教育情况

我读的国民党办的小学,读到二年级。当时的学校叫"长乐小学",是彭德风把自己家的几间房子让出来办的小学。我大姐和二姐生活的的年代又不一样,只有她俩没读过书,就我和我妹妹读过书。

(3)家庭待遇及分工

以前的女孩连随便出门都不行,家有家规。那时候女孩大门不出二门不迈,才叫有教养。那时候吃饭的讲究尤其多,女孩不能坐"上八位"。嫁出去了,在公婆家也是这样,不能随便跟外面的人讲话。女孩也不能上桌子,吃菜是长辈先夹菜。而且我们还不敢到处走。谁家里生一个男孩家里人就开心,生女孩就遭人恨。我们家还好,要是能养活的话有 8 个女孩,而且我们家吃饭不讲究这些。我爸爸没有儿子,就对我们这几个女儿一视同仁。正因为这样,我才能读上书。

女孩在家,农活上就是打猪草、喂猪、放牛、放羊。家里就干做饭,洗衣这样的活。我们自己也会纺纱,是妈妈教我们的。那时候家里有一个纺纱机,关于纺棉花的机器还能打一个字谜——"看到开花,看到结果,结的果却不能吃"就是指纺棉花的机器。我们春天就做单衣服,比较薄,冬天就做厚棉衣,一年至少两件。那时候全部是白布,没有什么好看的布。绣花、做鞋之类的我也会,我们那个院子特别大,当小孩的时候看见别人家怎么做,我就跟着学。

(4)对外交往

小的时候过年我们家也没有压岁钱发,我们女孩过年出门给人家拜年只去外婆家,还有自己的姨家,我有3个姨,她们都比较能干。逢年过节基本上都是把我们接到她们家去过。

家里来客人了,桌子坐得下的话,我们肯定可以上桌子吃饭,坐不下我们就要让客人坐。对男孩是既给压岁钱又要给糖吃,外婆看见他们就笑脸相迎。像我们这些女孩去了的话,就没有那么好的待遇了。那时候,外婆的妈妈特别嫌弃女儿,外婆生了女儿的话,如果她妈在家看见了,就会把人放水缸里淹死。我的几个姨和我妈是因为出生的时候,外婆他妈没住在一起,就这么活下来了。那时候的女娃儿可怜得很,我们还好,我妈对我们没有那么残忍。

(5)女孩禁忌

我们只走外婆和姨家,都是很亲的亲戚,所以一家人没有那么多讲究。但是女孩到了十几岁,就不能随便在外走动,只能去亲戚家或者院子里的邻居家走动。长大以后说话就要方便一些,自由一些。在没出嫁之前,说话就要小心。平时跟我幺叔家的几个男孩一起玩,不准跟别人家的孩子一起玩。过去要讲亲疏,父母会随时随地教育我们,就是让我们别疯疯癫癫的,不能给家里人丢脸。

那时候族有族规,校有校规,家有家规,干什么都有讲究,要不听话的话,还要被族里的长辈教训。不听话的人会跪着,长辈要么用马鞭子打他,要么在他头顶上放一碗水,让他跪着不准洒出来。我们那里有一个叫彭定环的人,因为骂他妈妈就被族里的人打了。晾衣服的话,妇女的衣服不能跟男人的衣服晾在一起,洗也要分开洗,如果实在晾不开,就要把男人的衣服晒在自己衣服前面。女孩的衣服扣子是斜着一排,必须要扣得整整齐齐的。

(6)"早夭"情况

本来我有哥哥的,我妈生了11个孩子,但是最后都没养活,只剩我们4个了。那个年代医疗条件又不好,生下来的孩子生了重病只能等死,就算没病,一下子生多了,小的也会挨饿。我们家就是走了7个孩子,只剩我们4姐妹活下来了。

2.女儿的定亲、婚嫁

那时候我们学绣花、织布、做鞋主要是为今后自己出嫁做嫁妆。特别是我大姐、二姐又不读书,天天跟着别人学绣花,绣得特别好,鞋子也做得好,他们结婚时的那一套嫁妆就比较好。可是我们后面学的也不怎么好,做出来的东西就那样,所以说嫁妆的质量也就那样。

媒人在做媒时,就看这个女孩会不会做饭,温柔不温柔,结婚前都是媒人在双方互相传达消息,男女双方互不见面,女孩在未出嫁前更不能随便抛头露面,1949年后才允许婚前互相看看。那个时候讲究门当户对。家里大人勤快点的,培养的小孩就比较有教养,好女孩就会做饭,会干活、勤快的。像我那个时候,住在代金沟,家里没有土只有田,我妈就说,女孩不能嫁到山里去,要嫁到平原地区,选个好的地段。姻缘是自己的造化,造化好一辈子就过得好,可是我爸爸去世得早,我的命不好。嫁到冉家了,这么大一家子人拖着,命也不是很好。最后,这么多儿子都长大成人了,也孝顺,命就慢慢好起来了。谁知,日子刚有点好转,我的眼睛又瞎了。

父母给我定亲时也不会征求我的意见,他们选好了就行。以前是流行算八字,我定亲的时候已经是 1949 年以后的事了,我的两个姐姐,是 1949 年前定的亲,结婚的时候还要坐轿子。1949 年前,新人是不准提前互相见面的,说嫁给谁就嫁给谁,即使对方是瘸子、瞎子也要嫁给他。但是我们这里有一个姓冉的叫冉光尚,两个眼睛都不太看得清东西,那时候是包办婚姻,他娶了个媳妇。他媳妇一看是个瞎子就跑了,这个女孩子算得上比较厉害的。族下的人去找她,没找着,就让她跑掉了。1949 年后,我们结婚就有结婚证了,是去乡政府的管理局办结婚证。

3. 出嫁女儿与父母关系

嫁出去的女儿不能在别人面前说脏话,不然会给爹娘丢脸。女孩要斯文一点,不能大声说话,不能打打闹闹的,否则公婆就会教育。那个媒人是因为她跟我妈妈关系好,他说:"我把你的女儿嫁到田坝里。"那时候以为从山里嫁出去日子会过得好,其实嫁到平原地区更可怜,田土多,地也宽,农活多得吓死人。

我出嫁那天是姨妈送嫁,婶娘接亲。父母不能亲自送,那天我妈肯定是舍不得的。我也舍不得妈妈,当时还是担心去了婆家之后他们待我不好。至于嫁出去的女儿到娘家走动不走动,全凭自己的意愿,有些人嫌娘家这边穷不走动的也正常。像穷人去富人家做客,富人不一定开心。都一样的条件,走动起来才开心。至于准女婿吧,在岳父母生日那一天会来上门拜访一下。提一点鸡蛋,拿一块肉就行。回礼有就给,没有就算了。

(三)出嫁的姑娘与兄弟姐妹的关系

走的时候要包红包,兄弟和妹妹来道喜,还要给他们红包。亲姐姐会给你送一床被罩或者一个梳妆柜,其他的兄弟姐妹会来"哭"。"哭嫁"也是我们土家族土特有的习俗,表达自己对亲人的不舍。娘家兄弟结婚要掌花上红,弄个坛子打满酒,还要扯红布送过去,这叫"搭宝盖"。我们给姊妹送的就是被子、鞋子等。但是我么么家 4 个儿子都厉害,我二哥家的兄弟也厉害,他们都想分我家的房子,因为分家产时没分到,所以和我们关系不好,我嫂子对我们也不好。

二、婆家人·关系

(一)媳妇与公婆

1. 婆家婚娶习俗

有轿子的时候,就穿着红色的新衣服坐轿子去婆家。我们那个年代不流行轿子了,就穿着自己的鞋,先走到婆家门口,再换上婆婆给我做的新鞋,踏进他们家门,进门放鞭炮。出嫁那天要把裤腿卷高点,这是怕把家里的财物带到婆家。自己的妈妈会给女儿包个红包。

我是 1949 年以后才结婚的,女方有送亲的人,男方有接亲的人。自己跟着送亲的人走到婆家来,要走半天。出嫁的那一天,族里的亲戚还要来给点米、苞谷之类的粮食倒在我陪嫁的箱子里。被子不准带走,衣服是婆婆家缝的两套新衣服穿一套带一套过去。家里比较穷,连棉袄都没给我们缝,本来照理说应该要缝一套的。

那时候大户人家就是彭德风他家,他大儿子结婚的时候,对方给过来的嫁妆,多的不得了,一间房子都装不下。12 床棉絮,锅碗瓢盆,柜子箱子样样都有。

娘家和婆家都要办席,一般七八桌就行了,只有自己的亲戚和族里的长辈来参加,要做

8个菜。拜堂时,参加婚礼的人也有忌讳,一是怀孕的妇女,还有一种就是丈夫去世了的女人不能参加别人家的拜堂仪式。现在这个社会就不讲究这些。进门之后,主婚人说完条条款款之后就鸣炮,然后新娘子就进洞房,特别简单,不需要给公婆敬茶,公婆也不给红包。那个时候新郎要扯万年红,也就是要背两条红绸缎在背上,胸前要别个红花。

2.分家前媳妇与公婆关系

婆婆比较凶,特别是干农活特别厉害。对我还算可以,喜欢让我们干活。敬菩萨要烧香,我们就负责做香卖。出嫁时,婆家会根据娘家嫁妆给的多少来决定对待新娘的态度,给的多的,嫁到婆家,她们就会给足面子,也就会对新娘好一点,如果头胎再生个男娃就更好了。我爸爸没去世之前,我家条件好,别人都愿意和我家结亲。

3.分家后媳妇与公婆关系

(1)公婆关系

那个时候婆家的人如果把自己家女儿打了,娘家知道后肯定是要来讨个说法的,以前的娘家人尤其护短。我们那里的丁家,他们来人把这边的人也打了,保长和甲长还把丁家的人拉去判刑。像修房造屋之类的大事肯定是要开家庭会议的,我们只能负责做饭、倒茶,插不上嘴,婆婆也不发言。我婆婆最开始对我不怎么样,后面她脚有点残废,走哪里要靠人背,她幺儿子都不愿意背她,还说不背是因为怕把她摔着。几个妯娌只有我身材最高大,我就背她,最后几家轮流给她养老,她对我的态度就慢慢变好了。

(2)分家

我小孩都3岁了才分家,那个时候是土地改革运动要分土地了,说成家了的人分了家土地分得多一些,为了多得到一些土地,我们才分家。最开始老大和老二不愿意分家。婆婆家有5个儿子,把田土和财产分成5等分,我们自己抓阄。我们家最后还是分得比较多。他们几个兄弟都读过书,有文化,别人家接儿媳妇、办寿、写对联都是请家里的兄弟去帮忙,嘴巴也会说,能干得很。

那个时候娘家没有兄弟的是可以回去分财产的,有兄弟的就不敢。我们那个时候家里的老房子是四姊妹平分的,过去不像现在,族下有个规矩,有侄就不为过,即使没有亲儿子但凡有侄子也不能给女儿分财产,我们那个时候是因为我爹去世时交代了,给我二姐找了个上门女婿,这样我家就相当于有儿子了,家产才守住了。

(3)交往

那时候"只有男州没有女县",女孩儿要在家里待着,1949年后男女平等,标语上会写"妇女月经假,光明又正大,队长派工要照顾她"这样的话。没分家前由公公出面送人情,分了家就是我丈夫负责这些,我们不管那么多。大家都在忙着自己家的家务事,没有时间串门,晴天要去地里干活,下雨天要在家里收拾家务。

(二)妇与夫

1.家庭生活中的夫妇关系

(1)夫妇关系

那时候我也存私房钱。我靠织布赚钱或者是种庄稼地,收一点苞谷晒干了,到街上去卖的钱就自己藏着当小用钱。所有家务男的都不做,男的只负责家里比较大的事,比如挑或者抬的重劳动。我老公细心得很,怕我不会用钱,基本上家里需要啥他就买回来了,所以钱都由他保管。

(2)娶妾与离婚、婚外情

彭德风就有 3 个老婆,大房姓刘、二房姓覃、三太太姓蒋。刘氏生了 8 个女儿,1 个儿子都没有,她只好同意他再说一门媳妇,覃氏一进门又接着生了两个女儿,这下就有 10 个女儿了。后面他娶第三门蒋氏了,覃氏才生了个儿子,之后蒋氏也给他生了两个儿子,这样他就有 3 个儿子了。不过蒋家的儿子跟着他一起当地主,土地改革运动时斗地主还被批斗了。二房和三房没嫁过来多久姓刘的就去世了,就剩这两个太太了,大太太的七女儿仗着自己是大房生的,一个人分到的家产最多。八女儿嫁到黄冈去了,最后她们都被打成地主了,被赶到了蚂蝗坝去住了,没有饭吃,衣服都只有一件,特别可怜。我妈那个时候心地善良,还悄悄让我给她送饭吃。

我们这边在 1949 年前没有离婚的,1949 年后就多了。而且不准离了婚的女儿回娘家住。兄弟和哥哥能干的不会让妹妹离婚的,更不允许离完婚的妹妹回娘家住。新中国成立前有人卖妻子,1949 年后就没有了。那时候我们有个侄儿子叫彭红连,那个"短命儿"的,一辈子爱赌钱,他把他老婆用绳子套着输给别人了。最后族下的人把他打惨了,说他连自己的老婆都卖,不是人。

2.家庭对外交往关系

那个时候除了亲朋好友家有红白喜事需要帮忙时,我们才串门,平时都忙着农活儿或者家务活,都不会串门的。我们家没有外债。儿子考上学要去凉雾读书,我们找别人借钱,别人怕我们还不起就没借给我们,我们就再也没找人借过。我家当时有两头牛、两头猪,想着牛要耕田不能卖,就把猪卖了送孩子上学。

(三)母亲与子女的关系

1.生育子女

(1)生育习俗

生男娃报喜是抓个公鸡,生女娃报喜是捉母鸡。生完孩子的 10 天之后就整酒,基本上是亲戚来。小孩儿要满 40 天了才能抱出来,没满 40 天男的碰都不碰小孩。

(2)生育观念

公婆和丈夫都喜欢男孩,那时候我的大嫂生了个女娃,公婆什么都不给她送。后来我三月初一接着生了个男孩,婆婆把醪糟鸡蛋煮来端到我手里,公公一件新衣服都舍得扯开给我的儿子做尿布。

(3)子女教育

我家孩子都上学了,老大和老四都上了高中,只有小家伙读书读得比较少。当时二儿子考上高中了,家里没钱送他,我们到处借钱,我的幺姨说我们那么多孩子,送不完,家里又穷干脆别送了,我们还是把孩子送出去了。孩子也争气,最后被分配到一个好单位。

(4)对子女权力(财产、婚姻)

我们分完家只有一间房,没有房子可以给儿子分,他们一结婚就出去打工,就算是分家了,他们都是自己挣钱了修的房子。他们都是自由恋爱,定亲时也要看八字。媒人是自己找个熟人当媒人就好。女儿出嫁时我给她们置办了 6 床被子,一个穿衣柜,一个箱子,反正该置办的样样不少,不在人前也不在人后。

2.母亲与婚嫁后子女关系

我比较有福气，儿子、媳妇还有女儿、女婿都对我好，我现在眼睛看不见了，他们每家养我几个月，轮流照顾我，我也知足了。我身体好的时候还可以帮他们带孙子，自己还种地，什么都能自己干，不给儿女们添一点麻烦，只是现在眼睛不行了，才干不了这些活了。

三、妇女与宗族、宗教、神灵

(一)妇女与宗族

彭家自己家的女性可以参加祭祀、节庆等活动，刚嫁过来的儿媳妇不会参与。我们家族还修了很厚一本家谱，那时候哪家有困难，族长会开会商量给他们一点救济。我们院子的彭期来两夫妻，无儿无女，他们从远处来的，也姓彭，族长看他们无依无靠就会给他们一点救济金。族里违法乱纪的、不忠不孝的人都由他们管。有些孩子比较调皮父母管不住的，也要送到族里去管。

(二)妇女与神灵

1.灶王爷的祭拜

我们这里还有"男不拜月，女不祭灶"的风俗，所以祭灶仅限男性，我们这些妇女不参加。

2.腊月三十敬神

我们主要是在腊月三十给逝去的亲人烧纸钱，叫"送亮"，不敬神。

3.拜门神

我们这边叫"家神"，家家户户要摆放一个神柜。

4.求雨

跪着烧香求雨，族长还要管饭吃，女人不参加。

四、妇女与村庄、市场

(一)妇女与村庄

1.妇女与村庄公共活动

1949年后，村里喜欢放电影，我们就去买电影票看电影，未出嫁的妇女也可以去参加这些。1949年以前，妇女不参加村庄会议，也没人搞姊妹会、佛缘会之类的活动，只有个妇联主任，妇女队长。那个罗志云，她的老公叫冉水风，她还当过大队书记。

2.妇女与村庄社会关系

村里的红白喜事会请我们妇女去帮忙，我们负责弄饭，彭家这边送亲和接亲都是我们去帮忙。嫁女儿的话，亲侄女我们就送一床被罩，一个镜子之类的小东西，关系一般的话就送个几毛钱的人情钱。

(二)妇女与市场

我们家那个时候通常不需要我亲自上街置办东西，我老公比较细心，家里缺什么他就买回来了，上街最多的时期就是我后来自己种蔬菜，挑点菜上街卖。

五、农村妇女与国家

（一）认识国家、政党与政府

1.国家认知

我们才十几岁的时候是大脑袋洋币,最后是一角一角的,一分一分的,后面有蓝版,现在又是红版。只知道从国民党到共产党时期换了好几次钱币,对于国家这个概念我们那时候也不太懂。

2.政党认知

我只知道 1949 年解放那天,我们大家都跑到对面山上去躲着,就怕国民党打过来,我们老百姓遭殃。那时候国民党是奸掠烧杀,我们还是觉得共产党好。当时罗志云就是女党员。

3.夜校

参加过识字班和夜校,读了一年,会写自己的名字了,那时候很开心的,来上课的老师都是村里有文化的干部。

4.政治参与

罗志云要我入党,我写不来入党申请书,就没入党。我家的党员很多,大儿子和大女儿是党员,老三家三口人都是党员。划分成分时,给我划分的小地主,最后还是给我们划成上中农了,虽然不怎么重视我们,但是我还是入了团的。

5.干部接触与印象

那时候我接触过的干部就是大队干部还有社长之类的人。后来我当了妇联主任也算个女干部。

6.女干部

1959 年我当过半年妇联主任,脚摔断以后,我请假了就没当了。我也教过半年的幼儿园。

（二）对 1949 年以后妇女地位变化的认知

1949 年以前,妇女的地位特别低,在家里也说不上话,无论是宗族事务还是家庭大事,都不能插嘴,全听男的安排。1949 年后,妇女得到了解放,妇女也能顶半边天,这样子有文化又能干的妇女就可以掌管家族事务了。妇女在家也能说上话,经济上和行动上也比较自由了。

（三）妇女与土地改革运动

1.妇女与土地改革运动

我们还小,没去批斗过地主,只参加过动员大会。

2.妇女组织和女干部与土地改革运动

我当妇联主任时,开会就叫我们去,那时候还是挺光荣的。我们那个时候不自由,公婆要管你,你穿得太漂亮他们要说,你参加这些工作,他们也要说。管的特别紧,所以一般妇女不厉害的是不能参加工作的。

（四）互助组、初级社、高级社时的妇女

我们是上中农,互助组只要贫下中农加入,我们没参加。高级社我们还是参加了的,冉光明当了小队队长。那时候上工热闹得很,特别有趣,我们经常哼一些歌,有一些歌我现在都记得歌词,比如"弯田弯土,弯打丘;弯弯角角,弯打谷;对门有个弯大姐,弯弯床来弯枕头",这就是形容田螺的。还有一句"铁打的栏杆进蹦线,二人对面说姻缘,雷公河上不下雨,大雪纷飞在眼前",这就是形容锯柴的情景,两个人你一头我一头地拉着锯子割,锯末面就像雪花一样飞。

(五)妇女与人民公社、"四清""文化大革命"

1.妇女与劳动、分配

分家以后就我一个人挣工分,我老公要当兽医帮不了忙,最后大儿子高中毕业了就去教书。我以前挣工分可厉害了,别的女同志才九分,我能挣十分。在彭家我还是算干活比较利索的,几个兄弟都说我干农活是数一数二的。我不管什么农活都可以做。大炼钢铁那时候我们都去铁厂沟给炼铁的人做过饭的,坡改梯我们也去过,把山上的树砍了,种上茶树,我们也去过。

2.集体化时期劳动的性别关照

刚才说过墙上以前贴的标语"妇女月经假,光明又正大,队长派活儿要照顾她",但是实际上,队长才不管那么多。养猪是女人做,养牛是男人做,养猪场特别大。

3.生活体验与情感

那个年代的妇女辛苦得很,只要你还能动,就得干活,没有年纪大小之分,不像现在规定了50岁退休。我们二伯娘,她没儿没女,80岁了还要自己去山上捡柴回来烧,自己还要种点菜,不然怎么生活。我一个人干农活,挣工分,有7个小孩和一个老年人要吃饭,所以我们家不会有余粮,一直是缺粮户。我们家喂了牛和母猪,小孩放学回来就帮忙放牛、喂猪。

4.对女干部、妇女组织的印象

那时候还有托儿所,专门抽一些妇女帮集体带孩子,我也参加过带孩子。最后别人说我家两个人都不干农活,嫉妒我轻松,我就没去托儿所了。至于女干部,我们那里的妇女只有罗志云,她能说会道,又高大能干,天生就是一个干部的样子,我们肯定选她。

5."四清"与"文化大革命"

"文化大革命"时"破四旧"我们家没什么被烧。我妈是个寡妇,大姐和二姐出嫁得又早,家里根本没有政治问题。

(六)农村妇女与改革开放

改革开放以后提倡计划生育,那时候我已经有3个小孩了,我去节育,腰疼,大队管得严格,妇联主任非要我开证明,我就去计生办取环了,最后就生了后面4个,一个女儿,3个男孩儿。其实有先前3个孩子就够了。至于后面的村民选举我也参加过的,还给我们发了选民证的。

六、生命体验与感受

儿女回来陪我聊天的时光最快乐,我眼睛害病以后太可怜了。分自留地时我开心,一个人分了三分,我们家3口人分地,一共9分地。那时候就是大女儿和大儿子我们3个才有,我老公在单位上吃商品粮不会给他分。他一辈子都好玩,我们妇女一辈子忙忙碌碌,太不容易了。

PQ20170109ZSJ 张守菊

调研点:湖北省利川市东城街道办事处关东村

调研员:彭茜

首次采访时间:2017 年 1 月 9 日

出生年份:1933 年

是否有干部经历:1955 年,曾担任妇女队队长。

是否生育:是

受访者结婚的时间节点、生育子女的具体情况:老人于 1950 年结婚;一共育有 4 个儿子,两个女儿。

现家庭人口:2

家庭主要经济来源:社保加高龄补贴。

受访者所在村庄基本情况:关东村隶属于利川市东城街道办事处管辖,位于利川城区东北角,是城区重要组成部分,东与新桥隔江相望,南及西南分别与王家湾,岩洞寺相连,西及北与都亭和凉务乡为邻,土地面积 6.48 平方千米,共有耕地 1260 亩,辖区共 13 个居民小组,党员 160 余人,常驻居民 20000 余人。辖区有市直相关部门单位 22 家,辖区就业主要渠道,主要依托于城市建设,从事建筑建材项目、旅游业、服务业、交通运输及商业服务等行业。

受访者基本情况及个人经历:张守菊 1933 年生于湖北省利川市,今年 84 岁。土地改革运动时期,由工作队的队长起名张守菊。老人十一二岁的时候,父母就去世了,跟着幺叔生活了 6 年,17 岁嫁到了关东坝,没上过学。老人本来应该有 9 个孩子,有两个没有养活,有一个刚去世不久,现就只剩 6 个孩子,分别是 4 个儿子和两个女儿。在大办公共食堂的特殊时期,老人主动把自己家的房屋提供给集体,为生产队提供了吃饭的场所,同时也替上级解决了公共场地紧缺的难题。入社后,老人白天干活,晚上就上识字班,读了几个月的书,识得几个字。当过生产队的妇女队队长,谁吵架,或者是闹分家,都由她来调解。

一、娘家人·关系

(一)基本情况

我叫张守菊,生于1933年。这个名字是土地改革运动时期,工作队的队长给我起的。往年女娃是没有名字的,在家排行老几,就叫几妹,我排行老三,所以叫我三妹。我们家没有男孩,只有4个女孩,我有两个姐姐,一个妹妹。当时我大姐、二姐和我幺妹都没有名字,爸妈叫我们的时候就叫老大、老二、幺妹,排行老几,就按这个顺序叫。1949年后,因为每个人都要上户口,所以就给每个人都要起名,刚好工作队在我家来驻队,看我们几姊妹没有名字,就给我们一一起名。我十一岁左右,父母就去世了。然后我就跟着幺叔生活了6年,最后17岁嫁到了关东坝。

我1950年2月就嫁过来了。当时媒人就给我说他们家条件好,是我幺叔帮我物色的人选。条件太差的,他不允许我嫁,挑来挑去挑到了现在的丈夫。那个年代,他们家就只有3口人,劳动力够用,又住在城郊,土地也有,所以说我幺叔就让我嫁给他。我来得早,那时候他们家只有他一个孩子,他的弟弟也还怀在她妈妈肚子里,我来了一个月他才出生。后面他有一个妹妹就是这三姊妹。我本来应该有9个孩子,有两个没有养活,有一个中途夭折了,就只剩6个孩子了,4个儿子和两个女儿。

(二)女儿与父母关系

1.出嫁前女儿与父母关系

(1)家长与当家

我父母死得早,所以我住在幺叔家,他在家里是当家人。那个年代妇女没有权利当家,都是男同志当家。

(2)受教育情况

我没读过书,那个年代读书的女孩子少,基本上都是送男娃上学。像我老公就只读了一两年就没读了。读书也受经济条件的限制。虽然我们那里有小学,但是我们那里女孩都没有人去读书的,都是男娃读书。个别有钱人家的女孩可以去上学,不存在与男生分开坐的情况,女孩也跟着男孩在一个教室。穷人家的女娃就不读书,先将就男孩。但是干活的话,无论是男孩还是女孩,在家都得干活。

(3)家庭待遇及分工

我们家就是自己做衣服,一年到头只有一套棉衣,冬天如果弄湿了,晚上就放在火炉边烘干,第二天继续穿。我们都是自己纺棉花织布。我们家还好,都是几个女孩。大的穿完了小的还能捡漏。那个年代重男轻女思想严重得很,如果家里太穷,只将就男娃。女娃就是那一件衣服穿到实在太短了,再置办新的。

那个年代像我家这种穷人是不会给小孩发压岁钱的。有些人家孩子比较少的,可能会一个小孩给个一两分钱的压岁钱。我们家就是到年底吃一顿豆腐就算好的了。所以说我们那个时候也盼望过年,只有过年才能推豆腐吃,这就是穷人家最快乐的一天。

我们在家还是比较享福,爸妈没有让我们做太多的重活,挖土的话也只是挖一小块儿地的土就行,种洋芋、苞谷这些东西也是跟着他们一起种,不需要太费劲,那时候我才十一岁,父母都怜爱我,觉得我比较小,对于我不作要求。但是那个时候的女孩子从小要讲礼节,不能随便跟别人嬉笑打闹,不然嫁人都难。

富人家的女孩儿,她们就是上学,放学了之后回家织布,缝衣服,绣花,不用干农活。她们一般都在深闺大院里,我们这些穷人看都看不见她们。

(4)对外交往

往年每家每户都穷,不流行拜年,只有女儿出嫁了,第一年回去探亲的,才会拜年。如果亲戚之间比较好才流行拜年。女孩不能随便出门走动,都是男孩出门走动,这些事情,女孩没成家就不能参与。女孩一年四季不能走到哪里去,要走动的话也是最亲的人家。就算走动的话,到别人家去坐,也要挨着自己的父母亲,不能随便坐。那时候基本上家里都是穿草鞋,没有鞋子穿,说过要出门的话只有一双鞋轮流穿,所以说很少有人出门走动。我们上山除草,割牛草,放羊、放牛都是打着光脚丫去的。如果觉得冷,就把脚放在草丛里就不冷了。

那个年代家家都穷,别人家有红白喜事,就是帮一下忙而已,什么都不用送。就好比他们以前讲的一个故事,说一个叫花子去地主老爷家讨饭吃,地主老爷比较抠门,他敲门的时候管家就在里面说老爷不在家,这个叫花子就比较聪明,说老爷不在家老爷的亲戚在家也可以,最后这个老爷的母亲就给了他一碗米,打发他走了。

(5)女孩禁忌

那时候吃饭有很大的讲究,一般的情况都是长辈坐上方,像妈妈这种级别的妇女就坐侧方,我们这些女孩就不坐,男娃就挨着母亲坐。家里来客人了女孩也不能上桌子吃饭,客人会觉得你家的女孩没教养,以后媒人说媒都不好说,村子里传开了都嫁不出去。而且平时吃饭不会专门支个桌子,都是端着饭站着吃,吃完了就干自己的事。晾衣服,也有一个晾法,他都是有讲究的。一是衣领不能互相交叉,也不能对着晾。而且女孩的内衣不能晾在男孩的前面,小孩的衣服不能晾在父亲的前面。

那个时候别人家整酒也是有讲究的。一是去谁家送人情有讲究,不管是谁家里干啥都去这也不行,也不能让女孩随便走动。二是要分去谁家,如果是叔叔伯伯这边的亲戚有什么事,那就是爸爸去走动。三是团转四邻的话就只有父亲可以去走动。如果是妈妈这边的亲戚的话,他们一般会带着我们一起去,但是我们这些女娃不能自己随便串门。

我们也没时间出去玩,天天都是干活,小的时候就帮忙打猪草,放牛,长大了就帮忙干一下地里的活,和别人家孩子接触也是在地里一起干活的时候。没有专门的时间让你和小伙伴们在一起玩。

平时说话不能说脏话,要注意用语,声音也不能过大。坐要有坐相,不能像现在的人喜欢翘着二郎腿,或者还在那儿抖,以前坐姿很讲究就是老老实实,板板正正地坐在板凳上。饭菜端上桌子以后,不能大块大块地夹菜,吃一点夹一点,米不能撒在桌子上,筷子也不能插在碗里,吃完了,就要规规矩矩地把碗筷放好。老年人去世后,家里人吃饭的时候还要专门备一双碗筷放在那里,然后说,"您慢慢吃",自己才动筷子,这是一种祭奠。而且拿筷子的手势不能靠前,也不能靠后,要拿筷子的中间。去别人家吃酒,坐的席位也要坐旁边不能坐上席,要等大家都坐好了,自己再上座,不然你的亲戚看见了,当面就要指责你。其他不是亲戚的人也会在暗地里说你没教养。

(6)"早夭"情况

我们在山上住的,没有孩子被领养或者抱养这种情况,而且像我家,我究竟是不是老三都不知道,而且姐比我大9岁,这中间,也许也有一些孩子没养活就去世的。

2.女儿的定亲、婚嫁

说媒肯定少不了，有句古话说得好"天上无云不下雨，地上无媒不成亲"，男大当婚，女大当嫁的时候都要安一个媒人的，我的媒人就是我的大姐。

这事儿还要从跟我爸爸结这门亲那个时候说起。我妈有3个哥哥，也就是我2个舅舅。那时候我爸要去我外婆家，我妈必须给3个舅舅一人送一匹布，虽然当时都流行窄布，只有2丈1尺长，对于他们来说可能也不是特别贵，所以才这么要求。但是一人送一匹对于我爸家来说也挺扎实的，我爸买不起。二舅心比较软，幺舅也好一点，大舅有两个儿子一个女儿，他是当家的就说，算了，大不了把我许配给他家儿子。他儿子胖乎乎的，我幺叔不同意，就赶紧让我大姐给我做媒把我嫁出去。就是这样给我找了大姐当媒人。那个年代主要看这个女娃是不是个傻子，长得好不好看，聪明不聪明，品德端正不端正，会不会洗衣、做饭、干针线活就行了。那几年长得太差的人是嫁不出去的，他们以前说过一个故事，有一家有3个女儿，老大是驼背，老二有一只眼睛瞎了，老幺是个结巴。媒人想方设法要把他们3个嫁出去，就在男方来看人那天，让老大假装佝着背洗水缸，这样她即使是驼背也不会被发现。老二就假装在打枪，一只眼睛闭着一只眼睛睁着就行。老幺不能说话，就把猪放出来，让老幺去管猪，也就没机会说话。就这样3个女儿都嫁出去了。然后就流传一句歌词：老大是个驼子，装作洗缸；老二是个瞎子，装作打枪；老幺是个结巴，装作赶猪。结婚的时候，看见真实面貌后，他们也不能反悔。以前我们院子有一个女孩儿喜欢流鼻涕，嫁不出去，在看人的那一天就让她妹妹冒充她，看成功后出嫁那天，男方才发现不是她，两个合不来，但是往年嫁出去就嫁了，也不存在离婚，不像现在想离婚就离。往年说的是"嫁鸡随鸡，嫁狗随狗，嫁给叫花子要帮着背背篓"。现在的女人生完小孩都能跑，在以前可不敢出现这样的事。

那时候也没有婚约，更没有结婚证，也不需要登记，媒人在双方都说通了，两家人互相看完觉得合适之后就娶过来，不行就算了，没有那么多的讲究。有些人算生辰八字，有些人不算，就跟现在一样，互相写一个出生年月给那个时候的八仙算一卦，如果八字不合就结不了这门亲。很多人家里特别穷，媳妇儿都讨不到的，根本就不看这些就直接娶回家了。有些人根本就不迷信这些，所以也不需要看八字。像现在基本结婚的日子都要选个黄道吉日，现在的人还讲究一些。我们那个时候是他们家当时请的一个比较有名的风水先生，都不记得了。

3.出嫁女儿与父母关系

我的这门亲事是幺叔给我做成的，所以说我从关东坝嫁过来之后，接幺叔一家来连续过了3个年。那时候去接他们来我们家过年，就是腊月二十几就接下来，正月间再把他们送回去，感情很深。

(三)出嫁的姑娘与兄弟姐妹的关系

往年新娘子回家省亲，不需要给兄弟姐妹拿东西，就是回娘家就行了。那时候不像现在小孩满周岁，或者是结婚头一年，要给每一家亲戚都拜年，以前就拿点米和面回娘家就行。但是有换亲一说，就是两家开了亲之后，双方的姊妹也可以互相开亲，当时也有这种情况。

二、婆家人·关系

(一)媳妇与公婆

1.婆家婚娶习俗

我是汉族,但是我们这边是少数民族地区,也流行哭嫁,就是早上起床梳妆打扮好了以后,在出嫁的头一天晚上要把亲戚都接到家里来玩。玩到第二天早上要出嫁的时候,亲戚们就要送你,那时候他们就要围在一起哭,然后再把你送上轿子,亲戚们就回家,爸爸妈妈也在家里,只有送亲的队伍跟着你一起去婆家。

进门那天,他的爸爸妈妈不能露面,那时候不用拜高堂,这个就一种讲究,如果新婚第一天见着了对方的父母,叫"闯热脸"。这样后面的生活就会闹腾得很,家庭容易分裂。所以说父母要躲着,不能看见新娘子。这样家庭才能和睦,不像现在,父母要等着新娘子来,还要给他们红包。

有一个牵亲的人,先把我从轿子里牵出来进门。敬菩萨,敬完菩萨了,再到新房里。那时候还要让牵亲的人帮我换好鞋,帮我把床单弄平整,我才能坐在新房的床上。如果是大户人家接亲的话,还要请唢呐队,吹拉弹唱,放鞭炮,热热闹闹地把新娘子请进大堂。

那时候拜堂,二婚的、怀孕的、没满 16 岁的小孩,都不能参加。男人没有需要回避的,婚宴的座次也是按照长辈坐上方,女长辈坐侧方,娘家人和族长们坐同一席,媒人一般和新郎新娘坐一起。那个时候拜堂之前,主持人会打招呼,说"四眼人,毛姑娘,穿半截鞋的,自己要知趣,要知道回避",不准他们进房屋。那时候的讲究是,如果怀孕的妇女到拜堂的这个房间里来了,那么新娘子带小孩,就有 4 个带不大。当时孕妇跨火盆是说这样生下来的小孩儿的五官才端正。

1949 年后,如果跟着公婆住在一起还是要注意这些方面,最后分家了,我老公还是帮忙做饭,如果我怀孕期间或者生病了干不了活,他就会帮忙干这些,有时候婆婆也会照顾我。最后随着社会的发展,晾衣服上的讲究越来越少了,一家人的外套都是在一起洗,只是内衣内裤会分开洗。

2.分家前媳妇与公婆关系

当时听说他的母亲比较厉害,在家里能当半个家,但是我嫁过来之后,她对我还是挺好的。他的父亲有一点残疾,小时候得病把下巴取了。所以说比较可怜,32 岁才安家,才生我老公,家里他的妈妈能顶半边天,也算一个女强人。我运气还好,婆婆对我还行,我是可以上桌子吃饭的,把我当自己家闺女,但是童养媳待遇就不行了,可怜得很。

3.分家后媳妇与公婆关系

(1)公婆关系

(姑娘跑回娘家的情况)只有实际上真的被婆家虐待得不行了,天天挨打,才能回娘家,平时不行,这样是见不得人的。还要说明道理才能回娘家。如果不是女方一心一意自愿的要回娘家,是男方把她送回去的,那么男方还要跟这边有个交代,说出自己的女儿有什么过错了才能接受,比如好吃懒做、偷情,不然的话也不同意女儿回自己家。这也要看娘家人疼不疼惜自己家的女儿了,有些娘家人觉得麻烦,也爱面子的,那肯定是不待见她的,总想着赶紧把她又送回婆家。有些人比较疼惜自己女儿,觉得自己女儿委屈了的也不觉得有什么,还是挺欢迎她回家的。

我们关东坝有一个人家里虐待儿媳妇还登过报纸，就是谭四妹家。第一个媳妇被他虐待跑了，他又娶了个恩施的媳妇，还是经常打她、骂她，最后我们这些邻居实在看不下去了，还去劝架。大家都在地里干活，干完活回去吃饭，他婆婆只给儿媳妇留一点儿饭，都不够吃，她儿媳妇吃完饭就到我们家来玩，我就问她吃饭没有，她眼泪一下就掉出来了，说吃是吃了，哪里吃得饱，我累死累活地干活，回家一看锅里就那么一丁点儿米，这日子怎么过。我就说以后你来我家吃饭，大婶娘给你做饭吃。他们家两个儿媳妇都是这样，看着可怜得很。主要是因为她们是从远处嫁过来的，自己的爹娘去世也早，无依无靠，没有娘家人撑腰，所以在婆家当牛做马受欺负。她家老公，看我天天把他的媳妇叫到家里来吃饭还说，大婶娘您叫她吃饭了，我又不会感谢你。我说，我不要你感谢，反正我是她的大婶娘，她是我侄儿媳妇，给她做饭吃天经地义的。以前隔壁还有一家，对待儿媳妇也不好，如果是媳妇一个人在家，天再黑，都不舍得让她点煤油灯，因为那个时候煤油灯的油要花钱买，所以说舍不得。

我和婆婆一起干活，无论是地里的活儿还是家务活儿都得干。我的公公有点儿残疾，下巴得病后被割掉了，吃饭都要用勺子慢慢倒进嘴里，所以他干不了太重的体力活，别人是挑粪给地里施肥，他只能靠捡粪一点点儿地给地里施肥。我老公就帮忙在地里干些我们女人干不动的活，犁田、挖土都是他干，这些与我娘家的劳动分工是一样的。

(2)分家

我老公的弟弟徐期华当兵去了，我们才分家。分家后如果房子不够住肯定是要想办法单独修一间的，我们那个年代只要自己家有地基随便修，不需要登记，哪像现在还需要去房管所。本来他妈想跟我们住在一起，说我们对她好一些，但是考虑到二兄弟的媳妇儿一个人在家，就让她跟老年人在一起有个伴儿。那时候二兄弟才结婚一个月就当兵去了。老年人的田土也分到他们一起，我们这几个兄弟得不到我婆婆的那一份田土，照理说应该是几兄弟平分，但是都给老二了。那时候我们家好田分到5分多点，差田分到6分多点。前年的祖坟搬迁给补了6000块钱，也只有老幺一个人得了，我们这些也没得到。

(3)交往

婆婆对我还行，不限制我串门的自由，但是那个年代我们天天忙着干活，哪有时间去别人家串门。回娘家也是除了大节气才能回，一般没啥事情也不会回去，这肯定要公公和婆婆同意才行的。

(二)妇与夫

1.家庭生活中的夫妇关系

(1)夫妇关系

媳妇伺候丈夫就是对他说话不能粗声粗气的，要把饭做好，衣服要负责洗干净。以前的男人不用洗衣、做饭，做了这些说明他的媳妇不能干，这是会让别人笑话的，我们家不存在公婆惩罚我们的情况，偶尔有些地方没做好或者注意不到的，公婆顶多说两下，也没多大的事儿。不过我老公读过书，思想还是比较好，有些家务活儿他看到我忙不赢了，也会帮忙干一点，做饭他也会。如果丈夫需要外出务工，会和我商量，我不同意的话他就不出去，就跟我想要出去搞土地改革运动工作，我公公婆婆不让去我就不去一样。

（2）娶妾与离婚、婚外情

1949年前离婚的人特别少。那时候是分开住，但没有人离婚。现在的人离婚也不需要双方家长在一起开会，由法院判离婚。如果丈夫去世了，妇女改嫁，需要公婆同意才行。并且改嫁的妇女什么都不能带走，包括孩子都不能带走。也不管男娃女娃，反正都必须留在以前的婆家。

那时候只有地主或者自己的老婆不生小孩儿的可以纳妾，这些都是有商有量的，大老婆肯定是同意的。而且他想纳妾，你不同意也没有办法。妾的彩礼肯定与大房有区别，并且娶回家了还是正房当家，小老婆说不上话，有些家里大老婆厉害的还要虐待小老婆的孩子。以前的赌鬼或者抽鸦片的人没钱了就会卖妻子抵债，那种人的妻子都是离娘家远，或者娘家人过世了，无依无靠的。

2.家庭对外交往关系

家里与外交涉的事一般都是男人们出面，通常男人们商量事女人不能插嘴，否则显得女人没教养。一般在外面，谁家有个大小事需要帮忙的女人去帮忙，家里得添置东西，买东买西，都是女人负责。丈夫就负责在家干体力活。平时邻里间送人情、给压岁钱这些事是谁有空谁就去，人情送多少两个人商量着送。如果自己家要整酒，要接人情，一般都是丈夫出面，我只负责在家料理坐席的那些事。

（三）母亲与子女的关系

1.生育子女

（1）生育习俗

我有7个孩子，去年有一个得病过世了，现在只剩6个了，大孩子是1952年出生的。那时候报喜有讲究的，生男孩儿就捉个公鸡，生女孩就捉个母鸡。生儿子叫"喜得贵子"，生女儿叫"喜得千金"。男孩儿要进家谱，只是在满月那天亲戚朋友们会来庆祝一下，没有特殊的仪式，那个年代生的孩子蛮多，一年一个，真要庆祝根本庆祝不过来。娘家和这边的亲戚都要拿着鸡蛋或者面条来庆祝，村里不同族但是关系比较好的邻居也会提点东西来道喜。

（2）生育观念

我们家头胎就是儿子，所以公婆还是挺高兴的，有些人家头胎或者连着几胎都是女儿的话就会被公婆嫌弃，往年的重男轻女思想很严重的。

（3）子女教育

往年有些人家是女儿不上学，只让儿子上学。我家有7个孩子，只要他们到了读书的年龄我就让他们上学了，男娃女娃都是一样的。孩子们有些上到初中毕业，有些上到高中毕业，他们读到什么程度我就送到什么程度。

（4）对子女权力（财产、婚姻）

我儿女的婚事都是他们自己说了算，自由恋爱结合的。最后安一个媒人就行，没有专门找媒人介绍婚事。我打发（出嫁）女儿的时候，给她们安排得妥妥当当的，让她们风风光光地出嫁的。儿子成家我也是什么都准备齐全了的。反正我都一视同仁，没亏待过这几个孩子，哪怕自己再穷，我也不亏待他们。

儿子他们一结婚就分家了，分家的习俗没有变化，几兄弟平分家产，土地只是儿子平分，我们现在住的这套老房子是儿女一起平分。分家时给了猪、锅碗瓢盆、米。姑娘结婚时床上用品,衣柜和家具都给了的。再就是这块地基了,到时候我们去世了6姊妹分。

2.母亲与婚嫁后子女关系

我们和村里其他老人没事儿就会在一起聊天,家里也有电视,以前孩子在外打工,要个电话方便联系,用坏了就不要了,现在我们孩子都在家,离孩子近不需要电话。

三、妇女与宗族、宗教、神灵

(一)妇女与宗族

我们这边的农村不像其他地方,没有这些东西,更没有宗族活动。

(二)妇女与宗教、神灵、巫术

1.灶王爷的祭拜

由于一般每家在灶台附近贴有灶神画像,有时还有灶王奶奶画像陪伴,经过一年烟熏火燎,画像已旧。腊月二十三要把旧像揭下,用稻草为灶神扎一草马,为了让他"上天言好事,回宫降吉祥",还要贿赂他,用一块黏稠的糖瓜或者是糕粘在他嘴上,以使其"嘴甜"只能说好事,然后和草马一起烧掉。这个过程被称为"辞灶"。年后再买一幅新画像,将灶神请回贴上。

2.腊月三十敬神

我们腊月三十只给去世的亲人烧香,不敬神。

3.拜门神

我们家里过年会在门上贴个门神像,不用专门拜。

4.送子娘娘

我们没有求过送子娘娘,别人家想生儿子的,会在家里买个送子娘娘菩萨像放在家里拜一拜。

5.巫术

村里有一种巫术叫"收黑",就是谁家小孩得不正常的病或者爱说梦话就判定他是被冤魂附身,就会请巫师来作法,给他驱赶鬼怪。

四、妇女与村庄、市场

(一)妇女与村庄

1.妇女与村庄公共活动

1949年前,村里开会我们都要去,女孩不发言,也不需要我们这些人发言。1949年后就有看电影之类的活动了,女孩无论结婚没有也不论年龄大小,聚会、看戏、吃饭都可以去,也不用跟男人分开坐。

村里是不会专门来安排女孩或者女性参加劳动的,1949年前, 是大户人家请妇女去他们家当奶妈或者保姆,每个月给几升米或者苞谷作为报酬。1949年后,女性基本上都是在家里做家务、忙农活,女同志除了不挑粪,其他的活都要做,也没规定女性非得做哪些活。换工的话,也没明显的男女差别,都是关系好的才互相换工,所以只要帮人家把庄稼种出来了就不计较这些。

2.妇女与村庄社会关系

那个年代管理上松散得很,结婚之类的事不需要告知娘家的保长、甲长等人。我们结婚都没有登记,也没有婚约,更不需要去变更户籍。1949 年后,大家会选个妇女队长专门负责这些事,我当时就是妇女队长,谁吵架,或者是闹分家,这些都由我来调解。通常无论是和妇女还是男性吵架,丈夫都会帮忙的。

(二)妇女与市场

出嫁前,我住在山里,那个地方没有集市,更没有什么赶集一说,只有一些人把鸡蛋或者蔬菜挑到街上去卖。嫁到这边可以逛逛市场,但是没过多久国家就实行供给制,买东西都要凭发的票去购买,那时候发布票还不够用,别人家如果用不完的就给我们。家里逛街买生活用品基本上都是妇女去,出门前丈夫知道你去哪里干什么了就行。1949 年以前,用鸡蛋换米这些都是常事。1949 年后这样的物物交换也有,但是没那么普遍了,大家差东西都是直接借钱去买。在交换这些的人男女都有,也不分性别。

割资本主义尾巴的时候一个月去一次供销社,买点油、醋之类的。家里其他的生活用品,比如肥皂、盆子等也在那里购买。

五、农村妇女与国家

(一)认识国家、政党与政府

1.国家认知

1949 年以前我见过蓝本,法币,金元币。听说有美国的、有法国的,反正我们也不懂。日本入侵中国时我还小,根本不懂事,现在看电视才知道那时候中国人有多团结。

2.政党认知

那时候只知道有个国民党,对他们没有什么印象,对于我们这种平民老百姓来说根本不去打听这些。国民党时期一个保就有一所小学。偏远地区的女孩不能上学,但是有钱人家的小孩都可以上学。那时家里穷,我就没读过书,涉及国家政策的知识,还是参加土地改革工作上识字班时获取的。那时候主要是讲共产党好,没有共产党就没有新中国。1949 年以后,男孩、女孩到了年龄都要读书,家里再穷也能读上书。

3.夜校

那时候上夜校和识字班,我白天干活,晚上读书,这样搞了几个月。

4.政治参与

孙中山我们知道,听老年人说的。现在的国家主席天天上电视,肯定知道是谁。那时候党员少,要入党就自己申请,别人让我入党我没入,因为国民党时期我们怕了,不知道共产党是怎么个样子,所以说我没入就被批评思想不好。我觉得当个平民百姓最舒服。

5.干部接触与印象

我那时候当干部每年还要给我补 100 分的工分。当时大家看我勤快,早上先去干活,别人干完了,你还在干,发言又积极的就容易被选上干部。

6.女干部

我只听说过妇联,然后我当过妇女队队长。劳动模范有,当时就是一个女党员被评为劳模,她不仅思想觉悟高,而且干活很利索,就这样被评上了。

7.政治感受与政治评价

当时分地时男女平等,只要是成年人都能分到土地,大家的名字都写在上面。20 世纪80

年代的计划生育,当时大家思想不通的还宁愿罚款也要躲着生二胎,现在好像让大家生,大家都不愿意多生了,让我选我也只想生一个,因为孩子太多,带起来还是比较吃力的。

（二）对1949年以后妇女地位变化的认知

男女平等是国家开会宣传的,大街小巷的墙上还贴有标语。我觉得还是有效果,因为后面提倡计划生育了,独生女的家庭也没有想过悄悄多生、直到生到男娃为止,这都是当时宣传到位了后面才好开展其他工作。

（三）妇女与土地改革运动

1.妇女与土地改革运动

我没去斗过地主,所以对地主没啥印象,我的婆婆去过。那时候斗的是彭行健,她也不知道怎么斗,说话也说的不是特别苦大仇深,别人都觉得她对地主太温柔了。土地改革运动之后给我们分了地主家4挑半的土地,相当于6分田的面积。我们当然很开心。

2.妇女组织和女干部与土地改革运动

我只知道1949年后女性能当干部,比如我那时候字都不认识,就把我弄到别的地方去搞土地改革运动工作,然后还让我参加识字班。岩洞湾两个妇女,小河沟周正玉和陈永英两个妇女,关东坝就是我和蓝光英,一共6个妇女调到别处去参加土地改革运动,我虽然没读过书,但是那些语录都能背。后来没搞多久,他的父母不让我去了,我就没去。

（四）互助组、初级社、高级社时的妇女

高级社时期,我一直都是十分,这也是当时女性一天的最高工分,男性一天最高十二分,如果他们干的活和我们一样,但是工分不一样,不过我们女性确实没他们干的活重。副业除了派到外面去挑砖、抬石头这些重活儿需要男性劳动力之外,养猪和养牛这些事一般不分男女,由大家选出来的人负责,他们有固定的工分。

（五）妇女与人民公社、"四清""文化大革命"

1.妇女与劳动、分配

大炼钢铁,深翻土地和修大寨田这些我倒是参加过,那个年代特别辛苦,我记忆中最辛苦的是冬月去山上挖糖根,回来炼糖的经历,那时候天气很冷,我们还要去山上找糖萝卜,找不到就完不成任务,没有工分就要饿饭。

农业学大寨时期,派我们去凉雾参观怎么种红薯,怎么养猪,怎么搭配饲料,搞密植法,种洋芋。那个时候家里的小孩就是老大带老二,大的带小的,家务活儿也交给大一点的小孩,我老公在家也要帮忙带孩子。

一年到头地里的的东西全部折成价钱。一分值多少钱就给你发多少谷子,包谷。男头等劳动力,最高十二分,女头等劳动力,最高十二分。我们家就我和我老公两个人挣工分,一般家里算下来有个两千多分,我占一半。

2.集体化时期劳动的性别关照

1959年我生孩子的那一个月多补了四百分左右,是生活补贴。那时候集体会留一部分男劳动力负责重活,我们需要干的农活是比以前要多,但是基本上干不完就把土地荒废了。没有劳动能力的妇女就在家帮忙带这些妇女的孩子,我每天给那个人两分工分。把米捣碎了,留下米粉,喂给孩子。

3.生活体验与情感

当时的大食堂就办在我们家,没有饿死过人,我们在食堂做饭也给工分,大家跟以前一样该干就干,没有什么意见。

4.对女干部、妇女组织的印象

我们参加过选举的,我们这几届选举都没有妇女候选人,所以我都选的男生,我还有选民证。

5."四清"与"文化大革命"

"文化大革命""破四旧",我家的《康熙字典》都没被烧。

(六)农村妇女与改革开放

现在日子过得越来越好,妇女的地位也提升了,现在的社会就是好。

六、生命体验与感受

识字班最快乐,可惜时间太短了。我视力好,记忆力又好。张指导员又愿意提拔我,开会我敢发言,胆子也大,人家都不敢发言。我脑袋动得快,敢讲。我一生中最大的感触就是社会越来越好了,我们妇女的地位也越来越高了。

PXP20170810LXY　梁秀英

调研点：山西吕梁汾阳市冀村镇东宋家庄
调研员：裴晓鹏
首次采访时间：2017 年 8 月 10 日
出生年份：1935 年
是否有干部经历：否
是否生育：是

受访者结婚的时间节点、生育子女的具体情况：1951 年结婚；1953 年生第一个孩子，共生 6 个孩子，前 3 个和最后 1 个是儿子，第四、第五是女儿，其中第五个孩子夭折。

现家庭人口：1

家庭主要经济来源：子女赡养、国家补助

受访者所在村庄基本情况：东宋家庄位于黄土高原中，是众多小山包中间难得的一块平坦之地，山水秀丽，发展较为滞后。通向外界的南北走向的乡村公路已经硬化，南面紧靠 307 国道线，北面有青银高速公路及铁路。这里气候较为干燥，雨水不多，四季分明，夏季炎热多雨，冬季寒冷干燥。

这个小村庄与周围村庄相差不大，主要为薛、郭两姓，还有其他杂姓人家，多种植玉米、花生，偶有土豆、红薯、黄豆等，有不少人家养猪、家禽等以供自需和出售。年轻人现多以外出打工为主要经济来源，老人多以种地为主要经济来源，空巢问题较为明显，人地矛盾较为复杂。

受访者基本情况及个人经历：老人生于 1935 年，后经人介绍和老伴认识，16 岁结婚。老人生有 6 个孩子，前 3 个和最后 1 个是儿子，第四、第五是女儿，其中第五个孩子夭折，现都已成家立业。老伴儿长期卧病在床，于 1996 年去世后，老人单独生活。

老人一生心血倾注于自己的一群孩子，努力把他们养大成人，供儿女上学，希望他们走出农村。因为生活没有其他经济来源，老人家就是靠种地收粮食养家糊口。老人还开过一段时间小卖部，后来转手让儿子做。她特别的勤劳贤惠，针线茶饭都很拿手。从土地改革运动到集体公社再到改革开放，老人说，多年来的社会变化让她从贫穷走到富裕，只要自己努力奋斗，生活一定会更好。老人如今已经 82 岁高龄了，依旧不服输、不求人，虽然已经不能种地，但依旧自己做一些针线活，勤俭节约，不随意向子女伸手要钱，是一位独立自强受人尊敬的老人。

一、娘家人·关系

(一)基本情况

我是梁秀英,1935年生。我们3个姊妹和哥哥的名字都是我爹起的,在出生前就起好了。我大姐叫福英,二姐叫茂英,我叫秀英,我们的名字算是按"英"字排行,我哥哥是按男人的排行的。我爹比我娘大10岁左右,后来生下我们3姊妹和我哥哥。我们家里有13亩地,土地改革运动时划分为上中农,我爹当时还向村里献了一包戒指耳环之类的银制品。我当时没嫁过来的时候,据媒人说夫家有40亩地,但我嫁过来以后实际上只有10亩,后来被划分成贫农。我丈夫家就他和他弟弟,还有一个照顾他们的亲戚,家里比较穷。我16岁出嫁,1952年生了第一个孩子,是儿子,共生了4个儿子,两个姑娘,其中一个姑娘出生的时候夭折了。现在孩子们大多生活不错,也很孝顺我,我的生活好多了。

(二)女儿与父母关系

1.出嫁前女儿与父母关系

(1)家长与当家

小时候我爹是做生意的,在外面当过掌柜,后来生下我就回来了,家庭条件还不错。那时候就是我爹管事,我娘就是在家里,操持家务。以前一般都是男的管事,不过有的夫妻好就商量着来,谁能管了谁管,不是很绝对。一般我娘就跟我们在家里做家务,做针线活,后来我娘死了,有个后妈,对我不好,其他孩子都结了婚出去了,只有我留在家中,家务事就都是我做了,当时我也跟着我爹去地里干活,摘棉花。我爹一般就是在地里干活。那时候地里一般是男的做,女的也能做一些摘棉花的手头活儿。

(2)受教育情况

"家有四宝,祸事不少"。我喜欢上学,但我后妈对我不好,不让我上学,上了3天就回家了,让我回家干活。我爹识字,有文化,教了我300多个字,后来因为经常不用,我就都忘了。我们姊妹3个都没上过学,我哥哥上过几年,后来他就出去做生意了。

(3)家庭待遇及分工

我娘活着的时候,家里孩子多,但也有钱,所以生活还不错,我是最小的,也吃得最好。因为孩子们都是我爹亲生的,所以待遇也一样。我们平时都是在炕上吃饭,都可以上去吃,没什么讲究。但客人来的时候,我爹就不让我们上去吃了,我娘一般都是忙做饭,也不去桌子上吃。后来我娘死了,其他孩子都走了,后妈刻薄,不让我好好吃饭,经常是剩饭剩菜,还让我干活,逢年过节有什么好东西也都藏起来了,等快坏了,发霉了才让我吃。有一次她给我,我就扔到了地上。当时在家里,女孩子们差不多就是做针线,洗碗,男孩子一般不怎么做,我小的时候也没怎么记得我哥做过,后来他就走了,我更不知道了。当时针线活就是纺纱做线换布,因为我二姐有残疾,所以我也帮忙纺她家的纱,还有做鞋,一般我自己的鞋就是我做,我爹娘的我娘做,一年也做不了几双。

(4)对外交往

我们那时男女都可以出门,没有什么格外的讲究,不过我们都是在村里,家附近玩,太远的地方我们也不敢去。有的男女也在一起玩,但女孩子长大以后,快嫁的时候,父母就不让随便出门了。我们去吃酒席也没有什么避讳。过年的时候我们就去给亲戚拜年,男女都能去。我爹娘也去给家里长辈拜年,给人家跪拜,然后人家会给个红包。

(5)女孩禁忌

女孩子小的时候也没什么规矩,都是什么都不懂地玩。长大以后,女孩就要安安静静的,在家里做针线活。男孩子的话也没有不让他们干什么。我们洗衣服是衣服和裤子分开洗,但是洗了的衣服都晾在一起,也没什么讲究。一般男的去地里,女的在家里,有时候女的也去地里干活。地主家的人一般是不去干活的,人家都请长工,就姑娘们在家里做针线活。我会纺纱,纺好了可以去换布,这是以前邻居相熟的几个女孩子相互教的,我也不敢问我后妈,怕被她骂。当时还有一个在我家住的八路军妇女要教我织衣服,后来人家走了,就没把我教完。一般谁做的衣服就给谁穿。孩子们的衣服都是我做,后来孩子们都大结婚了,我就不做了。

2.女儿的定亲、婚嫁

我 16 岁定的亲,也是包办婚姻。当时是我丈夫的舅舅和他一起来,我们在媒人家里见的面,媒人让我们谈话。当时我们都不敢说话,一直低着头,都是人家在说。媒人的介绍都是给父母听,也没问我,只要父母同意就行。介绍女孩子一般就是会做针线活,安静之类的,反正话里多少都有假。谈完以后我爹同意,我爹合了一下八字,好像是中婚还是上婚来着[①],然后直接去公社领的结婚证。去领结婚证的时候也是人家说,我不敢开口。结婚证上面写上我们的名字,也没照片。

结婚之前女婿一般是不去丈母娘家的。男女双方也就只有在谈话的时候见过,其他也不正式见面,就是碰到了才见。当时我和我爹去赶集就碰见过他,我还不认识人家。

那时的风俗是如果没结婚,对方就死了,这桩婚事就算了,也没什么讲究。如果男方在婚前死了,女方可以不退彩礼。如果女方在婚前死了,就需要退彩礼,女方要埋在自己家里这边,没听说过对方派人去祭拜的。定亲以后如果有一方后悔了,女方先看看能不能多加点彩礼,如果实在不行,就让媒人去退亲,女方把彩礼退还,也有女方不退彩礼的情况,那就是谁先不愿意的谁吃亏。我原来就说给另一家,因为不愿意他家也是个后妈就退婚了,我把他给我的戒指也退给了人家。

原来结婚两家父母也不见面,也不去对方家里看,一般二婚才会去看,都是靠媒人在中间说,所以我家也不知道他家的情况,后来结婚的时候给了我家 18 块钱的彩礼,我就嫁过去了。我嫁过去才知道他家的真实情况,他没爹没妈,就一个舅舅养着,家里穷得叮当响,说是 40 只羊,结果只有 4 只,说是 40 亩地,实际也只有 10 亩。他家好像还给了我家一个戒指,不过是他家借邻居的,嫁过来以后我知道了就还了。

我嫁的时候就是坐上轿子,他家来人接。那时有几个送亲的,还有几个伺候的。伺候的人一般是村里的寡妇,她们伺候了我 5 天,靠这个赚钱。当时嫁妆也都是一些生活用品,包括银箱、梳头盒、穿衣镜、壶、洗脸盆、牙刷、牙杯、衣服、毛巾等等用具,毛巾是我哥从外面买的,质量特别好。只有我二姐因为是残疾,所以我爹陪嫁了 6 亩地,怕我姐受欺负,没饭吃。我嫁过去第二天,我哥哥就来接我回娘家,中午女婿去吃饭,然后一起回去。我也没过过什么生日,在娘家就不过,嫁过去以后也没有,家里穷也就不讲究。女人就算不愿意嫁人也没办法,不愿意有了孩子以后也就慢慢愿意了,那时也不敢跑,不过也有人实在不愿意,那时就离婚。

以前童养媳就是那种穷的娶不起媳妇人家,就去买一个女的回来,一般也就几十块钱。

---

① 中婚、上婚:指两人八字相配的程度。

那种父母吸毒或者家里穷的人家就把女儿卖了。这种女孩七八岁就去人家家里了。刚开始买了时，女孩不和男的在一起睡，而是和婆婆一起睡，白天就给人家做家务、干活。女孩长大以后就嫁给男方，就圆房了。童养媳有的嫁了以后，还跟家里来往，有的就不去了，看当时怎么商量了。童养媳结婚的时候也没什么大的仪式，就是拜拜父母，有一些基本的仪式。那时也有换亲的事情，两家人如果彼此有差不多大的儿女就换亲，年龄差特别大的一般就不换亲，怕有的后悔，一天就把婚事办了。那时也有续亲的情况，如果姐姐死了，妹妹就嫁给姐夫。这种情况有的是因为男的有钱，有的也是怕姐姐的孩子受委屈，就嫁过去了。当时如果家里只有女儿，就会找上门女婿，让他去帮忙管理家里。那样的话，女婿和孩子的姓都要姓女方的姓，享受人家的家当就要听人家的话。不过也有不孝顺的，那都是少数了。二婚的情况也有。二婚就相对简单一点，彩礼少一点，也没有什么仪式，就简单拜拜，用牛车把新娘子拉回来就行了。也有冥婚的情况，就是姑娘死了以后卖给死了儿子的，给人家当媳妇，这也是要彩礼。

3.出嫁女儿与父母关系

嫁了以后，媳妇只有回门、每年正月初四回去一次，但如果家里有小叔子，就不能住太久，不然有讲究的会说。平时媳妇想回娘家的话要先跟婆婆说，婆婆如果让回去就回去，不让回去就不能回去。但是如果娘家派人来接，一般婆婆都让媳妇回去。走动时候，婆婆还要问媳妇要不要带针线活回去做。媳妇来回的时候，还要替双方给对方问好。

媳妇回娘家也一般不带什么东西，尤其是钱，给的太多会被人笑话。媳妇家里有矛盾了，娘家人也会去，看是谁的错，女儿被欺负了的话，娘家人就会去做主，如果是自己女儿的错，娘家人就劝自己的女儿。媳妇受了欺负，跑回娘家的，娘家人也会帮忙做主，过几天男方就派人来接。如果媳妇被婆家虐待死，娘家人就去闹，没娘家人在就不能下葬。如果夫妻要离婚的也要和父母商量，不然以后没地方去，死了以后，自己就会被埋在一野地方或者当做冥婚被人买走。

俗话说"嫁出去的姑娘泼出去的水"，出嫁后的姑娘就是外人了，娘家的事情就不会管那么多了。分家什么的也没有女儿的份，一般女儿的责任就是以后来看看父母，照顾一下。女婿有时候也会来。父母死了以后的埋葬事宜，一般是儿子出钱，女儿有钱的也可以出一点。一般是男的在前，女的在后。填土的时候也是儿子先填，女儿再填。

（三）出嫁的姑娘与兄弟姐妹的关系

我嫁了以后，我哥哥就出去做生意了，留下嫂嫂在家里，我嫂嫂对我们都很好，我有时候会回去。后来父母死了，哥哥就搬去了遵化，我2003年去过一次，后来年龄大了，就没有去了，从此我们就断了联系，也不知道他还活着没。我没嫁时，也会去姊妹家住，我经常去我二姐家住，没事就去，一住就不想回来，虽然要帮人家干活，照顾孩子，但就是不想回去。后来父母死了，我就更是经常去了，他们村里的人都认识我了。现在老了，他们也死了，就不再去了，只是他家孩子有时候还来看看我。我一般家里有事，也是先找姐妹们帮忙，毕竟是亲人，很少找哥哥，因为我哥也不在跟前。我在家里的时候，我哥哥和我父母有事也不跟我说，毕竟我已经嫁了。当时孩子们结婚的时候，我也请过他们来。

二、婆家人·关系

(一)媳妇与公婆

1.婆家婚娶习俗

我来的时候他已经死了爹妈了,就和舅舅在一起住了。他爹原本在太原干活,1949年太原战争时被流弹击中身亡,两个儿子随母亲搬离本村,投奔现在村的父母,后来母亲去世,弟弟被别人收养,改姓郭。我帮衬着让他弟弟娶了媳妇。他家都是种地的。当时我们定亲也不请人吃饭。我也没吃过人家的饭。结婚的时候,他和家里的长辈去接的我,我到了之后,扶着我下轿子,然后拜天地,拜各家长辈,但不对拜。婚事是家里长辈出来主持,有媒人在念,拜谁谁谁,我们就磕头。当时的长辈是4个,平辈是两个。村里的妇女就帮着端茶送水。拜的时候也不是谁都能在的,有将就点、有怀孕的这些人就不能在,怕冲撞了。吃饭的时候,父母一般不和两口子坐。上菜的时候,我们要先夹一点放到旁边的碗里,新娘新郎晚上吃。当时也不拜祠堂,会把祖先的牌位请回来拜,现在就不拜祖先了。

2.分家前媳妇与公婆关系

我嫁过来以后,他舅舅也就老了,都是我们养活。我丈夫性格很好,我们家所有事都是我俩一起商量着来。我就是操持家务,地里的活大部分是他做,后来我有孩子了就照顾孩子,更不太去地里。我也没有婆婆,也没有伺候过。人家有的地主家就要给婆婆端茶送水请安,还要给婆婆做饭,倒痰盂、洗衣服、点烟等等。有的婆婆厉害点会欺负媳妇,还好我没有公婆,也不用受他们欺负。有的媳妇被欺负多了就和婆婆打架,不行就让娘家人来做主,有时候丈夫也会管的。有时候两口子吵架了,公婆也会管的,有的骂儿子,有的骂媳妇。嫁过来以后谁的嫁妆就是谁的,不能乱动人家的东西。离婚的时候,媳妇就把东西带走了。如果其他人家里有事出去帮忙就是丈夫去,不过我家就是我去,他不出去问人家借钱。以前也没有什么私房钱。

3.分家后媳妇与公婆关系

我们大概是4年以后分开的,不过老人还是我们养活的。有妯娌们过不下去有矛盾的就分开了。那以后赚的钱就归自己家里了。当时分家要写约书的。请村里的老人来见证一下,请人写约,就是说谁分到什么谁分到什么。在约书上写上男人的名字,基本是把东西平分,把债也平分了。有寡妇的就给点东西,不给钱也不分债。分家以前东西是谁买的就还是谁的,但大儿子买的就归了大家。有时候婆婆嫌媳妇不好就想让孩子离婚,有的就离了,有关系好的就不离了,搬出去住。当时离婚写一个休条,告诉人家父母,同意了就离婚,不同意就再说。相对来说比较容易。孩子的话就两家商量了,看谁带走什么,儿子女儿没什么区别。丈夫死了以后如果孩子还小就先照顾孩子,孩子大了以后也需要照顾公婆。公婆死了以后一般公公埋在东面,婆婆埋在西面。到时候媳妇也要去拜。娘家父母死了媳妇也要回去,但清明节一般不回去。

(二)妇与夫

1.家庭生活中的夫妇关系

(1)夫妇关系

我和他定亲的时候见过,当时是父母包办,没有什么愿不愿意的。结婚以后我们一般不喊名字,有孩子后互相喊孩子他爹、他娘。当时事情也是商量着来,后来他生病躺了30年,家里事情基本都是我管。盖房子的话就是上面批了地,我们就盖了,快好要上梁的时候,人家就把原来收的定金退回来了。

(2)娶妾、离婚、卖妻、婚外情

普通人家是不会娶妾的,只有那些地主有钱人家里才娶妾。不过也有生不了孩子的女人,就会给丈夫娶妾,一般娶妾都会要老婆同意的,娶过来以后,小妾需要叫大老婆姐姐。当时小老婆是没有地位的,大老婆想欺负就可以欺负,小老婆还要伺候人家一家。娶妾的时候也有彩礼,但是会很少。仪式基本也就是用车子把小妾接过来,不会大操大办。一般那些家里穷的人或者是家里父母不正经的人才会让女儿去当小老婆的。

当时也有卖老婆的,就是那些特别穷的人才卖。那样的话,老婆一般也会同意的,因为家里实在太穷,也不想和他一起生活了。如果娘家人问起来就说丢了,或者这种事一般会和娘家人商量的。如果妻子生不了孩子,没有儿子的话,丈夫也可能会继亲戚家的孩子当自己的儿子。1949年前女人是没有人权的,不把女人当人看,那男人想打就打的。有的媳妇也会找娘家人,让娘家人来评理,有那些小舅子一见姐夫就会打姐夫的,就是因为他欺负媳妇儿。以前的好媳妇就是不惹是生非的,不乱出来串门儿。以前夫妻赚的钱一般都是要交到家里的,反正不管交谁,如果平时出去买东西的话,没有什么就买点儿什么,小东西的话就不用商量,贵重东西才需要商量。1949年以前,也有离婚的情况,离婚的话,妇女会把嫁妆带走,然后其他的东西再看怎么分,一般是不分的。以前一般都是女的要离婚的多,男的不要女的的情况少。如果男人以前在外面有了小老婆的话,村里就会议论会笑话,但是那就看最后是分还是合。

2.家庭对外交往关系

一般家里有客人来了就是丈夫出面的,但是有时候借钱是我出面了,因为他不会出去借的。如果有亲戚家有喜事叫去我们吃饭,他要是不在,我就带着孩子们去了。1949年以前,妻子一般不出去借钱,因为如果不跟家里人说,是没人帮还的,所以就没人敢借给了。如果串门的话,我是不用跟他说的,但是要去外村去远的地方,我就要跟他说一下。1949年前我还小,所以一般也不出什么远门,出的话也是跟我爹一起去的。

(三)母亲与子女的关系

1.生育子女

(1)生育习俗

我是1953年生下我大儿子的。后来就男女平等了,没有说什么生下儿子有什么特殊的地方。当时一般也不会有人生儿子以后去请人吃饭。孩子满月的时候,有钱的人家就会办满月酒来请人吃饭。当时生第一个孩子的时候,娘家人还需要给钱。

(2)生育观念

当时生男生女也都差不多,如果儿子多了,就会想要个女儿,如果女儿多了,就会想要个儿子。不像以前,如果没生下儿子,就也有可能离婚的,不过也有夫妻两个人,感情好的就不会离。

(3)子女教育

我虽然生了6个孩子,但只活了5个。小时候我就没有上过学,所以我想让孩子们都上学。每一个孩子都读完了初中,还有两个孩子上完了大学。

(4)对子女权力(财产、婚姻)

结婚前,孩子赚的钱都会给我,结了婚以后就不给了,结婚前的话我也会给他们花钱,让他们能够买东西,不过当时也没钱,我也不会给多少。我们家孩子都是请媒人说媒的,当时已经不兴合八字了,后来,他爹自己合了合八字,不过那就没什么太大的讲究了。我女儿的彩礼我记得是 300 块,我们给陪嫁了一些日常的用品,如皮箱、钟、录音机,等等。我儿子给的是彩礼和三件套,自行车、缝纫机、录音机什么的。我记得后来彩礼就是 1000 块钱,刚开始的话是几百块钱。儿子也只有两个在村里,所以当时也没盖房子,也没钱盖,就是找的房子住。

2.母亲与婚嫁后子女关系

我们家孩子当时结婚结的比较晚,都是二十六七才结的婚,结了婚以后,就出去住了,当时我们也不太管人家,不像以前的婆婆能管媳妇,现在媳妇比婆婆还厉害。当时一些家务事也基本都是媳妇儿做,其实也没有什么伺候不伺候,都是顺手做了。我孩子们基本就是结了婚就出去住了。当时分家还是要写约书的,不过家里穷,也基本没分什么东西,只有两个儿子在村里。孩子在分家前买的东西还是归他们自己的,彩礼也是给他们带走。我女儿是 21 岁结的婚,是他们学校的校长介绍的。当时要谈话的。定亲以后,我们一般是不去婆家的。后来我女儿嫁的时候,比以前简单多了,也没有轿子了,当时也已经不看成分了,就是看谁家有钱,谁家能赚到钱。

招赘的话,一般也是没有儿子的才招,不过现在就算没有儿子,一般人家也不会招了。招了赘的女婿和以前一样,女婿和孩子都要姓女方的姓。帮着家里处理家务,帮着做主打理事情。女儿嫁出去以后,我也不是经常去她家住,不过现在会去她家住,一年会住一段时间。也会帮儿子带孙子,后来老了就不帮忙了。

三、妇女与宗族、宗教、神灵

(一)妇女与宗族

我们村是没有我家的祠堂的,因为我家是从外村搬来的,就一家在这里。就算有,以前女人也是不让进祠堂的。女儿的名字也是不可以写在家谱上的,媳妇的名字都是在死了之后才能上族谱的。女儿出嫁,一般宗族里是不给东西的,过年的时候可能会给一点。其实当时也没有什么宗族的概念了,也不会有人管,自己家的事就是自己管的。生儿子和生女儿也不会有什么太大的区别。如果孩子太多的话,就可能会把孩子淹死。寡妇改嫁和以前一样,没有什么太大的区别,可以随意改嫁了。

(二)妇女与宗教、神灵、巫术

当时我们会有求雨的仪式, 就是会让 7 个老的寡妇去姥爷庙里求雨。也会有人去庙里拜,不过一般都是女人,男人一般不拜。也有一些人家生病了就会请神棍或者是湿婆去的。他们就在家里来回跳,做各种动作,然后好像是有神仙上身了一样。我串门的时候正好就碰到一家人在请大神。那个湿婆一下就把我拉过去,让我坐在旁边,我挺害怕的。反正我们家是没有做过那种事的。家里一般也会供奉神仙。比如灶王爷、土地、门神、观音娘娘,等等。一般观音娘娘和灶王爷是要跪拜的。在初一、十五会祭祀一点儿吃的,土地和门神一般是只有放点儿吃的一般是不拜的。供奉神仙这种事一般都是妇女做的,男的一般不做。一般人都是不信教的,不过偶尔也会有人信佛教了,现在村里有很多人信基督教。现在鬼节,家里女人们都是在自己家门口烧纸钱。一般不会去坟里。

四、妇女与村庄、市场

(一)妇女与村庄

1.妇女与村庄公共活动

小时候我经常去外面玩儿,赶集看戏,我当时喜欢看戏,其他村里有戏唱我也会去看的。不过后来长大以后就不让随便出去了。

2.妇女与村庄社会关系

我们村里当时有村长和村副,我爸就是村副。村里要修路或者是修渠什么的基本都是男的去,也有女的去,干点儿杂活去给做饭烧水什么的。去村里开会,一般也都是男的去,没有女的,人家不要女的。嫁过来以后,提倡男女平等,有时候也会叫我们妇女去开会的,不过去了我们一般也都不说什么。我嫁过来以后也不用通知两个村里的干部。

我在娘家的时候,有几个比我稍微大几岁的姐姐和一个嫁过来的媳妇儿和我关系挺好的,我们经常在一起做针线活儿,经常一起玩儿。后来其中有一个还来这里看过我,再后来年纪大了以后就没有来过了。我出嫁的时候也没有什么哭嫁的讲究。嫁过来也不随便走亲戚,更不用去邻居家,因为办喜事儿的时候就都见过了。男的和女的都要下地的,去地里干活,1949年前和1949年后都要出去干,工分的话,就是有多少算多少,男女算的一样。我当时嫁过来以后,也没有妯娌,所以和邻居处得还挺好的。盖房子上梁的时候是不要妇女在的,人家说有妇女在梁就上不去了。尤其是不要怀孕的女人去看。我嫁过来以后,针线活我们就是相互教的,一般是不会问婆婆的。

(二)妇女与市场

嫁过来以后,我也会去赶集,买些日常用品。当时市场上也有女人在买东西,我有时候也会去我姐姐家村里赶集。我们一般是不在外面赊账的,因为认识人才会赊账,不认识也不会赊你。纺纱的棉花都是自己种的,不过后来一般就不纺纱了。当时,针和线都是在村里的小卖铺里买的,也可以去问婆婆要。集市上有很多东西,我们买的有衣服、肉、水果日用品之类的。后来我们还有布票和粮票,再后来就用洋布做衣服了。孩子们都结婚以后也就不怎么做鞋了。当时如果谁家有吃不完的东西,也可以相互卖。

五、农村妇女与国家

(一)认识国家、政党与政府

那时一直都说国家,不过我以前没有听说过男女平等。后来男女平等了,村里也会叫妇女们去开会,一般是妇联主任来叫我们。1949年以前,村里有小学,有女生去上,不过刚开始很少,女的和男的都是在一起上。1949年以前我一共见过四五种钱,反正谁占领着就花谁的钱。日本人刚来的时候,我们也不知道他们来干什么,反正当时兵也挺多的,后来他们杀人我们才害怕。日本人来了也就是要吃要喝,然后就走了。一般是国民党、八路军和"皇协军"要人去当兵。当时不要女人当兵,不过也有女的想去当兵,主动找人家就走了。那时候国民党在我们这边主要是阎锡山的兵,我们叫"白狗子",当时不怎么认识国民党的人。共产党八路军经常在我们家驻扎。共产党八路军是毛主席的人,现在的国家主席是习近平吧。

（二）对 1949 年以后妇女地位变化的认知

我们 1949 年后也参加过村里的投票，是选村干部。有人帮我们写，然后会告诉我们选谁谁谁，我们就写上了。这种事儿基本都是选男的，选党员和选有文化的。我孩子里有好几个是党员，孙子辈儿的也有很多。当时我们也一般不随便找干部，没事就不找。干部里的人也有好有坏，我们村的村支书就比较坏。

我出生的时候，我爹娘就没让我裹脚，不过我姐姐裹了，后来我们就不裹脚了，村里的人也大都剪了辫子，不剪辫子的姑娘就把头发盘在头上，用毛巾遮住。1949 年以后，也没听说过有什么强制剪辫子的。我嫁过来以后，村里有识字班，还去上过几天，但是后来太忙就不去了。婚姻我觉得还是自由的比较好，都是找自己愿意的，也不存在什么不愿意的。1949 年以后，村里就有妇联主任，就是她让我们去开会，然后安排我们干活。1949 年以后，就开始宣传男女平等，只是孩子的婚姻还是需要父母管，但是后来也要询问孩子的意见。自由婚姻都是近 30 年以后才有的。

1949 年以后，村里就号召让婆婆和丈夫不要虐待儿媳妇儿，但是还是有一些婆婆和丈夫会虐待。以前儿媳妇伺候婆婆也不一定全是强迫的，有的就习惯了，比如收拾、做饭、打水之类的，反正自己也要用。但如果媳妇儿被欺负得太厉害了，就会跟村里的干部说，或者是跟娘家人说，这样都会管的。其他一些事儿，比如招赘了，住娘家还是和以前的风俗习惯是差不多的。当时村里号召女孩子也去上学，村里有广播，让女孩子去上学，不过也有人家穷或者是有家长不愿意去，不让上的也就不上了。我女儿当时一直上师范，上完以后嫁给邻村，去当中学老师。

（三）妇女与土地改革运动

土地改革运动时，我婆家被划成贫农，我娘家被划分成中农。当时有土地改革运动工作队来到我们家里，基本就是安排谁家给土地改革运动工作队做饭，然后会给一些粮食。土地改革运动的时候分配给每家土地，工作队让我们去开会，去斗地主，不过一般就是妇联主任或是村里的干部在那说话。不论是在队里还是公社里斗地主，我们都没参加过。当时会喊打倒地主，打倒富农，然后就会把地主家的一些东西分了，只留下一些东西让他们也变成贫农。不过这些东西一般都是跟村里干部有关系的人才能分到，我们家就没有分到过。村里也有一些特别积极的人，他们后来也说有的分到了，有的没分到，反正这些积极的也都是有利益关系的人。富农的话一般是不分东西的，就是退出一些地来就可以了。当时还有土地证，土地证上是写男人的名字。

（四）互助组、初级社、高级社时的妇女

互助组就是一个组里三五家，相互帮助干活，干完一家再干一家的，就是自愿几户组成一个小组，然后去干。自己的地还是自己干。当时男女都要去，大家也挺愿意的，相互帮忙一起做。后来到高级社的时候，土地和干活的东西都入了队里。我们当时也要去做活，不过就不像以前那么自由了，而是必须去做。当时还有红黑旗，如果谁要是去地里迟了，就给他一面黑旗，要是去的早的话，就会给他一面红旗。黑旗得了是要受惩罚的，有人得了黑旗还会哭。

那时男女都要去地里干活一样，女的一般是摘棉花，不像男人那么累，但是给的酬劳是一样的，干多少给多少。我们吃食堂的时候，男女是一样的，但是孩子有专门的人照顾，他们吃的好一点，但大家都吃不饱，都是按量供应的。只有在节假日的时候才会管饱吃。如果有谁身体不舒服,也可以向村里的干部请假,不过有时候就不准请假,还要去干活。但如果有孩子了,或者孩子还特别小就可以不去。但是那样也没有工分。我当时有两个孩子,因为经常要忙着照顾孩子,所以会晚点儿出去。后来有了幼儿园和托儿所就把孩子让人家去照顾。当时也挺累的,我们要一天干到晚,中午去吃了饭,下午还要去地里做。比我们当时互助组的时候累多了,而且还吃不好。

我记得我们当时在高级社的时候,大家还要唱歌,在地里就开始唱了,如果有人不唱就会被批斗。但总体来说,地里还是男人做得多。村里当时也没有机器,如果不下地,有人就在村里边养牲口、做饭、照顾孩子,不过这些都是有关系的人才能做,没有关系的一般当不上,因为这些活儿轻松,也能吃饱饭。有时候修水库做工程了,也都是男的去,也有妇女跟去做饭的情况。后来有炼钢铁、深翻土地、学大寨等工作,我们也都经历过,反正也挺苦的,当时村里还有劳动比赛,我记得我还得了一件衬衣。

以前那些成分不好的就很辛苦,他们不仅要好好干,还可能被别人诬陷,有一次我们村里有一个以前的地主就被别人诬陷说拔了几棵地里的苗,然后就被打了一顿,判了5年有期徒刑,最后死在了监狱。

我们虽然辛苦一年,还是赚不了多少工分,粮食是长得很好,但都上交给了国家。虽然当时有自留地,但是我们还是吃不饱。而且如果干活生病了,还要自己花钱去村里买药。当时有人饿得不行了,就去地里偷庄稼,如果被捉到就会批斗,而且还会被打。其实也没有说怨不怨的,反正就会抱怨日子过得苦。村里人如果妇女之间有了矛盾,也会相互骂,可能还会打架,有的骂街,就是站在街上骂的那种,也有人实在熬不下去了就自杀了,不过自杀的不是很多,一般是男的自杀的多。

(五)妇女与人民公社、"四清""文化大革命"

"四清"的时候审查主要是看干部们有没有贪污之类的行为。有的村干部因为贪污害怕被查,就自杀了。当时有很多村干部因为偷了一点粮食,被查出来之后就被批斗。破"四旧"的时候,我家的旧东西基本都被人家翻出来烧了。再后来结婚也就没那么多花样了,基本就是用车子带回来就可以了,一般不坐轿子了。

(六)农村妇女与改革开放

计划生育就是国家不让妇女多生了。如果让我现在选的话,我顶多会生一两个,生那么多也没用,也养活不了。现在生活比以前好多了,我晚上在家里看看电视,和老伙伴们聊聊天,有时孩子也会给我打电话,我不认识字,就会按几个简单的号码。

六、生命体验与感受

这辈子印象最深的事儿就是我妈死的时候,她就放心不下我,当时我还小,她怕我受委屈,一直哭着。我觉得现在的生活比以前好多了,可惜我妈已经看不到了,我也已经老了。

RYX20170105HJF 何建芬

调研点:贵州省遵义市播州区泮水镇永安社区

调研员:任怡璇

首次采访时间:2017 年 1 月 5 日

出生年份:1936 年

是否有干部经历:无

是否生育:是

受访者结婚的时间节点、生育子女的具体情况:生于 1936 年,1955 年结婚的,生有 4 个孩子。

现家庭人口:12

家庭主要经济来源:子女赡养

受访者基本情况及个人经历:老人娘家有一个姐姐,一个兄弟。兄弟在年轻的时候出车祸去世了,姐姐也于去年去世了。老人于 1955 年结婚,生了 4 个孩子,一直以种地和做生意为生,别的事也没做,不过后来主要靠做生意了。

老人和老人的老伴现在一起跟着小儿子住,老人的儿子儿媳还有女儿女婿都很孝顺,经常回来看望老人,老人现在腿脚不方便,老伴在家陪老人,老两口主要是看电视。老人的老伴身体还不错,家里还在卖五金,儿子女儿也会给老两口生活费,一家人的关系都很好。

一、娘家人·关系

（一）基本情况

我叫何建芬，1936年生。我的名字是我母亲取的，这个名字没有什么特殊的意义，那时候起名都是按照字辈取的，不管是男孩子还是女孩子都可以按照字辈起名字。我有一个姐姐，一个兄弟，我那个兄弟在年轻的时候出车祸去世了，我姐姐去年也去世了。土地改革运动的时候我家也就算个中农吧，自己家就只有土地改革运动以前那么点土地，再没有分到土地，一家人就两亩多一点的土地吧，以种地为生，我们当时住在街上，还可以做点小生意，就主要靠这两样生活。

（二）女儿与父母关系

1.出嫁前女儿与父母关系

（1）家长与当家

我们几个姊妹在家里的时候，家里当时是我伯伯来当家，他可以算作是我的继父，有什么事他们会一起商量，管钱也是我伯伯在管，要买什么都要跟他说，我们家就只有我们几个人，也没有什么大的家族，不像大户人家那样的当家啥的。

（2）受教育情况

我小的时候是读过书的，到了读书的年龄就去读书了，那时候读书都是父母让我们去的，就是在当地读的小学。我姐姐、我兄弟也读过书，他们两个读的书要比我多一些，我那时候读书读不进去，读了一两年就没读了，我兄弟可能读到了初中。那时候读书，男孩子女孩子都是在一起读的，女孩子去读书的也很多，一到年纪就都可以去读书。家里的教育都是由父母进行的，他们是一起教育我们姐弟几个的。

（3）家庭待遇

在家里，我们几个的待遇都是一样的，吃饭也是大家一起吃，买衣服的时候也是我们几个孩子都有。不过在吃饭的时候，出于对长辈的尊重，是要先给长辈盛饭，递给他们，自己才可以盛饭。吃饭的时候大家做的位置也没有什么规定，想坐什么地方就坐什么地方，不过其实，男孩子的待遇要比我们好那么一点点，但是也都差不多，没有多大的差别。家里就是做点小生意，卖卖东西，我们姐弟几个就是帮着家里卖东西，地里的活儿做不了，都是大人再做，我们两姐妹没有读书后，到了差不多的年纪，就在家里学做家务，主要是洗衣煮饭这些，我家那个兄弟就一直都在读书，不过家里的活和地里的活儿主要是父母在做，我们也没什么主要的分工。

（4）对外交往

我们一般出门是要跟着父母出门的，但要是拜年的时候父母忙不过来，我们还是可以一个人出门拜年，别的有事要出门的话，倒是没有单一个人出门，一般也不太允许女孩子一个人出门。过年的时候父母是不会给压岁钱的，亲戚也不太会给，因为大家都没有多余的钱。一般附近有什么事，父母都是一起去的，如果有时候忙不过来，那就是谁有时间谁去，母亲也可以一个人去。家里要是来客人了，吃饭都是在一起的，母亲和我们也可以上桌吃饭，要是实在坐不下那我们就在一边吃饭。

（5）女孩禁忌

那个时候对女孩子的要求，就是家里面的父母不让我们到处乱跑，主要是呆在家里面，坐也要端正地坐着。差不多在我们十六岁左右的时候,父母才让我们出门,但还是小孩子的时候我们可以在家附近玩耍,不能跑太远,一个人走亲戚也是要大一点的时候,太小了一个人出门不安全。一般都不准跟他们男孩子一块儿玩,就算是家族里面的堂哥堂弟,父母也不太准我们跟他们玩,毕竟他们是男孩子。家里洗衣服的话,男的衣服和女的衣服都是要分开洗的,晾衣服也还是要分开晾衣服的,男的衣服单独晾一处,女的衣服又单独晾一处,别的也没有多大讲究,晾衣服晾在屋子里和晾在外面都可以,反正就是要分开洗、分开晾。

(6)"早夭"情况

我家没有孩子早夭的情况,只有我那个兄弟后来出车祸去世了,不过那时候我们村里孩子早夭的还是比较多的,主要因为家庭条件不好,生病了没有办法,就只有看着孩子去世。

2.女儿的相亲、婚嫁

(1)相亲经历

我可以说没有定亲,我是1955年结的婚,当时请了介绍人,介绍了之后,双方家都说可以,说好时间那就结婚了。当时介绍人就介绍一下两家的情况,如果你看得起,那你们就可以结婚了,如果有一方看不起的话那就算了。当时就说了他家的基本条件,然后会说这个人是顾家、老实、还是勤快。女孩子找丈夫的话一般就是要勤快,肯干活肯做事,然后不要一天在外面去疯玩。

结婚的话,是我自己同意的,我自己愿意,那我母亲就去答复介绍人说我愿意,那大家就可以结婚了。父母也希望我们过得好,他们还是尊重我自己的意见。如果我不同意的话,那他们也就不会同意,他们还是顺着我的。那时候就是你公公,他请的介绍人来说媒。这个介绍成功了的话,就给介绍人买套衣服,有的给他点糖,给他点烟,给他点酒,都是这些,看你家能买得起什么那就给他什么。我们两家没有写婚约,没有交换生辰八字,我们家都不信这些。

(2)出嫁经过

两家要是说成了的话,那双方的父母都要见面商谈的,就是详细商量结婚的事,说好就可以结婚了。在定好什么时候结婚之后,我们两家是有来往的,他来我家的时候,我家就招待他吃饭,他也带点东西来。

当时结婚也没有那么多规矩,就看一下日子,哪天日子比较好,那天就结婚,这样就结婚了,我到四川去了,别的也没有什么特殊的规矩,不需要磕头这些。结婚的那天,我在房子里面等着,不需要做什么事。娘家这边是没有摆酒席,当时我们结婚拜了父母,在父母家吃一顿早饭,就走了,都没有摆过酒席。等他来接我了,我就辞别父母,和他走了,我家离他家太远了,家里也没什么人来送我。在他家那边也没有摆什么酒席,反正到了他家那边,就算结婚了。当时两家都比较远,也不好摆酒席。我结婚以后,隔得比较远,就没有回门,一结婚就一直呆在那边,后面我和他才回来住的。不过出嫁之后,我在那边还是过生日的,过生日的时候,就象征性的给一点钱,那就去买一小点儿零食吃。然后可能的话就是煮两个鸡蛋给你吃。

(3)嫁妆

我结婚的时候,我家是没有要什么彩礼的,那时候也没什么彩礼。他们家随便带点东西来,我家也就拿相应的东西过去,我的嫁妆就是些被子,被单,衣服这些。反正大部分都是床上用品。那个时候嫁妆没有钱,家庭普遍都比较穷,不会给钱。

(4)招赘

1949年之前,我听说我们这也有招上门女婿的,出现这种情况,就是家族里面同意就可以了,一般不写字据这些。招上门女婿是要全面考察清楚才行的,不是随便招的,我们这边还有这样一个习俗,生的孩子也是和上门女婿姓,不能跟女方姓。有的女方比较强势,还有自己当家长的。

3.出嫁女儿与父母关系

(1)风俗禁忌

出嫁了以后,我们家对女儿没有什么太大的约束,想回娘家吃年晚饭那就可以回来吃,我自己也回来吃过年晚饭,但是有的人家不行,我嫁过去没有几年,我兄弟就出车祸了,我姐姐也嫁人了,家里两个老人也去世了,我娘家就没什么人了。不过在我娘家还有人的时候,我和他还是回去过的,我们回去的时候不能住在一起,要分开住。我家没有什么规定,出嫁的女儿可以回娘家拜祖坟的,就是清明的时候回家拜。过节也一样,一般春节是要在婆家过的,别的在哪儿过都可以。说起回娘家,两个人一起回也行,一个人回去也行,有的家住的比较近,就可以一个人回去,随时都自己回去。回娘家的时候,就是带点糖,带点酒。

(2)与娘家困难互助

要是娘家有什么大事的话,还是会通知我们回去商量的,就像我在婆家有什么困难,那娘家也会关心我的,不过我家一般没什么大事,都是些小问题。和婆家闹矛盾的时候,有的人还是会跑回娘家,不过大部分都是自己又回来了。我在婆家是没有闹什么矛盾,一些小问题说说就过了,我们一家人都比较亲。

(3)离婚

1949年前我们这儿没听说什么离婚的,1949年后倒是有一些了,但也不多,离婚的妇女就回娘家住,一般离婚了还可以二婚的。

(4)财产继承

结了婚的女儿以前不能,现在能分娘家的财产,有的家没有男孩就分给女儿,人家那就不叫出嫁了,叫入赘。如果家里只有两个女儿,那就是一个入赘,一个嫁出去。照这边的习俗,姑娘出嫁以后就不能分到娘家的东西了,我家的东西都是归我兄弟,我和我姐姐什么都没有分到。

(5)婚后尽孝

在父母养老这个问题上,父母实在没有办法自己养老,或者是没有办法靠儿子的话,那就是女儿来给她养老,就是女儿接父母到自己家住。反正靠不住儿子就靠女儿。父母去世,要是只有女儿就是女儿来操办,七月半的时候也可以给他们烧纸。

(三)出嫁的姑娘与兄弟姐妹的关系

在我娘家还有人的时候,我和我姐姐兄弟他们还是经常走动,一年来往一两次吧,我们关系都不错,礼物不需要带的,就来看一下就可以了,只是有些时候,像过年过节这些,可能会带一些小的礼物,但是也没有多贵。要是家里有结婚这样的喜事,我也是要送礼的。我出嫁以后,我家的事都是和婆家商量的,我弟弟没有来说什么话,他也不会说什么。我们有空就走动一下,别的也没什么多大的事。

二、婆家人·关系

(一)媳妇与公婆

1.婆家婚娶习俗

婆家这边在我们结婚的时候没什么习俗,就是叫介绍人来说,双方同意我们就结婚,没有过多的仪式,连酒席,给公公婆婆敬茶都没有,更别说别的跨火盆这些了,只是嫁过来之后去拜了下夫家的祖坟,别的什么仪式都没有,领个结婚证就完了。

2.分家前媳妇与公婆关系

(1)婆家家长与当家

在婆家是由两个老人来当家,钱这些都是他们管,主要的话是我婆婆来管事儿。钱怎么用怎么安排都是婆婆说了算。结婚以后没有开过什么家庭会议,有什么大事儿的话,大家随便叫拢来说一下就可以了,反正就是征求一下大家的意见。

(2)劳动分工

我主要是在家里打扫卫生,洗衣服煮饭。

(3)婆媳关系

我和婆婆的关系一直都不错,也没有吵架什么的。我当时都不串门,就是自己在自己家,没有说要去哪家玩,也没有参加过村里的活动。

(4)婆媳规矩与状况

在家也没有说伺候婆婆这个说法,结婚以后都要把一家人照顾好,不过吃饭的时候是一定要给长辈盛饭的。

(5)家庭矛盾

总的来说,我家没什么矛盾,有也就是一点小问题,除此以外就没有什么了。

(6)财产权

结婚以后,我的嫁妆都归我,也没什么东西。刚刚嫁过去的时候,还要给公婆和他的几个兄弟姊妹做鞋子,算起来还是做了好多了。要是出去挣钱,挣的钱也是归公婆。

3.分家后媳妇与公婆关系

(1)公婆关系

我家一直都是一大家人,没有具体说分家,关系都还是比较好的,没什么较大的矛盾。我们的关系一直都一样,没什么改变。

(2)分家

没有说什么具体分家这样的话,我们从四川回来这边就算是分家出来了,到这边以后,和婆家的联系就少了。

(3)交往

刚刚结婚到四川的时候,婆婆是不准我出门的,都是在家里做家务,和别人没有什么多大的交往,后来最多就是和家附近的人聊聊。后面从四川回来,交往的人才算增加了,我还会出去参加跳秧歌舞。

(二)妇与夫

1.家庭生活中的夫妇关系

(1)夫妇关系

我和丈夫也可以算作结婚那天才见的,以前定亲的时候就是随便看了一下,也没怎么看清楚,领结婚证那天才真正看清楚的。我见到我丈夫的时候还是比较满意的,他长得又高大,样貌比较端正,从整体来说都是很不错的。结婚以后,我们都是叫名字,直接叫对方的名字。结婚以后,都是住的老房子,没有修房子。家里面如果当时需要什么的话,那就自己去买了,我丈夫也不会说什么,反正我们花钱都是有分寸的,也不用说必须要经过对方的同意。要买大型的东西,那大家就商量着来买。我丈夫还是比较勤快的,洗衣做饭他都会,有时候我身体不舒服都是他来做家务。

(2)娶妾

我们当地在1949年以前有娶小老婆的情况,都是大户人家才有钱娶小老婆。娶小老婆有的人还是会讲究门当户对的,有的人他喜欢,他就娶进来了。有钱人家娶小老婆是要大办的,而且有的人家有钱,娶两三个小老婆的都有。小老婆一般叫大老婆姐姐。

(3)离婚与婚外情

离婚的情况一直都有,只是1949年以后这种情况比较多。婚外情的话一般没怎么听说。

2.家庭对外交往关系

我嫁过来,是跟邻居关系比较好,那时候的人也不怎么出门,就是在门口说说话,出了门也不知道去哪里,我出的最远的门就是娘家了。这几年也不去娘家了。

我们结婚后,有什么事都是大家一起相互商量着决定,要是需要和外面的人打交道的话,一般都是我丈夫出面。我们在家里的地位没有什么排序,反正大家都差不多,只是对老人尊重一些。我们在家不像以前那么封建,要伺候丈夫之类的,我们都是自己打水洗脸。只是有一点,男子汉们在说话的时候,我们一般不插嘴。

(三)母亲与子女的关系

1.生育子女

(1)生育习俗

我们家在结婚、生孩子这些方面一直比较简单,我1956年生我女儿的时候,就没有办满月酒这些,当时娘家也没有人了,没有向娘家那边报喜,自己生了孩子就自己带,没有什么讲究,也就是玩的好的几个朋友带点鸡蛋来看我。

(2)生育观念

在我们家里,公公婆婆还有我们对生男孩和生女孩的态度是一样的,没有重男轻女的想法。说起来,也没有给他们过过生日。我觉得,是养个女儿比较好,养女儿比较心疼妈妈。儿子就没有女儿那么贴心。

(3)学校教育

我一共生了四个孩子,两个儿子两个女儿。对他们都是一样的,也没有偏心什么的。一个孩子有什么,那其他的就都有。对他们的教育都是我和丈夫负责的,主要是丈夫进行教育,当时就是谁到了年纪,那谁就去上学,反正只要到年纪了,我们都让他去上学。

(4)对子女权力(财产、婚姻)

结婚前儿女挣的钱都要交给我们,归我们管,在我们一个大的家里一起用,他们自己没有私房钱。我的这几个孩子都是自由恋爱的,我们没有给他们介绍过,他们自由恋爱带回来给我们看,我们觉得可以,那他们就结婚了。那个时候是要给彩礼、嫁妆的。不过开始他们结婚的彩礼嫁妆这些都简单,一些被子、床单、脸盆这些就完了,到后来就有电视、冰箱这些了。他们结婚的时候还给我们老两口敬茶了。

2.母亲与婚嫁后子女关系

他们结婚以后,我家没有说具体的分家,他们几个孩子都有能力,自己在外面都有房子,就没有想着要我们的房子,我们现在是和小儿子一起住着。他们结婚以后,我们的关系都很好,没有什么多大的矛盾,我的两个儿媳妇都很孝顺、很通情达理,一家人有什么事就一起商量。

三、妇女与宗族、宗教、神灵

(一)妇女与宗族

我们这儿不讲究宗族,所以也就没有这方面的传统习惯。

(二)妇女与宗教、神灵、巫术

(1)灶王爷的祭拜

我们这边都是腊月二十三就拜灶王爷了,准备一点麻糖,炒几个菜,那就可以拜灶王菩萨了,别的也没什么讲究。我家没有敬什么灶王爷,主要是我们吃素,我们就没有敬那些菩萨。

(2)腊月三十敬神

大年三十那天,家里要准备好饭菜。除了敬天地神灵,还要叫老人。敬神就是这样的,在大年三十那天要准备好,炖好的一只整鸡,还要四块刀头肉,再准备好白酒,那就可以开始了。敬神也就是磕头祭拜,烧纸,说一些对来年美好祝愿的话。敬神完了就可以叫老人了,叫老人就是把这次年夜饭要吃的东西端上去,先让老人们吃,还要给他们倒酒。这期间,也就是磕头烧纸,让老祖宗保佑我们平平安安、健健康康,之后,每个菜都夹一点在碗里面,再把酒水都倒进去,在晚上十一点以前要把水饭倒了,这就算是个完整的流程了。

(3)拜门神

拜门神一般就是在大年三十那天就一起了,没有专门拜,过了初一,那看哪一天的日子好,就可以回娘家了。

(4)宗教

我们这边没有信宗教的,我当然也不信,又没有什么文化,都不知道宗教是个什么东西。

(5)七月半

七月半的时候我们都要烧纸钱,一年要烧几十个人的纸钱。

四、妇女与村庄、市场

(一)妇女与村庄

1.妇女与村庄公共活动

(1)参与村庄活动

我们这边的村庄活动,以前妇女只能去看,不能参加,要说参加的话那要到80年代了。我以前参加过打腰鼓、打田埂、跳秧歌舞。前几年我还参加过的,这两年生了病我就没有去了。今年的话要玩一个龙灯,然后还要舞龙舞狮。

(2)村庄绅士、保长,甲长印象与接触

1949年以前,我们这边有保长甲长的。当时村里没有开过什么会,就是1949年以后才让我们参加村庄会议的,当时我们还是比较小的,所以参加的话,就去看一下,具体说了什么也记不得。那时候在村里面,没有事的时候就约着和我玩的好的小伙伴一起聊天,要是村子里有什么活动我们可以看的话，我们就一起约着去。不过村里有时候要我们去割麦子割谷子。不过，要是没事就在家里做事，走不了什么地方，当时人太多了，又是要洗衣做饭的，所以没有什么时间上街也就没有上街，只是赶集的时候会上街，或者要买什么的时候会上街。

2.妇女与村庄社会关系

如果村子里面有什么事儿的话，我们都会去帮忙。后来我们回到这里之后，比如说有红白喜事的话，就给人家煮饭，还是经常去帮忙。我们在村子里的人际关系都是比较好的，没有出现过和别人吵架的情况，不过村子里也是有闹矛盾的人，那村子里面比较热心的人就会去协调。

（二）妇女与市场

我在出嫁之前也赶集过，出嫁以后也去过。出嫁之前，一般都是跟着父母邻居去的，出嫁后要么跟着邻居去，要么就是自己去。那时候我们可以卖东西，一到赶集就去，像去马蹄赶集，那就卖一些小百货。当时的话赶集是不会赊账的。我们需要什么东西，赶集的时候会买，也会去供销社买。

五、农村妇女与国家

（一）认识国家、政党与政府

（1）国家认知

我们在 1949 年以前就知道有国家了。就是当地政府来宣传。甲长保长都会来宣传的。那时候对国家也没有什么想法，我们才十多岁，能有什么想法？1949 年以前国家没有宣传男女平等，而且那时候的学校还是老学，那时候上学男女要分开，不能一起上，以前的老学一般不会让女孩子上，一般老学那就是随便找一点什么三字经这些讲。1949 年之前我见过三种钱，1949 年之后换了一种钱了，换了钱之后还是感觉 1949 年后，就是不一样的国家了。1949 年以前妇女也要向国家交税的，具体交什么我就记不清了。我没有裹小脚，一般裹小脚是要以前的大户人家才行，穷苦百姓还不能裹小脚。

（2）政党认知

1949 年以前知道什么是国民党。对国民党也没有什么印象，就感觉日子不太好过。还是知道蒋介石这些的，别的也没什么印象，也没有认识国民党的人。1949 年之前听说过共产党，但不认识共产党的人。1949 年后我丈夫就是共产党员，主要是他当了个小组长，那就入党了。

（3）夜校

我那时候没有参加过夜校，也没有参加过识字班，就是在家里做家务。

（4）政治参与

我丈夫以前是小组长，他是个党员。那时候我们十八岁就可以参加选举了，当时就是选代表选村长这些，是写选票选举。

（5）干部接触与印象

我也不太认识什么干部，也不太懂这些，主要当时我丈夫是小组长，经常有干部来我家，和干部还是经常有接触的，当时有"四清"工作队来的话，你公公接触过。我感觉干部在互助组的时候和老百姓走得近。我觉得他们关心人民都是一步步在提高的，你看现在老年人的待遇都比较好。

（6）对女干部、妇女组织的印象

我们这边的女干部都是近几年才有的，以前没有什么女干部，都是男的当干部。我觉得只要有能力，女的也都可以当干部。

（7）政治感受与政治评价

我觉得计划生育，对家庭的负担是比较小的，不像以前孩子那么多，负担就比较重。我家有四个孩子，在他们小时候，家里的负担是很重的，我们大人累得不行。

村里变化很大，村里的活动渐渐增多了，我觉得妇女参加社会活动非常好。在1976年左右，政府提倡废除旧的人情礼金，这个还是该管的。有的东西始终不好，太复杂了。1949年之后就大规模宣传男女平等了。后来政府号召家庭里面平等，我觉得这样也很好，可能家庭里面，大家都相互尊重，关系就更好一些。靠这些政策，那妇女在家里面的地位就还是比较平等的了，我觉得1949年以后妇女在家的地位提高了很多，很多事不是妇女必须要做的了，丈夫也可以分担很多事了。

（二）对1949年以后妇女地位变化的认知

小时候就听老头儿经常说，以后要男女平等。那个时候要那等到什么时候。1949年了，现在男女平等，妇女地位当然提高了。以前哪有妇女搞工作的，现在妇女可以干工作了，妇女可以教书了。结婚离婚自由。但是妇女搞工作也就是混一下，起不到作用。

（三）妇女与土地改革运动

1.妇女与土地改革运动

土地改革运动前我家有一两亩田，只有一小点土地，没有牛，我家当时被评为中农，就没有分土地给我们，全家就靠这点土地和做点小生意来生活。土地改革运动的时候我还在我娘家。土地改革运动前土地改革运动后，主要就靠土地和做生意来生活，应该说做生意占了大部分，家附近就种点蔬菜来吃，差不多就是这样的生活，我感觉在那时候我家的日子算是比较好过了，我们小时候虽然也挨饿过，但是挨饿的时候少。

当时的生活开销主要是吃，菜的话就自己家种一小点应季蔬菜来吃，像什么四季豆、豇豆这些，没有拿去卖的。穿的话小孩子都是穿大人改过的衣服裤子，过年过节也会上街去买。我们没有向别人借过钱。土地改革运动前我们家是有自己的房子的，田地自己也有点，就种谷子，土地有一小点，就种些洋芋、包谷这些简单好种的，然后就是种蔬菜，这边种的多的也就是四季豆、豇豆之类的。种的东西还不够自己吃。土地也说不上怎么经营，就只有这么小块土地。当时没有化肥，土也算不上肥，种什么东西产量都低，包谷之类的都是高秆，风一吹就倒了。

2.女干部与土地改革运动

我们这边土地改革运动的时候都没有什么妇女干部，就只有个妇女主任，有些小队里面还有男队长和女队长，不过我们这边没有。妇女主任主要就是管一下队里面的妇女，看看我们有什么困难，要是我们有困难的话，她就向上级反映，要是问题比较小的的话，那她就自己进行调解。

（四）互助组、初级社、高级社时的妇女

土地改革运动完一年左右，到1953年底，就成立了互助组，都是邻里间相互换工，你家帮我做几天工,我又还你家几天工,和土地改革运动前我们自己组织的换工差不多,只是更正规一些。当时相互帮助的对象基本都是固定的。说起来互助组也就只搞了一年左右。到1954年就成立了初级社,初级社都是自愿加入的,我们贫下中农都加入了初级社,富农有些没有加入,他们自己单干,他们田地多,又有耕牛,加入不划算。但有的富农还是会和我们这个阶级的换工。到后来,没加入初级社的看到初级社还是有好处,就都加入了。我们这边在初级社之后就成立高级社,再之后就进入了1958年的人民公社了。

这个村的初级社是这样的,农具方面来说,小的农具是不交的,就像锄头、镐子、铲子不交,大型农具要交;耕牛之类的牲口要交,养的肥猪也不用交,总的来说,那就是土地、牲口和大型农具要交。大家都是一起劳作,然后算工分,我们劳动的时候不分男女,女的劳动力好的话就可以干男子汉的活,按她应该得的工分算给她,算工分的话就看干了什么活那就给什么工分,年终就按工分来分粮食。其实在生产队里面这样一起劳作的效率高,因为不劳动就没有工分,而且我们妇女也要干活,粮食也就不够吃,但总的来说,集体耕种还是没有自己家单干的效率高,单干自己可以尽自己的力来耕种,耕种的收获都属于自己,但是集体耕种还是有偷懒的,不会完全公平,渐渐地种地的热情也减少了。

妇女劳动也有好处,在互助组里面的话,大家的农活都可以很快做完,在初级社高级社里面土地都是要交的,大家都在加紧劳动。

(五)妇女与人民公社、"四清""文化大革命"

1.妇女与劳动、分配

那时候,我们女性有的劳动力好的也去劳动,我倒是没有出去劳动,我丈夫参加过大炼钢铁,他干了一年多。我们这边还有学大寨,都是有些大标语挂在墙上。我们这边没有幼儿园、托儿所之类。那时候是有大食堂的,都要在大食堂里面吃饭。不过到了"三年困难时期",我们家的生活还是很困难的。我们当时就是住在街边,没看见。

说起"四清"运动批斗干部,我没有参加过,你公公他们还是去开过会的,我听说也就是干部贪污这些受到批斗,还有就是对干部进行教育。我们后来搬到街边住,就是专门卖东西了,还会规定卖什么东西,不能想卖什么就卖什么。

我的话,就是搞突击的时候去过,还有就是大食堂的时候煮过饭,除此之外也就都是在家里卖东西、做家务。

2.集体化时期劳动的性别关照

生孩子可以得到村里和队里的照顾,也就是多给几天休息的时间,要是生病的话那也是可以多休息几天。有什么困难都可以和村里的干部说,他们都会帮我们解决的。

3.生活体验与情感

大食堂是1958年成立的。当时就在我们家前面一点,离我家还是比较近的。

那时候的大食堂就是找个大的场地,一家人都要在那吃,不过有老人小孩子不方便的话也可以打回来吃,我当时在大食堂里煮饭。

有的地方听说食堂里面都没什么吃的,天天就喝稀饭,就像清水一样。

4.对女干部、妇女组织的印象

我对妇女干部没什么印象,就记得我们有个妇女主任,就是安排下妇女生产,管下妇女的事物,别的也没管什么事。

5."四清"与"文化大革命"

"四清"运动的时候,我丈夫是这边的小组长,经常要开会,经常有上级领导来家里,我也接触过一些。那时候吧,"四清"就是专门针对干部贪污腐败的,主要是批斗干部还有对干部的再教育,让他们为老百姓做实事,我接触的妇女干部都少,基本是男的当干部。

(六)农村妇女与改革开放

(1)土地承包与分配

土地承包是没有我们的份了,当时我家已经转成居民户口了,就没有土地分给我们了,我们就靠做生意来生活了,日子过得也不错,可以说从改革开放以后,我们的日子就越来越好了。

(2)计划生育认知

我觉得计划生育这个政策很好,这样的话负担也不重,我们女性自己也轻松,对自己、对社会都很好。

现在的话,饭也有吃的,吃的还很好,还有注意不能吃太好的,对自己身体也不好。现在还有个精准扶贫,那就更好了,看电视上说,好多贫困的地方都可以脱贫了。一般在家的话,我和老伴就是看看电视,要是哪天想出门了,那就出门逛一圈,和我们差不多岁数的聊聊天。现在年轻人还懂上网,我虽然知道网络是什么,但是我不懂那个东西,也不想学了,都这么大岁数了。我大部分时间都在家,家里有座机,我也用不到手机,所以我也没有买。

六、生命体验与感受

我这一生还是不算辛苦,我们的日子还是比较好过的,没有像有些人那么辛苦,年轻的时候比较辛苦,但是也还好。记得最深的可能就是,当时一起去赶集的时候。

SSH20170111LGR　刘桂荣

调研点:河南省周口市淮阳县曹河乡曹河村
调研员:宋舒豪
首次采访时间:2016 年 1 月 11 日
出生年份:1935 年
是否有干部经历:否
是否生育:是

受访者结婚的时间节点、生育子女的具体情况:1954 年结婚;1955 年生第一个孩子,共生四个儿子,没有女儿。
现家庭人口:2
家庭主要经济来源:积蓄
受访者所在村庄基本情况:曹河村位于淮阳县曹河乡,辖 9 个自然村,12 个村民小组,总人口 3596 人,耕地面积 4905 亩。主要民族为汉族。村两委成员 10 人,村长书记一肩挑。村民以务农和外出务工为主要收入,没有村办企业。村内现有一所小学。

受访者基本情况及个人经历:老人生于 1935 年,经媒人介绍与丈夫定亲,19 岁结婚。生有 4 个儿子,4 个儿子已成家立业,并且已经和老人分家。老人现在和老伴生活在一起。老人每月有 60 元的养老金,每年过年过节老人能收到儿孙给予的 5000 元钱,平时主要靠积蓄生活。

老人一生没有当过任何干部,原因就是家里的孩子多,没有时间去做其他的事情。老人不识字,没什么文化,不爱出门,也不喜欢过多的关注外部发生的事情和变化,只是一门心思的把所有的时间和精力都放在孩子和家庭上边。从 1949 年后结婚一直到现在都是如此。虽然老人现在已经八十多岁,但是老人身体硬朗,耳不聋眼不花,偶尔还能骑着电动车出门买菜,还能一个人在家发面蒸馒头,是一位为家庭贡献了一辈子的女性。

一、娘家人·关系

(一)基本情况

我叫刘桂荣,小时候家里只起小名,大名是自己起的。我生于1935年,小时候家里有十亩地,土地改革运动的时候娘家是富农成分,我有三个兄弟,三个姐妹,小时候家里的兄弟姐妹没有被抱养的。我十九岁的时候出嫁的。我嫁过来的时候,我丈夫家里有七八亩地,他们家土地改革运动的时候是贫农成分。我丈夫有一个妹妹,他是家里唯一的儿子,他和妹妹小时候都没有被抱养过。我有四个儿子,没有闺女,生大儿子的时候我二十岁。

(二)女儿与父母关系

1.出嫁前女儿与父母关系

(1)家长与当家

我小时候在娘家,家里都是爷爷当家,管钱、管钥匙的都是他。我奶奶去世得早,所以家里大大小小的事情都是由他管。

(2)受教育情况

我小时候没读过书,那时候小弟姐妹们多,也上不了。家里其他几个兄弟都上学了,女孩子不让上学。我小时候想上学,但是想上也不行,家里还有几亩地,小孩子也多,平时只顾着干活,没有时间和精力上学。不单单我们家重男轻女,那时候大家都是这样的,男孩珍贵,比女孩家待遇好,为什么不让女孩上学,让男孩上学,就是这个道理。

(3)家庭待遇及分工

小时候在家吃饭的时候,女孩不让上桌。

(4)对外交往

家里要是有客人来了,大家一块吃饭的时候,不让女孩上桌,对外的时候也是男女有别,那时候大家都是这样。

(5)女孩禁忌

小时候在家的时候,女孩子平常不让出去玩,从小就不让,家里管得严,要是偷着跑出去玩了就会挨吵。女孩子在家的时候,没什么特殊规矩需要遵守。

(6)家庭分工情况

在娘家的时候,我爹平常都干农活种地,我娘也是种地,家里边的家务活都是我娘管,那时候我兄弟岁数小,出不了力,只能去上学。平常我除了下地干活,还学过纺织,那时候都让学,我是十二三岁的时候学的,我娘纺织的时候我就在旁边看着,慢慢的自己就学会了。纺织做出来的布,都给自己家的人做成衣裳了,那时候家里穷得很。

(7)男女教育区别

女孩在的时候一般都是母亲教育的多,男孩平时一般都是父亲管的多一点。

2.女儿的定亲、婚嫁

(1)定亲经历

我是1949年以后定的亲,请的媒人,过去都是媒人介绍,介绍一下家里的情况。媒人都是亲戚连亲戚的关系,互相都知根知底,我那边的媒人是我家的亲戚,他那边的媒人是他家的亲戚。过去成亲都是马马虎虎,要是放到现在根本就成不了,那时候都是一说就行了,就像一瓢水泼地上一样。当时定亲的时候没有仪式,我家也没有收彩礼,那时候不兴这个。定亲之后双方家长都没见过面,男女双方也不让见面,在那时候,就是给你找一个瞎子、瘸子都不知道。

(2)出嫁经历

我是1954年嫁过来的,结婚的时候没有写过婚书,丈夫那边派人用车拉过去就行了,结婚那一天也没有规矩、讲究之类。我结婚的时候,娘家那边没有摆过宴席,那时候娶个媳妇什么都不算。嫁过去之后,娘家的兄弟不用去探望,三四天左右就可以回娘家了。回娘家的时候是夫妻二人一起,挎着篮子,装点油条,这就算是带东西了。

(3)嫁妆

我嫁过去的时候,像我家这样的穷门小户也没嫁妆,箱子也没有,把自己的衣服和鞋子之类的用个单子一包,这就行了,以前结婚和现在比都亏死了。那时候村里出嫁时有嫁妆的基本没有。

(4)童养媳

那时候我们这没有童养媳。

(5)换亲

我也没听说过我们这有换亲的。

(6)招赘

1949年前,我们这有倒插门(入赘)的,一般都是男的家里穷,不好娶老婆,女方条件差不多的,男的就去倒插门了。倒插门的男的生的孩子还是跟男方姓,平常相处的时候,男的地位比女的地位低,就跟家里娶个媳妇似的。我们这西边有一家,姑娘家这边没人种地,就招来了个女婿,算是半个儿,能给女方家种地。男的在这住了几年,孩子大了之后就走,因为这一个庄子的都看不起他,在这边抬不起来头,什么都干不了。

(7)改嫁

我们村有二婚的,二婚时的彩礼不如头一次结婚的时候,村里边对二婚的也不会看不起。

3.出嫁女儿与父母关系

(1)风俗禁忌

出门子的闺女要是回娘家了,没什么特殊的规矩。大年三十的晚上,不能在娘家吃饭。出嫁之后也可以在娘家过夜,不过也没有过夜的情况,不在那边呆的时间长,说说话,吃吃饭,一般都是吃了饭就回来了。出门子的闺女可以回娘家烧纸上坟,回娘家烧纸上坟没特殊的规矩,只是有清明、七月十五、十月一这些日子回去烧纸上坟的习惯。出门子的闺女过年过节的时候都可以回娘家,回去的时候可以给老人买点东西吃,一般都是带点鸡蛋,买点吃的东西,年纪大了,想让他们多吃点好的。

(2)与娘家困难互助

嫁出去的闺女不允许管娘家的事,嫁出去之后就不算娘家那边的人了。要是嫁出去之后在婆家遇到困难了,娘家那边会派人过来跟婆家人商量,一般都是娘家那边的家长过来。

(3)夫妻矛盾调解

两口要是吵架了,女的可以回娘家。还要看女方吭气不吭气,就拿我来说,在婆家这边吵架了,回娘家之后忍着别吭气,娘家那边也不会知道。在娘家住几天,丈夫到时候去一趟把人叫回来了,这也就没事了。

(4)离婚

无论是 1949 年前还是 1949 年后,我们这边都不允许离婚,当时有个说法叫"活着给个人,死了给个坟",闺女嫁出去之后娘家就不管了,死活也不管。就算是非要离婚,不在一起过日子,那女方死了之后也只能埋到婆家那边。

(5)娘家与婆家关系

我娘家和婆家不是一个庄的,离的有一二十里远,我觉得我还是跟娘家那边的亲戚亲一些,毕竟还是娘家人对娘家人好。

(6)财产继承

娘家的父母如果去世了,嫁出去的闺女不能分娘家那边的财产,要是娘家那边没有儿子的话,最后是可以分的。我们这庄有一户生了 3 个闺女,最后老人还是把自己的财产留给了闺女。

(7)婚后尽孝

1949 年以前,嫁出去的闺女不用养娘家的父母,只是去回娘家的时候花几个钱买点东西。娘家父母要是有病了,如果有兄弟的话,花钱办事的都是兄弟管,要是没有兄弟了,就全指望闺女,1949 年前后都是这个情况,一直到现在都是这样。要是父母去世了,出嫁的闺女跟儿子穿的孝服有区别,闺女比儿子穿的孝重,站的位置差不多,行礼的时候也没什么区别。父母去世了,闺女不用出钱,只是行礼戴孝。清明节回娘家上坟,行礼的时候没什么规矩,也不需要事先跟兄弟说,其他时候也就是七月十五、十月一回去烧纸山峰。兄弟姐妹要是关系好了,完事之后就去家里坐一坐,关系要是不好了,上完坟立马就走。

(三)出嫁的姑娘与兄弟姐妹的关系

出嫁了之后,我和娘家兄弟的关系都不错。平常过年过节来往的时候,大家会互相送东西,走亲戚的时候没有空着手去的。按规矩来说,出门的闺女回娘家兄弟那边,算是客人,招待的时候得按照客人的规矩招待,去的时候带点东西,兄弟在家里拉请吃一顿饭,这样扯平了。娘家有大事了,出门的闺女不允许回去商量事,最好不参与,不管不问,除非关系到父母的事才参与。娘家兄弟娶媳妇或者是姐妹出嫁,给的礼金上没有区别,都一样。要是向娘家借钱了,兄弟和姐妹都可以借,不会优先去找某个人,谁家宽裕就找谁借。回娘家一般都是住父母家,分家之后还是住父母家,回娘家就是为了去看他们老两口。回娘家的时候,去姐妹们家做客了,可以过夜,有时候会住个四五天,婆家这边不会说闲话。婆家家里要是有事了,娘家那边的兄弟不管,两家的事情对方都不参与。要是和婆家有矛盾了,娘家那边兄弟不会来调解。娘家兄弟两口子吵架了,我也不管;出嫁的闺女在婆家有什么事了,娘家那边也不派人来。我儿子娶媳妇的时候,不会请娘家的人一起来商量事,只是请他们过来参加个仪式,吃个饭,兄弟如果有事情来不了,兄弟媳妇可以代替他来参加。出了门的闺女回娘家拜年,一般都是初二回去,其他时间也可以回去,最好在初二。回去之后,就只给父母拜年,父母要是去世,也会给其他的亲戚拜年。我嫁过来以后,还是跟兄弟关系近一些,过年过节的时候,一般先去兄弟那,有个先男后女的顺序。

二、婆家人·关系

(一)媳妇与公婆

1.婆家婚娶习俗

我结婚的时候,婆家这边的条件不太好,当时婆家这边有公公、丈夫和他妹妹,公公和丈夫都在家种地,也不做生意。结婚之前,男方这边没有定亲仪式,结婚的时候也没有仪式。结婚之后的第二天没有特殊的规矩,不用请安或者是给公婆敬茶。结了婚以后,不需要去拜丈夫家祖坟,拜祖坟一般都是烧纸上坟的时候才去。

2.分家前媳妇与公婆关系

(1)婆家家长与当家

丈夫家这边是公公当家,家里一直都是公公当家。

(2)劳动分工

平时家里的男人都下地干农活,我也干农活,洗洗涮涮的家务活也是我来干。

(3)婆媳关系好坏

婆婆以前挨饿的时候出走了。

(4)婆媳规矩与状况

1949年以前,媳妇伺候婆婆有规矩,老人说吃什么饭就要做什么饭,做好了之后还要端过去,老人的衣服也是媳妇来洗,其他没什么规矩。1949年之后就没有规矩了。平常家里吃饭的时候,媳妇不让上桌,只能在厨房吃。平常媳妇伺候丈夫没有什么要求,不过要是伺候不好了,家里边的公婆会教训媳妇。媳妇受惩罚的时候,丈夫不会出来说好话,因为丈夫不敢跟父母顶嘴。1949年以前我们这边有婆婆虐待媳妇的,而且还不少,媳妇受虐待了不敢反抗,要是反抗了,会被赶出家门,不过媳妇要是硬不走,也就那样了。

(5)外事交涉

家里边对外有什么事了,媳妇不会管,这些都是家里男人管的事。

(6)家庭矛盾

丈夫要是和公婆有矛盾了,媳妇不会出面调解,不敢说话,也不敢管。要是媳妇和妯娌之间有矛盾了,公婆大多情况下不管。

(7)过节习俗

出嫁的女儿回娘家一般都是过年、麦罢(刚收过麦子的时候)、八月十五这些节日,没有说什么节日必须得在婆家过的。出嫁的姑娘一般是初二回娘家,大家都是这样。

(8)财产权

1949年以前,媳妇在婆家没有自己的财产权,那时候都穷,没有压箱钱,也没有嫁妆,只有结婚时带来的衣服是自己的。1949年以后媳妇也没什么财产,家里什么的都没有。

3.分家后媳妇与公婆关系

(1)分家

结婚之后我们没有分家,因为家里我丈夫一个独生子,一般情况下,分家的时间上没什么惯例,主要看和公婆关系的好坏,关系好了就一直在一块,关系不好了就分家。

（2）离婚

1949 年以前离婚的比较少,离婚的事情还是老人当家,年轻人自己做不了主,至于都是什么理由离婚,我也不知道。

（3）改嫁

要是丈夫去世了,妇女改嫁不需要婆家的同意,婆家人就不管了。要是婆家人不同意改嫁,妇女也可以自己做主,婆家这时候已经管不了了。妇女改嫁后,孩子都留给以前的婆家。

（4）财产继承

带着孩子的寡妇,可以和丈夫的其他兄弟平分公婆的财产,没有孩子就不能分了,财产里有孩子的一份。如果说公婆死的时候留的有遗嘱,那就得必须得按照遗嘱来执行。

（5）外出经营管束

1949 年以前妇女不能出去做生意、干活,即使是家里同意了也不出去,因为那时候就没什么可做的。如果妇女偷着跑出去干活了,婆家那边就不管她了,跑出去就不要她了。

（6）赡养与尽孝

公婆年纪大了之后都是儿子赡养,女儿不管,要是丈夫去世了,媳妇还需要养活丈夫的父母。公婆过大寿的时候,媳妇一般都帮帮忙,花点钱买点东西,照顾一下家里的客人。

（7）公婆祭奠

公婆去世的时候,媳妇跟丈夫穿的孝服一样,行礼的时候也没有区别。下葬的时候,媳妇和儿子一起都要参加,没有说哪些活动不让媳妇参加的。公婆死了以后,坟墓的安排上没有什么规矩,烧纸上坟的时候没有先后顺序,贡品也没区别。给公婆立碑的时候,媳妇的名字可以刻到墓碑上。结婚以后每年都会去祭拜祖坟,清明节的时候也会给公公上坟烧纸。

（二）妇与夫

1.家庭生活中的夫妇关系

（1）夫妇关系

我和我丈夫是结婚那天才见的面,见面了以后,我也没什么感觉,过去都是家长做主,满不满意都那回事,我丈夫对我挺满意的,不满意也不会成一家了。结婚了之后相互之间没什么称呼,就跟打哑谜似的。

（2）当家

当时没分家。

（3）家庭分工

丈夫想出去干活赚钱了,不需要经过我的同意,他想去哪都可以。

（4）家庭地位

在小家庭里,还是丈夫当家,然后是我,最后是孩子。

（5）丈夫地位

1949 年以前,女人并不是非得把丈夫伺候得很好,谁对谁也没有太多的权利,1949 年以后也是这样。

（6）娶妾与妻妾关系

1949 年以前我们这边没有娶小老婆的,谁家男的要是想娶小老婆了,原配肯定不会同意。

(7)典妻与当妻

1949 年以前我们这边没有卖老婆的,没听说过,也没见过。

(8)过继

以前我们这没有过继孩子的。

(9)家庭虐待与夫妻关系状况

1949 年以前丈夫打妻子的情况很多,不过不是那种随意打骂,只是吵架了才打。要是打老婆了,村里边的人议论这个男的,没有人说闲话,村里打架的多了。1949 年以前,在老人面前孝顺、在丈夫面前好,这算是公认的好媳妇的标准。1949 年以前,我们这边有怕老婆的,村里边对这个女的不会有什么议论,也没人去议论。1949 年以后和 1949 年以前的情况差不多。

(10)副业收入

过去在家的时候,纺织好的布也会拿出去卖,卖了之后可以交给丈夫,也可以自己留着,平时我们两个赚的钱差不多。

(11)日常消费与决策话语权

平常买东西都是丈夫说了算,不用商量,他想买什么就买什么。1949 年以前,妇女可以自己到集市上买东西,但是妇女不能卖家里边的东西,丈夫可以。到了 1949 年以后,妇女还是不能卖家里边的东西。

(12)离婚

1949 年以前,我们这边有妇女提出离婚的,不过都是听别人说的,没有见过。

2.家庭对外交往关系

(1)人情往来

家里边对外的人情往来,都得丈夫出面,媳妇不允许出面。要是家里请客吃饭了,都是丈夫说了算。平常邻里之间人情往来,一般都是妇女出面的多,男的不管这事。家里有客人吃饭的时候,妇女不能上桌。丈夫如果有事不在家了,媳妇可以代表丈夫去参加宴席。

(2)家庭责任与义务

丈夫在外欠下的债务,如果媳妇不知道,就可以不用还了。1949 年以前,有妇女出面借钱的,不过不多,愿意借钱的人也不多。对于妻子的债务,丈夫也承认,1949 年以后也是这样。

(3)婚外情

1949 年以前,如果丈夫在外边找相好的(外遇),村里人肯定会说闲话。媳妇也管不了这个事,村里边的人或者是父母也不会出面干涉这个事。如果女的在外边找个相好的,村里人也会说闲话,丈夫对这个事一般都不吭气。1949 年以后找相好的人就不多了,不过就算是有了相好的,也管不了。

(4)人际交往与出行

结婚之后,我在婆家这边没有朋友,以前妇女不当家,要朋友也没什么用。1949 年以前,我基本上都在家不出门,平时最多出去和家人一起去地里干活。1949 年以后就可以随意出远门了。

(三)母亲与子女的关系

1.生育子女

(1)生育习俗

我有四个孩子,我大儿子是1949年以后出生的,时间是1955年。我们这生儿子和生女儿没有特殊的说法,当时生儿子的时候也没搞个仪式,娘家那边没有来人,生完儿子后,也不用去上祖坟。生女儿生儿子一样,没有什么庆贺的仪式。

(2)生育观念

过去那时候,给女儿和儿子过生日没有什么区别,那时候给小孩过生日一般就是煮个鸡蛋。1949年以前,万一妇女要是不会生孩子了,家里人让男人离婚重新再找一个老婆,总之必须得有个孩子。

(3)学习教育

我的孩子都上过学,我公公死的早,所以孩子读书的问题都是我们两个管的。

(4)性别优待

以前那时候做衣服或者是给压岁钱,给男孩的会比给女孩的多,大部分家庭都是重男轻女。

(5)家庭教育

在对孩子的教育上,儿子的教育一般都是父亲管,闺女大都是母亲管。

(6)对子女财产权力

孩子结婚前赚的钱,都是交给父亲管,过去都是男的当家。孩子要是分家了,以前赚的钱就是他的了,他可以带走。

(7)对子女婚姻权力

我儿子的婚事是定的娃娃亲,那时候是请媒人说的,定亲的时候不用合八字,一说就成了,跟我那个时候差不多,那时候娶媳妇不怎么花钱。

2.母亲与婚嫁后子女关系

(1)婆媳关系

我儿子结婚的时候大概是二十岁,平时我和我儿媳妇的关系相处得都好。要是儿媳妇有什么做的不对了,我不会管。我儿子结婚的时候,没有拜我们两口,也没有敬茶。如果我和儿媳妇有矛盾了,都是自己家内部解决,不请外边的人过来调解。

(2)分家

我儿子是在他们结婚五六年之后分的家,分家的规矩跟以前没有区别,分家是儿子先提出来的。分家的时候,没有请人写字据,儿子和儿媳妇以前买农具之类的,分家的时候还是算他们的。

(3)女儿婚嫁(定亲、嫁妆)

没有女儿。

(4)招赘

1949年以后,一般都是家里没儿子的才找个倒插门的,找个女婿可以干活,找个倒插门的女婿不需要请人写证明。要是入赘过来的女婿不听话了,就让他直接走人。女婿生的孩子还是跟他姓。倒插门过来的女婿可以管家里的事务,平时相处的时候,女的地位比男的高。如果入赘过来的女婿想离婚了,可以带走他的财产,但是家里边的传家宝或者是手艺不会传给女婿,东西和手艺都给女儿。

(5)援助儿女

我没有给儿子带过孩子,四个儿子都没有,谁的孩子谁照顾。

(6)赡养关系

老人健在的时候,还是自己种地养活自己,平时小孩给点钱就行了。要是父母去世一个,剩下的一方就自己一个人住。村里如果有闺女或者儿子不养活老人了,老人也不会和自己的孩子打官司,老人自己另想办法。如果老人只有一个未出嫁的女儿,就由女儿来赡养。女儿出嫁之后,还要看和女婿的关系,关系好了就住在闺女家,关系不好了就住在自己家。

三、妇女与村庄、市场

(一)妇女与村庄

1.妇女与村庄公共活动

(1)村庄活动参与

没出嫁之前,我们村要是有什么活动了,我都不参加。村庄里的活动只有出嫁之后的女人可以参加,没出嫁的不让参加。

(2)开会

我娘家那边的村子就没有开过会。

(3)性别摊派

1949 年以前,我们这没有劳务摊派的情况。

(4)村庄绅士、保长、甲长印象与接触

没出嫁之前,我不知道村庄的保长是谁,对村里边发生的事也不关心。出嫁了之后,我对村子里发生的事也不关心,也不知道村长是谁。1949 年以前,村里边的姑娘要是出嫁了,不需要给村里边的保长说。

2.妇女与村庄社会关系

(1)社会交往

我小时候在娘家,没有关系好的朋友。

(2)务工与报酬

1949 年以前,我们村里边没有安排过妇女劳动,1949 年以后村里边有。1949 年以后都是村集体请妇女干活,干完活之后有工资或者是工分。1949 年后,我家没有跟人家换过工。

(3)交往习俗

我结婚以后,没有去拜访街坊四邻。嫁过来之后,我在婆家这边没有朋友,我婆家在这边独门独户,没有亲戚,一般都是和对脾气的关系近。当时妇女之间没有组织一个会或者是社之类的。亲戚朋友谁家要是盖房子了,妇女不会去帮忙。村里边有喜白事了,也没有请我帮忙的。

(4)妇女聚集与活动

平时妇女聊天一般都是在家门口,聊得都是家长里短的事情。男人们聊天是哪人多就坐哪,大多时候都是坐在树下。夏天晚上出来乘凉,妇女可以出门,都是和家人在一起。没有妇女和村外的人聊天。1949年前后妇女聊天的内容没什么变化,想起来什么就聊什么。

(5)女工传承

学纺织、做针线活,都是娘家人教的,婆家人不管。嫁过来的媳妇不会做针线活和纺织了,婆婆也不管。

(6)矛盾调解

村里边的妇女和妇女之间吵架了,一般都是邻居过来帮忙调解。

(二)妇女与市场

没出嫁之前,我没有出去赶过集,那时候都是谁当家谁去赶集,市场上也没有卖东西的妇女。1949年以后,妇女可以出去赶集,买东西如果忘带钱了,也可以赊账。以前家里做纺织用的棉花都是自己家种的,纺织好的布留一点自己用,剩下的都卖了,卖的钱都归男的管,钱都拿来给小孩买东西了。过去针头线脑都是在集市上买,过去的线都是自己纺的。1949年以后,家里有布票、肉票,买布用的票基本够用。土地改革运动结束了之后,我家就不织布了,开始买布了。以前都是自己家做鞋子,1949年以后集市上有鞋子卖的时候,自己家就不做鞋了,大人小孩都是买的。1949年以前我们这庄没有以物换物的。以前我一般情况下都是一个月去一次供销社,去供销社不一定买什么东西,买点吃的,买点布给小孩做衣服,反正是需要什么就买什么。

四、农村妇女与国家

(一)农村妇女认识国家、政党与政府

1.国家认知

1949年以前,国家没有宣传过男女平等。1949年前我们村也没有建过小学,1949年以后有小学,那时候村里的孩子都上学了。1949年前我没见过钱,我家里也没钱。1949年以前,妇女不用给国家交税,也不用给国家服劳役。

2.政党认知

1949年以前我听说过国民党,因为对国民党不了解,所以没什么认识。1949年前没听说过孙中山和蒋介石,也不知道现在的国家主席是谁,没听人讲过,看电视也不懂。1949年以前听人家说过共产党,我认识的人里边没有加入共产党的。1949年前我没上过学,什么都不知道。什么时候听过共产党的,我也不记得了。我没有当过干部,但是1949年以后村里的会议参加过,开会讲的什么我也不知道,听了之后就忘了。1949年以后,我们这边选代表、选干部也开会,群众都去,妇女也可以参加,不过没有投票,干部都是上边任命的。我家有党员,就是我丈夫,我觉得能入党的都是比普通群众优秀一点的人。我自己没有入党,也不了解共产党的干部给妇女办过什么大好事。1949年前我们这没有保长开过会,我也没有接触过国民党和共产党的干部。

3.政府认知

我小的时候裹过脚,一共裹了一年的时间,后来是政府宣传着不让裹脚,所以就不裹了。以前政府号召过强制剪短头发,具体情况我也不了解,只是知道这个事。我没有参加过夜校,1949年以后我也没有接触过共产党的干部。1949年以前我没有听说过妇女当干部的,那时候妇女也不能当干部。我觉得计划生育的政策好,因为大家不多生了,家里负担就小了。改革开放前那时候,对于政府提倡的移除旧风俗,我觉得政府应该管这些事。

（二）对 1949 年以后妇女地位变化的认知

1.妇女组织

我第一次听说妇联大概是三四十年前,我没有参加过妇联。

2.妇女地位变化

我听说过男女平等、妇女能顶半边天这些话,但是不记得是什么时候听说的了。

3.婚姻变化

1949 年以后,儿女的婚事大部分还是父母做决定。如果父母不同意了,儿女可以找政府做主。至于是什么时候发生的这种变化,我也说不了。

4.政府与家庭地位、家庭关系

1949 年以后,夫妻关系和婆媳关系比以前好多了,这些变化都是和政府有关系的。1949 年以后, 妇女在家里边的地位比以前高了, 这也是跟政府有关系,1949 年以后妇女就翻身了。1949 年以后,妇女在家里边的地位比以前高,这也和政府有关系,1949 年以后妇女就翻身了。

5.宗族地位

没有宗族。

6.政府与习俗

1949 年以后,妇女不用受约束了,想做什么都可以,这都和政府有关系。

7.政府与教育

1949 年以后,女孩在受教育上比以前好。

8.妇女政治地位

现在村里的妇女代表可以去跟政府谈话,这就是妇女地位提高的表现,要是让我去投票了,我一定会投给妇女。

（三）妇女与土地改革运动

1.土地改革运动动员与参与

土地改革运动的时候给我家划分的成分是贫农,土地改革运动工作队去过我家,但是没有动员妇女参加土地改革运动,给妇女分土地的政策我也不知道。

2.斗地主

土地改革运动的时候斗过地主,都是开大会斗的,妇女对于开大会、斗地主都很积极,也没什么原因。土地改革运动分地做决策的时候,妇女不参与。土地改革运动的时候我没有分到土地了,那时候公公还健在,家里都是他当家做主。

3.妇女组织

土地改革运动的时候,我们村里没有妇女组织。

4.对妇女翻身 1949 年认识

我知道妇女翻身 1949 年,不过都体现在哪些方面就不清楚了。

5.对女干部、妇女组织的印象

我没有当过干部,那时候家里孩子多,没时间当干部。土地改革运动时我们这没有妇女当干部的。

（四）互助组、初级社、高级社时的妇女

1.互助组时期

以前我家也加入互助组了，互助组就是几家在一块干活，一般都是找关系好的、对脾气的。当时成立互助组的时候开会了，开会的具体内容我不记得了。

2.合作社时期

成立合作社的时候，我家的农具和牲口都交上去了，不用经过老百姓的同意，开完会之后就交了，当时妇女们对东西入社也没什么看法。

3.合作化时期女干部

互助组和合作社的时候我没当过干部。当时我们这有妇女当社长和组长的，她们都是上级任命的，平时她们就负责开会，我没有和女干部接触过。

4.性别分工

互助组跟合作社的时候，男女都是在一块干活，女的干轻活，男的干重活。

5.集体分配

当时妇女要是不下地干活了，口粮就少分一点。

（五）妇女与人民公社、"四清""文化大革命"

1.妇女与劳动、分配

(1)妇女与劳动

我也不识字，人民公社的时候，妇女劳动的事情我知道的不多。公社里的男劳力和女劳力基本一样多，那个时候，男的都干重活，种麦子都是男的干，像割麦子这些事情女劳力干的多，搞副业的事情也是女劳力干，养猪、养牛这些活还是女劳力干的多。那个时候生产队长、会计、记分员，一般都是男的干，干部中男性占大多数，男的如果出去修路、挖河了，家里边的农活都是妇女干。修水库、炼钢铁的这些事情，妇女都不参加。

(2)单干与集体化的选择

妇女给集体干活的时候，和在给自己家干活的时候一样。妇女干活干得累了，也会偷懒。我觉得还是集体的时候干着好，个人不用操心了。

(3)工分与同工同酬

我没有听说过"男女同工同酬"的说法，我们公社也没有实行过。我那时候的工分是八，妇女最多的就是一天八分。就算是男女干的活一样，分数不一样，也不会有人提意见。

(5)分配与生活情况

以前分口粮都是按分数分的，男女的分数不一样，所以分的口粮也不一样。

2.集体化时期劳动的性别关照

(1)"四期"照顾

平时在公社干活的时候，妇女如果身体不舒服了，在派工上对妇女有照顾，妇女也可以请假。大跃进的时候，我们这有妇女因为干活干得多了，给身体留下残疾的，妇女要是去公社看病了，不会收钱。

(2)托儿所

我们公社有专门看小孩的地方，那时候家里的大人都出去干活了，小孩在家里没人管，大家就都把孩子交给队里,队里有老太太照顾这些孩子。

3.生活体验与情感

(1)大食堂

吃食堂的时候,在食堂做饭的有男的,也有女的,不过还是男的多一点。食堂的饭都是分的,妇女和男人的分量是一样的,小孩的少一点,那时候食堂里都吃红薯干子、蜀黍面、杂面。

(2)"三年困难时期"

"三年困难时期"的时候,我们家都是想办法找点吃的,找那些沾亲带故的人,谁家有点吃的,或者是他们那边食堂情况好点,就去那边吃点,一般都是吃一顿能饱几天。家里边要是有粮食,全家老小都吃。困难时期要是实在饿得很了,也没有见到有人去生产队里偷点东西吃,也没有妇女给政府提意见的。

(3)文娱活动与生活体验

我们公社没什么集体的活动,我也没参加过表演节目或者是唱戏之类的活动。

(4)妇女间矛盾

在干活的时候,妇女之间也没发生过什么矛盾,大家都在干活,没工夫吵架。

(5)情绪宣泄(骂街)

以前我们这边没有妇女骂街的。

(6)自杀

我们这里一直没有妇女自杀的事情。

4.对女干部、妇女组织的印象

(1)铁姑娘

我们这没有。

(2)妇女干部

我们这有妇女当干部的,每个队都有女干部,那时候都是平时事情不多的妇女当干部。

(3)妇联印象

以前我们这有妇联,妇联没有组织过什么活动。

5."四清"与"文化大革命"

"四清"的时候我们在大队斗过干部。那个时候,地主婆和她的闺女,不会受到什么刁难,生活上跟以前没有区别。"四清"的时候,上边也说要收自留地了,但是具体收没收我也忘了。实行"破四旧"的时候,我们家没有东西被收上去。

(六)农村妇女与改革开放

(1)土地承包与分配

改革开放搞土地承包的时候,妇女可以参加决策。

(2)选举

我没有参加过村委会的选举。

(3)计划生育认知

80年代计划生育整体来说和以前没什么变化。

(4)精准扶贫

我不知道精准扶贫。

(5)社会参与

平时村里的老头、老太太在一起经常聊天。我家有电视,平时我不看电视,我不识字,也不懂得电视讲的是什么。平时都是听别人讲国家的政策,别人要是不讲了,我也不知道。手机我也有,不过只会接电话,不会打电话,平时都是孙子直接打电话到我的手机上。上网我也听说过,就是不知道怎么上网的。

五、生命体验与感受

我这辈子最煎熬的时候是土地改革运动以前,那时候没什么吃的,过的最困难。我最幸福的时候就是现在,家里有钱还有吃的。我这一辈子没什么感受,也没什么做女人的经验体会,我没有文化,懂得不多。

SSH20170113WQL 王琴领

调研点：河南省周口市淮阳县曹河乡王楼村

调研员：宋舒豪

首次采访时间：2016 年 1 月 13 日

出生年份：1935 年

是否有干部经历：否

是否生育：是

受访者结婚的时间节点、生育子女的具体情况：1956 年结婚；1959 年生第一个孩子，共生四个女儿，没有儿子。

现家庭人口：1

家庭主要经济来源：子女赡养。

受访者所在村庄基本情况：王楼村是淮阳县曹河乡的政府所在地，全村共有 5 个自然村，6 个村民小组，村庄面积 20 公顷，人口 2180 人，是曹河乡的政治和经济中心。

受访者基本情况及个人经历：老人于 1935 年出生，经村干部介绍与丈夫相识，21 岁结婚。婚后共育有 4 个女儿，没有儿子，女儿都已和老人分家。老人的老伴儿已经去世，老人现在住在养老院，平时也会去 4 个女儿家居住。老人每月有 60 元的养老金，平时主要靠 4 个女儿赡养。

老人从小父亲就去世了，全靠母亲一人拉扯养大，这造就了老人强悍的性格。由于老人的姐姐小时候都被送走去当童养媳，所以老人结婚之后一直住在娘家，陪伴在母亲身边。老人的丈夫是一名教师，平时在家的时间比较少，家里的事情都是老人一人当家。

一、娘家人·关系

（一）基本情况

我叫王琴领,我的名字是自己按照家里的排行起的。我是 1935 年出生的,以前家里有 6 亩地,土地改革运动的时候我娘家的成分是贫农。我有三个姐姐,家里数我最小,小时候还有一个兄弟,后来两三个月大的时候夭折了。我有两个姐姐都送给别人了,一个送到了程园,一个送到了魏楼。我是 21 岁的时候出嫁的,当时丈夫家里有多少地我也不知道。土地改革运动时他们家也是贫农成分。我丈夫有一个兄弟,一个妹妹,他们家没有孩子被抱养过。我有 4 个闺女,没有儿子,生大闺女的时候我 24 岁。

（二）女儿与父母关系

1.出嫁前女儿与父母关系

(1)家长与当家

我小的时候,家里都是我娘当家,我爹在我 6 岁的时候就死了。

(2)受教育情况

以前我读过书,上过小学三年级,上的是村里办的学校。我上学的事情,家里大部分人都同意,只有我叔和我大爷不愿意。我的几个姐姐都没有上过学,我也是 14 岁的时候才上的学。

(3)家庭待遇

我家这边没有重男轻女的思想,我爹喜欢儿子,他死的早,我家也没有男孩。

(4)女孩的家外交往

那时候家里一般没什么客人来,最多就是我姐姐和我姑姑来,她们也不在我家吃饭,最后都去叔叔和大爷家了。我小时候过年,孩子可以给那街坊邻居拜年。

(5)女孩禁忌

我小的时候,女孩子可以出去玩,不过只能和女孩子玩,男孩不行。

(6)家庭分工

我在娘家的时候,家里的农活和家务都是我娘来做,我就做点杂活,后来上学去了。小时候纺织、做衣服、做鞋这些活我都没学过。

(7)家庭教育

在娘家的时候,我娘对我平时也教育,但是在家里没有什么规矩需要遵守。

2.女儿的定亲、婚嫁

(1)定亲经历

我是 1949 年以后定的亲,我丈夫比我大两岁,当时是我们这的干部说的媒。媒人除了介绍一下家庭的情况,其他也没有做过多的介绍,就问我俩愿意不愿意见面,结果见面之后我俩都愿意。说亲的时候,是媒人找的我,我和我丈夫都是同学,都在一块工作。当时定亲的时候没有仪式,没有写婚书,也没有彩礼,连一件衣裳都没有。定亲的时候,双方父母没见面,我和我丈夫俩人见面了。

(2)出嫁经过

我是 1956 年结的婚,结婚的时候没有写过婚书,也没什么规矩,下午的时候坐个洋车子

(自行车)就去了。我结婚那天,娘家这边没有摆宴席请客,也没有什么规矩。我出嫁以后,我的姐姐没有去探望过我,我也没有回过娘家。

(3)嫁妆

结婚之前,我家穷,就没有给我置办嫁妆。1949年以前,大户人家闺女出嫁了,有的给嫁妆。

以前我们这有童养媳,我的两个姐姐就是童养媳。童养媳不需要什么仪式,我家也没收到对方送过来的东西。我的两个姐姐小时候就被送走了,后来大家就不来往了。

(5)换亲

我没听说过我们这边有换亲的习俗。

(6)招赘

1949年前,我们这只有家里没有儿子的才找一个倒插门(入赘)的女婿,写不写合约我就不知道了。倒插门过去的女婿要是不听话了,妻子家的人就会吵他,生的孩子还是跟男方姓。至于能不能管事,还有地位上的事情我就不清楚了。

(7)改嫁

以前我们这庄没有改嫁的。

3.出嫁女儿与父母关系

(1)风俗禁忌

我们这出嫁的闺女要是回娘家了,一般没什么规矩。年三十的时候,出嫁的闺女不能在娘家吃饭,一般也不能和丈夫一起在娘家过夜。回娘家烧纸上坟可以,也没什么规矩。闺女出嫁了,一般是不逢节日的时候回娘家,逢节日的时候就不回了,回去的时候带着小孩和丈夫一起。

(2)与娘家困难互助

出嫁的姑娘一般不能管娘家的事,娘家要是有困难了就管,没困难了就不管。要是给娘家管事了,婆家这边不会有意见。出嫁的姑娘在婆家如果遇到困难了,娘家人也会管,由娘家的家长出面。

(3)夫妻矛盾调解

1949年以前,媳妇要是跟丈夫有矛盾了,可以回娘家,1949年以后也可以回。回娘家,一般都住在父母那。之后丈夫会去娘家找人,丈夫要是不去娘家了就不回去。实在不行了,最后也会找一个人调解,一般都是村里当家的人。

(4)离婚

1949年以前我们这没有离婚的,1949年以后有离婚的。1949年以后离婚,要经过娘家人的同意,娘家人要是不同意那就不离婚。

(5)娘家与婆家关系

我娘家和我婆家不是一个庄的。

(6)财产继承

如果父母去世了,出嫁的女儿不能分娘家那边的财产。

(7)婚后尽孝

1949年以前,如果娘家那边没儿子了,出嫁的闺女还需要养活老人,不用给钱和东西,只需要给老人干干活就行了,父母如果有病了,闺女也会出钱买药看病。要是父母去世了,出嫁的姑娘可以主持葬礼,我娘死的时候都是我负责的。清明节的时候,可以回娘家上坟,除了清明节,逢年过节的时候也都回去上坟。

(三)出嫁的姑娘与兄弟姐妹的关系

娘家那边家里有事了,不一定是啥大事,都会请出嫁的姑娘回去。万一在婆家要用钱了,娘家那边不会借钱。要是出嫁的姑娘在婆家受委屈了,娘家那边不会派人过来调解。出嫁的姑娘回娘家拜年一般都是初二这一天,其他时间也可以,并不一定非得这一天,回娘家拜年的时候一般都带一小篮子馃子,有蒸馍,有油条。回去之后都给叔叔、大爷们拜年,要是父母去世了,就不回娘家拜年了。

二、婆家人·关系

(一)媳妇与公婆

1.婆家婚娶习俗

我嫁过来的时候,婆家这边有公公、丈夫、兄弟和妹妹。我公公以种地为生,我丈夫是教学的。当时定亲的时候,婆家这边没有仪式,也没有请客吃饭。结婚的时候,婆家这边没有仪式,也没有迎亲,但是拜天地了,没拜父母,其他没什么规矩了。结了婚第二天,婆家这边没有特别的规矩,不用请安,也不用端茶倒水。结婚以后,去拜过丈夫家的祖坟。

2.分家前媳妇与公婆关系

(1)婆家家长与当家

我不知道婆家这边谁当家。婆家这边要是家里边讨论事了,媳妇不参加。

(2)劳动分工

公公平时就在家种地,丈夫去学校教书,我平时也去地里做农活,有时候出去工作。家务活我不管,都是我娘做。(老人嫁出去了之后,平时大多时间还是待在娘家。)

(3)婆媳关系好坏

我跟婆婆的关系也好,平时婆婆也不管我,都是我娘管我。

(4)婆媳规矩与状况

1949年以前,我们这小户人家媳妇伺候婆婆没有规矩,大户人家也没有,大户人家都有丫鬟,不需要媳妇来伺候。媳妇伺候丈夫也没有什么规矩,最多就是洗洗衣服,男的什么家务活都不用做。如果伺候丈夫没伺候好,公婆也不管。1949年以前,我们这没有婆婆虐待媳妇。如果有婆婆虐待媳妇了,媳妇不能反抗,至于反抗了有什么后果,我就不知道了。

(5)外事交涉

家里边对外的事情都是当家的出面,谁年龄大谁当家。婆家这边的男人们商量事的时候,媳妇不能插嘴,什么都不能管。

(6)家庭矛盾

丈夫如果和公婆有矛盾了,媳妇不会管,平时也没什么矛盾。

(7)过节习俗

一年里边,八月十五和过年这两个节日必须得在婆家过

(8)财产权

1949年以前,媳妇不能在婆家那边管钱,也没有自己的财产,那时候都很穷,结婚的时

候也没有压箱底的钱,结婚之后更不可能会有私房钱。1949年以后妇女可以拥有自己的财产,也可以在婆家管钱了。

3.分家后媳妇与公婆关系

(1)分家

我和我丈夫没有和公婆分家,在我们这,分家的时间上没有什么规矩。

(2)离婚

1949年前我们这没有离婚的,具体什么情况我不知道。

(3)改嫁

如果丈夫去世了,妇女想改嫁,还不需要婆家的同意。如果婆家不同意了,女的硬要走也可以。走的时候,妇女可以带走她自己的财产,孩子跟着谁要和婆家商量,一般都是留给婆家。

(4)财产继承

如果父母去世了,带着孩子的寡妇可以分得公婆的财产,即使是没有孩子,妇女一样可以得到财产。如果公婆死的时候有遗嘱,那就按照遗嘱来分,要是妇女不要了,就分给其他兄弟,如果要了那就还给她。

(5)外出经营管束

1949年以前,有妇女去集市上做生意的,妇女出去做生意不一定非要经过公婆的同意,但是必须要经过丈夫的同意,如果丈夫不同意了就不行,因为丈夫害怕媳妇出去做生意就走了。

(6)赡养与尽孝

公婆如果年纪大了干不动活了,就由儿子来赡养,如果丈夫去世了,媳妇就不用养活公婆了。公婆过寿的时候,媳妇只需要买点吃的,也不用帮忙,不需要迎接客人,都是自己家的亲戚,只需要照顾一下就行了。

(7)公婆祭奠

公婆去世了,不论是穿的衣服,还是给公婆行礼,媳妇跟丈夫都一样。下葬的时候,媳妇可以去参加,所有的葬礼活动妇女都可以参加。公婆去世之后,墓地的安排没有规矩,祭拜的时候没有先后顺序,祭品也都一样。给公婆的坟墓立碑的时候,媳妇的名字可以刻在墓碑上。结婚以后,只需要去拜一次祖坟,公婆去世后,每年都会给公婆上坟烧纸。

(二)妇与夫

1.家庭生活中的夫妇关系

(1)夫妇关系

我们两人定亲那天就见面了,见面了以后,我对我丈夫很满意,我丈夫对我也满意。结婚了之后,我和丈夫相互之间就直接称呼对方名字。

(2)当家

我们没有和公婆分家。

(3)家庭分工

丈夫要是出去工作了,不用给我说,他自己可以决定。

(4)家庭地位

在我们几口之间,都是我当家,我丈夫平时都不在家。平时村里对于我当家也没什么看法,就是我叔叔和大爷看不惯。丈夫平常出去教学、干活了,也不用和我商量,他想干什么就干什么,随他的便,我都同意。在我们几口里边,我的地位最高,丈夫排第二,最后是孩子。

(5)丈夫地位

1949年以前,丈夫对妻子拥有绝对的权力,让妻子干什么就得干什么,妻子要是不听话就得挨打,男的在家里的地位最高。1949年以后,大多数还是男的当家。

(6)取妾与妻妾关系

1949年以前,我没听说过,也没有见过我们这有人娶二房的,具体的情况我不太了解。

(7)典妻与当妻

1949年以前,我们这有卖老婆的,我就听说过,我们挨边的庄子就有。卖老婆的时候,娘家那边的人都不会知道,卖的时候也不需要找一个中间人。

(8)过继

我们这过继孩子的时候,得找村里的干部,写一个文书,文书上要写上管爹娘一辈子。

(9)家庭虐待与夫妻关系状况

1949年以前,我们这边丈夫打女人的情况很多,丈夫对妻子可以想打就打、想骂就骂,妇女也不敢反抗,村里人对这种事也不管不问。1949年以后就没有打老婆的了。1949年以前,伺候爹娘、在家干活干得好,就是我们这公认的好媳妇,1949年以后的标准和以前差不多,最重要的还是要孝顺老人。以前我们这没有打跑老婆的男人。

(10)副业收入

以前在我们家,大部分家里的钱都是我丈夫赚的,我赚的钱都交给我娘保管了。

(11)日常消费与决策话语权

过去家里要是想买东西了,都是我当家,因为都是我去买的,我和丈夫也不用商量,他都不管。1949年以前,妇女可以在丈夫不知道的情况下去市场上买东西,但是不能卖掉家里的东西。就算是家里没钱了,丈夫也不会去市场上卖掉家里的东西。1949年以后,妇女就可以卖掉家里的东西了。

(12)离婚

1949年以前,我们这没有妇女主动提出离婚的。

2.家庭对外交往关系

(1)人情往来

家里对外有人情往来了,一般是丈夫出面,除非是有丧事,妇女才出面。家里请客吃饭了,也是男人当家。平常邻里人情往来、给小孩压岁钱都是妇女出面。家里如果来客人了,妇女可以上桌吃饭,如果是别人家请客了,妇女也可以一起去,丈夫不在家了,妇女也可以代表丈夫去。

(2)家庭责任与义务

丈夫如果在妻子不知情的情况在外欠债了,媳妇也要还债。1949年以前,妇女要是出去借钱了,不会有人借给她,1949年以后了有人借。

(3)婚外情

1949年以前,我们这没有人找相好的,就算是有男的或者女的在外找相好的,村里人也不会过多议论。1949年以后我们这有男的找相好的,村里人不会管这事,但是家里的父母会管,父母会把这事给村里管事的人说。

（4）人际交往与出行

我小时候没有朋友，小时候也经常出门，去的最远的地方就是村里，也不出去。1949年以后，我去的最远的地方就是隔壁村子。

（三）母亲与子女的关系

1. 生育子女

（1）生育风俗

我有四个女儿，我大女儿是1949年以后出生的，时间是1959年。我们这生儿子和生女儿都要送礼，不过那时候也没什么可送的，生男生女也没什么特殊的说法。当时生女儿的时候，没什么庆祝的仪式，也没给村里人发红鸡蛋。

（2）生育观念

我公婆那时候就是想要男孩，可是当时我没生出来。那时候给男孩过生日和给女孩过生日都一样，没有区别。1949年以前，如果有妇女不会生孩子，也没有见过有重新娶老婆的。

（3）学校教育

我的孩子都上过学，大女儿是高中毕业，二女儿中学毕业，三女儿上到四年级，小女儿也是高中毕业。

（4）性别优待

没有儿子。

（5）家庭教育

在女儿的教育上，平时都是我管的多，我丈夫经常不在家。

（6）对子女财产权力

我家孩子在结婚以前都没有赚钱。

（7）对子女婚姻权力

我的闺女都是自由恋爱，然后才定的亲，我和他父亲都不管，只要她们愿意就可以。

2. 母亲与婚嫁后子女关系

（1）婆媳关系

老人没有儿子。

（2）分家

无。

（3）女儿婚嫁（定亲、嫁妆）

我的四个女儿都是自由恋爱。1949年以后，我闺女结婚，有嫁妆了，也都请客吃饭了，比以前好多了，我结婚的时候什么都没有。

（4）招赘

1949年以后，我们这有找倒插门女婿的，这样的一般都是家里没有儿子的，招女婿的时候写不写合约我不知道，女婿不孝顺了会怎么我也不清楚。女婿生的孩子还是跟父亲姓，女婿不能在丈母娘家管事，也不能分家，平时相处的时候，还是男的地位高。如果女婿想离婚了，他自己的财产可以带走，女方那边的传家宝和传家的手艺也会传给女婿，不过这样的很少。

（5）援助儿女

闺女结婚了以后，我们平时的来往也很多。闺女家要是有困难了，我也会出钱。闺女的孩子我也照顾过,给孩子买东西的钱都是我出。

(6)赡养关系

现在我都住在养老院,我的女儿也养活我,几个闺女都管。现在庄里边要是有孩子不养活老人了,老人也会找政府打官司。我去我闺女家住过,而且经常去,去了之后想住几天就住几天,我觉得在闺女家住和在养老院住都差不多。

三、妇女与村庄、市场

(一)妇女与村庄

1.妇女与村庄公共活动

(1)村庄活动参与

以前村里有什么活动了,我都没参加过。

(2)开会

1949 年以前,我娘家的村子没有开过村庄会议,村里边要是商量事了,妇女也都不参加。1949 年以后,村里边开会一般都是队长召集,妇女都可以参加,要是有妇女不愿意参加了,会到她家里去动员她参加。

(3)摊派

1949 年以前,我们这没有劳务摊派,那时候都出去逃荒要饭去了。

(4)村庄绅士、保长、甲长印象与接触

我娘家那个村子没有村长,就一个赖人头,他不算是村长。结婚之后,我丈夫那个村的村长我认识,我们也接触过,平时村里的事情也很关心,管的也多。1949 年以前,谁家的闺女要是出嫁了,不用给村里边管事的人说。

2.妇女与村庄社会关系

(1)社会交往

我在娘家的时候没有女性朋友。

(2)务工与报酬

1949 年以前,村里边没有安排过妇女参加劳动。1949 年以后村里边有请妇女干活的,一般都是给公家干,干活之后算工分不算钱,工分是一年一算。平时要是出去干活了,也不用给丈夫说,我干我的活,他教他的书。

(3)交往习俗

结婚以后,不用去拜访街坊四邻。我在婆家这个村子没有朋友,和婆家亲戚的关系还不错。我婆家的村子成立的有扭秧歌会和打腰鼓会,入会没什么资格要求,穷人都可以参加,平时召集人都是吹哨子。亲戚家要是盖房子了,妇女可以去帮忙,没什么规矩。庄里边要是有喜白事了,我也会去帮忙,都是人家邀请我去的,因为我在村里是个能力比较强的人,去了之后孝服之类的都是我管的,一般都是找结了婚的妇女帮忙。帮忙不限于亲戚朋友,一个庄的人都可以。

(4)妇女聚集与活动

平时妇女聊天没有固定的地点,聊的都是闲话,家长里短的。男人们聊天也是不一定在哪,聊天的时候也是什么都说。夏天晚上出来乘凉,妇女也可以出来,不一定非得和家人在一起。关系好的妇女在一起的时候,可以到村外聊天,但是没有妇女到村外边去的。现在妇女也是在哪聊天的都有,聊天的时候也是什么都聊。

（5）女工传承

以前学纺织、学做针线活,都是在娘家学,要是有媳妇不会做针线活和纺织了,婆婆也会教媳妇,不会了可以慢慢学。

（6）矛盾调解

村里边的妇女之间如果吵架了,丈夫会出面调解;如果妇女和男的吵架了,村里边会派人去管,丈夫也会出面管。

（二）妇女与市场

没出嫁之前,我没有去过市场赶集,也不知道市场上是不是有妇女卖东西,1949年以后集市上有妇女做商贩。1949年以前,妇女去市场上买东西不能赊账,1949年以后可以赊账。1949年以前,出去看戏的时候,妇女不能去,1949年以后可以去。以前家里边纺织用的棉花是自己种的,纺好的布一部分留下来自己穿,另外一部分拿出去卖掉,卖来的钱都交给当家的,这些钱到最后都买吃的了。1949年以后,妇女赶集的时候一般需要什么就买什么。以前家里发的布票和肉票,这些票基本上都不够用。大概一九六几年的时候,我家就不自己做衣服了,近几年开始不买鞋,以前都是自己做鞋穿。1949年以前,我们庄没有用东西换东西的,1949年以后有,一般都是男的去换,女的不管。以前我去供销社的时间没准,买什么东西也不一定,合适了就买,不合适了就不买。

四、农村妇女与国家

（一）认识国家、政党与政府

1.国家认知

1949年以前,国家没有宣传过男女平等,也没有采取过什么措施。1949年以前,我们那没有建小学,女孩子也不可以上学。1949年以后村里就有学校了,女孩子也可以上学了,学的东西也和男孩子一样。1949年以前我没见过钱,连我娘都没见过。1949年前妇女不用给国家交税,也不会抽调出去劳动。

2.政党认知

1949年以前我知道国民党,对国民党的印象不太好,那时候国民党进了老百姓家里什么都拿,我认识的人里边没有国民党的人。1949年以前我知道孙中山和蒋介石,我见过他们画像。现在的国家主席是谁我也知道,都是看电视了解的。1949年以前我听说过共产党,我十二岁的时候就听说了,我认识的人里边没有共产党的人,那时候老百姓聊谈也不说国民党和共产党的事。1949年以后我当过村里的干部,也开过会,那时候开会就是到一起讲一讲,没什么印象深刻的,以前开会也没有投过票,1949年后妇女也参加开会。我就是一名党员,我是1955年入党的,我觉得共产党员比普通人要优秀一点,只有好人才可以入党。我入党的时候,党有申是我的介绍人,当时入党就是因为我积极能干。共产党什么时候都和老百姓、妇女走得近。1949年以前,我们那没有开过村庄会议。1949年以前我没有接触过国民党的人,也没有接触过共产党的人。我觉得1949年以前的干部和1949年以后的干部有区别,1949年以前的都是赖人头,1949年以后的干部都是好人。

3.政府认知

我以前裹脚就裹了一天,第二天就不裹了,当时是我娘不让我裹的。当时政府宣传过不让裹脚,庄里边的人对这事没什么看法。以前政府号召过剪短头发,当时有的剪了,有的没剪,说闲话的多。那时候我上过夜校,夜校里上课的老师一般都是合庄找来的人,上完学也可以认识字。我觉得还是自由恋爱好,我女儿都是自由恋爱的。1949 年前我没有接触过干部,1949 年后接触过,有的是村长,有的是村支书,接触过最大的干部是支书,最小的是队长。1949 年以前没有听说过有妇女当干部的,1949 年以后妇女可以当干部,不过很少,我愿意我的闺女当干部。觉得计划生育这个政策好,因为孩子多了照顾不过来。妇女一边干活,一边顾家是好事,比以前好多了。改革开放的时候,我听说过政府要移风易俗的。

(二)对 1949 年以后妇女地位变化的认知

1.妇女组织

1957 年的时候我就参加妇联了,当时我们这的妇联是县里组织的,我觉得在妇联工作的这些人都是好人。

2.地位变化

男女平等、妇女能顶半边天这些话我也是 1957 年的时候听说的。

3.婚姻变化

1949 年以后,儿女的婚事父母管,但是儿女可以自己做决定。要是父母不同意了,儿女可以找找政府做主,这是五六十年代的事。

4.政府与家庭地位、家庭关系

1949 年以后,夫妻关系和婆媳关系都变得比以前好了,妇女在家里的地位也提高了,这些变化都和政府有关系。1949 年以后,妇女如果被丈夫打了,政府会管,不过这时候男人打女人的情况很少了,基本都没有了。

5.宗族地位

老人这里没有宗族。

6.政府与习俗

1949 年以后,妇女想干什么就干什么,这变化和政府有关系。

7.政府与教育

1949 年以后,女孩受到的教育比以前好多了。

8.妇女政治地位

现在村里不仅有女代表,还有女干部,这些人都可以和政府谈话,我觉得这是妇女地位提高了,要是投票了,我会投票给妇女。

(三)妇女与土地改革运动

1.土地改革运动动员与参与

土地改革运动给我家的成分是贫农,当时土地改革运动工作队去过我家,我记得当时给他们做饭他们都不吃。给妇女分地的政策我知道,但是不记得了。当时我们这没有不愿意参加土地改革运动的,工作队有时候白天去给妇女做思想工作,有时候晚上去。

2.斗地主

虽然土地改革运动的时候被动员过,但是我们村没有地主,所以就没有斗地主,也没有分到什么东西。土地改革运动分地决策的时候,妇女也可以参与,妇女分的地跟男人分的一样多,都是按人头分的,土地改革运动时分给我的土地我没要。

3.妇女组织

土地改革运动的时候,我们这有女土地改革运动工作队员。

4.对妇女翻身 1949 年认识

妇女翻身 1949 年,我觉得最主要的就是自由了,有自由权了。

5.对女干部、妇女组织的印象

土地改革运动时当干部的妇女都是穷人,富一点的都不要。

(四)互助组、初级社、高级社时的妇女

1.互助组时期

我家加入过互助组,我们那个互助组有三户,都是我们这个庄的人,成立互助组之前,我们庄也开会动员了,但是不记得开会都讲什么了。

2.合作社时期

成立合作社的时候,家里的东西入社都经过老百姓同意,妇女对这个事有不同的看法,有的说不入社,有的说入社,男人们也是这样想的。

3.合作化时期女干部

我没有当过互助组和合作社的干部,不过我们这以前有个女社长,她是老百姓选的,我跟她接触过。

4.性别分工

互助组跟合作社的时候,男女有分工,妇女都是干点零碎活,男的都干重活。只要分数一样,男女分的东西一样多。妇女干活也都很适应,那时候都是年轻人,都想干活。

5.集体劳动

开始参加集体劳动的时候,我还没有孩子。我觉得人民公社时候干的活比互助组的活轻一点。

6.集体分配

合作社的时候,妇女一般七八十岁就不干活了,平时老人们会去摘菜,也算是干活了,也能分口粮。

7.公共事务参与

以前的会议妇女都可以参加,当时也有妇女发言,不过都没什么用。

(五)妇女与人民公社、"四清""文化大革命"

1.妇女与劳动、分配

(1)妇女与劳动

人民公社的时候我二十多岁,那时候也不需要动员,一开完会议妇女就下地干活了,当时还有很多口号。妇女和男人干的活不一样,男人去锄地,妇女去除草。生产队里的男劳力比女劳力多,但是在地里干活的女劳力多。以前没有妇女当技术员的,养猪、养牛这些活也是男人干。如果家里的男人出去挖河、修水库了,农活都是妇女干。修水库、炼钢铁的,那时候干活很累。

(2)单干与集体化的选择

相比于给集体干活,妇女还是在自家干活的时候干的好。相比而言,我还是觉得在集体干活好。

(3)工分与同工同酬

我听说过"男女同工同酬"的说法,我们这也实行过。

(5)分配与生活情况

生产队里分口粮和东西都是按工分,自留地的东西不分。我家是余粮户,那时候妇女出工挣的工分也可以养活自己。

2.集体化时期劳动的性别关照

(1)"四期"照顾

在公社干活的时候,妇女如果身体不舒服了,可以请假不去干活,请假了就没有工分了。大跃进的时候,我们这有妇女因为干活给身体落下疾病,那时候政府也管,不过管的少,妇女去看病不会收钱。

(2)托儿所

那时候公社里边建有专门看小孩的地方,都是村里的老年人在照顾。

3.生活体验与情感

(1)大食堂

过去在食堂做饭的一般都是男的。吃饭的时候都是分着吃,分多少吃多少,小孩的少一点,妇女和男人吃的一样多。食堂平时都吃蒸的菜和蒸的馍,有时候面条掺点菜。

(2)"三年困难时期"

"三年困难时期",我家的情况还差不多,家里有粮食了,都是先让妇女吃。如果饿得很了,也会到生产队里偷粮食吃,一般是男人去偷。如果被生产队抓住了,就会去生产队受教育,偷的多了还会被抓起来。当时也有妇女给政府提意见的,但是没什么用,不会埋怨政府。

(3)文娱活动与生活体验

当时我们公社没有搞集体活动。我比较怀念在公社的时候。

(4)妇女间矛盾

妇女们在一起上工的时候,也会有小矛盾,一般都是因为干活的事,最后都是让队长来解决。

(5)情绪宣泄(骂街)

我们这没有妇女敢骂街的。

(6)自杀

1949 年以前,我们这没有妇女自杀的,集体化的时候也没有,改革开放之后也没有。

4.对女干部、妇女组织的印象

(1)铁姑娘

我们这以前有铁姑娘队,队长是王姑娘。我们这以前也有女劳动模范,政府会给这些女劳动模范发大红花。

(2)妇女干部

我们这有妇女当队长的,这些妇女都比较积极能干。

(3)妇联印象

以前我们这有妇联。

5."四清"与"文化大革命"

搞"四清"的时候,我们这斗过干部,斗的还挺狠。"四清"和"文化大革命"的时候,老百姓都看不起地主和地主婆的闺女,有的还结不了婚,但是她们的工分不受影响。割资本主义尾巴的时候,家里边的自留地没有被收上去。"文化大革命"时,我们家没有东西被收上去过。集体干活的时候,妇女走亲戚都受影响,就没人去走亲戚。"文化大革命"的时候,家里东西都没动过,家里的葬礼和婚礼也没有简化。

(六)农村妇女与改革开放

(1)土地承包与分配

土地承包开会的时候,妇女可以参加。我愿意集体劳动,因为我觉得集体劳动好。生活上我觉得发生了变化,比以前过得好了。那时候妇女也可以分到地,土地证上也有我的名字。土地确权了以后,土地证上有我的名字。离婚的妇女或者是出嫁的闺女就不能分到地了。

(2)选举

我参加过村委会的选举,投过票,选票是别人帮我写的,我选的有妇女。

(3)计划生育认知

我觉得后来的政策比以前更严格了。

(4)精准扶贫

我知道精准扶贫,政策对老人男女都一样。

(5)社会参与

现在老人们相互聊天挺多的,有时候我就听别人讲国家的政策,有时候也看电视了解。我知道上网,但是我没有上过网。村边老头有手机的比较多,平时我和我闺女也不打电话,离的比较近,直接就见面了。

五、生命体验与感受

我这辈子最煎熬的事情是我母亲去世的时候,最幸福的时候就是闺女出嫁的时候。我这辈子最大的体验和感受是,以前什么都不懂,别人让做什么就做什么,现在是我想做什么就做什么。

SW20170806LFM 吕风梅

调研点：山东省聊城市冠县宋三里村

调研员：宋威

首次采访时间：2017 年 8 月 6 日

出生年份：1932 年

是否有干部经历：否

是否生育：是

受访者结婚的时间节点、生育子女的具体情况：老人于 1954 年结婚；1955 年生第一个孩子，共生 6 个孩子，其中 3 个儿子，3 个女儿。

现家庭人口：1

家庭主要经济来源：子女赡养

受访者所在村庄基本情况：宋三里村地处华北平原，属于温带季风气候，夏季高温多雨，冬季寒冷干燥，村庄多种植小麦、玉米、棉花、大蒜等作物。村庄现位于冠县城关镇内，以"宋"为主要姓氏，宋姓人口居多，其他姓氏都是外来姓氏。村内无少数民族定居。近些年来，为了促进城市化的发展，该村庄全部农用地均被拆迁，修建公路和居住用房。村内仅保留部分居住房屋，村庄居民以外出打工为主要经济来源。

受访者基本情况及个人经历：老人生于 1932 年，念过 7 年书，22 岁结婚。老人养育了 6 个孩子，其中 3 个是儿子，3 个是女儿，现都已结婚生子，并且有了第四代。老人的老伴儿于 2000 年去世，老人现在在三个儿子以及大女儿家里轮流居住。

老人这一生养育了 6 个儿女。年轻时帮助丈夫在村里开了一个经营烟酒的小门面，家里有几分薄田。老人经常是一边看着铺子，一边照顾 6 个孩子，洗衣做饭，6 个孩子中有 2 个考上了大学。老人这一生经历过灾荒，经历过战乱，现在虽然已经八十多岁的高龄，身体依然硬朗，对于生活的态度也是积极乐观。

一、娘家人·关系

(一)基本情况

我是吕凤梅,出生于 1932 年。12 岁开始上学,名字是学校里的老师起的,原名是吕三印,是父母按照家里姐妹排行顺着叫下来的,家里兄弟姐妹七个,上边有两个姐姐,下边三个妹妹,一个弟弟。那时候家里有地,很少,具体不记得了,只记得土地改革运动的时候被划分为贫农。家里兄弟姐妹虽然多,但勉强顾得过来,没有兄弟姐妹被别人抱养。我是 22 岁那年结的婚,丈夫家里也是贫农,家里只有一个妹妹,不过逃荒的时候给人家当了童养媳。我一共有 6 个孩子,3 个男孩,3 个女孩,生大女儿那一年,我是 23 岁。

(二)女儿与父母关系

1.出嫁前女儿与父母关系

(1)家长与当家

娘家整个一大家子一般都是我爹当家,父亲在家里排行老大,有过一个弟弟,还有两个妹妹,但那时候的年景不养人,弟弟和妹妹都没养活大,很早就去世了,留下我爹一个孩子,当家当习惯了,什么事都是他说了算。

(2)受教育情况

我从 1949 年后开始读的书,那可能是新中国最早的一批学生。那时候还不叫小学,叫八差①,主要学习算数、语文,语文的内容也是简单的识字,连古诗和三字经都没有涉及。上学的时候,我已经十二岁了②,当时个子高,老师一开始就发给我二差的书,虽然看不懂,也跟着学。那时候根本没有人教,也没有人辅导。一直念到八差毕业,也没有人说接着往上考试,就这样不了了之。当时家里人对念书是支持的,除了两个姐姐,那时候没有学校她们没有读书,后来这些弟弟妹妹都上过学。其中一个妹妹上过师范,弟弟也一直上到大学毕业。

(3)受教育情况

在家里的待遇方面,我们这七个兄弟姐妹都是一样的,别看家里只有一个男孩,在吃穿各方面我父母都没有偏待过谁。不过,只要是不冻着,不饿着就行,父母没有特别给谁置办过衣服。供那个弟弟上大学,也是因为人家自己有本事考上了,而不是因为父母的特殊照顾。

(4)女孩的对外交往

见客人是谁都能见,但是那时候家里也没有客人来。过年的时候,没出嫁的闺女是不能出门拜年的,而出嫁的媳妇是可以去拜年的。

(5)女孩禁忌

那时候的女孩不上学了就在家里待着纺花织布。要是想出去玩,也就是在街上自己玩一会,远了是不行的。那时候虽然家里没说小男孩不能跟小女孩一起玩,但是很少有小女孩会去跟小男孩凑在一起。

(6)家庭分工

地里的活一般都是父亲操持,农忙的时候,孩子会跟着父亲一起割麦子,种棒子③,虽然

---

① 八差:音译(chi)一声。

② 根据老人的年龄推算,老人开始读书的时间在 1944 或 1945 年。

③ 棒子:玉米。

干的不多,也得跟着干。而母亲则负责这一大家子的家务,母亲是个干家务的好手,我们小的时候,全家九口人的饭菜和衣服都是母亲一人承担,干活干得又快又好,等我们长大之后,就开始自己洗自己的衣服,没有明确的分工。

(7)家庭教育

从小母亲就开始教我们纺花织布。白布我会织,最多的时候一天能织七八尺,不过花布工序太多,没怎么织过。在教育这方面,母亲给予我们的更多,但是孩子犯了错误,父母都会说。

2.女儿的定亲、婚嫁

(1)定亲经历

我跟丈夫是新中国成立之后定的亲,当时是通过别人的介绍才有了这门亲事。虽然不在一个村里,那时候我父亲上别人家玩去的时候,别人就经常和他说起我后来的丈夫。听的多了,我父亲也渐渐对我丈夫产生了好感,所以定亲的时候我父亲是同意的。但是我母亲为了我着想,嫌我的丈夫家里太穷,不怎么同意,不过这门亲事最后还是成了,因为那时候的人都穷。虽然那时候都兴交换生辰八字,但是我们定亲的时候也没有算,就几位老人在一起商量了结婚日期,最后也问了问我的意见,不过那时候大人同意了,这门亲事也就定下了,孩子的意见不是那么的重要。定完亲之后,隐约记得快结婚的时候我和丈夫见过第一次面。定下亲了,这门亲事就算成了,那时候是没有反悔这一说的。

(2)出嫁经过

出嫁的时候,因为家里姊妹多,那时候过的也穷,都没有什么嫁妆,只有一个柜头。好过的家里可能带的东西多一点,带点自己用的东西或者家具,不过那时候村里根本没有地主,都是穷家。长大了,人家娶走就跟人家去过了。丈夫家也没有彩礼,没有粮食,更不要提钱。结婚那天没有什么特殊的仪式,只记得父母那天都挺高兴的。老辈子①的时候结婚第三天回门,跟丈夫一起去娘家吃一顿饭,一天也就回来了。

(3)童养媳

童养媳光听说过,那时候村里没有,就是挺小就送到人家过去,年龄大了就变成人家的媳妇了。我丈夫的妹妹,1943 年跟着母亲和她哥哥逃荒去了河南,那时候她才八岁,我丈夫十二岁。他们到那里去帮一个好过的人家做活,人家管吃管喝,到时候还发给两个钱。后来年景好了,我丈夫和他母亲回了山东,人家却不让那个妹妹回来了,就留在那里跟人家过了,长大后嫁给了那家的儿子。一直到有了孩子,那家人才让她回山东来探亲,总共来了也没有多少回。她就算是童养媳了。那时候都是穷人,还有娶不上媳妇的,就收一个小女孩养着,长大了以后就娶了当媳妇。

(4)换亲

那时候村里有和八里庄②换亲的,邻居张三他娘就是换亲换来的,有两换③的,还有三换的。都是穷人实在没有办法了,这些都是想出来的不是办法的办法。

---

① 老辈子:方言,以前的意思。

② 八里庄:附近一个村庄。

③ 两换:以自己的姐妹给女方的兄弟做妻,以换取女方作为自己的妻子。

(5)改嫁

过不下去改嫁的,或者丈夫死了改嫁的情况都是有的。改嫁一般都没有定亲仪式,没有丈夫的可能还会从丈夫家里带点东西,不过大多数是什么都不带,起来就走。正常的结婚都是早上接亲。但是改嫁的妇女一般都是傍晚或者晚上接走,哪怕丈夫家里同意了,但是村里还是会有人来拦的,为了避免闹事,只能偷着进行。不过改嫁这种情况在当时实属罕见,一村里几年都没有一个改嫁的。

(6)冥婚

有的小男孩没有娶过媳妇就不幸去世了,这种没有结过婚的小孩是不能进祖坟的。家里的大人一般会给他找一个"干姑",就是刚刚去世的未婚女孩,把女孩拉过来跟这个小男孩埋到一起,这就算他们两个成婚了。就可以埋进男孩家的祖坟了。

3.出嫁女儿与父母关系

结婚之后女儿在娘家的身份就转变了,从主人变成了客人。一般情况下是不在娘家过夜的。另外,大年三十,还有腊月二十三这些重要节日是不可以在娘家过的,而初二、正月十六、八月十六这些日子都是回娘家探亲的日子。有空的时候,就和丈夫两个人一起回去,那时候物质条件艰苦,回娘家的时候拿点自己家蒸的包子、馍馍还有枣卷子什么的,有个心意就足够了。

那时候跟丈夫吵架了,闹别扭了,也会有媳妇跑回娘家的,要是媳妇做的对,那娘家人也不会说什么,一般情况比较严重的时候,丈夫是会亲自来接的,不过一般小吵小闹,街坊邻居劝一劝,媳妇自己也就回去了。那个时候妇女要求离婚的实属罕见,一般受了气的妇女都会选择忍耐,没有几个敢表现出来。那时候离婚的妇女是不能埋进娘家的坟地,往往是随便找一个地方就给埋了。如果娘家没有儿子,那财产也不会分给嫁出去的女儿,虽然是亲生的,但毕竟已经不能算是自家人了,一般会选择侄子这样的近亲。以前村里有个人去给隔壁村当上门女婿,那家人只有一个女儿,等两个老人都没了,财产自然都是这个上门女婿的,这个人又带着他的妻儿回到了村子里。

家里老人去世的时候,通常都是由儿子操办主持的,出殡的时候,儿子要头戴孝帽子,而女儿则要穿孝褂子,带着搭头。磕头也要男的在前,女的在后。

(三)出嫁的姑娘与兄弟姐妹的关系

姑娘回娘家拜年通常是初二,但是初二如果回不去的话,可以改成初四,如果娘家的长辈去世,探亲的日子需要改成初三,初三在我们这边是上坟的日子。我有五个姊妹,一个弟弟,弟弟一开始在青岛上大学,后来去重庆上班了。跟他的走动不是很多,后来这两年他回来之后才开始走动。我这几个姊妹那先①住的都远,那时候的人也不出门,不经常走动,也是后来这几年走动的才多一点。

二、婆家人·关系

(一)媳妇与公婆

1.婆家婚娶习俗

我们这一家子人不容易,尤其是家里男人死的早,婆婆一个人能带着两个孩子在那个年代活下来。回来之后,丈夫就在家里做点小买卖,卖点烟酒。

---

① 那先:那时候。

结婚当天,摆了几桌宴席,不过那时候也没有多少人,也就是院里几个算得上的亲戚,还有村里几个关系好的人。那时候丈夫家也没有族长一说,毕竟上边的长辈都在灾荒中去世了。

结婚第二天,按老理说,是应该去公婆那屋问候一下,起床了吗? 昨天忙活一天累着了吗? 但是我的婆婆却不讲究这个。

2.分家前媳妇与公婆关系

（1）婆家家长与当家

刚结婚时家里人少,上边只有一个婆婆,丈夫也没有兄弟姐妹,一般有什么事都是婆婆跟丈夫两个人商量怎么解决,我在旁边听着,不是不让我发表意见,是我那会意见少,参加也不知道要说什么。

（2）劳动分工

来了之后,就开始和丈夫一起做点买卖,洗衣服做饭什么的都是我来弄,毕竟只有三个人一起住,什么东西也没有分开置过,所有的衣服都是一块洗。那时候也没有洗衣机、自来水,都是离水坑近的去水坑洗,离河近的去河边洗,还有的去井里打水,然后再去家里洗。那时候家里还有几分薄地,不过地里的活一直都是丈夫在打理,我没有插手过。

（3）婆媳关系好坏

婆婆管儿媳妇管的严不严也跟个人的脾气有关,那时候我婆婆是出了名的好脾气,经历过逃荒,知道人的重要性。在我们家,没有那种婆婆站着,儿媳妇就不能坐着的那种规矩,吃饭什么的都是在一块,不过回娘家跟婆婆说一声那都是应当的。在村里,婆婆跟媳妇冲撞经常有,一般都是懂事的、管事的人出来劝一劝,那时候也不记得谁家有家法,那都是更老的东西了。假如我丈夫跟我婆婆吵架了,我也能两头劝一劝,可是我婆婆也不事多,轻易没吵过架,都是实实在在的人。

3.分家后媳妇与公婆关系

我嫁过来之后,我和丈夫,还有婆婆三个人一直住在一起,一直到婆婆去世都没有分过家。婆婆是经历过灾荒的人,见过了太多人的死亡,她老是念叨着过没人过恹了,对所有的人都充满了敬畏和尊重。

丈夫家里之前有一座房子,后来去徐州逃荒,再回来的时候那个房子也没了,都塌了,他就自己找人,操持着又盖了几间房子,一天晌午管人家一顿饭,做好了给人家送过去。那时候房子盖好了都不用登记,也没有人管,盖好了房子直接住就行。我和他结婚之后,就住进了那几间房子里。嫁过来之前,丈夫家里就开了一个小门面,卖点烟酒,家里还有几亩薄田,三个人就操持着这两份家业。我生病或者坐月子的时候,婆婆就替我看着门面,毕竟一个村里就那一个小门脸,轻易不能关门。那时候和娘家离得近,坐月子的前几天,衣服都是娘家母亲和妹妹拿去洗洗,后来几天都是自己洗的。跟现在生孩子的待遇差事了,那时候的人到了快生孩子的时候还一天不住脚地忙活,挺着个大肚子没有歇过一天,每天跑得脚面都肿起来,鞋都穿不进去,那也闲不下来。也就是生下来之后,实在没有办法,才歇几天。

(二)妇与夫

1.家庭生活中的夫妇关系

1949 年以前,农村里丈夫打骂妻子这个现象很常见,伸手就打,张嘴就骂。村里人对传这种事也是十分热衷的,毕竟好事不出门,坏事传千里,做媳妇的也怵,都是受着气的。那会娶小老婆的人也有,也不能多评论什么,跟现在一样,不管是去给人家当老二、老三,都是图人家家里好过,图以后自己的孩子能过的好一点。

2.家庭对外交往关系

那时候女的也有朋友,谁跟谁划得来,对上脾气了,也就是聊天的时候多聊上几句。一般家里出面的事都是当家的去,有的妇女有主意,街坊邻居的红白喜事也能跟着张罗张罗。

(三)母亲与子女的关系

1.生育子女

(1)生育习俗

我一共有六个孩子,三个女儿三个儿子,我应该是在 1955 年生下大女儿。那时候生了孩子报喜都兴送红鸡蛋,在一个篮子里装上红鸡蛋,要是个女孩,就在鸡蛋上面放一朵花,要是个儿子,就在鸡蛋上放一本书。报喜的人提着篮子去,到时候人家一看,就知道这家生了儿子还是闺女。生了孩子,一般都会在第九天或者第十二天的时候庆祝,俗称"过九天""过十二天"。一般头事,也就是生第一个孩子的时候会大办一场,让这些亲戚朋友都来看看,然后摆上宴席坐上几桌,往后再生了孩子,不管是男是女,都不再大办了,只有孩子的姥娘要在这天过来看看,看看孩子长得什么样,心里不闷得慌就行了。来看孩子的人一般都兴送汤米或者鸡蛋,汤米指的就是挂面和米。一般都是给谁报喜,谁就要在这一天过来看看孩子,至于给谁报喜,就要自己权衡了。如果人家添孩子的时候给我们说了,那我们有喜事了也应该叫人家过来。

过了九天,就是"接满月",生了孩子以后一直在婆婆家住一个月,坐完月子之后就被接去娘家住,让孩子他姥娘也跟着稀罕稀罕。一周岁的时候一般是不办事的,再过就是三周岁的生日,"过三生",也是头事大办,二事不办。

(2)生育观念

那时候生男孩生女孩家里人的态度可不一样,有的人家一看见媳妇生了女孩,恨得饭都不想让媳妇吃。不过我们家可没有这回事,那时候婆婆真的是过没人的日子过怵了,看着人家都是一大家子一大家子的,我们家这边横数纵数就我们三个人,所以不管是生男孩还是生女孩,婆婆都高兴得不得了。那时候也没有计划生育,生几个孩子也没有管。

(3)子女教育

我这六个孩子,只有二女儿没有读过书,那时候一让她读书她就哭,哪怕在家干活,不闲着也行,就是不去读书。我就让她哥哥姐姐作证,是她自己不想去读书的,不是我们不让她去读的,她以后反悔了不能怨我们。那会上学的时间也晚,没有幼儿园,一般孩子到了八岁才能去学校。而且那会在自己村里上学是不需要交钱的,大女儿那会回三里庄读书,去的晚,人家都快上二年级了她才去上;大儿子在我们住的北关上的学,我们不属于这个村的,在这上一年好像才交了一块钱,学费很少,书也是自己买的。他们两个一直读书读到大学。二儿子从小学上到高中,学习成绩一直挺好,经常自己在院里写作业,后来因为定亲了,他对象没有文化,而且他对象家里怕他上了大学就出去了,人家家里不愿意了,这就没有再上。三儿子跟三女儿不认学,都是上到初中就不再上了,也没记得他们是没考高中,还是没有考上。这姊妹六个,当初打算的是怎么也得有三个考上大学的,结果最后就大女儿跟大儿子考上了。在这六个孩子平常的教育上,虽然日常是我在照顾,但教育主要还是我丈夫做的更多一点。

(4)对子女权力

这六个孩子都是说媒说的,但不是那种专门的媒婆说的,那时候这周围几个离得近的村,互相之间谁都认识,都知道我们家的性格和各方面情况。所以这几门都是有相互认识的邻居主动给介绍的。

大女儿结婚的时候,剩下那五个还在上学,那时候家里过的确实艰苦,没能给她攒下什么嫁妆,就给了一个柜头。到二女儿和三女儿结婚的时候,她们两个结婚没有相差几天,那会家里就稍微宽松一点了,正赶上家里盖房子,连房子带嫁妆就一起置办了,用了不知道多少方木头,在南边请了三四个人,一天到晚的在这边住着,一共住了整整一百天,才打了这些东西,又给大女儿打了一把椅子。

这三个儿子结婚的时候,也没有给儿媳妇多少彩礼,那时候人家要的也不多,大儿子的媳妇家里好过,也有文化,结婚的时候就要了一件大衣。二儿子结婚的时候,给了媳妇一些布,找人给做了几件衣服。小儿子结婚的时候给了媳妇一点钱,也不是很多,让她自己去买了点喜欢的东西。这三个儿子结婚也基本上跟没有花钱一样。

2.母亲与婚嫁后子女关系

这三个儿子中,大儿子那会上着班,结婚的时候单位给分了房子,结婚之后就没有在一起住过,下边这两个儿子也没怎么在一起住,他们结婚的时候,把在北关的那个门市给关了,我们老俩口回村里住了,那片地方就留给他们盖房子用了,盖好之后他们一搬进去也算是分家了。

现在我这三个儿子都有本事了,我轮流在他们家里住着,一家住一个月。另外我也经常去我大女儿这里住,她丈夫去世了,家里就她一个人,到这来还能跟她做个伴。

三、妇女与宗族、宗教、神灵

(一)妇女与宗族

那时候村子小,虽然一个村里同姓的多,也没有特别强的宗族意识,更没有选出一个族长的。老些年以前,村里还有个家庙,拆了也不知道多少年了。那会我娘家吕庄就有一个家庙,过年过节的时候,村里管事的就买上一把盘香,点上灯,把这个盘香挂在房顶上,点上之后,能一直从初一烧到十五,这时候村里人,无论男女老少都去家庙那里去磕头,端着包子供享老祖宗,或者坐着聊天。三里庄这边也有,不过我嫁过来的时候就已经拆了。

(二)妇女与宗教、神灵、巫术

新中国成立前,村里也组织过求雨,一般都是村长这种管事的人领头,敲锣打鼓的就算是求雨了。在我们这边,神婆一般都叫"姑娘婆子",类似这种的都是女的,没有神汉这一说。有看不起病的,或者医生治不好的,就叫姑娘婆子来给念念,不过我只是听说过,没有亲眼见过。灶王爷、老天爷是家家都有的,过年的时候,或者每逢初一、十五,都要磕头烧纸。磕头一般都是"神三鬼四",灶王爷、老天爷都是神仙,跪下之后连点三下头,这就是磕了三个头。要是人去世了之后,就变成鬼了,给死人磕头要磕四个。不过女的跪下只需要磕一个头就行,不用讲究这么多。

那时候庙里什么神仙都有,不止是土地公公。要是去烧香磕头,这一个屋里的神就全部代表了。求子有求子观音,不过一般都是女的去求,求平安有各类菩萨、奶奶,一般也是女的去求。其实烧香磕头这类事情还是女的做得多。

四、妇女与村庄、市场

(一)妇女与村庄

1.妇女与村庄公共活动

出嫁前,不记得村里一起吃过饭,那时候哪有这么多吃的,倒是过年的时候村里会组织发点馒头。1949 年以前,那时候村里确实不怎么开会,赶巧商量一个什么事,也是一家去一个当家的,代表全家听听怎么回事也就算了。1949 年后村里开过几次会,这时候男的女的就都能去了。不过我还真没参加过村里的开会,一般都是丈夫去。

2.妇女与村庄社会关系

在娘家的时候也有一些小伙伴,就是一起跑着玩的小女孩,那时候也不能和外村的小伙伴一起玩。后来上学了以后,有的女孩在一起结拜干姊妹,我也没有参与过。后来同学或者女伴结婚的时候,我也没有去,那时候不跟现在一样,这样的人不兴去。

村里的红白喜事一般会找关系近的几个男的和几个女的帮忙,也没有什么明显的分工,主要是招呼亲家和做饭这两个活,男女都可以干。村里的妇女们会在天热的晚上,趁着月亮光,当街凑在一起纺花织布,这样边干活边聊天不容易犯困。

(二)妇女与市场

女的想要去集市上去,小的时候得有人看着,长大了之后得有人跟着。我小的时候还能跟家里人一起去集市上看看,长大了之后就不叫去了。那时候集市上卖东西的也是以男的为主,女的很少。平常做衣服做鞋的针头线脑一般都会有人挑着担子,游街串巷的卖。用的棉花也大多是自己家里种的,从种棉花到织布到做成衣服,一般都是自己顾自己家的。1949 年前后,村里用钱的少,都是家里养的小母鸡生下两个鸡蛋,自己不舍得吃,然后拿这些鸡蛋换盐吃,盐也是有人推着小车叫卖的。那时候流行一句话"鸡蛋换盐,两不找钱"。

五、农村妇女与国家

(一)认识国家、政党与政府

1.国家认知

1949 年以前,农民就是干活吃饭,钱也不怎么用,平常聊天也是聊的家长里短。那会村里也没有两三个识字的,那会我还小,也不认字,跟人家那识字的大人也不能拉。后来听说国家也是到了 1949 年以后,上学的时候老师给说的。

日本人入侵那会,咱这冠县就有日本人,我也没见过日本人什么样,就知道他们来了之后占了一块地方,挖城壕、围城墙,然后招一些本地人给他们干活。1949 年以前不交税,但是交粮食,但是这粮食最后到谁手里了也不知道,都说是养当兵的用了。

2.政党认知

国民党那时候没见过,不过共产党听说过,那时候村里有一家子就参加了共产党。那会村里上过学的六舅爷说的,那时候管共产党叫均产党,说均产党来了以后,没有穷的,没有富的。后来过了好些年,共产党才来的。不过共产党来了之后,确实做了不少好事,不叫裹脚,不叫扎耳朵。

3.政府认知

新中国刚成立的时候,政府号召剪短发,我是在学校里剪的,老师用红头绳把头发都扎住,然后咔嚓一剪子就剪下来了,学校里都是统一剪的,不上学的都是村里剪。后来的计划生育政策也不开展,以前不想生那么多孩子,但是妇女不当家,没办法,要得多了,生下来的孩子不够吃,大人孩子都受罪。

(二)对1949年以后妇女地位变化的认知

以前女的都在家里闷着大门不出,二门不迈,现在能出去了,对妇女地位也是提升。

(三)妇女与土地改革运动

斗地主的时候我还上着学,跟群众去开会。开大会的时候让地主站在台子上,下面的人随便糟蹋,愿意说地主什么就说地主什么。那时候咱村里还没有打地主。北街上有一家地主,斗得狠,平常走在街上都有小孩骂他,一个劲地喊口号,有的还真上去就打。其中也有女的表现的很积极。但我觉着人家没偷没抢的,地都是自己一点一点攒起来的,攒的多了,就成了地主了。

平分土地的时候我就结婚了,那时候三里庄这边没有地主,只有富农,那个富农还跟我公公是亲兄弟。我婆婆这边却是贫农,分房子的时候就把那个富农的房子分给我们家了,不过我丈夫有志气,觉着那是人家的东西,一点没要,最后把那房子给砸了,瓦什么的都摔了。从那以后就搬到北关这里住了,自己填的坑,盖的房子,这几面土墙都是我给他递的土,他一点一点垒起来的。

(四)妇女与人民公社、"四清""文化大革命"

1958年那会,四通八达修路,把院墙什么的都给扒了。还有大炼钢铁的时候,那人到家里把门鼻,还有柜上的铁皮都给起走了。那一段时间我们这个门市什么都不能干,只能卖水。中间还停过好几次,什么都不让卖了,这些私人东西都归了公家。还有修理自行车的都归了公,到时候干活,然后上边管钱的再给发工钱。那会我们只能在这住着,等到管的松了,再卖上一段时间。

那时村里分了几分自留地,大部分都归了队里,妇女也都跟着去下地干活。我没在村里住,也不知道村里具体是怎么做的。

六、生命体验与感受

这一辈子的变化太大了,小时候,我正到了裹脚的年龄,但是我父亲开通,不让裹。邻居家的一个女孩,裹上脚之后,家里的大人拉着她在院里跑,强迫着把脚趾头都踩到脚底下。小脚苦,小脚苦,一步挪不了二寸五,要是碰见那慌乱年,这人命可算交给老天了,人不自主。裹小脚的都认命了,跑也跑不了,走也走不动,都认命了。那时候的妇女真有守老规矩的,一辈子没有出过门,没看过结婚,没看过出殡,孩子难缠的时候,就抱着孩子站在过道口看一眼,活了快一百岁才死,反正就是不出门。这一辈子的事,这时候强多了,挺好。

SW20170814ZXA 张秀爱

调研点:山东聊城冠县东古城镇乜村
调研员:宋威
首次采访时间:2017 年 8 月 14 日
出生年份:1929 年
是否有干部经历:否
是否生育:是
受访者结婚的时间节点、生育子女的具体情况:1947 年结婚;1950 年生第一个孩子,共生 4 个孩子,3 个儿子,1 个女儿。
现家庭人口:1
家庭主要经济来源:个体经商
受访者所在村庄基本情况:乜村位于华北平原地带,山东省和河北省的交界处,村庄紧邻 106 国道建立。属于温带季风气候,夏季高温多雨,冬季寒冷干燥,村庄多种植小麦、玉米、高粱、棉花、大蒜等作物,一季两熟。村庄里以金姓、高姓、张姓、闫姓为主要姓氏,均为汉族。村庄属于省边缘地带,经济发展落后,多以外出打工为主要经济来源。最近几年冷库储存、长途运输慢慢发展起来。

受访者基本情况及个人经历:老人出生于 1929 年,老人的丈夫在几年前去世,目前老人处于独居状态,老人共有 3 个儿子,1 个女儿,都和老人在同一村庄居住,大儿子一家住在老人隔壁。

老人从 6 岁开始上学,断断续续地上过私塾、公立小学、高小、妇女班,1947 年结婚,一生中大部分时间从事农业生产。60 岁以后才和丈夫开了一个小卖铺,经营烟酒、零食和日常生活用品,这也是老人目前最主要的经济收入来源。老人虽然已经 87 岁高龄,但是身体硬朗,腿脚利索,每天早上坚持出去遛弯。每天晚上出去捡拾蝉蜕补贴家用,不张口向孩子讨要一分钱。老人一辈子受够了婆媳规矩的苦,但是自己却心地善良,对待自己的儿媳妇像对待亲闺女一样。

一、娘家人·关系

(一)基本情况

我是张秀爱,出生于 1929 年。那时候家里兄弟姐妹四个,名字都是父亲给起的,一个姐姐,一个妹妹,还有一个兄弟是从叔叔家抱养来的,他的家人在饥荒中全部去世了。那时候家里一共有二十四亩地,还喂着一头牛,过的比一般人家好点,土地改革运动的时候划分成了贫农。1947 年结的婚,那年我十八岁,丈夫这边有一个哥哥,家里成分高点,不算中农,也不算贫农,算是下中农吧。我一共有四个孩子,三个男孩,一个女孩,生大儿子那年我 21 岁。现在跟我这一辈的兄弟姐妹都陆续去世了,我算是长寿的人了。

(二)女儿与父母关系

1.出嫁前女儿与父母关系

(1)家长与当家

在家的时候肯定是爹当家,我爹死的时候都七十三岁了,我娘死的时候七十岁,他们两口在一起过了这么多年了,家里的大小事都是我爹拿主意。年轻的时候是这样,但是这岁数大了以后,思想都变了,我娘慢慢也能说上话了。

(2)受教育情况

第一次上学的时候我才六岁,上的是私学,在我家后边有一个小东屋。那会我还不够上学的年龄,应该让我姐姐去上,但是她裹着小脚,走不动,所以家里人就把我送去了。不过那会没上多少天,就开始闹灾荒,国家也开始动乱了,所以就没再去上。不论男孩女孩,只要家里有条件,都可以上学,我家里人也挺支持的。再上学的时候就到十二三岁了,那会就不是私人学校了,是公家学校,可以称为小学了。那会一到下午,就让我们这些学生去叫妇女来学校上学,下了课,唱歌、跳舞、唱戏,十分热闹。

最后上的是高小,那会我都十八了,春天开始去上学,等到秋天割了麦子,我就结婚了,那时候男女不能在一起上课,男生和男生一个屋,女生和女生一个屋。

(3)家庭待遇及分工

在家的时候,闺女没啥太大的规矩,洗衣做饭、添饭的顺序都是我娘查着,我们这些闺女是不用操心的。到点了去上学,然后下学,该帮着家里做点什么就做点什么。那会我娘织布卖布,我十三岁那年就开始跟着我娘学织布,一个星期能织二十尺,还在家学了织花布,梅花的、鱼眼的、挑花的都织过,真的是说织什么就能织什么。织完了布是要到那出去卖的,那会我也就十五六岁,和邻居做着伴去城里的菜市园卖布。那时候家里还喂着一头牛,下了学就得去给牛割草、铡草。家里没有儿子,全是闺女,为了帮我爹分担农活,我才没有裹脚,像我姐姐一样裹了脚的姑娘是没法干农活的。那会也不止我一个,我们那一条街好几个小姑娘和我作伴。

2.女儿的定亲、婚嫁

(1)定亲经历

那会的孩子定亲都是媒人说的,要是谁家女儿自己找个对象,那非得让家里大人打死。好多家长因为怕孩子上学上的太多,脱离自己的管教,直接就不让孩子上学了。那会村里就有这种闲人,单想着谁家的孩子到年龄了,该结婚了,就四处给人说亲。我娘家人少,就一个兄弟还不是亲的,但是我们的关系比亲兄弟还亲。我爹当时就觉着我现在的丈夫家离我家比较近,前后街的距离,我们两家相互之间能有个照应,也怕我在婆家受了气没处去,所以把我许到他们家。

我们定亲的时候也要合八字、过大帖。两家大人先坐在一起说,说成了之后合八字,就是交换男女双方的生日,合了,这桩亲事就能成了,不合就算了。八字合了之后就是过大帖,抬着盒子,里边装着十二斤果子,还要拿一只大红公鸡,用小坛挑着酒,拿一个筛子,一个盆子,还有一个当时流行的小蒜子壶,一套茶碗,一个肥皂盒,两双红筷子,还有两棵大葱。也不知道都有些什么说法,反正当时大娶这些东西都是必要的。现在冠县东边的一些地方还保留着这些习俗,聘礼有艾草,有连把①的葱。

(2)出嫁经历

等到结婚当天,婆家人要出着响器、喇叭什么的去接新娘子。新娘子来的时候要坐着轿子,还要穿着大红棉袄、红裤子,甚至里边的衣服也得是红色的。我那会是五月十六日结的婚,正热的时候,也得在轿子里披着袄,脚下穿着绣花鞋。嫁妆里面如果有枕头,得是插花的枕头,还得有两铺两盖②,四条单子③,没钱的人家有这些东西就够了。好过的人家还会抬一个柜子,一个橱子,一个八仙桌,这就算是地主家的闺女了。我那会是什么都没有,到了出嫁的当天,我娘才给了我一个柜头和一个镜楼,都是斗地主的时候从地主家里分来的。柜头有一个铜月亮样式的锁,1958年大炼钢铁的时候被人家拿走了。镜楼就是一个小型的梳妆台,两扇小门,上面安着镜子,三个小抽屉里面搁肥皂、木梳、雪花膏。那会还兴④给新女婿蓝衣裳,买了一个大衫子,就是长衫,还买了两个手巾,结婚的时候新女婿必须得穿着那件长衫。那会丈夫家里会做木匠活,我爹给拉过来一个大梁,然后让我们自己用这个大梁打了一个木床,支了一个蚊帐,那个床到现在还没有坏。

(3)童养媳

童养媳1949年后就没有了,1949年前邻居张占坡⑤媳妇就是童养媳,她来张占坡家的时候很小一点,穿着红色的衣服,张占坡比他大二十岁。再有就是二贝家有一个童养媳,给他儿子养的,小姑娘来的时候才七岁,裹着小脚,盘着腿坐在纺车旁边纺花,我那会和他们家离得近,没事就去她们家串门。但是二贝的儿子没活多久就去世了,二贝就想把这个小童养媳给卖了。我当时还劝他们,说嫂子,这么大点孩子你就当是个闺女养着吧。最后小姑娘还是让他们给卖出去了。

3.出嫁女儿与父母关系

我婆家和娘家离得近,但是一个月也不回娘家一次,主要是因为婆家这边规矩大,回娘家一次太麻烦。生了孩子之后,孩子他奶奶一年就给有数的棉花,让给孩子做衣裳,但是一般是不够用的。后边街上我娘家也种着棉花,给孩子做厚衣服的时候我就回娘家去,用娘家的棉花给孩子做衣裳。

---

① 把:根。

② 两盖:两床被子,两床褥子。

③ 单子:床单。

④ 兴:流行。

⑤ 张占坡:音译。

（三）出嫁的姑娘与兄弟姐妹的关系

家里边就一个兄弟,还不是亲的,是从叔叔家抱养的,但是我们的关系比亲姐弟还亲,没吵过架,没拌过嘴。后来他结婚的时候,媳妇才十六岁,我到后边娘家去就给她做衣服做鞋子,我去后边说什么话,我这个兄弟都听我的。

二、婆家人·关系

（一）媳妇与公婆

1.婆家婚娶习俗

结婚的时候,婆家有五口人,我的公公婆婆,我丈夫的哥哥和嫂子,还有我丈夫他们五个,都是种地为生,还稍微会点木匠活。我娘家和婆家距离很近,前后街的关系。定亲的习俗、仪式都没啥出入。结婚第二天,得早起先去婆婆那屋里问问:"起床了吗,累着了吗?"再去哥哥嫂子的屋里问一句。

2.分家前媳妇与公婆关系

那时候当媳妇必须得有当媳妇的样。家里老人一般都是在厨屋里睡。清早起来,媳妇先要上厨屋里去,把老人的尿盆泼了,把锅刷好,做上一锅热水,然后给老人叠被子、扫地,看着该干的活都得干着,等着锅烧开了,先给老的舀上一碗水。媳妇不去还不行,老人会说,旁人还会笑话。到了吃饭的时候,得先问婆婆:"娘,咱今天吃啥,做啥饭?"媳妇就算知道今天是要下面条,但这句话你还必须得问。做饭的时候,媳妇还要给公婆各另炒点菜放在桌子上,而媳妇自己则端着饭各回各屋吃去。我在这家八年了,没跟这些公公、大伯子哥在一起吃过一顿饭,没夹过他们一口菜。那会物质条件也艰苦,没馍馍的话,家里就吃棒子干粮,再后来吃红薯面。孩子实在吃烦了,我们弄点棒子面,蒸点花窝窝吃。

我离娘家这么近,一个月四十天也难得回娘家一次,因为婆家这个门,出去了就难进来。我们回娘家必须得公婆同意了,公婆送媳妇时,媳妇得冲着公婆拜一拜,说一声:"我回娘家了。"从娘家回来,还得先问一问公婆好。我婆婆那会事多,她自己光睡觉,我还得听着她起来说做什么饭,等她醒了,说说好话,问她做什么饭,要是不听她说,自己擅自做了饭还不行。

3.分家后媳妇与公婆关系

（受访者和公婆没有分家）

（二）妇与夫

1.家庭生活中的夫妇关系

那会媳妇的地位不如丈夫。不过那会我和丈夫结婚之后,两个人还在上学,那会我的文化水平比我丈夫还高。所以我没伺候过他洗脸洗脚。地主儿家中倒是把洗脸水,洗脚水端好。

（三）母亲与子女的关系

1.生育子女

（1）生育习俗

我一共有四个孩子,三个小儿,一个闺女。最大的孩子是男孩,今年六十六岁了,女孩是第二个,最小的儿子今年五十二岁,属小龙①的。那会生了孩子报喜都是送一个盒子,中间放

---

① 小龙:蛇。

上两个红鸡蛋,要是生小男孩送鸡蛋的时候,都往里边搁一本书,要是小女孩都是往里边搁一朵花。别人一看盒里东西就知道是妮儿是小儿,然后人家给回一个糖或者别的什么。等孩子三天的时候,本家的老人就会给灶王爷、老天爷烧烧纸,告诉一下家里添人口了,包包子供享一下。

那会孩子可以在第九天或者第十二天庆祝。要是婆家比较穷,没吃的没喝的就过九天,娘家给拿东西,要是婆家有吃有喝挺好的,那就过十二天。十二天的时候一般都请亲戚来。亲戚来了之后,我们就安排席面。他们都会上屋里看,上屋里摸摸①,往枕头上多少放点钱。那会孩子生日也就是过三周岁的。过三周岁生日都是提前一个月庆祝,姥娘给蒸个花糕,买一套衣裳,妗子做两双小鞋。这种仪式是不分男孩女孩的,都一样。

(2)子女教育

我这四个孩子,只有女儿没上过学,因为她那个时候兴人民公社,我必须得下地干活,两个小儿子岁数太小,就一直让她在家照顾她这两个弟弟了。大儿子考上了馆陶②的初中,但是人家让学生自己带桌子去,他爹说家里没有桌子,想办法把家里的一个老桌子修了修让他带去,但是他说什么也不去上了。大太阳天的,我丈夫让他去地里翻红薯,小脸晒得通红,我丈夫说不让他上学,让他往地里试试,看看地里活好不好干。到现在这个大儿子算个账什么的也还行。女儿那时候是没上了学,后来生产队让他们晚上去上夜校,她就跟着人家去上了,后来也识字了。到二儿子上学的时候就没人管了,他一直上到高中。那天他跟我在地里拾棉花,听见喇叭上喊征兵,他丢下包袱就去了,非要去当兵,学也不上了。我那会可舍不得,人家就劝我:"你要是拗着他,他就给你干不好,他愿意当兵,他要是考学考上了还好说,他要是考不上就该怨你了。"因为这个原因,征兵的人家访的时候问我愿不愿意,我只能说:"愿意!"老三在平村③上的学,也没上完。那天下着小雨,老师去我们家说:"恁源脑瓜也好使,学习也挺好,就是只知道玩。"所以他也没上成。他那时才十六岁,就跟着我干活。三个儿子中,他出力是最多的。那时候地分得一块一块的,让我们种棉花、打药、逮虫子。这东场里,他挖了一年短劈柴,烧了砖,自己又盖了一个房。

2.母亲与婚嫁后子女关系

大儿子结婚的时候正赶上"文化大革命",那时不让要彩礼。我们一共买了四双袜子两条围巾都退回来了,最后买了四卷毛主席著作,一本毛主席语录送到我儿媳妇家。我儿媳妇那边也没有陪送。以前的嫁妆就是犁铧、铁锨、箩头这些劳动工具,大红绸子系着铁锨,铁锨上一个绣花系着箩头。

我因为自己当媳妇当够了,所以不叫这三个儿媳妇在我手里吃苦。她们愿意做什么就做什么,我不管我也不说。我孙女才三岁时,儿媳妇就把她扔给我了,那会计划生育查得严,她娘五年没回来过,抱着一个儿子去了南边了。我养我的这个孙女直到她上了大学。那会她都二十二了,毕了业之后我跟她说:"妮儿,你找恁娘找恁爹去吧,咱家在外边没有人,你在外边有点事找谁去?"

---

① 摸摸:看看。

② 馆陶:隔壁县。

③ 平村:隔壁村。

三、妇女与宗教、神灵

1.求雨

我娘在后街的门后有三间小瓦房,其中有一个关老爷。一到天旱的时候,我们就从井里打了水倒坑里,让十二个小女孩洗手,十二个小男孩跳进坑里打扑腾,十二个寡妇扫庙,接着再把关老爷请出来,摆在庙台上,用柳条编成柳帽子带他头上,人们烧香磕头。这就是"十二个寡妇去扫庙,十二个小妮儿洗白手,十二个小小儿打扑腾"。一般都是村里烧香的老妈妈①主持操办这个事。

我还记得张查三奶奶②走娘家的事。张查庙里的三奶奶是用平村(乜村西边一个村子)一户人家的一根香椿芽树的木头修的。走娘家,就是把这个三奶奶从张查抬到平村。我去看过,那个三奶奶穿着红衣裳,村民敲着鼓、打着锣,叮咣叮咣的。烧香的都是妇女,男的负责抬轿子。路过我们村时,有老人行好的,男的们就把轿子站住了,等老人烧完香,磕完头后再走。到了平村种香椿芽树的这一家,就把三奶奶放到路上搁着,家人把供品放在头尖上往外顶,贡品一般都是做好的饭菜。顶出来放在一个大桌子,人们烧了香磕了头之后,再把三奶奶请回来,依旧要敲着锣鼓。那也是求雨的一种方法。

2.神灵祭祀

灶王爷是家家都有,过年的时候需要请一次,平时有的初一十五烧烧香,磕磕头也就算了。村西头是土地庙,北边是关爷庙,东头还有个庙。以前的人初一十五的时候都会去祭祀。

3.女巫

神婆西村里也有,有给她烧纸的,有的家里安着这种桌子,但都是偷偷地拜。没有神婆到处招摇撞骗去给人家看病。那时候信奉这种东西的人还是少。

4.祭祀

过年过节村里没别的活动。七月十五、清明和十月一这些烧纸的日子,男女都会去烧。

四、妇女与村庄、市场

(一)妇女与村庄

1.妇女与村庄公共活动

小的时候村子里有闾③长,有庄长。闾长负责找村民收粮食,也不知道那粮食最后到谁手里了,都说是养了当兵的。庄长就是一个村里其他大小事都归他管。

2.妇女与村庄社会关系

那时候我们也没出门。到串门的时候,都兴生产队了。而且串门会招别人笑话,别人会说:"闲着没事串门的。"家里的老人也不愿意我们去串门,我们对外头说话,他就会骂我们。

(二)妇女与市场

城关、斜店、营镇河东都有集市。它们距村庄不远,大概三里五里的距离。不过那时候没有人出去赶集。我只是小的时候跟着家里大人去营集镇赶过集,来到婆家之后再也没去过。

---

① 老妈妈:老太太。

② 张查三奶奶:被供的神灵。

③ 闾:Lv,音译,三声。

现在老了,我就骑着车哪里都去看看。

五、农村妇女与国家

(一)认识国家、政党与政府

1.国家认知

我知道国家这个概念应该也是新中国1949年后,那时候叫我们统一在一块干活,我们必须要出门,如果不出门,就没有工分。1949年前,我就见过一种钱,跟现在这钱一样,也是纸币,就是图像不一样,颜色是较浅的蓝色。闹日本鬼子时,人们还说孙中山先生。上边不收税,只是找我们收粮食,他们称为囤购粮。

2.政党认知

那会也不知道啥叫国民党、共产党,上学的时候念的那书,唱的那歌都是一个样,孙中山先生也是上学的时候课本上有的。

3.政府认知

我裹脚就裹了一冬天。等到过了年,我爹就给我放了,因为家里没有儿子,只有我们三个闺女,我大姐已经裹了脚了,要是我和妹妹都裹了脚的话,就没人能帮他干地里的活了。后来国家也宣传了这回事,那时还兴剪发,让我们把头发都铰了,不让我们扎辫子。那会我们都愿意剪,大家都是半截头发。那时还有歌谣:"一看妇女要剪发,不用梳来不用扎;二看妇女要放脚,又能跑、又能跳,日本鬼子打不了。"

那会还上过夜校,我晚上上过妇女班,讲课的都是学校的老师。那时还有开会,有人搭台子唱快板。1949年前村里没有女性干部,1949年后渐渐就有了,最早妇女干部就是妇女主任,别的干部都是男的。我的大儿媳妇就是村里的妇女主任,从1975年开始出去跟人家搞计划生育,八几年就当上了妇女主任,一干就是三十年。

4.计划生育政策

刚开始让妇女带环,不要这么多孩子时,大家都不理解,觉着和拿着人家的孩子扔井里一个样,这个活得罪人。1964年那会,我才34岁,刚有了这个小儿子,就让我带上了环。从那时候开始,都算是计划生育。到八几年的时候,超生了就开始罚款,有了也不叫要。王凤珍家是干部,她必须先带头,所以都是从她开始头一回引产。

(二)对1949年以后妇女地位变化的认知

男女平等,也是从1958年开始的。那时闺女都剃地,喊着口号:"人们都来看,光着脊梁还出汗。"就是从那时候开始,这妇女才翻身。在我们家,我跟我丈夫的地位一直是平等的,我文化水平比他还高。

(三)妇女与土地改革运动

1.斗地主

土地改革运动的时候,我娘家是贫农,婆家的成分不算中农,但是比贫农还高点。我丈夫当会计当了四十年,七十三岁时才退休。我们村里有两个地主,一个金家,一个高家。高家为人心地善良,穷人偷高家东西,被抓住了之后,高家的人就说:"恁吃了嘞再来,别挨饿就行。"但是有穷人偷金家的东西被抓住了,金家的人就会打穷人。所以高家的人在斗地主的时候也没有被怎么为难,但是金家是真的难,村里的人都是你捶一巴掌,我捶一巴掌,让人家拿着镜

- 345 -

子把脸扎的全是血。高家的地主在家里的财产被分了之后，还是把家里剩下的东西都卖了供孩子去上学。所以他们的孩子都有文化，现在都是在外边当官。

2.分田地

土地改革运动工作队都是男的，年代越早，女的当干部的越少。土地改革运动的时候家里分了两次地，第一次从正东边的地里分了一份，第二次四处零零碎碎的分了一份，都是按人分的。

（四）互助组、初级社、高级社时的妇女

我记得那时全村人都在一个地方干活。那时的妇女才是真正的站起来了，我们下地干活、挣工分，甚至穿着背心出门，随便哪里都能去。那会吃饭还不一样，大人给的粮食多，小孩给的粮食都少。

（五）妇女与人民公社、"四清""文化大革命"

1.妇女与劳动、分配

1958年以后，我们开始大炼钢铁。那时只有几个人是在东场里搭着敞篷大炼钢铁，其余人还是在种地。深翻土地的时候，我们是一个人安排一片地，一天内必须翻完，达到两铁锹深。那时还有看工①的人，过一会儿他就到地里去扎一扎，看看够不够深，这个活不论男女都得参加。

那会生产队会给我们评分，干得多就给十分，干得少就给八分七分。分钱、分粮食我们都是按照工分来分。发钱除了看工分，还得看地里的收入，队里有钱了都会多分。那一年开山哥分了七十块钱，大家就都说那是有钱的户。相应的，不干活的就没有分。

2.集体化时期劳动的性别关照

那会大人都得出去挣工分，妇女也没有任何的优待，也不能留在家中看孩子。生产队里就叫大孩子看小孩子。天黑了，大人干完活之后，孩子都在后边那小屋里，一个个小脸黑黢黢的。我们看着都很心疼，现在可算是熬过来了。

3.生活体验与情感

1959年黄河发大水，男的在闸口上干活，这妇女就往闸口上去送饭。那会又赶上"三年困难时期"，我们都去河西勒草籽吃，很多人都饿出病。

4.对女干部、妇女组织的印象

我这个大儿媳妇就算是有名的能干，她天天在外边跑，当妇女主任，也不管孩子，因为我会给她照应孩子，我娘俩没吵过。

5."四清"与"文化大革命"

"文化大革命"那几年，娶媳妇就是给一本毛主席语录，一个人拿着一个语录喊毛主席万岁。

（六）农村妇女与改革开放

改革开放后，上级又把地分了下来，那时候分地也是按人，刚分地的时候一个人两亩地，接着把生产队的牲口也分下来了，我们是几家组成一个组，一组有一头牛，大家轮着养。那时分给我们的有自留地，这地的东西不需要上交国家，再分给我们的地就都得往国家交公粮，

---

① 看工：监工。

交了公粮再交税。我一开始做买卖时,国家就来收税,来一趟就收我一百块钱,我说给他五十,他不愿意。我丈夫说了我这小买卖,给五十块钱就行。他们还是不愿意。我急了,大闹一通,他们从那以后再也没来过,一直都这几年才取消这个税。

六、生命体验与感受

我记忆中最难过的事就是挨饿。民国三十二年闹年景,那会我才十一,浑身饿的一点劲也没有,我跟着我娘、我姥娘、我妗子,跟着高建琴她娘、她姐姐一共十五个人,顺着田地走了三百六十里地,就为了捡路边的麦子。到了晚上就随便找一个村子,就在那庙里住下。还有"三年困难时期",外边下着大暴雨,孩子饿得不行,地里有高粱,那属于队里的粮食。我实在没办法,头上戴了一个头巾就下地掐了人家十来穗高粱,拿回来给孩子喝。我一辈子没做过贼,偷人家高粱的时候,心里真难过。那时经常是噙着泪过日子。

最好的事就是现在终于过上了好日子,我想吃什么就能买什么,孩子们也很孝顺我,给我买的鸡蛋,我一年都吃不完,奶和奶粉我天天都喝,就属现在最高兴。我也不跟这孩子们要钱,我手里也有钱了。

SW20170819GWZ 郭文芝

调研点：山东聊城冠县斜店镇斜店村

调研员：宋威

首次采访时间：2017 年 8 月 19 日

出生年份：1930 年

是否有干部经历：否

是否生育：是

受访者结婚的时间节点、生育子女的具体情况：1946 年结婚；1949 年生第一个孩子，共生 6 个孩子，前两个是女儿，后四个是儿子。

现家庭人口：2

家庭主要经济来源：子女赡养

受访者所在村庄基本情况：斜店村位于山东省冠县斜店镇政府所在地，全村分为前街和后街两部分。斜店村地处华北平原，气候温和，属于温带季风气候，夏季高温多雨，冬季寒冷干燥。村庄以小麦、高粱、红薯、花生、玉米为主要作物。村庄以郭姓为主要姓氏，均为汉族。村庄内有集市，是周围村庄的商业集聚地。村民多以外出打工和务农为主要经济收入来源。

受访者基本情况及个人经历：老人生于 1930 年，17 岁结婚。共生育 6 个孩子，老人现在身体状况一般，腿部有疾，行走不方便。老人的三个儿子均与老人居住在同一过道中，其中四儿子家的孙子居住在老人家中照顾老人。老人日常吃穿的花销都由四儿子提供，其他三个儿子每年给予老人一定金额的养老费。

老人这一辈子经历过灾荒和战乱的年代，也经历过发展和改革的年代。老人上过村办小学也经历过裹脚，看过解放军南下也经历过"文化大革命"的浪潮，现在老人的想法只有享福，趁着自己的身体还无大碍，享受革命和发展带来的福分。

一、娘家人·关系

（一）基本情况

我叫郭文芝，原名郭巧芝，出生于1930年。郭巧芝这个名字是父亲给起的，那时候家里有二十亩地，一个哥哥，一个妹妹，7岁的时候母亲就去世了，父亲又给寻了一个晚娘，这个妹妹是晚娘生的。我十二岁开始上学，一共上了六年，到了学校，老师才给改名叫郭文芝。16岁就结婚了，丈夫家人多，亲弟兄四个，家里有40亩地，后来划分的成分是中农。我一共生育了6个孩子，2个女儿，4个儿子，这两个女孩最大，生大女儿的时候我二十岁。

（二）女儿与父母关系

1.出嫁前女儿与父母关系

(1)家长与当家

那时候家里人多，这一大家子最上边是我奶奶，下边有我一个大爷跟大娘，还有我爹，我的亲娘在我七岁那年就去世了，八岁那年我爹又给寻了一个晚娘。我大娘家有两个姐姐，我家有我的亲哥哥和晚娘生的妹妹。到了八九岁的时候我奶奶和大爷也死了，所以在我记事中，那会我爹、我奶奶他两个当家，晚娘跟大娘都不当家。

(2)受教育情况

那会一共上了六年学，就是村里办的小学，房子是主儿①家的，老辈子盖的学屋，盖了五间堂屋，三间东屋，三间西屋。那个时候男孩跟女孩不能在一个教室里上课，得分成两个，教的东西是一样的。不过那会上学的时候三天两头的停课，让我们这些学生去开会斗地主，或者迎接南下的解放军士兵，现在老觉着上这几年学白上，没学着啥东西。上完这六年学，我奶奶的身体越来越不好，不中用了，她觉着我没有娘，趁着她还在世早早的把我嫁出去心静了，就因为这才没有接着上下去。

家里我的哥哥也读了六年书，他读书比较笨，学习成绩不好，上着上着也不让他上了，再加上那会地里的活儿多，就让他在家跟着帮忙。妹妹是没有上过学的，那会上学不跟这会一样都叫上，虽然男孩女孩上学没区别，但是村里上学的不多，没几个能上的。

(3)家庭待遇及分工

家里只有我们这三个孩子，虽然娘是晚娘，但是对谁都没有偏待过。那会家里也不来旁的客人，就是姐姐妹妹或者姥娘家的亲戚朋友，没有什么特殊的规矩。可能再早的时候家里对小孩管的严一点，我记事那会小孩都解放了，都叫出去跑着玩了。尤其是十二岁，上学之后，家里管的更松了。

那会我们家的女孩是不下地的，地里的活一般都是我爹跟我哥哥两个人操持，忙得很了就雇几个干活的来。割麦子，拾庄稼的时候，晚娘她也跟着下地忙活，平常她就管洗衣服做饭。我八九岁那时候就跟着我妹妹在家玩，门口踢毽子、跑着玩。再大一点，就开始纺花织布。

(4)家庭教育

纺花织布的活都是奶奶和晚娘教的，小妹不会织布，我会织布也会纺花。那时候纺花一天最多能纺出一两多二两，就那也得在那纺上整整一天，吃了清早饭就开始，一直纺到天黑。纺的花自己织成布，做衣服，自己穿，织了布也往外卖，那时候专门有人收这个。

---

① 主儿：地主。

上学的时候我爹教育的比较多,不上学他就不教育了,给家做活的时候,晚娘还有奶奶她们两个教育的多。还有大娘家的两个姐姐,她们岁数大,她们两个也教。

2.女儿的定亲、婚嫁

(1)定亲经历

定亲时我才十七岁,还打着黄路军①。那会都是媒人上门说的媒,定亲之前,我们家就和我丈夫这一家认识。定亲的时候不讲交换生辰八字了,那都是老黄历了,那会合属相,你属什么,他属什么,不能相克。那时候都没钱,定亲也就两家大人还有媒人坐在一起,商量商量就行了,我们家是我奶奶和我爹他们两个做的主,也不记得问没问我的意见,那时候同意不同意你都没办法,那时候当不了自己的家,人家不问那。那时候彩礼兴②梳缵,拉一套衣裳,买两个簪子,一副镯子,两个戒指,这就算穷人家的彩礼了。我也不要人家的啥,人家也不要咱的啥,啥也没有。结婚前也不见面,也不说话。那会就开始兴起结婚证了,先领的结婚证,才进行的结婚典礼,领结婚证的时候才算是第一次见面。要是之前见了面,说句不好听的话,见了面我就嫁不到这来了。

(2)出嫁经历

那好过的姑娘家可能有陪送嫁妆,但是我们家什么都没有,我又没有亲娘,所以也没有新的铺盖,就准备了一个铺的,一个盖的,一个床单子,别的啥也没有。

我结婚那天也是坐着轿来的,旁边还有吹着响器的,送嫁的都是自家的兄弟,女的只有一个老妈妈当顺子婆,她陪着我走这一趟。到这之后,她往枕头角儿里塞上花生、一对枣、一对清钱。出嫁那天娘家也会摆上一桌宴席,男方的人到那去接的时候,就把席摆上,人家也不吃,就那样一摆就算了。我坐着轿子来到丈夫家之后,下轿的时候得燎轿,点个柴禾,围着轿转一圈。我们这没有跨火盆,只是把织布的盛子搁在大门底下,然后迈过去。还有迈石头的,两脚站着跳石头上去,然后站石头上。接着就是典礼,一般都在院子里,也得看看属相,看看今天妨什么属相,然后属这个的拜堂的时候就不能在跟前,必须得出去。如果新郎跟新娘子两个人也妨,就从中间扯个红单子,一个在这边,一个在那边。这个妨什么属相和结婚的时候合的属相不一样,它不是固定的,哪一天、哪个时辰妨的属相都不一样。

结婚第二天兴回门,新婚后第二天回门。两天接回门的时候,女婿也得跟着,夫妻俩拿着馍馍,拿着肉,还有四湿四干,粉条子,粉皮,豆腐丝,海菜这四样菜,还有八斤馍馍,到那里吃一顿饭就行了。

(3)童养媳

那会我一大家子里边有一个童养媳,我闺女的四妗子,她是从十来岁的时候送到她婆婆家的,就跟着我四哥过,那个四哥比她大七八岁,等到这个小女孩长大了才进行典礼。

3.出嫁女儿与父母关系

出嫁的闺女到娘家是没有规矩的,但是从娘家回来,得问婆婆:"娘好不?"还得拜拜婆婆。平时闲的时候愿意回娘家就可以回去,也就是过秋、过麦,忙的时候不能回娘家。初二、八月十六这都是回娘家的日子。

1949年前也有很多俩口子过不下去提出离婚的,一般都是丈夫对这个女的不满意,然

---

① 黄路军:音译,意为国民党的军队。

② 兴:流行。

后休了她,那女的就得回娘家。回娘家之后,要是闺女做的不对,娘家也会怨她,但是也得要这个闺女,不然她没有地方去。娘家最后也得给这个闺女再找个主。

嫁出去的闺女也不能再分娘家的财产了,对嫁出去的闺女来说,那都是别人家的东西了。闺女一般也不用给父母养老,最多就是回娘家伺候伺候,有办法的就给她爹娘一点粮食和钱,没有多少就不用给。娘家的爹娘要是去世了,出嫁的闺女需要穿孝衫子,没出嫁的不穿孝衫子,但是头上要戴白布。有媳妇的儿子得披上白布,没媳妇的得戴上一个孝帽子。出嫁后的闺女在清明节、过年头、四七、百日这些时候都得回娘家来烧纸,四七、百日就是指去世二十八天和一百天的时候。

(三)出嫁的姑娘与兄弟姐妹的关系

那时候出嫁的闺女跟娘家的兄弟之间的关系一般都不好,十个有八个相处不来①。因为那时候重男轻女,女的不能沾娘家的光,不是不想,而是妇女不能和兄弟经常来往,谁也不插手谁才是最好的。姐妹之间,关系好的,最多也就是过年的时候,都去娘家能见面,关系不好的根本就不来。那会出嫁的闺女从婆家受欺负了,也能请娘家人来解决来,有爹的叫她爹,没爹的叫她哥,上这来劝来。不过,再往下孩子这边定亲和结婚,娘家人是管不着的。

二、婆家人·关系

(一)媳妇与公婆

1.婆家婚娶习俗

婆婆家这边,我公公弟兄一共有三个,下边一共排着九个男孩,我丈夫排老四。我丈夫亲弟兄一共三个。我嫁过来的时间,家里公婆都在,丈夫上边有一个二哥和嫂子也在一块住。

结婚当天,媳妇是要去祖坟上上坟的,吃了晌午饭之后就得去,告诉祖宗家里添了新媳妇了。结婚第二天早上起来在婆家得给公婆请安、端茶。但是我当时也没这样做,回门的时候也没吭气,就说了一句,从娘家回来的时候也说这么一句。回家后问一句公公婆婆好不,跟哥哥嫂子也不用说。我当家那会就不怎么看重那些了。

2.分家前媳妇与公婆关系

(1)婆家家长与当家

因为家里有老婆婆、老公公在,所以这一大家子都是他们两个当家。

(2)劳动分工

在婆婆家,女的也不用下地,只有过麦等农忙的时候下地去送个饭。平常的时候,我们就在家带孩子,纺花织布、洗衣做饭,这一摊事情就足够忙活的了。

(3)婆媳关系好坏

那会跟婆婆没吵过,也没闹过,她平常对儿媳妇也不怎么管。我平常这媳妇也不串门,就干着活,带着孩子,有空就在那门上站站,抱着孩子在过道里走走。1949年前,也没有媳妇伺候婆婆,早上给打洗脸水,晚上给端洗脚水的,咱这边还是穷,一般像好过的人家,地主家才这样。平常抬两句杠,咋两句,人家也没大吵大闹过。

3.分家后媳妇与公婆关系

我十七岁那年嫁过来的,我二十多岁时有了四儿子,那会还和公婆在一块过,一直过了

---

① 上不来:关系不好。

十几年。后来就因为我们家人多了,公婆跟着我们吃不好,跟着我们受罪,就因为这才分的家。那会也没有分地,地都归生产队了。我们一家就在南边场里盖了三间小屋,又盖了一个西屋,三间西屋赁了出去赚点花销,一间一个月十块钱。我们家这八口人就住在这三间小屋里,后来的四个儿媳妇都娶到这三间小屋里了。分了家之后,我们也没有钱,就买红薯吃,一集买半布袋红杆子,集集买,吃得这弟兄四个现在看见红薯就烦。我丈夫跟人家上南边买粮食,我们这边贵,人家河南那边便宜。骑着自行车一天驮二百斤粮食回来卖,挣个差价,一斤不知道赚几分钱,可能也就几斤粮食钱,干了好几年。

跟公婆分家一年之后,没两年的时间,公婆就都去世了。丧事一般都是男的主事,儿媳妇光坐着管哭就行。公婆的墓地也是男左女右,男的给上边,祭拜也是男的先磕头。

(二)妇与夫

1.家庭生活中的夫妇关系

我跟丈夫是领结婚证的时候见的面,那会他也问我愿不愿意,我也不吭声,不吭声就算愿意。结婚之后,大小事我都不管,都是丈夫管,我在家不管事。我也不花钱,花钱就跟他要,不给就拉倒,我手里没攥住过钱。

2.家庭对外交往关系

这对外交往一般都是他出面,甭管是跟村里还是跟别的家。那时候家里还卖着油,一开始是我公公卖,他跟他哥给家磨。分家之后,我丈夫的二哥负责卖,他们两个负责磨。

好过的地主家有娶小老婆的,一般穷人家都是媳妇死了的再寻一个。霜棒子①那年,还有1944年,村里有卖孩子的人,卖媳妇的也多。1949年前,不生气的都是好媳妇,那会媳妇也没有这事那事的,就是这婆婆事多,媳妇不牙②。1949年后恶婆婆都整治,再往后就都一样了。

(三)母亲与子女的关系

1.生育子女

(1)生育习俗

我下边一共有六个孩子,两个女儿最大,四个儿子岁数小点。生大女儿那年我二十岁。那时候生孩子后的三天都会报喜,男孩、女孩拿的东西不一样。男孩是拿一本书、拿几把挂面去报喜;小女孩是拿一朵花、几把挂面去报喜。报喜时的礼物也有鸡蛋,别人回礼也是鸡蛋。男孩生下来过了十二天,女孩生下来过了九天后,姥娘家、妗子家的人都会来看孩子,姐姐妹妹家也会来人。他们会带鸡蛋、挂面作为礼物,那时不兴拿钱,就算拿也就是三毛两毛的。我们这边孩子都过三周岁,聊城那边是过一周岁。以前孩子他姥娘得给蒸花糕,拿着钱买一套新衣裳,那会也是好过的买衣裳,不好过的没有。

(2)生育观念

公公婆婆对男孩女孩态度也有不一样的,喜欢男孩,就不喜欢女孩。有些媳妇光生女孩,不生男孩,家里老人就不会待见这个媳妇了。丈夫也会有意见,那时有因为不生男孩把媳妇休了或者娶小老婆的。

(3)子女教育

几个孩子那时都上过学,他们从八岁开始上。其中只有二女儿上的时间最短。她就上了

---

① 霜棒子:玉米。

② 牙:孬。

几年小学,有了四儿子后,我们就不让她再上了,因为那会家里实在没人看孩子、做饭。二女儿上学的时候,我婆婆说:"一个闺女家上啥学,别叫恁妮儿上学,给家看孩子!"大女儿上学的时候,我婆婆也说这样的话。大女儿往冠县上学要十块钱学费,我婆婆都不给钱。因为我丈夫那会在大队里当着会计,所以最后大队里给拿了十块钱。大女儿上学的时候没穿过新衣裳,求着要了个粗布裤子。这六个孩子都是我管的多,我丈夫当时下地干活,孩子就黑家白日[①]缠着我,我天天抱着孩子蒸窝窝、烧火、刷锅。

(4)对子女权力

这六个孩子结婚都有介绍人,大女儿定亲那会,是在学校里有人对她说的。她女婿家里没有老人,我们那会就问她:"没老的行吗?"她说愿意,我们也没意见,她不嫌受屈就行。她结婚的时候正赶上"文化大革命",什么都不让弄,彩礼和嫁妆什么都没有,办个了典礼就散伙。结婚时,我们这里也没有人去,等到第二年过了麦,娘家人再上闺女家去送点东西,拿着几斤馍馍、炸果子、枣卷子、蚊帐、粽子上闺女家串亲戚,这就叫追接。

到大儿子这结婚的时候,我们给了媳妇家一个柜子、一个橱子、一个桌子,媳妇的娘家带来了一个柜头。再往后,三儿子和四儿子这时候都好过了,彩礼也多了,嫁妆也多了。

2.母亲与婚嫁后子女关系

这四个儿子都是结婚之后和我们一起过了三年就分家了,那时候地都归大队了。每家都分点粮食,再给他们买上一口锅,一个风箱,让他们另吃饭。那时候分家也是因为人多,因为他们下边都有两三个孩子了。

他们结婚以后,我跟着几个儿媳妇都没吵过,没闹过,她们平常干点什么我也是不管的。下边这九个孙子孙女都是我给带大的,都是我看着长大的。大儿子家看大了俩,二儿子家三孩子都看过,四儿子家的孩子看到如今,这孩子还给我跟前。现在我就和老四一起生活,他们家管我吃,管我喝,到时候一家还给我二百块钱。外孙我也带过一部分,我的大女儿家的闺女年龄最大,她上边没有爷爷奶奶,她小时候也是我看着长大的。

我大女儿嫁过去之后家里没人,她丈夫出去当工人,经常不在家,她上边又没有老人,我和二女儿就轮流去陪她住,每个月也得去几天。现在哪也不想去。

三、妇女与宗族、宗教、神灵

(一)妇女与宗族

我三儿子家门口就是一个大家庙,家庙后边是老坟,现在已经破败了。以前年初五的时候,村里的主事人就会站在家庙前点名,凡是姓郭的,点着名的都得去,所以年初五这一天,村里人谁都不能串亲戚,只能在家庙前等着。村里会敛钱买上整猪和整羊供享起来,被点着名的人去后边祖坟上点炮磕头,最后,把猪和羊找一家煮煮,然后一家一起分着吃了,帮忙和领肉都是村里的男人去,女的是没有去的。

村里没有特别强的族姓意识,家庙是因为听说以前有郭姓三个兄弟落户在这个街里了,老大在这、老二在那、老三在另一边,下面就这么按他兄弟三个排了大门郭头[②]、二门郭头、三门郭头这三样子,这一村姓郭的基本都是他们哥三的后代。

---

① 黑家白日:一整天。
② 郭头:音译,下同。

现在家庙都破败了,想要重新盖起来,但是敛钱却敛不起来。现在哪根哪是一郭也不知道,有姓郭的是后来住进这个村里的。原先一个街上一共三样姓,现在啥姓也有。

（二）妇女与宗教、神灵、巫术

新中国成立前,我记得有过求雨的仪式。我们也是找个领头的,敛两个钱,然后让十二个寡妇扫水坑,敲着鼓和锣,男的戴着柳叶子帽子,把关姥爷裱椅子上抬着走在街上。大家都在路边随便看,但是我嫁到这边来了之后,就没有举办几次。

那时候的人有信湿褒子①。我没去看过。但是信她的不少,很多人去给她烧纸。这类神婆都是女的多,男的少。野庄那边的神婆是女的,我们村里也是个女的。这个神婆从咱这盖了一个院,又到冠县去盖了一处院。她是后街的媳妇,现在她跟女婿都上冠县去住了,每逢初一十五回村里开开门,好多人都开着车往这烧纸来。还有老天爷生儿②,也不知道是几号,好多人都上她家去烧。

灶王爷、老天爷家家都有,也是每逢初一十五烧纸磕头。如果小孩吓着了,要是当街吓着,就说孩子出去玩了,把他衣裳放在灶板底下,让灶王爷把他的魂叫回家来。添小孩时,我们也给灶王爷、老天爷烧,有过三天烧的,有十二天烧的,对他们说家里添了儿,还要弄点面条和小包子供奉他们。

野庄村③年年都开神唱戏,正月二十几日和九月、十月时都会唱十来天的戏,人们都上那里去烧香、烧纸,老妈妈都拿着馍馍、果子去供奉,还有开着汽车的人到那里拿几百块钱。我现在也供享着一个老天爷、一个灶王爷、一个关爷、一个财神爷和一个南海菩萨,也就是观音,都说是保佑平安的。我是在初一十五时给他们烧纸、磕头,有好的包子就给他们供享包子,没包子时就给他们供奉点心和面包。这些一般都是女的烧的多,男的烧的少,跟上坟一样,都是女的去的多,我们这里只有大年初三全是男的上坟。

四、农村妇女与国家

（一）认识国家、政党与政府

1.国家认知

虽然 1949 年前我是上过学的,但是那都是村里办的,在地主家的房子里教我们认识两个字。我对国家这个概念没什么认识。男女平等这些概念都是 1949 年后才听说的。我小的时候用过铜子,也就是清钱,包括小铜子和大铜子,上面画着旗。再大一点时,我也不知道用的是什么钱,都是一毛一毛,一分一分的小票、纸钱。

1949 年前我们不用交税,但是得交公粮。公粮是按地规定,一亩地要交多少粮食。那时是每年收一回,一次都是交两三布袋,街里有村长收了都往上拉,也不知道最后交给谁了。

2.政党认知

我对日本人没什么印象,当时一说日本人来了,我们就都跑了,所以也没见过。我也只是听说过黄路军④,并没有亲眼见过。我念书时就听人家说,中国有蒋介石、国民党,当时还有诗

---

① 湿褒子:音译,神婆。

② 生儿:生日。

③ 野庄村:隔壁村。

④ 黄路军:音译,国民党军队。

和歌,不过现在我都忘了。1949年前,我们这一片就有共产党。他们就在这条街上住,和我还是亲戚。他爹、大爷和叔叔都被日本人打死了。现在我们家党员多了,我三儿子、四儿子都入了党,下边的孙子也是当兵入党。毛泽东也是1949年后我才知道的。

3.政府认知

我是从十一二岁裹的脚,到十三岁上学的时候就解开了。上学时,我就剪了短头发。我小时候在大路上见过队长和连长,他们都是扛着枪,排着队走。两边欢送的人很多。那时军队里也有女干部,街里也有妇女主任,但是我也不知道那是干什么的。

(二)对1949年以后妇女地位变化的认知

1949年后,女的地位提高了,妇女也都干活了,先前妇女根本连地都不能下,更别说上这上那的玩去。

(三)妇女与土地改革运动

斗地主时,有一个带头的人领着部分老百姓整天开会,批斗殴打人家地主,把地主的地和房子都充公。民兵都扛着枪上人家地主家去逮人,逮住直接捆起来。斗地主的时候,谁跟他有仇就上去打,有人打脸,有人使皮带抽人家,大家都喊"打倒地主,打倒恶霸",谁给人家地主家干活都是狗腿子。那时候妇女参加斗地主的也挺多,有些特别积极的妇女,喊口号喊得非常响亮:"打死他,该打死!"

分田地就是谁家地少就给谁。我家属于中农成分,家中有地,还喂着牲口,所以就没有给我们家分地和东西。

(四)互助组、初级社、高级社时的妇女

那时候我们的地都归了大队,什么东西都是队里买。没人愿意把地归公,因为吃不好就干不好,你不干,我也不愿意干,大家都这样,就把地耽搁了。但是工作队的人都去我们家里动员,都说这很好,叫我们都去干活,我们也不能说不好。那时妇女也被强制去干活,要不去的话,别人就来拽。那时候大锅吃饭,家里也没有锅碗瓢盆,如果我们不去,就没有饭吃。那会牲口都不是自己养,吃大锅饭的时候养了一年猪,在过年时杀了,全队一分,每家都没有几两肉。那时我就有四个孩子了,婆婆给我看着。等分开队干活,自己种地的时候,才添的下边两个儿子。

(五)妇女与人民公社、"四清""文化大革命"

大炼钢铁那时候我没去过,炼钢的人都在西边炼,好好的锅都被拿走,家里的铁器都弄走了。那时候我们都是按分吃饭,如果一年挣的分还不够,就需要我们拿钱去买。一个人有一分的自留地,都是按人口分配,不论男女老幼,分的地都是一样的。生产队有专门看小孩的地方,在那里的都是大孩子,我大女儿在那里待过,她跟人家在地里拾长果①、翻长果,那时孩子也要做活。食堂里有两男两女,光管做一队的饭,一天往地里送两次饭,饭是蒸的棒子面窝窝和红薯,红薯是吃多少拿多少,一般情况下是吃不饱的。"三年困难时期",连着三年我们没吃的,那会地里什么庄稼都不长,过了几年,种红薯的多了,我们有红薯吃才不挨饿。我们这没有铁姑娘队,有红砖连,那是能干的、年轻的男女,各另成了个队,那也是男的多,女的少。

"文化大革命"时,大家都在打架,那时分为七五和八八。七五是围攻县城的,围攻县政府,把县政府的官揪出来。八八是保护那些不挨斗的人,尤其是县政府。我大女儿就是八八。

① 长果:花生。

他们一直都在冠县城里。我不叫女儿去,她还非要去,那会她都十六七了,在县城上着学。其实七五和八八都是共产党,都是一样的人,有的就是一个班里的同学,一家的哥哥和妹妹都能分两派,在一块就吵。

(五)农村妇女与改革开放

改革开放时开始土地承包分配,因为村里地少,所以给我们一家分了八分地。那时不管男女老少都按人头分。后来我还参加过选举,到那去选个名,因为自己不会写字,就让人家帮我写。那时候我三儿子是被选举人,选他的时候我就去。现在日子好过多了,家里什么电器都有,电视、电冰箱、洗衣机全有。

五、生命体验与感受

我最深刻的事就是没饭吃的时候真难过,1958 年真是买一点吃一点。我这一辈真是挨饿也经过,受罪也受过,现在享福也享了,也算是值了。

WGS20170104LQL 鲁清蓝

调研点:安徽省宿州市萧县刘套镇芈集村

调研员:王广帅

首次采访时间:2017 年 1 月 4 日

出生年份:1926 年

是否有干部经历:无

是否生育:是

受访者结婚的时间节点、生育子女的具体情况:1946 年结婚;1947 年生第一个孩子,共生六个孩子,有两个夭折,还有一个儿子三个女儿,所有子女均已成家生子。

现家庭人口:1

家庭主要经济来源:务农

受访者所在村庄基本情况:芈集村位于刘套镇的东南方向,村南靠近 310 国道,萧管路穿村而过,村内水泥路贯穿东西,交通十分便捷。辖刘土楼、天齐庙、罗庄、芈集、奶奶庙 5 个自然村,人口 3615 人,3479 亩耕地,主导产业为农业,其中以果树种植为主。芈集村各自然村之间分布较密集,村民之间接触较多,且多亲戚朋友关系,同时,因芈集村交通便捷,村中外出打工、回乡创业、跑运输的村民比较多,使得芈集村成为远近闻名的富裕村,村民生活条件较好。因芈集村地处鲁豫皖苏四省交界地,与外界交流较多,无论是村民的生活饮食习惯,还是日常生产生活用品都受到不同地方的影响,形成不同地区文化交融的现象,因此也形成了芈集村人热情好客、朴实无华、勤劳努力的良好民风。

受访者基本情况及个人经历:老人兄弟姐妹众多,家中共有六个孩子,因娘家经济条件较差且孩子较多,家中没有孩子读过书。老人从十岁以后就跟着母亲学习纺纱织布做衣的手艺,也学习洗衣做饭等家务活,在嫁到婆家之后已经可以独当一面,负责照顾婆家成员的生活。老人和自己的兄弟姐妹关系非常好,经常走动,在生活困难时期,互相帮助,没有任何一个家人因为饥荒等原因去世。

在土地改革运动时期,老人的婆家和娘家都被评为贫农,虽然家中土地较少,但是靠着家人的辛勤耕作,收获的庄稼能够勉强维持全家人的生活,家人没有因为饥荒而外出乞讨过。因老人积极上进,是村中有名的先进女性,在新中国建立后积极参加土地改革运动、合作社等运动,并且乐于助人,因此在合作社的时候被选为生产队中的妇女小队长,每天带领生产队中的妇女下地干活,负责组织、分配、计分等工作,在村民中树立了良好的形象。老人在二十岁和丈夫结婚,当时因双方家庭条件都不好,所以婚礼非常简单,无论是嫁妆还是聘礼都比较少,但是老人和丈夫的感情一直都很好,因丈夫是家中独子,且公公去世比较早,所以老人和丈夫很早就承担起了家庭的重担。老人在婚后第二年就生下了第一个孩子,一生共生养了六个孩子,但其中有两个孩子夭折,老人和丈夫二人靠着辛勤劳作支撑着家庭,虽然没钱供孩子上学,但是他们二人非常重视对孩子们的教育,虽然孩子们没有接受科学文化的学习,但是老人夫妻二人将孩子们都培养成了诚实、正直、努力的人。老人的丈夫已经去世很多年了,她现在也年事已高,生活能够自理,儿子始终坚持照顾她。老人是一个乐观的人,在交谈的过程中始终乐呵呵的,对生活充满了希望,并且一直鼓励晚辈们努力学习,快乐生活,不要对生活丧失信心和希望。谈到以前的老故事时,老人总是滔滔不绝,想要把所有的事情讲给我听。

一、娘家人·关系

(一)基本情况

我叫鲁清蓝,因家中经济条件不好没有上过学,我的名字是奶奶给起的。娘家共有八口人,家中有六个小孩,三个男孩和三个女孩,我们家的小孩名字都是奶奶给起的,男孩子起名字都是按照辈分给起的,我们是清字辈的,我父亲是纪字辈的,不过小名都是随便叫的。我是1926年出生的。

我是20岁嫁过来的,嫁过来的时候,丈夫家里面当时有十几亩地,土地改革运动的时候婆家和娘家都被划为贫农。土地改革运动的时候婆家一共有五口人,有我和我的丈夫、两个妹妹、婆婆,公公死的早一些,一共就五个人。我现在有一个儿子,三个女儿,一共生了六个小孩,有两个夭折的小孩,夭折的时候比较小。我儿子都已经70了,家里面现在五辈同堂了。我是在结婚第二年就生下了第一个孩子,当时我只有21岁,我和丈夫在结婚之后便承担了家庭的重担,因家中土地较少,所以生活条件不好,但是家中收获的粮食勉强能够维持生活,没有出现因为饥饿而死人或者外出流浪的情况。

(二)女儿与父母关系

1.出嫁前女儿与父母关系

(1)家长与当家

我父亲是六七十岁的时候去世的,我嫁过来之后一两年我母亲就去世了,之前一直是我的父亲当家,父亲去世之后便是母亲当家,母亲去世之后便由我的哥哥当家。在娘家,我父亲是家长,在种地之余,父亲带着全家人推红薯面子下粉丝卖钱,这样可以补贴家用。在娘家的时候,女孩不用上地干活,而是留在家中干家务活不能出门,因为家里面一直都有人,也不用锁门。如果有重要的事情需要处理的话,必须要父亲在家才可以,妇女不能处理家中的重要事情。其他家庭也是一样,平时家里面都是男人当家,妇女们一般不当家。当家的妇女都是比较有能力的,能够掌管事情才能当家。我爷爷奶奶去世的早,在我很小的时候,爷爷奶奶就去世了,所以我的父亲很早就当家了。

(2)受教育情况

我是一点点学都没有上,没有读过书,连我儿子都没有读过书。在娘家的时候没有读过书,不用说我,就连我娘家兄弟都没有读过书。那会儿家里面都比较穷,没有钱上学,当时也没有那么多的学校,没有那么多的先生教书。嫁到婆家之后,婆家的经济条件也不好,所以我们也没有能力供自己的孩子上学,我的儿子和女儿也都不识字。在生产队的时候,公社里面组织先进女性参加识字班,我因为表现比较突出被选进识字班,但是识字班只给我们发了两本教材,没有老师负责教,只让学生拿着教材回家自己读。一方面因为没有老师教,另一方面因为生产队每天的生产任务很重,所以我也没有学到东西,就这样稀里糊涂地过来了。后期因为要养家糊口,也没有时间和精力学习知识,一辈子都是"睁眼瞎",大字不识几个,我也曾因为没有文化而吃了很多亏,所以我们家现在非常重视孩子的教育,我有几个孙子都已经读到了大学,我希望他们能够继续读下去,多学知识。

(3)家庭待遇及分工

在1949年前,妇女地位比较低,干的活主要就是做饭、干家务,其他的事情不能干。在娘家的时候,家里面的男孩子和女孩子的生活条件都是一样的,父母没有偏袒,没有区别对待的。我们吃饭的时候都是围在一起吃饭,女孩也可以上桌。以前过的日子太贫穷了,没有那么多的讲究。在以前过年的时候,我们有压岁钱,都是几分钱或者是几毛钱,非常少,总之就是不能空着手,男孩儿女孩儿都有,而且都是一样的多,没有区别。

像我们这样一般化的家庭,妇女也有干活的,也有不干活的,我们家的妇女就没有下地干过活,因为地里面没有活可以干,以前一亩地只能产一百斤左右的粮食。女孩儿不上地,待在家里面的活主要就是织布纺棉做鞋。我兄弟在家里面一般都不干家务活,男孩儿需要上地干活,在家里面主要负责割草喂牛,每天上地干活回来之后将草铡好,淘洗过之后配上一些饲料喂牛。

(4)对外交往

在以前过年的时候,女孩除了给一些上年纪的人磕头拜年之外,不能出去给别人拜年。当时男孩女孩都不出去拜年,出去拜年的都是一些结过婚的长大了的人,像我们这样十几岁二十岁左右的人,除了去给爷爷奶奶拜年,村里面的其他人就不去了。如果家里面来客人了,母亲是否上桌吃饭需要看来的客人是谁,如果来的客人是姥娘家的人,就是我母亲的婆家的人,那就可以一起吃饭。要是家里面来的是女婿,母亲就不可以上桌吃饭了。如果家里面来客人了,我的兄弟小的时候就不让上桌吃饭,小的时候什么都不懂,到桌上也没法吃,没法讲话,长大了之后就可以上桌吃饭了。如果来了陌生人的话,我们女孩儿不上桌吃饭;如果来的是熟人,我们就可以上桌一起吃饭。

如果需要到别人家去吃宴席,这也需要看举办宴席的是谁,如果是姑姑家或者舅舅家孩子结婚摆宴席,全家人都会去。如果是其他人结婚摆宴席的话,就只能去一个人,不能全家人都去。如果只去一个人必须是家中最主要的人,就是当家的人去,也就是我的父亲去。只有我母亲娘家人举办宴席的时候,她才可以一个人单独去,其他情况不能一个人去。在以前家里面吃不上饭的时候,也可以出去讨饭,不讨饭也没有办法。我们没有出去要过饭,我们家的粮食勉强够吃的,家中虽然穷,但是也没有出去要过饭。

(5)女孩禁忌

在以前,女孩子规矩非常多,上年纪的人总是管着女孩子,会让女孩子缠脚。以前的小女孩不能出门,就算想要出去听戏也不会被允许,大人们一方面认为女孩子自己出门不安全,容易遇到危险,另一方面认为女孩子就应该待在家里洗衣做饭,不能轻易抛头露面。在没有出嫁之前,如果你要出门,尽量找人陪着,出门的时候都是成群结伴的,如果要去赶集的话,就可以和其他的小女孩儿一起去赶集,没有出嫁的小女孩不可以一个人出门,都是和其他人一起出门的。没有出嫁的女孩和村里面的男孩一起玩耍只能够玩一会儿,天黑了之后就要立马回家。

在出嫁之后,妇女就可以随便出门了,也可以上街去买东西,还可以去听戏、串门了。女孩子的衣服洗好之后,和父母的衣服一起晾,不放在一起晾的话也没有地方分开晾。在1949年前,平时对女孩没有严格的要求,以前家中的小孩比较多,且家中经济条件普遍不好,大人们都有着重男轻女的想法,如果有机会让孩子们上学的话,父母会先让男孩子上学,女孩子很少有读书的。即使有些女孩可以读书,如果家中供不起孩子上学了,家长会先让女孩子辍学,集中全家的财力供男孩子读书。

(6)家庭分工情况

1949年前,家中一般是男劳力当家,只有在家中男劳力去世且儿子没有成年的情况下,才会让女劳力当家,这时家中有重大事情需要处理的话,女当家人也要征求叔伯兄弟的意见,不能单独决定。我家是由父亲当家,父亲负责处理家中的农业生产、人情往来、婚丧嫁娶等重要事情,这些事情都需要父亲出面才可以,妇女不能代表家庭出面,妇女只负责处理家务活、养育子女。如果外人有事情需要和我父亲讲的话,他会直接到家中找父亲,只有见到我父亲的时候才会商量事情,如果只有我母亲在家的话,这个人就会选择离开,等我父亲回家之后再来一次。

2.女儿的定亲、婚嫁

在结婚之前,我就和丈夫定亲了。以前结婚之前不允许双方见面,都是经过媒人说合,然后双方父母同意就可以了。媒人在给男女双方说亲的时候,都是和双方父母说,不会和当事人说。媒人和双方父母说了之后,父母会去对方家里面看一下,看家庭和小孩的情况。父母不会征求孩子的意见,父母能够看中就可以了,当时也不让双方见面,也没有特别的要求,不需要给说媒的人钱,摆宴席的时候喊媒人来喝酒吃饭就可以了。媒人口才比较好,他和我父亲交流,说我丈夫这边是老门旧户,过日子的人家。以前只要是老门旧户就比较好说亲,如果是孤门独户就比较困难,孤门独户就是说只有一家人,家人比较少。老门旧户就是人口多家门大,嫁过来不受气。交流完了后,他就把我父亲说的话再传到男方父母这边,以前的媒人都是有亲戚关系或者熟人,都是相互认识,所以能够了解的清楚。媒人不会骗我们的,就算被骗了也没有办法,以前不允许退婚,退婚能够丢死人,知道之后也没有办法,只能那样了。

在男方给送定亲东西的时候,我才知道已经定好亲了,在这以前是不知道的。就算他给送定亲东西,我也知道定好亲了,但是也不允许见面。如果我们偶尔碰到了也不认识,因为以前没有见过面。以前的小女孩儿不出门,不去赶集也不出门做事情,平时碰不到面的。我对这门婚事满意,就算不满意也没有办法,如果不满意的话也不会嫁过来了,也不会生活那么长时间了。

定亲之后不能毁约,没有这样的事情,也不敢这样做,如果女方要说毁约了,别人会笑话你,父母也不会同意的。但是如果定亲后有一方去世了,这个婚约想解除就解除了,另一方如果想再找别人也可以找别人,不在了就不需要再等了,也没有其他的束缚,可以解除婚约。都是媒人在中间说合,双方也就没有多大的牵连了,可以不去祭拜,不来往了。

定亲之后到结婚之前,双方家庭需要走动来往,不过只是过年的时候走一下亲戚,平时的时候不需要。女婿去岳父岳母家走亲戚需要拿馒头、酒、果子等,其余物品如鸡鸭等,也无法负担。像咱们这样的普通人家,如果女婿上门走亲戚了,就需要拿成桌的大席招待女婿。大席就是指宴席,其中菜品很多,除了女婿上门的时候可以吃到大席,其他的时候都吃不到大席。女方需要给女婿回礼,会给点钱,不过很少。女婿到结婚之前只去一次岳父岳母家就可以了,其他时候不去。到结婚之后,女婿才逢年过节去岳父岳母家走亲戚,这之后就不需要拿太多的东西了,多一些少一些都可以了,没有认亲时候拿的那么多。

我们没有进行定亲的仪式,我们也没有写婚约,什么都没有,只有一个盒子,里面放一些银器。说媒说好之后,就会给下聘礼,这些银器都是在结婚之前给的。我们没有交换生辰八字的帖子,看日子都是找别人算的。本人不了解具体的结婚情况,都是父母搞的。以前的小女孩谈好之后都很害羞,别人开玩笑说一下都会脸红。我丈夫也没有给我彩礼,以前婆家没有钱,只给做了一身红衣服,没有钱做衣服的就借一身红衣服,穿着嫁过来就可以了,没有那么多的讲究。

我结婚的时候也没有举办什么仪式,有人是坐花轿来的。我出嫁的时候有人给我送嫁,也有抬嫁妆的人,送我的是两个老太婆。当时我们结婚办了大席,先是拜天地,最后拜父母,给父母磕头,父母会给磕头礼。我嫁过来的时候,娘家给陪嫁了箱子、柜子、椅子。以前家中没有钱,陪嫁这些嫁妆都很困难了,也没有钱陪嫁。有钱的人家陪的东西比较好,他们陪嫁双箱双柜,大财主嫁女儿的时候,陪嫁的东西都能够延绵几里路,这是特别富有的人家陪嫁的东西,比较富有的人家陪嫁的是两箱两柜,没有陪嫁嫁妆田或嫁妆地的,如果家里面有钱有可能会给钱。我妹妹的陪嫁才是一个箱子和一个桌子,这样是不能比较的,像那些没有父母的人家是不可以和正常人家相比的。

3.出嫁女儿与父母关系

出嫁的女儿回娘家的时候有很多规矩,在每年腊八的时候不允许女儿吃娘家的米,有这种说法,腊八吃娘家的米,一辈子还不起。三月三和清明节都不允许回娘家的,清明节有这种说法,如果要是走娘家,到娘家吃鸡蛋会死公公,二月二的时候吃娘家的死全家。出嫁的女儿在一年当中没有什么日子是必须回娘家的,我们这边没有这样的规定,反正在平时都可以回娘家,只要不是特殊的节日就可以了。我在嫁过来之后,我的婆家和娘家关系都挺好的,一辈子没有吵过架,平时交往也挺多的,有事的时候都会去互相帮助。如果媳妇和丈夫闹矛盾吵架了,媳妇可以回娘家,媳妇回娘家之后,丈夫需要去娘家接媳妇回家,如果顺利的话一次就可以叫回家,如果不顺利的话丈夫需要去接好几次才能把媳妇接回家。丈夫去娘家接媳妇回家,丈夫需要认错,如果丈夫不认错,媳妇就不回家,如果丈夫不认错,媳妇就会一辈子都不回家的。出嫁的女儿如果提出要离婚,只要夫妻俩同意离婚就可以了,父母就算不同意也没有办法。我们那时候很少有退婚的,也很少有离婚的,因为我们那时候的人害怕别人笑话。如果实在是过不下去了,只有喝药上吊的,也很少有离婚的,就算是死也不会离婚的,最重要的原因就是怕别人笑话,会没有脸活下去的。

出嫁的女儿不可以分父母的财产,因为有儿子和孙子分他们的财产。出嫁的女儿以前不需要赡养父母,那时都是儿子赡养父母。当父母去世的时候,办丧礼的时候,给老人出殡都是儿子的,女儿只需要拿一些钱烧点纸钱和穿孝衣就可以了。清明节和十月一的时候,女儿也需要回娘家烧纸上坟,上坟烧纸的时候直接去烧就可以了,坟在那个地方,也没有说必须通知娘家兄弟。儿子需要在过年的时候去烧纸,女儿过年的时候就不需要烧纸了。

(三)出嫁的姑娘与兄弟姐妹的关系

我出嫁之后和娘家兄弟关系都挺好的,也挺亲近,我们没有闹过意见,也没有吵过架。以前有父母在的时候,我会回娘家走亲戚,现在父母都不在了,我也不怎么回娘家了。如果要回的话,我们去也需要给娘家兄弟拿一些东西,空着手去不可以。在娘家如果有一些重大的事情需要作出决定,他们需要找我回去商量商量,不过家里面也没有什么重要的大事。娘家的爹和娘死了之后,更没有什么事情了,回去的次数更少了。我也经常去我姐妹家,有时候在她家里面过夜,有时候就不过夜。不当紧的时候就在那里过一夜,当紧的时候就回家了。如果娘家兄弟不赡养父母的话,我可以教训他,不过他也不是那样的人,他们都挺孝顺父母的。

二、婆家人·关系

(一)媳妇与公婆

1.婆家婚娶习俗

我嫁过来的时候婆家的情况一般,种地收获的粮食勉强能够维持全家人的生活。当时婆家有六口人,有公公婆婆、两个妹妹、爷爷和我丈夫。我公公死的比较早,在我没有嫁过来的时候他就死了,当时我的丈夫只有八岁,我丈夫和我结婚的时候只有二十岁,他当时在家里面种地。在结婚第二天,婆家没有严格的规距,全家人都是在家里种地,没有那么多的讲究。结婚之后第三天,我们需要去祖坟祭拜一下,逢年过节的时候也都要去。在婆家,因为我婆婆太老了就不当家了,是我的丈夫当家,在我嫁过来之后没几年他爷爷也去世了。我嫁到婆家之后,在家里面该收庄稼的时候就收庄稼,该下地干活的时候就下地干活,也没有其他的手艺,农村人就在地里面干活。我和婆婆的关系挺好的。在刚嫁到婆家的时候,婆婆不会管教我,不过一定要听她的话,因为她是长辈。我不需要给婆婆端洗脚水洗脸水,当时她也年轻,都是自己弄得,她年纪也不大。我也不伺候丈夫,谁都不伺候谁,各自照顾各自的,都是年轻人。如果家里面的婆婆比较强势的话,她能够问住媳妇。

2.分家前媳妇与公婆关系

我们和婆婆没有分家,后面长辈都死得早一些,也就没有分成家。我们都是在一起住的。我们都是住在一个大院里面,院子里面住了很多人,都是自己家亲戚,当时我和婆婆关系很好,家里面人也少,接触比较多。我和婆婆之间没有特别的规矩,都是正常相处,我们都是穷人家,没有那么多的要求。

(二)妇与夫

1.家庭生活中的夫妇关系

(1)夫妇关系

我和我丈夫是结婚那天才见的,我和我丈夫结婚之后互相并不称呼,什么时候说话就直接说就可以了。在结婚后见到我的丈夫之后,满意也就这样了,不满意也就这样了,我没有什么想法。以前的妇女的地位比较低,丈夫再好也就那样,再差也就那样,没有什么条件可以讲。我嫁过来的时候,婆家没有盖新房子,就是家里面的破房子。因为我们家很穷,所以也没有多少钱买东西,基本买的都是油盐酱醋之类的生活用品。谁要是有钱直接买就可以了,买这些东西也需要经过老头的同意,像平时花钱需要经过当家人的同意。以前我们家里面吃的都是红薯和杂面馍,也没有其他好东西吃,就吃这些就可以了。我们家没有去讨过饭,我们家里面的条件勉勉强强可以过得去。像做饭洗衣服这样的活都是女人的活,男的不干这样的活。他主要就是种地的活和喂牲口给牲口铡草。

2.家庭对外交往关系

1949年前,家中基本上是男劳力当家,很少会有女劳力当家,我家也是这样的情况。家中所有对外交往的事情都由男劳力出面,女性不能代表家庭进行对外交往。每当其他村民家中有红白喜事的时候,如果我家和他家的关系比较亲近的话,家中的妇女都会主动去帮忙择菜、洗菜、刷碗等,男劳力则帮着干一些力气活。如果我家和他家的关系一般的话,妇女不会主动去帮忙,只有在被人来请的时候才会去帮忙。无论是什么样关系的人家,都是由男当家人去上礼,这是对主人家的尊重,如果是妇女代表家庭去上礼的话,主人家会不高兴。但是,男劳力去世,由女劳力当家的人家除外。

(三)母亲与子女的关系

1.生育子女

(1)生育习俗

以前的妇女生了男孩或者是女孩都有庆祝的仪式,以前的人都比较喜欢男孩子,如果女儿生了男孩子,婆家会喜三天。如果女儿生了女孩子,婆家的人就会噘嘴三天。生了男孩之后,丈夫会拿着鸡蛋和书本到娘家去通知娘家人,然后选好日子之后举办宴席庆祝;生了女孩之后,丈夫会拿着鸡蛋和在胸口别着一朵花到娘家去,娘家人一看丈夫拿的什么东西就知道我生的是男孩或女孩了。

(2)生育观念

以前的时候,我没有听说过村里面有人生下来女孩给淹死的,就算生再多的女孩也不可以把女孩给淹死。我们认为生女孩就生女孩,不能伤害她,不能做伤天害理的事情。我以前有听说过继的情况,不过非常少。如果姐姐妹妹或者兄弟没有男孩子了,可以把孩子过继给他们换一下,过继之后需要改姓的。过继之后就和他自己的儿子和女儿一样了,没有区别。没有孩子的人家就想要一个孩子,无论是男孩还是女孩都可以。家里面有孩子的人家,也会有一些重男轻女的情况,但他们不会对女孩做出太过分的情况,都是自己的孩子。

(3)子女教育

我生了六个孩子,有两个孩子夭折了,以前家里面没有钱,不能让每一个孩子都上学。我的孩子没有上学的,家里面没有钱供不起上学。如果家里面有钱的话会让所有的孩子都上学的,不会不让他们不上学的。

(4)对子女权力(财产、婚姻)

我的孩子们结婚也是媒人说的,都是让媒人说媒的,看着谁家有合适的就会去说媒。孩子结婚之后都是自己在生活,我们平时也帮衬一下,现在我们都住在附近,可以相互帮助。子女结婚之后挣的钱都是自己保管,他们还需要生活的,我们要是有困难了之后,孩子们也会帮助。子女也不容易,他们也有自己的孩子,没办法所有的事情都管着。

2.母亲与婚嫁后子女关系

我的儿子结婚之后就分家了,他们自己住。在我老伴去世之后,都是我儿子在照顾我。自从我儿子娶了媳妇之后,我和儿媳妇没有吵过架也没有红过脸,都是和平相处,平时有说有笑。我的脾气也挺好,儿媳妇的脾气也很好,我就只有一个儿子,不和他们亲和谁亲。女儿也是说媒嫁出去的,她们现在生活也挺好的,也是一大家子人。女儿在出嫁之后也会经常回娘家看我,女儿家的事情都是婆家做主了,我不会管太多的,我只顾着我们这一家子。两个女儿对我挺好,经常回来给钱、买吃的、买衣服,衣服都穿不完了,还有好多吃的,我也吃不动了,东西都吃不完。

三、妇女与宗族、宗教、神灵

(一)妇女与宗族

我现在不信教了,因为我年纪大了,我不想去教堂里面,就不信教了。年轻的时候,我没事情做的时候就到教堂里面去,很多妇女都一起去。那时教堂就在我家后面没多远,大家到教堂都是去一起玩,也没有讲严格的信教。

(二)妇女与宗教、神灵、巫术

1.灶王爷的祭拜

以前每家每户都会祭拜灶王爷,平时将灶王爷的画像贴在厨房里,祭拜灶王爷的时候就把吃的放在灶台上面,都是女的给灶王爷送吃的。拜灶王爷的时候就是在吃饭之前,弄一点东西给灶王爷,因为灶王爷是一家之主。

2.祈愿拜神

我们过年的时候会放鞭炮,给神准备吃的,神灵吃完之后,人才能拿来吃。准备这些拜神的东西都是妇女准备的,也没有什么特殊的仪式,就是直接放在桌子上就可以了,都是为了祈求平安,同时也是一种习俗。我们过年的时候也拜过门神,门神是守卫家庭安全的,每家每户都会在门上贴门神。

3.宗教

我们家后面没多远就是教堂,村里面的人有很多人信耶稣的,村里妇女没事的时候就会成群结队地到教堂里面玩,大家在一起聊天,并没有正式的做礼拜等事情。我在年轻的时候也跟着她们去过,但是后来年纪大了,身体也不好,就没有来回的折腾了。

4.巫术

以前家里面有人生病了,有的人会请神婆看病,有的人就不请。神婆中有男有女,有的人相信这个,有的人不相信这个。我们村里很多人拜的都是道家姑娘,就是菩萨,女的也可以拜神仙,男的和女的都可以拜神仙。

四、妇女与村庄、市场

(一)妇女与村庄

1.妇女与村庄公共活动

在我没有嫁过来之前,我们可以去参加娘家那个村庄举办的唱戏会,不过没有出嫁的小女孩去的少一些,因为没出嫁的小女孩不怎么出门,妇女就可以随便去了。在看戏的时候,男人和女人不需要分开坐,就在那里看就行了,不要管男人和女人都在一起坐。

2.妇女与村庄社会关系

我不记得娘家和婆家村庄的保长和甲长。在娘家的时候,我有很多一起玩的小姑娘。我大娘有五个女儿,我们本家的就有好多个女孩,都是一起玩的,关系都挺好。这些小女孩出嫁的时候,我不需要去送嫁,以前没有这样的说法,那时都是老婆子去送,如果没有老婆子就不送。以前的女孩家里面有摘绿豆、摘棉花这样的活都可以去干,但是不能去外面干活。姑娘在和丈夫结婚之后的几天,需要和邻居聊聊天,认识一下。在婆家这里有和我玩的比较好的玩伴,我们家的婶子和我兄弟媳妇、嫂子都和我玩的比较好。我们一个院子三十多口人没有吵过架,关系都非常好。我们这些人结婚都是两间小房子,很长时间之后我们才挪到现在住的这里,以前我们都是挤在村庄北面的一片院子里。我们玩的比较好的玩伴平时都住在一个大院里面,平时晚上的时候就出来聊天说话,夏天晚上出来乘凉的时候,妇女也可以出来乘凉。妇女能够到其他村里面去串门聊天,其他村庄有集市的时候妇女也可以去转一转。我的纺纱织布、做鞋、做衣服的技术没有教过儿媳妇,因为儿媳妇都是在娘家就学会了。以前我们村庄有妇女吵架的情况,因为有人四处乱说瞎话,也有因为儿媳妇和婆婆关系不好而吵架的,妇女和妇女吵架的时候没有人来调解,就算婆婆和儿媳妇吵架的时候,丈夫也没办法问,两头都不敢问。

(二)妇女与市场

我在娘家去赶集的时候都是有事去赶集,比如需要卖粮食,就是家里面的男人去。像平时赶集去玩一玩,我们就和婶子、嫂子、弟妹这些人一起去就可以了。赶集买东西的时候不能赊账,因为都不认识,没有办法赊账。以前在集市上有妇女卖东西的,除了卖青菜的会在空地上摆摊,其他妇女卖东西一般都是在屋里面卖的。以前妇女出门时过夜是要分条件的,去其他地方的时候需要看一下走的是什么亲戚,如果是去娘家或女儿家可以过夜,其他的地方不可以过夜。在娘家过夜的时候,不需要丈夫的同意,走娘家都有过半个月再回来的。

五、农村妇女与国家

(一)认识国家、政党与政府

我没有听说过国家这个词,我们只记得毛主席和八路军,自从八路军过来之后生活就变好了。以前有土匪、日本鬼子和国民党来的时候,我们就提前跑走出去避难,自从八路军来了之后就好了,我们不用跑了。我有上过识字班或者夜校,当时我是四十多岁的时候去上的。识字班里也没有先生教,就只给我们一个本子,让我们回家里念就可以了。村里面的村干部都是选举的,我们也都参加了选举,选择谁写上条子交上去就可以了。我们以前还在半夜三更时去刘套参加贫协会开的会议。我参加过妇联和妇女会。参加妇联和妇女会也不做什么工作,就只是参加开会,坐在那里听完就可以走了。妇女会的主要职责就是动员少要孩子,进行计划生育。我认识的官是妇女会的杨部长,他管着一个大队,当时我做妇女队长的时候和他有过接触。当时我还接触了一些其他的村干部或者乡里面的村干部,这些干部都是挺好的,认真负责。

我没有入党,我的儿孙也没有入党。我认识很多党员,其中也有女党员,王亚平就是党员,刘齐四的老婆也是党员。当时土地改革运动工作队里面也有女干部参加。在我四十岁左右的时候听说过"男女平等,妇女能够顶半边天"这种话,在我嫁过来之后,我觉着妇女的地位在慢慢的提高。刚嫁过来一两年,我还非常别扭,还害怕婆婆,再后来我就不害怕了。我们以前没有自由恋爱,再后来就可以了。而且我们以前定亲之后结婚之前,双方是见不到面的,现在的人只要定好亲之后就可以天天见面,我认为废除包办婚姻自由恋爱非常好。我知道计划生育政策,当时在杨楼搭了一个棚子,需要结扎的人都去那里。孩子多的人家就需要罚钱,我认为计划生育很好,以前的人要的孩子太多,现在的人要的孩子少。

(二)对 1949 年以后妇女地位变化的认知

1949 年以前的妇女地位很低,在家里面受歧视。1949 年之后,妇女的地位慢慢上升,妇女能够顶半边天,社会地位也在不断上升,出现了女干部,在以前是不会有女干部的。而且还有妇女婚姻自由,追求自己的幸福,这样非常好。以前的女孩子还需要裹脚,非常痛苦,现在不用裹脚,女孩子也舒服。

（三）妇女与土地改革运动

1.妇女与土地改革运动

在土地改革运动的时候，我们村里面有工作队来，工作队里面有女性，也有妇女参加工作队，不过非常少。在土地改革运动当中比较积极的妇女主要是贫农，我就是属于这其中的一员。

2.妇女组织和女干部与土地改革运动

当时有妇女做干部的情况。共产党的会议非常多，三天两头地都要开会，开会的时候积极的妇女就去参加，不积极的妇女就不参加，妇女在会上发言的是少数，不发言的比较多。我们家是贫农，土地改革运动的时候分给了我们土地和东西，对我们穷人还是挺好的。当时都是男人在外面参加各种事情，妇女也需要参加干活。

（四）互助组、初级社、高级社时的妇女

我有参加过互助组，在土地改革运动当中我是比较积极的妇女，当时一起干活的时候都是十几个人，我领着他们一起干活。合作社的时候把土地牲口和农具都入社了，合作社是属于国家的，收东西的时候没有征求我们的同意，他们直接收走。入社的妇女都需要下地干活，当时都是论工分，不干活没有东西吃。入社之后吃饭干活的时候有唱歌的，不过我没有唱过，我比较笨，只记得东方红这一首。如果有检查的人到地里面去，需要在地里面就唱歌。

入社之后男女干活有分工，我们这个生产队的队长、会计和记分员等干部基本上都是男的，女干部要少一些。当时男人女人都去参加修路扒河，女人也可以去，只是去的少一些。因为男人在外面扒河，有时候都一两个月不回家，大部分妇女还是留在家里承担家务。

妇女一天给记多少工分，这就需要看干的活快慢和质量好坏了，比如在收麦子的时候，谁割的快在前面就分多，谁割的少在后面分就少。当时的妇女有一天六分、也有一天四五分的。我们家分的东西都是比较多的，因为挣的工分比较多。

我们这个生产队没有干一些其他的副业。当时生产队里面有建托儿所。妇女到外面干活去了，就把孩子放在托儿所里面，托儿所里面有专门看孩子的人。有一些老婆婆或者不能干重活的妇女就在托儿所里面照顾小孩，给孩子缝一些衣服。我家的小孩有去过托儿所，我当时做妇女队长，我家的女儿在里面照顾小孩，另一个女儿还小也在里面。放在那里，我还是比较放心的。

（五）妇女与人民公社、"四清""文化大革命"

1.妇女与劳动、分配

大集体的时候，我们都是一起干活一起吃。平时干活的时候，我们一顿饭只有两个小窝窝头，根本吃不饱。但是如果不干、干得少或者说错了话，都会被批斗的。但是我们这里没有妇女自杀的情况。"文化大革命"的时候，村里有重新批斗地主批斗干部，比如说错了话都会被批斗。当时有这样一个情况，我们村有一个叫意湾（人名）的人到地里面打药，他打完药之后到河里面去洗手，因为他手上有药，把村书记的鸭子毒死了，意湾害怕被批斗，他就上吊自杀了，所以在"文化大革命"批斗书记的时候，意湾的娘批斗书记特别厉害。三年自然灾害第一年的时候，我们天天靠吃野菜、树叶慢慢熬过去。粮仓里明明有粮食却不给农民吃，饿急了的贫农就把粮仓给抢了。但是大部分人都不敢去偷东西，如果抓到了会处理的很严重。

2.集体化时期劳动的性别关照

妇女在干活的时候会有一些照顾,太重的活妇女干不了,都是让劳力去干的。妇女在家里面需要照顾孩子和丈夫,事情比较多,会给妇女通融一些。

3.生活体验与情感

当时吃大锅饭的时候,在食堂里面做饭的也有男的,也有女的。在食堂吃饭是定量的,每个大人只有两个窝头,小孩只有一个。我们不愿意吃大锅饭,但是不愿意也不行,因为家里面没有锅没有灶,根本没有地方去吃。大食堂在后面办不下去了,后来分开以后就不办了。

4."四清"与"文化大革命"

"文革"时候我有听说过"破四旧",但不知道具体干什么的。"文革"的时候有重新批斗地主和干部,只要你干部有一点不好就会被批斗。当时就是这样的政策,没有办法,有些人被批斗得惨不忍睹,我觉得太残忍了。

(六)农村妇女与改革开放

我还记得当时分承包地的事情,一个人分了一亩二分地。当时分地的时候也开会了,参加会议的主要都是男的,女的参加的少一些,我觉得是分开自己干好一些。现在也不需要交农业税了,国家还会给农民补贴,非常好。分承包地的时候有发给我们土地证,土地证上面有我的名字,土地分给谁的,上面就有谁的名字,都是平等的,按照人口分配,没有歧视。

六、生命体验与感受

总的来说,我这一辈子,活没有少干,罪也没有少受。我们家庭比较和谐,比较团结,也没有吵过架,关系非常好。我今年已经92岁了,已经五代同堂,看到家庭人口那么多过的也挺好的,受的再多的苦也值得了。

WMM20170107YR　杨蓉

调研点:安徽省阜阳市临泉县宋集镇王新村

调研员:王莽莽

首次采访时间:2017 年 1 月 7 日

出生年份:1935 年

是否有干部经历:1950 年曾担任妇女主任。

是否生育:是

受访者结婚的时间节点、生育子女的具体情况:1954 年结婚;1955 年生第一个孩子,共生七孩子,死了两个,现在是三个女儿,两个儿子。

现家庭人口:2

家庭主要经济来源:养老金

受访者所在村庄基本情况:王新村位于杨小街乡西南部,全村 9 个自然村,932 户,4360人,4437 亩土地。王新村原名王庙村,因为该村有一个三仙奶奶庙而得名。这个庙是周围王姓的宗庙,每年到农历二月十五的时候,该村姓王的都会凑钱在庙旁边兴办庙会,每年的这一天,就会请两台外地的戏班子来村里唱七天的大戏,这里是安徽省和河南省的交界处,村子 3 千米就是河南,所以当地人都比较喜欢河南的豫剧。王新村的 9 个自然村,有 8 个都是王姓村,大部分都是一个祖先,据传说,该村的人很久以前是从山东枣庄那里迁徙来的。王新村的 8 个王姓村,祖上是 3 个兄弟,王庙三门,杨广店和庙西是一门,王老庄和王小庄是一门,刘楼和王尧是一门,这三门是老弟兄三个,分在了三个地方。这里民风淳朴,地方特色鲜明。

受访者基本情况及个人经历:杨蓉老人小时候母亲就去世了,后来她的小姨去照顾她,就和他的父亲生活在了一起,当时她的姑姑家的一个男孩溺亡,一个女儿神志不清,她的姑姑就将她过继到自己的家里面直到养大。刚土地改革运动的时候,杨蓉老人因为能说会道,被选为村子里面的妇女主任,协助土地改革运动工作队土地改革,并且致力于解放妇女、组织妇女活动。老人十八岁的时候,在父母的督促下与现在的丈夫结婚。现在老人有三个闺女和两个儿子,本应该乐享天年,但是腿却站不起来了,好在儿孙孝顺,给她买了电动轮椅代步,现在老人的精神状态还算可以。

一、娘家人·关系

(一)基本情况

我叫杨蓉,我的娘家是大杨寨村。我才八个月的时候,我娘就死了。那时候我的姑姑有一个闺女和一个儿子,这个闺女得了神经病,儿子在河边玩的时候掉河里淹死了,所以姑姑非要把我过继给他家。我娘去世的早,我们家就我一个孩子,我的父亲不舍得,就让我大娘家的孩子过继给姑姑家,但是我姑姑不愿意,非要抚养我,因为那时候我比较胖,比较好养活,大娘家的孩子比较瘦,看起来不好养活。父亲没有办法,就让姑姑把我抱走了。

姑姑家住在常庄,姑姑在常庄把我养大,我后来也是在常庄出嫁的。我当妇女主任是在常庄,那时候我叫常蓉英。1960年常庄的亲人都死光了,我就没有和常庄的人走动了,就和我爹他们走动,然后我爹就给我改名字了,改了一个杨蓉。我十四岁上县里开会,十五岁当上了妇女主任。那时候我们这边解放了,在搞土地改革运动,经常开会斗争地主,因为我能说会道,大家就选我当了妇女主任。我十九岁就结婚了,在当时算是很早结婚了。我的丈夫比我大几岁,结婚时是二十一岁。那时候人比较迷信,算命说是丈夫在二十一岁结婚好一点,所以我们很快结婚了。

我父亲家比较穷,当时划了贫农成分。常庄我姑姑家经济条件要好一些,当时划了中农成分。这算是两个娘家,常庄姑姑家是中农,土地改革运动就不得地,大杨寨村父亲家是贫农,当时分了一些地。我们家孩子少,我没有兄弟,只有一个同父异母的妹妹。我娘去世以后,我姨过来照顾我,后来就和我父亲在一块生活了,他们俩生了一个女孩,就是我的妹妹。

(二)女儿与父母关系

1.出嫁前女儿与父母关系

(1)家长与当家

1949年以前都是男的当家,妇女不能当家。很多妇女不仅受丈夫的气,还要受婆婆的气。那时候妇女不当家,家里的活都要干,家里的钱由男的掌握。不过以前家里比较穷,也没有什么钱。我记得刚1949年时我们家曾经卖过猪,一头猪才卖30块钱,一个鸡蛋才5分钱。我在姑姑家生活条件不错,过年的时候也是能够吃上肉,就是吃的少些。买个十斤八斤的给客人吃,姑姑自己又不怎么吃,我是小孩,吃的要多一些。那时候的小麦产量低,主要吃豆子高粱,到后来生产队的时候主要吃红薯。

1949年前,妇女一般不能当家,除非是家里没有劳力,妇女不当家的话,小孩又干不好活,这样的情况就妇女当家。小孩长大了以后,如果是儿子就让儿子当家。例如,家里有一个大儿子,结过婚了,也懂事了,大儿子就可以出去办事情了,那就是儿子当家。以前小脚妇女多,出门走亲戚,赶集买东西都不方便。丈夫在家里就负责出门办事,儿子大了就要儿子当家。妇女没有什么地位,丈夫想打就打,我们这里有古话说:"妇女就是一间屋子,不打的话,就要倾斜了。"以前的妇女不听话就挨打,有时候不知道为什么就挨打了,挨打了还不能说。

(2)受教育情况

以前都说小女孩上学没有用,大部分女孩都不上学,要是家里小孩多,也上不起学。很多小女孩从小就开始裹脚,也走不好路,没有办法上学。我大约是六七岁的时候就开始裹脚。姑姑给我裹脚,姑父不让裹脚,他说:"咱们家没有男孩,咱就这一个,咱把她当男孩使唤,你要是给她裹脚,上地干活怎么办啊。就像你一样,上地干活,下地就踩一个大洞。这以后没有小孩怎么办,这还得指着闺女给咱们干活啊!"姑父就是吵着不让给我裹脚,要是姑姑给我裹上了,我都是偷偷地把这个裹脚给放开,不过也没有裹很久,姑姑干脆就放开了,不让我裹脚了。以前裹脚都是把整个脚趾头都裹到这个脚底下,整个脚面就像一个大鸭蛋。整个脚的骨头都是变形的,有的脚还都断了。我们庄王永强他娘整个脚就是窝在一起的,像一个鸭蛋,人家都说她的脚小。那时候的妇女都不经常出来,小脚走不动路,出来也都是扶着墙走路。

小脚的妇女就不怎么干地里的活,因为裹脚的小女孩都不能走路,出来都是扶着墙,根本没法去地里。所以小女孩就基本上在家里,直到把脚定形才能出门,嫁给人家的时候脚基本上就已经裹成了。地里的活不干,但是家里的活要干,帮母亲洗衣服、照顾弟弟妹妹、纺纱织布或者做个针线活。那时候不裹脚不行,结婚都不要大脚。1949年前大脚女人还有散着头发的女人,被称为"鼢子"①。1949年后,政策就让"放脚"②,放脚后这一代妇女长大,妇女就可以和男劳力一起挖河修路。

(3)家庭待遇及分工

以前妇女不让出门,都是在家照顾小孩或者纺纱织布。那时候衣服都是自己做的,棉花收了以后就纺成线,然后就是织布,织好以后就做成衣服。鞋子也都是手工做,用一层一层布缝成鞋底,所以一双鞋要做很久。

我们这边的人一直重男轻女,都认为让小姑娘上学没有用。谁家要是得了一个女孩,就得撅着三天嘴。要是得了一个小子,那就喜欢的不得了。我们庄的狗子他娘接连生了好几个闺女,狗子爹就一直不高兴。后来得了狗子,他爹高兴地说:"终于来了一个能到场里面干活的人了!"以前都认为闺女是帮人家养活的人,最后都要出嫁。不过那时候也没有办法,穷人比较多,小孩多了养活不了,都想生的都是儿子。

我们家还比较好,我也生了不少的闺女,公婆也没有说什么。闺女小子在婆家都是一样,没有说我生了女儿以后,公公婆婆不开心,或者是不给我做饭吃。以前有的人要是得了一个闺女,公婆气的不给做饭吃。要是一直生不出儿子,一家人都是生气,老的气你,小的也气你。

(4)对外交往

新中国成立前,妇女基本上都不出门,也不能去赶集,有时候串门就要挨打。那时候我们庄排他娘去地里干活,回家的时候就坐在大门口,放开自己的裹脚休息一会儿,回家就挨了一顿打。那时候不能没有规矩,出门要把鞋子穿好,衣服要穿得规规矩矩。后来新中国快成立的时候,也得穿戴整齐了才能出大门,以前没有见过穿裙子的。除了新娘坐花轿要穿一件裙子,平常的时候都是穿的严严实实,规规矩矩的。

(5)女孩禁忌

以前对于小女孩规矩不多,大的姑娘就是不能出门,不能到处乱跑,要有礼貌。我觉得女孩最大的规矩就是裹脚,不能随便脱鞋。刚开始裹脚都是母亲把小女孩的脚裹起来,母亲把小女孩的脚裹好以后就用针缝起来。刚开始裹脚的时候,脚火辣辣的疼,根本没法站起来。那时候要是谁家姑娘有一双大脚,没有人愿意要,当时也是没有办法,那都是社会逼的。

---

① 鼢子:邋遢、不守规矩的人。

② 放脚:不让裹脚。

(6)家庭分工情况

妇女在家里做家务、做衣服，还要照顾自己的小孩。过年的时候要是家里来客人了，客人在堂屋里面吃饭，妇女连看都不能看，这方面规矩严。妇女把饭做好以后，就让男的把菜都端到堂屋里面去吃，要是家里条件还可以的话，就再做一点饭吃，然后再给小孩弄一点饭吃。饭菜做好以后，就放在锅台上面，等着男劳力来端，妇女不能往堂屋里面去，都是男人把菜一个一个地端到桌子上去。

有的家庭比较穷，劳力不够，妇女也干一点地里的活，但是妇女也就是农忙的时候干一段时间，其他时间就在家做活。小脚妇女上地干活的时候，走路都不稳，要是赶上下雨以后地里面比较湿，一脚下去就是一个洞，脚拿不出来。所以小脚妇女没有下地种红薯的，红薯要松土，根本就站不住。种红薯的时候，劳力把红芋秧子弄回来，妇女拿个板凳子在门口剪，剪好以后，男劳力再拿着到地里面去栽。

2.女儿的定亲、婚嫁

新中国成立前，男女定亲不能见面，互相都不认识。要是嫁个瞎子或者瘫子，那也没有办法。当时都是让媒人去看，只要父母同意，孩子就只能认命。以前有一个媒人给人家说媒，女方瘫痪了，没有人要。女方家就给这个媒人拿钱，这个媒人就想办法，到了男方家以后，看见男方的家人正在摊煎饼，就问："摊的(瘫的)好不好啊？"这家人以为问他们煎饼怎么样，就说："好啊。"然后这媒人就把这个女孩说给他们家了。到结婚的时候，才发现这个女的是一个瘫痪的人。那时候不到结婚，男女双方就见不到，不到过门以后就不能见。

以前结婚主要是看媒人，要是媒人讲究的话，就会衡量两个人是不是相配，要是觉得相配就去说媒，不相配就不说。也有的媒人图钱，年纪大了也好，瘫子也好，不管怎么样，只要是家里有钱，她就去说，最后嫁了以后就只能认命。

那时候老人都说："捡亲不如捡媒人"，结婚就靠媒人，都是媒人两头跑。以前也有"娃娃媒"，主要是有钱的人家定娃娃亲。从小开始定亲，基本上是门当户对的人家。平常的人家结婚主要看媒人，男女双方互相没见过，媒人说的什么样子就是什么样子。要是媒人好的话，就能结一门好的亲事。

那时候结婚主要靠媒人两头，双方父母也不会看。要是媒人说媒成了的话，就买一条大鲤鱼送给媒人。年轻人结了婚以后，就要请媒人吃饭，也要买一条大鲤鱼做成菜放到桌上给媒人吃。以前也有古话说："新人来到床上，媒人贴到墙上。"就是说媳妇没有到的时候，双方就很重视媒人。媳妇到家以后，媒人就被忘一边去了。

以前新人结婚的时候，娘家不跟婆家要东西，自己也是尽力能陪嫁妆就陪嫁妆，具体什么嫁妆，要看娘家经济条件。还会给出嫁姑娘压箱底的钱，有钱家庭就多放一点，没钱就少放一点，十块八块也能放，百儿八十的也有。以前大部分人家穷，大型的嫁妆很少。就像那种大方桌，只有地主富农才能做得起。排他娘家里是一个大地主，他娘过来的时候，陪的有方桌、椅子，什么家具都有，也只有地主和富农才能用得起，一般的人都是随便一两件家具，然后就是几条被子。被子是娘家必须要准备的，家里有钱的人家就多做几条，没有钱的就做一条当嫁妆。以前没有大车，抬嫁妆是真的要靠人来抬，结婚的时候由娘家亲戚抬到婆家去。大小家具都是用扁担抬着，下雨也是要走路，我原来结婚的时候，娘家的侄子给我抬嫁妆，鞋子都搞破了。下雨也是走路，要是下雨了就把嫁妆用雨布盖着。出嫁那一天，也没有什么规矩，在上轿之前，要找一个儿女双全的妇女，帮姑娘洗洗头，做好发髻。然后帮着姑娘穿衣服打扮，准备上轿。这个帮姑娘的人，儿女双全，要是家里少了一个人，或者是小孩子不健康都不行。出嫁那一天，新娘一般不吃不喝，也是为了避免尴尬。办婚礼的时候，家里都是客人，上厕所不方便，所以新媳妇一般是一天不吃饭，早晨吃一两个鸡蛋，不能喝水，省得上厕所。作为新娘，进入新房以后又不能出来到处去问人。家里那么多客人，亲戚都去招呼客人去了，上厕所不方便，所以说新媳妇，是不能喝水的。如果说很饿的话，就吃鸡蛋，不能喝水。在上轿之前只能吃鸡蛋黄，用蛋清洗脸，那个时候不像现在有这么多化妆品，所以都是煮几个鸡蛋，把蛋黄吃了，蛋清涂脸，一般吃两个鸡蛋就够了。到了客人都走光了，新媳妇才能吃饭。不让吃饭也因为有些姑娘会晕轿，受不了的话会吐。我们这边规矩特别多，花轿进村的路线和出村的路线不能一样，昨天花轿从那边进来的，今天花轿要从这边走，那个时候出发的也早，就是害怕和其他的花轿相碰。要是两个花轿碰面了，就在路中央放上一条棍子，一台花轿从这边走，另外一台从那边走，然后就赛跑，哪一家要是先到哪一家就吉利一些。隔壁庄赖狗他娘和我们庄排娘一起结婚，在路上碰见了，两个花轿分开以后就赶紧跑。赖狗娘家里穷，没有什么嫁妆，亲戚们抬着轿子就跑到了庄里面，排他娘家里有钱嫁妆多，走得特别慢，好久才到，就没有那么吉利。要是两顶花轿，走到了对面，就要交换新娘的手绢，嫁女儿最怕的就是顶到了白事，其他的都还好。

3. 出嫁女儿与父母关系

我们这边出嫁过的闺女不能在娘家过年，现在估计没有以前那么多规距了，以前都是说"吃了娘家米，一辈子过不起"，所以以前不让在娘家过年。闺女出嫁了就是人家的人，在娘家过年对娘家人不好。以前还不让拿娘家的扫帚，说是如果拿了娘家的扫帚，就是扫断了回娘家的路，一辈子都不能回娘家。所以姑娘拿了娘家的东西，会象征性地给娘家拿一毛钱，算是钱买的，不是拿的。

要是女儿在婆家受了欺负，娘家也是可以过问的，平常的挨打受气没有什么，要是做的过了，娘家人还是要管的。两个人谁家不可能不生气的，那要是打的要死要活的那是不行的。我们庄的王夫友前后娶了三个老婆，娶第一个老婆的时候生了一个女儿，但是他娘不太待见这个媳妇，就是让他儿子跟这个媳妇离婚。后来就娶了第二房，第二个老婆经常性流产，一下子丢了三个孩子，然后他娘又要他离婚，他老婆就说："我也没法帮你生一个孩子，对不住你。"然后就喝农药死了。这个媳妇娘家人就来了，人家娘家的人比较多，整个大寨子的人全部都来了，我们庄周围的都让人家给占满了。当时我们家都来亲戚了，我也没敢让亲戚到家里面坐，人家娘家人不让坐，到后来闹得沸沸扬扬的，最后还是偷偷地把她给埋了。后来，他又娶了第三个老婆，生了一个儿子，那时候重男轻女，家里有什么吃的都给男孩吃，不给小女孩吃。后来他娘生病了，让孙女给她拿东西，她孙女就说："你以前东西都不给我吃，还指望着我伺候你。"

(三)出嫁的姑娘与兄弟姐妹的关系

那时候有古语说："娘家侄，是姑姑的出气人。"就是说姑姑受了欺负，让娘家侄子过来给自己出气，这样都是实在过不下去了。即使出气了以后，不离婚的话，还是要在一起过。如果说受欺负多的话，都是舅舅来管，那以前都是能过就在一起过，为了小孩子，也没有办法，咱们现在三句话不好就要离婚了，以前离婚的就比较少。

二、婆家人·关系

(一)媳妇与公婆

1.婆家婚娶习俗

新娘在娘家上轿的时候是娘家的哥哥或弟弟背上去,或者是坐在椅子上,把椅子抬到花轿门口,然后新娘上轿。到了婆家以后,由一个没结婚的姑娘把新娘给接下来,地上一般会放一张席子,因为下轿的时候脚不能碰地。用迷信的话说:"新媳妇踩到地,以后会把自家的地给踩薄了,以后他们家的土地就不肥了,庄稼长不出来。"所以说新媳妇下轿以后,脚是不能碰地的,从花轿门口到拜堂的地方都是有席子,或者是被单,一直到床旁边,全部铺上席子。

花轿到了以后一般会找两个接新娘的姑娘,还要拿一些钱给新媳妇,新媳妇才会下轿。接新娘的一般都是没有结婚的大闺女,一般不找结过婚的媳妇,这是一个规矩。新媳妇不给拿钱就不下来,不管拿多拿少都得拿一点。那个时候也没有什么钱,都是拿十块八块的,家里没钱也可以拿两三块,就可以把新娘给接下来了。新娘下来以后,新郎过来用"秤杆子"①把盖头给挑掉,然后她的婆婆就会把新娘盖头揣到自己的怀里面,象征着新娘和婆婆一心。然后就是拜堂,还要点上香和蜡烛,还要在桌子上放一个斗,斗里面放上秤砣。拜堂的时候会有这个孩子的叔叔在那里喊,喊新郎的名字。新媳妇到了屋子里面以后,新郎要在旁边的屋子里面不出来,要他的叔叔喊他的名字以后才能出来,必须是三声以后,喊的次数越多,就代表着以后的孩子就越多,新郎出来以后就开始拜堂。拜堂的时候怀孕的妇女不能在屋子里面,怀孕的妇女是"四眼人"②,在拜堂之前就有人喊:"四眼人不要靠近"。拜完堂以后,婚礼就结束了,然后将新人送到屋子里面就行了。

结婚三天以后要去祭祖,整个门③里的弟兄们全部都去,给祖先磕头。现在都是上午结婚,下午就去祭祖,就是为了热闹,趁着当天亲戚都还没有走,然后下午就去祭祖,现在的规矩都变了。

2.分家前媳妇与公婆关系

媳妇到了婆家以后,还是公公婆婆当家,轮不到小媳妇来当家,做饭都要先问一下婆婆。婆婆让做面条,媳妇就不能做稀饭,让蒸馒头就不能做面条,婆婆说做什么饭就是做什么饭。刚结婚还没分家的时候丈夫也不当家,爹娘在的话,轮不到丈夫当家,不到这个家庭的父亲死了以后儿子是不能当家的,还是老头说了算,就是这个老头已经走不动了,躺在床上也是他说了算,以前都没有不孝顺的,这都是多少年留下来的规矩。以前都是婆婆打媳妇,或者是公公骂媳妇,媳妇都不能抬头。那以前都是说"受气小媳妇",媳妇都没有权力的,现在翻身了,婆婆都是伺候媳妇,还要帮媳妇带小孩。以前婆婆打媳妇,媳妇就只能受着,有的婆婆还让儿子去打媳妇,儿子就得听母亲的。干家务的时候,婆婆一般会帮媳妇烧锅,或者是帮媳妇抱小孩,然后做饭、洗衣服、做菜、干活都是媳妇来干。在家里,婆婆管着媳妇,要是婆婆喜欢媳妇的话就好一点,要是婆婆和媳妇看不顺眼,那媳妇就是挨打受气。以前婆婆打媳妇的事情多了,要是话说的不对,婆婆不开心,就爱打媳妇,就是丈夫在旁边也没有用。要是婆婆让

---

① 秤杆子:秤去掉秤砣剩下的木棍。
② 四眼人:迷信观点,认为孕妇是两个人,阴气重。
③ 整个门:门第,意为家族。

儿子打,儿子就得打,不让儿子打,儿子就在旁边看着,儿子也不敢吭声,要是儿子敢说话,儿子也得挨打,那个时候家教比较严。

3.分家后媳妇与公婆关系

(1)公婆关系

分家之后婆婆就不怎么管媳妇了,但是媳妇还是得尊敬婆婆、孝顺婆婆。要是敢对婆婆说"顶头的话"①,公公就让儿子打。就是婆婆骂你十句,媳妇都不能回一句。我们庄平均的老婆说了他娘几句,平均上去就是几个巴掌,平均说:"我娘除了我爹骂过,谁也没有骂过,就是嫂子来了十几年也不敢说一句硬话。"

1949年前妇女没有去赶集的,很多妇女的脚都是小脚,也走不到街上去。以前妇女的地位比较低,就是吃饭的时候都没有妇女的位置,无论你是姑娘还是媳妇,哪怕是婆婆都不能坐在桌子上吃饭,桌子上没有妇女的位置。要是儿子和父母一起过年,媳妇做好饭以后,叫全家人吃饭,如果公公婆婆比较勤快的话,就不用给公公婆婆端饭。要是公公婆婆不待见媳妇,媳妇就得给公公婆婆端饭。有的人是自己吃饭自己盛,有的公公婆婆比较坏的话,就得让媳妇给盛好,过年的时候,吃饭都要先给长辈全部盛好,最后才轮到媳妇吃,都是老的先吃。

(2)分家

新中国成立前,家里弟兄三五个的都是很正常,孩子们都结婚以后,媳妇好几个,公婆管不住了,生活也不方便就得分家。父母都没有单住的,大儿子成家以后就分出去,如果说只有两个儿子,父母就跟小儿子一起住,跟小儿子不分家。父母年纪大了就得有个人伺候着,父母要是年纪大了,或者是有病,儿子们就得在床头尽孝。

土地肯定是要分儿子的,该给他的土地都得给他,不给土地的话,儿子没饭吃。家里面的猪羊不会分给儿子,儿子得自己去挣钱,挣到钱之后自己买。分家主要就是粮食和土地,一般不会给分钱。如果老大分家了,下面还有儿子的话,儿子结婚也需要钱,所以一般都不会分钱。儿子分家了以后,就是翅膀硬了,得自己去挣钱。那个时候分家也分不到什么东西,就是分一些地,分一点粮食,饿不死就行。要是家里面比较有钱的话,就给点棉花或者被子。

(二)妇与夫

1.家庭生活中的夫妇关系

国民党的时候几乎没有离婚的,如果说媳妇不称心的话,丈夫受不了,就会把媳妇给休了,家里有钱的话就再重新娶一个。当时过不下去就休了,没有离婚。如果说媳妇不讨婆婆的欢心,婆婆也会逼着儿子把媳妇给休了,然后再给儿子娶一个,八路军来了以后才有离婚这件事情。如果说婆婆让儿子休了媳妇,儿子不休,婆婆就会跟儿子分家,让儿子和媳妇单过,省得天天吵架。

丈夫如果打媳妇,妇女就只能挨着,要是说话就挨的更狠,所以一句话都不敢说,打骂都不能说话。不吭声的话,丈夫打够了,骂够了就好了,要是媳妇跟他对骂,丈夫就要打死她了。那个时候的好媳妇都是很孝顺听话的,实在过不下去就休了,要是丈夫不想要媳妇了,媳妇就回娘家去,也就是说这个媳妇被休了。休了以后,还是可以改嫁的,老古语说:"你往东,我往西,你嫁丈夫,我娶妻。"分开以后就互相管不着了。丈夫不要媳妇了,媳妇爱跟谁结婚就跟谁结婚。不过那个时候如果不是什么很大的事情,一般媳妇也不会走,就是寡妇一般也不会

---

① 顶头的话:顶撞的话。

走，很多寡妇都守着自己的儿子过一辈子。我三娘嫁到这边以后，丈夫就死了，也没有孩子，在我们村子里面守了一辈子。她来到这边没多久，丈夫就死了。她后来就过继了一个儿子，现在已经有一大家子人了。

就算家里的男人不成器，也轮不到媳妇当家，这样的丈夫一般都会打老婆。当家就得管钱，丈夫要花钱，媳妇不给他就会打。以前还有卖自己孩子的，有些丈夫不成器，天天赌博，那妇女也没有办法。我们这边以前就有一个爱赌博的人，把自己家的地都给卖了，他的媳妇不让卖，他就把他的老婆给卖了。他告诉他老婆说："你好久都没有回娘家了，咱们回你娘家去看看吧！"媳妇觉得自己好久没有去了，就把这些衣服拿着一块儿，丈夫就不让她拿东西，说是就去吃顿饭就回来，不住在那里，家里还有孩子，然后他老婆就信了，跟他一起出去，就被他卖给了别人。

2.家庭对外交往关系

以前妇女不出门，都是男的在外面跑，出去干什么还得经过丈夫的同意，一般都是上午送，那以前都是比较乱，大兵土匪到处都是，还抢妇女，所以妇女出门儿都得有丈夫送。就是回娘家也得丈夫接送，一般都是推着车子，一边坐着老婆，一边坐着孩子，送到娘家去，娘家有人的话就给他送回来，没人就丈夫去接。

(三)母亲与子女的关系

1.生育子女

我们这边如果有了孩子，以前要办喜事的。娘家和亲戚也要送礼，孩子生了十几天或者半个月，就可以送礼了。娘家人会给孩子做一套衣服或者做一条小被子，然后抬着盒子，盒子里面放上面粉大米、油条、散子。娘家要给闺女家送礼，婆家人要请娘家人吃饭。现在都是送鸡蛋，以前没有那么多鸡蛋，家里有钱的就送二三十个鸡蛋。主要就是送油条、馓子、大米，还有面粉，娘家人来一般还要带猪心肺，放到盒子里面抬着来。盒子一般都是娘家送的，娘家要买一挂猪心肺，挂在盒子上，盒子里面放上大米、面粉、油条，然后筐里面放上馓子，用扁担挑着，给闺女家送礼，不送面粉不行，以前都是说小孩子不见面粉就长不大，所以娘家给闺女送礼必须都有面粉。要是生了二胎，媳妇娘家人也得送礼，其他亲戚就不用送了。二胎三胎一般都是她娘家给她送点东西，一个村子里面的人一般都不请了，第一胎是肯定要请客吃饭的，亲戚邻居都得请。

以前妇女在坐月子期间禁忌很多，鲫鱼肉蛋都不能吃，主要就是吃面条，要吃十几天，然后才能吃荤的。到了孩子满月的时候，娘家就派人来接，接闺女和外孙"走满月"①，一般闺女都会在娘家住几天，但是满月之后第一次去不能住太久。老人们认为一直住太久的话，孩子长大以后就不想往姥姥家去了，一般都是去两三天或者四五天就接回来了。接小孩走满月，必须得是男的去接，迷信说女的是阴人，就算家里没有男的，也得找其他男的去接。

2.母亲与婚嫁后子女关系

那个时候孩子都比较孝顺，父母生病以后所有的孩子都得在床头伺候。父母去世以后，孩子要守孝三年。父母去世时，儿子在灵前守着，找其他人来办事。那个时候规矩比较多，灵堂里面不能出现老鼠、猫，所以灵堂里面不能缺人。如果不下葬的话，在屋子里面三天，儿子

---

① 走满月：孩子满月以后去舅舅家。

就要守灵三天,要是儿子比较多,就轮流守灵,反正灵堂不能断了人。如果说家里父母去世,一年之内不准办喜事,过年也不能贴门联,要么不贴东西,要么贴一张火纸,三年之内都不能贴门联。

三、妇女与宗族、宗教、神灵

（一）妇女与宗族

以前村里有一个姓王的木楼子,上面都供奉着我们姓王的祖先,过年的时候姓王的人都去拜。一般都是男的去,那个时候妇女又不能到处跑,出去办事都是男的去,妇女都是在家里干一些琐碎的活。

（二）妇女与宗教、神灵、巫术

1.灶王爷的祭拜

以前过年的时候要先给桌子上盛好饺子之后,自己才能做饭,自己家要是杀猪的话,就要把猪头放在桌子上,先敬灶王爷。以前还要做几道菜,就是求灶王爷保平安,一边磕头还要一边说着吉利的话。一般由当家的去拜灶王爷,妇女就只能在一旁看着,家里的小孩子也要站到旁边去,只有全部仪式都弄好了以后才能去吃饭。吃完饭以后,孩子要给爷爷奶奶磕头,给奶奶磕头都是对着堂屋里面供的神,第一个头是给灶王爷磕的,第二个头才是给爷爷奶奶的,第三个是给父亲母亲的,以前的小孩子过年要给父母爷爷奶奶磕头。

2.祈愿拜神

我们这边逢庙会的时候,男女都可以去庙里烧香。没有结婚的大闺女不能去烧香,大多是结过婚的妇女,可以在庙里求儿女,求保平安,男的一般不去烧香。

3.巫术

以前要是病看不好了,就去看迷信,去求"堂子"①。去看迷信都是没有办法了,如果说堂子把病看好了,就要给人家送肉送钱作为回礼,东西是之前说好的,多少香、多少酒、多少肉在之前都说好的。

四、妇女与村庄、市场

（一）妇女与村庄

1.妇女与村庄公共活动

我以前是妇女主任,很早就知道国民党。至于保长、甲长我不仅听说过,我还见过。小时候我娘家离保长不远,过年的时候,我父亲就领着我去给保长拜年,给保长磕头,保长就给我拿几毛钱。那几毛钱后来被我叔叔拿走了,他就拿着这些钱当路费,去南乡里推了一车盐回来,那个时候钱比较值钱。保长院子里的保丁我都认识,保丁队长我叫他二哥。保丁一般都是住在保长的家里,晚上带着枪保护保长,一般保长会睡在正屋的东边,然后院子里会有一间客房,保丁都住在客房里面,背着枪带着火。其中有一个保丁,我叫四爷的,晚上在屋子里面玩枪,枪走火把自己打死了。那以前保丁主要就是拉壮丁,家里面如果说有两个儿子,他们就会拉去当兵,家里面如果只有一个儿子的话,就不拉壮丁,一般是拉弟兄两个的家庭。

---

① 堂子:巫师所在的地方。

2.妇女与村庄社会关系

以前大闺女也可以串门,如果说周围的邻居里面有和自己年纪差不多的姑娘,就可以去找她聊天,带着自己的针线活,你教我,我教你,学针线活。跟邻居家里的女孩儿,学做鞋子学绣花,看谁做得好,都是互相学。那时候针线活要么跟母亲和婆婆学,要么就是跟自己的玩伴学。以前鞋子都是自己一针一线缝的,衣服也都是自己做的,不好好学的话,连鞋子都不会做,家里人就没有衣服和鞋子穿。新媳妇到婆家以后,一般都是丈夫带着出去。过年的时候,由丈夫带着去给大娘大婶拜年,不能单独出去串门,也不能乱跑。妇女们可以在村里串门,就是不能跑很远。妇女做鞋子的时候经常会在一块,一边干活一边聊天,没事的时候姊妹们在一起说笑话也都是很正常的。

(二)妇女与市场

妇女很少赶集,如果男的在家的话,就由男的去,男的不在家就妇女去。有的妇女不方便赶集,也可以拜托邻居帮忙带东西回来。一般情况下,男的都是在外面忙,女的在家里忙,抛头露面的事情轮不到女的。我们村子里面一个妇女夏天在院子里面睡觉,都被丈夫打一顿,说她不知羞耻。妇女在自己村子里面走动都很少,更不用提去外村玩,不过那个时候妇女没有时间,要做饭、做活,还要照顾孩子,所以都没有时间出去,有空就做衣服做鞋子。以前也没有洗衣粉,洗衣服都是用棍子敲,反正一天干不完的活,就是出去聊天儿也得带着活。自己做完饭以后还得自己刷锅刷碗,丈夫吃完饭就要去干活,不管家里的事情,都是自己来忙。

五、农村妇女与国家

(一)认识国家、政党与政府

新中国刚成立的时候,我是妇女主任,经常去县里开会,也有干部到下面来讲政策。那时候天天都是宣传男女平等,夫妻双方谁也不能欺负谁,经常开会教育妇女,告诉他们如果有包办婚姻的父母,欺负妇女的丈夫,这些人都要受到批评。如果两个人处的好,就在一块,实在不行就离婚。八路军刚来的时候,离婚的特别多,以前的妇女挨打受气,不想跟丈夫过了,有八路军撑腰,就赶紧离婚了。为了提高妇女的觉悟,政府组织妇女上冬学,白天干活,晚上上学,晚上吃完饭以后就要去学习,男的也要去,主要学写字。学习的地方是在自己的村子里面,找那些识字的人来当老师。

(二)对1949年以后妇女地位变化的认知

1949年以后妇女的地位都提高了,也都有觉悟了。1949年后是经常开会,男女都要去,男的经常参加也能听进去一些。如果还是对媳妇不好,妇女主任就可以批评丈夫:"你也听过政府的宣传啊,你也开过会啊,不能随意打骂妇女。"1949年以后妇女敢和丈夫讲理,那些不会讲理的妇女,要是受丈夫欺负了,我们这些妇女干部也可以去管。要是还想和以前一样欺负妇女,不让妇女出门,不给妇女权力,那是不可能了,政府也不允许。压迫妇女就是违法犯罪,丈夫要是听我们调解,那就算了,要是不听继续压迫妇女,我们就报给大队里面,上面就派人来抓。

(三)妇女与土地改革运动

八路军来了两三年之后就开始解放妇女了。那时候关于受压迫的妇女生活都编成了歌:"中国妇女们,都是封建的很,天天在家里,不敢出大门,丈夫天天打,婆婆天天骂,骂的俺不敢出大门！"就是给大家讲妇女不应该受气，男女都一样。八路军来了以后，这妇女都翻了身，我们当时都在喊"男女平等都一样"这个口号。

刚土地改革运动的时候，妇女也要参加进去，参与土地改革运动开会和调查。发动妇女打听地主有没有说八路军的坏话，然后汇报给干部，还有就是看着地主有没有把家里的东西放到其他的地方，要是有这种情况的话就记着，等到没收地主财产的时候，就去拿出来，送去充公。斗地主的时候，也有妇女过去打地主，我胆小不敢上前。妇女就已经解放，分地量地也有妇女的一份。人家干部研究问题，我作为妇女主任也得参加。妇女在土地改革运动的时候主要就是搞宣传，天天扭秧歌、唱歌，宣传土地改革运动政策，妇女主任都是带头。土地改革运动的时候搞游行，妇女跟着游行的队伍一路唱歌，我那时候就是带着妇女扭秧歌。那时候的人都很高兴，男女都是拿着小红旗喊毛主席万岁，那时候比较热闹，干部拿着大红旗，在前面走着，我们就跟着红旗游行。

（四）互助组、初级社、高级社时的妇女

搞互助组和后来的生产队都是开会动员，我们妇女都要参加。我们妇女也有权力知道如何参加互助组和合作社，当时就一起在会上商议。互助组就是几家关系好的人家商量着来的，想和谁搞互助组，商量一下就可以成立互助组。参加了互助组和合作社以后，妇女和男人一样干活，也有一些小脚的妇女不能干重活。要根据情况分工，能干重活就干重活，能干轻活就干轻活。生产队的时候男女都一样了，有的妇女比男的都能干，比男的挣的工分都多。我们大队以前有个老奶奶，年纪也不小了，她拿一个小锄头干活，人家锄的宽，她的锄头小，比较窄，但是她特别能干，干的活都能追的上男劳力。

（五）妇女与人民公社、"四清""文化大革命"

1.妇女与劳动、分配

妇女自从土地改革运动以后，就和男的一样，也能上地干活，干的活也都是和男的差不多。大跃进的时候搞大食堂，妇女不用做饭，全都是和男的一块干活。那一年，就是夜里也要犁地，抢种抢收，收了以后就赶紧去挖河。大部分的时候都是男的去挖河，妇女就在家里种地。当时挖临泉河，妇女也去了一部分去干活。大跃进的时候，夜里用犁子收红薯，打着灯干活，男人犁地，妇女就捡，捡好以后就埋到地里，当时白天还要干活，没时间弄回合作社。后来又成立了大食堂，这食堂里面大部分都是妇女，推磨的、做面条的、蒸馍的，还有烧锅的，都是年纪有点大的妇女，干不动地里活就在食堂做饭。

2.集体化时期劳动的性别关照

生产队去挖河男女都一样干，一般怀孕的妇女不去，家里孩子小的妇女不去。我那时候在河工也是要干活，到了天黑以后，就往家里跑，因为比较挂念小孩子。我记得在韩寨村挖河，干部家属也得去挖河，重活妇女干不动，我们就用布兜抬土，男的把土挖出来，我们两个妇女抬土。小脚的老太太不能干活，就是在河工上面做饭，烧锅。

怀孕的时候没有照顾，就是坐月子的时候有工分照顾，一个月的满劳力工分。普通妇女多少工分，坐月子的妇女就有多少工分。得了小孩以后，生产队还会给布票，可以拿着去买布给小孩做衣服，就是没有照顾粮食。年纪大的老太太就不上工，就在家里闲着，帮子女看着家里的小孩子。如果家里有儿子、儿媳妇，老人一般就用不着上工了，有他们挣工分养着。

3.生活体验与情感

大食堂时家里都不让做饭，家里的锅都收走了。我从娘家拿了一个锅回来煮野菜，干部就来把我的野菜连锅都端走了。1960年结束的时候，庄里面男劳力就没有多少了，出来干活好多妇女。那时候我们几个妇女把那些死掉的人抬走埋掉，然后食堂给我们一片红芋片子吃。到后来过去以后，我们整个门里面就十一口人了，当时还算是大户。

4.女干部、妇女组织印象

以前女干部少，我们庄就一个妇女组长，我是大队里面的妇女主任。那时候就是组织妇女扭秧歌、跳舞、唱歌，还成立了一个秧歌队。土地改革运动的时候大家都比较欢乐，就搞了一个秧歌队让大家扭秧歌。那时候主要唱土地改革运动的歌，我们扛着锄头干活唱歌，走着坐着也是唱歌，都是歌唱毛主席的。妇女翻身了，大家就可以一块搞活动，每天都很开心。

5."四清"与"文革"

我记得"文革"时我们这边来了好多的红卫兵，胳膊上都是戴着红袖章。新集和杨集两个地方打架，我们庄的人都是找人站岗，害怕人家来了，夜里人都不敢睡。那时候还弄什么大字报批斗干部，红卫兵也都是扛着枪，地主成分也拉出来重新批斗。还有"破四旧，立四新"，家里的破东西都是砸了，不过我们家里没有什么东西，主要就是不让烧香、不进会①，烧香进会都不行，管了好几年。

(六)农村妇女与改革开放

我觉得还是单干好，土地到户那一年，以八月十五为止，之前出生的人都有地，之后出生的人都没有，怀在肚子里的不生下来也没地。当时也发了土地证，一家人的名字都有，男女都一样有地。现在妇女也能出去打工，有的比男的还挣钱，男女都平等了。

六、生命体验与感受

我这一生最难熬的时候就是1960年，我吃了一个月的野菜。我嫁到这庄以前，基本上没有受过委屈，活都干得不多。我刚结婚那几年经常回娘家，那时候我娘家的家庭条件好。我们这么大年纪的人最可怜，什么苦都让我们吃了，吃了这么多的苦，现在喝清水都觉得比蜜甜。这几年终于可以享福了，不过现在腿又站不起来了，天天坐轮椅。想想以前，我们家十一口人，八个小孩子，吃饭都是一个小孩子一点，大人还没有东西吃，要是搁现在都没有人愿意照顾的。现在的日子以前从来没有想过，日子越过越好了。

---

① 进会：加入基督教会。

WPH20170731ZMZ 张米珠

调研点：福建省南平市顺昌县岚下乡黄墩村
调研员：王配航
首次采访时间：2017 年 7 月 31 日
出生年份：1932 年
是否有干部经历：否
是否生育：是

受访者结婚的时间节点、生育子女的具体情况：1951 年结婚；1951 年生育第一个孩子，共生育六个孩子，三男三女，现在只剩下三个在世。

现家庭人口：6
家庭主要经济来源：务农

受访者所在村庄基本情况：顺昌县岚下乡黄墩村位于两山之间的河谷地带，是众多小山包中间难得的一块比较平坦之地，山清水秀。房屋多依河伴山而建，通向外界的乡村公路与河流平行，道路硬化程度较好，为双车道混凝土公路。

此地气候湿润，雨水较多，四季分明。黄墩村村民大多祖上世代均住于此，以汉族为主，少数民族已基本全部汉化，少数民族特征不明显。该村多种植水稻、竹笋、杉木等作物，大多数村民家都养有家猪、家禽等以供自需。村民多以外出打工为主要经济来源，人地矛盾缓和。

受访者基本情况及个人经历：张米珠老奶奶一生坎坷，历经磨难。老人 1951 年结婚，结婚后和老伴生活和谐美满，1951 年生育第一个孩子，共生育六个孩子，三男三女，现在只剩下三个在世。人民公社和"文化大革命"那段时间，过得很苦，整天劳动却还吃不饱饭。等到改革开放、包产到户后，老人觉得好日子开始了，不再像以前那么苦了，有的吃、有的穿了。

自从前几年老伴去世后，老奶奶一直由儿子赡养，现在每天做一些力所能及的事，种种菜、做做饭，觉得很满足。老人苦了一生，也奋斗了一生，现在只想多活几年，好好享受幸福生活。

一、娘家人·关系

(一)基本情况

我叫张米珠,1932年生。小时候因为女孩不准上学,所以就没有什么像样的学名,名字是父母起的,但是不知道是父亲起的还是母亲起的,名字也没有什么特殊意义。当时起名字是为了上户口,那时一出生就要上户口,那时候的户口和1949年后的户口还不太一样。

母亲和父亲是包办婚姻,生下我们哥妹俩一男一女,我有一个哥哥,他的名字是父亲按照辈分起的,他排建字辈,大名叫张建枫,女孩没有按辈分起名的,我哥哥现在已经不在人世了。土地改革运动时,我家里没有土地,所以在划成分时被划分为贫农,从那时起我家就一直是贫农。我丈夫家也没地,所以土地改革运动期间被划分为贫农,我公公一共有七个孩子,两个男孩,五个女孩,我丈夫在他们几个兄弟姐妹里排行老大,因为孩子比较多,所以家境比较贫寒。公公和婆婆生的孩子虽然比较多,但是没有把孩子送出去给别人养的,全部都在家,由公公婆婆一手拉扯大。我十九岁的时候嫁给我丈夫,一共生育了六个孩子,三个男孩三个女孩,1951年生的我的大儿子,那个时候我大概十九岁左右,具体年龄记不清了。我的几个孩子里面现在只剩下三个还在世,其他三个都比我还去世的早。我一生多苦多难,现在好多了,我要再好好地多活几年,享享福。

(二)女儿与父母关系

1.出嫁前女儿与父母关系

(1)家长与当家

那个时候家里很穷,没有什么可以当家的,如果家里有什么事儿需要拿个主意,都是全家人商量决定的。那个时候当家的家长一般都是男性。但是有些家里是女的做主,但是别人家的情况我也不是很清楚,可能就是女的比较厉害一点。农村里也会有一些家里是由不务正业的老头做主的,比如赌博、游手好闲。

我出生的时候爷爷奶奶就去世了,所以我们家是没有爷爷奶奶当家做主的,不过别的人家家里要是长辈还在世的话,一般都是长辈做主,长辈说话还是很有分量的。如果父亲去世,长兄弟也可以管家,这种情况的话都是听长兄的,但是我嫁过来的时候父亲都还是在的,有当时父母健在,就是听父母的,父母也非常疼爱我,别人家的情况我就不是很清楚了。

(2)受教育情况

我在娘家的时候没有读过书,那个时候家里很穷,整天都吃不饱饿肚子,就读不了书。兄弟姐妹里只有大哥读一点书,读得也不多。我也完全没有读书这个想法。新中国成立前村里的女孩子读书的是少数,只有少数富贵人家的孩子有读书,那个时候一般穷人家庭的女孩子都没得读书,所以也就没有什么男孩子和女孩子读书时单独分开教学还是混合读的问题。

等到1949年后我也没有读过书,我的女儿也没有读过书。那个时候嫁过来是婆婆做主,我丈夫几个兄弟,只有我丈夫是娶了老婆的。那时候家里太苦了。父母对男孩和女孩的教育是有区别的,如果是男孩子的话,虽然家庭贫穷,但是多少也会送去读一点,女孩子的话就是一点也不读。

(3)家庭待遇及分工

那时候女的都不出门,父亲都是去外面干活,去田里干活。母亲和我都是在家做做家务。母亲不能走的太远,因为她裹脚了,只能在家里面活动。女孩子在家里一般要承担家务,比如缝纫、做衣服,自己和家里人穿的衣服都是女孩子自己做的。我不会纺纱织布,因为我们这没有纺纱织布的那些材料,但是我会做女工,我的女工是我妈妈教给我的。我自己做的这些衣服和鞋子,一般都是做来给自己穿,或者就是给家里人一起穿,母亲不会统一分配,我也不会留下来给自己当嫁妆。等到很久以后,我们才开始不用自己做衣服和鞋子了,而是买衣服和鞋子给自己和孩子们穿。再后来,等子女们都长大了,我的衣服鞋子什么的都是子女买衣服、鞋子给我穿,其他的时候一直都还是我自己做。

我还没出嫁以前,在家里,父母对待我和对待哥哥是一样的,没有说对男孩子和女孩子是分开对待的。我们吃饭时都是一起坐,都是很随便的,在家里没有规定男的必须坐在上席,我父亲很爱我,还叫我宝贝女儿。那时候家里很穷,我们基本上很少买新衣服,能有衣服穿已经很不错了。

那时候很苦很穷,过年的时候会给小孩子发一点点压岁钱,给男孩女孩的压岁钱一样多,都是平等对待。过年的话也会有拜年,都是男生去拜年,女生不能去拜年,大部分都是去给外公外婆拜年。

(4)对外交往

家里如果来客人的话,母亲可以和客人一起吃饭,我自己和兄长也都可以一起陪客人吃饭。如果有个宴席需要参加一般都是父亲或者母亲去,要是父亲不在,要么是母亲去,要么是长兄去,那时我还太小,不能代表家里。

那个时候虽然很苦,但是父母还是会想办法让子女吃饱的,我们这地里有地瓜、野菜等等,都可以挖来吃。如果家里的饭不够吃,也没有父母让家里女孩子出门讨饭吃的情况。可以找吃的,但都不讨饭。当时出去讨饭的比较少,吃的虽然可能比较少,也不太好,但是不会出去讨饭的。

(5)女孩禁忌

那时候女孩子在家里,母亲会专门交代女孩子,哪些话可以说哪些话不可以说,都有专门的规矩。而且那个时候女孩子都特别乖,也不会规定得特别严厉。

最关键的一点是女孩不能随便出去玩儿。女孩一般不能出门,就算是出门,最多就是在附近走走,不能出远门。出远门父母不放心,外面也不安全。女孩自己也不会偷偷跑出去的,自己不敢出去。

那时候女孩子只能和女孩子玩,就算是和同村的或者同族的男孩子一起玩儿也是不被允许的。晾晒衣服也有相应的规矩,我们这儿的衣架一般有两层,男人的就是要放在上层,女人的那就是要放在下层,女人的裤子是不能和男人的裤子放在一块儿晾的,要么就是放在下层。洗衣服的时候也要特别分开,男的要和男的衣服洗,女的要和女的衣服洗,要分开洗的,特别是女人的裤子要特别分开,是不能放在一块儿洗的。那时候女的比较下等,就是说女的比较脏,所以裤子就不能和男的一块儿洗,就是比较下等一点,和现在不一样,这是封建迷信思想。

(6)"早夭"情况

我们家没有出现"早夭"的情况,其他家的话,会有个别人家的孩子"早夭"。

2.女儿的定亲、婚嫁

我自己的婚姻都是父母包办，自己不是很了解。我是正要 1949 年时定的亲。上门定亲是媒人主动来回跑，有时候有某一方父母请媒人说媒的，比如有些人的父母会说："某某人，你是媒人，我家孩子到了找媳妇的年龄，哪家有合适的女孩子帮着找一下呗。"让媒人帮忙找女孩子，要给媒人一些东西、一点钱财，意思意思，多少都是要给一点的。

那媒人在给女孩子说媒的时候会夸女孩子会做饭、乖巧、家庭好、心灵手巧、会干活等等，总之都是些好话。人家也都爱听好话。那时候媒人就这边说这边好，那边说那边好。那个时候就算后来发现媒人在说媒的时候说谎话了，自己也要嫁，父母亲包办，哪怕是个瞎子，定下来就没有反悔。

那个时候都有合八字，双方父母都会合下八字，要是八字不合的话，那男方就不会让媒人去提亲了。那个时候是平婚，要彩礼还是犯法的。我父母什么都没有要。定亲的时候，男方父母和媒人一起去女方家，稍微提一点点东西，比如冰糖、红包、饼干等等就可以了，双方觉得差不多了就定下来了。

定亲的时候我们也都没见过面，都是由父母来做决定的。定亲后两家都不怎么走动，只有结婚当天才到男方家里去。定亲后也不能随随便便毁约，没办法毁约，只要两方都还在世的话就必须结婚。

出嫁那天要挑日子结婚，坐轿子过去，男方这边会派人去接亲。结婚那天父母就交待，结婚以后要听男方这边长辈的话，要听老人的话，要听丈夫的话。现在想想我出嫁那天，也没有什么特别的心情，很平常，细节什么的都已经记不清了。我结婚的时候有办结婚证书，婚书需要一些见证人，且需要当地的干部开证明。

3.出嫁女儿与父母关系

俗话说"嫁出去的姑娘泼出去的水"，出嫁后的姑娘回去就是客人了，娘家的事情就不会管那么多了。姑娘刚嫁出去，父母兄弟都有过来看我。我丈夫有去我娘家，他回我娘家的话，会带一些钱、冰糖和大红包。那时候冰糖是一种礼俗，现在也有用冰糖的。那时候要是有些姑娘嫁的远了，和丈夫回娘家，晚上回不去了，那也没办法，只能在娘家过夜，姑娘还是可以和姑爷在娘家同宿的。

姑娘出嫁的第一年过生日父母有来给我庆生日，有送了几身衣服，还有专门带了一些白粿①，他们吃完一顿饭就回去。1949 年以前还是有童养媳的，虽然说我自己觉得自己很苦，但是那个时候童养媳比我还苦。童养媳是新中国成立前有的，但是 1949 年后就很少。送出的童养媳与娘家还是有联系，但是走动是不多的。

1949 年以前有些家里男孩子比较多，娶不到媳妇，就可以去做人家的上门女婿。有些家里女孩子比较多或者全是女孩子，需要男的，就可以招上门女婿。招赘不需要族长同意，只要双方父母同意就行。

出嫁的姑娘也可以回娘家拜墓，没有什么特别的规定，毕竟都是自己的父母亲，一般是没有什么规矩的，都是可以祭拜的。

（三）出嫁的姑娘与兄弟姐妹的关系

我出嫁后多少有分得一点家里的田和山，后来我哥哥还拿钱给我用。1949 年以前，姑娘

---

① 白粿：一种用糯米蒸的糕点，福建特有的一种小吃。

不需要承担父母年老时赡养义务。父母去世,出嫁的女儿要特别去送葬的。我出嫁后与娘家兄弟的关系、与娘舅等亲戚关系都是很好的,经常有走动,和我自己的父母当然更经常走动了。我回娘家的时候会提些东西回去给父母吃。姑娘回娘家拜年,通常一般自愿,早去晚去都是可以的,现在一般都是正月初一去拜年。

二、婆家人·关系

(一)媳妇与公婆

1.婆家婚娶习俗

出嫁的时候要挑日子,一般都是些黄道吉日。我结婚的时候,这边主婚人有专门的司仪。结婚时婆家丈夫这边有七个兄弟,姐妹都是贫农。结婚第二天也有给公公婆婆请安的,结完婚后去庙里上完香回来也有给公公婆婆请个安,其他没有特别的,请安还是有的。

2.分家前媳妇与公婆关系

我嫁过去到分家前和我公公婆婆的关系很好的,公公婆婆都把我当亲生女儿对待。

3.分家后媳妇与公婆关系

(1)公婆关系

分家以后公公婆婆对我都还是很好的,也没有什么特别的,就跟分家前一样对待。

(2)分家

我结婚十五年后才分的家。我们是和平分家,并没有闹什么争端。那时正值计划经济时期,我们都参加了生产队,国家要求我们统一下地去干活。那时候吃的是大锅饭,如果我们不去干活,可能连饭都没得吃,日子过得特别苦。但是我丈夫对我还是很好的。

(3)交往

那个时候女的一般都不出门,基本上都在家里干活,出去也是在家附近走走,是不能出远门的。

(二)妇与夫

1.家庭生活中的夫妇关系

(1)夫妇关系

我和我丈夫关系很好,婚后很和谐。

2.家庭对外交往关系

我自己家里都揭不开锅了,为此我不会外出,也不会交朋友,每天都是围着肚子转,围着娃娃转,顶多亲戚家红白喜事去一下就回来了。有事的话,我们是一家子一起商量。

(三)母亲与子女的关系

1.生育子女

(1)生育习俗

那个时候,家里的公公婆婆还是比较希望生男孩的,对生男孩和生女孩的态度是不一样的,生男孩子就比较高兴,生女孩子就会生气。

(2)生育观念

公婆看重男孩,要是家里只有女孩,没有男孩,在没有儿子的情况下也会想点办法,要么会领养儿子,要么招上门女婿。

（3）子女教育

我的女儿都没有上过学。儿子有稍微读一点书。那时候我们都是吃大锅饭，有那么多孩子要养活。要是我们不去做事情，到时候连谷子都没有，所以孩子也是要帮父母一起干活的，读书的很少很少，毕竟那个时候最重要的是填饱肚子。

（4）对子女权力（财产、婚姻）

我子女的婚事是半包办、半自由的，我女儿结婚的时候我们会征求我女儿的意见，会在家里开一个会，大家讨论一下，问下女儿是否同意，商量一下看这门亲事怎么样。我女儿结婚的时候也会合八字，还有在讲一些八字，女儿结婚的时候，比我结婚的时候更苦，我自己结婚的时候还至少有些菜饭吃的，但是女儿结婚的时候正赶上吃大锅饭的时候，工作组把菜都给没收了，所以连酒席都不让办。

2.母亲与婚嫁后子女关系

我们那个时候嫁出去的姑娘家里要是有困难的话，娘家这边也会出一些钱资助一下，毕竟是自己的女儿。但是我自己的女儿嫁过去时，正碰上计划经济。那时都是由国家说了算，四周有山有田，只要她肯做事情，国家都会有东西给她吃，总不会让她饿死。

三、妇女与宗族、宗教、神灵

（一）妇女与宗族

那个时候我们村庄没有宗堂、祖堂或祠堂。鬼节的时候，家里男女都是在家一起祭拜先辈。我们家中公公婆婆的牌位都是放在一起的，不会分开放的。别的地方有七月半去上坟的习俗，但是我们这里没有，我们只有在清明节或冬至才会去上坟，一年去一次就可以了。

（二）妇女与宗教、神灵、巫术

1.祈愿拜神

敬神的话，没有特别规定哪些神灵是只能男的祭拜，而女的不能祭拜，只要心诚都可以拜。送子观音也是如此，男的也可以祭拜的。

2.宗教

我信佛教，就是现在腿脚不好了，要是腿脚好的话也会去庙里、山上拜一拜。

3.巫术

当时看病什么的都是找医生，没怎么听过巫医、巫婆或者说是神婆之类的。

四、妇女与村庄、市场

（一）妇女与村庄

1.妇女与村庄公共活动

我没结婚之前，村里有庙会或有祭典时就会有唱戏，这种一般一年一次，基本上都是在正月的时候。刚刚土地改革运动时，村里几乎天天让我们去大队里开会。开会的时候就是号召大家学习苗族的妇女。我记得当时是因为苗族的妇女比较会干活，她们上山砍柴、插秧等活都会，所以毛主席就号召向苗族的妇女学习。

2.妇女与村庄社会关系

我小的时候，在娘家有玩的好的女伴。她是个非常勤劳的人，在人民公社的时候，队上叫她去种豆子她就去种豆子,叫她去插秧她就去插秧,要是会干了就立马下地干活了。

（二）妇女与市场

那个时候女孩子都没有赶集,男的可以赶集,女的不可以。那时候没有女的卖货的,都是男的。1949 年以后到改革开放以前有各种票,去哪儿吃饭都要带着粮票、米票、油票、肉票、豆腐票等等,出门都得带着票,几斤几两的票,都是有规定的。

新中国成立前都是用钱,1949 年后就是用票。我家开始用洋布应该有三四十年吧,差不多四十多年了,我是孩子的时候用的还是那种自己织的粗布,粗布就和麻差不多,都是用粗布给孩子们做衣服的,大概就是 1975 年或 1976 年左右吧,我们这没有用麻布了,改革开放之后都是用钱买的衣服了。在割资本主义尾巴的时候去集市或供销社,可以买到一些生活用品,都是用一些票,用第一套人民币,很少有物物交换的情况。

五、农村妇女与国家

（一）认识国家、政党与政府

1.国家认知

我没读过书,也不知道现在国家主席是谁,我也不怎么看电视。国家领导人我只知道毛泽东、邓小平,后面的几届我都记不住名字。邓小平人特别好,因为我的婆婆姓邓,所以我记邓小平记得很准,而且放电视的时候,有看见过邓小平。

那个时候毛主席的画像都是比较年轻的,毛主席穿着蓝长衫拿个包,打把雨伞,好像是去延安。这种照片现在基本上都很难见到了。我觉得最苦就是毛主席做领导的时候,事情做的最多,后来换领导就好多了。

2.政党认知

1949 年以前,我对国民党没有什么印象,我都不知道国民党是什么,也不知道什么是共产党。我只知道现在当政的是毛主席领导的共产党。

3.政治参与

1949 年前,没有村委会,我们也没有参加选举。后来有了生产队,我们村才有了一些选举活动。改革开放后,村委会建立起来了,我们就经常选举了。

4.女干部

新中国成立前,我们这里没有女干部,只有 1949 年后,毛主席当领导的时候才听说过有女干部。如果我女儿儿媳有能力当干部的话,我当然也希望自己的女儿和儿媳当干部。

5.政治感受与政治评价

我对政治没有什么特别的感受,就是觉得计划生育的时候让人很气愤,上面天天派人下来,到处看妇女有没有怀孕,自己没娶老婆,天天看别人老婆。

（二）对 1949 年以后妇女地位变化的认知

1949 年以后有听过"女人能顶半边天"这句话,但是忘记具体是什么时候听到的,反正绝对是 1949 年后。1949 年以后,妇女在家里的地位肯定是有提高的。毛主席做领导的时候开会,经常说男女平等,所以男女就一起干活了。那时候村里的干部就会管男人打女人的这些小事了。那时候生男生女在思想上比以前放宽许多了,但实际上还是会有一点区别的。

（三）妇女与土地改革运动

1.妇女与土地改革运动

土地改革运动的时候正分田,斗地主斗到自己命都快没有了才分到田。没有斗地主,就没有自己的田,斗了地主才有自己的地。分到土地后土地证上写的是我丈夫的名字,没有我的名字。当时主要写的是户主的名字,户主是谁写的就是谁。

（四）互助组、初级社、高级社时的妇女

互助组、初级社、高级社这些都是做劳动的。合作社就是卖东西的,跟现在的商店差不多。

（五）妇女与人民公社、"四清""文化大革命"

1.妇女与劳动、分配

互助组的时候没有记工分。人民公社时,我们开始算一年挣多少分,反正对人民来说都是劳动。人民公社的时候,男的和女的都是一起做事情的,所做的活都是一样的。

人民公社时,大家比较随便一点,到了"文化大革命"时,大家是一点懒也不能偷。那个时候农历一月份,大的有三十天,小的有二十九天。但是一个月,男的要做二十八天,女的要做二十五天,等于一个月几乎天天都要做事情。那时抓得最严,要是被抓到偷懒,是要开大会批斗的,大家都很害怕,所以基本上都不会偷懒。那时大家工作的热情和积极性也都很高,有时干活还会唱歌,也是比较开心的。我还是觉得包产到户要好些,山、田按人口分给个人,由自己来耕种。有一种让自己翻身的感觉。

2.集体化时期劳动的性别关照

三面红旗的时候一般是男的去女的不用去,农业学大寨的时候一般也都是男的去的。割资本主义尾巴的时候,留足自己吃的,剩下的都要上交,比如我自己种的一片菜地,按比例留够我自己和家里人吃的,剩下的都要上交。集体化时期有时女的生病了,为了不耽误干活也会自己抗一抗,耽搁了很多病,那时候做女人最苦了。

3.生活体验与情感

人民公社时期,都是由妇女来捣米做大锅饭,妇女除了做饭外,还要下田干活,"三年困难时期"的时候因为没有化肥,产的粮食很少,一百二十多人根本就没办法供应那么多人的饭,吃不饱又没有收获,那时很多人挨饿。

4."四清"与"文化大革命"

破"四旧"的时候,穷人家本来就没有什么东西,所以也没有被没收的。地主家东西比较多,就收得比较多了。"文化大革命"时的婚礼、葬礼和平常一样。

（六）农村妇女与改革开放

改革开放以后,日子好过多了,想想以前吃那么多苦,我觉得现在的日子还是很幸福的,我要好好努力再多活几年。

六、生命体验与感受

我小的时候吃不饱、穿不暖,但是一家人其乐融融很开心。我长大后,稍微能吃饱饭了,就觉得比小的时候好多了,等到邓小平上台以后,日子就更好过了,又有吃又有穿。我现在每天也没有什么事做，就是在家等着入土，我这一生中感受最深的事就是生儿子、生孙子的时候，我觉得这是我人生最幸福的时候，看着儿子孙子平平安安慢慢长大也是很开心的。

XH20170209WYX　王运先

调研点：四川省筠连县镇舟镇云岭村
调研员：徐会
首次采访时间：2017 年 2 月 9 日
出生年份：1930 年
是否有干部经历：人民公社时期担任妇女生产队长
是否生育：是
受访者结婚的时间节点、生育子女的具体情况：老人于 1950 年结婚，当时二十岁；1953 年二十三岁的时候生了第一个孩子，生了十几胎，现在只有四个孩子，包括三个女儿和一个儿子。
现家庭人口：5
家庭主要经济来源：务工
受访者所在村庄基本情况：云岭村现在归镇舟镇管理，物产丰富，风景秀丽，水光山色，依山傍水。境内属于丘陵地形，和山区平坝相间，属亚热带湿润性季风型气候，粮食作物主要有水稻、玉米、红薯；经济作物有茶叶、蔬菜。林地面积广阔，植被类型丰富，主要有杉木、柳杉、花秋、千丈等。地下矿藏无烟煤丰富，但现在政府不准开采；石灰石遍布各处，有比较典型的喀斯特地貌，有丰富的水能资源。现在很多人都外出务工了，没有人地矛盾。村里有云岭村党支部、云岭村卫生院这些单位。

受访者基本情况及个人经历：老人于 1930 年出生，自小由于家里父亲不允许女孩子上学，所以没有上过学，只上了几天的识字班，后来路太远就没有去了。老人二十岁结婚，二十三岁生了第一个孩子，现在有三个女儿一个儿子。

老人的公公婆婆在她丈夫很小的时候就去世了，虽有几个哥哥，但都没有管他，老人的丈夫是抱养在别人家长大的。丈夫比老人大差不多二十岁，有人劝她离开，但父母不允许所以就没有离开。老人和丈夫都是在家种庄稼，家里比较贫困，特别是合作社和人民公社时期，干活很累，粮食也不够吃。老人在人民公社时期担任了妇女生产队长，带着妇女一起干活。后来土地承包后，生活才变好，老人不愁吃穿，自己也可以多休息。

现在老人跟着儿子媳妇、孙子孙女生活，他们都对老人很好。老人身体很健康、也很勤劳，不顾儿子媳妇的劝阻自己种菜去卖，她觉得健康就要找点事情做，而且自己有钱想买东西也很方便。

一、娘家人·关系

(一)基本情况

我叫王运先,是庚午年即 1930 年出生的。我的名字是我的父亲给我起的,一生下来就起了这个名字,这个名字没有什么意义。我兄弟的名字也是我爸爸起的,我们的名字都是按照辈分起的。我出生的时候家里很穷,没有地,租别人的地来种庄稼,所以土地改革运动的时候,给我们家划的是贫农。我有一个姐姐、一个兄弟、一个妹妹,不过我的兄弟和妹妹在小的时候就去世了,我们家就我一个娃娃长大。我姐姐嫁在董家生了三个娃娃,第一个娃娃夭折了,后来这是一对双胞胎,她在生了双胞胎后就去世了。我们家没有兄弟、姐妹被抱养。我们家里穷,我父母就去帮人干活,晚上就把饭带回来给我们吃,我跟我妹妹天黑之后就在火炉坑里睡着了。我八岁的时候就去割猪草给别人背去,去了她就舀①半升玉米给我,然后我就很高兴地带回家。

我是二十岁出嫁的,我丈夫家也没有地,都是租别人的地种庄稼。土地改革运动的时候,我划的是贫农;我丈夫去当过兵,划的是兵片②。他有几个哥哥,他是最小的那个,他母亲去世的时候他才两岁,他哥哥总是欺负他,他的二伯父就把他让给文家抱养了,他四哥都是被他二伯父抱养走的。我生了十几个孩子,可是现在只有四个孩子,三个女儿一个儿子,生第一胎的时候我只有二十三岁。

(二)女儿与父母关系

1.出嫁前女儿与父母关系

(1)家长与当家

我在娘家的时候父亲是家长,家里穷,他们都是去帮人干活,干一天吃一天的饭,家里没有钱和钥匙,没人管,也没有内当家和外当家。我们家一直都穷,没有说谁做主,基本上都是父亲安排,有时候会两个人商量。

(2)受教育情况

我在娘家没有读过书,我父亲不让我读书,他说女孩子读什么书,饭都吃不饱,别想读书。我自己还是想读书,但是家里穷,没有办法去读。1949 年以前,我们村都没有女孩读书,只有地主家的女孩才读。1949 年后就有女孩读书了。

(3)家庭待遇及分工

我们家里添饭是有规矩的,有客人来的时候,要给客人添饭,还要给他夹菜;家里没有客人的话就不用添饭,没有讲究,平时吃饭座次也没有讲究。女孩不可以上桌吃饭,我姐姐嫁在董家,从来没有上桌吃饭,一直在厨房的角落里吃。有儿子和女儿的家庭,添衣服都是一起过年的时候才添。我就是我妈妈漆麻③来做麻布衣服。过年的时候,我们都没有压岁钱。

(4)对外交往

过年的时候,女孩不可以出门给村里人拜年,只能跟着父母去外婆家拜年。男孩也是,只有结婚了才去拜年,小时候只能跟着去外婆家拜年。如果家里来客人,我母亲是上桌吃饭的,

---

① 舀:即盛。

② 兵片:兵片或是兵痞?这里存疑。

③ 漆麻:一种农活,为了做麻布。

兄弟可以上桌,我不可以上桌,说女孩上桌会把菜弄脏。如果去别人家吃饭,母亲可以去,要去帮忙。没有饭吃的家庭,女儿不能外出讨饭,其他兄弟也不去,就是父母大人去。

(5)女孩禁忌

女孩有四五岁了就不能随意出门,也不可以在家附近玩,不能上街,也不能一个人去走亲戚。女孩也不能和男孩玩耍,就算是亲戚家的男孩也不可以,只能和女孩玩。女性的衣服不能和男性的一起洗、一起晾。男性的洗男性的,女性的洗女性的。女性的上衣可以和男性的裤子一起洗。男性的上衣晾在最前面,女性的上衣在后面,再接着晾男性的裤子,女性的裤子在最后。甚至女性的裤子不能晒在外面,只能晾在屋子里面。如果衣服不这样晾,别人还会说闲话,说不懂规矩。

(6)家庭分工

我在娘家时,家庭都没有分工,我父母都是出去帮人干活的。村里大户人家的母亲不会下地干活,姑娘也不会下地干活,他们都请了常年月活①,有的是自己做饭,有的还是请人做饭。一般家庭的母亲要下地干活,一起挖地、撒玉米、收粮食,姑娘不会下地干活。我在家都是玩,我不会纺纱,也不会织布,只会漆麻。我们没有材料来做衣服、床单那些,所以我不会绣花、做鞋、做衣服。我母亲都是用烂的棕做鞋底,表面套一层烂布。

(7)对男孩、女孩的教育

父母对男孩、女孩的教育有区别,男孩由父亲教,女孩由母亲教漆麻、做饭、使用针这些。女孩子还是没有什么规矩,只是不能讲脏话,不能和别人说说笑笑的,女孩子要少说话,不出门。媒人说媒的时候,就说女孩听话、会做饭这些。

2.女儿的定亲、婚嫁

(1)定亲经历

我是1949年以后定的亲。媒人是我母亲那边的亲戚,她只和我的父母说男方的情况,我不知道。媒人说他是当过兵的,家里有粮食吃。我父母听媒人说好就答应了,都没有见过面,也不知道他家的情况。男方托媒人说媒要给媒人报酬,因为大家都穷,就给了媒人一升玉米就行了。媒人就算说了谎,女方也没有办法,姑娘只能在男方家待着。

父母给我定亲我是不知道的,来接人的时候我才知道。我对这门亲事不满意,他差不多比我大二十岁,而且他家里也穷,根本就没有粮食。然而即使我不满意,结婚了也只能在这里待着,我不敢反抗,反抗的话父母要打我。我一个嫂子都叫我不要在这家,我父母来我们家玩的时候,我就给他们说了,我父亲说:"嫁鸡随鸡嫁狗随狗,你不要做出败坏王家声誉的事情。"所以一直在我丈夫家。

我们定亲的时候没有仪式,也不写婚约,快结婚时,我们合了八字,如果八字不合就延期结婚。因为我们家和他家都穷,所以我们家没有收彩礼,他就是叫两个人去把我接过去的。娃娃亲也是没有彩礼。那时候有钱的人家还是要给彩礼,成人亲的彩礼一般有线、布、糖、抬盒等,那时几包糖就装一个抬盒,一把面装一个抬盒。有钱人结婚时还要请人吹奏音乐,旗龙盖伞②,非常热闹。

定亲后,如果有一方去世,婚约就自动解除,可以另外再定。如果男方去世,女方不会派

---

① 常年月活:即按月工作的雇工。

② 旗龙盖伞:婚礼迎娶时的仪仗。

人去祭奠;如果女方去世,男方也不会派人去祭奠。婚约解除的话彩礼是不会退的,女方再次与其他人定亲,不需要过去定亲的男方家长的同意,女方未嫁而去世就埋入娘家祖坟,娘家弄一些木板就安置埋了。男女双方都在的话,定亲之后不能悔约。定亲后,两家不会走动,男女双方也不能见面。定亲后,如果女方有老人去世,男方会来祭奠,但双方都不能见面,女方看男方都只能找一个隐蔽的地方偷偷地看。

(2)出嫁礼俗

我是 1950 年二十岁的时候出嫁的,结婚没有写婚书,结婚也不需要族长同意,只需要父母同意就可以。我出嫁那天,男方就找了两个人过来接我,娘家没有什么讲究,我出嫁的时候也没有人送嫁。其他人在嫁女儿的时候,送嫁的人中夫妻双方有一个人去世的话就不能送嫁。结婚那天,父母就给我说过去了要听话,不要随便出去玩。对于出嫁,我没有什么感觉。我出嫁没有摆宴席,1949 年以后都没有讲究摆宴席。

(3)女孩的嫁妆

1949 年前,有钱人家给的嫁妆有立柜、柜子这些;没有钱的人家就没有给嫁妆。大户人家都很少给嫁妆田、嫁妆山,办嫁妆的就给一段布、一双袜子、一个围裙、一床被子和罩子。我没有嫁妆,婆家也没有给聘礼。出嫁前,我干农活赚的钱都归父母,自己没有私房钱。如果兄弟都分家后,家里条件好的还是会办嫁妆,条件不好的就不会办。

(4)新嫁姑娘与娘家来往

我们那时候都没有回门,只有正月初二的时候才回娘家拜年。只有娘家有兄弟来接的话才能回去玩,不能随时自己回娘家。姑娘出嫁的第一年过生日,娘家不会派人去给姑娘庆生日。

(5)童养媳、招赘、改嫁

1949 年前有童养媳,童养媳就用一顶小轿子接到男方家里去,接了后两个人都不会在一起,男方不要童养媳了就撵她走。男方不会给童养媳家粮食,如果男方家里好的话,最多会给两包糖,不好的话什么都没有。我看到一个童养媳,她妈妈去世了的,她哥哥送她到男方家,她坐的是一顶滑竿轿子,她哥哥走路。她到了男方家后各种农活都要做,两个人都没有说过话,而且那个男方出去读书回来不要她。那个男人还说她母亲给他找一个童养媳回来没有用,他母亲就说接来当佣人使唤。送出的童养媳不会和娘家走动。后来土地改革运动的时候,强制男方退童养媳,但是有的还不愿意回家。

1949 年以前家里没有儿子的家庭就可以招赘,招赘不需要同族同意。入赘女婿生的孩子还是跟着男方姓,入赘女婿都不会分家,他自己的娃娃多了才会分。女婿在女方父母在的时候不能当家长,要等老人去世了才能当家长,入赘家庭里女儿和女婿的地位是一样的。

我们村有改嫁的妇女,我母亲就是二婚嫁给我父亲的。我母亲最开始的那个丈夫当兵去世了,后来才改嫁给我父亲的,我母亲在第一个丈夫那边有一个女儿,我那个姐姐被她爷爷奶奶留下来了,不过后来出嫁还是我父亲管的。二婚还是有彩礼,我父亲给我母亲办了柜子、被子。彩礼就给那个要娶的女人,她愿意给谁就给谁。二婚没有嫁妆,如果前婆家同意媳妇带走娘家置办的头婚彩礼就可以带走,不同意就什么都没有。二婚没有摆酒席,也没有结婚仪式,找媒人说好就可以接走了。二婚的妇女不会被村里人歧视,她也是没有办法,丈夫去世了才改嫁的。

3.出嫁女儿与父母关系

出嫁的姑娘回娘家,要哥哥或者嫂嫂来接才准去,不准随便一个人去。家庭条件好点的姑娘就弄一个提兜①装上鞋子,用盖子盖着让哥哥提着去。人们就说有兄弟的就给妹妹提篮鞋,带去换洗。出嫁的女儿也不能回娘家拜墓,据说回娘家拜墓对娘家人不好。出嫁后的女儿一年中有春节、端午节、中秋节要回娘家,春节就正月初二或者初三去。回娘家就是和丈夫、孩子一起去,条件好的会带一点糖、一把面、一瓶酒去,条件不好的还是没有带东西去。出嫁的女儿一般都不会在娘家吃年饭,吃了年饭就要吃上三年的年饭,男方不会允许的。出嫁的姑娘和姑爷在娘家不能同宿,一个人一间屋子。嫁出去的女儿不能管娘家的事,娘家有困难,我没有帮助,大家都困难,没法帮忙。女儿有困难,娘家也不会出来帮忙解决。女儿与丈夫闹矛盾,自己不能回娘家,娘家不准你回去,丈夫也不准你回去,只能任由丈夫打,那时候就是这个规矩。

1949年以前,没有妇女提出离婚,娘家也不准女儿提离婚,不管她丈夫是什么人,都只能这样继续过。1949年以后,人们不合适就离婚了,有的人直接离家走了。离婚后有的人又结婚了,离婚了都不会回娘家的。我的娘家与婆家不是一个村的,我娘家在老堡寨那边,婆家就在云岭村。出嫁后,妇女就不能分父母的财产,父母只有女儿没有儿子都不能分,要留给招赘的女儿。1949年以前,女儿不需要承担父母的赡养义务,都是她的兄弟负责,父母生病,医药费也是儿子承担。1949年以后也是这样的,父母的事情都是儿子负责。父母去世,在丧葬仪式上,出嫁的女儿和儿子没有区别,都是儿子主持葬礼,穿的孝衣这些都是一样的,没有禁忌。女儿家庭条件好的话会抬一个猪来祭奠,不好的就买一点肉来祭奠,不需要承担丧葬费用。清明时,女儿不能回娘家上坟,传言嫁出去的女儿回娘家上坟会对娘家不好,都是迷信。我兄弟很早就去世了,所以我父母都是由我负责安葬的,但是还是不能去上坟。

(三)出嫁的姑娘与兄弟姐妹关系

我还小的时候,兄弟就去世了,在我出嫁前,姐姐也去世了,所以我没有亲的兄弟姐妹,父母只有我一个女儿。后来,父母年纪大了都是由我养老送终的。女儿去娘家拜年,初二就可以出门,一般初八以后就不出门拜年了,没有要求必须哪一天去娘家拜年。如果家里条件允许,可以带一点东西去;如果家里条件差,也可以不带东西去。父母去世后就可以不用去拜年了;有哥哥嫂嫂的,他们先到出嫁的女孩家拜年,然后才会回去拜年,去拜年还是和丈夫一起去。

二、婆家人·关系

(一)媳妇与公婆

1.婆家婚娶习俗

我结婚的时候,公婆都已经不在了,我丈夫的姐姐也是去世了的,他还有哥哥,但他是抱养在别人家长大的,他哥哥不会管他的事,所以只有他一个人。我们定亲没有仪式,我什么都不知道,只是结婚那天去了他的一个嫂嫂和一个姊姊把我接过来。我们结婚时没有跨火盆、拜堂,接我的两个人直接带我进房间休息。我们结婚还是弄了豆花,摆了几桌宴席请村里的人吃饭,但是他家里的亲戚都没有来。结婚第二天也没有风俗,就是煮饭吃。结婚后也不去祖坟拜墓,也没有去祖祠拜祖宗。后来都没有去拜祖祠,只是在家里烧一点纸钱祭奠。

2.分家前媳妇与公婆关系

我结婚的时候没有公婆,只有我们两个人,所以没有婆媳关系。1949年以前,媳妇不用

---

① 提兜:一种装东西的农具。

给婆婆请安,接媳妇来的时候,婆婆拿一个盘子、拿一把锁就放在外面的桌子上,新娘子就朝桌子那里磕四个头,别人就把她牵进来;媳妇要给公公婆婆打洗脸水、洗脚水,端到他们手里,婆婆没叫她坐就不可以坐。有的媳妇会给公婆洗衣服,有的还是不会。媳妇不能顶撞公婆,平时媳妇不能上桌吃饭,小叔可以上桌,小姑都不能上桌,就在灶间吃,小孩可以上桌。

接了媳妇后,婆婆拿一个盘子和一把锁给她后,就不会管儿子的生活了。儿子结婚后,男的就去地里干活,女的在家里做饭、洗衣服、割猪草和牛草。家里的事情媳妇没做好,公婆还是会骂,儿子不敢帮媳妇的忙,媳妇不能反抗公婆。家里与外人交涉时,妇女一般不出面,生了孩子才可以出门;男人们商量事情,女人不能插嘴。丈夫与公婆有矛盾,媳妇也不敢说话。在我们村里,没有什么节日是必须与公婆过的,但是逢节日,一家人都会团圆。女儿出嫁后,娘家来人接,女儿才可以回去,不能一个人回去,出嫁的女儿初二就可以回娘家拜年。媳妇都没有带土地过来,带过来的嫁妆就媳妇自己管。1949年以前,媳妇如果被休了,公婆同意就会允许她带走嫁妆,不允许就不能带走,如果婆婆对她好的话还会给她买一点东西带走。不管是1949年前还是1949年后,媳妇在婆家都没有财产权。结婚后,我也没有私房钱。

3.分家后媳妇与公婆关系

(1)分家

我们结婚的时候,没有公婆,所以没有分家。1949年以前,村里都没有人离婚,男的不喜欢女的,就直接赶她走或者卖给别人。儿子想离婚,婆家家长不同意就不可以离,公婆还是要管他们的儿子。男的想离婚,媳妇没有过错,就算娘家家长不同意,但男的还是能离婚的,结婚后娘家就不管女儿了。1949年以前,丈夫休妻不写休书,也不请证人,直接卖给别人。如果丈夫去世了,妇女改嫁还是要公婆同意,妇女要买了纸钱烧给去世的丈夫,磕头之后才可以走。改嫁不能带财产走,孩子的话婆家要留下来就留,不留才允许媳妇带走。如果丈夫去世了,公婆反而会把媳妇卖掉,卖了媳妇别人还拿东西来。

(2)男女有别

公婆年老时由儿子赡养,赡养公公与赡养婆婆没有区别。公婆办寿的时候,媳妇什么都可以做。公婆去世时,儿子和媳妇的孝服是一样的,都没有差别,下葬的时候妇女可以去,没有什么祭祀活动妇女不能参加。公公的墓在大的那边,婆婆的墓在小的那边。祭拜的时候,先拜公公,再拜婆婆。立碑的话,不刻媳妇的名字,只刻儿子和孙子孙女的名字。

(二)妇与夫

1.家庭生活中的夫妇关系

(1)夫妇关系

我和丈夫就是结婚那天才见面的,对他没有什么满不满意,反正结婚了都要在这里。我们家没有人当家,男女都可以做主。借东西的话男女都可以去借,家里建房也是两个人商量,不需要登记。我们俩都是随便买东西和卖东西,只要有人在家就可以。家庭农业生产没有人安排,都是两个人一起去种。我没有私房钱,要跟着干活,才结婚几天我就跟着下地干活了。如果家里的饭不够吃,我们都是一样吃,没有说必须保证谁吃饱。

1949年以前,妇女必须伺候丈夫,打好洗脸洗脚水,给丈夫端饭;男的出去赌钱,妻子也不能管,我的一个妹妹她嫁妆被丈夫输完了都不能管。丈夫与别人说话,女人也不能插嘴;丈夫训妻子,妻子也不能顶嘴;丈夫要妻子做的事就必须做,不准妻子出门,妻子就不能出门。

厨房的事、带孩子都是女人做。衣服是自己洗自己的,男人的衣服和女人的衣服分开洗,每个人有一个盆子洗衣服。生病、坐月子也是自己洗自己的衣服,丈夫不会洗。男性的上衣晾在最前面,女性的上衣在后面,再接着晾男性的裤子,女性的裤子在最后。甚至女性的裤子不能晒在外面,只能晾在屋子里面。1949 年以后,妻子就不用伺候丈夫了,但洗衣服还是要讲究。

(2)娶妾与卖妻

1949 年以前,丈夫娶妾还是要妻子同意才能娶进来;妻子没有生孩子或者没有儿子才娶妾。娶妾也讲究门当户对,没有彩礼,但是要办酒席请人来玩。我知道刘世军当乡长,他妻子没有生孩子,娶了一个妾,两个女人都是分开住的,没有住在一起。妾生的孩子由她自己抚养,妾也不能上桌吃饭。1949 年以前,丈夫在外的婚外情,妻子不敢说,他父母会教育他。如果女的在外有婚外情,丈夫就把妻子卖了。

1949 年以前有人卖妻子,我都见过。那个女人的丈夫和别人约好,另一个男的拿多少粮食来买,丈夫把妻子带到一个地方,一手交粮食一手交人,不会在家里进行。那个女的就被拖着走,哭得非常惨。如果妻子没有生男孩,丈夫要过继男孩,还是要和妻子商量。1949 年以前,丈夫打妻子的情况多,女的挨打了也没有办法,妻子不能反抗。自己在自己的家里,妻子挨打了别人也不会说;男的有时候当着孩子的面也打妻子,挨打了妻子也不会给公婆说,也不敢给娘家说,自己只有忍着。1949 年以后打架的就少了。

2.家庭对外交往关系

家里的人情往来都是我们两个商量着来的。家里有客人,我也可以一起吃饭;但是妇女都不可以出去吃宴席。丈夫的赌债妻子也要跟着还,他拿家里的东西去卖妻不敢阻拦。1949 年以前,妻子出去借钱,没有人会借给她,她也不会去借。1949 年以后,男女都可以去借。我没有玩得好的朋友,1949 年以前,我基本都不出门,只是在家附近割猪草;1949 年以后就可以出门。1949 年以前,我们家里都没有东西拿去卖,妇女也很少上街,怕被坏人糟蹋。

(三)母与子女

1.生育子女

(1)生育习俗

我有四个孩子,大的孩子是 1953 年生的,现在都有六十多岁了。生了儿子就给别人说是一个"看水的",生了女儿就说是"做饭的"。生了儿子报喜的话就把报喜的壶的壶嘴朝里面供菩萨那边,生女儿就壶嘴朝外面。1949 年以前,妇女生了孩子都没有仪式,也不会庆祝,只是娘家父母会买一些鸡蛋和鸡来给女儿吃,邻居会带一点鸡蛋或者米或者米糠来看望。小孩不会抱出去给别人看,都是让他睡觉,孩子也不庆祝生日。娘家在女儿满月即四十天后来接女儿和外孙回娘家,有的住几天,有的住差不多一个月,有的住一二十天,随便女儿决定。期间丈夫可以去看望,女儿回去时必须要娘家人送,丈夫也可以跟着去接。1949 年前,妻子没有生孩子或者没有儿子,会抱养一个儿子。

(2)子女教育

我的子女都读了书,都是小学毕业,小学毕业后他们自己不想读就没有继续读。

(3)对子女权力(财产、婚姻)

儿女婚前赚的钱都是他们自己管,我不会给他们保存。我儿女的婚事还是找媒人说的,定亲也要合八字,八字不合就延期,他们结婚还是要我们父母同意。我给女儿的嫁妆有碗、一套床上用品;我幺女是媒人说了,她婆婆把她哄过去的,我就没有给她办嫁妆。我儿子结婚的时候还是给他办了宴席,杀了两个猪,我女儿还给他请了人来吹奏音乐、簪花。

2.母亲与婚嫁后子女关系

(1)儿子的婚事、分家

我儿子具体是哪一年结婚的我都忘了。我没有管儿子媳妇的事,他们自己做主。我儿子结婚的时候,没有拜我们,也没有端茶,我也是拿一个盘子、一把锁给媳妇就行了。媳妇不用伺候丈夫,也不用伺候我们。我只有一个儿子,所以没有分家。

(2)女儿的婚事

我女儿还是二十多岁才结婚的,她定亲的时候有媒人,我带她去男方家看过。定亲时,男女双方见过面;定亲后,两家会走动,过年过节的时候男方还是会来,女儿与对象也可以来往。

(3)1949年后农村婚娶特点

1949年后虽然还是需要媒人介绍,但男女双方会见面,看对方的家庭条件、人品。现在很多都是自由恋爱,农村结婚的彩礼有的要六万八,有的要八万八,图吉利,现在年轻人选对象要看长相、家庭条件、人品。1949年以后,还是家里只有女儿才可以招赘,招赘只需要父母同意就行,不写婚约,也不请证人,入赘的女婿孩子跟男方姓。

(4)父母与婚后子女关系

我会去女儿家玩,一年去两三次。我们都没有互相帮助,因为几个子女家庭条件都差不多。我帮儿子带孙子,没有帮女儿带外孙,她自己的婆婆帮忙带。

三、妇女与宗族、宗教、神灵

(一)妇女与宗族

1.妇女与宗族活动

我们在老堡寨那里有王家大祠堂,最开始妇女都可以参加宗族的活动,上坟、宗族聚餐。后来有的妇女带着小孩去祠堂,让小孩随处撒尿,就不让妇女去了。1949年后祠堂就被拆来修房子在那里。允许妇女去祠堂的时候,妇女去了什么都能做,可以跪拜。1949年以前,家族没有专门管女人事务的女长老。家族中会祭拜祖婆,也会去给祖婆扫墓。

2.宗族对妇女管理与救济

生男孩和生女孩在宗族都没有仪式,如果家里只有女孩没有男孩,在族里不会受歧视,没有人说闲话。没有男丁的话,父母去世后,由亲女儿继承财产。我们村没有人故意溺婴,有的只是睡觉时不小心把孩子压死了。我们宗族没有资助孩子读书,寡妇能改嫁,改嫁与宗族无关,只需要公婆同意就行。本宗族外嫁女受到欺负,宗族能去帮忙,如果女儿被男方虐待死,娘家亲戚就会去吵人命,把男方的房子捅一个洞,把男方家的粮食全部吃完,用的全部用完,把他的家产败完才走。家族没有专门针对女孩子的族规,家里有人过继子女只是自己的事,宗族不会干涉。

(二)妇女与宗教、神灵、巫术

家里只有女儿没有儿子的,女儿去上坟时只能磕头,不能作揖。如果摆宴席的话,灶王爷是由妇女拜,其他神灵由男的拜。拜土地公、求子观音这些神灵的话,男女都可以拜。我们家供奉了家神,供了三代祖宗、两代家公。过年和七月半的时候祭拜家神,有的妇女不会拜家神,我会拜。我们这里七月半的时候,都不上坟,只在家里烧纸钱祭祀。我们家里没有人信宗教。

四、妇女与村庄、市场

(一)妇女与村庄

1.妇女与村庄公共活动

出嫁前,我都没有参加村庄活动,女孩子不可以随便出门。1949年以前,村庄会议妇女都不会参加,只有男的才去,1949年后男女都可以去。1949年后,村庄的会议由村长、大队支书这些干部召集,妇女、小孩都可以去,会上妇女也可以发言,想说什么都可以说。我在结婚后参加过村庄会议,我来龙井田学习插秧、打谷子①。1949年以前,村庄公共事务建设的资金与劳役,女性也受摊派,满了二十五岁就要做义务工,女的也要跟着修路。我结婚前知道保长、甲长,我是听别人说过,他们会下乡来,但我们没有见过。结婚后,我也知道这边的保长,保长是饶兴忠,我也认识他,听别人说过哪些人是干部。出嫁、结婚都不用告诉保长、甲长,嫁入地跨村要变更户籍的话由自己去办理。

2.妇女与村庄社会关系

我在娘家没有女伴,我的父母管得严,不准我随便出去玩。1949年以前还是会安排女性参加劳动,我都去割牛草、看牛。我帮别人割猪草,一次就给我半升玉米。我父亲给别人干活一天有一升玉米,母亲帮人就是半升玉米一天,粮食拿回来就吃了。换工的话,男工、女工没有讲究,关系好的话,不管男女都是一样的,你帮我做,我帮你做。

我们结婚是1949年后,我结婚了就可以去周围玩。我来这边后,参加了秧歌队,大家都可以加进去,我们还去沐爱公园里面扭秧歌,一个人分得一角钱还是两角钱,我都拿回来买东西了,我们还去兰家坪②学习七八天。村里的红白喜事,妇女还是去帮忙,帮忙就相当于给自己做。未婚女性就不可以去,不可以出门。帮忙没有固定的分工,对妇女也没有限制规定。玩得好的妇女在洗衣服的时候就聊天,夏天晚上乘凉,妇女可以出来,女孩子要跟着母亲才能出来。妇女都不会去远的地方,村里的妇女都可以一起聊天,聊家长里短这些闲事,一起干活的时候聊,在家也可以聊。妇女做衣服、鞋子的技术还是会传给年轻人,要有材料来做,别人教了没有材料还是没用。我们家当时穷,没有材料,所以这些我都不会做。村内妇女与妇女吵架,没有找人调解,丈夫也不会出面帮忙,过几天就会自动和好,又会闲聊了。

(二)妇女与市场

我出嫁前没有去过集市,市场中没有卖东西的女商贩,全是男性卖东西。1949年后到改革开放前,在集市上很多东西都能买到,也有人卖玉米、米、菜这些粮食。买东西需要布票、肉票,吃肉要走后门才买得到,吃粑粑都要卖铜券换成票来买。我们的布票不够用,一个人只有五尺布,做一条裤子都短。那时也有棉布卖,家庭条件好的才买得起,我们家可能二十多年前才买布做衣服,以前都是自己缝衣服穿。1949年前后,村里人都没有物物交换,只有卖麻糖的下乡来,我们拿玉米或者米跟他换。割资本主义尾巴的时候,我们还是逢场有空就去集市。

---

① 打谷子:即收水稻。

② 兰家坪:地名。

五、农村妇女与国家

(一)农村妇女认识国家、政党与政府

1.国家认知

我是在 1949 年后,我二十多岁才晓得中国、国家这些概念。1949 年前没有宣传男女平等,1949 年时,解放军才宣传兄弟姊妹男女平等。1949 年以前国家有专门的小学,我们村附近的韦家山都有学校,我没去读过书,后来我们搬来底于槽①也有小学。我母亲喊我去读书,我父亲说穷,没有钱就不让我去读。1949 年以前读书的女孩子很少,家里有钱的才去读;1949 年以后读书的女孩子就多了。我用过铜硬币、纸币等货币。1949 年以前,妇女没有向国家交税,交义务工钱,满了十八岁就每一年要给几个义务工钱,男女是相同的。

2.政党认知

1949 年以前,我知道国民党,我认识的人中有国民党员,但那时候我们都不可以出门。1949 年以前,我还是听别人说过孙中山、蒋介石。1949 年以后知道国家主席是哪个人了。1949 年以前还知道共产党,通过别人聊天才知道的。我在 1949 年的时候听说共产党、革命、主义这些词,听到人们造谣说红军来了,小孩子和女孩子要遭满烧满杀,其实根本就没有。我父亲在桃子树那里,解放军经过还拿糖给他。

1949 年以前我没有参加保长、甲长会议,那时候都不准出门。我没有当过村里的干部,但是参加过村里的会议,开会就讲政策、男女平等,解放军来给农民撑腰等等内容。我参加过选举,主要是选代表和村长,男女都可以参加选举,选票写好了就投进去。我们家没有党员,我也没有入党。我们和共产党的干部都走得不近,各人管自己的事。我没有裹脚,我父母没有让我裹脚,但是政府没有宣传放足。政府号召过剪短发,但我没有剪,剪短发的人也不多。

3.夜校和识字班

我参加过识字班,来上课的老师就是村上的干部,休息的时候去学,学一会儿就回家。识字班还是有一本书,教我们写字。我们那里去识字班要过河,挺远的,我嫌麻烦,后来就没有去了。我觉得政府废除包办婚姻、鼓励自由恋爱还是好,大家可以自由选择。

4.政治参与

我不希望我女儿和儿媳当干部,年龄都大了,没有那么多精力管村里的事情。

5.干部接触与印象

1949 年前,我都没有去找过干部,1949 年后也没有找过,我们没吵架、打架。

6.对女干部的印象

1949 年以前村里还是有女性当干部,陈归英就是妇女干部,妇女还是要能干才当干部,我都当过妇女生产队长。

7.政治感受与政治评价

我觉得搞计划生育不好,我倒是没有遭受计划生育,我儿子遭过,把人弄得很惨。现在的妇女虽然又要处理家务事,还要参加工作,都没有以前辛苦,现在的政策好,大家都自由。

---

① 底于槽:地名。

(二)对1949年以后妇女地位变化的认知

我在1949年后听说过妇联,我们村有几个妇女主任,我也当过妇女代表,妇联就是组织妇女开会。1949年以后,儿女婚姻基本都是他们自己做主,父母不同意的话就另外找。妇女不用伺候丈夫,可以喊丈夫的名字,出门能并肩一起走;丈夫和别人说话,女人能插言;家务事也是两个人做,家里的事两个人都可以做主。1949年以后,村干部还是会管夫妻打架的事,夫妻闹矛盾可以找村干部帮忙调解。1949年以后,妇女可以入族谱、参加祭祀活动。现在女孩子都可以读书,我孙女现在都读初中了。现在女性的地位比以前提高了,现在好。

(三)妇女与土地改革运动

1.妇女与土地改革运动

土地改革运动时我划的是贫农,我丈夫划的是兵片,土地改革运动工作队到我们家看情况。我们都去参加土地改革运动,拿起竹竿和尺子量土地。斗地主的时候,我没有打过地主,我看到他们把地主打得全身是血,就悄悄地说可怜。土地改革运动工作队的王同志就说:"妹妹,不要这样说,你这样说是泼冷水,你都是妇女组长,你咋这样说,你不打他就是对他好,你说他可怜,他虐待穷人的时候也做得不好。"分果实的时候,我们家是一等,分到了罩子、枕巾和一副枕头。

2.妇女组织和女干部与土地改革运动

女干部住我们那个村,她都叫我不要在我夫家这里,她说我丈夫比我大那么多,我不要在这里。我就说我要在这,我又不是童养媳,我母亲都喊我在这里。土地改革运动分地的时候,妇女可以参加,我都参加了,男女分到的土地是一样多的,土地证上也有妇女的名字。离婚的妇女还是能分到土地。土地改革运动的时候,有能力、身体健康、愿意开会的妇女可以当干部,我没有当过村干部。土地改革运动时还退童养媳,童养媳的地分在男方,退的时候就把土地给童养媳,有的带走了,有的还是留在男方家。

(四)互助组、初级社、高级社时的妇女

1.妇女与互助组

大家造起花名册时就参加了互助组,我们组周开金、黄子安就是互助组的干部。互助组时,妇女也要跟着下地干活的,男女都是一样的。不管愿不愿意,都要跟着一起干活。

2.妇女与合作社

合作社的时候,土地、农具都入社,入社的时候,干部要问每家人有多少田地、有哪些农具。那时也要动员妇女跟着参加干活,或者选妇女当组长、当干部跟着带领妇女干活。

3.互助组、合作社时期的女干部

我没有当过互助组、合作社的干部。我们村没有女组长,也没有女社长。

4.对互助组、合作社的整体感知

在互助组、合作社时期,男女都要干活,干同样的活得到的报酬一样,粮食是按工分来分配的。集体干活时,不管什么时候都要去干活。生了孩子,家里穷的话,都要马上跟着干活,不干活就没有工分,没有工分就分不到粮食吃。我刚开始参加集体劳动时,有一个孩子。生了第二个孩子后,生产队长喊我去干活,不去就不给粮食。我就说我算了八字,那个方向不能去,干部就说去了就会死吗?结果我那个孩子都快满两岁了还是夭折了。

我们每天都要出工,没有休息,互助组、合作社、人民公社时候都辛苦。合作社的时候,妇

女能干活就要跟着干；实在干不了的话，她家里有人干活，还是会分到粮食。如果是一个人的话，政府有照顾，村上还是会分粮食给她。共产党开会的话，妇女可以去，也可以发言，组长和代表就要发言。1949年后，妇女在组里就可以发言了，新中国成立后，男女就平等了。

(五)妇女与人民公社、"四清""文化大革命"

1.妇女与劳动、分配

人民公社的时候就是伙食团时期，我那时二十四五岁，妇女还是哪里都可以去，没有限制。公社有集体唱的歌，还有口号。人民公社时期，男劳力和女劳力都有，男女都一起干活，没有区别，只是有的妇女不会用牛。我栽秧、犁田、耙地都会做，我们还去学过犁田耙地。我们村的文焕成是个老封建，说女的用牛对牛不好，还会干旱。我就吼他，说："解放了男女平等，政府没有说过女的用牛对牛不好。男女都一样干活，没有什么男的不可以做，也没有什么女的不可以做。"生产队的副业比如养猪、养牛这些就是妇女做，没有队办企业。生产队的干部男女都有，只要有能力就能当干部。我不想当干部，管理得严的话大家一辈子都要记仇。

男的去修水库了，农活就由村里的妇女做，做不完就晚上搞夜战加班做。我们搞夜战就用玉米壳蘸粉、混着红薯蒸来吃，叫跃进粑。大集体的时候，妇女都参加大炼钢铁，很苦很累，我们打着灯笼干活。集体搞生产比自己做自己的活马虎一点，休息的时候就去捡麦子吃，实在吃不饱饭。我也给她们说他们还是要出工，不是我盯着他们，是上面的任务，不出工要挨骂。后来包产到户、个体劳动要好很多，我愿意自己干自己的，集体的时候很多人挨饿。

我当时的工分有十分、八分、九分，不同的农活工分不同，背一百斤粮食就十二分。男的一天有八分、十分、十二分，劳力强工分就多。女性如果和男性干一样的活，工分是相同的。我们家两个人挣工分，我们还有奖励，每个月都能领到十多块钱。生产队分口粮、油，男女是一样的，大人小孩都一样。我家里是余粮户，还进钱。集体时期没有自留地的，我都是用烂的农具在屋檐下种一点南瓜，结果别人都来偷。

2.集体化时期劳动的性别关照

人民公社的时候，要生孩子的妇女由我去给公社说，坐月子的时候分给她五斤油、五斤肉。妇女身体实在不行可以请假，给妇女主任说就行，请假没有工分。大跃进时，还是有妇女因为辛苦落下病，但没有办法，不做就分不到粮食，有疾病政府也不会有任何照顾。公社没有专门的托儿所，小孩都是放在家里自己管。

3.生活体验与情感

那些和干部关系好的人就带着孩子在食堂做饭，食堂的饭是按照口粮分配来吃。不管男女，劳力不好口粮就少。我们在食堂什么都吃过，我们吃过茄子叶子，老的青菜叶子。如果有人和打饭的人关系不好的话，萝卜汤都没有喝的。吃大锅饭没有自己做饭好，我们都不愿意吃大锅饭，可是没有办法，必须听干部的安排，在食堂吃饭。我们吃饭都是用自己家的碗，因为我们家有一个饲养员，所以属于饲养员的铁锅、铁铲就留在家里。我当时觉得不做饭也没有轻松，因为吃不饱，人们都受不了了，食堂才办不下去的。1959年到1961年，食堂下放，国家有供应，一个人一个月分五十斤粮食。不管我们怎么吵，没有劳力就没有工分，就不能分粮食，都是靠劳力吃饭。大家一起干活时都没有说笑，都饿没有精神了。妇女一起干活，还是没有吵架、闹矛盾，大家都比较和气。1949年以前，没有妇女自杀；集体化时期也没有人自杀。

4.对女干部、妇女组织的印象

我们这没有铁姑娘队，能干的女性就说她是铁姑娘，什么活都会做。我们村有女劳力模范，我都经常被评为模范，评上了政府就奖励一点钱、一块香皂、一张毛巾。我当过生产小队的妇女生产队长，有劳力的人就能当干部。那时候大家都饿，休息的时候人们就去地里撮麦子吃，兰队长就过来说我怎么不管事，他们就在地里撮麦子吃。我说他们吃是因为饿，他又没有带走。队长就说我是不是撮来吃饱了，我说我没有去撮，我要是不当干部我都会去撮，我就这样回答他。我是因为政府号召不敢去撮，我都去撮来吃就太不讲规矩了。他们喊我当妇女生产队长，我也不好意思骂那些人，只能任由他们去吃。公社有妇联，但都没有组织什么活动。

5."四清"与"文化大革命"

"四清"就是清地主、富农、反革命，还有人斗干部，我们队的李天明做得很凶，人们都打他，去井阳坝开会，很多人打他耳光，我倒是没有打他。女性地主婆、地主女儿还是跟着干活，地主婆不会干活，工分就很低，口粮特别少，有些人就被饿死了。割资本主义尾巴的时候，我们家的自留地也被收了，什么都交在食堂，自己没有吃的用的，妇女(生理期)也只能用烂纸和烂毛巾。集体干活没有人回娘家玩，回娘家也没有饭吃。我们家没有旧东西被烧、被收。

(六)农村妇女与改革开放

1.土地重新下放

土地承包分配的时候，妇女也参加，我更愿意承包单干，集体的时候太累了，包产到户后生活就变好了。分土地的话，男女分到的土地是一样多的，这时候没有土地证，后来才补上的，土地证上分到地的都有名字。如果家里有女儿出嫁的话，分到的土地要退出来给别人。离婚的女人也能分到土地，有的离田地近就来种庄稼，离得远就留在婆家。

2.新时期妇女的政治参与

我参加了村委会的选举，自己填的选票，选过妇女当干部，因为男女平等，有能力的妇女就可以当干部。

3.妇女对国家政策感知

计划生育都弄得惨，很多人都遭过，不准人们多生孩子。现在的精准扶贫政策我不了解，应该就是国家帮助穷的人。

4.农村妇女与外界的联系

现在男女老人都可以一起聊天，我们家有电视，我在空的时候都会看电视。我没有手机，都是用我儿子的手机和别人联系。

六、生命体验与感受

我们都过得苦，最辛苦的时候就是二三十岁集体干活的时候，比四五十岁的时候都辛苦，一生还是不容易。现在就好了，我身体还健康，自己还去种菜卖，我儿子儿媳都叫我不要做了，怕我摔倒，不过我自己有钱买东西更方便。

XH20170122ZCC　郑昌翠

调研点:四川省筠连县沐爱镇骑龙村

调研员:徐会

首次采访时间:2017 年 1 月 22 日

出生年份:1936 年

是否有干部经历:无

是否生育:是

受访者结婚的时间节点、生育子女的具体情况:老人于 1955 年结婚,当时 18 岁;1957 年即老人 20 岁的时候生第一个孩子,共生了 9 胎,现在有三个孩子,一个儿子,两个女儿。

现家庭人口:6

家庭主要经济来源:儿子帮人做零工、媳妇务农

受访者所在村庄基本情况:骑龙村由沐爱镇管辖,沐爱境内交通便捷,通讯设备先进,基础设施完善。公路、电话、电视实现了村村通,已经完成农网改造。骑龙村是山区浅丘地貌,属亚热带湿润性季风型气候,粮食作物主要有水稻、玉米、红薯;经济作物有茶叶、蔬菜等。林地面积广阔,植被类型丰富,主要有杉木、千丈、药椿等。骑龙村毗邻团结村、金坪村、石林村,空气清新,风景秀丽,气候宜人,物产丰富。村内自然资源有沙土、铁、红宝石、粘土、铜、白云母。村里单位有骑龙村广播站、骑龙村卫生院。骑龙村占地 1.53 平方千米,耕地有 1800 亩,有 462 户人家,2050 人,6 个村民小组,现在粮食产量高,人地矛盾缓和。

受访者基本情况及个人经历:老人于 1937 年出生,因父亲不允许,所以没有读过书,也没有上识字班。老人有两个弟弟,现在关系也很好。

老人是在 1955 年 18 岁的时候和丈夫结婚的,丈夫家有母亲,一个哥哥和一个妹妹。老人的丈夫一直在外面地质队工作,家里务农、人情往来都是老人负责。老人年轻时能干活,合作化时期为了不补社,一直做着男劳力的活,赚了很多工分,有时候工分多了还能让家里进钱。老人会做针线活,衣服和鞋子都是老人自己所做,老人为人很好,还会把这些手艺传给年轻人。现在老人和儿子一起居住,身体不太好,就在家帮忙做饭,照顾丈夫。

一、娘家人·关系

(一)基本情况

我叫郑昌翠,小名叫翠儿,大名是在土地改革的时候我父亲起的,没有什么意义,我们家起名字都不讲究特殊意义。我兄弟的名字也是我父亲起的,我们的名字都是按辈分起的,属于"昌"这个辈分。我是1936年出生的,我出生的时候我们家只有五斗产的地,没有田,土地改革运动期间我们家划的是贫农。我有两个兄弟,有一个妹妹在出生后我母亲因没有粮食吃就把她捏死了,家里没有兄弟被抱养。我是十八岁出嫁,我和我丈夫去梭子田①办手续,我们在腊月初四结婚,那时要年龄达到十八岁时先领证再结婚,如果没有领证就去丈夫家就要遭罚款,我丈夫不晓得。其实我年龄是达到了的,来造册子的时候我母亲耳朵不好说错了,就登记错了,查来发现册子上没有年龄。后来我父亲才说我是哪一年出生的,让他们算,年龄小了就罚款,年龄达到了就办手续给我丈夫,结果我达到了年龄,所以办到了结婚手续。我丈夫家没有地,划的是贫农,他父亲很早就去世了,他有一个兄弟,他们两兄弟就像孤儿一样,没有人管,还有一个妹妹,妹妹是他母亲改嫁后生的,家里没有谁被抱养。我生了九胎,生第一胎时二十岁,但是只有三个孩子活下来,一个儿子,两个女儿。

(二)女儿与父母关系

1.出嫁前女儿与父母关系

(1)家长与当家

我在娘家的时候父亲是家长,谁管钱和管钥匙我就不晓得。家里没有分内当家和外当家,就是我父亲一个人做主。那时女性不能当家,爷爷去世了,奶奶也不能当家,随便什么都要男的做主。如果父亲去世了,家里的事就母亲做主,母亲给她孩子说怎么做、如何处事,过一段时间后就由她的孩子当家;孩子成家后就他自己负责,他的弟弟妹妹结婚的事也由他做主,但是要弄清楚家里的账,不然弟弟妹妹长大了算不清楚。我知道的只有两个没有结婚的女孩子当家,不知道为啥是她们当家,后来土地改革运动队强迫她们结婚,因为当家就不能出嫁。如果家里都是女儿,没有儿子,就是大女儿当家,不会请其他人当家。

(2)受教育情况

我在娘家没有读过书,父母不让我读,说女孩子读书没有意义。我只能在出去割猪草的时候偷偷地看其他人上课,还不能让父母知道,偷看被知道了都要挨骂。我的兄弟倒是读了书,家里重男轻女。对此,我心里也不敢有什么想法,不读就不读,但是自己还是想去读、去看。1949年以前,还是有女孩子读书,她们与男孩一起读,但是女孩子坐一排,男孩子坐一排。女孩子读书,村里人也没有说什么,只是我父母思想保守。1949年以后读书的女孩子就更多了。

(3)家庭待遇及分工

我在娘家的时候,我兄弟就安逸,他们不用干活,我要帮母亲干活。家里自己人吃饭时不会添饭,自己吃自己添,有客人的时候才给客人添饭。女孩子平时没有客人的话可以上桌吃饭,有客人的话就不能上桌子,父母就把菜夹给我,我自己另外找一个地方吃。平时吃饭的座次没有讲究,但是上方最好不要坐。吃饭的时候饭是要吃饱的,吃菜没有讲究必须谁先吃,大

---

① 梭子田:地名。

家都可以去夹菜吃。添衣服是过年的时候全家人都办一套、做一双新鞋子。我们家里都没有棉布衣服,都是自己漆麻①来做麻布缝衣服,晚上的时候我和我母亲漆麻。我们家里穷,不管男孩女孩都没有压岁钱。

(4)对外交往

过年的时候女孩子不可以出门拜年,男孩子可以。我母亲要去给外公外婆拜年,她和父亲就带着我们小孩子一起去。我母亲裹了小脚,她回娘家我父亲都要跟着去。如果家里来客人,我母亲可以上桌吃饭,兄弟也可以上桌,我就不可以,父母就说我的筷子没弄干净,不要把菜弄脏了,让我去其他地方吃。别人家办宴席,我母亲都没有去,妇女都不会去,因为小脚不方便,都是男性去。如果父亲不在家,可能还是母亲去,但我都没看到母亲去过。我们村里没有饭吃的家庭都是去找人借粮食来吃,没有出去讨饭的。

(5)女孩禁忌

女孩子一般到七八岁就不可以出门了,小的话还是可以,因为烂土匪多,怕女孩子出去被坏人欺负。女孩子在家附近都只能去熟悉的人家里玩,我父母不准我出去玩很久,更不允许我一个人上街。我只有大人带着才可以出门,但一般五六岁后大人都不会带我出门了。女孩不能和同村的男孩一起玩,也不能跟同宗的男孩一起玩。如果和男孩子一起玩,父母就要骂我,还会给我解释说是为我好。女孩子的衣服也不会和父亲、兄弟的一起洗,洗衣服的话男性的洗一个盆子,女性的洗一个盆子,女性的上衣可以和男性的裤子一起洗。晾衣服也有讲究,男性的上衣晾在最前面,女性的上衣接着晾,然后是男性的裤子,最后才是女性的裤子。晾衣服没有衣架,全是晾在竹竿上,而且男性的内裤可以晾在外面,女性的就不可以。

(6)家庭分工

我在娘家的时候,一般就是父亲种庄稼,母亲做家里的事,兄弟没有干活,我就割猪草、做饭、漆麻、做针线活。村里大户人家都是请人干活,女的没有下地干活的。一般家庭的妇女还是要下地干活,但不能走太远了。姑娘都没有下地干活,七八岁就不出门。我兄弟没有干活,他们想做就做,不想做就算了。我不会纺纱、织布,只会漆麻、绣花。漆麻是我母亲教的,绣花不知道是谁教的了。绣出的话姑娘都是自己收着,出嫁的时候带去男方家。男方有父母、妹妹的话,女方就要做鞋子、枕头、被单给他们。集体化时期自己想做衣服就做衣服,我们家一直都是自己做衣服、鞋子,很少去外面买。

(7)对男孩、女孩的教育

1949年以前,男孩女孩都不可以说脏话,女孩子在家不可以和客人说话、玩耍,违反了规矩父母都可以管,还管得很严。如果女孩子不守规矩,和男性乱搞就会交给大家庭管,如果大家庭都管不了就把她打死,说她失德。媒人说媒时就只会说男女方的好话,说女孩会做针线活、听话,男孩子踏实勤快。

2.女儿的定亲、婚嫁

(1)定亲经历

我是1949年以后定亲的,1955年结婚,说起我定亲,我都不知道。我的婚事是亲戚介绍的,我一个姑姑和姑父在镇上杀猪卖猪肉,他们给我介绍的。我丈夫是一个孤儿,他在粮站看仓库,两角钱一晚上。后来他又去捡竹子做编织,司厂就叫他去编筛子。我姑姑在街上看到

---

① 漆麻:一种农活。

他,说他听话,就来和我的母亲说。我姑姑第一次来的时候,就和我母亲在茅厕那边聊,我母亲就叫我去摘一点菜给姑姑,我就听到她们在给我介绍丈夫,我就知道了。姑姑第二次来的时候,母亲还是叫我去摘菜给姑姑,我知道了她们说的事,我就不去,而去割猪草了。姑姑就跟我父亲说他本分、听话。我一个叔叔是村长,开会在司厂住,看到他,也说他本分,就这样答应了。要是我那时候没有和他结婚,现在就不是这样了。

结婚后男方要给媒人报酬,但是我姑姑没有收我们的报酬。婚后发现媒人说了谎也没有办法,结婚了就只能在那里。定亲没有仪式,不写婚约,介绍人跟父母说,父母答应了就可以,我们也没有合八字。家里都穷,我没有收到彩礼。有的人会收彩礼,收到彩礼的不分等级,有钱人家的彩礼有豆子、米、旗龙;穷的就没有彩礼,女方家也不会问男方要什么东西。我定亲的时候,双方家长没有见面,都是媒人说的。父母给我给定亲时不会征求我的意见,我都是偷听到我姑姑和母亲聊才知道的,我对这门亲事不满意,不满意也没有办法,必须听从父母的安排,也不敢反抗。定亲后,如果一方去世,婚约就自动解除。如果男方去世,女方不会派人去祭奠,彩礼也不会退回。如果女方去世,男方也不会派人来祭奠。定亲后,如果男方的父母去世,会把女方提前接过去顶孝。女方再次与人定亲,不用问定过亲的男方的意见。定亲之后,男女双方都在世的话就不能悔约。定亲过后,两家也不会走动,男女双方也不能见面。

(2)出嫁礼俗

我是十八岁出嫁的,我们结婚没有写婚书。我出嫁那天,娘家就是母亲给我梳头,梳头的东西要齐全,一样都不能差,其他没有什么讲究。出嫁没有什么事不能做,没有特别的讲究,我的幺叔幺婶送嫁,送我到我丈夫家。关于送嫁的人,夫妻双方有一个去世了的人就不能送嫁。如果自己有哥哥嫂嫂就由哥哥嫂嫂送嫁,没有哥哥嫂嫂,弟弟也可以送,都没有才找叔叔婶婶。结婚那天,父母就给我说过去要听话,要孝顺。对于出嫁,我心里没有什么感觉。我出嫁的时候我们家只摆了一桌宴席,就是请的叔叔婶婶,他们吃了就送我走。

(3)女孩的嫁妆

1949年以前,有钱的人家给女儿的嫁妆有立柜、衣柜、梳妆台、椅子、四床被子、垫絮、席子、罩子等;一般家庭的就给两床被子、罩子、柜子;穷的家庭就办一套床上用品。大户人家,父母愿意还是会给女儿嫁妆田,但是这样的话她兄弟就少了,所以送嫁妆田还要她兄弟同意才行。我没有嫁妆,就只有一床薄毯,我母亲把她的嫁妆中的柜子和箱子给了我一个。父母愿意给我办嫁妆就办,不愿意办的话我也不能强求。我没有私房钱,父母都没有钱;我年纪很大了母亲才叫我跟着别的老年人上街卖菜,钱都给父母了。如果兄弟都分家了,女儿才出嫁的话,就她自己办嫁妆或者兄弟给她办嫁妆,父母不会再管女儿。

(4)新嫁姑娘与娘家来往

梳头油是结婚那天男方带到女方家。我们婚后也没有回门,兄弟来接我回娘家我才回去。姑娘出嫁的第一年过生日,娘家人喜欢去就去,不喜欢去就算了。

(5)童养媳、招赘、改嫁

1949年以前,快解放的时候,人们传言红军来了要践踏女孩,满烧满杀,四岁以上的女孩子,如果有人来给她介绍婆家的话,娘家就把她送到婆家,不会留在家里,早上说起下午就走,晚上说起明天早上就走,我都差点成了童养媳。我才四岁,有人来我们家说让我去做童养媳,幸好我二伯父在外面干活回来,我母亲就和他讲,他听了就骂我母亲,说没关系,他走到哪里就把我背到哪里,能逃到哪里就逃到哪里。这样我才没有去,不然我都给别人做小媳妇①了。后来土地改革运动的时候强制退童养媳,有的女孩不愿意回家就哭,但还是必须退。

1949年以前,家里没有儿子的话,女儿就可以招赘。招赘需要同族、同房知道,大家都帮忙打听男方的人品,男方要了解女方,女方也要了解男方。招赘不需要请人作证,也只是靠媒人介绍。入赘的女婿都很孝顺,没有不听话的。入赘生的孩子还是跟着男方姓,女婿也不会分家。只要入赘的女婿会处事,他还是可以当家,父母就不管家里的事。入赘的女婿地位和女儿一样的,没有分高低。我们村有改嫁的妇女,而且比较多,改嫁的妇女都是丈夫去世了才改嫁的,不能嘲笑她们。如果丈夫在的话是不能改嫁的,丈夫不喜欢他的妻子就可以直接把她卖了。改嫁的妇女在二婚没有彩礼,也没有嫁妆。

3.出嫁女儿与父母关系

刚嫁出去半年的姑娘回娘家的话要娘家人来接才能回去,后来就不用了。回娘家的话,丈夫跟着一起去,娘家人来接的话男方喜欢去就去,不愿意去就算了。

女儿回娘家不能扫地,传言嫁出去的女儿回娘家扫地会把娘家的财运扫走,要扫也只能从外面朝里面扫,扫了也不能把垃圾铲掉。有的人家讲究规矩,女儿回娘家不能洗衣服、洗脚,会把婆家的财运洗到娘家。出嫁的女儿不能在娘家吃年饭,吃就要吃满三年的年饭。女儿和丈夫回娘家不能同宿,出嫁的女儿不能回娘家拜墓。出嫁的女儿在端午节、中秋节、春节回娘家,可以带着孩子去,也可以不带孩子,丈夫要跟着一起去。嫁出去的女儿不会管娘家的事,管了兄弟会不开心。娘家有困难,只要自己能做到,我都会帮忙,帮多了婆家也不会有意见,只要有能力帮。自己家有困难,也可以找娘家帮忙。

1949年以前,女儿与丈夫闹矛盾,自己能回娘家,父母还会教导女儿,让女儿不要吵架,要家庭和睦。如果夫妻双方吵架,妻子回了娘家的话,一般男方都会去接妻子回家,他不去接的话,妻子自己不好意思回去。1949年后,妇女回娘家就更没有限制了。1949年以前,也有妇女提离婚,不需要父母同意,自己做主,自己有道理就能提离婚,1949年以后提离婚的妇女就更多了。我的娘家和婆家不是一个村的,我出嫁后就不能分父母的财产,父母也不愿意给我,全部留给我的兄弟们。如果父母只有女儿没有儿子,女儿也不能分财产,留给入赘的女婿和女儿。1949年以前,姑娘不需要承担父母的赡养义务,只是过年过节或者空闲时候回去看看,医药费这些也不需要分担,全部由儿子承担。父母去世,在丧葬仪式上,出嫁的姑娘和儿子没有区别,但是出嫁的姑娘都不能回娘家上坟。

(三)出嫁的姑娘与兄弟姐妹关系

我和娘家兄弟关系都很好,因为兄弟姊妹关系一定要搞好,我去他们家随便买一点东西就去了。按惯例,姑娘回娘家的身份就是客,如果父母还健在的话可以帮忙做事情。一般情况下,娘家的事情都不会请女儿回去讨论,他们可以找同房亲戚商量。但有的老人还是会叫女儿帮他出主意,那就可以帮他想办法,能帮助的就帮助,老人也高兴,但是兄弟与父母分家不会请女儿回去。出嫁的姑娘给娘家兄弟送礼和姊妹送礼没有差别,都是一样的,自己喜欢送什么就送什么,根据自己的能力送。如果有钱的话,兄弟结婚可以给他办一套衣服和鞋子,妹妹结婚的话可以办被子、罩子和碗。他们结婚也可以给钱,喜欢什么买什么。

---

① 　小媳妇:即童养媳。

如果家里需要借钱,我会向兄弟姊妹借,只要他有钱就会借出来。我回娘家的时候父母家和兄弟家都可以住,叔叔婶婶家也可以住,只是不要说娘家的缺点,要给他们留面子。娘家兄弟在我们家说话还是有用,他懂的就会给我们说,说了对我们好。女儿与婆家发生矛盾会请娘家兄弟帮忙;娘家兄弟与父母发生矛盾,我不能回去调解。如果女儿被丈夫家虐待致死,娘家人会来找丈夫家算账。我儿子女儿结婚不需要娘家兄弟同意,这与他们无关,我和丈夫两个人就可以决定。儿子女儿结婚,娘家人不用专门请,他们都会来送礼吃酒席。我回娘家拜年在正月初三之后就可以去,没有限定必须哪一天去,随便带点东西就去给父母、叔叔婶婶拜年。父母去世后,我们还是要去拜年,去给叔叔婶婶和兄弟拜年,可以自己单独去,也可以带着孩子去。

二、婆家人·关系

(一)媳妇与公婆

1.婆家婚娶习俗

我结婚的时候婆家很差,我丈夫没有父母,只有一个哥哥嫂嫂,但他们都不会管他的事,他一直自己挣钱自己处事。我们定亲都是媒人介绍的,给我父母说好就可以了。他在地质队工作,给别人扛工具,我们结婚在他单位摆了四桌宴席,他的姑姑、娘舅都没有来,来的只有他单位的同事。我们结婚没有拜堂,单位里没有家神,所以不拜堂。农村有家神的才会拜堂,拜堂没有禁忌,把蜡烛点着,有一个人喊礼,有一个人把新娘从外面牵进来,地上铺着席子,新娘就跪在席子的一边,新郎在另一边磕四个头就起来了。新娘来的时候,丧偶的人就不能去看。父母在的话要出拜。讲规矩的人家,丈夫把衣服弄起来,亲戚朋友把钱扔在衣服里面,新人就进房间了。我丈夫的父母都不在了,所以第二天没有什么风俗。如果父母在的话,第二天要给公公婆婆抬一盆洗脸水,还有其他长辈,如姑姑姑爷、姨母姨父他们就给红包。我们结婚后不用去拜祖坟,正月初一才去拜坟磕头,平时不去,以后每年都要去拜坟。

我没有公公婆婆,所以没有分家,一直都是我和丈夫两个人带着孩子生活,我们俩也没有离婚。

(二)妇与夫

1.家庭生活中的夫妇关系

(1)夫妇关系

我与丈夫是结婚那天才见面的,不管满意不满意都是这样,不能离婚,我们婚后也是直接喊对方的姓名,有了孩子后,就喊"你那爸爸""你那妈妈"。我们两个没有谁当家,钱挣来放箱子里,自己要用钱的时候去拿,自己想做什么就做什么,不要谁做主,不用向谁报告。家里有公公婆婆或者兄弟姊妹没有成的才需要有人当家。我们家里的农业生产没有安排,都是两个人一起去做。家里修房子是我们两个商量着修的,我们两个结婚的时候没有房子,他又在地质队工作没有在家,等于什么都是我做主。我不懂的事就去问我父亲,材料买了就叫邻居帮忙搬回家。我们修房子没有登记,自己的房子要怎么修就给木匠说。他在外面工作,家里什么事都是我做,包括种庄稼、采茶,只有栽秧和用牛是请人干活,其他都是我去换工,我晚上还要推磨子弄粮食吃。不管处理与谁的关系都是我去,走亲戚、周围邻居办酒席这些都是,家里所有事都是我做。他去外面工作的时候没有跟我说,地质队叫他去他就收拾好行李去了，走的时候扔了五分钱在家里。我们家没有排谁第一谁第二，所有人都是一样的。

1949年以前，女人是否伺候丈夫，主要看两个人的感情，愿意伺候就伺候，不愿意就算了。如果丈夫在外面赌钱，妻子可以管，但是妻子管了有没有用就不一定，有的人赌钱把妻子儿女都输了。丈夫与别人说话时，女人说的话有道理还是可以说。男的叫女的做事，还是要看是做什么事情，坏事的话妻子就不会做。1949年以前，丈夫一般不准妻子出门。家务事都是妇女做，男人不会做，他在家的时候会带一下孩子，但不会把孩子带出门。家里的衣服都是妻子洗，男的不会洗衣服，就算妇女坐月子、生病时还是一样。妇女坐月子的时候，丈夫连房间都不会进，吃饭都是盛好放在房间门口。男性和女性的衣服要分开洗，妇女坐月子的时候，她去给丈夫洗衣服还要先洗几遍手才洗衣服。我的衣服还是可以和丈夫的晾在一起，但他的上衣晾在最前面，再晾我的衣服，接着晾他的裤子，我的裤子晾最后面。1949年以后就没有那么封建了，衣服可以随便晾，但有封建思想的人还是比较封建。

（2）娶妾与离婚、婚外情

1949年以前有男的娶妾，丈夫娶妾的话，妻子同不同意还是看他们自己商量。娶妾不讲什么家庭条件，只要那个女的同意就可以娶。娶妾没有彩礼，娶进来了外人都不知道。妾生的孩子是她自己带，也不会讲究什么。如果妾和妻子关系好的话，也可以一起上桌吃饭；如果妾强势的话还会把妻子赶走。1949年以前有卖老婆的人，而且不少，我都见过有人卖老婆。一个人要卖老婆的话，他会提前和另一个男人讲好给多少钱，在哪里接人，就把女的骗去那里，一手交钱一手交人，那个男人就把他老婆拖走了，他就拿着钱回家，那个女的就像狗一样被拖走。妻子的娘家人去问罪也没办法，人都卖了。

（3）妻子在家的地位

如果妻子没有生男孩，丈夫要过继男孩还是要和妻子商量让妻子同意。1949年以前有丈夫打妻子的，打了后，村里人会说那个男的，给他讲道理，让他对妻子好点，但是讲了他不听也没有办法。丈夫打了妻子，妻子跟公公婆婆说也没用，公公婆婆管不了，娘家人来也管不了。如果妻子被打死了，她的娘家人会来。1949年以后还是有人打妻子，但比以前少。

1949年以前村里公认的好妻子要孝顺公婆，在家里勤劳肯干活，对丈夫好。丈夫怕妻子的很少。1949年以前，妻子不经丈夫允许也可以上街，不过出门的少，家里买卖东西要两个人商量，都是一家人，不会私自决定。1949年以后上街的妇女就多了，买卖东西还是要两个人商量。1949年以前有妇女主动提出离婚，她有道理的话，父母还是会同意女儿离婚。分了家的话，丈夫提出离婚，男方父母同不同意都没有用，但是有的老人好，会给儿媳妇买点东西带走。离婚后，男方同意就可以把孩子带走，不愿意带走就留在男方家。1949年以后提离婚的男方女方都有，两个人过不下去了就离婚。

2.家庭对外交往关系

家里的人情往来都是我出面，我丈夫在外面工作。家里有客人，我也同桌吃饭，要陪他们闲聊。邻居有事情需要帮忙、送礼也是我去，结婚了后妇女都可以去。丈夫的赌债，妻子不会跟着还，由他自己去还。1949年以前，妻子去借钱，对方信任她还是会借给她，丈夫会承认借的债，1949年以后借钱就更容易。1949年以前，丈夫有婚外情的话村里的人还是会说，还要骂他。他的宗亲还会带他到祠堂打屁股。女的如果在外有婚外情就给她的娘家人说，不过她娘家不会管，说她嫁出去了就像泼出去的水。村里的人还是会来劝她，她自己也要改。因为我们家都是我负责对外交往，所以我有朋友，去串门可以告诉丈夫，也可以不用告诉他。1949

年以前,我平时都不出门,最远到过筠连,那是去挑煤炭;1949年以后就走得远,我还去宜宾玩过。

（三）母与子女

1.生育子女

（1）生育习俗

我有三个孩子,大孩子是1957年出生的,生了孩子去报喜就拿一点糖、酒、面。报喜的时候把报壶系上一根红线,生了儿子就把报喜的报壶嘴朝里面,壶嘴朝外面就是生了女儿,对于生儿生女没有什么说法。生了孩子没有仪式,也不会庆祝,只是周围的邻居会来送礼,娘家人也会送礼来。孩子满了三天就可以抱出来给人看,娘家在四十天后接女儿和外孙回去住,随便女儿住多长时间都可以。妻子在娘家住的时候,丈夫可以去看望,回来时丈夫可以去接,但必须要有娘家人送回来。孩子出生了不会去祖墓祭告,只是正月初一的时候才去拜坟,给祖宗磕头,祈求他们保佑孩子。大家都希望生儿子,生了女儿都希望继续生儿子,如果没有儿子,夫妻俩就容易打架。1949年以前,如果没有儿子,妻子都会劝丈夫再娶一个妾。

（2）子女教育

我的孩子都读过书,大女儿是小学毕业的,小女儿和儿子都是初中毕业的,他们到了年龄就去读书,一般就是七八岁开始上学。孩子读书成绩好的话,我还会借钱供他读,至少让他读了小学会认字。我们家里没有给儿子优待,都是一样的对待,我们家就是我教育他们,我丈夫一直在外工作。儿女结婚前赚的钱就给我管理,他们要用的时候找我拿。我的孩子的私房钱都是他们自己的,没有让他们交给我。

（3）对子女权力（财产、婚姻）

我女儿结婚都是自由恋爱,儿子结婚是我们请媒人介绍的。他们结婚,只要两个人愿意,都是自由恋爱的,没有经过定亲,我们也不会干涉他们的选择。办婚礼和以前没什么区别,都要看八字,两个人的生日信息要准确,八字不合就散了。如果八字合的话,他们就要选日期办宴席。我女儿没有聘礼,也没有给嫁妆。我儿子给女方的聘礼根据自己的家庭条件办,我们给了媳妇家两个猪肘、糖,给女方一些钱买衣服。我儿子结婚的花费都是我们承担的。我儿媳妇的陪嫁由她自己支配,我不会叫她交出来,儿子结婚前我们没有盖房子,后来家庭条件变好了才新修的房子。

2.母亲与婚嫁后子女关系

（1）儿子的婚事、分家

我儿已经结婚了十五六年了。他们结婚没有拜我们,也没有端茶,直接把新娘接过来送进房间即可。第二天女方送嫁的人走之前,我们上桌子陪他们吃饭,男性陪男性,女性陪女性,然后新郎送他们出门。送嫁的人走了才又感谢媒人,把猪肘、钱、布摆好,香、蜡烛、纸钱点燃,新郎就朝着菩萨磕一个头,媒人把东西收起来装好,还是要送她出门。我没有和媳妇吵过架,她吵就随她的,我忍着。我们家没有分家,只有一个儿子没必要分。

（2）1949年后农村婚娶特点

现在结婚的花费更多了,1949年以后,还是家里只有女儿的才会招赘,有儿子就不会招赘,家里儿子多的话还可以出去给别人入赘。招赘不需要其他人管,不用请人作证,不写合约。入赘女婿的孩子跟着男方姓,不会分家,女婿也可以当家长,处理家务,上门女婿很少有人离婚。家里招赘的话，家里有什么祖传手艺就传给女婿，财产也留给女儿女婿。

(4)父母与婚后子女关系

我与女儿家来往还是多，都会互相帮助。我要在家带孙子，花费由儿子媳妇负担，所以没有去带外孙。我们就是由儿子养老，跟儿子一起居住。如果儿子不赡养就去找干部，干部就来劝儿子儿媳赡养老人。我空闲的时候会去女儿家住，大女儿那里远就很少去，二女儿那差不多一年去一次。

三、妇女与宗族、宗教、神灵

(一)妇女与宗族

1.妇女与宗族活动

我们宗族以前有祖祠，郑家的祠堂就在邓家湾①那里，现在被拆了。1949年以前妇女都可以进祠堂，在祠堂里面宗族聚餐就一个人带一个碗去吃饭。如果有人犯错，家族的人还要把他带到祠堂打屁股。办大会的时候，男女老少都可去，男女就坐在一起。祠堂聚会的时候，没有人要回避，也没有什么事妇女不可以做。1949年以前，妇女的名字没有被写进娘家的族谱，但是可以写进婆家的族谱。宗族扫墓，妇女都能参加。女儿结婚不会去祠堂告诉祖宗，在家里对着家神磕一个头后，由弟弟或者哥哥背着跨过门槛，出去上轿子，到男方家就由丈夫牵着从筛子里走过去。我们结婚，家族没有东西分。1949年以前也没有专门管妇女事务的女长老。

2.宗族对妇女管理与救济

家里只有女儿的家庭不会受到歧视，这是不能嘲笑的，没有儿子就招女婿。财产就由入赘的女儿女婿继承。我们村里有溺婴现象，我妹妹就是被我母亲捏死的。一般不会把儿子捏死，大不了送给别人喂。我们宗族不会资助男丁读书，自己有钱就供，没有钱就不读。宗族对寡妇也没有照顾，寡妇改嫁不需要家族的同意。女儿嫁出去了受欺负，家族会去帮忙，就是去遭人命，把男方的家产全部败完。我们家族没有族规，过继子女也没有什么规定，好好对孩子就行。宗族对于婚姻也不会管，只是有人出轨就逮到祠堂去打屁股。

(二)妇女与宗教、神灵、巫术

求雨、求丰收的事情男女都可以做，点上香、蜡烛、纸钱，拜桌子的四方、磕头。1949年以前，家里有人生病了就弄一碗水，在碗里立一双筷子，晚上去倒水饭。灶王爷男女老少都可以拜，只需要点灯、烧纸钱、作揖。求子的话也是男女都可以，家里人弄一点酒水去庙里拜观音，插三根香、一对蜡烛，磕头跪下拜观音求子。我们家供奉了家神，家神写到老祖公那一辈，不晓得名字的就写李某某。过年的时候要祭拜家神，烧纸钱就摆十二个碗，平时煮肉吃也要拜，七月半也在家拜家神，不去上坟，清明才上坟祭祖。我们家里没有信宗教，都是过年过节拜拜神灵和家神。

四、妇女与村庄、市场

(一)妇女与村庄

1.妇女与村庄公共活动

出嫁前，村里有什么活动我都不可以去，我不能随便出门，只能在家附近割猪草。1949年

---

① 邓家湾:地名。

以前,村里开会,妇女就可以去了,去了还可以发言,只要妇女懂也可以提意见。结婚后我参加过村里的会,1949年以后开会就由村长召集,村长通知组长、队长,组长、队长就去喊其他人,互相通知。1949年以前,公共事务建设的资金妇女也要摊派,还要派人去干活。我结婚前知道村里的保长、甲长,也认识他们,就是听别人说才知道他们的。结婚后还是晓得干部,我丈夫或者其他人都会介绍。1949年以前,结婚不用给干部说,只是去大队办迁移手续,变更户籍。

2.妇女与村庄社会关系

我在娘家有女伴,不过平时也不能出去玩,只是她出嫁的时候可以去陪她,提前几天就去和她玩。我们家里人都是有什么衣服就穿什么,去陪女伴也是穿自己平时穿的衣服。女伴出嫁,我不用陪哭,她自己哭就行了。1949年以前,有钱人家会请妇女去煮饭,自己家里人就可以少干活。我出去干活不用给家里其他人说,换工也没讲究,男工、女工都在互相换着帮忙。新婚后,周围的邻居会喊我去玩,我结婚后还有关系好的朋友,亲戚、邻居有事要去帮忙,未婚女性也可以去。夏天乘凉的时候,妇女也可以出,我在婚前和我母亲一起出去乘凉,结婚后就可以自己一个人去。我们做衣服、鞋子的技术也是一代传给一代的,技术好的那些老人就教我,不过现在会做衣服的人不多了,如果有人问我,我还是会教她。

(二)妇女与市场

结婚前我去过一次集市,是我父亲带我去的,去了就在一个亲戚那里坐了一会就回来了,没有去逛;结婚后就自己可以随便去集市。1949年以前有女性商贩,不管买东西还是卖东西,妇女去了集市都要回家,不会在外留宿,自己估摸着天黑之前就回家。我买东西的时候没有赊过账,没有钱就不买。我做衣服、鞋子的针头线脑是在集市买的,绣花的花样也是在集市买的,做的衣服、鞋子都是自己家里人穿,没有拿去卖,不过我有时候会帮别人做一点。

1949年到改革开放前,在集市上还是什么都能买到,不过有一段时间是在合作社买东西,没有私人摊贩,改革开放后有了更多的私人买卖。用肉票、布票的时候,布票是一期一期的发,一个人发一丈五的布票,用完了就没有了。1960年的时候卖布的就多了,鞋子也有卖,但是我们家都买不起,买来只有出门走亲戚的时候才穿,平时干活都是光脚,或者穿自己做的鞋子。我们村里没有物物交换,都是拿钱去买东西。割资本主义尾巴的时候,我还是随时都可以去集市,供销社什么东西都有卖,要买东西就在供销社买。

五、农村妇女与国家

(一)农村妇女认识国家、政党与政府

1.国家认知

我在1949年后就接触到国家和中国这个概念,大家在闲聊的时候就提起国家、中国这些词;在此之前,我对国家没有概念,全是提的日本不好,日本入侵才感觉到国家的存在。1949年以前没有宣传过男女平等,土地改革运动后才开始宣传。1949年以前国家有专门修建的小学,我们称它为学堂,但是我没有读书。1949年以前我见过四五种钱,也使用过。1949年以前我不知道妇女要不要交税,反正男的要交。

2.政党认知

1949年以前我知道国民党,提到国民党就是他们穿的衣服很长,袖子大,戴一个博士帽

子。1949年以前，我也知道孙中山和蒋介石，还有他们的相片。1949年以前没有提共产党，都是提的红军，后来才提共产党，我知道现在的主席是习近平。

3．政治参与

我最早参加投票是选干部，大家举手表决。我家没有党员，所以我觉得共产党的干部和百姓走得不近。在1949年以前，我参加过保长、甲长开的会，妇女说得对就可以发言。

4．干部接触与印象

1949年以前我们有什么事就去找干部，他帮我们想办法解决，但我们家很少去找。

5．对女干部的印象

1949年以前有妇女当干部，当干部的妇女就说她能干。我觉得当不当干部无所谓，想当还是要群众选才能当上。

6．政治感受与政治评价

我没有裹脚，但是差一点就裹了。我满一岁的时候我母亲就给我裹，我痛得睡不着，后来我伯父就骂我母亲，说是不是要把我弄死，我伯父就给我解开了，后来就没有裹了。1949年以前娶媳妇什么都不看，只看脚，脚小就更容易嫁出去。政府后来宣传不让裹脚，但我没有听说政府号召剪短发。我认为政府鼓励废除包办婚姻、提倡自由恋爱还是好，但是计划生育不好，我生小儿子的时候都被赶上手术台三次，不准我生，所以吃了很多苦。

（二）对1949年以后妇女地位变化的认知

我在1949年后土地改革运动的时候听说有妇联，有妇联主任、妇女组长，有什么事就找妇女主任帮我们解决。只要妇女能干，大家就选她当妇女干部。土地改革运动的时候，我参加的是姊妹团，男孩子就参加儿童团，斗地主就喊我们去帮忙，还要揭发地主。1949年以后儿女婚姻还是父母做主，要父母帮忙找媒人介绍、准备婚礼，现在的婚姻才是自己做主。现在妇女地位都提高了，男女平等，有的妇女比男的还能干。1949年以后，妇女可以入族谱，参加宗族祭祀活动，也可以去拜祖宗。现在回娘家的时候，夫妻可以同宿，但招赘还是家里只有女儿的才招，有儿子都不会招赘。1949年以后，女孩子也可以上学，我女儿一个小学毕业，一个初中毕业，孙女现在在读四年级。

（三）妇女与土地改革运动

1．妇女与土地改革运动

土地改革运动时，我们家划的是贫农，土地改革运动工作队到过我们家，他就给我们解释现在解放了好，分田分地不要钱，每个人都能分到田地。大家都愿意参加土地改革运动，没有不愿意参加的。我们家分到一间房子、田地、一张桌子、坛子。我们是二保，斗地主的时候很激烈，贫下中农把地主吊起来打。斗地主积极的人还是多，不过我们家都没有去打地主。妇女也可去参加分土地，我没有去，女性和男性分到的土地是一样多的，土地证上也有妇女的名字，分到田地的都有名字。妇女离婚了，土地带不走的就租给别人种，她愿意自己来种庄稼就来种。我在娘家分到的土地，结婚的时候也没有带走，全部留给我的兄弟们了。

2．妇女组织和女干部与土地改革运动

土地改革运动工作队有女队员，我们村成立了妇女会，妇女会就是妇女主任或者妇女组长通知妇女来开会，给妇女讲政策。我没有当过村干部，因为妇女干部要选那些能干的才会当选。

(四)互助组、初级社、高级社时的妇女

1.妇女与互助组

互助组是一个队的人成立一个互助组,大家一起干活,哪里需要人就安排大家去哪里干活。搞互助组的时候,开会动员大家加入互助组,不管男女都加入,男女都要干活,妇女也是什么都要做。

2.妇女与合作社

合作社的时候,土地和农具都要入社,入社还是要每个人同意,但是大家都入社了,不可能单独的一家人不入社。当时入社我没有什么想法,入社了也是不管男女都要干活。不会干活的妇女,就安排她做其他活,如挖地。

3.互助组、合作社时期的女干部

我没有当互助组、合作社的干部。但是那时还是有妇女当干部,我们村有郑光玉,还有一个姓毛的,大家都叫她毛妈妈,一个正一个副。妇女干部什么事都可以管。她们当干部也要干活,政策有什么变化,她们去县里开会回来就给我们讲。互助组和合作社时期,男女没有分工,都一起干活,妇女有事就找女干部解决,男性找男干部。干活都是记工分,男女工分还不相同,一般男性的工分比妇女的工分高,他们干的活需要更多劳力。

4.对互助组、合作社的整体感知

入社后,土地都是集体的,我们不可能自己单干,但还是喜欢自己干自己的活,种自己的土地。妇女生了孩子,要四十天后才会安排她干活;孕妇的话,能做什么就做什么,虽然没有强迫孕妇必须去干活,但是妇女要去挣工分分粮食。带孩子的妇女就把孩子背着,休息的时候才放下来喂奶,没有休息都不能放,否则社员要说她去混工分。我参加集体劳动的时候带了一个孩子,小的时候就让她在家里睡觉,稍微大点她会哭闹了,我就背着她去干活。我们的粮食就是按工分分配,工分少就要补钱,工分多就进钱,我一个人在家带孩子,没有补过钱。和人民公社相比,合作社都是一样的,我们干活都很累,每天都要去干活,没有休息的时间,去晚了还要被减工分。只有过年的时候才让我们全体休息,平时有事耽搁需要请假,请假就没有工分。合作社的时候,妇女不管年龄多大,只要做得动活都要跟着干,不做就没有工分。共产党的会,妇女可以参加,可以去听干部讲了什么内容。

(五)妇女与人民公社、"四清""文化大革命"

1.妇女与劳动、分配

人民公社的时候我二十多岁,搞人民公社时还教我们唱歌,唱毛主席好、共产党好。我们干活没有分男女,都做一样的活,只是有的妇女不会用牛而已。生产队的时候,一家人不管有多少劳力都要去干活。我们生产队的副业就是养猪,一般都是妇女养猪,男的去做重活,我们队没有办企业。我们生产队有女干部,但是男干部要比女干部多。我参加过炼钢铁,妇女都要跟着背钢炭,去很远的地方背,没活了调我们去各处开荒,所以一年四季都很累。干活后男女的工分也不相同,妇女只有一半的工分。一般男性有十二分,有八分,妇女就只有六分。虽然男女工分不一样,但没有人闹,因为妇女的劳力没有男性强,评工分就是看我们干的什么活,不同的活得到不同的工分。生产队分粮食、油,按人头分的部分大家都是一样的,按工分分配的部分就是工分多的就分得多。我为了多挣工分,都是干男性主要劳力干的活,所以我工分高,没有补钱,家里还进钱。后来包产到户就好了,自己干自己的,想干活就去干,不想做了就休息。

2.集体化时期劳动的性别关照

集体劳动的时候对妇女没有照顾,大家都要去挣工分。如果是经期,妇女可以向妇女主任请假,一般允许请两三天,但一般都没有人请假,因为请假就没有工分。孕妇就不干重活,做轻活,保持一天有五六分。大跃进的时候,有的妇女做重活落下疾病,但政府不会管,都是自己的事,只能自己去医。公社里没有专门照看小孩的地方,都是妇女自己带着小孩做活。

3.生活体验与情感

伙食团的时候,因为我为人本分老实,所以公社就安排我去煮饭,煮饭的都是妇女,男的有文化的就当事务长,负责给大家称饭,煮饭煮久了怕我们贪污还要换不同的地方。食堂的饭是按年龄来分的,小孩子要比大人少一点,因为大人要干活。吃食堂的时候,我们的锅、铁铲没有交,自己带着碗去食堂吃饭即可,虽然锅不交,但是自己不敢在家做饭吃。相比于吃食堂,我们更愿意自己做饭吃,自己做饭能吃饱,吃食堂的时候很少吃饱。所以我不做饭并没有觉得轻松,反而更饿,身体更差。后来政策下来让大家解散食堂,我们村才没有办的。"三年困难时期",我们每顿都吃得很少,我还吃过白泥巴,能吃的东西都弄来吃过,比如野菜、树皮。尽管家里粮食不够吃,家里人还是大家一起吃,没有让大人或者小孩优先吃。有的人饿了还是会去生产队拿东西吃,但我没有去过,去拿东西被抓住了在开会的时候会被斗,如果是拿的玉米,分的时候就会少分粮食给他。虽然不喜欢集体干活,但大家一起干活时还是有说有笑的;妇女一起干活有矛盾也是吵过就算了,没有计较。1949年以前,我没听说有妇女自杀,集体时期也没有人自杀,现在也没有。

4.对女干部、妇女组织的印象

我没听说过铁姑娘队,我们这里只有女劳动模范,劳动模范就是干活干得多,没有偷懒的人。上级会奖励劳动模范工分和奖状,工分多就可以多分粮食。我们邻居韦大娘是妇女组长,上面开了会,她就回来给我们讲;妇女有什么特殊情况就给她请假。她人好,没有特殊情况,她都会说有,让妇女休息一下。我们就是把照顾妇女、能干的、对人好的妇女选为干部。

5."四清"与"文化大革命"

"四清"就是清查以前的事情,犯过错误的就把他弄去蹲监狱。有人来清查时问的是其他人对自己的看法,不会问本人。四清运动时,我们没有再斗地主,地主婆、地主女儿在村里的生活没有受影响,她们也跟着干活,挣一样的工分,粮食也是同样的分配,没有区别对待。割资本主义尾巴的时候,我们这里的自留地没有被收,鸡蛋这些也可以卖,对生活没有影响。集体上工干活的时候,妇女回娘家没有受影响,只是去的次数减少,每次去不会玩久,要赶快来干活挣工分。"文化大革命""破四旧"的时候,我们家没有东西被烧、被收。在"文化大革命"时期,婚礼、葬礼这些也没有变化,还是根据自己的家庭条件办。

(六)农村妇女与改革开放

1.土地重新下放

土地承包分配的时候,妇女也参加,去跟着分田地。比起以前的集体干活,我愿意承包单干,自己做自己的事更自由,生活更好。妇女和男性平等地分配土地,每个人分的土地一样多,而且分到土地的人在土地证上都有名字。

2.新时期妇女的政治参与

我参加过村委会的选举,选举就举手表决,同意谁被选为干部就举手支持,我也选了妇女当干部,能干、勤劳、对大家好的妇女,我就选她当干部。

3.妇女对国家政策感知

计划生育时期管得很严,不准我们多生孩子。我听说过现在的精准扶贫政策,政府帮穷人修房子、有各种补贴,现在的政策好。现在的老年人不论男女都一样,可以出去串门闲聊,不过老了做什么都不方便。

4.农村妇女与外界的联系

我们家有电视,不过我很少看电视,所以不了解国家政策。我没有用网络,我用的是家庭座机,只会接电话。

六、生命体验与感受

我最辛苦的时候就是集体干活的时候,又要干活又要带孩子,不管什么时候都要去干活,哪怕是下雪的时候。包产到户后自己想干活就去做,不做就休息,粮食也吃不完,吃得更饱更好。现在也没有以前的社会乱,以前都不敢出门,现在去哪里都没事。

XY20170114WHQ 吴会清

调研点:四川省简阳市宏缘乡矮桥村
调研员:许英
首次采访时间:2017 年 1 月 14 日
出生年份:1932 年
是否有干部经历:1949 年,曾担任武装队长。
是否生育:是

受访者结婚的时间节点、生育子女的具体情况:老人于 1952 年结婚,当时二十岁;老人1953 年生第一个孩子,共生育三个孩子,两个儿子,一个女儿,大儿子在集体化时期不小心摔死,小儿子前两年患病去世。

现家庭人口:1
家庭主要经济来源:养老金、子女赡养
受访者所在村庄基本情况:矮桥村地处四川省简阳市北部,全村幅员 2.6 平方千米,属于丘陵地带。全村境内山丘起伏,平均海拔 418~491 米,属亚热带湿润气候区,气候温和。全村耕地面积共 1850 亩,林地面积(包括退耕还林面积)共 645 亩,农业主产水稻、小麦、玉米、兼产棉花、油菜籽。

受访者基本情况及个人经历:老人二十岁时嫁到婆家,这桩婚事由老人的父亲单独决定,从一开始,老人就不愿意嫁给自己的丈夫,但是老人的父亲坚持。结婚后家里的大小事情全靠老人自己操持。老人一共生育了三个孩子,两个儿子,一个女儿,大儿子在人民公社时期干活时候不小心给摔死了,小儿子在前两年患病去世,年仅四十八岁,小儿子去世后的第二年,老人的老伴也因病去世。

老人说,自己这辈子命苦,养的三个孩子,两个都先自己而去了,家里面的大事小情,全靠老人操持,就连修建楼房、打灶头等,购买材料、指挥进度,都是老人在管理,老人感慨,自己这辈子也就这样了。如今,老人的女儿和女婿居住在外村,老人的儿媳妇和孙子也都在外地打工,老人常年独自居住在农村。总体而言,已经八十五岁高龄的老人,心态十分平和,还在自家院子里养了一些鸡鸭与自己作伴。

一、娘家人·关系

(一)基本情况

我叫吴会清,我是壬申年生人,生于 1932 年,今年八十五岁,这个名字是 1949 年后,父亲给我起的,1949 年前我只有小名,因为 1949 年后要去上学,要有名字才可以,父亲才给我起的学名。当时给我起这个名字时,我都已经很大了。我父亲讲究得很,他文化很高,女性一般就容易取"清""艳""凤""芳"这些,我父亲说我的名字就起"清秀""清白"的含义。我们吴家女孩没有按班辈起名,男孩是按照班辈起的名字,吴家我们这一代人是"新"字辈,我在家里是最小的。我有三个哥哥,一个姐姐,哥哥们的名字也是我爸爸起的。我大哥的名字就叫做吴新明。

小时候,我的娘家只有十多亩土地,土地改革时期,我家被划分为贫农,以前我的爸爸是干部,是村里的分配员,分配土地、人员迁移,都是我的父亲在负责,包括分地主的财产,都是我爸爸在牵头,我爸爸是个能干的人。我的母亲在我只有几岁的时候就死了,是我的父亲单独把我们几兄妹拉扯大的。我们家没有小孩被抱养,但是,我三爹的小孩是被抱养到我们家养大的,后面暴动的时候不幸去世。

我是二十岁出嫁到婆家的,当时我丈夫家里有十一二亩土地,在当时还是算多的,我的丈夫是个老实人,别人就问他是什么成分,他自己就承认是富农了。就是因为我们的成分高一点,后面搞"四清"总是压迫我们,我们就去工作队告状,工作队就出面告诉大家,不要挤压我们,应该把我们当贫下中农对待,原来我们受的气不少,我家老头老实得很,啥都不管,就知道一个劲儿干活。我丈夫这边有三个弟兄,他的大哥被抱养到米家村了,当时因为家里穷,看别人家里土地多,想把孩子抱养过去占一份土地。说来我的命不好,生的两个儿子都先我而去了,现在只剩下一个女儿了,但是我的外孙、外孙女,包括我的孙子都对我很好,很孝顺。生第一胎的时候我二十一岁,我的第一胎就是我的大女儿,她现在都六十三岁了。

(二)女儿与父母关系

1.出嫁前女儿与父母关系

(1)家长与当家

我的娘家是我爸爸在当家,我爸爸可厉害了,那会儿三月初一暴动,打死了好多人,都是我爸爸去埋的,其他人都吓得跑了。但是,我爸爸也不是什么大干部。他很少务农,1949 年那时候就把家里的土地卖了,后面感慨幸好当初把土地卖了,后面斗地主才吓人。我家什么事情都是我父亲管,我母亲死得早,母亲死的时候,我才只有几岁,我的父亲一直把我养得很好,从来没有打过我,后面很多人都劝我的父亲再娶一个,我的父亲都不愿意,他不想我们几个兄妹受后妈的气。有一次我把家里东西打翻了,哥哥就骂我,说我以后嫁出去了,这么笨,人家会打死我的,我的爸爸听见了就说:"打什么?打酱油,我的女儿这么听话,没有做违法乱纪的事情,谁敢打她?"我的父亲就是这样的人。

那时候,基本没有妇女当家,一般都是男性当家,妇女连出门赶集的都很少。如果一个家庭的男性不成器,安排农业生产啥的都差劲一些,家里就自然差一些。过去社会还是有钱人说话才硬气,没钱人家根本没有地位。以前那个年代,如果爷爷去世,奶奶是可以当家,但是孤儿寡母的容易受到欺负。同样,如果父亲去世,家里都是女儿,这个情况就是母亲当家,母亲当家不容易,别人要欺负女性的,我知道新桥那边有一家人,家里没有男人,女人出门都要把头发藏在毛巾里面,那时候,再能干的妇女、别人也会欺负。

(2)受教育情况

我在娘家的时候没有读过书,只有1949年后上了冬学,那时候政府派来的老师给我们上课。但是因为原来的社会封建,不让女孩子读书,我想去上学,我父亲不让我和我姐姐去,我后面都跟我的哥哥开玩笑,我说:"你们上十多年的学,哪怕是分两年给我上学,我也知足了。"父亲其实也担心学校里面那么多人,会欺负女孩,因为那时候社会乱得很。所以1949年以前,村里很少有女孩子上学,就连有钱人家里都没怎么让女孩子读过书,当时我知道有一个教书匠,连他自己的女儿都没有读过书,1949年后才有妇女读书。

(3)家庭待遇及分工

一般家里男孩子要比女孩子的待遇好些,连我的嫂子都是见不得女孩子的那种人,就喜欢男孩子,但是我的父亲不是那种人,我的父亲对我们都很好。我的父亲也把我们教得很好,告诉我们要讲规矩,家里来客人了要起身问候,给人家端茶端水都要用两个手,添饭的时候,晚辈要给长辈添饭。但是平常自己一家人吃饭,没有外人在的时候,就没那么多讲究的,都是自己添饭。我父亲会经常给我们强调规矩和礼节,叫我们出门要注意礼节,不能没有规矩。当时我们家女孩子也是可以上桌吃饭的,一家人在一起吃饭,座次也是有讲究的,家里长辈要坐上方位,其余的孩子们就可以随便怎么坐了,尤其是当着很多人的面,年轻人要是坐上方位,那别人就会指责这个年轻人。

以前年代贫穷,物资缺乏,没有多少卖衣服的,衣服都靠自己缝。有些家庭就是男孩的衣服穿得好些,女孩的衣服穿得差一些,但是我们家里就没那么多讲究,平时谁没有衣服就给谁缝衣服,过年的时候大家都有新衣服。那些年家务紧,根本没有压岁钱,快到过年的时候,我父亲就告诉我们几个兄弟姐妹,不要再到有钱人家里去玩了,免得被人家笑话。

(4)对外交往

过年的时候,我们一般只会去亲朋好友家里拜年,男孩女孩都可以去。有些家庭特别讲究,不允许妇女上桌吃饭,我们家没有讲究那些。那时候普遍贫穷,办宴席得少,哪像现在这么多酒席,而且那时候去吃酒席,家里也就只去一两个人,主要就是家里的男性去,不会像现在全家人都去。那会儿虽然穷,但是几乎没有出来要饭的人家,虽然吃得差些,都还是凑合着过。

(5)女孩禁忌

虽说我没有上过学,但是《女儿经》还是读了几句,就说女孩子:"出门要头望天,眼望路,端端正正出脚步,出门要和妈一起。"这些都是书上的话,女孩子不能随便出门的。女孩子和同村的男孩子一起玩耍也少得很,连话都不让讲,我都记得,当时我都会做饭了,我父亲就告诫我:"要是你敢跟哪个放牛匠说话,老子两铡刀就要铡死你。"所以我一直都是这样规范自己的,别人没有叫我说话,我是绝对不会去插话的。一般女孩子可以跟本家的、房子挨得近的男孩子一起玩耍,外姓人家里的男孩连话都没有讲过。那时候,一家人的衣服虽然是一起洗的,但是,女孩子的衣服不能跟男孩子的衣服晾在一起,男孩子的衣服要晾在前面,女孩子的衣服要晾在后面,我家都是这样,要是违反了规矩,就会直接把女孩子的衣服给扔了。

(6)家庭分工

村里的有钱人的家里都是请长工帮忙干活,做饭也有专门的伙房,还要请放牛匠负责放牛、担水、端饭端菜。我娘家穷，都是我们自己动手。我是家里最小的，我姐姐结婚的时候，我才断奶，所以没有怎么下地干活，偶尔下地干活也是做一些轻松的农活，主要就是我的爸爸和哥哥们干活。但是在家里，男孩基本不做家务的，都是女孩做家务，我纺纱、织布啥都会，我只有几岁时就开始纺纱了，织布要晚一些，十多岁才开始织布，而且绣花、做衣服、做鞋这些我也会，什么花我都会绣，那时候的围裙都是自己做的，现在老了，没用了。这些女红都是我自己模仿人家的，我自己看了别人做，回来就自己学着做。我织的布、纺的纱都要拿去卖，我父亲或者哥哥去卖，卖了钱维持家庭生活，给一家人置办衣服，购买油盐。这辈子就这个劳苦命，现在岁数大了，哪里也去不了了，我这个脚一点劲也用不上。

（7）对男孩、女孩的教育

我的爸爸不像其他人，他对儿女都是一样的，没有亏待过我。但是我的父亲会经常告诫我，女孩子不准随便和外面男孩子说话。以前我的娘家有一家人，女孩子在外边和放牛匠说了几句话，回来以后嫂子把门关上，哥哥就用一床被罩将女孩捂死了，后面用一床新棉絮裹着就把女孩安葬了，家里面父母劝都劝不听，以前社会对女孩就有这么严格，那时候的社会哪有现在这么好。

2.女儿的定亲、婚嫁

（1）定亲经历

那时已经是 1949 年后，媒人先是找到家里来给我父亲说的这门婚事，然后我的父亲做主，给我选择了这个丈夫，要是我自己做主，我不会看上我的丈夫，但是当时又不敢反抗父亲。定亲之后，我也不敢悔约。原来有的讲究八字要合得来，有的就没有讲究那些。我都记不清自己当时有没有合八字了。彩礼也是家里老人收的，我都不知道收到哪些彩礼。那时，定亲以后，家里面父母有意悔婚的特别少。现在年轻人都不怎么管父母的意见了，都是图自己喜欢，但是作为过来人，我觉得父母的意见还是应该听一些。当时，定亲之后我们两家没怎么走动，结婚之后才开始走动。

（2）出嫁礼俗

我是 1949 年以后结的婚，当时没有写婚书，但是要领结婚证。出嫁那天，我爸爸安排我的哥哥来送嫁。那时一般送嫁的都是哥哥和弟弟，没有姐姐妹妹来送嫁。出嫁那天我的父亲告诉我，嫁到婆家以后，要孝顺公婆，要勤快，听公婆的话，不要顶撞公婆。说起来也寒酸，那时候家里穷，摆不起多少酒席，就请了家里的一些亲戚。我哥哥娶嫂子的时候，还请了村里的干部，我结婚的时候没有请过村里的干部。

（3）女孩的嫁妆

每家嫁女儿给的嫁妆是不一定的，要看家庭经济状况。我娘家那边家里有钱一点的，嫁妆有十床被子和十床被罩，一般家庭就是两床被子和两床被罩，再差一些的就是一床被子和一床被罩，或者根本没有嫁妆，就只去一个人。我的嫁妆置办是我的爸爸出钱，当时给我置办了一床被子和一床被罩，其他什么也没有。我出嫁之前，织布、纺纱等赚的钱都在我的哥哥和爸爸那里，所以说，后面我自己的嫁妆，一定程度上也相当于是我自己置办的。

（4）新嫁姑娘与娘家来往

姑娘刚嫁出去，一个星期之后，娘家会派兄弟来探望，叫做"打露水"。嫁出去的姑娘，有些是三天之后回门，有些是第二天就要回门。姑娘回门的时候，女婿也要一起去，并且提一个装礼的篮子,里面装有两把面,一个片菜①,一个犁头,用帕子盖着提去,回来的时候又提回来,姑娘回门带去的礼物,娘家一般是不收的。姑娘出嫁的第一年过生日,娘家人一般会过去给她庆祝。

（5）童养媳、换亲、招赘、改嫁

童养媳也叫作小媳妇,娶童养媳的家庭,一般因为家里面穷,儿子养得多,相对应而言,女孩家里也穷,而且女孩多,送出的童养媳与娘家还是要走动,童养媳可怜得很,根本没有被当成人看,有好吃的好穿的根本没有童养媳的份。我们这里没有怎么听说过换亲,1949年以前,我们都没有怎么听说过招赘,1949年后才有上门女婿的。那个时候的情况比如今社会有时候还要简单些,改嫁的二婚妇女很少,二婚妇女有些有彩礼,有些根本没有彩礼。对于那些二婚妇女,背后议论什么的都有,现在好了,现在怎么都可以。

3.出嫁女儿与父母关系

出嫁的女儿可以回娘家吃年夜饭,至于回娘家拜墓,有些家庭可以,有些就不可以。总的来看,出嫁后的姑娘很少回娘家,自己成家以后,自己也要养活一家人,没事不会经常回去娘家的,就是围着自己一家人转了。那时候,如果女儿与丈夫闹矛盾,可以自己回娘家,回去以后,娘家父母也会告诉自己的女儿,要勤快,好好过日子,不要耍脾气。

我的娘家和婆家不在一个村,我的娘家是共和村的,属于三星镇,婆家这边是矮桥村的,属于宏缘乡,我的户口是迁到婆家这边来了的。结婚以后,我的爸爸很少过来这边,一般是有事情才过来,我的娘家人也没有怎么过来帮着干过活,我娘家哥哥家里种的地也宽,他自己都忙不过来,但是无论如何,肯定还是觉得血缘亲族亲。那时候穷,我的父亲其实也没有多少钱,加之又没有出去打工,就只吃种地得来的粮食,我父亲的身后事,都是我的哥哥们出钱安置的,我们嫁出去的女儿没有管过。清明节的时候,姑娘回娘家上坟的少得很,嫁出去的姑娘就连清明节回去吃会(清明会)都是不允许的。

（三）出嫁的姑娘与兄弟姐妹关系

我们娘家兄妹的关系都好,再过几天,我的侄子要给他的孙子办满月酒,还邀请我过去参加。我姐姐嫁得离我婆家最近,也和她走得最亲,哥哥的话,一般都是有什么事情才走动。出嫁的女儿一般也就是正月才会和娘家走动,大多数就是正月初二,具体还是看娘家的安排,娘家安排正月初几请客,姑娘就初几回去拜年。反正我家一般就是正月初二走父亲那里,其余的兄妹家里,看他们安排哪天请客,安排哪天请客就哪天过去,如果没有安排就不过去,当然,父亲家里无论有没有安排都要过去,这是作为子女应该尽到的孝道。

每次回娘家,虽然我的哥哥嫂子都说不用带礼物,但是自己过意不去,还是会带一些礼物过去,不可能空着手过去。出嫁的姑娘回娘家就算是客人了,我的哥哥嫂子对我亲热得很。说起来都难受,现在我的哥哥都不在了。

一般情况下,娘家的大事还是会请姑娘回来讨论,但是这种情况很少。出嫁的姑娘给娘家兄弟结婚送礼与给姐妹结婚送礼并不是一定谁多谁少,还是要看具体情况,手头宽裕的话,都可以多给一些,手头紧根本就拿不出钱,有那么一个意思就够了。我的爸爸和哥哥嫂子们住在一起,即使是这样,我发现有时候他们对爸爸的生活还是照顾得不够,人年龄大了还是可怜。有一次我的父亲来到我的婆家这边,我看见他的衣服坏了都没人管,我赶紧让他脱

---

① 片菜:即两斤左右的半肥瘦猪肉。

下来给他补，害怕爸爸冷着，我还拿了一个小火炉给他烤火。

出嫁的女儿一般很少再管娘家的事情，娘家也很少管出嫁女儿的事情，我的女儿、儿子婚嫁都是我自己做的主，只是结婚时候请他们过来吃喜酒，当时我的小儿子结婚，宴席摆了三十多桌。

二、婆家人·关系

（一）媳妇与公婆

1.婆家婚娶习俗

我结婚都是 1949 年后的事了，没有迎亲的，那时候穷得很，况且，1949 年后结婚仪式都简化好多了，但是我们结婚那天还是拜了堂。我也没有给公婆磕头请安过，结婚之后，我们没有去祖坟拜墓，只在堂屋摆点祭品上香作揖就算祭拜。

2.分家前媳妇与公婆关系

我嫁过来时，这边的公公婆婆都还在，这边总共有五个兄妹，两个女孩，三个男孩。我嫁过来之后，婆家这边是公公在当家。当家人其实也没什么好管的，就是种庄稼。公公和丈夫就是种庄稼为生，我那个丈夫老实得很，一天做到晚做农活，啥事情也不管，别人都要欺负他。我的公公婆婆还是待我不错，没有怎么让我干过重活，就让我在家里纺棉花、织布。当时一大家人的新衣服、新鞋子都是我在做。我的婆婆没有怎么管过我，但是我的婆婆节约得很，有一次，家里面买了一点肉"打牙祭"，一大家人就那点肉怎么可能够，我就跟婆婆建议再煮一些红苕，结果婆婆说："吃肉谁还吃红苕，下一顿再煮红苕。"当时我们还要完成国家公粮任务，有时我们把公粮交了后，家里面连吃的都不够。

嫁到婆家之后，我很少去串门，我自己本身就不会怎么出去串门，我娘家父亲教给我的规矩严格，但是村里面开会什么的我还是要去参加。我结婚是 1949 年后，那时候家庭已经没有那么多规矩了。要说 1949 年以前，媳妇伺候公婆的规矩就多，媳妇连烤火的小炉子都要送到公婆手上，尤其是那些大户人家，一旦媳妇没有伺候好公婆，把媳妇休了都有可能，其实还是要看姑娘娘家有没有钱，姑娘娘家有钱的话，哪怕长得丑也不会受太多气，姑娘娘家没有钱的话，再能干也会被婆家欺负，相反，穷苦人家连媳妇都娶不到，差距就有这么大。那个时候，有钱人家根本不把媳妇当人看的，婆婆虐待媳妇是经常的事，我都亲自见到过。有一次，那个婆婆要吃黄鳝，她自己在厨房炒黄鳝，结果黄鳝下锅后还在动，就溅了油在婆婆身上，出来以后，婆婆就叫媳妇拿鸡蛋给她敷一下，结果，婆婆就嫌媳妇弄得自己疼得很，就叫媳妇把鸡蛋给扔了，媳妇舍不得扔，心想自己平时都没吃过鸡蛋，就把鸡蛋含在嘴里，之后就去弄米做饭，恰好在这时候，婆婆开始唤媳妇，这个媳妇就答应了一声"哎"，随后就这样被噎死了，当天晚上婆婆就把媳妇拿去埋了，结果不知道怎么的，在埋的过程中，媳妇嘴里的蛋又吐出来了，媳妇就这样活过来了，把婆婆给吓得，结果回来以后婆婆还是照样虐待媳妇。

1949 年后，婆婆虐待媳妇的就少了，我就始终觉得，凡事得有个度，做媳妇的要有个媳妇样，做婆婆的得有个婆婆的风度。在财产方面，1949 年以前，家里的财产根本没有媳妇的份，家里面的老人就把财产全部管完了，有些能干点的丈夫也可以管一些财产。在婆家这边，我自己纺纱织布，收入用于供全家人，我自己娘家给的钱，有时候还要拿出来给婆家买生活。分家之前，我自己没有存到过私房钱，我都不敢回去告诉娘家人这些事情，都是自己的命。

3.分家后媳妇与公婆关系

（1）分家

当时就是公婆提出的分家，儿女长大成家了，自然就要分家的，当时我们也没想太多。那时家里穷，我们和公婆各吃各的，基本上就算分家了。分家是家庭内部进行的，家里的土地、房屋啥的写成纸团由家里的几个儿子抓阄，抓到哪个就是哪个。但在我的娘家，分家的时候，我父亲是分了一些财产给我的，土地和房子都有给我留一份。

（2）离婚、改嫁

1949年前，离婚的情况很少，如果丈夫不喜欢媳妇，直接就不要媳妇了，没有办离婚手续的。那时候，如果婆婆对媳妇不满意，但是儿子并不愿意离婚，这种情况婆婆是不能把媳妇逼走的。1949年后，父母就管不了子女的婚姻大事了，当然，老实本分一些的子女，父母还是可以管他们的婚事。

（3）男女有别

1949年以前，外出帮工、做营生的妇女少得很，除非是特别厉害的妇女，一方面是公婆不允许外出打工，另一方面那时候很少打工的。以前，公婆的养老基本就靠家里的土地，那时候土地值钱，没有钱就可以把土地租出去给人家种，自己换钱。以前我们家是公公当家，钱都在他那里，他办寿的时候，就自己拿钱出来办。公公婆婆去世的时候，我们家连孝服都没有穿，那时候是有钱人家里才穿孝服，普通人家根本没钱买。虽然家里穷，但我们还是努力把老人的身后事安排好，因为婆家这边是富农成分，办丧事都要受限制，我们都是深更半夜，偷偷请道士来给老人开路、做灵房。

（二）妇与夫

1.家庭生活中的夫妇关系

（1）夫妇关系

结婚之前，我在街上看见过我的丈夫，我第一次见他就不喜欢他，回来之后就告诉我的父亲，但我的父亲劝我说："你那么斯文，干活也不行，那户人家里土地多，人也勤快，你嫁过去不会错的。"我这辈子就这样了。

分家之后，家里很穷，家里修房子、娶媳妇、嫁女儿、买猪、卖猪……基本所有事都是我在管。老头子就只知道出去干农活，什么都干不了。我们家老头子笨，什么事情都是我出面，虽然我不识字，但是我不会吃亏，我会主动问那些识字的人，我家就是这么个情况，虽然我没有文化，但是说了话就要算数。我家老头没有出去打过工，一直在家里种庄稼。我作为家里的当家人，虽然家里贫苦一点，但都是一样的对待家里人，没有亏待过谁。我有时候也会出去干一些轻松的活。

（2）娶妾与离婚、婚外情

1949年以前，家里有钱的人才娶得起很多媳妇。那个时候，不管谁是妻子、谁是妾，谁能干，婆家就喜欢谁，要是很笨，家里又穷，哪怕是妻子也会被欺负。

如果妻子没有生男孩，有钱人家会再娶一个媳妇或者过继一个男孩，丈夫过继男孩一般会告知妻子，毕竟抱回来以后要交给妻子养。话说回来，家里的男孩最好不要过继给别人，在别人家里可怜得很，别人想打就打。

（3）妻子在家的地位

1949年以前，妇女不敢单独去集市，一方面是家里管得严，另一方面是妇女单独出门不安全。妇女自己提出离婚的情况也几乎没有，大家都担心离了之后嫁不出去。

2.家庭对外交往关系

婆家这边分家以后，家里的人情往来全部都是我出面。1949年以前，男性在外面的婚外情，会饱受村里人议论，虽然议论的人多，但是没有人管，大家也就痛快痛快嘴，当做饭后的谈资而已。1949年以前，我娘家家里穷，我还是经常出门，有钱人家里的女孩就没怎么出门，连洗衣服都是在家里洗。我的母亲死得早，家里什么事情我都会帮着分担。

（三）母与子女

1.生育子女

（1）生育习俗

我总共有三个孩子。在伙食团时期，我干活不小心，摔了一跤，把我的一个儿子摔死了，前两年我的小儿子也得病死了，现在只有一个大女儿在了。我婆家是富农成分，那个时候被限制得很紧，把我们监视得也很紧，我倒是没有经历过，我婆家的兄弟还被弄去跪在地上斗争。我的大女儿今年都六十三岁了，是1953年生的，反正我男孩女孩都喜欢，我的公婆也不嫌弃我生的男孩还是女孩，我对我的媳妇也是一样，她生的男孩女孩我都喜欢。但是有些人家就要嫌弃生的女儿。尤其在国民党时期，女孩是不敢随便出门的，男孩子养大了以后，还可以出去帮人家放牛挣钱，所以有的人家就不喜欢女孩。我们那时候家里穷，生了孩子以后，没有钱办宴席，但是我娘家爸爸对我特别好，生了孩子就要过来看我，哥哥姐姐们也会过来。

（2）子女教育

我自己没有读过书，但是我努力创造条件，让我的孩子们读书。儿子女儿我都是一样对待的，我自己亲身体会过没有文化不识字的困难，所以我一定要让自己的孩子上学，我的几个儿女都接受过小学教育。

（3）对子女权力（财产、婚姻）

1949年后，社会就不一样了，我的儿女出去打工，挣钱以后可以单独存私房钱。我儿女的婚事都是请媒人说合的，结婚也是合了八字的。所以，儿女的婚事都是经过我同意的，我大女儿定亲之前，我就去对方家里看过。虽然对方家里只有父子两人，但是人家很勤快，我们观察他们种庄稼也是有条有理，种得很好，我就告诉我的女儿嫁这种家庭不会错。当时我给大女儿办了十多桌酒席，嫁妆简单，就只有铺盖和罩子，那时候我都穷得叮当响，没有多少钱置办更多的嫁妆。到我儿子结婚的时候，聘礼我不要人家操心的，给了对方三十六斤肉，九盒糖，九把面，还送了一百元钱过去，那时候一百元钱就算多的了。我儿子结婚之前，没有叫我修房子，当时家里有房子住，我家这个房子在我手上修建了五次，连打地基用的石头都是我去集市上买回来的，我的侄女婿是个石匠，哪种石头好，他就写个清单给我，我就去街上照着买，这样倒也省事和方便。

2.母亲与婚嫁后子女关系

（1）儿子的婚事、分家

我的儿子结婚早，应该是21岁结的婚，我的儿子去世的时候只有48岁。媳妇做错事我一般不管，我悄悄在心里生气一下就好了，但是我要管我的孙女，告诉我的孙女让她做事情要有个度,不要总是和丈夫闹小脾气,过日子得用心经营。我儿子结婚时候,他们小两口拜了我们以后,我和老头子就给新媳妇发枕头。我的媳妇嫁过来以后,没有怎么做过家务,在家怀孕生了孩子,孙子都是我拉扯大的,他们两口子就出去打工了。原来我儿子还在世的时候,就告诉他的儿女:"你们将来哪怕不认我和你们妈,也不能不认你们奶奶,你们是奶奶一手拉扯大的。"所以我的孙子孙女都很喜欢我,很孝顺我。我和儿子没有分家,吃住都一起的,况且他们常年在外打工很少回来。

(2)女儿的婚事

我女儿是十九岁定的亲。因为我们家是富农,成分高,村里几个单身汉都想娶我的女儿,但是我看不起他们。我历来都说,我们这个家庭,要是我也跟我家老头子一样老实本分,可能我家早都受了别人好多欺负。我也把我的女儿管得严,我不让我的女儿随便跟男孩子说话,以免上当受骗。村里的女孩定亲年龄是不一定的,有早有晚,一般就是二十岁左右。一般情况下,家里父母看了对方家庭以后,觉得条件可以,女儿也就没什么意见。定亲之后,我家很少与对方走动,有什么事情才走动,没有什么事情一般不走动。

(3)1949年后农村婚娶特点

现在,我的孙子马上就要结婚了,彩礼随便他自己怎么办,现在社会变了,我们这些老一辈管不了了。但我还是会给他一些建议,我认为对方女孩不需要长得有多漂亮,还是得头脑灵活才好,现在做什么都讲究头脑灵活、人勤快。话说回来,我那个儿媳妇还是勤快,出去打工挣了些钱,马上我的孙子要结婚了,儿媳妇都给我的孙子把小轿车买好了。新中国刚成立的时候,女性的命很贱,是个男人就可以嫁的,上门女婿少得很,根本不像如今的社会。

(4)父母与婚后子女关系

女儿出嫁之后,我很少与对方走动,最近两年,我更是没有去她们家里了,因为我的脚不能走路了。我的孙子孙女都是我一手拉扯大的,但是我没有怎么带过外孙,我给我的女儿说好了的:"哪怕你每天少出一点工,也要把自己的孩子养好,妈妈自己也有一个家要操持,你的弟弟还等着娶媳妇,妈妈不努力创造,弟媳妇怎么娶得回来!"我认为外孙与孙子没有什么区别,我对他们都好,所以现在我的外孙、外孙女、孙子、孙女都对我很好。虽然都说养儿防老,但是我觉得儿女都好,我的儿女都很孝顺。现在农村不养老人的儿女应该很少,一般不至于闹到法院的,村里人家如果没有儿子只有出嫁的女儿,出嫁的女儿会给一部分钱,政府也会出资赡养老人。

三、妇女与宗族、宗教、神灵

(一)妇女与宗族

1.妇女与宗族活动

我娘家那边有家祠,离我们这里没有多远,就在吴家桥、踏水镇那边。我娘家是从那边搬到三星镇的,举办观音会、上酒会这些,男女都会去庙子里面烧香。1949年以前,进祠堂参加祭祖的仪式,有些妇女去了,有些妇女就没去。总的来讲,还是有钱人才会去祭拜这些,毕竟去祭祖也要带些贡品去,去庙里面烧香也要花钱的。1949年以前,某一个姓的人子孙后代多,就会办酒聚会,宗族聚餐活动妇女一般可以参加,但是有些家庭不让妇女参加,反正我们吴家未出嫁的女儿是可以参加宗族聚餐活动的,已出嫁的女儿就不能参加了。在宗族聚餐的时候,一般就是一家人坐在一起,不分男女的。妇女在宗族事务和祭祖活动中要帮着做饭,另外,看妇女自己的能力,能做哪些活儿,都可以帮着做。

2.宗族对妇女管理与救济

1949 年以前,宗族对生男孩和生女孩,有什么仪式我不太清楚,反正我生孩子是 1949 年后的事情了,没有什么仪式。那些没有男丁的家庭,父母去世之后,一般就是自己的亲女儿继承财产。

(二)妇女与宗教、神灵、巫术

我们以前信神灵,去祭拜的时候男女都可以去,例如求雨、求丰收,而且多数情况都是女性去,没有多少男性搞这些活动。家里如果有人生病要请仙娘来,是男女都可以去请。另外,祭拜灶王爷、祭拜求子观音等也是不分男女的,像我们家,全是我去祭拜的这些,我家连打灶头都是我打的。

农村一般是女巫多一些,男巫少一些,一般看谁准一些,谁准就信谁。我是信仰基督教的,原来我的堂屋和楼上房间都是供奉了耶稣的,现在家里只剩下十字架了,没有要其他的了,有人说信仰基督教少病痛,基督教什么贡品都不要的,就是一个星期去学习一次,劝人悔改,多做好事、不做坏事,我家老头子原来在世也是信了基督教的。村落里信仰宗教的男女都有,不识字的还读不了那些资料。

四、妇女与村庄、市场

(一)妇女与村庄

1.妇女与村庄公共活动

出嫁之前,村庄活动例如村里聚会、吃饭、看戏等我都是参加了的。我出嫁之后就很少回娘家了,自然也就不会参加娘家的村庄活动了。以前聚会、吃饭、看戏的时候,妇女和男人没有分开坐,都是一起坐的。1949 年以前,村庄的会议很少,遇到乡绅、保长、甲长召开的会议,一般就是家里面的当家男性去开会,妇女基本没有去开过会。1949 年以后,村庄的会议就是村长或者生产队队长召集,1949 年后妇女就要参加村庄会议了,像土地改革运动那时候,会议很多,几乎每天都要开会,妇女参加村庄会议,有的妇女还会发言。1949 年以前,村庄公共事务建设的资金与劳役摊派一般不会摊派到具体人身上,就是按照每家每户来摊派的。我出嫁之前,还知道娘家村子的甲长和保长是谁,出嫁之后,就不知道婆家所属村子的甲长和保长是谁了,只是听人说过,结婚时候也没有请过他们,和他们没有关系。我对村里的事也不关心,叫我去开会我就去开会,我是不会多说一句话的,我的父亲以前把我管得严,我历来都是这个性格。

2.妇女与村庄社会关系

我在娘家有好几个女伴,就我们房子挨着的有几个,现在都不在了。以前我们经常在一起摆龙门阵、唱歌、打燕儿,我的动作要快一些,其他几个女孩的动作慢一些,只有我能打到燕儿,我们一般就在屋里面玩,我爸爸不让我出门。后来我的女伴出嫁,我没有去参加。

新婚之后,我们没有拜访过邻居,平时没有什么事情也很少走动。出嫁到婆家之后,我也有几个关系不错的人,相互特别谈得来。村里的红白喜事很多都邀请我去参加了的,我基本都是去了的。因为自己家里还是事情比较多,所以我们晚上很少出来乘凉,冬天就纺棉花、织布,夏天就做鞋子,说到这些女红,我都是被逼出来的技术,我从小就没有妈妈,看别人谁做得好,自己回来就摸索着做。

（二）妇女与市场

出嫁之前,我去过市场,一般是和我的姊娘一起去,但是要提前告知我的爸爸。出嫁之后,我们也会去市场,自己一个人也可以去,一般是需要买啥东西才去,没事不会去。市场中也有女性商贩。妇女很少去赶集,更不要说在市场或者外地留宿了。1949年以前,市场活动例如喝茶、听戏、聊天参与的女性特别少。妇女一般就在家里纺纱织布这些,我家里纺纱的棉花是我们自己种的,我们家的棉花好得很,用不完,但是做衣服、做鞋的针头线脑都是哥哥从集市上买回来的。织出来的布除了自己用,还要拿去卖,主要是我娘家的哥哥去卖,卖以后他就把钱拿着,后面我结婚的时候,说得好听是哥哥帮我办嫁妆,实际上是我自己挣的钱。我一般都是帮人家做鞋子,后面我哥哥就劝我说,何必那么辛苦帮人家做鞋,还不如自己在家把副业搞好,多养几头猪,所以后面我就在家专门喂猪,到处割猪草,把猪养得三百斤一头,慢慢就手头宽裕一些了。

1949年以后到改革开放前,家里布票,肉票都有,肉票要卖了肥猪才有。布票根本不够用,我家还专门买了好多布票来用。现在社会条件好了,不用自己做衣服、做鞋了,可以自己买来穿了,大概十多年前,我家就没有自己做衣服、鞋子了,开始自己买来穿。但我的鞋子基本都是自己做的,自己做的鞋子穿得舒服一些,还可以根据自己的喜好加一些样子和花朵。

五、农村妇女与国家

（一）农村妇女认识国家、政党与政府

1.国家认知

我是1949年后,也就是毛主席上台以后才接触到"国家"这个概念,那时候我们经常唱歌:"东方红太阳升,中国出了个毛泽东,他为人民谋幸福,他是人民大主席。"1949年时候的歌我基本都会唱。1949年后就开始宣传男女平等了,我记得是大学生在宣传。1949年以前,国家没有专门建立小学,女孩子也很少上学,就连大户人家的女孩子都很少上学,毛主席上台以后女孩子就可以上学了。1949年以前,我见过好几种钱,有银元、铜元、小钱,还有蒋介石的纸票子,毛主席上台以后,我们这里还搞了"三月初一大暴动"[①],好多地主被打死了。

2.政党认知

毛主席上台之前就是国民党在管理国家,但是大家都知道,国民党做事就不像毛主席那么公平。1949年以前,我听说过孙中山、蒋介石这些名字,但是不晓得他们是干什么的,不敢多问。我爸爸对我严格得很,我去开会,他都要在背后悄悄跟着,看我有没有跟别人多说话。现在我也不知道国家主席是谁,不关我的事,我也没有去过问。1949年以前,我还在娘家的时候,就听说过共产党、革命这些词,可能也就是十多岁的样子。我认识的人当中还有党员,但是我不会去过问别人这些,别人说我听就是了,一般不会多说话的。我以前还当过武装队队长,负责召集人开会,我的娘家是贫农,这些事情就是贫下中农来做。

我最早参加共产党组织的投票,就是选代表,我不会写字,没有文化,那时候是举手表决的。我的婆家没有党员,娘家人有党员,我的哥哥和父亲都是党员,当时我的父亲还是干部一

---

① 大约1952年,农历三月初一当天,当地爆发了土匪群体武力抵制解放军进驻的暴动。

把手。他们当初之所以入党，就是跟着共产党走。不是所有人都可以入党的，必须要历史好、家底清白，而且党员要起带头作用，随时都要走在人民前面。我认为共产党的干部为妇女办的最大好事就是减轻妇女负担，做什么都是男女平等。我没有裹脚，那时候，政府已经不让裹脚了，当然我的父亲也不让裹脚了，我姐姐比我年龄大很多，我姐姐是裹了脚的。对于村里的妇女而言，这是国家下的规定，大家也就不裹脚了，就跟计划生育说只能生一个孩子一样。

3.夜校和识字班

我小时候没有上过学，就是1949年后参加了夜校，那时候叫做"中学"。那些来上课的老师就是十多岁的学生。识字班我也参加过，识字班就是讲的国家大事，讲美帝国是纸老虎，压迫剥削不民主，我都还记得一些。当时我非常愿意和大家一起学习，我喜欢得很。

4.政治参与

我认为政府号召废除包办婚姻，鼓励自由恋爱，是一个好的政策，我爸爸原来封建得很，就是他让我嫁到这家来，否则我不会愿意的。但是说句实在的，婚姻大事还是应该老人帮着参考一些，有些年轻人只能看到眼前，看不了那么远。

5.干部接触与印象

1949年以前，我接触过干部，尤其是土地改革运动那时候，大家都在一起开会。现在好多都不在了，我接触到的干部有民兵排长、村长、书记等。

6.女干部

1949年以前，妇女当干部的少得很。我认为女性是可以当干部的，只要有能力、办事情可靠就可以。女性当干部也好，男性当干部也罢，还是要有能力才好，说话有知识才行。但是我不希望我的女儿、儿媳妇当干部，就当平民百姓挺好的。

7.政治感受与政治评价

政府搞计划生育政策，听说是因为人太多了，无论如何，我认为还是生两个好。因为生一个孩子的确是不好，生一个孩子，谁知道这个孩子后面会不会发生意外。现在跟以前不一样了，我们原来只能待在家里，现在政府要妇女走出家门，参加社会劳动、社会活动，这样好是好，但是现在年轻人就知道玩乐，年轻时候玩乐，不知道积攒，下半辈子怎么办！改革开放之前，政府提倡移风易俗，新事新办，废除旧的人情礼俗，有些方面，政府管着的确是要好一些。当然，有些政策我认为还是不好，政策放得太开了，我知道一个邻居的女儿，人还很年轻就已经嫁了三嫁了，一点女孩子家的规矩都不懂。

(二)对1949年以后妇女地位变化的认知

我听说过妇联会，就是新中国刚成立的时候听说的，但是我没有参加过妇联会，我当时还小了一点，我娘家的姊娘参加过。新中国刚成立的时候，就开始宣传男女平等、妇女能顶半边天了。那时候唱的歌都是那样说的："公元1951年，共产解放又三年。"毛主席才来，还没有上台的时候，就开始唱共产党的颂歌了，那时候还要扭秧歌。1949年以后，儿女的婚姻父母还是要管，一般都是父母找媒人说合，父母说了就算数，儿女的婚事基本不会找政府，毕竟都是家事，子女一般也认可父母的眼光。一般还是男的二十岁，女的十八岁结婚。

1949年以后，政府号召家庭要平等，不准丈夫打老婆、婆婆虐待媳妇，现在婆媳关系变得好多了，妇女在家里的地位也提高了，至于妇女是否要伺候丈夫，这个不一定的，要看不同家庭的具体情况。男人打女人打得厉害、吵得厉害，政府就要管，但是一般聪明一点的夫妻，谁愿意把事情闹得那么大,闹出去丢人,相互忍让一点就过去了。1949年后,妇女的名字就可以写进族谱了,1949年前我都没有名字的,只有小名。与我小时候相比较,女孩子在接受教育上有了很大改善,1949年前不让女孩子上学的。现在村民代表有妇女,村干部里面有妇女、乡、县、国家政府里面都有妇女,说明我们妇女的地位提高了,妇女也能顶半边天了,在选举时候,我也会投票给妇女。

(三)妇女与土地改革运动

1.妇女与土地改革运动

土地改革运动时候,我还没有嫁到婆家来,我的娘家是贫农,土地改革运动工作队还来过我家。我是女孩子,就做饭给他们吃,土地改革运动那时,我爸爸是分配员,既分土地,也分财产,我哥哥是区里面的大队长,三天就要向上级汇报一次,原来没有手机,只有跑到上级那里去汇报村里的情况。

当时土地改革运动工作队要动员历史好、会说话的妇女参加土地改革运动,因为当时土地改革运动工作队下来的人少,还要在当地动员一部分人参加,当时我根本不想去参加那个土地改革运动工作队的,我爸爸也不希望我去参加土地改革运动,当时都想要是早点嫁出去就好了。土地改革运动那时分土地,也要给妇女分土地。当时还要斗地主,地主有金银的,就要拿出来,有些极端一点的人,地主稍微不配合,就要把地主拉出来打骂,反正我是没有打骂过地主。我父亲那时候当着土地改革运动工作队队员的面都说过:"他们要真的有那些东西才拿得出来,不可能硬逼人家,把他们打死了也不起作用。"大家心里都有数,积极的都是"半灌水"①,脑子里面没有装东西的,脑子聪明一点的就知道差不多有那个意思就行了,打骂地主后面万一遭到人家的报复了。

以前的儿歌、口号也多,还没分土地之前,就唱的是"公元1951年,共产解放要三年"。后面又开始唱新婚姻"不要媒人来包办,自己做主当主人"。我都还记得一些,关于新婚姻,还说男子二十岁女子十八岁,先去扯结婚证,回来以后才结婚,还说了一夫一妻多和顺,何必要去搞重婚。

土地改革运动分地决策,妇女也是有权参与的,我都参加了,开完会以后,决定从哪里开始分,就从哪里开始分,男女分的土地都是一样多,但是土地证上面只有当家人的名字,听说是这样,我不识字,也不太清楚。分土地那时,我们家土地是够的,就没有分土地给我们家,分土地是分给那些没有土地,或者土地量没有达到某一水平的人家。在分地之前,每家每户有多少土地都是做了登记的。那时候分地主家的东西,抓阄分到什么就是什么,我们家分了一张桌子,当时就只分了一点家具,地主衣服都拿到街上去卖了。当时分到地主的东西,我倒是不怕,毕竟那么多人一起,全国都是这样过来的。

2.妇女组织和女干部与土地改革运动

我们村的土地改革运动工作队就下派了一个男性、一个女性。因为工作队人少,还从我们村选了一部分人参与土地改革运动。那时候我们村还成立了妇联会,妇联会的主任就是共和村那个姓胡的老太太,现在大家看见她,还会叫她胡主任。她自己没有生孩子,去抱养了一个姐姐家里的孩子,后面搞"四清",那个孩子又被抱走了。搞"四清"就是斗争干部。我当时参加了妇联会,就在三星街挨着的那个山上开会,去了以后就报自己分属的区,那时候,山上都

---

① 半灌水:是讽刺人的话,就是说一个人做事不动脑子,还自认为做得好。

坐满了开会的人。现在回想起来，那时候土地改革运动中说妇女翻身解放，我觉得主要体现在妇女可以出门开会了，以前根本不让妇女出门的，还有妇女也敢说话了，男女平等了。

（四）互助组、初级社、高级社时的妇女

1.妇女与互助组

互助组时期，我还领导大家。互助组就是今天帮这家干活，明天帮那家干活。互助组那时候还要开会动员大家参与，以前我娘家庄稼种得好，还把我的哥哥选为干部了，问我哥我们家是怎么种的庄稼。我们家还是互助组的带头人，开会、通知事情都是在我们家进行的。互助组时期，妇女要下地干活，但做农活是选几个能干的妇女去，并不是所有妇女都要参与互助组干农活。互助组是不要地主和富农参加的。

2.妇女与合作社

合作社时期，家里的土地都要拿去入社，加入合作社是当家人做主的，但是实际大家都只能听从，因为这个是国家政策，大家只能/都要贯彻。那时候入合作社，刚开始说不要哪些人加入，后面基本上全部都加入合作社了。入了社就必须上工，妇女也要参与劳动，不上工就要受到开会时候的批评，被骂是"寄生虫"，只知道吃。以前的大户人家，妇女是不会下地干活的，但是加入合作社以后，不干活就没有工分，没有工分就分不到粮食。因此，那段时期，大户人家的妇女都被逼得去干活。

3.互助组、合作社时期的女干部

合作社时期，我已经嫁到婆家这边，我的婆家是富农成分，不可能让我们当干部的。当时有贫下中农中那些特别能干的妇女能够担任干部。

4.对互助组、合作社的整体感知

互助组合作社时期，妇女能干得下哪样农活，就干哪样农活，一般就是丢种子这种类似的活儿。男人们干的活就要重一些，例如担粪、挑水这些。我干活还算可以，我从小就没了妈妈，自小就学着做很多事情。互助组时期，没有分配粮食，初级社、高级社时期才开始分配粮食的，后面又是土地下放，各家自己耕种。那时候分粮食是按照等级来分的，多大年龄，该分多少粮食。我的大女儿一天只有七两粮食，我的小儿子一天只有四两粮食，这么一点怎么够。其实当时我们农民根本不想搞什么合作社，但是没办法，国家政策只有执行！那会儿干活是分组来进行的，一个组只有几个人。

那会儿妇女尤其可怜，不仅对妇女的三期（经期、怀孕、哺乳）没有照顾，而且，社员对带小孩的妇女还要说闲话，那时候编了一个顺口溜讽刺妇女，就说"出工晚，收工早，进门就把娃娃抱"。妇女经期根本请不到假，产期可以休息，但是期间根本没有工分。开始参加集体劳动时候，我已经有两个孩子了，白天在地里干活，晚上回来就加班做家务，那会儿孩子也可怜，我的大女儿只有几岁就帮忙出去捡柴了，可以跑路的就自己玩，不能走路的就直接背到地面去。与后来的人民公社相比，互助组合作社时期，妇女的劳动其实都差不多，妇女干的活本来就没有多辛苦，加上大家都是磨洋工，没有多少人真正积极干活儿的。合作社时期，都是靠工分得粮食，没有工分就没有多少粮食，那时候只要个人愿意，八十岁的老太太都可以下地干活，下地干活就有工分。不下地干活，就只能吃一点基本口粮，少得很，根本吃不饱。那时候共产党会多，妇女队长是要参加的，会上妇女也会发言，妇女发言还得说得有理才行，没理也站不住脚。

（五）妇女与人民公社、"四清""文化大革命"

1.妇女与劳动、分配

人民公社时期，我有三十多岁了。当时妇女是要劳动的，不劳动吃饭的时候都要受到批评。生产队其实就那么几个能干的劳力，笨一点的就只有做一些简单的农活。农村就是犁田技术性稍微强一点。那时候生产队的副业，例如养猪这种活，要干部的媳妇才可以干到这种轻松活。养牛就辛苦，我就是养牛的，大热天还要出去割草喂牛，但是工分要高一点。当时生产队的队长、会计、记分员等干部基本都是男的。大集体时候，大炼钢铁、深翻土地、修水库这些活儿，妇女要是被选上了就必须去。"大跃进"是1958年，那时村里面干活偷懒的，就要被弄去炼钢铁，干活能干的就在家做农活，好多人都被这样整过。当时大家都心知肚明，妇女们在集体地里干活就比在自留地里马虎一些，集体干活的时候，大家都偷懒，想尽办法拖延时间，就比如有些人在担堰塘里面水的时候，一会要撒尿，一会要上大厕，一会儿要美其名曰礼让其他人，就这样偷奸耍滑的。

历来都是国家政策想怎么弄就怎么弄，我们普通农民奈何不了，我现在都八十多岁了，什么事情也管不了了。说句实在的，个体劳动就随便一些，集体劳动就容易扯皮。那时候，哪怕两个人干活儿干得的一样好，没有关系的那个人也不可能拿到很高的工分，有关系的才可以拿到很高的工分。那时我的工分算中等，一天有八九分的样子，那时割一亩地的麦子才只有五分，一个女性最多一天有十分。老太太一般就做简单的农活，六分一天，青年妇女一般每天八工分，具体还是要看每个妇女的劳动能力。我家就我和老头子两个人挣工分，小孩子还小，没怎么挣工分。我家老头子出工多，一年到头几乎都在挣工分，虽然只有两个人挣工分，但是我们家在集体劳动的时候，还是挣了几年的钱。生产队分的口粮、油盐、薪柴等，男女是一样的，自留地是按照人头分的。总体而言，我们家虽然人少，但是当时还是余粮户。

2.集体化时期劳动的性别关照

人民公社时期的集体生产劳动，对妇女的生理期根本没有照顾，都是一样的，艰苦得很！我的孩子就是在伙食团时期，干活的时候摔死的。就是我们隔壁那个唐家老太太，在集体化时期就得病了，得了病就遭殃，可怜得很！那时候妇女都是家里家外兼顾的，既要带孩子，又要参与集体劳动。

3.生活体验与情感

人民公社时期，吃集体食堂，就是大家一起吃饭。食堂的饭是不可能随便吃的，都是分配着吃，而且妇女还要少一些，都是有规定的，妇女一般就是吃六七两，关系好一点的就可以多吃一点。那时候可怜得很，食堂分配的一点饭，我还要带回来给家里面孩子吃，我都告诉我的孩子，我这样对待他们，要是以后他们不孝顺我，那他们就是真的没有良心。

其实当时没有谁愿意吃大锅饭，原来我们这个生产队有一百多人，伙食团之后只剩下八十多人了。吃食堂时候，我家的铁锅、铁铲还保留在家，有时候去外面找点野菜煮来吃，家里面根本没有粮食。后来集体食堂就办不下去了，不敢继续搞下去了，接着刘少奇就开始搞土地下放，又开始单独耕种，慢慢的家里就有粮食了。

还有那个"三年困难时期"也恼火，就是1959年、1960年的事情，那时候没有多少人家里敢生小孩，生了小孩也是死。当时多亏我们家里的勤快，在地里干活时候，偷偷拿点红苕叶尖揣在包里带回来。那时候男的食量大些，经不住饿，我家老头子没有饿死，那时候一个饼子,我们母子三人吃一半,老头子吃一半,就是这样熬过来的。饿得实在受不了时,有些人会悄悄到生产队的地里刨点粮食,被逮到了是要被打死的,反正我们家不敢去。大集体时期,参加那些集体活动都是强制性的,必须去,不去就没有吃的。大集体时期,那时候日子难过得很,吃的根本不够。干活时,一起说笑都是关系好一些的,一般人哪还说什么话。

4.女干部、妇女组织印象

我们这里没有铁姑娘队,大队、小队的妇女干部也是从外面调来的,一般比较有能力的妇女才能当干部。我们公社有妇联,现在那个女干部都还在世。

5.“四清”与“文化大革命”

“四清”就是1966年的事,那时候斗干部。家里的自留地在初级社转高级社时候就收回去了,都是后面下放土地时候,才又有了自留地的。“文化大革命”“破四旧”,我家就有一大坨银元被收走了。

(六)农村妇女与改革开放

1.土地重新下放

当时分配土地、划分山林啥的,一般都是家里面的“主要劳动”①去,但我们家都是我去的。男女都是平等地分到土地,但是土地证上面是家里男性的名字。其实我心里面,还是愿意各家自己耕种,但是国家政策想怎么弄就怎么弄,我们普通老百姓奈何不了。

2.新时期妇女的政治参与

我还参加过村委会的选举,我是有选票的,我自己不会写字,我一般都是让别人帮我写的,妇女候选人很少,一般都是男性。

3.妇女对国家政策感知

国家的计划生育政策,制定的出发点还是好的,如果现在让我选择,再怎么养不起,我也还是要生两个,我女儿家要不是我的建议,就没有现在我那个外孙女了,当时我的女婿舍不得钱,不愿意生二胎,当时我还拿钱给我的女儿交罚款。现在国家的精准扶贫政策还是好,但是在农村,有些当官的就是乱来,我的儿子和老头都不在世了,媳妇和女儿也没有和我住在一起,常年都是我一个人在家,我去申请低保,民政局的干部还不允许,说我的外孙能干,媳妇也在做生意,每人每天给二十元钱,我也够了。我为此非常生气,我一家人这些年生病,都把家底掏空了,外孙毕竟是外面人,人家有什么责任养我,再说了,村里面吃“低保”的其他人家,哪个有我这么可怜,当时就把民政局干部说得哑口无言了,但是支部书记说没有名额了,最终也没能给我申请到“低保”的名额。

4.农村妇女与外界的联系

我家有电视,但是我一般不看电视,我就听大家聊天说一些国家政策以及村里面的情况。现在国家政策好,通讯也发达,我都有一个手机,平时我的儿孙们会经常给我打电话。

六、生命体验与感受

人无论做什么,还是要以理服人。而且还是要有个度,不能欺软怕硬,原来我的爸爸文化高,就是这样教导我的,包括以前斗地主时期,我父亲也说不能仗势欺人。我这一辈子经历了许多,但这都是命,再苦也只能自己承受。

---

① 主要劳动:在当地指代家里的男性壮劳力。

XY20170205ZTY   张天英

调研点：四川省简阳市三星镇众合村
调研员：许英
首次采访时间：2017 年 2 月 5 日
出生年份：1931 年
是否有干部经历：土地改革运动时期担任过妇女队长
是否生育：是

受访者结婚的时间节点、生育子女的具体情况：1948 年结婚，当时 17 岁；1949 年生育第一胎，老人总共有四个女儿，两个儿子。

现家庭人口：1

家庭主要经济来源：养老金、子女赡养

受访者所在村庄基本情况：众合村，位于四川省简阳市三星镇，三星镇位于简阳市原三星区，区公所所在地，撤区并乡后，由原来的三星镇和井田乡合并而成。距简阳市区 31 千米，毗邻金堂，四面环山，小溪迂回，清乾隆二十三年(1758 年)建场。因场外东、西、北三方各有凸起的小丘似星，人称"福、禄、寿"三星，因此而得名。有百年以上大、小黄葛树上百棵，成为境内一道独特的风景线。

众合村境内山丘起伏，平均海拔 418—491 米，属亚热带湿润气候区，气候温和，适合多种农作物的种植。境内的农作物仍然以水稻、玉米、红苕、小麦、油菜等为主。近年来，由于科学技术的推进，肥料、机器等的运用，村里的粮食经常大丰收。近年来，众合村的青壮年劳力外流现象严重，土地抛荒情况较多，当地已经有人尝试将土地承包出去，土地集中起来用于栽培树苗。

受访者基本情况及个人经历：老人自小没有上过学，家里父亲不允许女孩子上学，只有 1949 年后上了识字班和夜校。老人年仅十六岁时就定亲，十七岁出嫁。

老人的丈夫家里以打鱼为生，基本没有怎么耕种过土地。与公公分家之后，就一直是老人在当家，老人的丈夫常年在外打鱼，卖鱼、购置家庭生活用品等，都是老人在负责。如今老人的丈夫已经去世，家里的四个女儿已经全部嫁出去，大儿子也在外面修了房子。老人在当初是分给自己的小儿子赡养，小儿子和儿媳常年在外省打工，很少回家来，平时老人也不怎么出门，家里的柴米油盐全靠儿子托村里的熟人给购买。俗话说，养儿防老，老人现在就希望自己的儿子，能够经常回来看望自己，与自己聊天。

一、娘家人·关系

(一)基本情况

我叫张天英,1931 年生人,今年八十六岁了。我的名字是父亲起的,就是依照班辈①来起的名字,我是"天"字辈的,而且那时候一般女孩子叫英、琼、婷的比较多。我家里全是哥哥,我们一共四兄妹,我有三个哥哥,我就是家里最小的。我哥哥们的名字也是我爸爸起的。那时候我们兄妹四个,加上我父亲母亲,就是六口人,人均只有 0.5 亩左右土地,而且我们那里是"干湾湾"②,没有水田,都是1949 年过后才有水田的。我娘家是简阳平桥那边的,跟金堂县挨得近,到这边有三十多里路。土地改革时期,我们家是贫农,苦得很,当时我爸爸都去抬滑竿③来养活我们几个,我们家四兄妹,没有被抱养出去的,都自己养着,我三个哥哥都娶了嫂子。那时候造谣,说家里养了女孩子的要罚款,我父亲没有念过书,胆小,所以我才十七岁就嫁人了,当时走得匆忙,嫁妆都是后面才拿过来的,连陪嫁都没有。我嫁过来那时候,公婆他们家里还没有土地,都是去租别人家里的土地来耕种,土地改革以后,毛主席给大家分土地,这边才有的土地。土地改革运动时期,我丈夫这边也是贫农,人均分到了三亩土地。我丈夫家里有四个兄弟,另外还有一个姐姐、一个妹妹。丈夫这边也没有孩子被抱养出去。我总共有六个孩子,其中四个女儿,两个儿子,生第一胎时我大约十八岁。

(二)女儿与父母关系

1.出嫁前女儿与父母关系

(1)家长与当家

我娘家就是我父亲当家,我母亲主要就是经管家里面的事情,养猪、养鸡鸭等副业都是我妈在管,我妈那时候连集市都很少去。那时候女性当家少得很,基本都是男的当家,不像现在,女性当家的多。当然,农村家庭如果爷爷或者父亲荒唐不成器,妇女还是可以当家。爷爷去世,就是奶奶当家。

(2)受教育情况

我在娘家没有上过学,我父亲都靠抬滑竿养活我们,哪里有多余的钱来上学。

但我的几个哥哥都是读了书的。我大哥和二哥学习成绩不好,没有上几年学,我三哥上学时间长,后面还去参军了。其实我也想上学,想是想读书,但是那个年月,女娃儿读书的少得很,1949 年以前,村里面几乎没有女孩子读书的现象,能把女娃儿养着就不错了。1949 年后就好多了,1949 年前裹足就把女孩子给限制住了,裹得人一天都不想出门,就连我的脚都裹过,再不解放宣布放足,可能脚都会被裹断。

(3)家庭待遇及分工

我在娘家的时候,家人一起吃饭,添饭是有规矩的,年轻人要给老年人添饭,大孩子也要给小孩子添饭,讲究尊老爱幼。在我们家,女孩子也可以上桌吃饭,那时候我家三个男孩,就我一个女孩,大家都很宠我。平日里吃饭座次没有什么讲究,就自己一家人,没有讲究那么多。买新衣服就是过春节的时候买一套,那时候很少买新衣服。一般先把我几个哥哥的衣服

---

① 班辈:含义同"辈分"。

② 干湾湾:即水源条件不好的封闭村庄。

③ 滑竿:一种竹制的简易轿椅,由四个人抬着前进。

买了,再买我的。那会儿穷,家里面小孩子从来都没有压岁钱可言的。

(4)对外交往

过年的时候,女孩也可以出门拜年。如果家里来客人,大家都可以上桌,没有讲究那么多。到别人家里吃酒,女孩子也可以去,我记得十来岁的时候,出去吃饭,就吃点饭喝点汤,然后把那些菜带回来给母亲吃。那会虽然穷,但是女孩子外出讨饭我没见过,一般就是家里父亲母亲想办法解决。我们家日子难过的时候,我父亲就把家里的地拿去和别人换粮食,譬如,把我家里的一亩土地拿给别人种一季庄稼,可以换三十斤胡豆。

(5)女孩禁忌

1949年之前,我们那里土匪多,女孩子有十来岁就不能随便出门了,即使出门都要戴一顶帽子在头上,把头发全部包在帽子里面,头发掉在外面根本不敢出门。夜晚睡觉的时候,我父亲都是在门口屋檐边睡觉的,一旦有什么意外,就及时通知家人从后门逃走,往山上跑。那时候女孩子白天可以随意在家附近玩耍,晚上就不敢出门了。女孩子一个人去上街的情况更是少见,最少都是几个人一起去。女孩子单独出门要受欺凌的,最好有家人的陪同,去集市都要有家里长辈陪同。女孩子可以跟同村的男孩一起耍,但是自从我们那里发生了一件事之后,就不允许男孩女孩一起玩耍了。以前我们村里有一户人,家里有两兄妹,那时候发现他们两个亲兄妹乱伦了,之后就不允许男孩女孩一起玩耍了。女孩子的衣服不能跟兄弟或者父亲的晾在一起,男性的衣服和女性的衣服要分开晒,譬如,一根晒衣服的竹竿,男性晒半截,女性晒半截,不允许男女的衣服晒在一起。洗衣服的时候,女性的衣服用盆子洗,男性的衣服就用桶洗,反正就要分开洗。

(6)家庭分工

在娘家时,我很少去地里干活,只有种玉米或者种花生之类的活,才叫我出去帮忙丢种子,除此以外我什么农活都没有干过的。但是哥哥要做农活,我大哥和二哥都出去帮过人,只有我三哥没怎么出去帮过人。村里大户人家一般自己做些农活,然后再请些人帮忙干活。一般家庭的母亲,有劳动能力的,还是要下地干活。女孩做的家务事就是做饭、捆柴这些,男孩子就负责在地里干活,吃饭的时候才回家来。男孩子一般不怎么做家务。我那时候会纺纱,如果计划好了第二天赶集的时候拿去售卖,头一天晚上哪怕加班加点都要纺完。纺纱卖了钱以后,就由我父亲管理。我母亲没有管过这些,买卖都是我父亲负责。我纺纱纺得早,十一、十二岁就开始纺纱了,我纺纱踩得重一些、快一些,没过多久就把纺车给弄坏了,我妈还因此骂过我。

绣花、做鞋、做衣服这些我也会,我的鞋子都是自己做的。那时候做鞋没有那么赶工,有时候纳鞋底,有时候做鞋面,有时候就是合成鞋底和鞋面。插花我也会,就是雕花要差劲一点,我的枕头都是自己插花做的。那时候我的叔伯家里有个婶娘,她女红比较厉害,我去看了以后,自己也回来学着做。我织布织得晚,都是在我婆家这边才开始的,纺布的纱就是我婆家这边给的。集体化时期我还在纺纱织布。我孩子大了以后,也就是我三十多岁的时候,就没怎么做这些女红了。

(7)对男孩、女孩的教育

父母对男孩、女孩的教育方面没有什么区别,但是,有的人家里男孩女孩区别就大了,那时候一般不喜欢女孩,比如我的大嫂就是小媳妇,也就是童养媳,很小就嫁到我家来了,她都说还好有我在家里。我大嫂那时候吃饭都不被允许上桌子。我们家里父母和哥哥们都没怎管我,我就吃饭的时候,偷偷夹些菜,过后拿给我大嫂吃。那时候女孩子一般不敢说话,家规倒是很少,只有地主、富农家里才会有专门针对女孩子的家规,一般家庭没有讲究那些。我那时候一天到晚躲在家里,连我哥哥们都不知道我去哪里了,还跑去问我妈妈,说幺妹去哪里了。

2.女儿的定亲、婚嫁

(1)定亲经历

我是1949年以前定的亲,十七岁就定亲了,当时听说女孩子要交罚款,我父亲吓得赶紧把我嫁出去,当时嫁得匆忙,连嫁妆都没置办,都是后面慢慢补上的。当时有两个媒人给我说亲,但是只允了一个媒婆,另外一个媒婆就没管了。当时,其中一个媒婆说了王姓小伙子和陈姓小伙子,结果允了另外一个媒婆的说亲,还是嫁到一户陈姓人家里的。当时媒婆主动来我家说亲,就是因为媒婆之前见我在家里帮忙干活,说我是个好女孩,安安静静的不张扬。那时候定亲要写婚约,还要合八字,男女双方的八字,要有六个字合到才可以定亲。如果八字不合就不能成功,这门亲事就不作数,之前收到对方的礼物也要退还给人家。

那会儿的彩礼简单,一般就是衣服,最多就是四套。有钱人家里的彩礼,最多就是六套衣服,六套衣服的情况就是说明婆家那边经济条件很好了。女方可以开口向男方家要彩礼数,但是不会直接见面说,媒婆就当中间的传话人,娘家有什么想法和要求就告诉媒人。

那时候人老实,家里父母说了就作数,不会征求女孩子的意见,女孩子连男方人都没有见到的,那时候俗话都说,"正月里来是新年,提个犁头去拜年,多多看看你的郎,免得二回怨你郎。"看的时候都要躲在窗子边看,不能当面看,只能在一边悄悄地看。那时候男女双方都一样,结婚之前都没有正式见过面。

我这个是媒婆给我父母讲的时候,我就知道了,当时媒婆是当着我的面说的亲。其实,当时连着说两门亲事都是陈姓人,我心里还是有些不高兴,第一个陈姓人是土匪,万一我嫁过去被打死了还说我是报应,我就不高兴不愿意,然后没想到第二门亲事也是陈姓人,心里还是有些小埋怨。这家陈姓人,家境要贫寒些,但是男孩子不是那种土匪,我还是相对比较满意,之前那门亲事男孩子是有名的土匪,我就不愿意,把彩礼都退回去了的,现在这家陈姓人,虽然家境贫寒一些,但是人要忠诚老实一些。

定亲后,两家要互相走动。那些年,准女婿带过去女方家的礼品就是犁头、面,还有片菜,用毛巾把这些盖住,就是礼盒了,大方一点的就是四把面、两个片菜,片菜就是肉,就是那种长长的,两斤左右一份的肉。女婿去了以后,岳丈就会好酒好菜招待准女婿。准女婿去老丈人家里不能空着手去,但是岳父不会回礼给准女婿的,那时候俗话都是那么说的,"养女儿的是赢家,养儿子的是输家"。所以岳丈人是不会给准女婿回礼的,哪怕准女婿带再多的礼品来,都没有回礼的。定亲之后,男女双方见面也只能是在女方娘家见面,女方不可能在结婚之前去男方家里的。结婚之前,只能是男方来女方家里,不能是女方去男方家里。要等定了结婚日期之后,男女双方就可以见面了,一般定了结婚日期之后就快了,最多三个月之后就结婚了。

那时候,定亲后,如果一方去世,婚约就自动解除了,那种情况,男女都会去祭奠对方的,但是彩礼不会退回。定亲后,如果男方去世,女方再次与其他人定亲,不需要征得过去定亲的男家同意,这个问题之前的男家管不了。如果是女方未嫁而去世,可以埋入娘家祖坟山。定亲之后,可以悔约,悔约的情况还很多,有的人连结婚日期都看好了然后悔约。悔约时,媒人、证人都要在场,悔约不需要补偿对方。如果对方不同意悔约,他就给你说几条他娶亲的条件和要求,你自己都觉得达不到要求,也就不好再勉强了。

(2)出嫁礼俗

结婚不需要写婚书,我出嫁时候的规矩,比如八字合不合的情况、婚期时间这些,媒人都会双方两边跑去沟通,然后我娘家这边接到通知以后,就开始准备。我出嫁那天,有四个送亲的、四个接亲的,意思就是两边各出四个人。愿意来送嫁的人都可以来,当时我家亲戚关系都很好,而且我家只有我一个女孩,大家都很喜欢我,在我结婚的前一天晚上,家里面把三张桌子拼在一起,陪我一起聊天,一起唱歌。第二天,婆家接亲的如果带了花来,就要把花戴在身上,新娘子结婚那天要坐宴席的上方位。出嫁那天,父母就告诉我,嫁过去以后要勤快,要听老人的话,不能说脏话,不能凶那边的老人。当时我舍不得我的爸爸妈妈,还有我的嫂嫂我也不想离开,都走了好远一段距离,我还回过头来看他们。我出嫁那天摆了酒席,我们那时候最热闹的就是十多桌人,我们家也是摆了十多桌的,主要就是邀请亲戚,包括甲长、保长都是请来了的,但是没有特殊招待保长和甲长。他们来了以后,随便坐哪里都可以,坐下就吃饭了,没有讲究那么多。

(3)女孩的嫁妆

当时我嫁得匆忙,连嫁妆都没有带过来,但是我母亲是给我准备了很多嫁妆的,连枕头都给我准备了十多对,还请人连夜帮我做衣服。那时候,有几对做好的枕头就算是好的了。一般情况下,没有嫁妆的新娘会被婆家瞧不起。我嫁妆置办的费用是我父亲出的,我们那时候的嫁衣不是现在这样的,那时候的嫁衣是直袍,嫁衣很长,要盖到脚踝的地方,我的母亲早早就把嫁衣给我准备好了。出嫁前,我织布、干农活赚取的收入归当家的人,也就是我爸爸,出嫁时候不能自己带走,当家人给多少就是多少,不能未经允许私自带走。我那时候也没有存到私房钱,那时候一来是人年轻,二来是我做的物品,都是父亲拿去售卖,钱直接就在父亲那里了。

(4)新嫁姑娘与娘家来往

我刚嫁出去那阵,娘家的哥哥、父亲都要过来看我,出嫁后的女孩,一般是第二天回门,回门之后就可以随便走动了。回门的时候,女婿也要一起去,女婿还要带一只芭蕉鸡去老丈人家里,是一只公鸡,然后丈人家里相应也要拿一只母鸡出来,然后一起杀了煮来吃,带芭蕉鸡去是有含义的,寓意着女儿带了一个女婿回来了。我出嫁后的第一年,我娘家人也是来给我庆了生日的。

(5)童养媳、换亲、招赘、改嫁

我大嫂就是童养媳。我妈妈是个暴脾气,我大嫂经常受欺负,我都因为我大嫂哭了好多次。那时候,童养媳就是那么个意思,是因为女孩的娘家太穷,实在无法供养女孩了,我大嫂才九岁就来我家了,是我家把她养到二十岁,然后我大嫂就回她娘家,我们这边再用花轿把她正式迎娶过来。还有一个过礼的程序,我都记得,当时迎娶我大嫂时,我们家摆了接近二十桌酒席,全部亲戚都是请来了的,当时我家杀了好大的一头猪。以前,送出去的童养媳与娘家还是要走动,过生日啥的都会走动的。

我们当地没有换亲的习俗,招赘的情况倒是有,一般就是家里面全是女孩,没有男孩的情况就会招上门女婿,招上门女婿也是会办酒席的。入赘女婿生的孩子跟男方姓,不会跟女方姓的。入赘的女婿有些要和老丈人分家,有些就不会,这个不一定,要看家庭关系如何,而且,上门女婿当家的情况也多。那时候村里改嫁的妇女少。二婚也有彩礼,有的改嫁妇女,彩礼还能够和新出嫁的姑娘相比,但是二婚的女性,婆家要求必须是洗了澡以后才能进门,但对头婚的姑娘就没有这种要求,而且一般二婚妇女是要被歧视的,会被人议论条件不好,肯定哪里有问题。

3.出嫁女儿与父母关系

已出嫁的姑娘可以在娘家吃年饭,并且出嫁的姑娘和姑爷在娘家可以同宿。出嫁的姑娘也可以回去拜墓,但是有的家庭有讲究,说嫁出去的姑娘,再回来管娘家的事,就对娘家的兄弟哥嫂不好。一般情况下,娘家有困难,嫁出去的女儿还是会尽量帮助,遇到婆家有意见,就努力克服,尽其力量想办法,而且还要看丈夫是不是跟自己一条心,丈夫如果跟自己一条心,就会帮助自己想办法,这样问题就简单了。女儿出嫁后,女儿本人在婆家遇到困难,娘家是肯定会帮忙的,比如借钱,当然,如果不是女儿自己而是婆家遇到困难,在娘家拿得出钱来帮忙的情况下,还是可以拿出来帮忙的。1949年以前,如果女孩与丈夫闹矛盾,有些女孩要自己跑回去,等女孩气消了,娘家人又把女孩送到婆家那边去。或者过几天等到气消了,丈夫就会来接姑娘过去。

1949年以前,如果出嫁的女儿提出离婚,父母管不了的,嫁出去的女儿泼出去的水,只有未出嫁的女儿父母才能管得住。有些人要给父母讲离婚的事,有些人直接离了婚之后才告诉父母。我的娘家与婆家不是同一个村,我娘家是平桥那边的,但是婆家和娘家来往还是挺多,相互之间要换工,那么远的距离,我的哥哥还请人来我婆家这边帮忙打谷子,所以我觉得,说来说去,还是血缘亲族亲,还是娘家人最亲。我出嫁后,就不能分得父母的财产了,因为我家里面还有三个哥哥,也就是说我父亲是有接班人的。那时候,假如父母只有女儿没有儿子,女儿就可以分父母的财产,没有儿子,相当于女儿就是儿子。同样的道理,假如只有一个女儿,那女儿肯定要给父母养老,如果既有女儿,又有儿子,女儿一般就不会管老人的养老问题。父母去世,出嫁的姑娘和儿子都要出钱,也是一样地披麻戴孝。清明时节,出嫁的姑娘如果回去上坟,肯定要先通知兄嫂,通知兄嫂以后,大家一起去上坟。但是出嫁姑娘提来的东西不能直接带到兄嫂家里面去,应该直接带到坟边去,等上完坟以后,有些阳人可以享用的东西,例如猪肉等,就可以带回兄嫂家里大家一起享用。

(三)出嫁的姑娘与兄弟姐妹关系

1.出嫁姑娘与娘家兄弟姐妹的走动

我和我娘家三个哥哥的关系很好,不管我是回娘家耍半个月,还是一个月也好,我的兄嫂都对我特别好,我带小孩子回去以后自己盛饭不方便,我的嫂子都会帮我盛饭,不会让我自己去添饭的,而且我回娘家不怎么带礼品给哥嫂,一般就是给家里老年人带点营养品啥的。出嫁的姑娘回娘家,名义上是客人,实际上自己一家人相当于还是主人,都是一家人,每次我回娘家,如果今天确实没有什么好东西可以招待,第二天,哥嫂也会想办法买来好东西招待我。

娘家的事情,一般不会叫嫁出去的姑娘回去参与,俗话都是那么说的,"嫁出去的女儿泼出去的水"。包括我哥哥嫂子家里分家,都没有叫我回去的。当然,如果家里需要借钱,娘家人一定会支持的,有一年,我家丈夫来我娘家这边接我回去,家里就没人,到家以后,发现家里的东西全部被偷光了,后来才知道,原来是头一天晚上我丈夫和他父亲在家商量第二天来接我,恰好被小偷听见了,小偷就趁第二天我家没人,把我家偷了个精光,我父亲就出钱重新给我家置办东西。我家老头是打鱼的,当时我父亲还重新给他买了一副渔网。我的三个哥哥和嫂子都是和我父母住在一起的,没有分家,每次去娘家,我的三个嫂子都对我很好。

2.娘家兄弟与出嫁姑娘婆家的关系

我娘家兄弟在我婆家说话的分量还是可以,我三哥在我娘家那边是当会计的,在婆家这边说话大家都会听。我在婆家这边,基本没怎么和公公产生过矛盾,家里没婆婆,啥事情就是我说了算。如果出嫁的姑娘在婆家发生了什么事情,娘家兄弟会去帮忙处理。娘家兄弟去了以后,也是尽量劝解,如果娘家兄弟的调解能够很好地解决问题,那婆家就会听娘家兄弟的话,如果摆不平,当然就不会听。后面我的儿子女儿结婚,还是告诉了我的娘家兄弟的,请他们来帮忙看人,帮忙给侄子侄女的婚事提意见。我们总共分了三次家,第一次是和我们公公分家,第二次是与我的大儿子分家,第三次是我的小儿子结婚后分家,分大家是内部进行的,分小家也是内部进行的,分粮食就用箩筐称,多点少点都无所谓。

3.出嫁姑娘回娘家拜年礼俗

姑娘回娘家拜年,一般就是正月初二,当然也不全是这样,要看娘家正月请客的时间安排,出嫁的姑娘和女婿回去拜年,就是犁头、面,还有片菜,然后拿个毛帕将这些东西盖住,带到娘家去,就算是贵重的礼品了。回娘家主要就是给父母拜年,尊敬老人,我的哥哥嫂子都没有在乎这些规矩,每次我去了以后,哥哥嫂子就说:"幺妹,不用那么客气,随便坐。"父母去世以后,我还是会回去拜年,但是时间就不那么固定了,娘家哥嫂安排哪天请客就哪天去,如果他们没有安排请客,那我就随便正月里的哪一天去。

二、婆家人·关系

(一)媳妇与公婆

1.婆家婚娶习俗

我结婚时,婆家这边一共有五兄妹,还有一个公公在,婆婆已经去世。公公和丈夫就是打鱼卖鱼的,那时候他家是打鱼来生活,周围的人都叫我的丈夫为"陈打鱼"。那时候我们定亲,双方商谈确定后,还办了定亲宴席,当时摆了好几桌,请了媒人、村里的干部和亲戚来。迎亲那天,婆家这边的族长也是来了的,进门那天还要跨火盆,之后就是女司仪主持拜天地、拜高堂、夫妻对拜,爷爷奶奶健在的情况,拜堂就是从爷爷奶奶开始拜,然后才是爸爸妈妈,从上到下的顺序。

拜堂的时候,新媳妇要给公婆送枕头。拜堂时,有些人最好不要到堂屋去,尤其是二婚的妇女,自觉等人家拜完堂再进去,否则人家知道了以后会很不舒服,对男的倒是没有什么要求,一般就是针对女性。在婚宴的座次方面,媒人和迎亲的人是贵客,要坐堂屋里面的席位,另外,地位高一些的人,也会被主人安排在堂屋。结婚当天下午就要去拜墓,还要烧枕头给死去的祖先,但那之后,我就没怎么去拜墓了,我这辈子大概只去了三次,平时就我的丈夫带着后辈去。

2.分家前媳妇与公婆关系

(1)分家之前的当家人

婆家这边,没分家之前,就是公公当家。公公去世以后,就是我接班,管理家里面的事情。

公公当家那时候,就是管理打鱼卖鱼的事情,我的丈夫家里是个打鱼户。我公公脾气大得很,家里面事情都是他说了算,要是他的哪个孩子不听话,他就会直接批评那个孩子,但是他不敢训斥我,因为他知道我娘家也是有后备力量的,我娘家有三个哥哥在。嫁到婆家以后,我的公公和丈夫主要就是在外面打鱼,我就主要是负责卖鱼、家里做饭这些。

(2)旧社会媳妇伺候公婆规矩

1949年以前,一般人家媳妇伺候婆婆,主要就是饭做好以后给婆婆盛好,端到婆婆面前,然后帮婆婆添饭。大户人家规矩就要多一些,大户人家有钱,肯定东西买得多一些,打牙祭的时候置办的东西也要多一些,而且自己家里养有鸡鸭,可以下蛋吃,不像普通贫寒人家,哪怕是打牙祭也就只有一两样菜。那时候虽然封建,但是还不至于每天向公婆请安。早上打洗脸水、晚上端洗脚水,一天三顿把饭给公婆盛好,或者天冷的时候,把烤火的小火炉弄好,送到公婆面前,这就算是忠孝,就是好媳妇的标准。我嫁到婆家以后,吃饭可以上桌,饭舀了以后,一家人全部都在桌子上吃饭。其实我觉得还好,没有哪种家务事是必须女人做的,脑子灵活的啥活都可以干,哪怕是在灶间做饭,勤劳善良的丈夫也会帮忙,懒一些的就坐在一边不动。

1949年以前,就我的经历而言,婆婆虐待媳妇的是少数情况,大部分的婆婆对媳妇还是很好的,大家都是聪明人,毕竟家和万事兴。如果婆婆虐待媳妇,还是得有点老少之分,媳妇不敢公然反抗婆婆。分家以后,主要就是我在负责小家里面的事情,啥事情都是我说了算。如果家里公公和叔伯们商量事情,就是在家庭会议上进行,这是不会落下我的,每回家庭会议我都是参加了的。我是家里的大媳妇,其他几家都是小的,一般没有人敢惹我们,我的公公人老实,我的丈夫也和他爸一样老实,所以家里面就是我说了算。

(3)出嫁姑娘回娘家

说起回娘家,我母亲是希望我每个月都回去,但是我们主要就是端午节、还有正月才回去,当时我这边都和公公分家了,一次我回了娘家,我的丈夫准备来接我,走之前都和公公说好了帮忙照看一下家里,结果还是被小偷钻了空子,把家里后墙的泥砖给弄开,偷偷进入我家,把我家偷了个精光。等我和丈夫下午回来的时候,才发现家里已经被清空了,只剩下了一架床。之后我的母亲就没那么倔强了,不会叫我经常回娘家了。

(4)媳妇在婆家的财产权

公公在的时候,我家就是公公当家,公公去世以后,家里就由我接班。一般,姑娘自己带来的嫁资钱就是姑娘自己用。如果媳妇被休了,媳妇带到婆家的嫁妆可以带走,那个本来就是人家姑娘的,婆家没有权力干涉。我在婆家自己纺纱织布所得收入,是供自己小家,用于自己小家的开支,我没有上交给公公过;自己卖东西挣的钱,就是自己保管,公公也允许我有自己的私房钱。

3.分家后媳妇与公婆关系

(1)分家

我第一个孩子出世以后,我家就分家了,大概就是我嫁过来三年后,就因为我家多了一个小孩,多了一双筷子,我的公公就看不惯了,就提出分家了。那时候分家简单得很,就只分了一碗米,还有三个碗给我们,板凳好像有一两个,剩余的都靠我娘家支持。那时候一想到分家只给我们分了那么一点东西,我都会委屈得哭,我丈夫就会安慰我,告诉我儿女大了自然是要分家的,分多分少也就那么大回事,还得靠自己创造。我们总共分了三次家,分家的时候,分大家没有其他人来参与,分小家也没有其他人来参与,家里面那么穷,自己人三下五除二就分完了,把外人叫来看反而丢人。但是,在分家之前,我和我丈夫出资添置的东西,分家的时候依然属于我们小家,我的公公不会霸占。

(2)离婚、改嫁

1949年以前,离婚的很少。如果婆婆对儿媳妇不满意,但是儿子并不愿意离婚,是不会离婚的,毕竟过日子的是儿子和媳妇。反过来,如果是儿子想离婚,这个公婆就管不了,儿子想离婚,一般就会离婚。如果是儿子想离婚,但是媳妇并无大过错,娘家家长不同意,遇到邻居亲朋好一些的,还是会努力劝和,我都见过这种情况。如果没有合理的离婚理由,娘家将女儿送回婆家,婆家肯定是会接收的,凡事说话要讲道理。一般就是在外面搞婚外情,例如儿子和媳妇不和睦,媳妇在外面乱搞,否则,要是人家行得正坐得端,凭啥把人家给休了?1949年以前,丈夫休妻(离婚)要请证人在场,政府也会先劝和,该批评的就批评,实在没有办法就是离婚处理。1949年以后,公婆家长在子女的婚姻离合上,就没有那么大权力了,就开始讲自由恋爱了。

如果丈夫去世了,妇女改嫁公婆管不了,自己的儿子不在了,就管不了儿媳妇了,妇女改嫁是自己的权利。改嫁妇女的私房钱可以带走,除此以外的其他东西是带不走的,儿女抚养的责任要经过村里的干部评定,一般改嫁妇女生的儿子要给婆家留下,因为媳妇把孙子带走,公公躺在地上哭的都有。

(3)男女有别

公公婆婆的财产继承,有儿子的寡妇能与其他的兄弟平等继承,也就是说,丈夫死后还继续待在婆家的,有儿有女的寡妇,可以分到一份财产。如果公公婆婆的遗嘱当中,留言说增加或者减少有子寡妇继承的份额,就会按照遗嘱来。1949年以前,没有妇女外出经营、帮工,可以说,原来的旧社会没有妇女外出打工。也很少有妇女偷偷跑出去,老话都是那么说的,"跨出去的门槛低,再进来的门槛就高了"。一般只有那种不想好好过日子的妇女,才会偷偷跑出去。如果是公婆要媳妇出去帮工,但是丈夫不同意,媳妇可以不去。

公公去世的时候,我的孝服与丈夫的孝服是一样的,在其他仪式方面也没有什么区别。但是公公和婆婆的墓地安排是有讲究的,公公的墓地在右边,婆婆的墓地就在左边,去给他们上坟的时候,反正都是埋在一起的,就顺带着一起祭拜了。但是公婆的祭品要区分开,公公的祭品是黑色,婆婆的祭品就是蓝色,这样才好区分开来,公公婆婆在那边才有属于自己的东西。公婆去世以后,主要就是清明节去给他们扫墓,去一次就管一年,除此以外就是过年的时候去祭拜。

(二)妇与夫

1.家庭生活中的夫妇关系

(1)夫妇关系

我与丈夫在结婚之前没有正式见过,结婚那天才正式见面的。我对丈夫还是基本满意,没结婚之前我们就是一个村的,他还经常来我们家玩。结婚之后,他没有喊过我的名字,我也没有喊过他的名字,都不好意思,就是互相称呼"你""我"。分家之后,我们家就是我当家,后面减租退押,我还担任过妇女队长。家庭的农业生产,分家之前就是公公在安排,分家之后和公公去世以后,全部是我在安排。如果家里要建房,也是我决定,那些年修房子不像现在,那会儿修房子是用泥巴修的,一般娶儿媳妇就要修房子了,修房子不用登记。我花钱丈夫从来不会管我,都是我在安排。而且我还有自己的私房钱,这人多多少少还是要留一些钱,万一遇到什么变故,才拿得出来,那些年话都是那么说的,"千有万有要自己兜里有,哥有嫂有不敢伸手",自己有钱想做啥才方便。我家丈夫历来没怎么干过农活,主要就是打鱼,依靠卖鱼所得收入为生。分家之后,其实负担还要轻一些,没分家之前,家里人多一些,吃空饭的也多,我们才是付出劳动的人。我们这个小家立家创业,我娘家给的支持多一些,我娘家父母、哥嫂都对我特别好。

分家之后,我家处理家外关系,例如与村庄的关系、生产队以及大队、公社的关系,都是我出面。集体化时期,吃不饱饭,我们家从来没有到集体的地里面去偷粮食,我家这个老头骨头硬得很,一粒米都不要人家的。我们都是自己去买的,买粮票,买啥都是。他那时候出去打鱼,早出晚归的,人家放在地里的锄头、粮食啥的把他绊倒了,他都不会要人家的东西,他就是那样的人。我这个丈夫老实,没有出去打过工,去哪个地方打鱼都会提前告诉我。我们小家庭还是搞得好,比分家之前要好些。我们家煮的饭从来都是够吃的,就没有不够吃的情况。我们家买的粮食,米、面啥的都没有断过的,那时候粮食的物价比现在还要高一些。我们家庭也比较和谐,基本没怎么闹过矛盾,旧社会的那些女人伺候男人的规矩,在我们家基本吃不通,大家都是平等的。1949年以前,厨房的事情一般就是女人做,男的勤快一点的,也还是会主动帮女性分担,例如帮助放柴啥的。而且以前旧社会,洗衣服肯定是女人洗,这个活儿是女性包干了的,男性和女性的衣服还要分开洗,男性的衣服用桶洗,女性的衣服用盆子洗,晒衣服也是分开晒,一根竹竿男女各晒半截。

(2)娶妾与离婚、婚外情

1949年以前,丈夫娶妾肯定要先经过妻子,得到妻子的同意。很少有人愿意让自己的女儿做妾,这个后面会变的,千万不能同意,以前我在娘家的时候就见过这种情况,前面说得好好的,等到男的娶了二房以后,连话都不让原来的妻子讲的。那个时候,就给两挑白糖,也就是200多斤白糖,女的就愿意嫁给人家做妾了。那些人就是想多娶一个,大房没有生出儿子,就指望二房给他生儿子,结果二房生的还是女儿,有时真是天意弄人!娶妾那肯定是比不上娶妻的彩礼,而且娶妻的仪式要盛大一些,二房始终比不上大房的待遇。如果丈夫娶了妾,正室与妾就互相称呼为姐姐、妹妹。我的舅舅就是娶了妾的,后面还吵架闹分家,要说还是一夫一妻好。分家之后,如果妻子没有生男孩,丈夫要过继男孩,要征得妻子的同意,没有经过妻子同意,丈夫不敢随便抱孩子回来的。

1949年以前,丈夫打骂妻子的情况不多常见,但还是有这种情况。丈夫打骂妻子,妻子反抗要看有没有那个本事,没有那个本事的还是只有白白受气,反正我没有受过那个气。1949年以前,年轻、孝顺、长得漂亮的就是好媳妇。妻子纺纱织布的副业收入,夫妻关系和睦的就要交给丈夫,不和睦的就不会交。但是我们家是我在当家,我赚的钱就没有交给丈夫,相反,我家老头在外面卖鱼所得收入回来还会马上交给我。家庭日常消费支出都是我负责,告知丈夫一声就行,例如我告诉丈夫,今天需要给某某家送礼,就可以了,到时候吃酒那天,他也就不去外面打鱼,我们一起去对方家里吃酒。

(3)妻子在家的地位

1949年以前,妇女很少单独去集市买东西,去也是结伴而去。1949年以前,还是有女人自己主动提出离婚,但是女方需要说出几个离婚的理由,让男方接受,如果女方提出的理由不合理,不能被男方接受,就不会离婚。妇女离婚后,只有属于自己的东西才可以带走,丈夫掌握着的东西妇女是拿不走的。有些小两口分家立户时,根本没有经过父母,私自就离婚了,反而是离婚之后才告诉父母的。1949年以后,女人提出离婚的要比男性提出离婚的多一些。

2.家庭对外交往关系

我们家里的人情往来都是我在管,我家老头啥事情都不理的,家里有客人,我还要一起吃饭,我也会去别人家里吃酒。以前那个年代,丈夫的赌债、花债,妻子一般还是会还,还得清就还,还不清就算了,男的就只有出去躲债,慢慢的妇女也就改嫁了,反正我家老头烟酒都不来的。1949年以前,如果是妻子出面借钱,对方借还是会借,但是对方会看你有没有能力偿还,没有能力偿还对方肯定不会借。但女的去借钱不一定能借到,对方会考虑妇女万一出走了,去哪里找人偿还。1949年以前,丈夫在外面有婚外情,村庄舆论会进行批评,这样一来,就把家里面的妻子害了,同时,丈夫在外面乱搞,几年之后不回来,家里面妻子也会改嫁。反过来,如果是女人在外面有婚外情,村庄的舆论也会说这个妇女不学好,到处讲,讲得这个女的以后都嫁不好。

我这个眼睛都坏了二十多年了,啥也看不见,我这个白内障也没有人带我去看,做啥都要靠自己摸着来,做饭、洗碗都靠自己扶着墙慢慢来,现在都基本不出门了,又回到以前了,就跟1949年以前一样,1949年前我只有十多岁,没有怎么出过远门,最远的地方就是从我娘家到婆家这边了,有三十多里路!那时候社会不太平,外面到处造谣说二十多岁的姑娘要被拿去卖,哪像现在这么太平,原来社会女孩子一个人根本不敢出门,无论出门去哪,都要有人陪着一起。

(三)母与子女

1.生育子女

(1)生育习俗

我有六个孩子,四个女儿,两个儿子,我的老大是个女儿,是我十八岁时生的。我们那时候对生儿子、生女儿没有什么区别,我们一宗都没有区别,就请个接生员来接生就完了,生男生女都一样,孩子满了四十天以后,会带小孩子去上坟。那时候家境不是特别富裕,而且也嫌累人,生了小孩子也就没有办过酒席。但是生了小孩以后,娘家会有人来庆贺,娘家父母主动过来,哥哥嫂子也会来,带鸡、蛋还有蒸酒来。那时候没有那么多讲究,人家高兴来我们这里要,随时都可以来看小孩子,不管小孩子多大,或者有些人见了小孩以后,愿意给小孩点红包的就给点红包。女儿和外甥回娘家,一般就是正月或者过生日的时候。孩子满周岁一般是要庆祝的,家里面的亲戚都会过来。我的公公也不管我生的男孩还是女孩,公公不敢虐待我的,在定亲之前就说好了的,我的娘家就只有我一个女孩子,绝对不会让我在这边受委屈的,所以我嫁到婆家以后,我的公公无论如何都不会说我的。后面我妈妈还问我这边日子是否好过,因为之前听说我的公公打婆婆,我的母亲就担心我的丈夫也会打我,结果我丈夫是一点坏样都没学到,对我百依百顺的。但有的家庭对媳妇生男生女区别就大,如果媳妇只生女孩,或没有生育能力就会受到嫌弃,不会给好脸色看,或者直接重新娶一个媳妇。

(2)子女教育

我的四个女儿,只有两个女儿上了学,一个初中,一个小学,另外两个儿子都是初中毕业,在教育方面,谁到了上学的年龄,就谁上学,没有区分男孩女孩。而且我和我丈夫都是一条心,男孩女孩没有二样对待的。我的儿子女儿们也没有分开教育过,我的丈夫常年在外面打鱼,在公社的渔场里面,他没怎么管过孩子,家里面教育孩子的事情都是我负责。

(3)对子女权力(财产、婚姻)

儿女结婚之后,他们自己就有私房钱了,结婚之前,有时候出去帮工挣的钱,也是他们自己管理的。我儿女的婚事都是请媒人说合的,我大儿子的婚事还是我三女儿说的媒,我儿女的婚事,也是合了八字的,如果八字不合就不成功,该退亲的就退亲,他们结婚必须经过我的同意。我的儿女们结婚仪式,和我当年也没有多大变化,我大儿子看日期之后是十月份结婚,小儿子看日期后是七月份结婚。我女儿的聘礼就是几套衣服,还有肉、米这些。我给女儿的陪嫁,老二和老四就是四套被子、四套被罩,还有两个柜子,老大和老三就是两套被子、两套被罩,一个柜子。到了我儿子结婚的时候,聘礼就是对方那边安排,媒人两边跑,传达女方的意思,我们这边就准备聘礼,对方怎么安排我们怎么准备。我儿子结婚那时候要花好几千元,最少都要花费五六千元,也就是八十年代的时候,钱全部都是我们自己出的,实在不够就去借钱。我儿媳妇的陪嫁是由媳妇自己支配,她带来的陪嫁我们管不了,没有权力管。儿子结婚之前,要看女方的要求,女方要求盖房,就要盖房,盖房的费用就是我们老两口出。盖新房的时候,出嫁的女儿要过来帮忙出力,或者在钱不够的情况下,女儿也可以适当拿出一点钱,帮忙把家里兄弟的婚事了了,后面还给女儿即可。

2.母亲与婚嫁后子女关系

(1)儿子的婚事、分家

我都记不清儿子哪一年结婚了,反正我的大儿子都五十岁了,小儿子也有四十五六岁了,我媳妇对我还是挺好的,没有什么毛病可以挑。我儿子结婚时候,媳妇也是拜了公婆的,结婚那天,午饭过后就拜我们。结婚那天,我们要先给媳妇红包,之后媳妇才能进堂屋。我的儿女这一辈人,媳妇伺候丈夫的就少得多了,但是我的大儿媳妇就会伺候丈夫,会给我的儿子添饭,大儿媳妇是学习她娘家的做法,但是我的小儿媳妇就不会。我们家基本没有闹过矛盾,分家也是和平进行的。当时是我儿子提出的分家,我大儿子看快要给小儿子定亲了,就主动提出分家了。当时我都还没有反应过来,我的小儿子就答应了,两弟兄的态度都比较强硬,当天晚上就分家了,以箩筐为秤分的粮食,麦子、苞谷都是这样分的。当时我的大孙子只有几个月大,分的家时候,还是依照大儿子家三口人、我们老两口和小儿子三口人,平均分配的,分家时没有请人来,就是自己一家人就分了。房屋的话,当时大儿子家三口人分了一间堂屋、一间寝室,还有一个厨房,剩下的就是我们老两口和小儿子的。分家时候没有立字据,啥都没有写。分家之后,我大儿子高兴得很,就是大儿子提出分家的,都是他们兄弟两个自己分的,我和我家老头子根本没有参与。分家的时候家产由儿子平分,没有分给女儿。媳妇带过来的嫁资钱,分家时候不用拿出来,那是她自己的东西。在分家之前,如果是儿子媳妇出资添置了农具、家具等,分家时归他们小家。女儿不能参与分家,儿子要承担给父母养老的义务,家产都是儿子享受。

(2)女儿的婚事

我大女儿定亲早,大女儿的对象就是我们一个村的,定亲之后大女儿就不经常回来了,才十六岁就结婚了,她是自由恋爱的。我的大女儿是定亲早,我的二女儿都是十九岁才定亲,村里女孩一般就是二十岁左右定亲,不会超过二十岁。定亲时,父母会征求女儿的意见,一般父母看对方小伙子对女儿比较忠心,为人踏实就可以了。定亲时,女儿与对方见过面,我女儿这一辈人结婚,就要稍微复杂一些了,我们结婚那时候的风俗要随便一些。女儿定亲之后,两家就要走动,生日往来啥的都要走动。娘家给的嫁妆,一般不会受婆家给的聘礼影响,要看姑娘的娘家自己,因为嫁妆多少也会涉及娘家的面子问题,所以娘家一般都会努力为女儿置办嫁妆,当时为了给三女儿办酒席,把家里的肥猪都卖了。

(3)1949年后农村婚娶特点

1949年以后,到我女儿出嫁的时候,婚嫁习俗没有以前那么多了,但是比我们以前的彩礼聘礼都要多一些了。现在年轻人跟我们那时候变化大多了,现在结个婚随便都要花好几万。1949年以后,一般就是家里没有儿子,家庭条件还不错的人家,会招上门女婿,招上门女婿比娶媳妇儿花的钱还要多一些,还要把自己的女儿培养好一点,男方才愿意过来。入赘的女婿,有好的也有坏的,这个都是命数,有些忍气吞声、有些还是大吵大闹,总之,好的上门女婿占多数。入赘女婿生的孩子跟男方姓,入赘的女婿其实和儿子差不多的,有的闹分家,有的则不会闹分家,反正我们村子里面招的几个上门女婿都挺好的。如果家里有什么祖传手艺,一般还是会传给上门女婿。入赘家庭里面,还必须对上门女婿好一些,否则日子怎么过下去?如果上门女婿离婚,财产不可以带走。

(4)父母与婚后子女关系

我与姑娘的婆家,就是有什么事情才会来往,平时不怎么走动。如果姑娘家有困难,我们做父母的还是尽量会出钱出物帮助。两个儿子的小孩都是我养大的,平时买零食啥的,都是我们自己出钱,我们当爷爷奶奶的,还是应该出钱。外孙我没有养过,对方家里都有爷爷奶奶,他们自己养的。外孙和孙子还是有一些区别,外孙对那边的爷爷奶奶,肯定比对外公外婆好一些,那肯定是自己的孙子孙女亲一些。我现在由我的小儿子赡养,因为当时分家是分开了的,大儿子赡养我家老头,小儿子赡养我,大儿子才养了我家老头三年,我的老头就去世了。女儿没有怎么来过,就是偶尔过年过节,或者我过生日的时候,才来一两次,给我带一点礼品。现在农村,一般儿女都会养老人,因此打官司的也很少,我还没有听说过儿女不赡养老人打官司的,只听过离婚打官司的。村里人家如果没有儿子,只有出嫁的女儿,就是几个女儿凑钱养老人。我觉得,为了防老,还是要养儿子好一些,虽然现在都说养儿养女一样好,但是实际上还是儿子好一些,女儿只有偶尔才会过来看我一下。总之,还是儿子好一些,俗话说"孝顺女儿路上走,孝顺儿子守床头"。我历来就不喜欢去女儿家里住,原来年轻的时候就很少去,现在老了,眼睛也看不见了,就更是没有去过了,去女儿家里我总是不习惯,哪怕把我招待得再好,我也觉得不习惯,何况我现在都八十多岁了,女儿们就更不会接我去她们家了,万一哪天我死在她们家!我也不希望在女儿家长住,我宁愿自己一个人待在这个屋子里。儿子回来,我就希望跟着儿子一起住,儿子没有回来我就自己一个人单住。女儿就不一样了,女儿自己有一家人,在女儿那里住久了,总是会落一些闲话,我这个人有怪毛病,历来听不得那些话。

三、妇女与宗族、宗教、神灵

(一)妇女与宗族

1.妇女与宗族活动

我们村庄以前有祠堂,妇女可以进祠堂参加祭祖的仪式,如果丈夫不在家,妇女也可以代替丈夫参加宗族会议，聚餐活动妇女也是可以参加的。在宗族聚餐的时候，妇女是跟丈夫一起坐，不会分开坐。妇女在宗族事务和祭祖活动中，就是打扫卫生、准备饭菜啥的。妇女的名字写进婆家的族谱，如果宗族扫墓，妇女可以参加。我出嫁时，娘家去祠堂告诉祖宗了的，我还去拜了祖先。村庄以前有家祠，但是有些远。祭祖的仪式妇女也可以参加。我出嫁时候，娘家宴请了家族各房支。宗族、家族物品分配，我没有享受过，只有家里哥哥才享受过。

2.宗族对妇女管理与救济

如果一家人只生了女孩没有男孩，在族里会受气，会受到挖苦。如果没有男丁，父母去世后，是亲女儿继承财产。村里以前有溺婴现象，女娃娃就有被溺死的，因为不喜欢女孩，那时候家里丈夫在妻子生产的时候，就会准备帕子和米，让妻子咬在嘴里，如果发现妻子生了男孩就留下，一旦妻子生了女孩，就直接把女婴往水桶里面扔，女婴一会儿就断气了。我的公公就这样干过，都是后面我丈夫的兄弟告诉我公公，他想要一个妹妹，当时我婆婆生产的时候，我丈夫他们就一直守在婆婆身边，才把婆家这边唯一一个女儿留下。宗族层面对寡妇没有什么帮助救济，但寡妇改嫁需要宗族同意。

(二)妇女与宗教、神灵、巫术

天干求雨的时候，就问老天爷什么时候下雨，要许愿，等到下雨之后再来还愿，再次买上公鸡之类的去祭拜。以前，求雨、求丰收都有个专门的带头人，而且像求雨、求丰收这种祭拜活动，一般要年龄大的去才可以，无论男女，而且去的人起码也有二三十个，而不是几个人去，我记得我都去过好几次。在集市上，无论哪个商贩，知道我们是求雨、求丰收的人，都会拿出一部分钱给我们，由我们带到庙里去，作为贡献。那时候祭拜神灵男女都一样，没有什么区别，例如，祭拜灶王爷、土地公、求子观音等。但是，如果家里有人生病，需要请神，大部分就是男性去做。农村是女巫、男巫都有，他们就是化钱去修庙，一般相信男巫的多一些，因为有些人说女巫算得不准。我家以前供了三代先人的灵位，我的眼睛很多年都不好了，没有出过门，一般就是在家里面祭拜。我现在信佛教，希望我的子孙后代在外面打工顺顺利利的，身体健康，多挣一些钱。

四、妇女与村庄、市场

(一)妇女与村庄

1.妇女与村庄公共活动

出嫁之前，村庄活动例如看戏、求神我都是参加了的，看戏的时候妇女和男人没有分开坐，全部都在一起。出嫁之后，我还参加过村里的吃会，养男孩的就要带一只公鸡去，养女孩的就带一碗豆腐去。1949年以后，村庄的会议就是生产队的干部，例如队长召集，妇女可以参加会议，我都参加了村庄会议的。发言的话，读过书有文化的妇女才会发言，没有文化的妇女就不会发言。我出嫁之前，知道我们村的绅士、保长、甲长是谁，出嫁还要请他们过来吃喜酒，请他们做证婚人。但是过去这么多年都已经忘了，这些干部都是生产队群众选举的，保长就是管理兵的，甲长负责收各种款项。我个人对村里的事情还是挺关心，出嫁之后，丈夫所属村子的绅士、保长、甲长是哪些人，我就不太清楚了，但我对这边村子的事情还是关心，既然嫁到这边来，就是这边的人了。

2.妇女与村庄社会关系

我在娘家有好几个女伴,我们有好吃好玩的都会互相分享,有时候,她们还会偷偷把家里的东西拿出来分享,我们大多数时候是在家里耍。女伴出嫁,我都是去了的,我结婚她们也是来了的。她们出嫁那时,我都还是穿的长袍,叫做直袍,一般就是蓝色,红色的衣服很少。我有四个好朋友,有两个哭嫁了的,有两个没哭嫁。1949年以后,村庄会安排女性参加劳动,一般就是男性一天十工分,女性七工分。换工的话,肯定是男的干活厉害一些,有些不计较的就是一个男工换一个女工,有些就是一个男工换两个女工。我们新婚之后,没有去拜访邻居,就是拜访了一下婆家的亲戚。出嫁到婆家之后,我也有好几个朋友,男女都有,相比较而言,还是和自己脾气、性格相投的人走得近一些。村里的红白喜事,以前年轻时候经常叫我去帮忙,现在老了不行了,连门都出不了。1949年以前,玩得好的妇女,平时一般聚在家里面聊天,夏天晚上乘凉,妇女不敢出来,那时候土匪猖獗,晚上都要待在有后门的房间,一旦遇到什么突发情况,就好从后门及时逃走。关系好的妇女在一起,带头人没事就把大家组织在一起。现在的妇女还会经常一起聊天。现在聊天的内容跟以前又不一样了,现在社会时代不同了。现在的男女都不流行纺纱织布了,原来我们就靠这些存私房钱。这些女红技术我在娘家就会了,我自己看人家做就慢慢学会了,没有人教过我,做啥都是看人家做了之后就开始自己摸索。

(二)妇女市场

出嫁之前,我去过市场赶集,街上我还去得多,跟着父母、哥嫂都一起去过。当时,一般去集市就是去买我的东西,买丝线啥的,要买好几样,买了回来之后就自己做手工。出嫁后我也经常去市场,一般和这边的兄妹一起去,市场中卖东西的女商贩多。以前,女性有在市场或者外地留宿的,就是住在旅馆,有专门的男旅馆和专门的女旅馆。我家里纺纱的棉花是自己种的,家里面种了几亩棉花。织布的纱是自己纺的,纺出来的布大多数都是拿去卖的,一般就是我父亲去卖,卖的钱也是在他那里,他是我们家里的当家人,置办家里的生活用品也是我的父亲负责。做鞋做衣服的针头线脑就是在街上买,衣服和鞋子这些,一般就是做了自己穿,没有怎么卖过这些东西。1949年以后到改革开放之前,妇女在集市卖一些鸡鸭、蛋类都是可以的,没有什么限制。家里面都发了布票和肉票,没有豆腐票。布票贵重得很,那时候没有布票就买不到布匹,我家布票根本不够用,还要去买布票来用,有的人家就把布票攒下来换粮食。肉票没有买过,有时候我们自己家里的肉票还用不完,现在好,现在那些票证都不需要了。我那几个孩子长大了,慢慢就没怎么自己做衣服了,大概有二十多年,我没有自己做鞋子了。1949年以前,村里人进行物物交换的情况还是多,一般就是在粮站进行的,人们把粮食担到粮站去,粮站的人说怎么换就怎么换,这件事情的赢家就是粮站,换得多就家里男女一起去,换得少就是男性单独去。

五、农村妇女与国家

(一)农村妇女认识国家、政党与政府

1.国家认知

还没有生小孩的时候,我就知道国家这个概念了,可能也就是十多岁的时候,是通过开会知道的,国家就是人民政府。1949年以前,我用过的钱种类挺多,有小钱、铜元、还有政府的票子,后面有人专门来回收,还卖了一些钱。1949年以前,妇女也要向国家交税,男女一样

多,都是按照人头来的。

2.政党认知

1949 年以前,我听说过国民党,也在开会时听说过孙中山和蒋介石,但我对国民党没有什么印象。现在的国家主席是谁我也不太清楚,我的眼睛都瞎了二十多年了。1949 年以前,共产党我是知道的,我认识的人当中有共产党员,而且有女性党员。听说过共产党、革命这些词,就是开会的时候听说的,是生产队队长开会提到的。我还当过村里的干部,当过妇女队长。

我最早参加共产党组织的投票,就是选为人民服务的干部。当时我们是写的选票,我是请生产队的人帮我写的选票,我不会写字。我之所以选择某人当干部,是因为那个人成绩好、综合素质优秀,能够为人民服务。我的家人当中没有党员,我也没有入党,那时候党员要交党费。我觉得共产党的干部为妇女办的最大好事就是为妇女撑腰,提高妇女地位,蒋介石的国民党就不敢再压迫我们了。1949 年以前,我参加过保长、甲长召开的会议。那时候二十岁左右的男丁就要被拉去当兵,家里需要拿钱去把他们赎回来,但是只有保长前去才能把人赎回来,其他人是没有办法的。国民党的干部我没有接触过,共产党的干部我接触过,就是去开会时接触的,后面有了小孩子,有了绊脚石之后,有一段时间就没有去开会了。我以前是裹了脚的,我估计当时要是再多裹半年,我的脚都会被裹断的。后面就是政府不让裹脚了,当时政府就说的是"放足好,下得地来下得田,免得公婆请长年"。插秧的时候,大脚可以下田劳动,小脚就不能下田干活。当时大家都觉得不用裹脚好,哪里都可以去,也就不再裹小脚了。我以前还经历过政府号召剪短发,当时说的是头发长"会影响人",助长那些乱来的人的行为,当时已经是毛主席时代了,我们村的妇女都剪了短发的。

3.夜校

识字班和夜校我都上过,来上课的老师有男的也有女的。识字班主要就是午饭过后去参加,下午就回来了,识字班只上半天。上识字班还可以认些字,当时参加识字班是有人组织的。

4.政治参与

我认为政府废除包办婚姻,鼓励自由恋爱,还是有一定好处的。自由恋爱结婚,免得因为父母包办,日后过得不幸福埋怨父母。

5.干部接触与印象

1949 年以前,我接触过干部,就是保长、甲长这些,还有生产队的干部。

我接触的职位最高的是大队的干部,职位最低的就是生产队的干部。

6.女干部

1949 年以前,我认为女性可以当干部,这样可以提高女性的觉悟。相较于男性干部,女性干部没有那么多脏话。要是我的女儿或者儿媳当干部,我就会很高兴,干部家庭怎么也比普通社员家庭好一些,平时说话分量也要重一些。

7.政治感受与政治评价

政府实行计划生育政策,是因为人口发展得太快了。但是我们老年人,就始终觉得生一个太少了,最少也应该生两个,都这个想法。我认为农村实行计划生育的具体困难就在于不同的人想法不一样,有的人愿意按照国家政策来,有的人就不愿意按照政策来,有的人愿意养一个孩子,有的人就觉得养一个太少了,无论如何哪怕偷着也要养几个孩子。现在社会好,政府要妇女走出家门,参加社会劳动、社会活动,姑娘媳妇满天下走,比我们原来幸福多了,我就希望青年人多多的给国家做贡献。改革开放前,政府提倡移风易俗,新事新办,废除旧的人情礼俗,我认为政府还是该管这些事情,管了就要好一些。

(二)对1949年以后妇女地位变化的认知

我听说过妇联,开会的时候听说的,我还参加过,就是生产队组织的。我还听说过男女平等、妇女能顶半边天这句话,具体什么时候我记不清了,就是在生产队开会时听说过,也就是三十岁左右的时候。1949年以后,儿女婚姻一般还是父母做决定,有的儿女也是自己谈的恋爱,如果父母不同意,儿女不会找政府,而是继续说服自己的父母。1949年以后,政府号召家庭要平等,不准丈夫打老婆、婆婆虐待媳妇,现在比起以前好多了,原来丈夫打老婆得多一些。现在要是政府再来一个政策,规定不准媳妇虐待婆婆,那我才高兴。总的来讲,1949年以后,妇女在家里的地位就提高了,这是离不开政府的。1949年以后,妇女伺候丈夫得就少了,现在妇女伺候丈夫更是少。政府和村里的干部也要管男人打女人的事情。女孩子在接受教育方面也比我们以前好多了,我的女儿有些是上了初中的,我的孙女现在也在上高中了。女孩子上学和政府的政策是离不开的,现在女孩子的文凭越来越高了。现在村民代表也有妇女,村里干部有妇女,乡里、县里、国家政府里面都有妇女,说明我们妇女的地位提高了,我选干部的时候,也投过票给妇女。

(三)妇女与土地改革运动

1.妇女与土地改革运动

土地改革运动时,我的婆家被划分的成分是贫农,以前我老头他们家里没有土地,都是去租别人家里的土地来耕种。当时土地改革运动工作队在我们村里待的时间还久,我们村子大,当时来了九个土地改革运动工作队队员。土地改革运动中妇女都分到了土地。我还参与过开会、斗地主,那时候我管理了一连人,有二十个人,负责抄地主的家。当时去地主家里抄东西,抄了什么吃的东西出来就要煮来吃,要是不煮来吃,就会被说成是没有和地主割断联系,一天结束,还要去干部那里汇报抄地主家的情况。我还上台诉过苦、斗过地主,那时候天天晚上都要斗地主。当时我们大家庭分了几间地主的房子,分地主的楼房,当时根本不怕的,那时候的歌谣我都记得一点,"地主富农要打垮,穷人翻身好降压"。妇女也要参加土地改革运动和斗地主,开群众大会的时候,大家都去斗地主,让地主跪在地上,大家都要去打他们,不打他们,就会被认为是没有和地主割断联系,实际上聪明人都知道,即使是打地主也要有个轻重,不可能直接把人家打死。当时斗地主,一般是男性积极一些,下手狠毒一些,女性看着地主被打,也觉得可怜,下手就不会那么重。土地改革运动分土地决策妇女有权参与,我都是参加了的,妇女和男人分到一样多的土地,人均三亩地。虽然土地证上面是家里男性的名字,但是家里分的土地,大多数时候都是我做主,我家丈夫经常在外面打鱼,很少在家。

2.妇女组织和女干部与土地改革运动

当时我们村的土地改革运动工作队,没有女队员,都是男的。我们村里面成立了妇女会,到现在那个妇女会的主任都还健在的,她姓李,是个能干的人,能文能武,能担能算啥都会。我也是参加了妇女会的,可以自由发言,我家丈夫不会限制我参加妇女会,家里面的事情都是我做主。那时候天天晚上都要熬夜,要去开会,从我们村子走到尹家庙那边去开会,好几里的路。参加妇女会,没办法,被选上了就要参加,再忙不过来都要去参加,当时我都有一个小孩了,晚上去开会就只能把小孩锁在家里。现在回想起来,我觉得土地改革运动时说的妇女翻身解放,主要体现在男女平等,妇女也可以顶半边天了。土地改革运动时,冒尖当村干部的妇女一般就是贫农,要有能力一点,会说话,开会的时候要能够把大家带动起来。

（四）互助组、初级社、高级社时的妇女

1.妇女与互助组

互助组那时,我记得就是生产队的干部开会的时候就动员大家,我们家加入互助组主要就是我做的决定,互助组时期,妇女也要下地干活,一般就是几个人为一个小组,依据土地亩数,来分配耕作面积,其实当时还挺愿意和互助组一起下地干活的,大家一起干活说说笑笑的也热闹。

2.妇女与合作社

合作社时期,家里的土地和农具都要入高级社,主要就是我做主,我的丈夫常年在外面打鱼,很少在家务农。合作社时期,全部的妇女都要下地干活,依靠工分吃饭,没有工分分粮食就没有份儿,而且那时候没有单干户。

3.互助组、合作社时期的女干部

我当过互助组、合作社的干部,当时干活我还要带头走前面。那时候还是挺艰难的,我觉得没有小孩子当绊脚石就要好一些,有小孩子需要照顾,开展工作始终没有那么轻松。我们那时候没有女组长,但有女社长,是大家选举产生的,她当干部主要就是管下面的人,上级干部管下级干部。

4.对互助组、合作社的整体感知

互助组、合作社时期,其实跟历来是一样的,妇女要做轻一些的农活,男性干的活重一些。男性的报酬自然多一些,打个比方,男的一天十二个工分,妇女最多只有七个工分。粮食分配是依据工分来的,工分多粮食就多。互助组合作社那时,大家都和睦的话,还是愿意大家一起干活,热闹一些。和谁一起干活,在哪干活,都是听从生产队长安排,被安排和谁一起干活,就和谁一起干活。有些男性在集体干活的时候会说脏话,后面集体开会的时候,就会批评教育说脏话的男人。那时候,妇女三期一般是告诉妇女队长,跟妇女队长请假。怀孕的妇女,起码六七个月才可以做一些轻巧的活,经期不能请假。产期一般可以休息四十天,产期休息没有工分,当然这个也是不一定的,有时候遇到打霜等需要抢收粮食的季节,还不等生产后的妇女休息满四十天,就要出来做农活。我都遇到过那种情况,就是生我大儿子的时候,刚满了月,还没满四十天,就被叫出去参加劳动了,走路眼睛都是花的,刚走出去就摔倒,结果爬起来以后还是必须参加劳动。那时候还是可怜,参加生产队的劳动时,只有把孩子单独放在家里,没有人帮忙带小孩的。还好那时加夜班的时候很少,只有农忙才会晚上干活。要说还是人民公社时轻松一些,压力没有那么大。合作社时期,人还要辛苦些,七十岁的老人都要下地干活,只是他们干的活相对轻松一些而已。不下地劳动的妇女,口粮就用家人的工分来抵。那时候共产党的会多,妇女也要参加。

（五）妇女与人民公社、"四清""文化大革命"

1.妇女与劳动、分配

人民公社那时候,我也就是三十岁左右。那时候,妇女也是要下地劳动的,出工的时候干部就用口哨提醒大家。男性的活相对要重一些,妇女的活要轻一些。那时候男劳力和女劳力都多,技术性比较强的工作,例如育种、犁田、操作机器等,就是男性做得多一些,女的在这些方面就要差劲一些。生产队的副业,例如养牛、养猪、养鱼等工作,男人女人都可以做,当时叫我去养猪我都没去,我去伙食团做饭去了,那时候很怪的,猪始终不好养,总是养不肥,我就不愿意去养猪。人民公社时期,生产队的队长、会计、记分员都是男性,只有妇女队长是女性。大集体时期,大练钢铁、深翻土地等,有的妇女也是去了的,我当时没有去,听回来的人说,在外面还比在村里干活轻松些,在干部眼皮子底下就认真干活,干部不在就磨洋工。"大跃进""学大寨"时期,日夜辛苦、忙里忙外、出工、做家务、带孩子……需要两边跑,晚上还要加班,辛苦得很。

当时,妇女们在集体地里干活做事,就比在自留地里马虎一些,在集体地里干活就想方设法避着干部偷懒。如果再让我选择,分田到户和集体所有,我觉得肯定是分田到户好些。但是我觉得集体劳动还是挺热闹的。集体干活,有的妇女干活比较厉害,可以和男性相比较,工分就和男性一样,也就是男女同工同酬。那时我也不差劲,我比一般妇女的工分要高一些,如果她们是七分,那我就是八分,因为我是妇女队长,每次出工都要积极一些。妇女的工分,最高就是男女同工同酬的情况,妇女一天也可以挣十几个工分,其余普通妇女,一天最高就是八个工分,男性一天就是十到十二分。话说回来,如果男人和女人做一样的事情,但是工分不一样,我觉得是公平的,因为男性的劳力始终要强一些,这个是肯定的。那时候,老年妇女最高就是五分,未出嫁的姑娘,具体要看她们的劳动能力,她们和老年妇女一起干活,工分就和老年妇女一样,她们和年轻妇女一起干活,工分就和年轻妇女一样。我家当时五个人挣工分,还可以挣一些钱回来。生产队分粮食是依据工分来,分油、薪柴是按照人头来,男女一样多。自留地也是按照人头来,人均 0.14 亩。我家还算可以,基本上都是余粮户。

2.集体化时期劳动的性别关照

人民公社时期的集体劳动生产,对妇女的生理周期没有照顾,产假根本没有工分,没有倒扣工分就算好的了。妇女怀孕也要做轻巧的活儿,要是一个孕妇待在家里,当天生了小孩还好,要是没有生小孩,还会扣工分。妇女哺乳还得看着时间来,十几二十分钟可以,久了就会被扣工分。那时候人还是可怜,生病都只有当场倒在地里面,才不会被扣工分,否则看你病快快的,干活慢,还是会被扣工分。如果妇女因为这些原因生病,集体和政府根本不会管,一个生产队总共一百多人,他哪里管得过来。我们以前就是这样过来的。

3.生活体验与情感

集体食堂时期,我在集体食堂做过饭。集体食堂的饭菜是分配吃,根本吃不饱,我们五口人才一斤六两红苕,我们还要自己去买粮食,回来开小灶。那时分配饭菜,要看煮的是啥,如果煮的是稀饭,那就是每人一瓢。其他的话,就是按照级数来分,十岁以下的小孩,每顿人均七两红苕,妇女每顿也只有七两红苕,男性要分得多一些,但是也高不了多少,也就是多二三两的样子。集体食堂没有搞多久。那时候生产队种的有一些小菜,茄子、莴笋都有,就吃这些。当时好多人不愿意吃这个大锅饭,根本吃不饱。吃食堂时,我家的铁锅、铁铲都还保留在家,我们自己要开小灶。表面上,搞集体食堂,妇女不用做饭了,负担就要轻松些了,可实际上,唉……如果这个集体食堂再搞久一点,可能人都会死得差不多。当时就有人饿得得病,有一次我去集市,就看见一个人直接倒在路边了,当时把我给吓得,赶紧跑回来通知他的家人。当时我是食堂的炊事员,我就建议把粮食分给各家各户,让大家自己做饭,渐渐地,食堂做饭就少了。那时候有些人家里，孩子和老人饿得实在受不了时，就会悄悄到生产队的地里刨点吃食，但我们家没有干过那种事情，我家老头骨头硬得很，加上我家在外面打鱼，有些收入，家里没有粮食就自己出钱去买粮食。造成那种局面，当时大家都偷偷怨政府，但是不敢当着干部的面抱怨。大集体时期，集体活动也多，那时候无论天晴下雨，都必须去参加识字班和夜校。大集体时期大家一起上工，现在想起来都受不了，真是太艰苦了。

4.女干部、妇女组织印象

集体化时期，还是有女干部，我都当过妇女队长。一般要爱护社员，干活起带头作用的妇女，才能够当干部。

5."四清"与"文化大革命"

我知道"四清"，但是具体什么原因我就不知道了。我还参加了新一轮的斗地主、斗干部，那时候村里的地主婆、地主女儿就很本分了。干活的工分没有亏待她们，但是她们干活必须跑在前面，积极一点。那时候上集体工，妇女如果说要回娘家走亲戚，根本不允许因为这些原因请假，不是干部的话，走亲戚往来啥的都请不了假的，大家都被束缚在土地上劳动。

(六)农村妇女与改革开放

土地承包、分配土地的决策过程，妇女是参加了的，男女分到的土地都一样多，但是土地证上面只有男性的名字。我个人其实不想单干，我喜欢集体劳动，热闹一些。1949年后，村委会的选举我也参加过，选票是我请人帮着写的，妇女竞选干部，我也会投票。如果现在让我选择，我不会再生那么多孩子了，我最多就生两个，生多了累人得很，反而有的孩子埋怨我，说我没有把他们养好。现在我年龄大了，哪也去不了了，自己洗不了衣服，也洗不了澡，要是有人帮忙洗还好，没有人帮忙洗就可怜了。现在村里的男老人与女老人还是会在一起摆龙门阵。我家有电视，但是已经坏了，我眼睛坏了好多年了，只能偶尔听听收音机。

我家现在只有一个座机，有事的时候，一般就是儿孙们打电话过来。

六、生命体验与感受

我这辈子不容易，现在眼睛也看不见了。最幸福的事情就是我儿子给我汇钱回来，我想吃什么就找人帮我购买。我的子孙后代都不在家，就我一个人在家，我的难处就是洗衣服洗澡，因为我的眼睛看不见，心里想去做的事情做不了，只有靠自己去摸。要是家里来人，把我的东西换了位置，那我就要摸很久，这个也是我的困难。自己一个人在家里，找一个东西很久都找不到，没有人管我，哪怕半天过去了，还是我自己一个人在那里趴着。

ZCY20170119XGL　肖桂兰

调研点：湖北省荆门市钟祥市石牌镇钟堰村
调研员：钟楚原
首次采访时间：2017 年 1 月 19 日
出生年份：1934 年
是否有干部经历：无
是否生育：是

受访者结婚的时间节点、生育子女的具体情况：老人于 1953 年结婚；1954 年生第一个孩子，共生了六个孩子，三个女儿、三个儿子，其中第二个女儿因病去世。

现家庭人口：7

家庭主要经济来源：务农、经商

受访者所在村庄基本情况：钟堰村隶属于湖北省荆门市钟祥市石牌镇，地处竹皮河沿岸，石沈公路纵贯全境，区位优越，交通便利。全村版土面积 6.5 平方千米，有 8 个村民小组，197 户，1158 人。耕地面积 2482 亩，水面 2000 亩，以渔业养殖为基础。村中有一小学即钟堰小学，满足了钟堰村、官堤村、肖店村、洪山观村以及桧坡村适龄儿童的求学需求。当地以传统手艺做豆腐为生，该手艺起于合作化时期的业缘，传承于家族之内的血缘。近年来，随着水产养殖的不景气和传统农业收入锐减，外出打工的青壮年占到本村劳力的百分之八十以上，居家者非寡即弱，或有难脱身者。

受访者基本情况及个人经历：老人名叫肖桂兰，生于 1934 年，很小的时候定了娃娃亲，男方二十岁的时候过来结亲，彼时老人十九岁，并于次年生子。老人生了六个孩子，其中三个儿子、三个姑娘，其中大姑娘嫁到了桧坡村，二姑娘二十岁的时候患直肠癌去世，在极其困难的情况下，老人把小姑娘供上了大学，现在城市上班。三个儿子户籍都在钟堰村，但是大儿子已居住在市里，主要帮他儿子看护孙子。二儿子在外面做豆腐多年，亦不在村中居住。三儿子前往新疆做豆腐多年，已在那边定居，目前老人丧偶独居二儿子旧宅中。

老人一生饱经风霜，因为老伴年轻的时候在家中娇生惯养，不怎么管家中之事，所以一般都是肖桂兰老人当家。初嫁过来的时候，家中只有三五亩水地，连耕畜都没有，打堰堤、做农活，老人样样都得自己干。从土地改革到集体化再到儿女分家，老人勤劳肯干，心眼活络，替几个儿子把家业挣下。在老人眼里，只要有人在，一切就都会挣回来。并且鼓励孩子们多往外走，不要留在家中，经商多年，几个孩子都过得很不错。老人操了一辈子心，为家庭贡献了一生，晚年得享清福，加上身体康健，实乃人生幸事。

一、娘家人·关系

(一)基本情况

我叫肖桂兰,1934年生,我的名字是老师起的,我那时候在家里娇得很,父母给我起了一个小名叫"奶儿"。在原来的时候,妇女经常会使用"兰""金"等字眼放入名字中,没的什么特殊的含义。土地改革以前,我家中共有六口人,分别是我的父母、一个兄弟、两个妹妹和我。但最初我还有一个兄弟,不幸因病去世,两个妹妹也有一个在后来去世了,只不过她去世的时候年纪大一些,所以这样算来我家就有六口人了。我父母害怕孩子们再出事端,就给我剩下的唯一兄弟改名为"香菱",意思就是求菩萨取得。这样看来,我们那时候都不是按照辈分起名字的。

我于1953年出嫁,那时我十九岁,当时土地改革都已经结束了。我娘家是富农成分,但是我娘家嫌富农成分高,又进行了复查,降级为中农成分。我丈夫家里也是中农成分,这样一来,我们两家的成分相对,才成的亲。丈夫家中有六亩水田,我们这边没有旱田,这些田地用来支撑一家老小的生计。原先他们家中也有很多田,但是在土地改革之前都被他的哥哥当了、卖了。我听我的婆婆说,人家是把"当纸"送到家中来的,也幸亏把地当掉了,我们才没有评上高成分。原来那时候都是兴"当",意思就是,假如十块钱一亩田的话,我当了十亩田给当铺,当铺就给我一百块钱;等我有钱了之后,把这一百块钱还给当铺,他再把田还给我,在当东西的时候我没有听说过还要利钱。我们七天之后就"对亲"了,之前说是有七八十亩田,但最终都被丈夫的哥哥当掉了,要不然就被评成地主了。我嫁过来之后在1954年才生育,一辈子一共养育了三个儿子、三个女儿,但是死了一个女儿,最终剩下两个,大女儿嫁到桧坡那,二女儿嫁到道虎那。

(二)女儿与父母关系

1.出嫁前女儿与父母关系

(1)家长与当家

以前在家里做姑娘的时候,都是父母当家,那时候一般都是男的当家,但也会区分内当家、外当家,"内当家"就是女人在家中当家,"外当家"就是男人在外面当家。我认为女的当家不太好,还是男的当家好一些,男的如果不攒钱,还要管钱的话,这种人家就做不好;而女的当家,要是又好吃、又懒生,家就管理不好了。虽然有女人当家,但是这种情况极其少见。比如自家男人去世之后,孩子幼小,女人就要当家,等到儿子长大了,得了志,才把家交给儿子管理;家里要是只有女儿的话,她就不能当家,因为外人会说姑娘是别人家的人,但你招到了女婿儿子,那就可以当家了,很多情况都需要具体分析。

(2)受教育情况

当时我父母还是很愿意让我读书的,不过过去有一句话叫做"女的读了书,不能做好大个智慧的事"。我父母思想还是蛮开明的,也没有说重男轻女。我在家那时候,是迈进了学堂门,读了几个月之后就解放了。当时学校里面教授的都是女经、针线、纺织、家务,我记得针纺就是学的对父母大人的礼仪,那时候读得还蛮好听。我兄弟当时也读书了,他还读了初中、高中,要是在现在,能当个队长。

1949年后,男的、女的都在一起读书,没有什么忌讳。1949年后还有夜校,但都是各个小队办的夜校。我记得那时候全国都在夜校扫盲，那个课本我一共读了二十二课，后来我就懒得去了。

（3）家庭待遇及分工

我还未出嫁的时候，父母对待我跟我兄弟他们没得差别，古话说"十个指头个个都疼，不分男女都娇①，"在家庭待遇这方面，我的父母对我都很好。我记得那时候吃饭都是大家在一起，但都是各人添各人的，没得谁帮谁添饭，没什么讲究，不过肯定要给父母添饭。那时候上桌子吃饭，跟兄弟坐在一起吃饭。我家是中农成分，座位还是有讲究的，小孩子不能坐上座，只能坐在两边，只有父亲才能坐在上座。但是也不排除家里很小的妹妹、兄弟可以跟父亲一起坐上座，因为他们太小了，也不听话。过年买衣服的时候都是请人缝衣裳，每个人都有，也没什么顺序。发压岁钱的时候也没什么差别，大家都是一样看待。家里面做农活的时候，也没有说谁必须干活，到了年纪的孩子都要做事情，如果实在做不好也没有办法。我在家中的时候，我母亲不是经常下地干活，因为她娘家是大户中的大户，从在娘家开始就没有做过活，嫁给我父亲之后做的活主要就是烧火、缝衣裳、哄孩子，别的活基本不干。而我在娘家的时候就开始干活，比如喂猪、扫地，这些活都要做。等到嫁过来之后也一直下地干活，跟着六十岁的奶奶一起干活，家里的这些农活也都是自己干，很少花钱请人做。

我学过纺纱，大概是从十岁开始学的，我认为纺纱很简单，只要把棉条拿住了，棉花弹了，再用棉条一赶，一手拉线、一手摇就可以了，我一天能纺半斤线。我认为还是那时候的人"如虎"②，像是缝衣裳、织布、做鞋子等，每家的家庭妇女基本都会。我嫁过来之后还跟着婆婆学习织布，我们这里，一共有三台织布机，转梭子的时候就是要快，道公的妈妈一天能织五大箩筐，我只能织两大箩筐。我们一直织布到六七十年代，后来上面来的文件管这个叫做"消灭地下工厂"，我们就不再织布了。后来的人都穿细布，没有人再穿烧窑片子③了。

我还碾过谷子，这个谷子在收了之后还要用芮子梭、用碾子碾，像这腊月的米，都是先碾好再用蒸笼熏一下，等到了来年六月份就不长虫子了，这就叫做"腊八米，不长虫"。比如说我们家，碾米用芮子梭之后，再用碾子碾，我们门口还有一个碾磙子、一个碾架子，之后用毛驴拉着碾磙子，碾好之后再装起来。

（4）对外交往

过年的时候，兄弟跟父亲他们出去拜年；姑娘在初一的时候虽然也能出门，但一般都在家待着；过年的时候母亲一定不出门，和现在一样，都是在家里烧火做饭。如果家里来了许多客人吃饭，母亲就不上桌吃饭，如果客少的时候还是会上桌吃饭，小孩子也会跟着一起上桌吃饭。做主人的需要陪客，你不陪的话，人家不好意思夹菜。有时候亲戚家里做什么事情④，我们家的人都会去；如果自家有什么事情的话，因为我们这边家门很少，都是请人帮忙，我们那时候没有太多讲究，都是父母引着孩子一起去。如果父母不在家，兄弟还小的情况下，我作为家中的老大，就要当代表去赶人情。那时候在家中"散人情"⑤又多，我那时候在家中赶了好多人情，还去过李湾赶人情，要走两三里路，十分辛苦。对于逃荒的事情我不记得了，反正我们

---

① 娇：即疼爱。

② 如虎：能干。

③ 烧窑片子：指穿的笨重，不好看。

④ 事情：这里指婚丧嫁娶等事宜。

⑤ 散人情：就是一般的人家做事，包括邻居、家门、朋友，这些都是"散人情"。

这边水土蛮好，条件也好，没有听说过饿死人的事情。

(5)女孩禁忌

原先那时候，十六岁就是好年龄，这也意味着姑娘就要出嫁。在十六岁之前，女孩子不能到处跑着玩，都是在家中挑菜或者放牛，帮父母分担家务活、农活等。那时候跟现在不一样，对女孩子管得十分严格，我是嫁过来之后才去过瓦瓷那里，在娘家的时候，我根本没有去过。原来在洗衣服、晾衣服的时候都有讲究，都是把兄弟的衣服晾在前面，姑娘的衣服晾在后面，像内衣这些衣物都是晾在最后面。

(6)"早夭"情况

我只听说过在1949年后有狠毒的后妈把孩子弄死的情况，但是一直没有听说过因为孩子多而把孩子淹死的。我的孩子有早夭的，我最开始生过一个儿子，他因为生病去世了，后来有个女儿在二十岁的时候因为直肠癌去世了。那时候根本没有好的医生和药物，一旦得了重病，就很容易死亡。

2.女儿的定亲、婚嫁

我和我丈夫是娃娃亲，在第七天就发了"八字"，男的四个，女的四个。我丈夫娶我的时候，就是拿着这个"八字"来娶我的，我们没有媒人，也不讲究门当户对。在原来的时候，即便有说媒的人，他们也很少说男女双方的优点，反正只要有个男的、有个女的就可以了，即便"八字"不合也没关系。在提亲的时候，我的丈夫拿来了一套半衣裳、一件夹袄子、一套单的衣服，因为他家里实在穷，也缝不起那么多衣物。当时也不兴给钱，后来回去娘家的时候，我的爹妈又给了我一套被褥。有的人家连被褥都没有给，十分清贫。在定亲的时候，如果一方去世也能解除婚约。等到1949年后，政策就比较宽泛了，如果你不满意你的婚事，你还可以把"八字"拿到石牌区政府，说自己想要解除婚约，政府就会给你办离婚手续。我的丈夫在娶我的时候，就是找的道公的妈妈和道蒲的妈妈，让她们帮忙说话，催促我父亲让我赶紧和他成亲。于是在说过之后的第二天就去洪山观打证明。这个证明主要指他在那边打接收的证明，我在这边打出去的证明，然后再去石牌拿结婚证。那时也不兴过礼，就是我们去石牌领证，他们就在家中请了一个中堂、噶事①，我们走到北岸那边就吹吹打打，舅舅、老表、姑姑、姐姐这些亲戚都过来了，还有院子里的人。我记得当时一共坐了三桌客，但是也十分节俭，不能铺张浪费。出嫁那一天，娘家也没得什么习俗，拿到结婚证之后就去男方那边去了。60年代的时候还有"哭亲"，但是50年代的时候没有这种事情。成亲之后三天需要"回门"，我的父母又给了我一床被子、一口箱子。我那时候没有给过"抬礼"，也不敢说我没有带东西过来。我没有攒过私房钱，但是我母亲给过我，我不敢拿回家里，只好放在我南岸的姑姑那里，后来她也没有还给我，我也没敢要。

3.出嫁女儿与父母关系

1949年新中国成立前还有童养媳，到1949年的时候，她们很多人都当过妇女主任，因为她们的生活艰苦，在斗人的时候也更加激烈。这些童养媳就是因为在自己家里养不活，说好八字之后就送给别人家了，到了十六七岁就过妻。童养媳的过妻跟一般的娶亲差别大多了，因为娘家养不活她，没有嫁妆给她，直到她们的兄弟长大之后，才可以回去找亲。她们在嫁过去三天回门之后，跟娘家那就像亲戚一样开始走动了。等到过端午的时候，娘家的父母

——————————
① 噶事：指敲锣、吹喇叭的一群人。

就会送来梳头油和衣服。当时没有听说过过生日这一说法,当时有句老话叫做"男不过四,女不过三",而且当时也禁止铺张浪费,不能随便过生日。

出嫁的姑娘回娘家没有什么禁忌,但是不能在娘家吃年饭,因为你都已经嫁出去了,就不是娘家的人了。德成的姑妈出嫁之后因为日子过得不好就回娘家了,每逢团年的时候,她都不能上桌吃饭;出行的时候,她就去外面站着。出嫁的姑娘一般不管娘家的事情,娘家有父母大人,兄弟、哥哥管,你只能提出点意见参考一下。但是娘家人要是过得很困难,还是要帮一下。钟意的老婆就是个活典型,为兄弟成家、插人家^①一直在操心,都是给他帮忙管事,最后回去了连个烧火的人都没有,把她气得不行。

姑娘要是在婆家闹了矛盾也能回娘家,她回去了之后不能在娘家住,就在她原来那个房里面住。一般做父母的都不希望自己姑娘回来,因为每一个父母都希望自己的姑娘嫁出去之后能过好日子,一般都会劝闺女早些回到婆家。出嫁了的姑娘要是离婚,父母也管不住。离婚是新社会的事情,离婚的妇女去世以后不能埋在娘家,都是埋在婆家那边。平常这边有事情,娘家的人还来帮忙,像我们原来盖房子的时候,我娘家他们两弟兄都来帮忙。出嫁的妇女就是房族^②的人亲,因为一是离娘家比较远,二是在生产队做活,时间也比较紧。嫁出去的妇女也不能回娘家分田屋,出嫁以后,拜年、过三月、过六月、过冬秋等几个节气都要回去看一下。家里富裕一点的,喂了毛驴、马的,就把媳妇送过去,一过就要过半年,回去的时候还带一点吃食。出了嫁的姑娘过年、过节还是会回去给父母扫墓,跟现在一样。

(三)出嫁的姑娘与兄弟姐妹的关系

我在出嫁之后,跟娘家的兄弟关系都蛮好,因为都是亲兄妹,只要我去了,他们就做好吃的给我吃。每逢过年的时候,我们都要互相走动。娘家在分家的时候一般都是请姐夫回去,提一些参考意见,我要是有时间就会去一趟,如果没有时间,那也只能算了。那时候男的为大,兄弟结婚、妹妹出嫁随礼都不一样,妹妹出嫁的随礼钱少些,给兄弟接媳妇就多一些。我家里需要用钱,娘家要是有的话,还是会借给我,一般就是看谁家庭富裕就找谁借,不分是兄弟还是姐妹。我们家里有事情,一般都不会找娘家的人商量,都有家门,像我们原来分家的时候,都是在宗族内部解决。我家是在1977年分家,我记得在一堆过了七十天就分了家,分了家之后才给道卫娶亲。

娘家的兄弟要是不赡养父母、不成器,我们就会劝说兄弟,你劝他还是听。我跟我丈夫一辈子都没有吵过架,他是一个慢性子,你说他他也不配嘴^③,再说那时候也没有几天待在家里,他一直都是在大队开打米机,开了二十多年。我儿子娶亲的事情都是我自己在家中做的决定,选定良辰吉日之后就去接新媳妇。娘家一般都是当家人来参加婚礼,外甥典礼,我儿子结婚的时候他的外公、外婆、舅舅妈等人都过来了。娘家的父母若是去世了,我还是要回家拜年,因为我的兄弟还在那,我一般都是初二去给他们拜年。父母去世了,出嫁的姑娘跟儿子在礼俗上没得区别。戴孝反正撕得都是"长头",姑娘也是"长头",女婿也会是"长头",儿子也是"长头",就是媳妇不是"长头",媳妇就是"盘头"。我们也不明白其中的讲究,估计说媳妇是烧火的人。站的位置有讲究,比方说,老人亡了,你有两个弟兄,大的就站在前面,小的就站在后面,姑娘就挨着站,女婿则站另一边;只有姑娘的,也是一样的站法;儿子、姑娘都是站在左

---

① 插人家:婚后拜访男女双方近亲的一种流程。

② 房族,亲血房支。

③ 配嘴:即还嘴。

边,左边是大首①。

二、婆家人·关系

(一)媳妇与公婆

1.婆家婚娶习俗

定亲一般都是用男方的仪式,那时候都还有提亲、换小帖、彩礼、换大帖,这几个仪式也没有什么讲究,结婚的时候才能说换什么和不换什么,有致(给)出嫁女的、致父母的、致弟弟的。那时候孩子结婚,做父母的把日子隔好②了,就要给房族的人说,让他们来帮忙,那时候没有厨师,都是房族的人来帮忙。房族的人要是不够,还要请外姓的人帮忙。婆家那时候都是用轿子抬的,直到1949年后才有登门接亲。我们也没有坐过轿子,不知道抬轿子有什么讲究,原来做姑娘的时候,我们也看到过抬轿子的,新娘一上轿,就要"站四据",原先就是说功夫功夫,我们也不懂,两个婆子就把她牵到轿子里,走的时候,她就一直哭,亲戚们就劝,劝好了之后才能走。

来到婆家之后也不跨火盆,我们好像没有看见过跨火盆。就抬到门口,原先有堂屋,放到堂屋岸上,婆子就牵进去作揖,之后在家中坐着,跟姑爷吃交杯茶。再出来给公婆、亲戚作揖,亲戚就给茶钱。还要给姑爷起诰名,接了亲的人才有诰名。拜堂的时候没有什么忌讳,反正站在那里就可以了。那些怀孕了的、离婚了的、二婚的宾客不需要回避,只要他们不牵新人的手就行了,看还是可以看。知命先生也不能是一个人,要双数。男的反正能娶几个姑娘,女的则不能嫁多个男的,比如男人死了老婆想再娶则是可以的,但是女的想再嫁则很难。

2.分家前媳妇与公婆关系

在坐月子的时候,婆婆还帮我洗衣服。我的公婆对我还蛮好,婆婆还会接生,我有一回转胎肚子疼,但是一想到我的婆婆会接生,我的内心就不再慌张了。我们在结婚以后还是父母当家,直到他们把家推给你,你才能当家,也不用请人公证,当着儿子的面一说就可以了。我嫁过来的时候,婆婆才五十五岁,就什么都不管了,家里的大事都是我们两个商量决定的。婆婆若是问起事情,我们还是会轻言轻语地跟她说,但是她不问就算了,我们也不会主动说。婆婆在坐着的时候,我们也可以坐着,没什么讲究,就是说话的声音不能太大,声音大就意味着凶她。坐位置的时候都是公公坐在上座,婆婆不大坐在上座,所以我一般就是坐在婆婆旁边,丈夫则坐在上座。1949年新中国成立前,也有婆婆虐待儿媳妇的事情,但儿媳妇不能反抗,一旦反抗就容易打架。

3.分家后媳妇与公婆关系

(1)公婆关系

儿子娶亲的时候,不用跟娘家的人商量,那都是自己在家中做的决定,把日子隔了之后就叫儿子去接即可。1949年新中国成立前,一般都是请保长处理跟别人的经济纠纷,保长就跟现在的书记一样。如果丈夫和婆婆有矛盾,那媳妇就调解不了,这需要家族的人来惩罚这个儿子,说他不孝,严重的还会打他。如果妯娌之间发生矛盾了,婆婆一般也调解不了,这需要会调解的人才能调解,只能让自己的儿子把各人的媳妇劝一劝。

---

① 大首:最崇高的位置。
② 隔好:即选好。

家中丈夫死了,媳妇要改嫁,如果生了孙子,公婆就不同意改嫁,房族厉害的话,就可以把媳妇卖掉。1949年后,再出现这种情况的话,媳妇自己决定要不要改嫁,孩子也由她自己决定要不要带走。

对于赡养公婆,给的钱不一样,原来都是公公为大,给公公的钱多一些。给公婆办寿的时候,媳妇也去拜寿,跟儿子一起双拜。给公婆下葬的时候,有的人参加,有的人不参加。原来我在家中的时候,我婆婆老了,我姑妈她们都去送山。这最后他嘎爹他们又不允许女人送上山了,因为坟墓容易裂开。清明的时候,姑娘还回娘家上坟,那就叫做"吊清明"。如果父母的坟墓坏了,有舅舅(母亲的兄弟)的,一般都是舅舅来维修。

(2)分家

1949年新中国成立前,父母健在的时候,孩子们长大了都要分家,"人大分家,树大分叉"是极其明显的道理。一般都是父母提出分家的,孩子们提出来不太好,分家的时候就要抓阄,选房屋,我们这还是写的三个屋,之后进行抓阄。当时分家的时候,家产都是平分的,因为家中只有两个柜子,就又打了一个柜子用来分家;桌子正好有三张,即吃饭的桌子一张,老小那边有一张,老二的嫁妆还有一张小桌子,在最后分的时候我们大桌子给了儿子,小桌子我们老两口自己留着使用。分了家以后,儿媳妇娘家的几个大爸还来看了一下,我就跟他们酌酒道歉,他们都说孩子多了以后就会这样。那时候给孩子们分房子都是我们在家中商量的,你给他们砌房子,还要去大队申报,但是大队没有划地方,我们便请阴阳先生来看,然后又请推土机来推。当时是刘祖国担任书记,他不让我们在这里盖房屋,让我们去对门那里去盖,他说是占了农田,我说就占了一口干堰,还不到一亩田,我以后照看孙子也能方便一些,后来又请王祖槐吃饭,让他去帮忙求情才把这件事情办好。

(3)交往

那时候女人在外面也还有朋友,有的女的在外面还参加过"十姊妹"[1]。那都是旧社会的事情,即她跟你好、你跟她好,之后就结成姊妹走。她这以后都成当家人了,在一起玩,称她为大姐、二姐、三姐。我认为"十姊妹"会也不是正派人参加的,因为大家都说:有十个姊妹,就有二十个男的,很不正派。我们家里和外界交往比较多,比如说找人借东西,一般都是我出面去借。"三年困难时期"的时候,也有人去集体偷东西,但一般都是男人偷,女人偷了也弄不动,偷些小东西的时候还是女人去。1949年新中国成立前,妇女很少出去打工,除非家里条件不好,比如家里孩子比较多,男的就去做长工,女的就去做短工。

(二)妇 与 夫

1.家庭生活中的夫妇关系

(1)夫妇关系

那时候生病了,都要给孩子看病,毕竟已经成家,夫妻二人还是会有一些收入来源。大人生病了也要去看,但是一般的感冒就算了,如果是那种不吃不喝的病,即便看了也看不好。在新社会时期,媳妇不用伺候丈夫,那都是二郎子[2]才搞的事情。我和我丈夫的关系比较好,只要我要用钱,也不需要他同意,我们两个都可以做主说了算。平时在家,如果饭不够吃,老人就少吃一点,总是让孩子们先吃饱。旧社会不允许直接喊丈夫的名字,在结婚之后都是你、

---

① 十姊妹:传统社会的一种妇女自发的组织。

② 二郎子:不得成器的人,浪子。

我、他这样叫。有了孩子,孩子叫什么名字,就叫孩子他爹。对于女人当家,你只要把家里搞得红火,还是可以。但是在旧社会,再能干的女人也不能当家,因为男的会打她。

(2)娶妾与离婚、婚外情

1949年新中国成立前,也有男人娶妾的,那都是大户人家。一般还是要正房同意才能娶,有的就是男人嫌正房太老实了,要不就是无法生育。娶妾不讲究门当户对,只要你看得上这个人就行。至于要不要彩礼这个问题,你得看他娶的是媳妇还是姑娘,要是娶了姑娘还要吹喇叭,和娶正房的时候一样规格,娶的是媳妇就不讲什么。但是买的老婆跟娶的老婆在身份上有差别,买的老婆就跟做小媳妇一样。1949年新中国成立前家暴很常见,那时候就是说丈夫打媳妇,就跟坛子里抓乌龟一样,没人来扛肩①。等到1949年后,这个现象就少了很多了。假如丈夫在外面有了情人,媳妇就会哭闹,但是丈夫会打她,如果给房族说了,房族还会管一下,但是根本管不住。那时候没有休妻,对于过不下去的媳妇,要不就是跑,要不就是死,只有这两条路可选择。

2.家庭对外交往关系

我们在分家之后,处理对外事务一般都是男人出门,我只是建议一些事情,不能做主。一般要是找人借东西,就是我出面去借。别人来家里借东西的时候,要是一些小物件,我也能做主借给他们;假如要是借牲口、马车之类的,我就不能做主了,都要我的丈夫做主说得算才行。

(三)母亲与子女的关系

1.生育子女

(1)生育习俗

在我们这个地方,生儿子跟生女儿的风俗没有什么不同,小孩子在满月的时候都不办酒席,婆婆或者丈夫就给你打一碗鸡蛋,满月了起来以后,再给他们打鸡蛋。现在都是不招不嫁,满九天办酒席,都叫"喜九喜九"。做事的时候也有人来赶情,一般散情也就两块钱,亲房里面都是拎鸡蛋、油条送,亲戚一般就是做一条三尺长的袍子,也会拎一点鸡蛋、油条。我们吃中饭的时候,就要打鸡蛋给客人吃,原来搞得很麻烦,现在都是煮好了之后给大家直接发。孩子不管多大,都能抱出来给大家看,那时候不拘天数,比如说"喜九"的时候,人家说把奶孩子抱出来给我们看一下,我们就要把孩子抱出来给大家看一下。生孩子以后,娘家人也会接我回去待一段时间,想待多长时间就待多长时间,比如说我初十养的,娘家就初十二来接,必须是双日子来接,之后丈夫再把我接回去。1949年新中国成立前,生儿子和生姑娘都没有什么仪式,生了姑娘也算是"添丁",古时候还有女人当皇帝。我们这边没有什么"添丁"仪式,只有新中国成立前在过妻的时候,有人搬晒镜在前面走,说是怕有什么牛鬼蛇神,他就用镜子照出来,让这些牛鬼蛇神难以靠近轿子。

(2)生育观念

公婆对生儿子、生姑娘的态度是一样的。新中国成立前,媳妇生不出儿子,那就说媳妇不行,只能生出姑娘。我记得在1949年后有一次我去山上砍柴,因为口渴便去桃花家喝水,当时她婆婆在家中,我问她您媳妇生的是儿子还是姑娘,她气冲冲地说看她还能生什么。我心里就想,这个媳妇还是老实,如果换做是我,我就扇这个老太婆两巴掌,这是你祖宗无德性,

---

① 扛肩:即帮忙。

关我们媳妇什么事。对于无法生育的媳妇,其他家户也有过继、抱养的情况,要么是兄弟过继给他,要么就是娶妾。原来徐老爷娶了一个地主家的女儿,最后又娶了一个姓王的小妾,一共给他生了四个姑娘,一个儿子都没有,在土地改革的时候,这两个小妾都被赶走了。

（3）子女教育

我的几个儿子、姑娘都读过书,只是我大姑娘没有读那么多书,只读了小学三年级就没有继续读了。儿子跟姑娘也没什么差别,反正哪一个够了上学的年龄,哪个就去学校读。我病死的那个姑娘是小学毕业,我记得我和她说过:"舒心哪,我是个劳力,你帮我在家中哄孩子好吧?"她说:"好。"之后就没有继续读书了。仔细想想,她还蛮聪明,学了两个月的裁缝就能当大师傅,最后得了直肠癌,没有救过来便去世了。

（4）对子女权力（财产、婚姻）

我儿女他们结婚的时候都是新社会了,他们都是自由恋爱。我老大是 1980 年结婚的,老二是 1984 年结婚的。姑娘出嫁一般都是十七八岁,这个因人而异,我们大姑娘二十五岁才出嫁,这个也是有的。国家规定的是男的二十二岁,女的二十岁,我姑娘那时候把亲定了,姑爷年纪不够,就出去当了两年兵,回来才结婚。那都是新社会了,自由恋爱,媒人来一说,给了压头（定亲礼）,男女双方都同意,开始走动就算是定亲了。嫁姑娘的时候,不流行聘礼,只要准备好两斤酒、两斤肉、四色礼即可。我们嫁姑娘的时候就是打了一口柜子、做了一张床,主要是因为我姑娘在家帮了不少忙,二十五岁了才成亲,我们做父母的心里有点过意不去。大儿子结婚的时候我给他们三百块钱,他们买了一块手表、一件大衣。媳妇的嫁妆都是由媳妇自己来支配,都是她们自己用。我们这个大媳妇特别节约,她的妈妈给过她一把筷子,等到分家了之后她才拿出来用。跟我当年相比,婆媳关系还是有变化,我的大媳妇跟我的关系很好,她对我比我姑娘对我还要好,我们从来没有红过脸,她就是有做错的地方,你教教她就可以了。我记得有一回家里来了客,实在忙不过来,她就说:"妈,我把冬瓜煎糊了。"我说:"这哪个没有搞过,没得事。"

2.母亲与婚嫁后子女关系

我娘家兄弟们结婚之后,一般还是父母继续当家,因为以前的时候,结婚都比较早,大家都还当不好家。等到兄弟差不多能当家的时候,父母亲就会把家让给他当,不怎么管事了。在我嫁过来之后,我婆婆才五十五岁,但是她就什么都不管了,她说她操了一辈子心,需要安享晚年。平时都不怎么过问家里的事情,就是我们出去挣工分的时候,她就在家帮我们带孩子。娘家的姊妹在出嫁以后,平时有个节气还是要回家看望父母亲的,但是父母的赡养以及送终都不归她们管,都是我兄弟他们管。在这边的时候也是一样的,逢年过节,我丈夫的妹妹就回家看望一下。

三、妇女与宗族、宗教、神灵

（一）妇女与宗族

在 1949 年新中国成立前,房族里面还有族田,谁家比较困难,还可以耕种族田,但要上交一些利息给族里。房族的人一般不救济寡妇,只有卖寡妇的事情,但是她的姑娘儿子还是让她带上,如果她不同意也就算了。如果房族的姑娘出嫁以后受到欺负,除非男人打女人,否则房族的人不会去劝解。我们房族里面没有族规,这就跟那电视里面是一样的,都是敬祖的人搞的,一般人家没有这些约束。房族里面对待姑娘跟媳妇还是有不同的,媳妇人家是来成家立业的,姑娘是嫁到外面的,肯定有点分别。新中国成立前,我们姓钟的是清了谱的,但没有立过祠堂。房族的活动一般都是男人当家男人去,如果女人当家的话她就可以去。修族谱的时候,只要有男的,就是男的去,万一家里没有男的主事了,就还是可以去,但是填名字不能填自己的名字,都是写儿子的名字。房族的人有机会还是在一起吃饭,就是房族内有人做事的时候,就在一起吃饭。打比方说,你们有一个班子①,走到一起还是可以吃饭。吃饭的时候,丈夫跟媳妇也能坐在一堆,有的家里男的不在家中,女的去了之后还是跟男的坐在一起。

过年的时候"叫祖宗",像道虎的爸爸死了三年,都是他媳妇主持。我们小时候在家中,蜡烛点的闪闪声,香装得砰砰的,叫祖宗团年,都是主家叫的,我们是爸爸叫的,他说:"我们今天团年,祖宗们回来团年。""叫祖宗"的时候,女人可以站在现场,不需要回避。"叫饭"的时候,倒上几杯酒,盛上几碗饭,筷子搭在酒杯上,弄好了才去"叫祖宗",等个几分钟,就说:"好,祖宗们也吃饱了,我们再来吃"。倒酒、盛饭等都没有什么规矩,反正都是各人自己添。原先的蜡烛都是又粗又长,点得闪闪声,假如蜡烛油流下来了,你家里今年就不顺,那时候就是不准小孩子瞎说。土地改革的时候,有个老太婆来诉苦,她说我们家养了个兄弟,看的娇得很,团年的时候,兄弟说蜡烛油"垮了垮了",做大人的都不打他,我们笑了几声,就被打了两巴掌。把年团完了以后,她兄弟要拿那个弹棉花的"炯玩",爸爸就说他不听话,拿他没有任何办法,结果第二年过得还是蛮好,所以说封建迷信不可信。

宗族的姑娘出嫁了,不用去祠堂的告亲,反正我在家中的时候没有看见过这个风俗。新中国成立前,我们宗族里面没有专门管理妇女事情的人,我也没有看见过。电视机里面有,但是现实中哪有那么大的人家。新中国成立前没有换亲,1949年后才有。原先都是因为两家都穷才换亲,还有把孩子过继给别人的,我们叫"过房"的。打比方说,我有两个儿子,我兄弟只有两个姑娘,我就不让他把姑娘留在家里撑门,我就给他一个儿子撑门。过继还要给房族请示,别的姓过继过来的,也还是沾亲带故的,如果说我兄弟不想要我的儿子,他就专门弄他娘家的外甥过来给他当儿子。过来之后就跟着这边姓。一般夫妻要是有一方在外面有人了,只能抓到现行了才行,不会一下子打死,多半是将他打"瘫条"②。

(二)妇女与宗教、神灵、巫术

1.家神的祭拜

我们这里把家祠叫做家神菩萨。供在神院上的那为家神,我们在家中的时候有,嫁到这边之后就没有了。旧社会出行的时候,比如说"丑时""卯时"出行,反正还要过了十二点才出行,在堂家中装香发蜡,给家神作揖之后才能出去,如果是西南方的话,就望着西南方烧纸、磕头,他一般都是朝西、西南,没得说朝北、朝东的。靠西南的为"西天菩萨",都是去敬他。家神菩萨都是天天供在自己家中,如果家里有什么人生病、不顺,就给他烧香磕头,还请那些做金的人来给菩萨镀金,让他金晃晃的。一般都是中农家庭有家神菩萨,贫农就是供几个祖宗牌子在堂屋柜子上。我们就是供了家神菩萨,两边还是供有祖宗牌子。

2.灶王爷的祭拜

我们把灶王爷叫"司母老爷",大年三十晚上还要拜他,反正你吃了中饭、晚饭,把灶收拾

① 班子:相熟的人,朋友。
② 瘫条:即瘫倒。

好,在菜油灯上点七根捻子,放在灶里面,初一早上起来,看哪一方的捻子是白的、黑的、黄的,是白的那边就涨水,是黄的就大丰收,是黑的就不收谷。这一般都是女人去做,因为女人每天在灶门口做事,多去拜拜它可以免除女人身上的罪恶。

3. 敬祖婆

我还知道什么叫做祖婆,比如说现在发达的话,三家四户有一个老祖宗在那里,就是祖婆,这三家四户都是一个祖婆传下来的,都是她的子孙。一般都是隔四五代,像我们这,重孙养了孩子,就叫我们祖婆。一般祖婆的灵牌放在哪里还是有讲究的,祖宗牌子原先就是写好了的,不具体指哪一个人,摆在堂屋柜子上,祖婆死后,灵牌就不能再摆在柜子上。过年的时候会去"朝祖","吊清明"的时候也去一下。活典型就是道黄,大年三十去给他妈上坟,初一也去上坟,道龙就说,这么孝顺,怎么给妈吊死了的。人有时候年纪大了,就活不下去了。

4. 土地公公

土地公公也是这样的,土地爷爷、土地婆婆,还有两个伴将,伴将不装金。我们家中婆婆害病的时候,我看见过给菩萨装金。初一、十五的就去拜土地公公,还有在土地公公过生的时候去,那还要专门买一把挂面回来,煮两碗面,我爸爸说吃,土地公公吃头遭[1],我们吃二遭[2]。

5. 送子娘娘

要求子的话一般会去找土地公公,都要跪在土地公公面前说:求您保佑我们有子,以后怎么怎么报答您。对于送子娘娘,我们这里没有祭拜过,都是去找土地公公。

6. 宗教

我们家里的人不信教,我也不信教,但也还是有这样的人,什么都信,我听说肖店那边就有一些信基督教的人,每星期都去上礼拜。原来还有敬祖的人,那些都是邪教,轻易信不得。

7. 月半节

"七月半"的时候,一般都是男人去上坟。"七月半"是过月份,亡人的月半节,人家说"年小月半大",原先的时候,就是封纸板,写上祖宗的名字,烧给祖宗得钱用。原来把姑娘送去读书,过"月半节"的时候,别人都去吃饭了,媳妇就在那里把娘家的祖宗都写完了。现在都没有这个讲究了,人死了,三年之内还过过月半,三年一过,就没这个讲究了。旧社会就是年年都过月半。

8. 巫术

1949年新中国成立前,农村还有巫婆,巫婆就是信神,反正我们没闹过。这村上德炳他爸爸的重孙子就是被巫婆弄死了,这个巫婆后来五年没有行医,觉得自己无能。这东西就是"信则有,不信则无",万一灵验了也不好说。过去一般生病了,还是有请跳大神的,各个地方有修的庙堂,就去求菩萨、老爷。拿香纸去求,把要求的保护的人的名字写在上面。一般为了儿女的事情,男的、女的都要去,都会去烧香、拜菩萨。那时候人的寿命都比较短,我们没有见过给大人请大神的,人活七十古来稀,都是顺其自然。

---

① 头遭:这里指第一顿。

② 二遭:这里指第二顿。

四、妇女与村庄、市场

(一)妇女与村庄

1.妇女与村庄公共活动

妇女基本也不参加什么活动,在土地改革之前,妇女一般就是去开会,没收地主财产。开会的时候,男人、女人也不分开,就是在唱歌的时候会分开,因为男人不会唱歌,一般都是女人站在前面唱歌。旧社会的时候,没有妇女在国民党的机构当差的,那里没有当权的妇女。村里面的公共事务妇女一般不参与讨论,要选举一个代表出来当领头人,一般都是选男的,没有人选女的。讨论的时候,妇女也能发言。新中国成立前,摊派赋税不找妇女,一般都是找当家的男的摊派。国民党时期收税,一般都是保长、小队副、甲长,我们那时候是郑文高当保长,张毅良是小队副,有时候甲长都是轮流当的。旧社会的时候,出嫁女儿不用告诉保长、甲长,那时候都是"发八字",到了时间就请媒人,之后再去开婚姻证明即可。

2.妇女与村庄社会关系

在娘家的时候,我们还是有女伴,那时候都是小孩子,蹿高蹦低,都在一起玩。我来这边才学纺线,在家中的时候就是放牛、挑菜,跟玩伴一起去洗菜,劲大得很。旧社会的时候,没有女人出门做活的。我只知道1949年后才有一个女的去当兵,其余的没有听说过。如果男人都不在家中,女人要去当一下替班。如果家里的劳动力不够用,还要去请工,那时候请一个整工需要花费十二担谷。每逢十月十五,还要给长工和短工缝衣裳、做鞋子、买帽子,到那一天就给他们烧宴席,等下一年再请人。

我在结婚以后很少回去看邻居,姑娘家的到十五六岁就不怎么出门了,都在家里学针线、做鞋子。"姊妹会"一般都是媳妇组织的会,要人长得漂亮,还要会说。平常相互串门,别人都说她们不正经。旧社会不用女人盖房子,都把女人说得很差,还有像淘井、打井也不要女人。淘井的时候要扯很大一面红旗,不准女人靠近。那时候妇女在一起还是讲闲话,如秀她们几个就在一起讲闲话,说道龙在外面有人了,结果道龙回去跟秀英两个吵架,这种事情常有的。旧社会时期没干部,妇女在一堆没有为头的,都相互不服。但是平日里还是会说说笑笑,因为毕竟低头不见抬头见。

我虽然不会织布,但是我的婆婆也没有歧视我,那时候不会织布的人很多,不会织就算了。1949年后,我们两家有了一台织布机,我们做好了,就给我嫂子做鞋子。一般妇女吵架,都是有长辈来调解的。那时候两口子吵架,丈夫算是不劝,劝了别人就会说你没得志气。女的跟女的吵架,都是自己男人拉回去;女的跟男的吵架,一般都是亲房里面的人出面说。

(二)妇女与市场

出嫁之前,我都没怎么赶过集,一般都是大人去,我们也不跟着去。我嫁过来之后,因为去瓦瓷卖粮食才去的,沈集的亲戚也走动了。大人一般赶集跟现在一样,买点吃的、穿的。新中国成立前很少有人卖鸡蛋,只有卖藕、卖"菩九"①的商贩。我们在家中放二斗田②的"菩九",挖一冬,把手皴得要不得。新中国成立前,也有女人到集市上去卖东西的,我们家里卖"菩九"

---

① 菩九:即荸荠。

② 二斗田:即六分田。

都是我奶奶挎到沈集、肖店等地去卖。妇女出门卖东西，不能在外面过夜，都是当天走回来，一般是每天早上早点去，晚上迟点回来，实在卖不出去了，就便宜一点卖给别人，总之都是要回家的。那时候妇女去买东西还能赊账，男人都不给赊，一般都是男人去集市上喝茶、看戏。

那时候纺纱的原料，棉花都是自己种的，收了以后请别人一轧、一弹。拿回来再赶棉条，纺成线。纺出来的布有的是自己用了，还有一部分是卖了。那时候便宜得很，人家拿线子来你这里搭，一个线子就是三升米的工钱，你去卖布，三丈布七八块钱。做鞋子的针线都是找货郎买的，那时候说的就是"货郎子把鼓摇，幺妹子把手招"。绣鞋子的花样都是人家在纸上把鞋样画出来，一裁剪，就往上一贴，你买回来了就一扎，很便宜。都是货郎子背着卖，一层层。我是从1963年开始买洋布，到1963年我们才没有缝衣裳了，都是买的细布，请部机子缝。80年代都还在做鞋子，到了90年代才没有做了。

改革开放以前，一般的东西都能在集市上买到的，比如割肉的、开朝行，什么都有。新中国成立前不发票，等到1949年后，大概是从1955年才开始发票，布票、油票、肉票，都是自己买的。我记得布只发了五尺票，根本不够用的，用不够就只好穿大布，粗布衣裳。那时候换东西都是用钱。1949年后，为了打倒资本主义才成立了供销社。自己当家有了孩子之后，还要扯两尺布回来给孩子缝衣裳，一年也就去两回供销社，都是去扯布，有时候还去买点菜，他们那时候都喜欢吃窑上的窝子豆腐。

五、农村妇女与国家

（一）认识国家、政党与政府

1.国家认知

关于国家跟政府的观念，我认为有家就有国，1949年那时候就唱歌，什么"国家帮助我们兴国家"，唱了很多歌曲，但是现在大部分都忘记了。在土地改革的时候，我们这边都是一大组，相互拉歌。日本人打过来的时候，我们吓得不得了，也不知道中国将来会怎么样。

2.政党认知

1949年新中国成立前，我见过旧币，那都是国家造的，你拿什么物资，国家就给什么钱，比方说，你去卖谷，国家就给你银元，上面还有孙中山的头像。国民党我是知道的，他们就是欺负群众、保富家的，跟地主一个样。你越是穷，他越是叫你出款子，那时候我们只听说过蒋介石，1949年后才听说过毛主席、孙中山。1949年新中国成立前，我还晓得共产党，就是共产党的力量太小了，打不过国民党。那时候共产党的党员在乡下也站不住，北上的爹爹都是参加第一次革命的，最后被地主在家里用刀子刺死了。道龙他爹爹入了国民党的团员，当了一辈子伪皇。共产党的干部跟群众走得最近的时候，那都是60年代的事情了，还听说过搞干部下乡。

3.夜校

1949年后我读过夜校，大概在1950年左右，在夜校授课的老师都是有文化的人，给我们上课的是一个姓肖的老师。一般识字课都是学课本，一直读到"黑暗统治张尽兴""何年放火烧林林，烧毁房屋五百栋，老幼死伤几十人"，因为我家是单家独户，学校都是男孩子，我就不再去夜校了，其实我还是很愿意去的。旧社会没有说过男女平等，那都是新社会以后才说。男女都是一样的受教育，但是读的内容不一样。

4.政治参与

1949年新中国成立前,我们没有听到过妇女派税,反正你家里条件好,就给你多派一点;条件不好,就给你少派一点。那时候保长、甲长都是男人,妇女很少当干部。1949年后,共产党天天开会,那时候就是说妇女解放,都是叫童养媳当妇女主任。

5.干部接触与印象

国民党时候的干部都是如狼似虎,拉丁、摊派都是不讲道理,都是为难贫家,保护富家。1949年后,工作组去村里面搞土地改革运动、访贫问苦,那时的生产队队长都是民主选举产生的,每家都要投一票。

6.女干部

那时候也有专门跟妇女联系的党员干部,就是妇女队长,每个生产队都有一个男队长、一个女队长,到后来又弄了一个"铁娘子战斗队",女人跟男人那时候都是一样地当干部。

7.政治感受与政治评价

我觉得计划生育好,那时人口太多了,那时候都是强制执行计划生育的,罚款,实在不行还把你的房子都给推了。我记得还有人因为超生而喝农药自杀,最后我们这七十岁、八十岁这一批人过了,就有结扎技术了,中国的人口逐渐也就控制住了。

(二)对1949年以后妇女地位变化的认知

1949年新中国成立前,我们没有听说过女人当干部的,反正那时候保长、甲长都是男的。只要孩子们有这个能力,我还是会鼓励孩子去当干部的。等到1949年后都不分男女了,全凭能力。那时候当妇女主任,都是军属为大,她们先来。以前在我们还是小孩子的时候搞过妇女会,开会就讲我们回来了干什么,男女平等。关于婚姻这一部分,一直到50年代结婚都是父母说了算,到六十年代才是婚姻自由。新社会不准家暴,开会的时候都在宣传,旧社会不把妇女当人,新社会不能这样搞了,不准打人,妇女在家里的地位提高了。新社会妻子不用服侍丈夫,都是相互尊重。丈夫训女人,脾气坏的还是能还嘴。家中一般都是女人做饭,男人基本不做饭,现在又改变了,城市里都是男人在做饭。

(三)妇女与土地改革运动

1.妇女与土地改革运动

土地改革时候分地都是按照人头分的,男的、女的都是按照人头分的。当时斗地主的时候还有口号、歌曲,那时候都是相互拉歌,一边问:你们看地主老实不老实?对面就说:不老实。一边再说:不老实怎么办?另一边就说:打。在工作队我们还没有看见过女队员,到60年代才看见女队员,宣传的"取之于民,用之于民"。农会里面还有女性干部,妇女主任就是,主要管女人的事情。一般当女性干部的都是成分好的,性格干练的。成为国家干部,还受什么房族管教?但是新中国刚成立的时候,她们也还是怕,不会太狠。

2.妇女组织和女干部与土地改革运动

新中国刚成立的时候,为了在土地改革运动的时候发动大家诉苦,那时候共产党都是把受苦群众作为积极分子,带入到运动中去。比如说让童养媳当农会中的妇女主任,让贫农女性充当积极分子,还有就是在运动宣传中,让妇女来拉歌、唱歌。我没有裹过脚,那时候父母不让裹脚了,说马上就是新社会了,不让裹脚。1949年以后才剪头发,开会的时候,队长就说我头上盘那么多头发不舒服,让我把头发剪了。我的手上还戴着箍子装饰,他说要拿出来捐飞机、大炮。

（四）互助组、初级社、高级社时的妇女

我是1955年参加的合作社，没有参加过互助组，我听人说互助组里面都是一个院子里的。一般转社的时候，不跟家里的男人商量，那是上面的大队干部来说要入社的，不能商量。反正政策走到这里来了，我们也没得什么想法。到合作化的后期，就组建了"铁娘子战斗队"，妇女干活一般都很积极。到1958年，男人都出去修水库的时候，都是女人在家里耕田、耙田。

（五）妇女与人民公社、"四清""文化大革命"

1.妇女与劳动、分配

"大跃进""三面红旗"就是搞大食堂、大公社、大炼钢铁。那时候就是你要会搞，会搞就给你发红旗。生病了还要看病，集市上都有看病的，我么爹就是赤脚医生，看一次病块把钱，吃丸子就是几角钱。那时候就有"铁娘子战斗队"，一切困难的事情都是青年妇女去干。我们这个队没有托儿所，别的是无妻儿、无老子，就进"托儿所"。一般都是半劳力在食堂做饭，道公的妈妈、德成的爸爸，他那年纪大了，就相当于是照顾他。他们烧火的时候，都是随便吃，又不打饭，只一年就吃垮了。家中什么都没有了，连火钳都拿去炼钢铁去了。女的就在打田坎。"三年自然灾害"年纪大的受罪，因为他们弄不到吃的，实在饿得受不了了。田里也有人去偷麦子，一般都是女人去，到后来政府就允许自己做饭了，要不然得饿死许多人。那时候还提过口号："吃多样化""人人都要做强盗"①等。上工的时候，你要是去迟了，干部就会说你，有时候听着，有时候就顶嘴。新中国成立前也有妇女自杀的，那都是些屈死的小媳妇，那时候不准离婚，要么跑了，要么上吊了。

一个队里选的都有男队长、女队长。男队长就管男的，女队长就管女的，主要是考虑到女的生理问题。那时候男女分工还有差别，男的做男的活，女的做女的活，到1958年男的出去做工了，女的才又做男的活，什么都做。妇女也是跟男人记一样的工分，那还是看你能拿几工分，就记几工分。

互助组、合作化、人民公社，妇女的劳动量没有什么变化，看那时候正得力，我们一个月都是出满工。到五十五岁就不下地了。不下地的妇女，粮食就分得少一些。那时候妇女都是跟着一起去开会，他叫你发言，你也得发言。我感觉当时所在的生产队，女劳力和男劳力一样多。一般技术工都是男的，他们懂技术，人家上面来的有文件的，照文件搞事就不会错。生产队一般都是几个男的出去拉板车。喂小牛、办猪场，这也有女的，你只得工分，卖的钱都是公家的。

2.集体化时期劳动的性别关照

妇女有特殊时期，基本不怎么请假，那时候田多人少，干部又不怎么做活，怀孕了，不到要生的时候不会歇，做一些轻活也是要做的，那还是一样的记工分。有时候男人出去修工程了，妇女就要干所有的农活。平常组建的"铁娘子战斗队"就是要干很重、很累的活。

3.生活体验与情感

我刚刚参加合作化的时候才只养了一个孩子，她是1954年生的。那时候我们家里面有

---

① 这里是音译，老人不识字，不清楚到底是哪几个字。

老人,一般都是老人在家里照看孩子,没有老人的,就要请人照看,你一天给她几个工分。新社会搞的移风易俗很好,帮我们节约开支,你接媳妇回来也花不到好多钱。旧封建的,我说不出来有什么好,有钱的出租就好。以前的旧风俗没有什么值得保留。原来还有包办婚姻,都是给大人说,随他好差,都要去。到60年代的时候,就提出口号"婚姻自由"。我愿意分田到户,有进有收,集体的时候,就是天天在那里参观,做事积极性不大。我们那时候缺的还不大要紧,过了几年孩子们都大了,就开始年年得钱。要是只算一个人的,一年差不多三千多分,到后来道虎长大了,喜子也长大了,都能挣工分了,我们还有两年超支的,他们一长大,劳力多了,我们就不超支了。

4.对女干部、妇女组织的印象

那时候还有铁姑娘队,"铁姑娘"就是要会做,会做就把你称为"铁姑娘",我们原先跟上院子的合队,有李湘、道银的妹子、德安的姑娘,我们这里就有舒莲、家玉、道黄的姐姐改子、金子,还有喜、望子,反正年纪轻的就都给你们分到"铁姑娘战斗队"。为难的、最困难的事,就都是她们的。队长是李湘,她能当上队长,一个是因为最勤快,二个是她哥哥在上面当干部,那都是队长、会计选的。

5."四清"与"文化大革命"

六七十年代也有自杀的,"文化大革命"的时候,窑上①的刘文兵当红色头头,他不分青红皂白,把官堤的一个老革命干部活活打死了。我认为"四清"就是"破四旧",就是把古代的东西都打破了。那时候在集体上工,还是能回娘家,还是可以请假,我那时候给道公管了个闲事——每天做完工就去说媒,等天亮了就往家中赶。我不记得那时候还有没有"革命婚礼"了。1949年后没收了自留地,所有的菜园子都没有了;到70年代,一家给半亩田的自留地。那时候搞承包土地,都是男人搞的,女人没有参加。

(六)农村妇女与改革开放

从妇女的角度看,我觉得生活还是有变化的,就是越来越平等了。虽然土地证上面和确权证上没有写我的名字,但是我的生活确实要比原来好过多了。而且现在国家还给我们老年人补助,这个社会多好。我的大儿子是1980年结婚的,二儿子是1984年结婚的,那时候就已经包田到户了。分田的时候都是从大队往下分,每家再按照人头分。1982年的时候就提倡计划生育,我的几个孩子都是在这之前生的,那时候就是要妇女强制堕胎。

六、生命体验与感受

让我重新选择生几个孩子,这没有办法重新选择。我都是通过看电视、听广播了解国家政策的,跟儿孙们联系,有什么事情要开导他们就打电话。我这一生感受最深的事情就是,感谢我一直身体健康,这就是我最幸福的事情。作为女人,我也没有什么生活经验传授给媳妇她们,媳妇她们都比我聪明。

---

① 窑上:指瓦瓷乡。

ZCY20170122XYL　向玉玲

调研点:湖北省钟祥市石牌镇钟堰村
调研员:钟楚原
首次采访时间:2017 年 1 月 22 日
出生年份:1932 年
是否有干部经历:无
是否生育:是

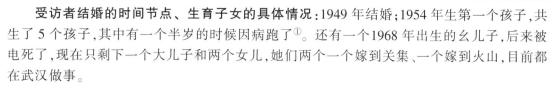

受访者结婚的时间节点、生育子女的具体情况:1949 年结婚;1954 年生第一个孩子,共生了 5 个孩子,其中有一个半岁的时候因病跑了[①]。还有一个 1968 年出生的幺儿子,后来被电死了,现在只剩下一个大儿子和两个女儿,她们两个一个嫁到关集、一个嫁到火山,目前都在武汉做事。

现家庭人口:5

家庭主要经济来源:务农

受访者所在村庄基本情况:钟堰村隶属于湖北省荆门市钟祥市石牌镇,地处竹皮河沿岸,石沈公路纵贯全境,区位优越,交通便利;全村版土面积 6.5 平方千米,有 8 个村民小组,197 户,1158 人。耕地面积 2482 亩,水面 2000 亩,以渔业养殖为基础。村中以钟姓为主,村中有一小学即钟堰小学,供给着钟堰村、官堤村、肖店村、洪山观村以及桧坡村适龄儿童的求学需求。当地以传统手艺做豆腐为生,该手艺起于合作化时期的业缘,传承于家族之内的血缘。近年来,随着水产养殖的不景气和传统农业收入锐减,外出打工的青壮年占到本村劳力的百分之八十以上。

受访者基本情况及个人经历:老人名叫向玉玲,出生于 1932 年,小时候没有上学,没起学名,家里有三个哥哥,还有一个姐姐,也已经去世多年。过去女孩子不读书,向玉玲老人出嫁的时候十七岁,那时还没有解放。家中评的中农成分。老人 1945 年以后才生育,一共生养了 5 个孩子,现只剩下 3 个孩子。老人一辈子以务农为生,跟随集体走。老人经历过土地改革、互助组、合作化以及改革开放以来的新时期,老伴在"三年困难时期"死了,她独自一人把孩子们拉扯大。老人很要强,也很勤恳,不管在什么时候,都踏实干活,家里的主要经济来源就是种地,家中的经济状况随着共和国的成长而越来越好。老人说,人这一辈子只要勤劳踏实,不管在什么样的环境下都能生活下去。

---

① 跑了:为了避免忌讳,即死了。

一、娘家人·关系

(一)基本情况

我叫向玉玲,我因为没有上过学,所以也没有起过学名,我的名字是我父母所起。我有三个哥哥,大哥叫正云,二哥叫正华,小哥叫正富,他们的名字都是按辈分起的。我还有一个姐姐,我还在家中时,她就出嫁了。过去说是女阿子^①不读书,我连学校门都没进过。我是 1932 年出生的,出嫁的时候大概有十四五岁,即 1947 年、1948 年左右,那时候还没有解放。在土地改革期间,我们家评的是中农成分,那时候我也还小,不知道家里有几亩田。

我嫁过来这边时,我丈夫家里没有什么人,劳动力就是他和他幺爸两个人,他们家原本一亩地都没有,都是靠租种毛谷彤家的田为生,他们住得也是毛谷彤家的房子,我记得是到土地改革以后才分到了几亩田。我嫁过来之后就是开会,没怎么做事,就走集体户。我丈夫他不喜欢种田,那时候也没有种子。我虽然十四五岁嫁过来,但是到了二十岁才添生^②。我一共生了五个孩子,有一个儿子在半岁的时候死了,那时候没有医生看病,孩子活不大。我后来又生了一个儿子,他是 1968 年出生的,有一次他在家看电视,因为没有开灯,摸在电源上把自己电死了,我现在只有一个大儿子,还有两个女儿,她们一个嫁到关集,一个嫁到火山,目前都在武汉做事。

(二)女儿与父母关系

1.出嫁前女儿与父母关系

(1)家长与当家

原先我们在娘家做女儿的时候,我妈还在世,我哥哥是当家人,他负责看管钥匙,因为哥哥在那时候已经成年了。1949 年新中国成立前,村里不组织开会,1949 年后才天天开会,我也总是参与。在吃饭的时候,谁坐上座谁坐下座都是有讲究的,就算是现在也都还有讲究,一般都是屋里当家的、一把手坐上面。一般都是老人坐上面,没有小孩坐上面的情况。

(2)受教育情况

那时候我在娘家没有读书,学校门都没进过。我哥哥读过书,但是读的程度不高,相当于读了小学。我们贫家小户是这样的情况,但是地主富农家就不一样。大地主毛谷彤的一个女儿就读书,和男孩子一样,一直往上读,以前没有大学,不然她就去读大学了。

(3)家庭待遇及分工

我们原先在屋里的时候还纺纱,一天能纺四两棉条,这个手艺都是我们跟妈妈、嫂子学的。我纺的纱还可以,一般上半年纺得多,下半年纺得少,纺的纱都归爹妈管理。我们那时候住的是土坯房,我跟我嫂子还学织土布。那时候没有电,都是点的灯芯,我们起早贪黑地干活,就用车子捣、纺,早上公鸡叫,嫂子就把我们喊起来干活,脑子每天都晕晕的。我十二三岁开始学纺纱,就是学纺车,好多小孩子一天纺几两,我也差不多,后来把纱纺得粗点,就能快一些了,因为如果我纺不完就不能出去玩。

我爸爸妈妈在我出生之后三年就死了, 我们家的儿子和女儿都是一个待遇, 都是没人管。但是,别的家户在那时候还是比较歧视女儿的,就是觉得女儿不好,有这种想法的家户就

---

① 女阿子:即女孩。

② 添生:即生孩子。

一直想生儿子,假如他家的女儿要读书,家里就会说女孩子读个什么书!有的小媳妇吃饭都不给她吃饱,过夜也不许她在屋里过。我们家没这样的人,虽然日子过得苦一些,过年的时候没有压岁钱,但是家里人都很好。

(4)对外交往

在过年的时候,女儿一般不能出去给别人拜年,但男孩子可以出去给人家拜年、玩耍。女儿一般都在家给妈妈帮忙,打下手。来了客人的时候,妈妈一般不可以上桌吃饭,都是爸爸在陪客人。那时候赶人情很少,如果困难得没钱,那就不去了,只有特别亲的亲戚家里做事才会去一下,赶人情的时候妈妈一般不去,她要在屋里搞家务事,都是爸爸亲自前往。

(5)女孩禁忌

女孩一般在十五六岁的时候,即快要出嫁了就不准到处乱跑。那时候女孩不可以一个人去走亲戚,都是跟随大人一起去的,也可以跟哥哥们一起去。那时候女的衣服还是可以跟男的衣服搭一起,但是晾衣服还是有讲究,男的衣服都晾在前头。短裤不能晾在男的领口上。即便是现在也都有这个风俗,也有不讲究的家户,家里衣服都乱搭,短裤等衣物晾在前面,这种现象在以前是绝对不允许的。

(6)"早夭"情况

那时候缺医短药,有的孩子生下来没有多久就死了,我的儿子就是因为没有大夫医治才没了的,后来过继了一个女儿,三岁过来的,但是五岁的时候又跑了。我幺爹的一个孩子得病了,接过去请大神来看,结果大神一口痰把孩子给噎死了,这个大神为此停医了五年。过去还有溺死婴儿的事情,有的父母不想要孩子了,一般都是女孩子,他们就会把她放在河里淹死。

2.女儿的定亲、婚嫁

那时定亲的时候还要有媒人,但是一般都是孩子一落地就说好了,相当于娃娃亲,比如说我们两家关系好,你有女儿我有儿子,到了年纪就说亲。说亲的时候还要拿八字,家里儿子结婚的年纪到了,就把八字拿到姑娘家里说亲。定亲的时候还有仪式。就我自己来说,我们那时候都小,我的爹妈都已经去世了,结婚的事情都是他幺爸帮忙张罗的,形式也十分简单,他幺爸找了两个人过来接亲,又请了几桌客人,我的公公和姑婆就弄匹马,马头上也不贴花,到我家直接把我接走了,也没跟我哥哥嫂子说话。那时候我妈死得早,心酸总要流眼泪的,后来是他的姑姑来劝我的。过来这边之后也没有主持的司仪先生,看那时候太遭业①了,一共只有两桌客人,我们也没有请厨师,都是自家人烧火做饭的。来的人也不赶人情。总之,我是在1949年后结婚,定亲没有什么仪式,也没有彩礼,嫂子也没给我置办嫁妆。我丈夫家也困难,他的妈妈去世得早,爸爸在1953年去世,说起来我俩还同病相怜,我们都是丁丑年出生。他幺爸家里是破产地主,所有的钱全部用来买鸦片吃了。我刚嫁到我丈夫家时连碗筷都没有,家里太穷了,即使我丈夫帮他幺爸家放牛,也没有得到太多好处,我连彩礼都没收到,他幺爸的财产都给他自己的孩子分了。

那时候的小媳妇、童养媳结婚也没有什么仪式,她们都是因为家里穷,没什么人,亲戚才把她们送去当小媳妇。过去之后就虐待她们,不把她们当人看,就供她吃点东西。那时候还有换亲、转亲的,我这儿子就是转亲,跟他姐姐的婆家转来的。他们屋里有女儿,我有儿子,就是因为我们身份不好,说不到儿媳妇,就这么转了。转亲还要请人作证,也还要有媒人。那时候

---

① 遭业:即艰苦。

转亲还要隔一断时间,还是有先结后结的规定。有的招赘女婿,这个流程也不一样,一般都是没儿子的人才招女婿,但是各家是各家,也不需要他家门的人同意。

3.出嫁女儿与父母关系

那时候出嫁的女儿在男方家里面受气了,娘家的人一般不会管,如果娘家有人才会说话,没人就不会保护。生孩子以后我娘家人都是提鸡蛋来的,等满月之后,娘家人还会来接我回去玩几天,过几天之后我丈夫再去把我接回来。结婚后也不回去拜祖坟,都是过年的时候才去。原先那时候女儿嫁人了,一般不回娘家吃团年饭,尚秋①才去。回娘家太早也没有礼貌,等过了十五才能回去。那时候出嫁的女儿一般是在端午、中秋回娘家。回娘家的时候,丈夫孩子都要一起回去,回去的时候会买点粑粑果子和几斤糖。

那时候女儿要是在婆家闹矛盾了也能回娘家,但是爸爸妈妈会劝你早点回去,毕竟是别人家的人了,还是希望女儿在那边好好过日子。嫁出去的女儿一般不管娘家人养老,都是娘家的兄弟管。父母要是去世了,嫁出去的女儿和儿子站位没有区别对待,女儿回来也是一样的披麻戴孝,一般儿子站前面,女儿站后面,但是都站在同一边,而媳妇、女婿一般都是站在另一边。戴孝的时候,媳妇、女儿一个包着、一个顶着,各有不同。清明还要回去上坟,一般烧点纸就行了,我在出嫁之后跟娘家人走动得还比较多,想回去就会回去。

(三)出嫁的姑娘与兄弟姐妹的关系

我们回娘家的时候,一般还要过夜,哪个屋里有铺就在哪睡。有的时候过一天,有的时候过好几天。我刚嫁出去,娘家还有兄弟来看我,我记得是我哥来看我,那时候我们嫂子当家,我也不知道我哥送什么来了。家里要是有什么大的事情,娘家的兄弟们还过来看一下,像生了孩子、家里的孩子大了以后要分家,娘家的兄弟们都过来看了的,但是只是看看,不会发表意见。爸爸妈妈的养老送终都是兄弟们的事,过去的时候女儿都不管,只是现在风俗变了,女儿也跟儿子一样为父母送终。

二、婆家人·关系

(一)媳妇与公婆

1.婆家婚娶习俗

原来结婚的时候也没有什么讲究,看那时候都是"摇窝亲",比如说你生了儿子,我生了女儿,咱们就选择"对亲",那就是"摇窝亲",两家都是关系比较好的。何兰英生怕她儿子娶不到媳妇,就把我说给他家了,那时候我们一家人都老实,土地改革的时候就没有拿"解除婚约"。但是等到1949年后,需要解除婚约。离婚都是去石牌镇政府开条子,一人说算数,之前还是要调解,就说什么原因,为什么过不下去。都有人在那主持,调解不下去就给证,男的不同意也不行。也还有一种现象,就是男的定了亲后不幸去世,这个婚约能解除,但是彩礼不能要回来了。

我娘家和丈夫家不是一个村,嫁过来之前不认得这边的人。我记得我出嫁那天当时就哭了,最后都是别人劝好的。那时候没有跨火盆的仪式。我们结婚时有结婚证,那结婚证上写的具体内容记不清了,也没有照片。地主人家嫁女儿有什么具体排场我不清楚,因为我都没参加过,所以不晓得,反正他们家的女儿读书读了很长时间。那时候定亲都有说媒的,我的丈夫

---

① 尚秋:即过九天。

有个姐姐,我的亲戚和他的亲戚都认得,就帮她说了一个媒。原来结婚的时候很少敲锣打鼓,因为大家生活实在太困难了,不像现在还请乐队。

2.分家前媳妇与公婆关系

1949年新中国成立前,伺候婆婆也没有啥规矩,比如请安、打洗脚水之类的。我们是贫家小户,没这么多讲究;我也没听说过婆婆坐着媳妇必须站着的规矩,但是不能在婆婆面前大声说话,这样不礼貌,容易引起家庭纷争。那时候爹爹婆婆坐的位置有讲究,他们都是坐在上座,不能随便乱坐。家里的小孩可以上桌子吃饭,但我平时吃饭是在灶门口。分家之前都是在集体干活,我们没有空闲哄孩子、烧火,这些都是婆婆帮忙做的。

3.分家后媳妇与公婆关系

(1)公婆关系

我嫁过来这边的时候,我的丈夫有好几个兄弟,我们家到了七十年代、八十年代的时候才分家,分家以后老人都是在几个儿子家里轮流过,后来婆媳之间总是闹矛盾,两位老人就出来单过了。他们自己烧火、洗衣,家里来了客人,婆婆就去帮忙烧火,也在那边吃一点,生病了也还是媳妇照顾。

(2)分家

那时候儿子分家,都是我们两个在一起商量的。我们住的破草屋,有五六个孩子,后来拉砖盖的屋,我儿子又烧的瓦。我的儿子女儿们也没有攒到钱。分家这件事情是儿媳妇提出来的,分粮食柴火都是按人头算。分家时一般女人不参加,也不请证人,就是俩弟兄商量,分家的东西要是不够,还会买新的,反正把东西都弄平均。弄好了之后就抓阄,抓到哪一个是哪一个,房子、家具、田都是连在一起的。

(3)交往

1949年新中国成立前,我在家里做姑娘的时候,那时候还不是满村子跑,大家都在一起割猪草、打菜、捆柴,玩得还是蛮多的,等到十五六岁就不让出门了,那时候赶集我们也去不了,都是家里的大人去的。偶尔跟着大人去走一下亲戚。结婚以后,如果自己当家了,就想去哪里就去哪里,但是不允许随便交朋友。到集体化时期,因为在一起做活认识了很多女性朋友。

(二)妇与夫

1.家庭生活中的夫妇关系

(1)夫妇关系

我跟我丈夫结婚前没有见过面,我们都是"摇窝亲",到了年纪提亲就可以了,不看人品,也没说满意不满意的,反正"嫁鸡随鸡、嫁狗随狗"。我们两个在屋里的时候,也没有说谁当家、谁不当家,都是相互之间配合,商量着来。不过一般在外人面前,我还是要给他面子,比如说来了客人,我一般都不上桌子,都是男人陪客,他要什么就给什么。有时候他要"玩味",你还得伺候一下他,讲讲礼数。厨房的事情一般都是女人做,男人做其他事情,带孩子、洗衣服也都是女人的事情。就是坐月子的时候,他还会服侍一下你,有的男的脾气不好,坐月子的时候他都懒得管你。有的男人在外面胡搞了,回去他还要打人,女人还不能反抗。

(2)娶妾与离婚、婚外情

我没有见过娶小老婆的,至于娶小老婆讲不讲究门当户对也不知道,大地主家才有这种情况。我也没有见过买老婆卖老婆的，都是听人说的，说以前的时候，家里面的男人若是死了，房族的人就可以把寡妇卖掉。1949年新中国成立前还有妇女改嫁的情况，但一般都是屈死的，有的过不来日子就上吊自杀，这种情况比较多见。

妇女结婚带过来的嫁妆都是归她本人所有，过不下去选择离婚的也有，但是嫁妆不能分。我记得有一家人都死得差不多了，家里什么东西都没有，乡长当时都过来看了，田也没有，实在过不下去，就写了条子允许离婚。我不识字，所以我也不知道离婚证上写的什么，反正离婚的时候女方把带来的床、柜子、嫁妆都带走了。

2.家庭对外交往关系

一般赶人情都是当家人出面，你是当家人你就可以去，不分男人、女人。家里要是来了客人，人少的话女人还能上桌吃饭，给客人夹菜，人多就过来酌杯酒。还有就是借东西、借钱的时候，也都是女的出去借的，男人拉不下脸面。

(三)母亲与子女的关系

1.生育子女

(1)生育习俗

我们这边生孩子没有什么仪式，就一个九天喜酒，也没有说闹公婆①的。亲戚、邻居还请来庆贺一番，一般带油条、鸡蛋，娘家的人来了也是这些。

(2)生育观念

那时候生儿子和生女儿还有差别，生儿子是房族里面的后生②，生女儿都是嫁给别人，算是别人家里的人。但是生了女儿也还算是"添丁"，古话说的有，"有女不为绝"，女儿放在家里"做成做领"③，把女儿放在家里招赘，弄儿子回来。我有五个孩子，大儿子1956年出生，那时候没生儿子就一直生。如果女人不能生育，就会过继别人的孩子。但是和自己的孩子也有差别，自己的孩子是亲生的，过继的孩子就是养生的。有的人都是过继姊妹的孩子，过继来的孩子还要改姓。如果女儿在屋里做成做领，招过来女婿之后，生的孩子就跟着女人的姓氏。

(3)子女教育

我们那时候家里孩子又多，又没有钱，就没有办法供孩子们读书。那时候男孩、女孩都是一样的，你只要家里有条件就会让他们读书，但是一般不会借钱让他们读书。

(4)对子女权力(财产、婚姻)

我的孩子不是娃娃亲，他们结婚也不要我同意，他们自己同意就行。媳妇带过来的嫁妆都是她自己说了算。他们的房子都是自己盖的，我也没钱补贴他们。我不记得大儿子是哪一年结婚，媳妇做得不对我也不管。我们这个女儿是跟别人转亲的，定亲时女儿还和人家见面了的，我那时候特别穷，也没有给女儿准备嫁妆，就连秋装衣服都没有买一套。他们结婚以后都是自己当家、自己做主。

2.母亲与婚嫁后子女关系

我和我女儿住得近，来往还是比较多的，我不帮忙带外孙子，都是我丈夫在带。孙子和外孙还是有区别的，外孙都是先喊自己爹爹婆婆。如果两位老人都在，一般都是儿子赡养的，女

---

① 闹公婆：过节日拿公婆开心的一种习俗。

② 后生：即后代。

③ 做成做领：当家。

儿就是过年回来看一下。我一般不去女儿家过夜,去得也少。生老病死什么的,都是儿子管的,只有到了现在才有女儿过节、过生回来看望的习惯,毕竟现在大家的日子好过了。

三、妇女与宗族、宗教、神灵

(一)妇女与宗族

那时候宗族里面有族田,有的人家里穷,宗族里面就会提供给他族田。若他考上了功名,用轿子抬回来的时候,都还是有奖赏的。宗族里面的寡妇少,都是卖人,比如说丈夫死了,但是孩子年纪不大,你要是一直在丈夫家待着,娘家的人出钱给你立牌坊的话就不会有人把你抓去做别人的小老婆,房族里面的人也不会把你抓走卖了,等于说是就在这边守寡,就不可以招赘了,她就在这里拉扯儿子女儿,也不会改嫁。

妇女可以去祠堂祭拜祖宗,但是一般女人的名字不能写到族谱里面去。原先那时候有女的在屋里做成成领的,男的不做事情,只能她去做事。出嫁女儿的时候也不需要给宗庙里面告慰祖宗,我出嫁的时候,房族的人也没有给我分东西。原先宗族里面也没有专门管理妇女事宜的,到后来新中国成立之后才有妇女队长,以前宗族里面没有管理妇女事宜的。

如果要把女儿留在家里,还是要给房族的人说的,要跟他们请示一下,都是跟宗族里面说得上话、有权威的人说,他们不是首事,房族里面的人就都是里面的人亲,首事就是管这一方人的,比如拉丁的事情都是归他们管。

(二)妇女与宗教、神灵、巫术

1.家神的祭拜

我屋里祭拜的还有家神,在屋里摆的就是家族、家神。一般都是自己家族的祖宗,像钟家强、钟家科等祖先。祖先去世之后就是家祖、家神,他们一般都是男的,当家人要去祭拜。我的丈夫没有管过这些事情,都是我在管理。

2.灶王爷的祭拜

那时候还有祭拜灶王爷的风俗,还有点蜡烛捻子,看灭了之后的颜色,这个也有讲究的,只有信神的人才分得开"辰",分得开"灵",你这一般的人都分不开。原来都是点"七灯",七根捻子放在锅里点的,点七个晚上,这些事情我都做过,都是晚上的时候点的。那时候都是生病了,别人来给你看了,就点七根捻子,点七晚上,敬灶王爷。一般在屋里,敬的就是家祖、家神。

3.敬祖婆

我们家一般都是过年的时候祭拜祖婆,祭拜的时候就是说给祖爹、祖婆拜年,把蜡烛点好,饭摆好,还是跟现在过年祭拜祖宗一样。那时候祖爹、祖婆的灵牌都是放在堂屋的柜子上,到了"三年满",就拿出去烧了。祭拜祖婆跟祖爹的待遇还不一样,过去祖婆小一些,祖爹大一些。

4.土地公公

我在屋里的时候还祭拜过土地公公,我们还给土地公公、婆婆修了屋子,下面那里立的就有一座土地庙。一般是大年三十去拜,大年三十团年以后,就拿鞭、黄表、蜡烛去给土地公公换敬茶。换完敬茶之后,初一的时候再去给土地公公拜年去。我们家都是我去的,我的丈夫不管事。

5.送子娘娘

家里要是没有生育的,就会去皇城,或者是像东岸那边的宁静寺,"匠塔子"都蛮高,就去那边拜。"匠塔子"都是青石做的门槛,有的也求土地公公,男人女人都去。

6.宗教

原先那时候就是家里有得病的,看寺庙允许多少人去上庙,许一百个人去就只能一百个人去,允许童男去,就只能童男去。那时候都是一些孤儿去上庙,原来得病的人多,都是去庙里许香上庙。我们这边有座宁静寺,就在东岸一店子那里,砌的是一厢尖子屋,现在来的和尚就在那里住。张院子就有"二神庙",我们也不晓得是祭拜什么的。那时候女人一般就是拜观音菩萨,讲究慈悲心,希望十年成佛。

7.月半节

那时候还过"七月半","七月半"就是过月半,一般都是我去的,过月半的时候不上坟,就是在屋里敬家祖、家神。通常都是清明节的时候、过年的时候上坟。

8.巫术

那时候生病了还请神,原先那些烧香拜佛的人生病了,就请大神来看,看是什么鬼魂找到你了不放。请大神的时候,没有什么忌讳,男的、女的都站在那里,没得什么讲究。当时还有神汉、神婆,现在都没有了。原来的禁忌也很多,初一、十五烧香,敬的就是上天的神位;二十三的时候敬灶王爷,都是摆放好三炷香。还有的妇女请巫婆来家里看病,不信还是不行。我孙子才两岁的时候,我在害病,就请大神来看了,那时候我的孙子还抬头看,看大人是怎么做的。我们也不知道请的人叫什么,反正只知道他们一个叫刘哥,一个叫王哥。他们还带着大神、大灵的隐身、像,挂在屋里,烧香磕头,初一、十五的时候我就跟香走,烧香,二十三的时候也烧香。我那时候怕不洁净,就叫我儿子到土地庙上烧香,弄完以后就给香钱、给香油等。

四、妇女与村庄、市场

(一)妇女与村庄

1.妇女与村庄公共活动

我出嫁以前,那时候还有乡长、保长、甲长。新中国成立前,都是男人当家,我们没有说话的么子[①],到集体化的时候,修渠道、修水库我都参加了。参加集体活动的时候队里还通知去开会,都是我一个人去的。那时候队里只安排去搞事,不商量什么事情。

在民国时期,那时候都是甲长、保长管事情。甲长、保长他们还有两个手下,叫什么名字我已经忘记了。反正那时候就是抽丁、拉壮丁。上面张院子的道玉的爹爹,拉别人家的独生儿子,就好找别人要钱,我们屋里的老太爹不认识字,但是口才好,他说初五没有过月气,就把道玉的爹爹扔到堰里面淹死了,因为他没有去回话,没有拿钱去。

2.妇女与村庄社会关系

我在娘屋里面没有什么玩伴,就我跟我哥哥两姊妹,还有一个嫂子。1949年新中国成立前,那时候还是有人请妇女去干活,男人、女人都可以去干活。比如去同一家地主去干活,那时候给男人、女人的工钱都是一样的,他还会给你吃,给你喝。我在结婚以后,没有回去拜望

---

① 么子:即资格。

邻居,我们哪里都没有去。1949年新中国成立前也有妇女组织,比如说"十姊妹"。"十姊妹"在民国时期,在新中国成立前,信"青红帮""十姊妹",十弟兄、十姊妹,那就叫做大哥、二哥,幺哥是第一大。我们家附近的人就有参加过"青红帮",那时我们都还小,那些都是些搞歪风邪气的人,又是开"婊子行"①,又是搞"青红帮",都不是正经人。

我家屋里有红白喜事,也不喊我去帮忙,因为那时候我们都还小么。玩得好的妇女还在一起聊天,还不是跟现在一样,都还是在干活的时候聊聊天。那时候搞集体化,都是在一起干活,有时候在干活的地方聊天,有时候洗衣服的时候,都会相互聊聊天。在外面乘凉的时候,没得人跟我们聊天,我们原来住在湾里,没得几家人,都是各人在各人屋里。

(二)妇女与市场

1949年新中国成立前,都是家里的大人去赶集,没有哪个小孩子去赶集。我们没有出门去卖东西,更不用说挎点白菜、土豆去卖了。那时候算是没得"包都白"②,菜园子里面种的都是本地方的白菜,还有蒜苗子,都是自己刨的自己吃,不外卖。别人家有,我们没有去过。假如出门卖东西的话,一般不能在外面过夜,你就是把东西便宜一点卖完了,也要回家。过去的时候,都是大户人家的女的可以出去听戏,我们一般的人家没得出去打麻将的,也没有喝茶,没有搞什么。像德高表爸,那时候他婆婆丈夫死了,就拉扯他们三个,钟秀、钟白,还有德高,她那时候穿的衣服袖子大得很,拄着拐杖,有时候来集市上逛逛,她那时候当家。

我那时候做鞋子、衣裳用的针头线脑都是自己买的,我婆婆去世得早,都是我自己跟着其他妇女或者嫂子们学的。我做的鞋子就只自己穿,不拿去卖。那时候遭罪得很,我们过来这边来了也还是遭罪得很。我记得在1949年后还发了粮票、布票,大概是在1962年、1963年发粮票、布票,但是总不够用;过了1959年"粮食关",粮食也不够吃,那时候一年就发一丈布票,一丈就是十尺。刚开始的时候一人一丈,到后来了就一人一丈五尺。发布票都是按人头算的,不分大小。我给儿子做裤子的时候都是用一点布,没有那么多布料可用。1970年的时候才兴起在有机器的铺子里面缝衣裳,那时候我们很少赶集,家里也穷,没什么东西要买。

五、农村妇女与国家

(一)认识国家、政党与政府

1.国家认知

我不知道什么叫做国家,反正中国就是一个国家。国家跟党派还是有区别的,中国共产党、国民党都是党派。原先那时候就是国民党,我们中国不是一直有党执政,你看原来有女皇帝的时候,就没有党,这个党都是后来才有的。我还见过以前的旧币,清朝时候就是用"眼子钱",用铜锅子,反正插了旗子的就是好铜钱。洋钱就是民国时候的。

2.政党认知

我还知道国民党,国民党那时候就是民国时期,又是日军、又是川军、又是皇军、又是国军、又是马队。我没有见过国民党,我那时候还小,我们屋里也没有什么党员,所以我也不太清楚。

---

① 婊子行:即妓院。
② 包都白:白菜的一种。

3.夜校

我没有参加过夜校,扫盲班我也没有参加,我哥哥嫂子在 1956 年的时候参加了,他们看的书拿回来让我看过。1956 年的时候我还小,我都是在家里待着,什么都不知道,也不知道那时候来给他们上课的都是什么人。1949 年新中国成立前,没有学校,都是私塾,男的读《长书》(应是《尚书》)、《孟子》,女的就读《女儿经》《教儿经》。《女儿经》讲的就是,"女儿经,仔细听,早早起,出闺门,烧茶水,敬双亲,父母骂,莫应声,公婆骂我做好人"。那时候男孩子跟女孩子读的书都还不一样,那时候书文不是一样的,也不在一起念。

4.政治参与

我没有参加过村委会的选举。计划生育倒是搞过,好像是在 70 年代搞的计划生育,那时候都要听上面的政策,别人强调要去的,那时候搞计划生育,我们就是在上院子搬豆腐渣,他打上渣,我打下渣。1949 年新中国成立前,妇女也不要交人头税。1949 年后才让剪头发,领导妇女剪头发,当时剪"搭毛棚子"①最流行。反正就随便他给你剪,你给他剪,因为没有什么理发的人,都是大家互相剪头发。

5.干部接触与印象

1949 年新中国成立前,国民党的保长、甲长我们没有见过,反正就是知道他要下来拉丁,首事就是我们族里的家长,这个我们倒是见过,那时候的干部都得狠。1949 年后,共产党的干部都很好,土地改革运动的时候还有工作队来村里面,他们都是文化人,到贫农家里面吃饭还要给钱,都很体谅农民。

6.女干部

我还听说过妇联,就是大队的妇联主任,自从土地改革以来,就是新文的妈妈担任妇联主任,王相玲当妇联代表,她是在 40 年代不干的;50 年代的时候就是张德贵、李显银、钟德安等当干部,还有肖店乡的丁主席。1949 年新中国成立前,我没有听说过"男女平等",那时候没有男女平等,都是男人当家,男人死了就是儿子当家,那时候男女平等少得很,我们只听到别人讲过。

7.政治感受与政治评价

土地改革的时候才兴说"男女平等""妇女能顶半边天",土地改革以后就是自由婚姻,1949 年新中国成立前都还是说媒,"摇窝亲"。有的不满意的,就可以解除婚约。50 年代到80 年代的婚姻习俗都不一样,一个十年跟一个十年不一样。1970 年合队、1980 年分队,1970 年那时候就是邓小平当权,搞婚姻自由,这点还是挺好的。

(二)对 1949 年以后妇女地位变化的认知

我小的时候,太婆用五尺布给我裹过脚,我说:"我不裹,裹得疼"。我脚上的这个"拐子"就是因为裹脚弄的。后来我太婆死了,就没有人给我裹脚了。妇女的地位还是有所提高,我这一辈子就是傻,人家把我说到这边来,我就是一直不愿意,但是一直没有解除婚约。1949 年新中国成立前还有男人打女人的情况,打的时候也没有人来调解,等到 1949 年后就不敢打人了,有的女的比男的还狠。

---

① 搭毛棚子:短发式。

（三）妇女与土地改革运动

1.妇女与土地改革运动

土地改革的时候，我们的养生父母划的是下中农，工作队还去我家里了。那时候我哥哥当队长、副队长的时候，他们还去过，还在我家里吃饭了，吃完饭还给粮票。看我们那时候都是小孩子，跟着他们，不晓得他们说了什么。土地改革斗地主的时候，还有积极分子。一般都是妇女最积极，她们上去就诉苦，跟唱戏一样。土地改革运动的时候我们家里没有分地。那时候就是买的王谷城的庄屋，一个三亩大丘，一个两亩，还有一个五斗，六亩七分田，我们什么都没有分。

2.妇女组织和女干部与土地改革

当时村里面有没有成立妇女会，我不知道，那时候我还小。成立妇女会、办夜校、扫文盲的时候，我们还小都不知道。互助组的时候我都还是小孩子，到处玩，我哥哥他们参加了互助组。他们1954年参加互助组，1956年成立初级社，1957年成立高级社，1958年又成立人民公社。我记得在合作化的时候，我家的土地、农具都入社了，但你自己的耕牛、农具都还是你自己保管。这么大的事情，也不用男人跟女人在家里商量，上面都决定好了，别人家庭我不知道，那时候我还没有嫁过来。

我没有当过互助组的什么干部，就是嫁过来了以后，替队长办过两年事情。那时候就是负责管理栽秧，安排几个人一组，早上起来栽秧、扯秧草，还有就是一亩田记多少工分。我们一个组有六七个人，都是邹祖衡来记的工分，他就到田里面一看，按定额，看你一亩田平均有多少人干活，该得几分就得几分，反正那七个人都是平均的。男人负责耕田、耙田，女人负责栽秧、割麦子、扯秧草。我那时候特别能干，样样都能干。男人跟女人是一样的评工分。不同成分的人、不同性别的人，分配粮食的标准都是一样的，按人头、按工分。

（四）互助组、初级社、高级社时的妇女

1959年、1960年，我们那时候吃的都是树皮，我记得我在刘德湾和我嫂子削了几袋子榆树皮，用牛驮回来，推成面粉做饼子吃。1960年开始供应粮食，能少挨点饿。那时候也不去生产队偷东西，胆子很小不敢去，偷了一点豌豆，又怕蛇咬，又怕别人追过来了，被人抓到的话他们就会说你是强盗，这样的事情很丢人。

那时候也没有托儿所，"三面红旗"我也不是很清楚。大概是1958年时候兴起来的吃食堂，那是安磨、桃子他们在食堂做饭，都是挣工分，男的女的都有。1958年的时候做的饭好吃，随便打饭、打菜吃，分配的标准都是一样的，都是按照人头算的。原先那时候拌蔬菜、炒萝卜，样样都有。

（五）妇女与人民公社、"四清""文化大革命"

1.妇女与劳动、分配

妇女到了五十五岁不用下地干活，只有人头粮，没得工分粮。你不下工，就没有工分粮，只有人头粮。人民公社还不是凭工计分，女人跟男人都是一样的拿分。我们那时候才转初级社，跟肖华院子们是一个生产队，跟姓易的是一个生产队，那时候我还没有参加劳动。刚开始的时候没有养猪、养牛，小牛场只有到了60年代的时候才有。一般都是男的记工员，男的当会计。男人农闲的时候就去修建设，1956年、1957年就去修石门，1958年炼钢铁，男的、女的都去，就在本地搞。1958年搞深耕，德高就是因为搞深耕达标了，别人才让他入党。大跃进、学大寨我们也都搞过,那时候我都在干活。那时候就是1968年、1969年学大寨、赶大寨,我就在家里拉扯我儿子女儿。我们屋里不欠粮,到后来分田到户的时候,我侄姑娘她们没有读书了,我哥哥就叫她们几姊妹来帮忙我栽秧、割谷,那时候我儿子还在学校里面。

2.集体化时期劳动的性别关照

妇女怀孕了,一般都不请假,就是派工的时候会照顾一下,不让你干重活。我怀上我儿子的时候,一直在打南岸那个机台,等到快要生的时候还在干活,干的活相对能够轻松一些,他们只叫我赶石磙。

3.生活体验与情感

旧社会还有自杀的人,在民国的时候"奸淫死,鬼行道",就是这样杀的。1949年后,合作化的时候还是挺好的,等到分田以后,我们就是跟我哥哥他们分了家,我婆婆他们在老幺屋里,我一个人在屋里种七亩田,我丈夫就在集市上做豆腐。我一个人在家耕田、耙田、提沟。别人家的女的把秧栽了、秧草扯了,之后就没有什么事情了,而我一年到头都有事,原来都是晚上放牛,白天干活。我记得我有一次放牛,在强大堰那边,我不小心从牛背上摔下来了,幸亏没什么大事,等我回家之后又要洗衣服,一直干活到了清晨。

4.对女干部、妇女组织的印象

到后来还有"铁姑娘战斗队",六七十年代的时候兴起的。队长就是钟秀芹,妇女队长王成兰,她非常勤快。我记得还有让新中国成立前当过童养媳的妇女当妇女主任的情况,因为她们都是受过苦的人,所以在各种事情上就特别积极,斗争起来也特别激烈。

5."四清"与"文化大革命"

我还记得"四清""文化大革命",那时候就是斗干部,就是打击"地富反坏右",把他们都拉去开会,还要打他们。搞"文化大革命"的时候,还有红卫兵,他们都带了刀子,十分可怕。那时候地主富农的子女都是转亲、换亲,像道龙他们就是转亲,两家在一起、三家人在一起就是换亲。那时候还搞过"割资本主义尾巴",就是说不准给自己的自留地放肥料,东西都还是自己的。合作化的时候还可以请假,只要找队长请假就行了。"破四旧"的时候,我们家里什么都没有,只有一个钟和一个香碗,等到"文化大革命"的时候都拿出去摔了,这些物件都不能留着。

(六)农村妇女与改革开放

人人都说改革开放好,我却不觉得,我丈夫长年累月都在集市上干活,家里的农活都是我一个人做的。集体化的时候,大家还可以在一起相互帮忙,但是等到分田到户以后,我就没有闲过,白天种地,晚上放牛,最后没有办法,都是我的几个侄姑娘来给我帮忙。

六、生命体验与感受

我这一辈子没看过电脑,电视也没有看过多少,一辈子都是在生病、干活,没有享过几天清福。一开始的时候是听收音机,后来又兴起电视机,我家买过一台北京牌电视机,就通过它来了解国家大事。我们这一辈子都没享过多少福,没有什么经验传给后人。我这一辈子,不论是在集体化还是在分田到户阶段,我随便搞什么都是圆①,搞集体化我也是圆的,搞个人主义我也是圆的,反正都是我一个人做事情。

---

① 圆:可以的。

附录　口述调查小记

崔凯华口述调查小记

(调研员单位:中国矿业大学机电工程学院)

汽车飞驰在乡间的小路上,路边已经出穗的玉米飞快地向后退去,我的思绪不由得飘飞到那个偏僻的山村,那个父辈生长的地方。崔家村是一个深山里的小村落,村里的人们习惯了恬淡宁静的生活,以土地为生,善良淳朴。村里主要的两个姓氏是崔姓和王姓,我小时候回到村里时,看到村里的一切都那么的新奇,村庄的人们是那么的热情好客,拉着我往我口袋里塞满了核桃、酸枣等等这片土地里能蕴育的美味。虽然我对村里的老人们并不是那么熟悉,但这丝毫不影响他们对我的关爱。

今天采访的这位老人是我远房的老姑,虽然我记忆里对她没有一丝一毫的印象。老姑今年八十一岁了,常年在田间地头的劳作并没有让她的动作变得过于迟缓,依然坚持做饭洗碗。老人出生在一个中农家庭,因为农村教育条件的限制,加之家中重男轻女思想的影响,从小没有念过书。在小时候就去其他村里帮做童养媳的姐姐看孩子,孩子长大才从姐姐家回来。十九岁便嫁人生子,上孝顺公婆,下照顾子女,农忙时也要到田间地头为丈夫帮忙。那时候婆媳关系还不像现在这样平等,作为媳妇,不仅要承担家庭中的所有家务,还要给老人叠被子打洗脚水,无论是夫妻关系还是婆媳关系,媳妇永远都是弱势的一方,媳妇的一举一动都要请示婆婆公公或者丈夫,不能自由地回娘家,甚至就连做饭下多少米都要请示婆婆。那时候的女人深深地受到了封建糟粕的荼毒,缺乏人权,充满了不公,女人不能参与家庭的对外事务,有外人不能上桌吃饭。后来丈夫早逝,与老人分家后,她便独自一人含辛茹苦地将三个孩子抚养成人。看着子女早已长大成人,孙子孙女也先后长大,老人脸上露出欣慰的笑,将中国劳动妇女的坚忍体现得淋漓尽致。

老人不关心其他人的看法,不关心国家的政策,只希望儿女平安,长大成人。一辈子勤勤恳恳,只知道为家庭付出。在"三年困难时期",家中没有吃的,老人只要一闲下来,便去山上挖野草,先紧着儿女来吃。人民公社时期,每天食堂的定额少,不能满足整日田间劳动的成人劳力消耗,也不能提供子女成长必需的营养,老人将有限的食物先让着孩子来吃,自己却饿得浮肿。

终于进入了改革开放的新时期,土地分产,承包到户,使得家家有余粮,老人的脸上露出了幸福的笑容。谈及过往,老人感叹道:她今年八十一岁了,已经熬过最艰苦的岁月了,现在怎么都好过了,就是看着孩子们吧。都那么大了,从那会儿到现在这还有什么不满足的?没有什么期待,这样就满足了。

语言虽然朴实无华,但却令人无比动容,真是一位令人敬佩的老人。

陈文倩口述调查小记

(调研员单位:山东农业大学文法学院)

做农村社会研究,切入点林林总总,选择八十岁以上的中国妇女这个群体,从不一样的视角了解那段中国历史,留下她们宝贵的记忆,挽留住这些将逝去的思想,是非常有意义的实践。没有深入农村,没有与朴实无华的妇女朋友深入地交流,我们不会真真切切地体会到那段如梦的沧桑岁月。

2017年农历六月十一,清晨。今天起了个大早,赶着去见一位老人。妈妈跟我说,这位老人虽然已经八十岁,身体依然硬朗,对过去的事情也是记得很清楚。

见到老人说明来意之后,老人特别热情地接受了我的采访,还答应下来分几次跟我聊聊她过去的故事。

这是我采访的第二个老人,她平常经常在大树下乘凉,手上挎着个小包包,除了手机之类的必带品还经常会捎着一盒烟。她不似我采访的第一个老人一样,她的家庭条件并不宽裕,吃过很多苦,受过很多罪。老人说她小的时候在娘家做女红,比如说纺线、织布、做布鞋等。小孩子玩心重,家里的爷爷为了哄住她们让她们安安稳稳地干活,就让她们养上了抽烟的坏毛病,至今为止这个坏习惯已经戒不掉了。我不禁感叹在家庭中对妇女的伤害尚且如此,更别说在当时这个重男轻女的社会对妇女有多深的荼毒了。

老人跟我讲过她年轻时候的事,国民党与共产党内战阶段是他们最担惊受怕的日子,搞互助组、合作社的时候是最累的时候,"三年困难时期"是最难熬的日子。

在1949年之前,老人还小,基本每天晚上都睡不踏实,一听到外边有齐刷刷走路的声音或者是子弹声,家长就慌慌忙忙地把孩子抱到炕下躲着,那个时候也就不管什么地下脏不脏的问题了。老人说当时有个特别凶险的夜晚,天已经很黑了,全家人都睡着了,国民党来了村子扫荡,子弹从家里的后窗户穿过打穿了前窗户,玻璃碎的噼里啪啦响的声音至今还记忆犹新。万幸的是,全家人在这次事件中没有发生危及生命的事故。

在搞互助组、合作社的时候,大家为了挣工分、为了吃饭,不管是青年还是妇女都要拼了命地干活。政府为了让妇女更好地迈开步子走进田里,把她们的孩子托给老人照顾,给老人发一定的工分。我调查的这个老人的村庄的粮食产量在县里的村庄里是数一数二的,当时村子里流传着一句话:"要想吃王家大村饭,就得拿命来换",隔村的小闺女们出嫁都没有敢嫁到这个村庄来的,都是怕了这个村庄的工作量。

在高产的同时无疑伴随着的是劳动力的高负荷承担。妇女作为一个特殊群体,在工作中理应受到一定的照顾,然而在这个村庄中,妇女们没有享受优待,而是受到了不公平的待遇:怀孕的妇女在炎炎夏日下的深壕里扔粪,有特殊情况的妇女也要忍着痛在田地里努力干活,快要临盆的妇女只有在生小孩的那一天前后才会被允许在家休息几天。

史景迁先生编著的《王氏之死》一书通过描写普通妇女——王氏来揭示明末清初时期农村妇女的悲惨处境,小人物大历史是本书的一大写作特色。王氏虽已成为历史,但她却以另一种形式生活在当下。1949年以后,女性虽能经济独立,但男女平等的问题没能得到真正的解决,关键在于盛行数千年的男权文化。只有重构道德标准和行事准则,形成一种尊重女性、男女平等的社会文化和社会氛围,王氏才能真正地离去。

在"三年困难时期",大家伙都吃集体食堂,饭菜少且质量差得厉害,每天都有两三个人吃坏了浮肿被抬出去,就算饿得要命的时候也要挨着,家里有食物也没有办法吃,因为家里只要是可以煮食物用的锅碗瓢盆都被拿出去炼钢铁了。让老人苦恼的是,地里的地瓜长得特别好,一个个滚圆滚圆的,但是到了收获的时候,村子里有劳动能力的人都被安排到了外面去参加劳动,这时候只能靠留在村子里的妇女去晒地瓜干,等她们费力地把地瓜都晒在田里时,天气凉得已经晒不干地瓜干了。等到劳动力回来收的时候,它已经在田里发霉到又黑又烂没法再吃了。

过去的苦难加深了人们心中的阴影,饥饿的岁月让农民朋友不堪回首,几千年来被土地束缚的农民们对土地的珍惜远远超过了自己的生命,哪怕是芝麻大一块土地,他们也不会放过。人们对土地的热情空前高涨,人与人之间为了土地,会大吵大闹甚至大打出手,各种情形都司空见惯了,但也时时困扰着人们的心。

现在,我们进入了小康社会,年代的更迭让吃饭的问题发生了变化;年代的更替改变了吃饭的观念;年代的流逝必将更好地解决吃饭问题——吃饭将不会成为问题。

从那个时代走过来的人基本上都从生死边缘走过一遭,他们在国家争纷、个人饥寒面前历经沧桑。我们这个时代的老人从苦难的岁月走到现在的幸福生活,他们知道如今的来之不易。回想到过去的种种,老人跟我说,她不知道为何能坚持下来,整天硬着头皮干活却不知道什么时候是个头的日子是人生中最黑暗的阶段。中国的农民朋友是平凡而伟大的,有人说他们像是蝼蚁,每天活在自己的世界里忙忙碌碌,可我更觉得他们像是小蜜蜂一样,虽于茫茫人海中似是沧海一粟,可是在困难面前他们自强、永不放弃,也许正是因为他们身处社会底层,才更懂得自我照顾与自我保护。老人说她享受并珍惜现在的日子,我虽未经历过什么大风大浪、世事变迁,也同样读出生命之可贵,需用有限的生命创造无限的价值。感谢华中师范大学中国农村研究院,他们给大家提供了一个了解、享受知识的平台,也让学识平平的我接触到了农村妇女眼中的一段中国历史,虽是皮毛却受益匪浅。

代冬梅口述调查小记

(调研员单位:西华师范大学政治与行政学院)

2018 年 8 月 15 日　晴

今天又是晴朗的一天,但是夏天的太阳真不讨喜。因为太热了,所以我和我舅舅他们七点多就出门了。今天我要拜访的老人叫徐佰秀,今年刚好八十岁,她是一个很热情很善良的老人。老人家门前是一片田野,现在正是到了打谷子的时候了,一股青草的香味弥漫在空气中。老人家里有一个角落我很喜欢,那里摆满了各种好看的盆栽,看得出老人很热爱生活。自从去年老伴走了过后,老人就一个人生活。老人生于 1938 年,原来是剑阁人,家里是做生意的,主要卖饼子、面之类的。她告诉我,他们祖先是陕西人,长辈为了做生意就来了四川。其实如果老人不说我真的看不出来她以前在陕西,因为她看起来就是一个地地道道的四川人,全身都散发着四川人的气质。老人和老人的家人都很好说话,我舅舅在帮我问老人是否愿意配合我的时候,老人和她家人都很爽快答应了,而且还特别热情。老人给我印象特别深的就是她说她最开始嫁到农村来什么都不会,然后什么都是跟着其他人学。我觉得不管老人最后学得怎么样,但是她在到了一个条件很差、什么都要靠自己的地方,没有选择逃避,这种精神就很值得学习。虽然她没有给我描述过她学习的过程有多困难,但是我大概也能想象出她才到这里的那种特别苦的处境。今天我本来是想从她这里问出以前男尊女卑的那种思想,结果没想到不管是在娘家还是婆家,家里面都没有那种观点,反而对她都还很好,这一点我其实还是挺惊讶的。果然善良的人,命不会太差。

2018 年 8 月 17 日　晴

今天是第二次去拜访徐奶奶,特别不好意思的就是,我忘记了提前告诉奶奶我今天要去找她,所以我去得太早老人都还没有吃饭。本来说我们等着她吃了饭再开始访问的,但是老人坚持要先给我们访问。今天第二次接触徐奶奶所以没有第一次那么紧张了。在今天的访问中我了解到徐奶奶是一个很关心国家大事的人。她说以前她每天都要和老伴一起看新闻联播,说到这里她眼睛有些湿润了,现在她一个人也看新闻联播。

当我们谈到毛主席去世的时候,我看到老人一直在擦拭眼角,看到她的眼泪的时候我手足无措,我不敢再提及相关的事情,但是老人说到毛主席又很激动,所以我也没打断她。从她的眼泪里,我看到了当年老百姓眼里的绝望。他们之所以崇拜毛主席是因为毛主席来了,老百姓过上好日子了。而现在好不容易过上了好日子,毛主席又去世了,人们现在拥有的一切是不是也要随着毛主席去了?当时他们的眼泪除了表达对毛主席的不舍,我想更多的应该是恐惧吧,那种害怕回到以前的生活的恐惧。

访问最后老人还给我传授了她处理家庭关系的秘诀,那就是包容。我在微博上看到过很多次问为什么以前的人在一起就是一辈子,而现在的离婚的夫妻越来越多。其实听了老人和她老伴的相处模式,我觉得也许现在的人缺少的是一种包容。过去不管多大的事两个人一人退一步事情就解决了,而现在的人一出现问题就想离婚。不仅是夫妻关系还有朋友关系也是如此。

终于,访问顺利的结束了,虽然只和老人在一起聊了两个多小时,但是要走了还有一点舍不得。特别是老人说她一个人很孤独的时候,好想留下来多陪陪她。我妹妹和我一起,访问完她也说以后她要多来看看奶奶,感谢奶奶在她小时候那么照顾她。结束了,希望等我下次,下下次……回去的时候还能再看见她。

2018 年 8 月 21 日　晴

这几天一直在找合适的人选,每次找到人去访问的时候,我都发现好像找的人都不是很合适,不过还好在我们社区里找到了一个比较合适的老人。今天去访问的这位老人,今年也刚好八十了,是一个很乐观的老小孩。为什么要说她是一个老小孩呢?因为在我访问的过程中就发现这位老人很好动,她的精力不能够很好地集中,还有就是我了解到她平时都看一些少儿频道,所以我觉得这个婆婆童心未泯。

访谈总的来说进行很顺利,虽然很多时候老人不是答非所问就是说了很多和主旨无关的内容,不过还是收获了很多有价值的东西。这次访谈中,我感到最惊讶的就是她娘家的兄弟姊妹有十个。这么多人,他们吃什么呢?家里够吃吗?完全不用担心,这位老人家里属于上中农,家里还算富裕。她告诉我她们家里原本有三十亩田地,但是做不完,就只做了十亩田地,她们家除了收割谷子和栽秧子的时候请人外,平时都是自己做。想一想现在科技这么发达,农业机械化程度还算比较高的了,做那么多田地也很累人,何况她们那会儿全靠人力。也难怪整个访谈中她一直强调家里很忙。

2018 年 8 月 22 日　晴

今天算准了时间,刚好在老人睡醒了去找的她。今天我又了解了很多问题,这些问题有些与上次老人给我的回答不一样。比如说,之前她告诉我她们家里没有重男轻女的观念,结果这一次我发现她们家里不仅有而且还很严重。比如她的老伴就非常歧视女性,家里不管是田地里的活儿还是家务活全是奶奶一个人做。还有就是在已经宣传男女平等的时候,她的老伴依然觉得开会那些都是男人的事,和女人无关。也正是因为以前在娘家受婆婆的影响和在夫家受丈夫的影响,老人自己思想也存在很大的偏差。比如很多时候我问她参不参加什么会议,她都说不知道,那些都是男人的事,和女人无关。正是因为从小到大接受到的思想都是女人不能参与国家大事,所以她也索性不关心。我问她知道哪些国家领导人的时候,她告诉我她只知道毛泽东和邓小平。她自己也说不关心这些国家大事,村里开会喊她去她就去,不喊她就不去。所以我就觉得一个人的民主意识从小就应该培养,当国家大事都男人操心的那种思想根深蒂固的时候,再想改变就很难了。

邓景梓口述调查小记

(调研员单位:中国矿业大学土木学院)

8月4日,在这个最高温度可达38摄氏度的天气里,为了顺利实行今天的调研计划,我早早地起了床,不敢有一点懈怠。早上,趁着太阳还没出来,奶奶早已出去劳作了。我自己煮好了稀饭,简单吃了,就背着资料到离我家不远的一个独居的老太太家里去了。我向她讲述了我的来意,老太太很热情,愿意接受口述史调研,对于照片和录音都表示接受,于是我们就在她家的饭桌上开始了调研。老太太名叫谢碧清,比自己的丈夫小十岁,自己的丈夫很早就去世了。老人今年已有八十三岁的高龄了,但身体依然健朗,口齿清楚,头脑清晰,行动自如,所以可以独居在这个平房里。老太太膝下五个儿子、一个女儿,都已成家,大家一起承担赡养老人的费用,老人还特意说老五(儿子)对自己是最好的,自己也很疼爱老五。

老太太非常健谈,记忆力也还好,对以前的大部分事情记得比较清楚,特别是自己在娘家时候的一些事情。1949年以前,老太太娘家非常穷,爸爸早就死去了,家里没有一个男人,老太太是长女,和母亲一起来管理这个家。母亲在外给地主家帮工,老太太则负责在家洗衣做饭照顾奶奶和三个妹妹。那段时间是很苦的,她母亲在地主家帮工只能得到一些粮食,而自己家土地很少,劳动力也少,老太太也曾经被迫出去讨饭,生活的重担都落在了她和母亲肩上,可能这也是老太太对于那段时光的记忆非常清楚的原因吧。上天保佑,她们家四姐妹在那个时代都顺利地活下来了。那段记忆是沉痛的,可在今天,老太太依然能笑着回忆着以前的事情,可能旧岁月的伤痕早已被如今的幸福生活抹平了吧。

在第一章,关于农村妇女家庭内部矛盾的内容。老太太对这段内容的记忆比较清晰,我问得也比较慢,整整一章就花费了将近三个小时,时间已到中午,到了做午饭的时间了,我暂停了录音,与老太太告辞,谢绝了老太太留我吃午饭的好意,准备下午再来。老太太喜欢抽烟,烟瘾还比较大,一边抽烟一边与我谈论。

下午两点过后,久旱逢甘露,天空下起了瓢泼大雨,我只好在家休息。直到下午四点多,雨停了,可以出门了。我拿起口述史大纲资料匆匆走向老太太家里。老太太一个人在家,除了种一点蔬菜自己吃之外,也没种什么庄稼,所以也没什么事情,我们很顺利地继续调研。关于下午的调研内容,老太太说得就没那么多了。老太太年轻时体力很好,可能觉得做农活也没那么累,最累的是抚养这六个子女,但老太太依然坚持过来了。老太太现在最大的感叹就是自己累了苦了一辈子,现在日子好起来了,自己却已经老了。人这一生是为了什么?我带着这个疑问走在了回家的路上,夜色逐渐笼罩了大地。

8月16日,所有的录音已经整理得差不多了,也没有什么不清楚的地方需要跟老人再次沟通的。下午,我拿好了需要老人签字的合同再次去了谢碧清老人家中,这位老人的生活非常悠然自在。与老人聊了一会儿天,老人的名字是我在经过她的同意之后代签的,与老人合了影,她家也是刚修不久的平房。对老人表示了感谢后,老人显得很开心,可能独居老人和别人说说话也算是一种乐趣吧。

调研工作已经大部分完成了,过程虽然繁杂却意义非凡,我对以前的历史和生活也有了更深的认识。

范红福口述调查小记

(调研员单位:华中师范大学中国农村研究院)

2月11日,正值新春佳节,早饭过后,我携带牛奶看望本次妇女口述史的采访对象——吕党梅老人。采访之前,因笔者对于村内老人情况不甚了解,故而通过与家人沟通,得知本村吕党梅老人在年龄和表达方面都满足此次调研的访谈标准。待我表明来意之后,老人极其乐意,子女也很支持。

访谈中得知吕党梅老人出生在1930年,因娘家贫困,没有读过书,十五岁被父母以3石麦子卖给了二十六岁的第一任丈夫,再没有其他彩礼和结婚仪式,婚后生有1个儿子、2个女儿。老公去世1年后,在娘家父亲的支持下,给自己招赘了第二任丈夫,也生养了1个儿子、2个女儿。婚后,都是丈夫做主,她只能听从。两任丈夫逝世之后,儿子长成,担任家长,处理家务。因为重男轻女,她偏爱儿子,在说到女儿出嫁时,用"卖了一点钱"来表达。在家庭祭祀、寺院祭拜中,她多数不能参与,都是由家里的男性来完成。没有掌握钱粮,极少去赶集,购置生活物品,更别说藏私房钱了,即使去娘家,也多数是空手前去。小时候,很少去公共场所,出门走亲访友,看戏玩耍多数都需要有人陪同,十岁以后就极少出门。1952年土地改革之后,家境好转,妇女地位提高,但是劳动也随之增加,没有担任过小队长、妇女主任等。现与小儿子一家四世同堂居住,领有国家老年金,生活富足,感恩祖国。

1949年之前,女性不管是在娘家还是在婆家,家庭地位都比较低,社会地位更低,更别说谋求政治地位了。她们极少参与象征权力的家庭事务和社会事务,多数只是服从丈夫的意见,依赖儿孙的赡养。1949年之后,女性地位偏低的情况并没有立即改变,而是在融入国家诸如土地改革、合作化和集体化等政治生活中时,通过劳动,使得自身地位不断提升。

郝春亮口述调查小记

(调研员单位:山东农业大学文法学院)

7月13日,今天的天气比较好,不是很热,正好适合出门调研,所以我打算就在今天开始我的调研之路。在正式调研开始之前,我自己首先大体上看了调研的提纲,希望能够做到心中有数,并对其中一些问题进行了思考,希望在调研开始的时候,可以很顺利,当然了,我自己也做好了可能会遇到挫折的准备。

下午,在去老婆婆家的路上,我还担心老人会因为害羞等各种事情会对我有所排斥,但是到了目的地之后却和我的想象不一样,因为我和这个老婆婆的孙子在很小的时候就在一起玩耍,由于我一直在外面上学,好久没有在村里了,所以一到老人家门,老人对我就特别的亲热,一边给我拿水果,一边拉着我往屋子里面去,我都有点不好意思了,看到老人这么热情,顿时就有了访问的热情和完成任务的信心,当老人听到我来的目的之后,老人也非常的高兴,也愿意配合,当时我的心里也非常的高兴,所以马不停蹄就要开始录音。正当我要开始的时候,和我一起的小伙伴儿告诉我说这个老婆婆耳朵有一点聋,需要找一个人给她"翻译"一下,这样才能更好的回答。老人好像能听明白我们的对话一样也在点头,所以就叫上了我小伙伴的爷爷和她一起来回答我的问题,因为小伙伴的爷爷经常和她在一起聊天说话,所以她能够听得懂,如果我自己和她说话,可能就听不明白我问的是什么问题,找来爷爷之后就可以开始了。

我们一开始的时候都聊得挺高兴的,奶奶说得也是非常的兴奋,滔滔不绝,特别是对鬼子来到我们这个村里之后所发生的事情记得特别深刻,所以在每次回答完我问的问题之后,都要加上几句关于鬼子的事情。我心里想如果按这样速度的话很快就能完成了,可是到了后来我记得是问了差不多快半个小时的时候,老人就有点受不了了,就提出来说不想回答了。看到老人这么难受我也不想再继续了,最后没有办法只能暂停了访问,给我最大的打击就是在最后临走的时候,老人还跟我说了一句"你不要再来找我",我当时还有点失落,可能是自己有点太急躁了,没有选择好访问的对象,太急于求成了,没有考虑到老人的身体状况,所以回到家里之后,我自己感觉得另外找一个访问对象了,希望明天的调研之路能够进展得顺利一点。

7月14日,今天的天气有点儿热,我深刻地吸取了上次访问失败的经验,所以在访问之前我就问我的小伙伴,这个老人的身体状况。小伙伴告诉我说老人的身体状况比较好,身体硬朗,耳朵不是太聋。在确认这些要求之后,我就在我小伙伴的指引下,去找他的邻居家的老人进行访问。当时我比较幸运,到他家的时候正好两个老婆婆都在家,所以就对这两个老太太进行了提问和调查。老太太们也都非常的配合,在访问的时候可能有一个老婆婆记不起这件事情了,另一个老婆婆就会给补充上,而且在遇到有争议的时候,两个老婆婆还会说一下,当时交流得非常顺利。在访问的间隙还会问我问这个东西干什么用,这都是以前的事情了。我就告诉她们说这就是为了了解过去的事情,然后给我们现在的这些人有一些启示。也不知道老人们听懂了没有,不过在这之后,老人们还是很愿意说一说过去的一些事情,当说到一些比较伤心的事情,老人们也会情不自禁地流下眼泪,我也感觉到当时特别的苦,那个时候她们的生活不如现在这么好,对她们当时的处境,我也表示非常的同情,以前并不知道她们过去的生活竟然那么的苦,现在通过访问之后,对她们过去的生活有了一定的了解了,知道现在的生活是多么的美好,我们应该好好珍惜现在生活。

聊着聊着,不知不觉时间就过去了,也到了该结束的时候了。我在心里非常的感激老人们对我的关心和配合。虽然,当时衣服都湿透了,但是这次调研的收获非常的大,让我知道了以前我不知道的一些东西,想到这里感觉值了。

7月16日,因为昨天下了一天的小雨,所以今天天气比较凉爽。有了上一次调研成功的经历,这次感觉心里有底了,也比过去有信心了。今天我要去的是另一个村——薄家村,因为我们两个村挨得都比较近,所以没过多长时间就到了。

这次由于小伙伴儿家里有事情,所以就没有和我一起去,是和我的叔叔一起去的,因为我的叔叔和他的儿子,在小的时候在一起玩,长大之后也在一起干过活,所以关系都不错。到了他们家里之后,首先我向他们说明了我的来意,是要问一下过去家里的一些事情,老爷爷老奶奶听了之后,也都非常的欢迎,也愿意配合。这样调查就很快开始了,因为老奶奶和爷爷都上过学,所以对于这些问题他们也都能够明白,也不需要别人在旁边给他们解释一下问这问题的意思是什么,同时对其中一些问题他们也记得特别的清楚和仔细,这样我问起来也特别的快。不知不觉就问了一个钟头,可是就在这个时候,天突然就下起了雨,当时我们是坐在外面,所以我们就不得不暂停了访问,在临走的时候,老奶奶还嘱咐我记得明天要来,我想,终于找到了一个正确的访问对象了。

7月17日,今天又下起了小雨,没事的时候我就重新听了听昨天访问时录的录音,这样自己静下心来想了想,我觉得老人年轻的时候是真的不容易,我们生活在现在这么好的社会,还会抱怨这个埋怨那个,而她们那个时候连饭都吃不上,她们也并没有怨天尤人,硬生生的通过吃糠咽菜挺了过来,度过了那么多的困难,历经了千磨万苦,终于是活了下来。我们应该向她们学习,学习她们不怕吃苦的精神,学习她们认真工作的态度,我们也应该做好我们的本职工作,好好的孝顺我们的父母,也要尊敬老人。对于老人提出的意见,我们也要虚心的接受,毕竟她们经历得要比我们经历得要多很多。

7月18日,今天的天气终于变得晴朗,我又按时来到了老奶奶家里进行采访,因为经过了上一次的访问,所以现在也变得轻车熟路了,在问问题的时候用的时间也变得少了许多,也能更好地掌握访问的时间与速度,我自己感觉对这次访问比较满意,比上一次访问的时候状态好多了,因为我们是在外面进行交流的,所以也没有上次那么热,比较凉快一点,也可能是天气的原因,我自己感觉心情也比较舒畅了,期待着能够更快地完成任务。

7月20日,在外面调研的日子告一段落,就要在家里整理着手头资料,以便对近几天的工作有所总结,从而交上一份满意的答卷,统计着两个访问对象的录音和内容,可以深深感受着她们的过去的无奈和辛苦以及现在的幸福。当今经济的快速发展,早已使农村焕然一新,也使人们的生活越来越好,随着物质水平的提高,人们对幸福的感受也越来越深。而在与村民的接触中,他们乐观的心态也深深感染着我们,让我们对生活充满希望,这应该是此次实践活动中的意外收获吧!

这近五天的口述史调研实践一晃而过,却让我从中领悟到了很多的东西,这些是我们在课堂里学不到的。首先,我觉得现在需要我们用心感受这个社会百态,这些东西将会让我终生受用。其次,这次口述史的调查实践,也加深了我与家乡里老人们之间的感情,拉近了我与社会的距离,也让自己在社会实践中开拓了视野,增长了才干,进一步明确了我们青年学生的成材之路与肩负的历史使命。社会才是学习和受教育的大课堂,在那片广阔的天地里,我们的人生价值得到了体现,为将来更加激烈的竞争打下了更为坚实的基础。最后就是,我认为过去的事情虽然已经过去了,但是却可以给我们带来一些启示,社会在不断地进步,农民的生活在不断地改善,过去的苦日子已经不在了,我们现在生活的社会是一个美好的社会,老辈们通过自己辛勤的劳动和艰苦的生活熬到现在非常的不易,我们应当好好的对待她们,尊敬她们,让她们享受现在的好生活。

黄晋口述调查小记

(调研员单位:中国矿业大学土木学院)

机缘巧合下我看见了项目的海报,跟我内心的想法有种无声的默契,我一直想去村里的老人家访问些老事情,了解了解过去有些原本不能说出的却别有意义的故事。

2017 年暑假,8 月 14 日,晴。我带着我的任务回到老家,但我这一天仅仅是去看望外婆,完全是出于亲友的问候,毕竟许久不见,甚是想念。吃过午饭,我便打算去外婆家看看,但在路上我改变了主意,此时正值盛夏,天气炎热的很,我害怕影响外婆的午睡,因为在老家上了年纪的老人都有着极其规律的生活。于是我打算下午四点左右再去。

小憩了一会儿,又踏上了乡间小路,天气不那么热了,希望外婆已经起床了。到了外婆家,在门外大声吼了几句,迎接我的是舅舅,他把我带到了外婆房间,终于看见了外婆,感觉外婆脸色不是特别的好。问候了一番,说是这几天有些头痛,外婆说都是老毛病了,不打紧的。在闲聊的过程中我提起了我的任务要求,外婆先是委婉地拒绝,可能是由于时代给外婆留下的记忆,先是有些本能上的抵触——这段历史是不能说出来的。但是我本着抢救历史的宗旨,并开导外婆不要有什么顾忌,尽管畅所欲言,外婆露出笑容,欣然接受。这个细节我看出,过去的时代给老百姓留下的思想打击不止是一点点,如若能完成这项任务意义无疑是非常重大的,在这件事上的态度也就更加认真了起来。外婆的态度也是非常的好,基本是问什么都回答,但刚开始都不会自己延伸历史,希望在正式访问的时候能够在完成基本的要求下得到更加有用的口述材料,毕竟亲身经历者的视角下,世界是完全不同的。

第二天,我便去了家里,外婆今年已有八十四岁的高龄,符合调研的要求。我向外婆表明了我的来意,外婆表示很愿意接受我的调研,还热情地留下我吃完饭。

外婆名叫谢冬英,丈夫早年前去世了,现在和自己的儿子生活在这个二层的楼房里。外婆现在身体依然健朗,虽有一些小疾病,但生活还能自理,口齿清楚,对于以前的事情记忆比较清楚。在娘家的时候,老人是娘家中最大的小孩,也是唯一的一个女孩子,还有三个弟弟,都没有去读书,从小被父母养育到懂事的时候,帮着父母一起把三个弟弟拉扯大,帮家里干些农活,过着很普通的农村生活,日子不算好过但勉强维持生活。靠山吃山,靠水吃水。到了十七岁时,嫁到埂背村,和丈夫生活在一起,开始了新的生活。受中国传统家庭观念影响,那个时代的父母都会有很多小孩子,老人也不例外,老人一共生了八胎,三个儿子,五个女儿,都已成家,现在由自己的大儿子照顾自己的生活。那个时候生活很困难,我也不敢想象老人和丈夫是如何将这八个子女拉扯大的,但老人在叙述的时候却显得很平静。今天录音长达一个半小时,时间不早了,就结束了调研,回家了。

16 日下午,同样的时间,我来到老人家里,继续昨天的调研。老人今天上午的时候因为头痛去医院打了针,但没有什么大碍,依然可以做口述。这天我问的都是些在当时年代比较敏感的话题,可是现在却可以畅谈,也许是打开了外婆的话匣子,外婆当天回答的内容特别多,很多问题感觉都给外婆记忆里有冲击,将她埋藏多年的记忆重新地调出来了。我感觉到,在那个年代的人们是真的有吃苦精神,为了生存,可以不顾一切,为了小孩,甚至愿意放弃自己。但是他们不服输,不向命运低头,再困难的时期都坚强地挺了过来。在录音的时候,我真真切切地被这位八十多岁的老人折服,从她的目光中仿佛可以看到她对生活的乐观与豁达,但也仿佛在向世人诉说自己原来与丈夫两个人在原先的时代受过的苦难。今天的录音要比原来顺利得多,也许是因为话题,也许是因为感情。越是苦难的年代,越能反映出社会的残酷,越是在苦难中坚强生活的底层农民,就越能透射出人性的光辉。

通过第一天的问候以及后两天的录音, 我从另外一个层面认识了一位八十岁以上的老人,而且是重新认识。这三天,我感觉在自己内心深处受到了某种鼓舞。在以后做事情之后就会带上更多的果敢与坚定。最后真的感谢我的外婆能协助我完成这次有意义的调研,感觉是与历史的一段对话,同时也衷心祝福外婆身体健健康康。

郝佳豪口述调查小记

(调研员单位:中国矿业大学土木学院)

今天是 8 月 3 日,暑假差不多已经过了四分之一。从学校一回到家就一直在和同学玩,把学校的繁杂事情都抛在脑后。接下来就该做些正经事了,于是我决定开始进行我的妇女口述史调研。我今天起了一个大早,好久没有起那么早了,夏日的清晨总是充满活力的,街上车水马龙,公园里的老人们随着悠扬的音乐舞着剑、打着拳,感受到家乡夏日清晨的热闹。

对于妇女口述史调研,我事先就已经了解到这项调研活动的复杂困难,但抱着"试试看、锻炼锻炼自己"的心态,我还是坚定地投入到口述史调研员的行列中来了。为了能够有效地完成口述史调研的各项工作,我在未展开实践活动之前就开始认真阅读调研提纲、注意事项和相关资料。比如在调研时的问答技巧、如何拉近与老人的关系、如何做到脱离提纲而又提取到有效信息,总之,我大概花费了一个星期的时间进行一定的预习理解。再加上在前些天我已经在村里进行了老年人养老服务问卷,因为我是一个比较内向的人,经过这些锻炼我已经克服了心里的尴尬和不了解的紧张心理,在与老年人的问答交往中已经掌握了一些合适有效的问答技巧。

今天的天气很热,我上午 8 点从家里出发,因为距离老家较近,半个小时后就到老家了。我之前向爸爸妈妈询问了老家还有哪些老人有八十多,适合做我的调研对象,后来也确定了几个。回到老家以后,我先去了奶奶家,奶奶平常会去太姥家里聊天叙话,奶奶告诉了我一些太姥的情况。她虽然已经八十多了,但身体状况非常好,言谈也比较清楚,如此我便有更熟悉的理解。太姥现今的生活也很不错,大儿子是处级干部,二儿子在合肥工作,三儿子在建筑公司做经理,平常对老俩口都很照顾。每年过年我和爸爸、叔伯们也都会去拜年,对太姥也很熟悉。所以太姥就是我今天的调研对象,她家就在奶奶家附近。在奶奶家待了一会我就出发了,此时大概 9 点多。

老人名叫赵桂英,今年刚好八十岁。刚到太姥家的时候,她非常热情地招待我到屋里坐,对我非常热情。随后我说明了来意,说是要对她进行采访,是学校的一个假期实践作业,太姥很高兴地就答应了下来。寒暄交谈一会后,我们就进入了正式的调研问答采访。老人 1937 年生,只有一个妹妹。小时候家里过得也很贫苦,本身娘家有一点土地,然后又给地主家种了一些地。老人从十四岁开始就帮着家里下地干活,在老人十四岁的时候进行了土地改革运动,那时家里被划为贫农成分。老人十九岁的时候出嫁,和老伴是父母在她小时候定的娃娃亲,在结婚之前也没和丈夫见过面,结婚的时候因为娘家和婆家生活状况都不好,所以也没有什么像样的嫁妆和彩礼。在婚后,老人在婆家和丈夫、公婆关系也都很好,也没有闹过什么矛盾。老人一共生了四个孩子,一个女儿,三个儿子,老人坚信知识是改变命运的唯一途径,所以都支持四个孩子上学,现在子女的生活也都很好,对父母也都很孝顺。老人说 1949 年前村里面还有土匪,土匪没事儿就下来抢老百姓的粮食、生活用品什么的,那时候本身家里就没有什么东西。当我问到老人在之前的生活时,老人说到之前过得很差,集体劳动大生产的时候,每天都要起早去上工,直到晚上才回来。那时候社员们在一起吃大食堂,吃的都是野菜汤,还时常吃不饱,等到分粮食的时候分得也很少,生活很困难。这天连续一共问了一个多小时,最后我怕一直问就让太姥太劳累了,于是打算转天再来采访。

第二天下午,我如约又来到了太姥的家。紧接着,我们就开始了当天的访谈,我当天采访了老人关于"三年困难时期""文化大革命"、改革开放三个方面的问题。老人家在 1960 年的时候家里吃不饱饭,当时整个村里好多人挨饿,老人的父亲、母亲和奶奶也在 1960 年去世,这是老人一生中最困难的时候。在"文化大革命"时,当时阶级划分比较严重,生活比较紧张。等到改革开放以后,土地承包到户,生活条件就逐渐地都好起来了,许多新生事物也都出现了,家里也有够吃的粮食了,以前见不到的自行车、电影、电视、电话也都纷纷进入到普通老百姓的生活中去。老人很满意现在的生活,平常也不用整天劳作了,可以看看电视,和街坊邻居聊天解闷,生活很舒适。

　　我离开的时候,太姥送到门外,依依不舍。不停地跟我讲路上慢点,明天再来! 我走了很远了,她还在那里看着我的背影。因此我真的很有感触,我只是跟她聊聊天而已,她就那么开心,那么幸福。其实广大的老人都一样,越老的人越害怕别人遗忘,越害怕寂寞,越害怕孤单。我们是大学生,我们是今后社会的主力军,在建设和谐社会的过程中,我们绝对不能遗忘那些处于社会劣势的老人。我们不仅自己要做到关爱关注关心,还要呼吁社会各界去关爱去关注去关心老人。其实老人们没有太多的要求,只要有人能陪他们聊聊天、说说话,他们就会很高兴,而这些事对我们来说只是举手之劳。多一些关爱,多一些倾听就会让那些老人不再觉得孤独,就可以让他们感受到温暖,这么简单而有意义的事我想应该要有更多人来参加。

　　年轻时候的太姥终日在天地和子女之间奔波。同那时候普普通通的农村妇女一样,她们勤劳、朴实,白天,面朝黄土背朝天,汗如雨下,却也不能停下,因为停止就意味着今天你什么都没有。因为在她们的心中,家庭永远是第一位。她们虽然举止平凡,但品质高尚,代表着中国妇女所坚守的传统道德操守。尽管太姥现在生活水平很好,但她依旧是终日劳作着,浇浇花,种种菜,不是因为必须做,而是以前的一切早已成为了习惯。劳作已经成为了太姥生活的一部分,劳作能够给太姥带来乐趣。再看如今的生活,有时候,我们会一直在自己出生在这样的一个年代,总是感叹压力如此之大,每天发生的件件事情都让人窒息,但我们如果仔细对比就会发现,我们的生活好了太多,面对生活总要靠我们自己,而正确的心态是最重要的。

　　通过这次调研,我不仅完成了调研任务,获得了第一手资料,而且深入对当代老人的生活和心理状态有了更多的感悟,我觉得这是我最大的收获。我想到了很多很多,老人们的经历,老人们的期盼,老人们的欢乐与忧愁,或许,这就是人生吧。人生这个词对我们来说似乎包含得太多,然而对于一路走来的老人,人生所赋予他们的,人生所承受的,人生所享有的,都曾在他们的生命中细细地体会。在落日西斜的日子里,苍老的声音在感叹:夕阳无限好,只是近黄昏。在敬老院里,大部分的日子他们都只是在回忆里想着"我这一辈子"。他们渐渐老去了,他们的影迹即将模糊,他们的经历即将被时间抹去,他们或者还有许多的愿望没有实现,有很多要做的事还来不及完成,而这些,是我们举手之间就能做到的。我们没有做,或者是漠视,或者是无奈,或者是忘却了,所以,老人们长久地期盼着,也长久地感叹着。偶尔一些孩子匆匆地来,又匆匆地去,但他们盼望的,不仅仅是孩子。我不知道是否社会习惯忽视这些已经老去的人们, 但一个和谐的社会是不应该让曾经创造了价值的老人们在最后的岁月只剩下感叹的。随着人口老龄化的发展,这一个群体更应该被关怀与重视。弱势群体的存在是社会的必然现象,而如何保护弱势群体则体现了一个社会的人文精神与道德水平。老人应该被关怀与照顾,这不仅仅是政策与道德规章的范畴,而应该是每一个人的责任。仅仅在教育主题下的活动并不能彻底解决老人被漠视这一社会问题。我们应该对老人怀有爱与尊重，让他们感受到来自整个社会的关怀与爱戴。

历史中，往往弱者成为了"沉默的大多数"，而在过去，女性是整个社会弱者中的弱者，她们的生活形态、生活经历、情感体验更容易被遗忘，历史在她们身上的印刻也只有她们自己能够讲述。同时，农村女性的记忆有其独特性，长期以来被漠视，有更丰富、真实的被遮蔽的社会细节留待我们去发掘。进行农村妇女口述史调研有利于我们对历史事实情况的深入了解和国家面貌的日益改变，收集妇女关于生活、国家、时代的记忆。

历史不应该被遗弃，尤其是关于妇女的历史，妇女在中国几十年来一直被忽略，对妇女生活往事的追忆是极其重要的，能够使我们获得不一样的体验和感悟，其蕴含的价值是难以衡量的，我们正在做的是一件非常有意义的事情。

韩露口述调查小记

(调研员单位：华中师范大学中国农村研究院)

1月9日，这是我进行妇女口述史调查的第一天。因为我想挖掘更多关于家乡妇女的故事，便选择在我家临近的村居对年纪超过八十岁、思路清晰、言语流畅的妇女进行搜寻，但找符合标准的老年妇女远比老年男性要难很多，大多数妇女因为不识字，在过去只忙于干活，不太关注社会发生的一些变化，所以很难将访谈继续下去。一上午，我跑了宝才村、朱庄村、郝庄村这三个村庄，拜见了几位老人，但她们有些已经记忆模糊，有些在年轻的时候忙于做农活，也不过问社里、组里的事情。因此，上午半天的无功而返，让我的心情像今天的天气一样乌云满天。

下午两点，觉得老人已经过了午休时间后，我又踏上了寻找老人之路。这次让我母亲带路，去了离家更远的一个村子——何桥村。因为何桥的村书记是我同学的父亲，借着这层关系，我们找到了当地年纪超过八十岁的妇女名单。这个名单上有十个左右的名字，但当地正在搞拆迁，好多老人都搬到其他地方去住了，一时半会儿找不到人。无奈之下，只能试试运气，带着这份名单和学校发的介绍信，我们找到了当地已经退休的老生产队长时国连。老人很热情，他看过这份名单，分析了每位老人的情况，谁能讲出来龙去脉，谁可能回忆不起来这段经历，并准确指出了名单上的徐留英老人。对于徐留英老人，老爷子赞不绝口，说她是个很能干的人，当过妇女主任，对村里的事情很是了解，关键是已经八十多岁了，徐奶奶的身体硬朗、逻辑清晰。

在时爷爷的领路下，终于见到了他口中的徐留英老人，真的如他夸赞的那样，徐奶奶的头发还没全部花白，家里的农活照旧可以干。更令人欣喜的是，徐留英奶奶的老伴吴俊连爷爷也是个土地改革、合作化、大集体时期的明白人，他当过兵，也在村集体里面当过保管员，对整个社会的发展有清晰的感受和解读。因为找到老人的时候，已经是下午三点半了，为了让老人早点吃晚饭，我便和老人约定今天下午先采访一个半小时，剩余的明天接着采访。老人很快就进入了状态，我问的问题，她都能很快地回答出来。因为访谈的前半部分是关于出嫁前的一些事情，从老人的话语里，我可以明显感受到老人生活的不易。奶奶的父亲在她很小的时候在广州去世，她爷爷因为痛失独子便卖掉了家里的田地，带了他妻子和徐奶奶去了上海。等到奶奶从上海回来之后，她又在堂叔家待了几年，这段时间是她最痛苦的阶段，因为有种寄人篱下的感觉，要干很重的活，还没什么吃穿。等到她嫁给吴爷爷的时候，在两个人的共同努力下，他们把家庭经营得很好。婚后，他们共生育了三个女儿和一个儿子，并竭尽全力让他们读书，给他们自己选择婚姻、工作的权利。不知不觉，一个半小时过去了，我便和爷爷奶奶道了别，并约定明天早上八点到奶奶家继续访谈。

因为迫切想了解徐奶奶的这一生，第二天一大早，我提前半个小时到了她家。没想到老人有早起的习惯，很早就在门口盼我过来了，写到这里，心里一阵暖流涌过。在和奶奶谈到她婚后的一些事情、旧的风俗习惯、村庄的变化、社会生产方式改变的时候，奶奶总在尽全力回忆过往，为我呈现更加全面的故事。通过谈话，我体会到奶奶身上有的倔强、勤奋、吃苦耐劳的精神，她凭借自己的努力当上了妇女主任，加入了共产党，还成了人大代表，并把自己的小日子经营得红红火火，用今天的话来讲，她就是位令人敬佩的女强人。直到现在，我在写这篇调查小记的时候,我都在佩服老人的能力和精神。

今天是 1 月 14 日,距离我采访完第一位妇女口述史的老人徐留英已经过了 3 天。这几天里,我一直在寻找合适的访谈对象,因为周边的村庄都找得差不多了,而且因为城市化进程的加快,这些村庄都在拆建,即使有人能提供好的线索,都没办法找到老人现在的住址。难道找个能说会道、记忆清晰的八十岁以上的妇女真的这么难么?仿佛我的心声被老天爷听到了,正在一筹莫展之际,我们小区的董大爷指着他们这栋楼说,住在二号楼车库的王翠英已经八十多岁了,每天晚上都能看到她拄着拐杖出来遛弯儿!我的眼前一亮,一扫这几日的阴霾。哇,踏破铁鞋无觅处,得来全不费工夫,原来我要找的离我这么近!在董大爷的引荐下,我见到了王翠英老人,尽管已经八十四岁,但她远比我想象得要年轻,除了走路需要拐杖,记忆力、思维逻辑真的很棒。

因为老人住的车库比较小,且老人不宜长时间坐着,我便每天接老人到我家进行访谈,并约定每天的访问时间为一至两个小时。在访谈之前,我大体问了一下从出嫁前到婚后社会生活的一些变化,老人都能很快地说出来,但到我真正开始访谈的时候,我发现老人一些琐碎的记忆不能全部通过语言表达出来。为了挖出更多被历史尘封的记忆,我只能很耐心地陪着老人回想,从家庭到村庄到整个社会的变化,都帮老人细细地理顺。等到理明白之后,老人回忆某些细节和故事的速度明显比之前要快一点,这也是我兴奋的地方。第一天的访谈很快在我们的聊天中结束了,我们把老人留下来吃了晚饭,毕竟一个多小时的聊天对我们来说很简单,但对于八十多岁的老人来说,真的很不容易了。吃完饭之后,我搀扶着老人到马路边上散步,跟她聊了聊过去的事情。从老人的言语和情绪中,我明显可以感受到那个年代的艰辛和不易在她心中留下了不可磨灭的印记。老人的生活远比我想象的要艰难得多,她很小就因为吃不饱饭开始到处乞讨,还曾在几岁的时候被送到尼姑庵待了一段时间。后来,因为男方的一些彩礼,就被父母劝说着嫁了过来,还好自己的丈夫对自己还不错,在家里能当半个家,日子虽然苦点,但好在自己很勤劳,老人的手艺很好,能织布纺纱,自己做衣服、鞋子也不在话下。在和老人的回忆谈笑中,我结束了这一天的访谈。

第二天,我又把老人接到了我家进行访谈。聊到旧社会一些风俗的时候,老人扯了扯嗓子,突然给我唱了首当时盐城流行的小调,因为没有及时保存录音并记录下来,我感觉失去了一样很宝贵的东西。从对老人的访谈里,我可以明显感受到老人最幸福的时候,是和老伴一起奋斗和自己现在的生活这段时间,最痛苦的时期是年轻时乞讨和自己照顾生病丈夫的那段时间,讲到痛苦的时候,老人拿出手帕擦拭自己的泪水。写到这里,真心觉得我们这代人真的生活得太幸福了,就如之前土地改革口述史中仓椿卿老人说的那样,"你们这一代人看到的河都是我们那一代披星戴月、含泪带血挖出来的!"是,没有她们的辛苦付出,怎么会有我们现在安逸、舒适的生活?向这些曾今和现在正在推动社会发展而辛苦付出的人们致敬,也谢谢王翠英和徐留英老人为我呈现了这么丰富、精彩的历史记忆。

姜越亚口述调查小记

(调研员单位:西华师范大学)

今天虽然是一个阴沉沉的天气,但我的心情却是格外的激动,因为今天我要访问的是一个九十七岁的老人。走了大概一小时的路程来到老人家中。老人的住所很简陋,土砌的房子,屋子里乱糟糟的,里面堆满了拾来的废旧物品。去的时候老人还在剁草药。

老人对我的到来十分热情,也非常积极地配合我的访问。在与老人的交谈中,得知老人是地主家庭出身,从小就受到严格的家教,读过书,会绣花会纺线。在她十三岁的时候嫁到了另一家比自己家稍微差一点的地主家庭。由于家庭比较殷实,出嫁时置办了比其他家庭多得多的嫁妆。嫁到婆家以后,老人就过上了不幸的生活。婆婆将自己的嫁妆全部没收,不准自己用,还不准自己和自己的丈夫住在一起,让她睡床板,这一睡就是小半年。一次婆婆出远门走亲戚,自己才得以和丈夫圆房,从此摆脱睡床板的命运。老人说自己到婆家后恪守妇道,勤勤恳恳,但婆婆还是百般刁难,处处苛责,甚至经常打骂自己,不准自己上桌吃饭。

因为婆婆就这一个儿子,所以一直没有分家,日子也就一直这样过下去。后来快土地改革的时候,老人因为小时候读过书就被叫去读了一个速成师范,当了一名小学老师。再后来就进行土地改革了,因为自己的婆家和娘家都是地主,都是被批斗的对象。老人的父亲由于不能忍受这些批斗、侮辱,自己喝农药自杀。而婆婆和丈夫所有家产被分,被关在仓里饿死了。本以为自己也难逃厄运,幸运的是由于自己在教书吃的是公家饭,未被列为地主成分。当我问道老人对土地改革运动政策的评价时,老人沉默不语……

再后来由于老人的婆家人全部都去世了,在自己的幺爹(叔叔)的动员和劝导下,老人同意改嫁。当我问到老人在三年困难时期是怎样度过时,老人十分激动地告诉我,当时很多人挨饿,自己也吃很多白泥(一种很黏的土),有的拉不出就死了,村里好多人都吃树根、燕子花(一种植物),连蚱蚂也吃。"文革"期间新一轮的斗地主、斗干部时老人的现任丈夫由于是干部所以也受到了批斗,两人在"文革"期间被强制分开工作,甚至住也不让住在一起。这些事情给老人的身心带来了巨大的伤害。

现在,老人和二儿子住在一起,但由于二儿子常年在外务工,基本上老人是独自居住。通过与老人的交谈,我能深深体会到在当时那样的环境下,作为地主出身的她所经历的痛苦与磨难。在这里我只想祝福她接下来的晚年生活幸福。

刘娜口述调查小记

(调研员单位:华中师范大学中国农村研究院)

　　人生总是一个不断尝试的过程,去尝试做不一样的事情,去尝试着接触不一样的人,而这一次我将要接触的是十个以上八十岁以上的老人。其实最初真的是带着各种畏难情绪去做这次妇女口述史调查的,但是却总是在不经意间被她们的各种故事所吸引。

　　1月19日,经外婆的老朋友介绍,有幸认识了谬忠贤奶奶。谬奶奶从小在一个十分开明的家庭长大。家庭中有着良好的文化氛围,不仅家庭十分重视教育,且对待男女均平等,家中女性都高度自强自立。谬奶奶与其姑妈由于能力强,均担任过妇女干部,后期谬家还有多名中国共产党员,之后谬奶奶在农业技术学校上学期间在姑妈的介绍下嫁给在检察院工作的丈夫。从川西平原嫁至川北山区时,谬奶奶虽有过一定的思想斗争,但由于丈夫个人十分优秀,最终老人还是毅然决然地来到山区县。夫妻两人一直相濡以沫,在生活艰难时期相互关怀与扶持。在访谈过程中,由于谬奶奶文化程度高,表述问题时不仅逻辑清晰,且自身作为中国共产党员,有着非常高的思想政治素养,即便已是八十岁高龄,平时谬奶奶仍十分关心国家大事以及政府出台的各项政策,还鼓励自己的孙女儿早日向党组织靠拢,老人看待问题时也有一定的深度。这既让我感受到家庭教育对个人成长与发展的重要性,同时老人也为同为中共党员的我树立了良好的榜样。

　　1月21日,在偌大的明欣广场寻找老人之时有幸遇见了年近九十的陈秀英奶奶,陈奶奶为人非常热情和善,且对我的访谈高度配合,接下来的连续四天下午,不管天气多么寒冷,奶奶都在明欣广场上面带微笑着等待着我。陈奶奶从小逃难至青川,成为地主家的长工,受到地主的多重压迫。土地改革运动时翻身做主人,分得田地与房屋,再到后来担任妇女主任、人民公社炊事员,干着和男同志一样的重活,挣着和男同志同样的工分。我一直在思考,这么瘦小的身体是如何能够承受这千钧之重,当然是爱的力量,是对丈夫以及孩子的那份爱支撑着她,想让孩子们过上更好的生活。陈奶奶做饭的手艺非常好,且能够熟练地使用各种烹饪电器。直至今日,平时在家仍是由陈奶奶负责为全家人做饭。与她进行访谈的过程中,老人总是感叹着我生君未生,君生我已老,访谈结束后依依不舍,还承诺以后我结婚之时,如果条件允许,将要来参加我的婚礼。

　　不同的老人却有着同样的淳朴善良,每一个人都有着不同的精彩或辛酸的过去,这也是一个时代的记忆。两个老人的讲述让我感受到那个年代所特有的习俗文化、行为观念、政治色彩。遇见你们,是我最大的幸运,愿老人们都能长命百岁,福泽绵长。

马致远口述调查小记

(调研员单位:华中师范大学中国农村研究院)

刚刚从推免成功的喜悦当中还没有反应过来的时候,调研的任务已经来到眼前,要利用寒假的时间开始进行各类调查。当我得知我们需要寻找两位八十岁以上的妇女老人,并且要一对一进行她们的生命口述历史调查的时候,我内心还是非常忐忑的。由于是第一次进行这样的调查,心里难免会有一些打鼓,有些害怕自己不能做好,另一方面又给自己加油打气,一定可以圆满完成任务。

我回到家之后,没有停歇,马上就展开了对访谈老人的搜寻工作。访谈对象的条件是八十岁以上的妇女,并且思路清晰,身体条件较好并且可以进行长时间的调研。我首先想到的一位老人就是住在隔壁单元的老奶奶,印象中应该超过八十岁,并且这位老人经常出门,身体也较为健康。事不宜迟,我立马出发,敲响了老奶奶的门。当我敲开这位老人家门的时候,老人对我还是一脸困惑,当我说明自己就是隔壁单元的住户时,老人一下反应了过来,说道"原来你已经长这么大了,快进门"。在老奶奶的头脑当中,对我的印象还保留在我上小学的阶段,没想到时间过得如此之快。和老奶奶闲聊了一阵之后,我便开始询问老人的情况,当我了解到老人的年龄、经历都十分符合条件,并且老人的身体状况也较好,也愿意配合我进行调查后,我便与奶奶约定了时间。

确定了访谈对象,对于访谈材料的熟悉也必须马上进行,面对厚厚的访谈提纲,我也知道自己的任务有多么重。大体通读完一遍提纲之后,我也深深地感觉到调查提纲所包含的内容之丰富,详细调查之后,必定会有很大收获。我又将提纲反复阅读了几遍,大体了解了提纲的框架,并且对于相关、相似的内容进行整理,集中进行访谈提问。

访谈的过程较为顺利,老人对答如流,而且语言清晰。不知不觉已经一个小时,老人略显累意,我便与奶奶商量可以休息一会儿。难题又一次出现,一个小时仅仅问了大约不到十页的提纲内容,如果进度如此之慢,也会是一个麻烦的事情。经过上午的询问,我总结了经验,对于重复的问题不再询问,相似的问题共同询问,提高访谈的效率,同时不影响访谈的质量。有了第一个老人访谈的经验,第二个访谈对象的寻找我也准备在附近的社区中完成。由于是冬天,老人们早上不会出门,等中午太阳高升后,会出来晒太阳。我也抓住了这个时机,果断下手,在询问了几位老人之后,老人们面对我提出的问题能够有所回答,但是当我提出进行长时间访谈的时候,老人们都出现了推托的情况,我也明白能够理解老人的想法,一个毛头小伙子问一些过去的事情,难免会有所顾虑。于是我放弃了大面积撒网的寻找方式,开始进行重点发掘,正当我发愁的时候,妈妈对我说有一位老人也许合适。我马上出发到老人的家中,通过了解,我发现,老两口都是八十岁以上,不仅可以对老奶奶进行妇女口述史的调查,还可以同时对老爷爷进行合作化口述史的调查。原来,这个老奶奶和妈妈是刘家的本家,妈妈和这位老人是平辈,按辈分,我只需要叫老奶奶"姨"就可以。有了这一层亲戚关系,我的调研能够顺利进行下去。而且在调查的过程中,奶奶的家中经常有同龄的老奶奶来家中聊天,这也为访谈过程中相关的补充提供了许多素材。

访谈提纲的最后一个问题是老人对自己这一生做一个评价与总结,而我也感触良多。这一次的调查不仅是老人回忆历史的过程,更是对历史的体验增加了几分真实的感觉,以往了解到的历史多从文字纸面、影视作品中来。而面对一个有八十多年阅历的老人,并且经历了历史的多次转折,身上所附带的经历本身就是一种财富。我突然明白了我们调研的意义,不仅是要完成学院的调研任务，更是对历史的一种记载，是对一个历经风霜的老人的理解过程,也是对那段历史的总结和回顾。

欧阳倩口述调查小记

(调研员单位:华中师范大学中国农村研究院)

一、元旦假期初探妇女口述史

元旦假期到英语考试这段时间对于中农学子来说,无疑是做寒假调研的最佳时间。一方面是令人恐惧的刺骨寒冬还未到来,另一方面大家都想在寒假过一个愉快的春节。因此,在2017年1月2日,回家的第二天,我一早上便马不停蹄地开始了调查。天气似乎比去年的这个时候温暖了很多,阳光明媚,为找个明白老人、进行一次畅快的访谈带来了不少的福利。上午的访谈对象是一个去年聊过土地改革的爷爷,第二次见面显得不那么生疏和放不开了。上午的访谈任务完成得异常顺利,也为我接下来的调研增添了不少信心。但是,毕竟下午要做的是妇女口述史。看着提纲就觉得压力很大,一是担心自己第一次做妇女口述史调查没有经验,也不知道怎么掌握时间;二是担心奶奶身体,不能长时间坚持将近3个小时。真的是纠结。好在奶奶对我的提问都无所不答,很是支持。奶奶一个人在家,老伴在前年的时候去世了,奶奶有3个儿子5个女儿,已经分家分开住了,最初还是觉得有点凄清。阳光很温暖,我们在奶奶的院子里聊。回想起以前的生活,可以看见奶奶的眼里泛着泪光,娘家到婆家,之前生活的苦楚似乎都被我一一掏出来了。说起之前的日子,奶奶似乎没有结束的意思,正合我意,可以安心地完成上午的任务。

二、与老人言,学礼明理、学识明事

开局如此顺利,在前两个口述史的访谈经验基础上,后面的任务显得不再那么困难。天气虽冷,但是早上依旧不敢让自己睡过头,在家的日子睡得要早,所以起得也要早。天气真的很给力,毫无冰冻的感觉,回想去年出门全副武装的自己,出门的装备还是很搞笑。1月3日早上醒来,心里想着尽快完成调研任务比什么都重要,一蹦就起来了。早早来到昨天已经约好的奶奶家,她是自己从小玩到大的朋友的外婆,身体倍棒,聊着的时候还一心想着去外面干活,一边聊着,手上还一边干着手工活,毫不耽误工夫。聊起出嫁之前的事,奶奶回忆满满,时常我还能看到她眼中泛着泪光。过去的生活,有酸甜苦辣,也有美好和幸福。外面的太阳很暖,里面的气氛也很和谐,妇女口述史的提纲很厚,访谈的时间也相应变长,了解到老人生活的厚度也随之增加。我们在访谈中,了解到一个个鲜活的过去,也收获着来自书本上学不到的知识。

在此,由衷地感谢学院能给我们这样学习的机会,深入去了解那个年代的妇女同志;也要感谢配合我访谈的两位老人——粮冬菇和李招哩,感恩她们能在寒冬与我畅聊几个小时;最后还得感谢帮我找老人的妈妈和朋友,感谢调研路上一直陪伴的人,让我在调研路上一路成长,一路收获。

彭茜口述史调查小记

(调研员单位:华中师范大学中国农村研究院)

2017 年 1 月 8 日　阴

今天,我走在街上,正在思索着哪里会有老人的时候,突然一抬头看见了"利川市中医院"这几个大字,然后想着以前师兄师姐打趣地说过实在不行去医院找老人的段子,我就半信半疑地往医院走去,琢磨着说不定运气好真能碰上一位八十岁以上适合做口述史的老年人。于是我去了老年人最容易扎堆的康复科,果然功夫不负有心人,真让我碰着了一位耳聪目明、年龄符合的老奶奶。她以前当过妇联主任,她老公在高级社时期也当过会计,因此她对合作化时期的事情可谓记忆犹新。在我说明来意后,老奶奶很乐意地接受了我的采访。给我印象最深的是老奶奶说自己以前从乡下走到城里去开会,要走两天,来回四天,即使那个时候交通不便,她也没多少文化,但是每次都能把会议内容传达到位,回来后各项工作能有条不紊地开展下去。她在提起这段经历的时候脸上充满了自豪感,可想而知那个年代的女性能为群众做一点儿力所能及的事儿就已经很优秀了。跟随她回忆起那段奋斗的岁月,再看看现在丰衣足食的日子,不难发现在那个艰苦的年代,面朝黄土背朝天的农民们在国家政策的不断变化调整中,顺应时代变迁,积极响应党的号召,不断探索致富之路的努力是没有白费的,正是因为老一辈的辛苦和劳累,才有我们今天的幸福和安逸。所以我十分珍惜每一次口述史调研的机会,也更加喜欢这样有意义的调研活动了。

2017 年 1 月 9 日　阴

在昨天调研的过程中,我得知周围一些老年人已经年满八十岁,在当时还担任过像生产队队长、会计、妇女队长之类的干部。于是我当时就留了个心眼,记下了这些老年人的联系方式,准备今天就登门拜访其中一位曾经在生产队当过妇女队长的老年人。老人叫张守菊,在那个吃不饱、穿不暖的年代,因为读过书、识点字,所以当过生产队里的妇女队长,这是她人生中最光荣的事之一。当我问起老人现在靠什么为生时,她一脸知足地对我说,靠儿女们养活,国家给的养老金和高龄补贴就当作零花钱。老人在口述中多次提到感谢党和国家的好政策,让自己过上了辛福的晚年生活。当我问起老人小时候过年都怎么过时,她跟我说,她们那个年代的人都期盼着过年,因为只有过年家长才舍得给她们买新衣服,做好吃的饭菜。她还不忘告诉我,要珍惜现在拥有的一切,不能因为条件好了就铺张浪费。看来只有从苦日子里走过来的老一代才会有这么高的思想觉悟。时代的变迁能改变她们的生活方式,物质的丰富能提升她们的生活质量,但是无论外在的条件怎么改变,她们质朴勤劳的本质永远不变,艰苦奋斗、踏实朴素正是我们这群在安逸窝里长大的九零后缺少的可贵品质。因此,做老年人的口述史,不仅是向老年人取经的过程,更是丰富自我、提升自我的过程,我越来越觉得这是一件极其有意义的事了。

在这次口述史调研中,我接触到了两位极其慈祥的老奶奶,也许她们对我为什么要给她们做妇女口述史访谈并不感兴趣,只是出于热心尽力地配合我完成调研任务。某些陈年旧事如果我不追问,她们也不会刻意去回忆,但是无论我有什么疑惑,她们都会耐心地回答我,这些对于一个一心想获得第一手调查资料,如实反映被访对象思想与生活现状的我来说难能可贵。这段温馨的经历让我刻骨铭心,慢慢学会了享受调研过程,感恩身边的好心人。都说我们院有两个课堂,一个在田野,一个在校园,而习惯了校园生活的我到了田野,收获的不仅是实践出真知的快乐,更是一份与人为善、贴近现实的心境。

裴晓鹏口述调查小记

(调研员单位：中国矿业大学化工学院)

由于假期中需要实习，回到家乡时已经是 8 月份了，天气已经不是很热了。为了能及时完成调研工作，我马上开始了准备工作。我首先对村里八十岁以上妇女进行了初步筛选，其中我认识而且不排斥调研、头脑清楚的人并不多，经过考虑和向父母了解，我决定选择我的奶奶和另外一位离我家不远的何奶奶进行调研。

8 月 10 日，由于我奶奶在邻村我姑姑家住着，所以我决定先与何奶奶进行初步接触。上午，我去何奶奶家时她不在家，因为何奶奶一个人住，儿女也都不在村里，所以何奶奶经常去其他老人家串门，我只好无功而返，打算下午再去看看。下午午饭时间去时依然大门紧闭，出来时正好看见她在路上走着，准备去邻居家串门，便赶忙上前去拦住她，她让我一起去邻居家做调研。邻居家也是一个老奶奶，自己一个人生活。到了邻居家时，人家正在做饭，对于何奶奶的到来她很习惯，应该是何奶奶经常来她家串门吧。

坐好后我便开始了调研，因为问题比较多，老人没办法一次性和我聊很长时间，所以我决定分段进行调研。刚开始并不顺利，可能老人还不习惯调研，周围声音比较吵也是其中一个原因。老人的耳朵并不好使，有些耳背，一个问题经常要说好几遍才能听清楚。为了确保老人所讲内容真实，我经常在一个问题结束后对内容进行叙述，让老人纠正其中的错误。而在这个过程中由于年代久远、记忆模糊，老人可能会说出前后相反的答案，所以我不得不将问题换一个说法，让老人更明白我的问题，好在有邻居帮我一起问何奶奶，在一些何奶奶已经记不清的问题上给了我很大帮助。尽管过程不是很顺利，但好在已经开了头，老人对我的访谈也很欢迎，我决定继续做下去。

8 月 11 月，奶奶从姑姑家回来了。为了提高时间利用率，便于整理，我决定尽量让两个老人的进度一样，所以我今天去了奶奶家。奶奶的记忆比何奶奶好，耳朵也听得清楚，加上我对奶奶有一点了解，所以访谈过程中基本没有遇到太大的问题。在访谈过程中，奶奶家里很少有人来，平时也是一个人住，孤独感可想而知，虽然和奶奶家相距不远，但假期里我并不经常来奶奶家，这让我感到十分愧疚，我以后一定要经常来奶奶家看望奶奶，让她精神上不再那么孤独。虽然只有 2 个多小时的时间，但访谈的内容已经不少了，考虑到奶奶的精力问题，我暂时停止了访谈，准备明天再继续进行。

这两天的访谈算是一个还不错的开头，这让我有了继续下去的动力，也让我对本次口述史的内容有了更多的了解，更加熟悉。

8 月 13 日，吃过早饭以后我再去了何奶奶家里，但这次她仍然不在家，在去附近几家询问不在后，我决定今天在奶奶家进行访谈。令我惊喜的是，当我到奶奶家后发现何奶奶在我奶奶家串门，后来我才知道原来两位老人还算得上亲戚——何奶奶的女儿二婚嫁给了我奶奶的远房侄儿，两人的关系也很好，我奶奶刚嫁过来时也经常和何奶奶在一起聊天、劳动。

这时，我想到了一个办法：为了方便访谈，我建议尽量和两位老人一起访谈，这样她们也不会感到孤独，我也提高了效率。两位老人对于我的提议表示赞同，并说以后几天可以来我奶奶家进行访谈，她们两个也正好可以聊天解闷。在共同访谈过程中，我在问出一个问题后，两位老人分别对问题进行了回答，同时也在相互纠正和提醒，但有一个很大的问题就是两位老人经常将话题带偏,可能我的问题激起了她们对一些事情的共鸣,所以经常会情不自禁地将话题扯到她们感兴趣的人或事上。刚开始为了提高效率我还经常打断她们,想让她们跟着我的思路将访谈进行下去,但她们经常如此,后来我也就不经常打断她们了,在听她们讲过去的事的同时也对访谈大纲中没有的内容进行追问,了解了更多那个年代的人和事,同时也在侧面验证她们所说内容的真伪。如此下来,虽然进度被拉得有些慢,但我从中学到了很多,了解了很多,对那个时代有了更加直观的感受。

8月14日,今天我如约来到了奶奶家进行访谈,两位老人早早地吃完饭在屋里等我,对我的到来很欢迎,虽然我一直在问她们问题,但两位老人还是很开心,因为我可以好几天一直陪着她们聊天,听她们说话。一直以来都很少有年轻人愿意和老年人聊天,所以她们很高兴。今天我们谈的是她们嫁过来以后在男方家的一些情况。说起来两位老人都是比较幸运的,没有遭受过旧社会里公婆和丈夫的虐待。我爷爷很早的时候父亲就死了,母亲在投奔娘家人以后没几年也去世了,只有一个舅舅,虽然有点嘴碎,经常爱说,但人很好,心地善良,属于那种"刀子嘴豆腐心"的人;何奶奶嫁过来的时候公婆都在,但公公人很好,话也是有点多,婆婆不管事,家里家外什么事都不管,所以何奶奶也基本没有受过什么委屈,而且老人在年轻时就和丈夫外出打工了,和公婆生活的时间不是特别长。说到这个话题,两位老人显然十分激动,纷纷细数自己知道的村里以前公婆虐待儿媳的例子。她们的谈话让我懂得了旧社会妇女地位的低下,虽然她们结婚时已接近新中国成立,但村里个别婆婆对媳妇的虐待仍十分过分,这不禁让我联想到如果是在民国甚至封建社会,妇女的地位是多么低下,受到的伤害又是何其多。

8月15日,我和往常一样去了奶奶家,访谈基本一如往常,只是在访谈中老人们经常会对说过的话进行多次重复,但好在我已经习惯了,并努力想办法让她们不再重复,实在不行偶尔也会打断她们的话,虽然不礼貌但我没办法。下午访谈时,院子里突然多了几个老人,她们坐在一起聊天说话,原来每隔几天这些临近的老人们便会在一个地方聊天解闷,年轻人不愿意和她们说话,她们也正好相互聊天,排遣时间。两位老人也想出去和她们的"老伙伴"一起聊天,于是我和她们一起来到院子里,在听说我做的访谈后,老人们十分乐意跟我分享她们以前的故事,虽然对本次访谈的意义不大,无法系统记录,但我很乐意听她们说以前的事,听发生在她们身边的百姓身边真实的历史故事。今天访谈虽然没有进行多少,但老人们的故事激起了我对"过去"的好奇与兴趣,对这次访谈中许多细节也更加了解,对其始末更加清楚。

第二天,我去奶奶家进行访谈,何奶奶没有来,听奶奶说是因为有点腿疼,孩子们接上去城里看病去了。我怀疑是不是因为我这几天天天来访谈老人累着了,为了两位老人的健康我决定暂定两天访谈,放慢进度,每天不进行很多内容。好在,内容也没有剩下很多。

这几天没有访谈,我在家里认真整理以前的访谈资料,根据录音逐字逐句写访谈内容。虽然过程很枯燥,但从她们的故事里我感到了不一样的乐趣。

8月19日,我再次来到何奶奶家看望何奶奶,老人的腿已经不那么疼了。知道我这几天不去的原因后,老人说她的腿疼是老毛病了,这次是因为有点受风了所以疼,和我的访谈没什么关系。随后,老人表示她下午还会去我奶奶家,如果我有时间的话也可以来继续访谈,对于何奶奶的理解我很感动。

下午,我来到奶奶家继续进行访谈。何奶奶还没有来,我和奶奶聊了一会后何奶奶才走进了屋。也许是由于天气较热的原因,老人们的精神都不是很好,于是我们一起坐在炕上,边进行访谈的问题,边闲聊,我尽量让气氛轻松,让老人不怎么紧张。后来老人们都聊得有些困了,我便给她们放下了帘子,退了出去,让她们好好休息。

8月21日,我终于结束了对两位老人的访谈,虽然只有十多天,但感觉好像经过了好长时间,两个老人表示,她们还有很多关于过去的事,如果我愿意听,她们很乐意讲给我,但由于我忙于整理访谈材料,我不得不推迟。

经过这次访谈,我了解到,老人们虽然生活上没什么太大问题,但由于老伴儿去世得早,儿女不经常在身边,所以会比较寂寞,她们可能会更需要精神上的帮助。这次访谈,虽然时间不长,但我感受到了很多,体会到了很多,对过去有了更深的了解。

任怡璇口述调查小记

(调研员单位:华中师范大学中国农村研究院)

2017 年 1 月 3 日　阴

经过昨天一天的熟悉和准备工作,从今天开始,我就带上问卷正式进行调研了。早上出发之前,我先联系了下村主任,他说有几家就在这个移民搬迁村这里,可以先去做这几家,之后他就带我去了附近的这些农户家,说了下这次的来意,他们就说每年都有人来的,之后我就给这位农户做了相应的问卷。可能是第一次来进行这些工作,显得有些生疏,不是那么的流畅,速度自然就有点慢,做完第一份农户都有一个多小时了。之后我又马不停蹄地赶到了第二户农户家里,又接着做了第二户农户的问卷调查。完成以后,我一看时间,说早不早,说晚不晚,我就干脆回我住的这户农户家,因为他家也是需要做问卷的,刚好做完问卷就可以吃饭了,也不耽误吃饭的时间。

做完这户,吃完饭,休息了一会儿之后,我就紧接着开始了下午的工作。下午需要做的这两家农户离移民搬迁村有一段距离,村主任说告诉我我也找不到,就开车送我到那家人门口。我在那位爷爷家和他聊了会天就开始了我的工作,这个爷爷特别好打交道,和我说了好多,我有什么问题他都特别认真地回答。后来我又去了另一户农户家了。

2017 年 1 月 4 日　雨

今天要完成的任务还是和昨天差不多,完成五六份就可以了。今天刚好我家一个姨妈有时间,早上就带我去了好几户农户家做问卷,之后回我住的那个大娘家,给全伟叔叔做了他家的问卷,早上也没有什么特别的事情发生。

吃过午饭后,我和阿姨又开始了下午的工作,当我带的最后一份问卷做完后,我看见时间还早,但是我又没带问卷,就让阿姨先送我到那个大娘家,然后我自己拿了问卷后再去离得比较近的农户家,刚好阿姨也有事,她就说这样也可以,给我指了下哪户比较近。

当我拿好问卷到达指定的那户家的时候,因为我是一个人去的,没有任何人陪同,当我说出了解下家庭基本情况的时候,那位叔叔就说以往都是有村干部带着来的,这次我一个人来,会不会是骗他的。看到这个情况,我就和叔叔说,带我来的叔叔因为有事,就叫我一个人来,要是您不信,我可以联系村主任,让他给我证明一下。之后,在和村主任通过电话之后,叔叔的疑虑就消除了。这也让我明白了,我做事的时候还应该考虑各种情况,及时应对。

2017 年 1 月 5 日　雨

今天的雨有点大,到今天为止,我的农户问卷基本完成得差不多了,上午就只做了两份农户问卷。

今天主要就是进行老年人问卷的调查,我找了农户问卷上符合要求的一些老爷爷和老奶奶。今天主要是先做农户问卷上符合要求的老年人,尽量多做,把后期的时间留给口述史。

今天做问卷的其中一个爷爷特别健谈,和我聊了好多他的经历,临近吃午饭的时候,留我在他家吃的午饭。这位爷爷特别热情,也很支持我们的工作。

其实,通过对老年人进行访问,感觉到这个村的空巢老人特别多,和他们聊天就发现,老人其实需要的关爱可能仅仅就是能有人和他们说说话,他们需求的并不是很多。

2017 年 1 月 7 日　阴

今天早上,我对今天的安排做了一个大致的规划,早上先寻找一下可以进行老年人问卷的老人对象,下午可以向村支书询问一下哪些老人适合做口述史,便可以开始口述史的调研了。

经过早上的问卷询问,我觉得老年人问卷的对象还是比较好寻找的,但是我有点担心口述史老人的寻找。吃完午饭,我向村主任询问了一下哪些老年人属于贫困户、低保户,村主任一听,马上就带我去了一位奶奶家。这位奶奶以前是妇女主任,并且奶奶都七十五岁了,只有一个孩子,奶奶的老伴还有严重疾病,路都走不了。到了奶奶家以后,通过村主任简单的介绍,她很快就理解了我们的工作,并且表示十分支持我们的工作。在交谈过程中我也发觉这位奶奶十分健谈,虽然她家庭比较困难,但是看得出来奶奶还是比较豁达的。在老年人问卷结束后,我就和奶奶闲聊,就说到我要找八十岁以上的做口述史,她听了以后,帮我想了好几个,还提出带着我一起去,我当时很激动,感谢了奶奶之后就和奶奶一起出发了,路上奶奶给我介绍了一下那个爷爷的情况。到了爷爷家后,我向爷爷说明了来意,奶奶也帮我说了几句。那爷爷身体非常好,记性也很好,也很健谈。在寒暄了几句之后,我就开始了口述史的访谈,问了关于土地改革方面的事情。在问到三分之二的时候,我看见都六点多了,爷爷都还没有吃饭,一直陪我在这说,我感到不太好意思,就告诉爷爷我明天再来找他继续做,之后就约了下明天的时间,就告辞回我住的大娘家了。

到了第二天早上,我按照和爷爷约定的时间到了爷爷家给他做口述史了,我发觉做口述史时累的不是我们,而是老人他们。在两个小时的口述史过程中,完全有是和土地改革不一样的体验。

吃过午饭,下午的时候,我就在整理整理问卷,还做了几份没有做的问卷,有一家人我不知道他家住哪,就问了下大娘,她就很热心地领着我去找,结果找到了他家也是没人,我们在那等了一会,结果他们家还是没有回来。向邻居打听才知道,他们去镇上了,要晚上才回来吃晚饭,没办法,我只有和大娘回去,等吃了晚饭再过来。吃过晚饭,我一个人就来到了问卷的最后一户农户家,做完问卷时间还早,我就慢慢走回了大娘家。

今天主要的工作就是填一下村庄问卷和村庄老年人问卷。早上的时候我去找了下书记,耽误下他的时间来填一下这两个问卷,书记对我们的工作很支持,紧接着他就和我一起开始填问卷了。用了一早上的时间,终于把这两份问卷填完了。到现在为止,问卷都基本填完了,这边的口述史也完成了,但是就是还得要检查下完成的情况和质量。在书记和我一起填完问卷后,我就回大娘家整理问卷了。

2017 年 1 月 8 日　阴

今天就是完成一些扫尾的工作,找村委会开下住宿证明什么的,再看看还有什么事还没做。之后就和村支书和村主任合了影,别的就没什么事了,收拾收拾明天就可以走了,在这里也麻烦村支书、村主任和我住的这个大娘家好几天了,挺不好意思的,就给大娘家买了点盐、酱油之类的表示感谢。之后我就收拾了一下东西,准备明天离开了。

宋舒豪口述调查小记

(调研员单位:华中师范大学中国农村研究院)

2017 年 1 月 7 日　星期六

今天是口述史调研的第一天,暑假的是时候去了程楼村,跟村干部比较熟悉,加上这个村子比较大,所以准备去这个村子碰碰运气。出发的前一天晚上我就和村干部联系好了,让他帮忙再找一找老人,他也答应了。第二天早晨的雾很大,所以就没敢出发得太早,等到十点多雾快散的时候才出发。在村干部的带领下,我去到了这个老人的家里。这位老人土地改革的时候是地主成分,但是在采访的过程中,老人并没有丝毫的抵触,整个采访很顺利地就完成了。吃过午饭,休息了一会,村干部带我去了另外一位老人的家里。这位老人的年纪比上午那位的年纪要小,所以老人的整个精神状态要好一些,思维也更清晰,老人对于我的采访比较配合,所以采访也是顺利完成了。结束完采访,时间已经比较晚了,因为程楼村的人口数量比较大,所以我拜托村干部再帮我多找一些老人,村干部表示他晚上会多联系人问问。告别村干部后,我结束了今天的采访。

2017 年 1 月 8 日　星期日

早晨起来之后发现,今天依旧是大雾弥漫,而且今天的雾气尤其的浓,一直等到了接近中午的时候,雾气才有了消散的迹象。到达程楼村的时候,已经是中午了,时间上不太方便,所以就没有联系村干部,我准备下午的时候再和他联系。下午的时候,我和村干部取得了联系,他带我去了联系好的老人家里,这位老人精神也是很好的,但是由于得过脑部的疾病,所以思维不是很好。在采访的过程中,通过和老人的交流,我发现老人很多的话语都是矛盾的,对我的问题很多都不能回答出来,问答一段时间后,我准备放弃对这位老人的采访,寻找下一位老人。整个一下午通过多方打听,并没有寻找到符合条件的老人,要么是老人的岁数不符合条件,要么是老人的记忆不清楚,所以忙活了一下午,没有丝毫的收获。离开之前,村干部对我说晚上他会继续联系,明天去他们村的另一个大队去碰碰运气,我表示感谢之后,结束了今天的调研。

2017 年 1 月 9 日　星期一

早晨吃过早饭之后,我依照约定来到程楼村的小学等村干部。和村干部会面之后,他骑着电动车带我去了他们村子的另外一个大队。到了之后,在熟人的带领下,去了老人的家里。这位老人也是一个地主,不过老人已经九十多岁了,而且天气比较冷,所以老人只能躺在床上接受我的采访。老人的身体不是很好,不过思维和语言还比较清晰。虽说老人的语速比较慢,而且采访的过程中还需要一定时间的思考,但是采访还是顺利完成了。告别了老人之后,我简单地吃了点午饭,休息了一会,就和村干部一起去了另外一位老人的家里。通过简单的交流,我发现这位老人不适合采访,所以果断放弃,继续重新寻找老人。在寻找的过程中,发现有几位老人在一起晒太阳聊天,抱着试一试的态度问了问,碰巧有一位老人符合采访的条件,所以我就果断采访了这位老人。老人的思维十分清晰,说话井井有条,采访很快就完成了。结束采访后,村干部对我说,隔壁村还有符合条件的老人,他晚上会联系一下隔壁村的干部。告别了村干部,我结束了今天的调研。

2017 年 1 月 10 日　　星期二

早晨我依旧如约在程楼村的小学门口等程楼村的村干部,见面之后,还是由村干部骑着电动车带我去了隔壁村。在把我引荐给了殷庄村的村干部之后,程楼村的村干部便忙他自己的工作去了。殷庄村的村干部首先带我去了其中一户老人家里,这位老人是以前的村干部,对于整个历史的状况了解得比较清楚,但是到了之后发现老人没有在家,等了好久都没有见老人出现,电话也打不通,所以只好继续寻找其他老人。找了一上午,都没有发现一个合适的老人,所以我只好和村干部约定下午再找。下午,依旧是去老人的家里,老人还是不在家,打电话询问之后得知老人去了外地,不过好在老人说他的兄弟八十多岁了,而且头脑清晰,所以我们决定去找他的兄弟。幸运的是,老人的兄弟在家,而且符合条件,所以我就对老人的兄弟进行了采访。采访结束后已经是晚上了,我告别了村干部,决定明天去其他的村子继续寻找老人。

2017 年 1 月 11 日　　星期三

今天又是一个大雾的天气,所以一路都走得很慢,不巧的是遇上了堵车,结果堵到上午十一点,进村的时候已经是中午了。进村之后,先和村干部见了面,约定了下午见面的时间。午饭之后稍作休息,就直接进村找到村干部,村干部带我去老人的家里。今天采访的是一个妇女,刚好可以做妇女口述史。老奶奶的身体很好,我去的时候她正在家里发面蒸馒头,对于我的采访,老奶奶欣然接受。老奶奶思维很清晰,性格也很开朗,和她聊天很愉快。不过中途的时候,家里人来找她说有事,所以我只好中断了采访,并和老奶奶约好明天接续采访。告别老奶奶,我结束了今天的采访。

2017 年 1 月 12 日　　星期四

按照约定,今天的第一站我还是来到了老奶奶家,不凑巧的是,老奶奶有事出去了,家里人说她估计要到下午才能回来。无奈之下,我只好和村干部联系,让他带我去另外一个老人的家里。这位老人住在镇上的女婿家,所以我们就驱车赶往老人的女婿家。见到老人,表明了我们的来意,我就开始对老人进行采访。这位老人是以前的村干部,所以采访的问答很快就进行完毕。告别老人后,和村干部约定好下午去老奶奶家。下午两点多的时候,我来到老奶奶家,老奶奶正和邻居聊天,和老奶奶打过招呼,就开始继续昨天未完成的采访。采访完老奶奶已经是晚上了,和村干部打过招呼后,我结束了今天的调研。

2017 年 1 月 13 日　　星期五

今天我收到消息,说是在王楼村找到了一位符合条件的老奶奶,于是我决定今天去王楼村调研。老奶奶住在王楼村的敬老院,到了村子以后,我先和村会计联系了一下,让他带我去村里的养老院。到了养老院,见到了院长,院长带我找到了老奶奶,并告诉老奶奶我的来意,老奶奶同意接受我的采访。老奶奶的思维很清楚,采访的对答也很顺利。快到中午的时候,院长来打断了我的采访,说是吃过饭后,老奶奶要去打针,剩下的采访要到第二天下午才能进行。吃过午饭,我找到村会计,让他带我去另外一户老人的家里。下午采访的这位老人思维和精神都很不错,所以采访很快就结束了。完事之后,村会计告诉我另外一个大队还有一个符合条件的老人,明天他找人带我去。谢过村会计,我就回去准备第二天的采访。

2017 年 1 月 14 日　　星期六

早晨我来到了昨天晚上约定好的见面地点, 十几分钟的等待之后, 和接待我的人见了面,她带我去了今天要采访的老人家里。来到老人家里的时候,老人刚吃过早饭,给老人递了一支烟,给老人讲清楚了我的来意,老人愉快地接受了我的采访。由于老人前不久刚出过车祸,所以只能坐在床上和我聊天,不过老人记忆力很好,采访很顺利就完成了。下午我来到了敬老院,准备完成剩下的的采访。上午刚打完针,所以今天老奶奶的精神不太好,口齿都没有昨天清晰,采访的过程不如昨天顺利。完成了对这位老奶奶的采访,我的寒假调研到此结束。

宋威口述调查小记

（调研员单位：山东农业大学文法学院）

2017年8月6日　农历六月十五

这是我第一次进行农村妇女口述史的访问，我选择的第一位受访者是我的奶奶，觉得她毕竟是我的亲人，交流起来会比较方便，也不会太过拘谨。奶奶目前身体十分硬朗，耳朵不聋，眼睛不花，思维也十分清楚，并且能够经受住长时间的聊天和访问，是一位非常理想的调查对象。奶奶目前居住在我大姑家中，和我家位于同一个小区，大姑已经六十多岁了，丈夫于三年前去世，孩子在外工作，平常只有她和奶奶两个人在家，她作为受访者的大女儿，能够给予奶奶许多提醒，保证调查的顺利进行。

吃过早饭之后，我再次浏览了一遍妇女口述史的提纲，回忆起调查的大体内容和方向，才走出家门。早上九点钟，我准时到达奶奶家中，奶奶和大姑都在家里看着电视，家里安静。之前我已经向奶奶诉说了这次的调查访问，让奶奶没事的时候多回忆回忆往事，毕竟调查涉及的内容太过久远，以防访问的时候问题太过突然，奶奶年事已高，理不清思绪。奶奶那天的精神状态还是很不错的，我们两个就坐在沙发上开始了这一次访问，那一天的气温也非常舒适，出人意料的降温，让人内心的感觉不那么烦躁了。

奶奶出生于1932年，今年八十四岁。出生于冠县冠城镇吕庄村的一个贫农家中，家里两个姐姐，三个妹妹，一个弟弟，那时候家里兄弟姐妹虽然多，但勉强顾得过来。十二岁开始上学，奶奶反复跟我讲，她当时上的学叫做八差（音译，chai），一直上了八年，最后也没有人说接着往下上，也没有人说组织考试，就这么不了了之。奶奶二十二岁和我爷爷结的婚，在谈起我爷爷的身世的时候，奶奶的语气开始沉重。爷爷小的时候他父亲就去世了，奶奶一个人带着她和妹妹去南方逃荒，在有钱的人家打工讨生活，最后妹妹留在那里给人家当了童养媳，只有他们返回了故乡。奶奶在谈及婆媳关系的时候，反复说道："我婆婆这真是过没人过怕了，要不人家对这儿媳妇啥也不管，下边生儿生女也一点都不嫌弃。"

奶奶在村里待的时间不长，长时间和我爷爷两人经营着一个小卖部，虽然家里有一部分田地，也都是我爷爷在操持，所以她对土地的记忆并不深刻，反倒对中国农村市场的变迁比较熟悉。

在采访的最后，奶奶一直感慨自己赶上革命和改革的好时候。奶奶这一生没有裹脚，却深知裹脚对农村妇女的危害。"小脚苦，小脚苦，一步挪不了二寸五，要是碰见那慌乱年，人命交天不自主，认命了，跑也跑不了，走也走不动，认命了。"奶奶告诉我，有那些守老规矩的妇女，一辈子都没有出过门，快一百岁了，没看过结婚，没看过出殡，孩子难缠的时候，就抱着孩子站在过道口看一眼。

采访断断续续地进行了四个小时，中间包括了奶奶休息的时间和思考的时间。一直到采访的最后，奶奶的思维依旧清晰，最后她为自己的这一生做出了一个总结："这一辈子的事，这时候强多了，挺好。"

2017年8月14日　农历六月二十三

今天的这位老人是我在做农村老年人养老服务的时候结识的一位老人，也是我母亲的娘家，母亲跟这位老人十分相熟，按辈分排，我母亲应该称呼她为老奶奶。

老人目前已经八十七岁高龄了,但是却处于独居状态,自己一个人经营着一个小卖部,售卖一些零食和日常生活用品。老人的身体实在是让人佩服,每天早上都会顺着田地去遛弯,腿脚十分灵活,耳不聋,眼不花,只是因为嘴里少了几颗门牙,说话有些漏风,还经常夹杂着一些土话,沟通起来还是有些困难的。所以这次我选择让我的母亲陪着我,在调查的过程中充当翻译的角色,解决我和老人的沟通问题。

在去的途中,母亲就一再给我介绍,说这位老人特别有本事,村庄里几乎各种红白喜事都会请这位老人出场,这位老人关于农村规矩方面懂得还是特别多的。见到老人的时候,她的重孙子要去当兵,来和她告别,老人骄傲地告诉我们,别看都隔了两辈,但是这些孩子都是她看着长大的,跟她的关系都深着。

因为我和老人以前并不认识,所以调查是由我的母亲率先打开局面的,她与老人闲聊了几句,老人的话匣子就彻底打开了,给我们讲起了民国三十二年的灾荒和她以前的苦日子,老人也没有太多的形容词,说到情深处就会发出一声感叹。光这些事情,老人就诉说了半个小时的时间,才慢慢切入正题中来。

老人名叫张秀爱,出生于1929年,家里有一个姐姐,一个妹妹,还有一个兄弟是从叔叔家抱养来的,因为叔叔一家在灾荒中都去世了。老人对于那些灾荒年岁里的记忆特别深刻,民国三十二年跟着家人沿着路走了三百六十里地就为了拾路边的麦子吃一口饭,"三年困难时期"被迫淋着暴雨去生产队的地里偷高粱喂孩子。老人断断续续地上过私塾、村办小学、高小、妇女班,现在算账还十分清楚。十八岁那年结的婚,虽然婆婆并不是恶婆婆,但是规矩多。老人说,婆家和娘家只有前后街的距离,却因为这些烦琐的规矩,一个月都回不了一次娘家。老人深受这些老规矩的困扰,却没有把这些规矩带给自己的儿媳妇,而是待这些儿媳妇如亲闺女一般。

在采访的过程中,老人的大儿媳妇多次来到老人的房间,给老人做饭收拾屋子,同时也参与到访谈的过程中。她曾经在村里做了三十年的妇女主任,对"文化大革命"和计划生育政策等都有颇深的感触,极大地丰富了调查的内容。

等到访谈结束之后,老人从柜子里拿出了一个塑料罐子,像是捧着一个宝贝,向我们炫耀道,这里面都是蝉蜕,这一罐子能卖好几百,全是我晚上遛弯的时候捡的。那边还有一袋子大头蒜,也是我早上在田边捡的,就那一个一个的蒜头在地边躺着都没人要了,我捡这一袋子也能卖不少钱。要不说这时下最知足,愿意吃啥吃啥,我也会赶集我也会买,孩子又多,这个给买那个给买,这鸡蛋我一年都没买过,这孙女比闺女还亲,这孙儿也是一回来就给我买吃的,奶和奶粉我这天天喝,现在最高兴。这孩子,我也不跟他要钱,我手里有钱。

今天我的感触很深,这位老人这种知足、乐观的精神是她用一辈子总结出来的,值得我们学习。

王广帅口述调查小记

（调研员单位：华中师范大学中国农村研究院）

1月3日，最近几天的天气总是不太好，不是阴天，就是下雨，甚至有着严重的雾霾，每天早晨迎着寒风出门真的是一件痛苦的事情，特别是早上下雨的时候淋湿了衣服，又没有办法回家去换，只能硬着头皮穿着湿衣服在外面跑一天。如果下午天气转晴的话，湿衣服到晚上已经被暖干了；如果一天都下着小雨，衣服肯定是一直湿着的，手脚都冻得没有知觉了。这一天的雾霾非常大，并且因为下雨，气温下降得厉害，村里的老人大多待在家里不敢出门。虽然下雨、降温、有雾霾的条件非常恶劣，但也为我提供了寻找老人的便利，因为老人在这种天气一般都会待在家里，只要找上门一般都会见到老人，很少出现天气好的情况下老人外出串门吃到"闭门羹"的情况。

1月4日，经过仔细地寻找比照，我认为鲁清蓝老人是一位非常合适做妇女口述史的老人。老人虽然年纪较大，但是身体条件好，头脑清晰，耳朵不聋，而且老人比较健谈，喜欢和年轻人聊天。但是，美中不足的是老人年轻时没有接受过教育，对于一些国家大事或者重要的历史事件已记忆不清，只能通过帮助老人回忆相关事情进行相互印证。能够寻找到鲁清蓝老人也是我的运气，在找到鲁清蓝老人之前，我已经找了很多个老人做了合作化口述史，因为妇女口述史的访谈对象要求比较严格，所以之前找的一些老人并不符合条件。虽然这几天都在下雨，但是寒冷的天气并没有让我退缩，一大早我就出门寻找合适老人了，在几经辗转之后，一位村民介绍我到鲁清蓝老人那里试试运气。鲁清蓝老人听到我的来意之后，老人非常激动，但是也表现出一些羞涩，老人认为自己的一生有很多故事可以和晚辈分享，但是因为自己没有文化，害怕讲不好，影响了我的任务。

我在了解到老人的担忧之后，明确表示没有任何问题，只要老人敞开心扉向我诉说就可以了，我可以根据相关历史记载及老人口述内容相互印证。在取得老人儿子的同意之后，我便开始了试访谈。老人在十几岁的时候就嫁过来了，婆家和娘家都是贫农，从小因为家庭经济条件较差而一直没有上过学，婆家和娘家都是农民，因为老人的爷爷、公公去世较早，鲁清蓝和丈夫承担了家中的重担。鲁清蓝共生育了六个孩子，其中两个孩子夭折，鲁清蓝和丈夫通过种地将另外四个孩子养大成人。鲁清蓝老人没有上过学，并且因为家中较穷，也没有能力供自己的四个孩子上学，所以她非常重视对孙子们的教育。老人在访谈的过程中一直和我强调要好好上学，有文化才能干更大的事情，没有文化的话只能在家种地，可能连地都种不好。经过一个多小时的试访谈，我认为老人的条件非常好，过去的很多事情都能够回忆起来，并且在叙述某件事的时候可以扩展到其他重要的事情，能够拓宽访谈的内容和加深访谈的深度。于是，我决定将鲁清蓝老人作为妇女口述史的访谈对象。在经过试访谈和一定时间的正式访谈之后，时间已经不早了，并且老人年纪太大不能久坐，我便和老人约定好第二天访谈的时间后准备回家。

1月5日，因为今天雨夹雪，所以天气比较寒冷，早上八点钟才出门，但是让我非常感动的是鲁清蓝老人早早的就坐在门口等着我了。后来老人的儿媳妇向我透露，鲁清蓝老人六点多就起床了，七点多一点就坐在了门口等我。老人的儿子和儿媳看我八点还没到就劝老人别等了，回屋再睡一会，但是老人不同意，说要再等一会。我听到这里非常惭愧，早上不应该赖床,应该说到做到,辜负了老人的心意,我在后面的访谈过程中向老人解释了原因并道了歉。鲁清蓝老人非常和蔼地笑了笑,说不用道歉,你就像我孙子一样,咱们聊聊天没必要这么正式,我一个老太太本来觉就少,你们年轻人哪能和我们老年人一样。听了鲁清蓝老人的话让我非常感动,在和老人寒暄了之后便开始了正式的访谈。在我每问出一个问题时,老人并不是立马就回答我,而是在思考片刻之后再回答,并且在回答我提出的问题之后也会继续拓展到其他的问题,只要老人能够想起相关的事情就会都说出来,这样也丰富了我的访谈内容,让相关的事情串联起来,更加丰满真实。一开始我并不明白老人为什么要这么做,我以为是老人记忆力不好,或者有所顾忌,不方便讲。在我向老人表示我的疑问时,老人讲从昨天我走了之后,她躺在床上就在回想以前的事情,将她一生的经历都仔细地回想了一下,就是为了能够更好地回答我的问题,让我获得更多的内容,但是因为老人年纪太大了,有很多事情都记不清楚了,这是不可避免的事情。

我和鲁清蓝老人聊得非常开心,老人有些事情记不清楚时,我会根据我所学的相关历史知识给老人做出简要的提示,老人在我的提示下回忆起了很多事情。在我访谈的时候,老人的儿子、儿媳妇和周围的邻居也在旁边听着,有时老人想不起来的时候,他们也在旁边提醒,并且也会七嘴八舌地诉说着自己的所见所闻,我也乐于听他们的"絮叨",这样不仅丰富了我的访谈内容,也唤起了老人更加清晰的记忆。老人的儿子和儿媳妇都已经七十多岁了,邻居中也有七八十岁的人,他们对于新中国成立前的事情或多或少地知道一些,有些事情是亲身经历的,有些事情是听祖辈和父辈讲的,他们说的事情有些是可以相互印证的。经过他们的讨论,我对相关的事情更加清楚了,但是他们说的有些事情无法判定真伪,可能是他们自己想象出来的,也可能是道听途说的事情。总之,需要我增强判断的意识,不能完全听信他们的说法,那些可以确定真实和正确的事情可以记录,但那些谣言或虚假事情绝对不能记录。

1月6日,经过一天的访谈,我将相关的内容都已问清楚了,还有一些细节需要补充,我便和老人约定再来找她,她也非常愉快地答应了我。在访谈结束之后,我拿出了准备的毛巾、洗衣粉等小礼物,算是我的一点心意,但是老人坚决不收,并且老人还要向我道谢,她讲我能够抽出这么多的时间来陪她这个"老婆子"聊天,她已经非常感谢了,另外,我也完成了帮她记录一生经历的愿望。经过和鲁清蓝老人的短暂接触,我认为老人是一个识大体、善良、朴素、正直的人,我从她的身上学到了很多为人处事的道理,在此非常感谢鲁清蓝老人的倾心付出。

王莽莽口述调查小记

(调研员单位:华中师范大学中国农村研究院)

1月2日下午,吃过午饭以后,我休息了一下。因为在我们这边的农村,老人一般吃饭都比较晚,我们这边的农村素有"农村的饭,两点半"的说法,我担心去得太早会赶上老人吃饭,影响老人的生活习惯。我两点半从家里出发,因为对村子比较熟悉,我只用了几分钟就到了杨蓉老人家里,我去到的时候,老人仍在吃饭,听说我的来意之后,赶紧吃完饭,把碗放到锅里就陪我聊起来。经过简单的了解,得知老人叫杨蓉,今年八十一岁。杨蓉老人小时候母亲就去世了,后来她的小姨去照顾她,就和他的父亲生活在了一起,当时她的姑姑家的孩子一个男孩溺亡,一个女儿神志不清,她的姑姑就将她过继到自己的家里面直到养大。刚土地改革的时候,杨蓉老人因为能说会道,被选为村子里面的妇女主任,协助土地改革工作队工作,并且致力于解放妇女,组织妇女活动。现在老人有3个闺女和2个儿子,本应该乐享天年,但是腿却站不起来了,好在儿孙孝顺,给她买了电动轮椅代步,现在老人的精神状态还算可以。因为当过干部,思想也比较先进,老人对以前的情况比较了解,仅仅访谈了一个半小时,我的收获就很多。考虑到老人的身体原因,我在一个半小时以后就结束了访谈,并约好明天下午的访谈,老人表示自己腿脚不便,一直在家,可随时找她聊天。

第二天下午,我去了昨天约好的杨蓉老人那里,去到的时候,老人已经吃完饭,把锅碗都洗刷好了,老人表示提前做好了饭,在家等我过去,她说老伴经常出去串门,自己一个人在家,就希望我多去找她聊天。老人的话给我触动很大,很多空巢的老人不仅仅需要金钱,也需要儿女的陪伴和关心。因为已经访谈了几次,对于访谈已经比较熟悉,我很快就和老人进入了访谈的状态。我控制了一下时间,一个半小时就结束了访谈,和老人聊家常,老人很是开心,和我讲了好多生活中的事情。到了天快黑的时候,我起身回家,与老人约好明天的访谈。

王配航口述调查小记

(调研员单位:华中师范大学中国农村研究院)

2017 年 7 月 30 日我抵达黄墩村,住在我朋友谢欣湄同学家,这次来调研也是和朋友谢欣湄同学一起做的,在调研的整个过程中,谢欣湄同学给予我极大的帮助,帮我安排住宿、寻找老人以及帮我翻译老人所说的方言。因为我不是本地人,所以老人所讲的当地的方言我完全听不懂, 正是在谢欣湄同学的帮助下我才能顺利完成调研任务。在后期口述史整理过程中,谢欣湄同学还帮我审核和校对,在此要特别感谢谢欣湄同学。

当我到达黄墩村以后,天公不作美,从早晨一直下着中雨。我调研的村里老人比较多,年轻人都外出打工了。因为我不是本地人,所以八十岁的女性老人具体什么情况,我不是很了解,于是拜托谢欣湄同学的伯母帮我打听村里的情况。经过打听我们最终确定了两位老人。

上午我访谈的是一个身体条件还不错、已经八十多岁的张米珠老奶奶。因为这两天一直下雨,老人应该不会出去。我早晨吃过早饭以后,收拾了一下就去找张米珠老奶奶,老人虽然已经八十多了,但是身体依旧硬朗,前几年她的老伴刚去世,儿子和儿媳妇一直在外面打工,孙子在上学,有时候赶到星期天的时候,孙子还会回来看看她。和老人寒暄了一会以后,我就开始了访谈。随着访谈的深入,我发现这个老人虽然年龄大,经历的事情比较多,但是没有系统性,有些事情说得很模糊。老人表示自己没有上过学,以前在家也都是听丈夫的,自己只负责操持家务、抚养孩子,很多事情自己没有亲身经历,即使当时经历了,因为没有文化也不是很了解,别人说什么,自己就记得什么。

访谈完以后,我和老人聊了一会家常。老奶奶生活非常节俭,一日三餐吃得非常清淡。老奶奶说自己上了年纪了,已经这么老了能有的吃、吃得饱就可以了,不用想那么多。最后我们问了一下奶奶今生的一些感受, 对于这辈子的一些最难忘的事儿和最高兴的事儿。老奶奶说, 她生孩子的时候和有孙子的时候是最高兴和最幸福的时候。最痛苦的是人民公社的时候,那个时候大家天天基本上都要下地干活,干那么多的活还是吃不饱肚子。对于现在的生活,老奶奶说已经非常知足了,现在和以前相比已经非常非常好了,不仅现在吃得好,而且还要吃得有营养,这在自己小的时候是很难以想象的。老奶奶很感谢党、感谢国家。

我们还聊了一些其他的问题。最后,由于时间很晚了,我们不好意思再打扰老奶奶,准备第二天再去采访另外一位老奶奶。

7 月 31 日早上我随谢欣湄同学去采访另一位老奶奶, 这位奶奶今年已经九十多岁了,老奶奶小的时候家里是地主,可以说老奶奶的一生经历了非常多的风风雨雨。到达黄墩村以后我和老奶奶又聊起了昨天同样的一些话题,我问了一些我们调查提纲上的一些问题,老奶奶做了非常好的回答,但是就是由于老奶奶已经年龄非常大了,所以到后面的时候老奶奶的声音已经比较沙哑了,后面的问题,就主要是由他的小儿子和儿媳来回答的。

老奶奶小的时候家里是地主,所以在没有出嫁以前,日子过得是非常幸福的,有的吃有的穿。但是嫁人以后就过得非常苦了,又要干活、做家务,还要下地,再加上后来的人民公社和“文化大革命”,特别是人民公社时期,那个时候整天要干活,自己还吃不饱,又很累。老奶奶的父亲在她五岁的时候就去世了,所以家里就只剩她们母女几个,但是她的母亲有找专门的长工来给家里做事情。那个时候女孩子是不能随便和男孩子交往的,一天到晚都在家里待着做针线活,整天都在家里做女红几乎不可能出门,就是出门也只能和女孩子一起,不能和男孩子玩。老奶奶是十五六岁的时候定的亲,十八岁时结婚的。那个时候还要合八字,因为自己家里是地主家庭,所以她出嫁的时候陪嫁了一些古董、金器、银器等等。那个时候彩礼非常的少,她记得她定亲的时候的彩礼就只有一对手镯和一对耳环。后来她女儿出嫁的时候彩礼就比以前稍微多一点。

采访完以后我整理了一下这两天的采访记录,顺便订了一下第二天的火车票,第二天晚上九点多我坐上了从顺昌赶往漳州的火车。这次的采访之旅就这样结束了,两位老奶奶的经历使我深有感触,现在的生活十分来之不易,我们应该倍加珍惜。

徐会口述史调查小记

(调研员单位:华中师范大学中国农村研究院)

2017 年的寒假,这个假期对我而言有许多不同,我不能再像以前一样在家轻松地度过寒假,因为我即将开始第一次调研,这将是我读研新征程的开始。在中农院经过两天的调研培训后,我便回家准备调研,首先得寻找合适的老人,虽然村里的老人挺多,但是符合要求的八十岁以上老人较少,尤其是老奶奶。

我们家附近有一个姓郑的老奶奶有八十岁,我便去找她商量能否帮助我完成口述史调研任务,幸好郑奶奶热心,爽快地答应我去她们家进行访谈,第一个老奶奶算是找到了。1 月 22 日,我去到郑奶奶家开始进行访谈,我首先问了几个基础的问题观察老奶奶能否记得以前的事情,所幸郑奶奶还能回忆到她一生的经历,能够给我讲述 1949 年以前的事情。从 22 日开始,我连续几天都去麻烦郑奶奶,让她给我讲述土地改革运动斗地主、集体化时期、人民公社时期等等各种事情。这是我第一次从老人口中了解到他们以前的生活,感觉比书上的讲解更生动、更富有感染力,我通过郑奶奶的讲述也体会到以前生活的艰难。

在找到第一个八十岁以上的奶奶进行访谈的时候,我就在焦虑如何找到第二个合适的奶奶,难道得去其他村子找吗?我没想到会有这么幸运,恰好在我最后一天去郑奶奶家时,碰到一位他们家的亲戚来玩耍,这位亲戚就是我找的第二个访谈对象——王奶奶。王奶奶在听我询问郑奶奶时,就问我了解这些过去的事情做什么,我就告诉她这个是我们的寒假作业,完成一份调研任务。王奶奶就主动给我讲她也有八十岁,能记得以前的事情。我当时十分开心,感觉一下子找到两个合适的访谈对象。在我访谈完郑奶奶时,继续去到她们家访谈王奶奶。两个奶奶都是一个县的人,距离比较近,所以在某些时期经历的事情比较相似。

除了两个奶奶经历的事情比较相似,她们的家庭状况也有相似性:两个奶奶在婚后都没有公婆,公婆在丈夫小时候便去世,所以没有家庭矛盾,夫妻相处较为融洽。不同的是,郑奶奶的丈夫在婚后去了地质队工作,郑奶奶一个人在家种庄稼带孩子,在集体生活时期尤为艰难,一个人既要出去干活挣工分,还得照顾孩子,没有人帮忙分担,所以郑奶奶十分要强,在干活时和男性一样做着工分更高的重活,靠自己的奋斗使家里成为余粮户。王奶奶虽然和丈夫两人都在家共同干活,但是生活也差,大家都没有粮食可以分,饿的时候只能吃野菜、煮树皮,如今的我们难以想象她们是怎样度过那段困难时期的。

听了两位奶奶的讲述,我觉得现今的生活真的很幸福,我们没有衣食之忧,享受着国家发展带来的种种便利,所以我们应格外珍惜现在的生活,努力学习、学以致用,发挥自己的力量促进社会发展。

许英口述史调查小记

(调研员单位:华中师范大学中国农村研究院)

2017年1月12日,今天是调研的第一天,其实早都很着急了,还没从外地回到老家,就听说有同学已经完成一半任务了,本来回老家之前,计划的是每天访问一位老人,这样几天就可以完成调研任务,说起来也不算太难。可当真正回到老家以后,才发现远远不是自己想得那么简单。因为在南方的农村地区,八十岁以上的老年人,还要头脑清晰、说话清楚、记得几十年以前的事情,能同时满足这些条件的老年人实在是凤毛麟角,直让我欲哭无泪!

最终,在爷爷奶奶的帮助下,我将妇女口述史的访谈目标锁定在了吴会清和张天英两位老人身上,两位老人的年龄均在八十五岁以上,而且两位老人目前的居住状态均为独居,儿女们常年在外面打工,难得回一趟家,这样一来,我的访谈过程就不会轻易受到外人的干扰,访谈过程也更加流畅和顺利。事实证明,我的选择是正确的,吴会清和张天英两位老人来自同县不同镇的两个村庄,相同之处是两位两人年轻时候均是家里的"实质当家人",对于家庭事务以及村庄情况了解较为全面,再加上两位老人精神状态都很不错,思路清晰,我根据访谈提纲稍加引导,她们就能快速回忆起过去的事情,还提供了很多丰富的素材给我,为我后续的调研材料写作提供了非常多的帮助。

访谈吴会清老人的时候,令我印象深刻的是老人身上那股坚强和倔强的品质,老人的婆家原本是富农,吴会清的父亲当初看好这门婚事也是因为看好这家人多劳力强,而且土地多,希望自己的女儿嫁过去以后可以享福,没想到,吴会清的丈夫为人老实憨厚,在吴会清看来,甚至可以用愚钝来形容,在家里面什么事也管不了,只知道埋头干活,家里面的大小事情还得靠吴会清一个女人家来操持,买建材修房子、打灶头、为子女张罗婚事等,几乎全靠吴会清张罗。吴会清本身个子矮小,由于年轻时候过于操劳,现在已经落下了腿疾的毛病,走路都需要拐杖加以支撑,行动不便的老人已经很少出门,令人心疼不已。

另外一位访谈对象张天英年轻时候也是一个妥妥的"女强人",丈夫常年在外面打鱼挣钱,家里面的财务和家务也主要靠张天英操持,张天英本人在土地改革运动时期还担任过妇女队长,是村里面的妇女模范。时过境迁,如今,老人的丈夫早已经去世,老人自身患有非常严重的白内障,双眼几乎处于完全看不见的状态,平时生活全靠一点一点去摸索。"养儿防老"观念浓厚的张天英老人时刻都期望自己的儿子可以多回来看望自己,陪自己聊天,因为老人一个人实在生活得太苦了。

结束了妇女口述史访谈,虽然面临着沉重的后期写作任务,但有那么一些时刻,我感觉自己是幸福的,有机会花几天时间去了解耄耋之年老人的生命史,听她们回顾自己的一生,反思,感恩,成长,我要满怀爱过好每一天。

钟楚原口述史调查小记

(调研员单位:华中师范大学中国农村研究院)

女性在中国历史中的形象常常被宫廷政治中的红颜祸水或狐媚权术话语所遮蔽,底层社会中的女性视角常常被世人有意无意地过滤掉,她们仅仅流传于子孙后代口口相传的"好祖母、好妻子、好儿媳"。回顾我国绵延千年的农业历史,一家一户的小农经济显然离不开沉默而又隐忍的"内当家",以文本的方式对普通女性的生命史加以记录,这也是揭露国运兴衰密码的一个可行角度。为此,华中师范大学中国农村研究院组织学生利用寒暑假时间,对全国各省份的八十岁以上妇女进行了"抢救性"的采访,套用一句比较时髦的话,就是她们都是鲜活的历史主体。

依托华中师范大学口述历史平台,我于 2017 年 1 月 17 日前往家乡——湖北省钟祥市石牌镇钟堰村进行以"妇女生命史"为主题的口述历史调查。即便在我们这样比较传统的农村地区,八十岁以上、记忆清晰的妇女也并不常见。加上时间较短,我只能在钟堰村、肖店村以及附近的官堤等村庄选择合适的访问对象。由于事先没有托人打听好合适的老人,我只好从自家出发,沿着田间小路走到对面的第四生产小组,合作化的时候还跟八组合到过一起,共吃一个食堂,因此相互之间都十分熟悉。沿着塬道走上来,第一家是独居的八十岁老先生钟德玉,他教了一辈子书,算得上见多识广,结果由于听力不好,访谈到三十分钟时被迫终止。接着我又来到旁边一户人家,家里人都比较年轻,也没有遇到合适的访谈对象,只好作罢。于是顺着冲田一路走上去,就到了钟堰村三组,三组以邹姓为主,我们家的一块旱地就靠近那边,平时来往也比较多。我先到了高压电线下的一家,正好稻场上有几个人在聊天,于是厚着脸皮上去打招呼,经众人介绍却发现明白老人就住在我家屋后——肖桂兰婆婆,顿时感觉有点舍近求远。

在我印象中,肖婆婆慈眉善目,常常在村里溜达,和左邻右舍聊聊天、晒晒太阳,记忆力和表达能力都很好。之前听家人说肖婆婆娘家 1949 年初期被划分为地主。想着大户人家经历比较丰富,与各行各业、各类人员往来较多,于是我径直走到屋后肖婆婆家。肖婆婆听闻我的来意之后,感到很开心,就这样一老一少开始了为期一个星期的口述访谈。从老人的娘家经历到婆家经历,再到土地改革运动、集体化、改革开放时期的生命体悟,每天四个小时的访谈时间,真的为老人的牺牲精神所感动。在这个过程中,我感受到了某种无形的责任与压力,并暗示自己一定要用对老人负责和对历史负责的精神去完成这份调研报告。

由于此次寒假时间较短,便选择在家乡湖北省钟堰村进行妇女口述历史调查。钟堰村以钟姓为主,丘陵地形遍布,是湖区人民眼中正宗的"山区"。水稻为主的种植方式决定了人与人之间相互协作的关系,纵横的阡陌连接了血缘难以到达的地方,有时候相邻田地的两户人家比亲戚还要亲热。我有幸回到村里,顺着这条自然形成的小路,去探索心中的实证调研之路。

略发感慨,回归正题,由于前几天就把家附近的合适老人问遍了,我只好走到钟堰村二组,一个是那里比较近,二是该生产组散居有三四十户人,而且他们外出打工的人也不多,更容易找到明白老人。顺着三组高压电线那个位置,一路下坡经过一口堰塘,碰到了小学语文老师张乃亮,了解我的来意后,张老师带我穿竹林、走田埂、访老叟,先是到了张老师二哥家中,结果老人的记性相当不好,只好作罢。后又来到对面的台地上,找到一位相对合适的老人——向玉玲,于是在取得老人大媳妇、二媳妇的同意后,众人便围坐在火炉边,开始了较为熟练的访谈对话。老人在结束访谈的时候,还给我提供了一个线索,那就是官堤村的张华斌老师的母亲大人现在已经九十岁了,年轻的时候是当家人,而且记忆非常清楚。

老人的原生家庭在 1949 年异常贫困,贫困这一主题贯穿了老人一生,包括土地改革运动前、土地改革运动后、集体化等时期,仿佛人一出生就注定是来吃苦的,苦难给人留下的印象总是深刻的。老人在我不断地追问下,似乎又回到了那些充满痛苦的日子,说话的声音也有些哽咽,为了不加重老人的悲伤,我也不敢反复追问同样的历史,只求老人一遍讲述下来,我可以做完整而准确的记录,以免辜负老人的辛苦付出。做我们这个工作,其实最怕的不是学业上的约束,而是为没能认真记录老人的口述历史的自责。

在此次调研过程中,我还发现了几个问题,首先是老人受年龄及情绪的影响,很难做到准确回忆,表达存在模糊不清的现象。其次,在访谈过程中,受访者的家庭成员、邻居等无关人员常常参与其中,以似懂非懂的听闻来强行插入老人的讲述,这严重干扰了老人的回忆,我正在考虑在条件允许的情况下,对老人实行一对一的单独访谈。与此同时,由于我们访谈的对象都是八十岁以上的高龄老人,为此,在完成调研任务的同时,一定要考虑到老人的身体条件,不要等到老人说坚持不住了才停下来,这一点尤为重要,细节里体现人文素养。

授权说明

    本卷所出版之妇女口述相关成果(访谈材料、照片、资料等),获得了受访老人的书面或口头授权。经受访老人许可,华中师范大学中国农村研究院享有相关成果的占有、使用、出版等权利。在此,也对受访老人的慷慨支持表示衷心感谢!

教育部人文社会科学重点研究基地

华中师范大学中国农村研究院

后 记

2015年，华中师范大学中国农村研究院启动了"2015版中国农村调查"，旨在深度调查中国农村，深入研究和认识中国农村，《中国农村调查·口述类》正是该项目的系列成果之一。其中，围绕"关系·惯行视角中的农村妇女"主题开展的妇女口述调查，主要研究农村妇女与家庭、家族、宗族、村庄、市场、国家、政党等的互动、互构关系以及农村妇女自身的发展变迁历程。

本卷所收录的口述材料，主要源自于2016年冬季和2017年夏季的妇女口述史调查，经入户访谈、资料整理和筛选编排，前后一年有余。本卷近一百万字的口述材料，正是从众多口述成果中择优选编而成，依次收录了柏静、陈广伍、陈新泰、丁猛、杜欣蔓、范玲、龚城、韩利、何婷、何霞、黄莺、罗笑笑、牟长梅、马艺、茹丽媛、帅劲节、王蒙莹、王晓菲、徐勇、闫利、尤盛楠、张琛、张惠娟24位调查员对42位老人的口述访谈。在此，首先要对所有的受访老人表示衷心的感谢和崇高的敬意！调查之时正值冬季和夏季，气候处在一年中最炎热和寒冷的时刻，受访老人多已年过八旬，身体状况欠佳，言谈行动十分不便，然而她们依旧热情地接纳了年轻来访者，敞开心扉回顾往事，声情并茂地讲述她们的人生经历，许多老人讲至动情之处不禁潸然泪下。老人们的慷慨支持，让调查员备受鼓舞和感动，面对这些颤颤巍巍的老人，更加增强了调查员"抢救历史"的责任感、使命感和紧迫感。其次，要对所有的调查员表示诚挚的谢意。调查之时正值暑假与寒假假期，大家牺牲十分难得的与家人亲友团聚的美好时光和自己娱乐休闲的机会，走街串巷、入户访谈，有的为了找到合适的老人费尽周折，有的甚至饱受误解、委屈和指责，然而他们坚持了下来。此外，访谈结束后还要结合录音整理文稿、撰写日志，这些也可谓是另一件颇费心血的事情。

在本卷的编辑过程中，徐勇教授承担了总体指导和后期审定工作；邓大才教授全程参与并悉心督导，对材料整理和编排进行指导；刘筱红教授逐字逐句地审阅文章内容，认真严谨，就出版规范、内容要求、编辑问题等都做了详细批注。三位老师为本卷的出版倾注了极大的心血，正是得益于他们的辛勤付出，本卷才能够迅速、高质量地完成。同时，感谢这24位调查员，是他们深入扎实的调查、认真细致的整理，才使得本卷有了翔实的材料可供选用。

此外，本卷的出版还得到了华中师范大学人文社会科学高等研究院石挺副院长的大力支持；华中师范大学中国农村研究院徐剑副书记、刘义强教授、陈军亚教授、刘金海教授、熊彩云副教授、郝亚光副教授、张大维副教授、黄振华副教授、张晶晶老师、任路老师、肖盼晴老师、胡平江老师、万婷婷老师、张利明老师、李华胤老师等给予了许多指导和帮助。在此一并表示感谢！余成龙、王锐、胡丹、李媛等同学协助刘筱红教授设计、修定调查提纲，并进行了扎实深入的试调查工作，为提纲完善和调查开展做出了贡献。本卷的编辑工作主要由张彪完成，他们承担了大量细致入微的工作，在此也表示感谢。

由于编者的水平有限,错漏之处在所难免,敬请专家、学者批评指正,我们将在今后的编辑工作中不断改进和完善。

编者谨记